致敬：

葛家澍教授与余绪缨教授
两位厦门大学会计学科的奠基人
《会计学》第一版和第二版的共同主编

厦门大学会计系列精品教材 / 总主编 杜兴强 刘峰

面向二十一世纪课程教材
Testbook Series 21st Century

新时代高等学校会计学、财务管理专业基础课程精品系列
国家级一流本科专业配套教材

新形态教材

会计学（财务会计分册）

（第三版）

主编　　杜兴强　林　涛

财务会计分册主编　　杜兴强

财务会计分册副主编　　章永奎

高等教育出版社·北京

内容简介

本书财务会计分册共九章，三大部分内容。

第一部分对会计学的基本概念与复式簿记系统进行介绍。会计学的基本概念包括会计的本质、会计基本假设、会计目标、会计职能、会计信息的质量特征、会计要素及会计基本程序等。复式簿记系统主要介绍复式记账方法与会计循环。

第二部分是报表项目。本部分主要从资产负债表与利润表的角度逐一阐述各个报表项目，具体包括流动资产、金融资产、长期股权投资、固定资产、无形资产、流动负债、非流动负债、实收资本、资本公积、其他综合收益、留存收益、收入、费用与利润等。

第三部分财务报告及其基本分析。首先概括介绍财务报告体系，其次详细讲述资产负债表、利润表、现金流量表、所有者权益变动表、财务报表附注及其他财务报告等内容，最后介绍财务报表分析的基本内容。

图书在版编目（CIP）数据

会计学 ：上下册 / 杜兴强，林涛主编. -- 3版. --北京 ：高等教育出版社，2023.5
厦门大学会计系列精品教材 / 杜兴强，刘峰总主编
ISBN 978-7-04-058878-1

Ⅰ．①会… Ⅱ．①杜… ②林… Ⅲ．①会计学-高等学校-教材 Ⅳ．①F230

中国版本图书馆CIP数据核字（2022）第109145号

Kuaijixue

策划编辑	于 明 王 琼	责任编辑	王 琼	封面设计	马天驰	版式设计	杨 树
责任绘图	于 博	责任校对	刘娟娟	责任印制	田 甜		

出版发行	高等教育出版社	网 址	http://www.hep.edu.cn
社 址	北京市西城区德外大街 4 号		http://www.hep.com.cn
邮政编码	100120	网上订购	http://www.hepmall.com.cn
印 刷	北京鑫海金澳胶印有限公司		http://www.hepmall.com
开 本	787 mm×1092 mm 1/16		http://www.hepmall.cn
本册印张	18.25	版 次	2000 年 7 月第 1 版
			2023 年 5 月第 3 版
本册字数	410 千字		
购书热线	010-58581118	印 次	2023 年 5 月第 1 次印刷
咨询电话	400-810-0598	总定价	79.00 元

本书如有缺页、倒页、脱页等质量问题，请到所购图书销售部门联系调换
版权所有 侵权必究
物 料 号 58878-00

厦门大学会计系列教材编委会

总主编

杜兴强　厦门大学会计学系教授、博士生导师，系主任

刘　峰　厦门大学会计学系教授、博士生导师，会计发展研究中心主任

学术顾问

曲晓辉　厦门大学会计学系教授、博士生导师，教育部社会科学委员会委员

李建发　厦门大学会计学系教授、博士生导师，厦门大学党委原常务副书记、副校长，中国会计学会副会长

编委会

（以姓氏拼音为序）

蔡　宁　博士、教授	陈守德　博士、副教授
杜兴强　博士、教授、博导	郭丹霞　副教授
郭晓梅　博士、教授	廖　阳　博士、助理教授
林　涛　博士、教授	刘　峰　博士、教授、博导
罗进辉　博士、教授、博导	任春艳　博士、副教授
谢　灵　博士、副教授	徐玉霞　副教授
严　晖　博士、副教授	杨　绮　博士、副教授
叶少琴　博士、教授	张国清　博士、教授、博导
曾　泉　博士、副教授、博导	张　扬　博士、助理教授
章永奎　博士、副教授	

厦门大学

厦门大学管理学院

总　序

　　中世纪后期的意大利,由于同时满足了书写艺术(*the art of writing*)、算术(*arithmetic*)、私有财产(*private property*)、货币(*money*)、信用(*credit*)、商业 / 贸易(*commerce*)和资本(*capital*)七项前置条件(*antecedents*),再加上较为发达的商业合伙和委托代理关系,复式簿记思想得以在威尼斯、佛罗伦萨、热那亚等地萌芽和发展[①]。1494 年,卢卡·巴其阿勒(又译帕乔利)通过《算术、几何、比及比例概要》(*Summa de Arithmetica,Geometria,Proportioni et Proportionalita*)的"计算与记录详论"(*Particularis de Computis et Scripturis*)一章[②],对复式簿记进行了理论上的总结。巴其阿勒的著作出版后近 400 年间,复式簿记思想随着军事、海上贸易以及文化交流在欧洲各个国家之间(如荷兰、西班牙、葡萄牙)广为流传,后来又传入德国、英国、法国与美国[③]。

　　复式簿记思想和理论总结并未使会计学科在人类知识的殿堂里获得应有的地位。哈特菲尔德(Hatfield)教授 1923 年 12 月 19 日在美国大学会计教师联合会(The American Association of University Instructors in Accounting)的一次会议上,做了题为"簿记的历史辩护"的演讲(后发

　　① Littleton A.C.. *Accounting Evolution to 1900*［M］. American Institute Publishing Co.,1933,p.12；Littleton A.C.. *Accounting Evolution to 1900*(2nd edition)［M］Russell & Russell,1966,p.12.

　　② Brown R. G. & Johnston K.S.. *Paciolo on Accounting*［M］. Garland Publishing,Inc,1984.

　　③ Peragallo E.. *Origin and Evolution of Double Entry Bookkeeping：A Study of Italian Practice from the Fourteenth Century*［M］. American Institute Publishing Co.,1938；Merino B. & Previts G.. *A History of Accountancy in the United States：The Cultural Significance of Accounting*［M］.Columbus：The Ohio State University Press,1998.(亦可参阅：美国会计史——会计的文化意义.杜兴强,等,译.中国人民大学出版社,2006)。

表于 1924 年的 *Journal of Accountancy* 杂志[①]），并指出，在大学里讲授会计学的我们，正经受着同事含蓄的蔑视，他们不欢迎会计学科、认为会计学科与学术殿堂的纯洁性不符[②]。哈特菲尔德教授的演讲激励了所有会计学者励精图治、理论化会计学的知识体系，最终会计学科得以名正言顺地进入美国的商学院，且在美国资本市场、企业内部管理、审计市场中发挥着日益重要的角色[③]。

在中国，改革开放，特别是 20 世纪 90 年代以来，会计在资本市场中的地位也日益提高。目前，几乎所有高校都设置有会计学系（院），且会计学系的学生人数应是目前中国高校各个专业中最多的。面对人数众多的会计本科生，一套体系完整、内容前沿、贴合中国资本市场制度环境现实的教材就显得十分必要了，因为她有利于夯实学生的会计基础，培养学生学习会计知识的兴趣，带领学生深入思考会计学科的重要理论和现实问题，甚至能激发学生的研究兴趣，最终走向教学科研的道路。

实际上，厦门大学会计学科的奠基人葛家澍教授、余绪缨教授与常勋教授很早就注意到高质量教材对会计学本科教育的重要性。早在 20 世纪 60 年代初，葛家澍教授就应邀担任当时教育部组织的文科统编教材《会计学基础》的主编，这也是当时整套教材体系中唯一的一本会计学教材；他还同时作为主要合作者，参与完成财政部统编教材《会计原理》的编写任务。改革开放后，厦门大学接连出版多本教育部统编教材如《会计学基础》《会计学》《管理会计》《国际会计》《经济核算与经济效果》等。1992 年 11 月《企业会计准则》与《企业财务通则》颁布后，葛家澍教授与余绪缨教授两位老先生筹划和总编了"厦门大学会计系列精品教材"，由辽宁人民出版社于 1994—1995 年期间进行出版[④]，第一次将厦门大学会计教材系列化、系统化；1997 年开始，我国陆续颁布《企业会计准则——具体准则》，两位老先生根据环境变化和教学需要，规划和总编了第二版的"厦门大学会计系列精品教材"，由辽宁人民出版社于 2000 年全部出版完毕；2006 年 2 月，财政部一次性颁布了 1 项基本准则与 38 项具体准则，以及 48 项注册会计师执业准则，"厦门

---

① Hatfield H.R.. A Historical Defense of Bookkeeping［J］. *Journal of Accountancy*，1924，37（4）：241–253.

② 原文为：*I am sure that all of us who teach accounting in the universities suffer from the implied contempt of our colleagues, who look upon accounting an intruder, a saul among the prophets, a parish whose very presence detracts somewhat from the sanctity of the academic halls.*

③ 尽管每一次的经济危机或资本市场震动，社会各界都将矛头指向"会计行业（职业）"，但每次危机过后，会计的重要性不仅被再次确认，而且经济危机往往促进会计获得下一次的长足发展。这实际上也促使我们进一步思考"会计在人类社会中的不可替代的角色及其对会计学科定位的影响"这一重大现实问题。本次的系列教材，也试图将关于会计的这种"big picture"融入其中。

④ 在 1994 年的"厦门大学会计系列精品教材"之前，葛家澍教授与余绪缨教授两位老先生就在各自的教学领域内主编了影响几代人的教材。这些教材包括：葛家澍教授主编的《会计学原理》（上海财经出版社，1962 年），《会计基础知识》（教育部组织的、新中国第一批统编教材，中国财政经济出版社，1964 年），《会计学基础》（高等学校文科教材，中国财政经济出版社，1980 年）；余绪缨教授主编的《管理会计》（中国财政经济出版社，1983 年）。

大学会计系列精品教材"第三版(仍由葛家澍教授与余绪缨教授担任总编)出版。此后,由于种种原因,最近 10 余年,厦门大学会计学科未大规模地组织"厦门大学会计系列精品教材"的修订或重编。

回顾 21 世纪的前 20 年,国际与国内的资本市场、会计环境、企业内部治理及外部独立审计市场都经历了较大的变化。国际方面,2000 年证券委员会国际组织(IOSCO)认可了修订后的 30 份国际会计准则为核心准则(*core standards*);2001 年的安然事件几乎摧毁了资本市场对会计信息披露质量和独立审计的信心;2002 年的萨班斯－奥克斯利法案敦促会计界反思会计准则制定的原则导向或规则导向的问题;2004 年启动的、美国财务会计准则委员会(FASB)和国际会计准则理事会(IASB)的联合概念框架项目及随后的阶段性成果让会计界充满期待;2008 年美国的次贷危机使会计(特别是公允价值)再次站在了风口浪尖,一定程度上成为"贪婪华尔街"的"替罪羊";持续不断的会计准则的国际化趋同给全球资本市场带来了深刻的变革;2018 年,FASB 时隔 18 年颁布的第 8 号概念框架及 IASB 自 1989 年后时隔 29 年颁布的"财务报告概念框架"都值得吸收和借鉴(与 FASB 联合发布)。

国内方面,2000 年以来,会计准则和会计制度也面临多重变化,如 2000 年新修订发布《企业会计制度》;2006 年发布"企业会计准则体系"(含 1 项基本准则与 38 项具体准则)、注册会计师执业准则体系;2008 年,财政部、证监会、审计署、银监会、保监会联合发布《企业内部控制基本规范》;2010 年财政部颁布的《中国企业会计准则与国际财务报告准则持续趋同路线图》;2014 年以来《企业会计准则》体系的持续修订;2015 年新《预算法》的实施与 2016 年的预算会计改革;2016 年财政部发布的《管理会计基本指引》;等等。这些会计准则(制度)的改革进程都对中国资本市场信息披露、审计独立性与审计质量、管理会计、政府及非营利组织的实践产生了重要的影响。

值得指出的是,近年来,移动互联网、大数据、人工智能等技术(以下统称"AI 技术")在全世界范围内迅猛发展,不仅正在重塑社会秩序与重新界定话语权,而且也冲击到会计这个最为古老的学科。AI 时代,新科技与新知识持续不断地定义新秩序,而我们固化了的知识与技能,正在经受着被迅速"迭代"的风险。会计学科向何处去,是整个会计界乃至整个社会都广泛关注的核心话题。上述背景呼唤一套新的"厦门大学会计系列精品教材",以适应新形势下的会计学教学和人才培养。

"厦门大学会计系列精品教材"由杜兴强教授与刘峰教授担任总主编,曲晓辉教授与李建发教授担任学术顾问。总主编负责和高等教育出版社保持联系和沟通,勾勒"厦门大学会计系列精品教材"的框架,建议各本教材的主编,以及协调各教材之间的内容分工、避免过多的交叉和重复。各位主编各司其职,对相应的教材负责,包括编写人员的组织、内容框架的初步拟定及督促教材内容的编写。

"厦门大学会计系列精品教材"第一批共计划出版 10 本,包括《会计学原理》《中级财务会计》《成本会计》《高级财务会计》《管理会计》《财务管理》《审计学》《财务会计理论》《商业伦理与公司治理》与《会计学》(非会计专业);各本教材的第一主编分别为刘峰教授、杜兴强教授、张国清教授、杨绮副教授、郭晓梅教授、林涛教授、严晖副教授、杜兴强教授(财务会计理论)、张扬助理教授及杜兴强教授与林涛教授(会计学)。

"厦门大学会计系列精品教材"的编写,在内容上紧扣中国会计改革的动态(如企业会计准则体系的改革与完善、注册会计师执业准则体系的完善、管理会计基本指引的颁布等),并力争能够反映国际范围内的会计发展动态。在编写方式上,不仅有利于授课教师传授基本的会计学知识,而且能够启发学生针对所学内容进行深入思考。"厦门大学会计系列精品教材"的所有教材,在每一章开篇都明确指出了学习目标,并设置了与章节内容相关的导读案例,引导学生带着问题和明确的目标学习和思考相关章节的内容;在每章结束后,都有本章的小结;在多数章节的内容安排上,除了讲解基本的知识点,还附有若干"二维码"的知识拓展及"二维码"的随堂测试。概括起来,开篇明确学习目标,章后进行总结,并辅之以案例导读、知识拓展与即测即评,"厦门大学会计系列精品教材"将一改以往"传统",将以生动、立体的形式呈现在一线师生面前。

考虑外部环境变化的冲击,我们亦在部分教材(如《会计学原理》《管理会计》等)中尝试内容更新,反映 AI 技术等新兴科技对会计学教学内容与教材体系的冲击。考虑会计学专业的特点,以及会计的社会性,我们亦在部分教材(如《财务会计理论》)中尝试嵌入中国文化与伦理因素,进行教学内容方面的改革。值得指出的是,"厦门大学会计系列教材"中的部分教材(如《管理会计》)开发和提供了数字课程资源(包括在线开放课程、教学视频、在线实验等),并已入选国家级一流本科课程立项。

在与高等教育出版社商洽出版"厦门大学会计系列精品教材"之后,厦门大学会计学科成立了编委会[①],尽最大可能广泛吸收现任教师参与本套教材的编写。在确定主编人选时,我们不唯学历、不唯资历,秉持让"教学第一线"的教师承担各本教材主编和副主编的原则。因此,编委会里既有知名的中青年教授、博导,又有年富力强、一直站在教学第一线、教学效果备受好评的副教授,甚至是助理教授。此外,本着厦门大学会计学科"传帮带"的优良传统,部分教材设置了不止一位主编。我们认为,虽然让年轻、不具有教授职称的教师承担主编角色存在一定的风险,但在一定程度上也体现了厦门大学会计学科勇于突破、锐意改革的决心。

值得指出的是,"厦门大学会计系列精品教材"将呈现开放式的结构,允许根

---

① 最终的编委会由第一批各本教材的主编及副主编组成,按照姓氏拼音排序。

据教学改革的需求不断纳入新的教材。目前已在计划中、后期可能陆续纳入的教材,包括《财务报表分析》《政府会计》《会计思想史》《资本市场会计》《大数据与会计信息系统》等。我们相信,未来的"厦门大学会计系列精品教材"将会是一套体系完整、能够体现厦门大学会计学科教学改革特色的教材。

"厦门大学会计系列精品教材"在一定程度上反映了目前厦门大学会计学科的教学特点,亦是厦门大学会计学科承担的福建省本科高校重大教育教学改革研究项目①(*FBJG20190184*)与国家自然科学基金重大项目课题(71790602)的重要成果之一。

感谢高等教育出版社的厚爱,使得厦门大学会计学科在 10 余年后再次推出"厦门大学会计系列精品教材"。2018 年 10 月,"教育部高等学校工商管理专业教学指导委员会会计学专业教学指导分委员会"在江苏苏州召开会议。会间,杜兴强教授与高等教育出版社的于明主任就重新组织编写"厦门大学会计系列教材"达成了初步意见。感谢于明主任与王琼编辑一直和两位总主编及各本教材的主编保持密切联系,共同推动"厦门大学会计系列教材"的编写和出版。

由于编著者的知识结构、时间、精力与水平所限,"厦门大学会计系列精品教材"难免存在错漏、不完善之处。为此,我们非常欢迎一线师生将您在使用"厦门大学会计系列精品教材"过程中发现的错漏和问题反馈给两位总主编(总主编:*xmdxdxq@xmu.edu.cn*,杜兴强;*cnliufeng@gmail.com*,刘峰)或各本教材的主编,以便我们再版时逐一进行修订、改进并致谢。

杜兴强　刘峰
2020 年 11 月 8 日

---

① "会计学教材体系与教学模式改革:AI 技术冲击、中国文化嵌入与伦理关注"(负责人为杜兴强教授)。

第三版前言

一

《会计学》一书是教育部"高等教育面向 21 世纪教学内容和课程改革计划"的研究成果，是经济学类、工商管理类共同核心课程教材之一。《会计学》第一版 2000 年面世，第二版 2006 年发行，均由厦门大学会计学科的两位奠基人、中国著名会计学家葛家澍教授与余绪缨教授担任共同主编。实际上，两位先生主编的《会计学》最早可以追溯至 1992 年由四川人民出版社出版的《会计学》。

从 1992 年至 2021 年，30 年的时间内，会计专业在中国高校的发展日新月异；时至今日，极少看到某个中国高校没有会计系（或会计专业），会计学的相关课程业已发展成为中国大学教育的通识课程[①]。1828 年，耶鲁大学发布的《关于耶鲁学院教学课程的报告》（"耶鲁报告"），提出了完整教育（thorough education）和广博、深入、扎实（broad, deep, solid）的概念，并明确大学教育不是职业、专业教育，而是奠定坚实的基础以适应将来任何职业、专业的需要[②]。1829 年，美国鲍登学院（Bowdoin College）的帕卡德（A.S.Packard）教授第一次撰文强调通识教育的重要性[③]：大学应当给青年一种通识教育（general education），一种古典的、文学的和科学的教育，且尽可能综合（comprehensive），以为未来各类专业学习做好准备。

[①] 刘峰，杜兴强. 会计学通识课：理论与实践[J]. 中国大学教学. 2021（7）：58-63.

[②] 钱铭. 大学英语课程的通识教育功能——《1828 耶鲁报告》的启示[J]. 教育与教学研究，2014，28（9）：75-78.

[③] 潘茂元，高新发. 高等学校的素质教育与通识教育[J]. 煤炭高等教育，2002（1）：1-5.

　　会计是一种人类社会有效运行的信任机制,维系着社会的有序运行,对于个人、家庭、企业与非营利组织而言是如此,对整个人类社会而言亦是如此[1]。君不见,大到超大型跨国公司或联合国,中到企业集团与企业,小到小杂货铺,甚至家庭或个人,都离不开会计。甚至有学者认为,没有会计,就没有资本主义[2]。经济史学家索穆巴特(Sombart W.)认为,"创造复式簿记的精神也就是创造伽利略与牛顿系统的精神"[3]。1987年,时任美国总统的里根在祝贺美国注册会计师协会(AICPA)百年庆典(1887—1987)的贺信中写道,独立审计为企业和政府的会计报表提供可信度。没有这种可信度,债权人和投资者就难以做出为我们的经济带来稳定和活力的决策。没有CPA,我们的资本市场将土崩瓦解。对这样一个关乎人类生存和发展的基础性学科,它当然要列入"通识"教育,和哲学、历史学、经济学一起,作为大学生们的必备知识。

二

　　综观全球500强公司,有不少的CEO均在职业生涯的某阶段从事过与会计相关的工作。这可以从一个侧面佐证会计学通识教育的重要性,至少,会计学通识教育可以给一个人打下较为基础的会计学知识,为其以后在工作中从事管理工作提供重要的基础。

　　麦肯锡的一项调查显示,英国和美国的知名公司中,有1/5的CEO曾经担任过CFO;该调查结论契合了英国《财务总监》杂志此前的一篇文章中列示的数据——在财富100强企业的CEO中,有20%的人曾担任过CFO。在欧洲国家和亚洲地区的知名公司中,CEO曾有CFO经历的比例也在5%~10%。因此,会计背景对于职业发展的作用不言而喻。巴菲特不止一次地在股东大会上说:"我们所有投资的收益都是对企业财务数字深度分析的结果,企业家都要懂得财务管理!"有许多公司如阿里巴巴对于CEO的选择一向比较重视财会背景。

　　学术界亦对CEO的会计背景比较感兴趣,对此进行了系统调查或经验研究。Custódio and Metzger (2014)调查了标准普尔的25 562个"CEO—公司—年样本",发现41%的CEO曾具有金融行业工作或在非金融公司担任金融职位(CFO、会计、财务)的工作经验,其中8.2%的CEO曾担任CFO职位[4]。Frank and Goyal (2007)使用S&P 500,S&P Mid Cap 400和S&P Small Cap 600的样本,发现超过

---

　　[1]　刘峰,杜兴强.会计学通识课:理论与实践[J].中国大学教学,2021(7):58-63.

　　[2]　黑泽清.改订簿记原理[M].日本东京:森山书店,1951.尽管如此,但值得指出的是,Yamey(1964)通过对资本主义社会初期经济史料的研究,于1964年提出复式簿记和资本主义之间不存在因果关系。

　　[3]　Sombart, W.. Der Moderne Kapitalismus [M]. Munich and Leipzig:Duncker &Humblot, 1924.

　　[4]　Custódio C., Metzger D.. Financial Expert CEOs:CEO's Work Experience and Firm's Financial Policies [J]. *Journal of Financial Economics*, 2014, 114(1):125–154.

20%的 CEO 拥有财务工作经历,曾在公司财务部门,或在金融、审计或会计行业公司工作[1]。Cullinan and Roush(2011)调查了 264 名 CEO,发现在 SOX 法案出台前有 15.48% 的 CEO 有会计/金融经验,在 SOX 法案出台后有 33.33% 的 CEO 有会计/金融经验[2]。Jiang et al.(2013)以中国上市公司为样本,发现约 6% 的 CEO 拥有 CFO 工作经验[3]。类似地,姜付秀等(2012)发现中国上市公司在 1995 年有 CFO 工作经验的 CEO 为 0.9%,2002 年为 5.71%,2003—2009 年均在 5% 以上,2010 年则达到了 6.59%[4]。

那么,CEO 有无会计或财务背景,其所任职公司的财务决策行为究竟有何差异?首先,有无 CFO 工作经验的 CEO 在财务报告披露与财务政策选择上存在显著差异。Matsunaga and Yeung(2008)发现,有 CFO 工作经验的 CEO 管理的公司在会计选择上更加保守,有更高的整体披露质量,采用了更保守的披露策略;分析师对有 CFO 工作经验的 CEO 管理的公司的预测更准确、更集中、更稳定[5]。Gounopoulos and Pham(2018)发现,曾经担任过 CFO 的 CEO 更有动力向市场提供更高质量的财务报告,不太可能进行应计和真实盈余管理[6]。Jiang et al.(2013)以中国上市公司为样本,发现曾担任 CFO 职位的 CEO 会提供更精确的盈余信息和更高质量的财务报表[7]。

其次,有无 CFO 工作经验的 CEO 在现金持有、负债、投资、筹资等方面存在差异。Custódio and Metzger(2014)指出,聘请拥有财务专长工作经验(在金融行业工作,或在非金融公司担任金融职位如 CFO、会计、财务的工作经验)的 CEO 的公司持有更少的现金、更多的债务,并进行更多的股票回购;在财务方面更加成熟,管理财务政策更加积极,投资对现金流更不敏感,在信贷紧缩的情况下,他们也更有可能筹措外部资金[8]。

---

①　Frank M. Z., Goyal V. K.. Corporate Leverage: How Much do Managers Really Matter [J]. *Available at SSRN*, 2007.

②　Cullinan C. P., Roush P. B.. Has the Likelihood of Appointing a CEO with an Accounting/Finance Background Changed in the Post-Sarbanes Oxley era? [J]. *Research in Accounting Regulation*, 2011, 23(1): 71–77. 其对 CEO 会计/金融经验的定义是:(1)有会计或审计工作经验。(2)有财务管理职位的经验,如担任 CFO。(3)会计或金融专业学位。(4)获得 CPA 认证。

③　Jiang F., Zhu B., Huang J.. CEO's Financial Experience and Earnings Management [J]. *Journal of Multinational Financial Management*, 2013, 23(3): 134–145.

④　姜付秀,黄继承,李丰也,任梦杰. 谁选择了财务经历的 CEO? [J]. 管理世界, 2012(2): 96–104.

⑤　Matsunaga S. R., Yeung P. E.. Evidence on the Impact of a CEO's Financial Experience on the Quality of the Firm's Financial Reports and Disclosures [C]. AAA, 2008.

⑥　Gounopoulos D., Pham H.. Financial Expert CEOs and Earnings Management around Initial Public Offerings [J]. *International Journal of Accounting*, 2018, 53(2): 102–117.

⑦　Jiang F., Zhu B., Huang J.. CEO's Financial Experience and Earnings Management [J]. *Journal of Multinational Financial Management*, 2013, 23(3): 134–145.

⑧　Custódio C., Metzger D.. Financial Expert CEOs: CEO's Work Experience and Firm's Financial Policies [J]. *Journal of Financial Economics*, 2014, 114(1): 125–154.

最后,在审计行为经济后果方面,聘请拥有财务专长工作经验的 CEO 的公司支付的审计费用更低 (Kalelkar and Khan,2016),有 CFO 工作经历的 CEO 所在公司的审计报告更及时①。

三

厦门大学的《会计学》教材历史悠久。该教材最初由四川人民出版社于 1992 年出版;之后,《会计学》作为经济学类与工商管理类共同核心课程教材之一,由高等教育出版社先后于 2000 年与 2006 年出版发行第一版与第二版。现今,距高教版《会计学》首次面世已逾二十余载,距上一次修订已经过去了十五年。

二十年,白驹过隙、白云苍狗。会计专业由最初在中国高校不受待见,变成了如今一个人数众多、高考招生持续热门的专业。

二十年,唯一不变的是"改变"。二十年前,电算化会计浪潮席卷全国,会计从业者惶惶、生怕被计算机抢走饭碗;二十年后,大数据会计与智能会计等异军突起,大有取代传统会计之趋势。但是,关于会计专业与会计的诸多变局中,拨云见雾,变化的是形式和手段,不变的是内核、基本原理,以及会计对于社会和经济发展的重要性。

二十年,《会计学》的两位主编、我国著名会计学家葛家澍教授和余绪缨教授已经相继仙逝②。两位先生的离去,是厦门大学会计学科乃至中国会计界的巨大损失。尽管如此,虽然先哲已逝,但他们的学术思想与精神永存!

正是基于此,在厦门大学会计学系与高等教育出版社共同筹划出版"厦门大学会计系列精品教材"的过程中,经沟通,我与林涛教授商议,将两位先生主编的《会计学》或根据十余年间国际会计惯例的发展及中国会计准则/制度的变化进行系统的修订("财务会计分册"),或依据国际范围内及我国企业管理会计标准与实务的发展进行重新修订("管理会计分册"),从而出版第三版,借以致敬对厦门大学会计学科做出过卓越贡献的两位先生!

四

《会计学》作为经济学类与工商管理类共同核心课程教材之一,可以作为中国高等院校本科非会计专业通识课教材,适用的学科包括但不限于经济学类、工商管理类、法学类等,同时也可以作为实务界人士(包括 CEO、董事长、高层管理人

---

① Kalelkar R.,Khan S.. CEO Financial Background and Audit Pricing [J]. *Accounting Horizons*,2016,30(3):325–339.

② 葛家澍教授生于 1921 年,2013 年仙逝;余绪缨教授生于 1924 年,2007 年仙逝。2021 年 3 月,厦门大学会计学科举行了隆重的纪念活动,纪念葛家澍教授 100 周年诞辰,并出版了《葛家澍教授学术思想研究》(杜兴强著,厦门大学出版社,2021 年 3 月),《葛家澍文集(上下)》(杜兴强、刘峰主编,厦门大学出版社,2021 年 3 月),《澍雨杏风》(刘峰、苏锡嘉主编,厦门大学出版社,2021 年 3 月)。余绪缨教授百年诞辰纪念活动将于 2024 年举办。

员和会计人员)学习和培训会计学知识的相关教材或参考书,亦可作为 EMBA 课程——"非财务经理的会计学"先修课程的教材。

《会计学》第三版由杜兴强教授与林涛教授担任主编。遵循传统,本版依然分为"财务会计分册"与"管理会计分册"。

《会计学》的"财务会计分册"由杜兴强教授担任主编、章永奎副教授担任副主编。内容包括"会计学的基本概念""复式簿记系统:复式记账与会计循环""流动资产""金融资产与长期股权投资""固定资产及无形资产""负债""所有者权益""收入、费用及利润"与"财务报告及其基本分析"共九章。其中,杜兴强教授修订并撰写了第一、二、七、九章,章永奎副教授修订并撰写了第三、四、五、六、八章。

《会计学》的"管理会计分册"由林涛教授担任主编,谢灵副教授与郭晓梅教授担任副主编。内容包括"成本管理基础概念""成本会计计算方法原理""作业成本计算与作业管理""标准成本系统""成本性态分析与变动成本计算""本量利分析""短期经营决策方案的分析评价""长期投资决策""预算控制""责任会计""业绩评价"与"战略管理会计"共十二章。其中,林涛教授负责导论及第四、五、六、七、九、十章,谢灵副教授负责第二、十一、十二章,郭晓梅教授负责第三、八章,第一章由林涛和谢灵共同完成。

<h2 style="text-align:center">五</h2>

《会计学》第三版出版之际,首先我们深深缅怀葛家澍教授与余绪缨教授,不仅因为两位先生是《会计学》第一版和第二版的共同主编,而且因为两位先生对厦门大学会计学系(会计学科)及至中国会计事业发展做出的卓越贡献。

"逝非永别,遗忘才是"!

其次,因为工作单位变化或不再从事高校教学和研究工作等原因,在《会计学》第三版的撰写和修订过程中,第一版和第二版参与编写工作的作者(见随附的第一和第二版的前言)中的部分作者未能参与。尽管如此,我们必须感谢他们曾为本教材做出的重要贡献。

最后,需要感谢高等教育出版社的于明和王琼两位编辑老师,他们极力促使对两位老先生主编的《会计学》进行修订,将之纳入"厦门大学会计系列精品教材"。

杜兴强　林涛
2022 年 1 月

第二版前言

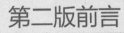

本书是教育部"高等教育面向 21 世纪教学内容和课程改革计划"的研究成果,是经济学类、工商管理类共同核心课程教材之一。

本书分为上下两册。上册为财务会计分册,包括会计原理和财务会计,下册为管理会计分册。上下两册虽然相对独立,但共同构筑了一个协调和内在一致的理论与方法体系。财务会计与管理会计是现代会计的两个重要组成部分,是会计作为一个经济信息系统中的两个子系统。前者主要面向市场向投资者、债权人提供投资决策、信贷决策的有用信息;后者主要服务于企业内部,为企业管理者,特别是高级管理者提供经营、投资、理财等方面经济决策的信息。这两个组成部分构成统一的、完整的现代会计学。高等学校经济学类、工商管理类(除会计学专业以外的其他各专业)的学生应全面掌握上、下两册的全部会计知识。

21 世纪是经济全球化的世纪,这要求各国的财务报告具有可比性并努力走向趋同。在知识经济社会,企业的无形资产比有形资产更有价值。但是,许多重要的无形资产如人力资源、知识资本等尚未体现在当前的财务报告中。这应当是财务会计和财务报告进一步开拓、发展的一个重要方面。

为了使本书成为教材中的精品,我们的编写原则是:既立足于中国,又放眼于世界;既注意联系当前实际,又关注作为财务会计和管理会计统一的会计学前沿发展动态。

财务会计分册的主编为葛家澍,副主编为陈汉文、杜兴强。参与本册编写的同志包括葛家澍(中国会计学会副会长,厦门大学文科资深教授、博导)、陈汉文(教授、博导)、杜兴强(教授、博导)、于竹丽(博士生)、聂志萍(博士生)、许业荣(博士)、陈凌云、刘启亮。具体分工如下:

第一章由葛家澍、杜兴强编写;第二章由杜兴强、许业荣编写;第三、四、五章由于竹丽、杜兴强编写;第六、七、八章由聂志萍、杜兴强编写;第九、十章由刘启亮、陈汉文编写;第十一、十二章由陈凌云、陈汉文编写。厦门大学会计系博士生李宜参与了本书初稿的校对工作。

书中如有欠妥、疏忽或错误之处,欢迎读者提出宝贵意见。

葛家澍

2005 年 6 月

第一版前言

  本书是教育部组织的面向21世纪经济学类、工商管理学类核心课程教材。

  会计是一个经济信息系统。市场经济和现代企业越发展，会计就越重要。这不仅为世界各国经济发展所证明，也为我国改革开放、建立社会主义市场经济体制的伟大实践所证明。了解和掌握会计学的必要知识，对于高等学校工商管理类学生来说，是至关重要的。

  会计学已有几百年的悠久历史，它已经积累了丰富的理论和方法，随着市场经济的迅猛发展，它的内容也日新月异。大约从20世纪30年代以后，基于资本市场和现代企业的需要，现代企业会计逐步形成两个分支：财务会计与管理会计。前者主要面向市场加工并传递信息；后者主要服务于企业内部的经济决策。两者虽分流但同源，它们总是分工合作地发挥作用。

  财务会计与管理会计是现代企业会计的不同组成部分，是一个经济信息系统中的两个子系统，不论从理论渊源或从未来发展的大趋势看，这两个组成部分不应当割裂。何况，从工商管理学类各专业学生应掌握的会计知识来说，财务会计与管理会计两方面的知识都缺一不可。为此，我们把财务会计与管理会计统一起来，组成本书——《会计学》的完整内容。

  21世纪的经济将是全球经济。全球经济的媒介和沟通任何时候都离不开信息，其中包括会计信息，努力使会计信息和财务报告更加可比，甚至一致，是当前各国会计界（特别是会计准则制定机构）为之加大力度而努力的一个重要目标。会计将真正成为国际通用的商业语言，使会计的理论、方法和技术打破国与国的界限，为全人类所共享。

考虑会计和会计学的发展趋势与未来前景,本书在安排章节体系和全书内容时,既立足中国,又放眼世界,既注意联系当前实际,更关注 21 世纪会计学科发展的前沿。

本书由葛家澍、余绪缨任主编;陈汉文、林涛为副主编。在副主编的协助下,主编负责全书的统纂、修改和定稿。

参加本书编写的同志分工如下:

第一章　葛家澍　杜兴强　李文

第二、二十章,二十一章第二节　胡玉明

第三、四、五、六章　杜兴强　李文

第七、八、九、十章　陈汉文

第十一章　葛家澍　余佳霖

第十二、十七章,二十一章第一、三、四节　余绪缨

第十三、十四、十五、十六、十八、十九章　林涛

本书会有不妥或疏忽之处,甚至有错误,衷心欢迎读者提出宝贵的意见。

葛家澍　余绪缨

1999 年 12 月

目　录

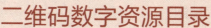

二维码数字资源目录

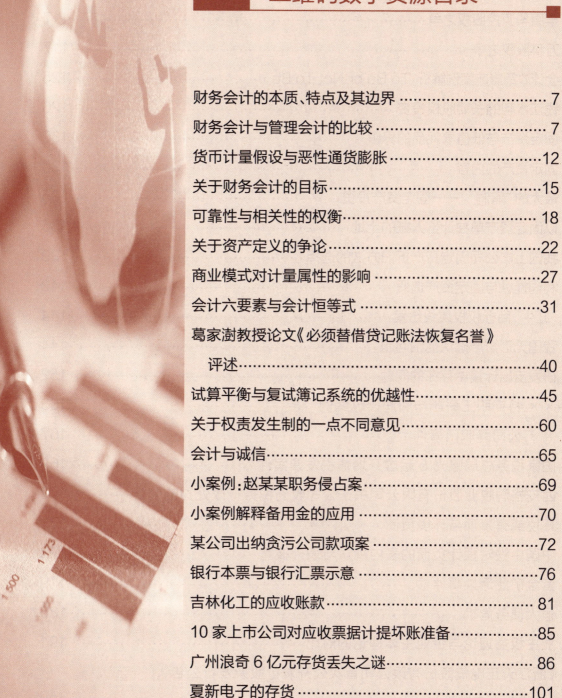

第一章　会计学的基本概念

学习目标

1. 掌握会计的定义。
2. 理解会计基本假设。
3. 掌握会计目标、了解会计职能、理解会计信息质量特征。
4. 掌握会计要素。
5. 理解会计基本程序。
6. 了解我国的财务会计规范。

导读案例

诚赢股份关于持续经营能力的情况说明

本公司及董事会全体成员保证公告内容的真实、准确和完整,没有虚假记载、误导性陈述或者重大遗漏,并对其内容的真实性、准确性和完整性承担个别及连带法律责任。

一、基本情况

根据盐城诚赢国际木业股份有限公司(以下简称"公司")2017 年 8 月 17 日于全国中小企业股份转让系统官方网站上披露的《2017 年半年度报告》(公告编号:2017—049),截至 2017 年 6 月 30 日,公司合并报表的未分配利润金额为 −1 516.92 万元(未经审计),亏损已达实收股本总额 850.00 万元的 1.78 倍。

二、亏损原因分析

2015 年、2016 年公司主营产品为节能灯、LED 产品,随着电光源行业的演变,节能灯产品逐渐被 LED 产品所取代。由于 LED 产品发展迅猛,行业竞争非常激烈,公司在维护原有客户基础上,降低产品价格;由于公司 LED 产品数量较少,新客户开发的进度较为缓慢,LED 产品收入的增长未能弥补节能灯销售收入的下降。

公司成立后主要客户一直为欧司朗等海外客户,产品主要出口海外,对大客户依赖性较高,但是近两年欧司朗等客户对节能灯订单急剧缩减,导致公司的营业收入逐年下降,而相关成本费用较大,直接影响公司产品的利润。

三、持续经营能力分析

2016年下半年，杨楠对公司进行收购成为新的实际控制人，并且向公司无偿赠予现金人民币1 000万元，为公司产品采购、研发、生产、销售的产业转型发展提供了资金支持，并降低了财务成本，为公司持续经营提供了保障。

2017年年初，基于公司发展战略，公司董事会决定调整公司的经营方向，增加了木材加工及贸易的经营范围。2017年1—6月，木材业务销售收入3 967 539.44元，占销售收入比例76.18%，在国内木材需求逐渐旺盛的市场行情下，预计2017年全年收入将同比实现较大幅度增长。

公司银行收付款、发票开具以及木材销售等各项业务均能持续有效开展，公司管理层始终围绕年初制定的产业转型战略规划，加强木材市场营销，努力改善经营能力，提升综合盈利水平，积极拓展进口木材相关业务。公司目前仍具备足够净资产开展运营。

综上，公司现有亏损为阶段性亏损，公司管理层及董事会对公司经营非常有信心，公司能够在相当长的时间内维持经营，具有应有的持续经营能力。公司在提醒投资者注意投资风险的同时，感谢广大投资者长期以来对公司的关注与支持！

特此公告。

盐城诚赢国际木业股份有限公司董事会
2017年9月12日

问题：诚赢国际为什么要对自己的持续经营能力进行说明，这一情况与会计基本假设有何联系？会计基本假设是会计的一个基本概念，为了解会计及相关的基本概念，让我们进入本章的学习。

资料来源：编者整理。

第一节　会计：一个以提供财务信息为主的经济信息系统

一、会计定义的各种观点

什么是会计，这是一个基本的概念问题。由于对会计本质有不同认识，出现了不同的会计定义。综合各种会计定义，大致有四种提法：①管理工具论；②管理活动论；③艺术论；④信息系统论。

早期的会计，在含义上与簿记并没什么区分。在一个相当长的时间内，西方会计学家总是把会计视为一种"艺术"，他们在所下的会计定义中，着重描述了会计这一艺术的主要特征。但到了20世纪六七十年代，由于电子计算机被用于会计领域，信息论渗透至会计领域，管理会计得到了迅速的发展，从这以后，一种为大家普遍接受的新提法出现了，那就是把会计视为一个信息系统。例如，1966年美国会计学会（AAA）在《会计基本理论说明书》中认为，"在本质上，会计是一个信息系统"。在现代管理会计产生之前，所有的会计定义都把会计对象的时间限定为已完成的经济活动，而新的会计定义不但包括对已完成经济业务的反映，而且包括对未来的、尚未发生的行动进行预测，这就进一步发展了会计对象的时空观念。

"管理工具论"与"艺术论"认为，会计是一套分类、记录、计量、汇总、分析与解释的方法或技巧，简单地说，会计是一个方法体系。这个方法体系是人们长期从事会计工作的经验总结，而用它来开展实践活动，就表现为会计工作。如果承认会计是方法或艺术，那么，方法或艺术本身就不可能是管理，而只是服务于管理的工具。从会计这一特殊的方法体系来说，它主要是用来提供微观经济信息的，或者说，它主要是执行反映职能的。由于管理离不开信息，因此管理就离不开会计，会计的重要性主要表现在这里。至于说到会计工作，情况有所不同。因为通过会计部门的会计人员进行的会计工作，比起作为一个方法体系的会计，可以起更多的作用。会计工作的首要的和基本的使命，是按规定的方法处理数据和加工信息，起反映的作用，但是，在会计工作中，由于掌握了大量数据和信息，会计部门和会计人员就可以按照政策、计划和制度，有根据地监督企业的经济活动，同时可以充分考虑提高经济效益的要求，提出可供选择的最优方案，协助企业领导并督促各有关部门及时指导并调节生产，更好地领导整个企业和各个部门的经济工作，起控制的作用。

把会计当作一项有人参加的活动，即一项工作，这就是"管理活动论"。持这一观点的学者认为，"过去把会计说成是经济管理的工具，今天看来显然是不够全面的。应该说，会计本身就具有管理职能。"[1]"会计是一种管理活动，是一项经济管理工作。"[2]"会计是经济管理的重要组成部分，是经营管理的核心……会计管理在微观经济中是企业管理的重要组成部分，在宏观经济中是国民经济的重要组成部分。"[3]"在微观经济中，会计管理是一种重要的价值管理。在社会主义条件下，企业的价值运动就是个别资金运用，会计管理是对这种运动进行管理的一种重要形式。"[4]"管理活动论"是我国学者首创的提法。这一观点是对新中国成立以来长期流行的"工具论"（把会计看作经济管理工具）的否定，其目的在于提高会计和会计人员在社会主义经济建设中的地位与作用。该观点的代表学者是杨纪琬和阎达五两位教授。

按照"管理活动论"所下的定义，所谓会计，是指会计工作，是说明会计作为一项活动或工作的性质的。而会计这项活动或工作是指对能够用货币表现的经济事项，按特定的方法，予以计量、记录、分类、汇总、分析及评价。如果把会计当作一项活动或工作，那么说会计工作是一项管理工作是完全正确的。"管理工具论"和"艺术论"把会计当作一种反映和监督经济活动的方法、工具或一种提供经济信息的规则与方法，是进行会计工作所必不可少的手段。会计不等于会计工作。

信息系统论认为会计是一个经济信息系统。这一见解试图把会计工作和开展会计工作所运用的方法或艺术统一起来，而力求突出方法的作用，突出反映的职能，突出经济信

---

[1] 杨纪琬，阎达五. 开展我国会计理论研究的几点意见——兼论会计学的科学属性[J]. 会计研究，1980(1).

[2] 杨纪琬. 关于"会计管理"概念的再认识[J]. 会计研究，1984(6).

[3] 杨纪琬，阎达五. 论会计管理[J]. 经济理论与经济管理，1982(4).

[4] 杨纪琬，阎达五. 会计管理是一种价值管理[J]. 财贸经济，1984(10).

息在现代管理中的特殊重要性。本书赞成该定义。持这一观点的余绪缨教授认为，"根据当前的现实及今后的发展，应把会计看作是一个信息系统，主要是通过客观而科学的信息，为管理提供咨询服务。"[①] 葛家澍、唐予华基本同意把会计理解为一个经济信息系统，认为"会计是旨在提高企业和各单位活动的经济效益，加强经济管理而建立的一个以提供财务信息为主的经济信息系统"。[②] "根据一般信息系统的理论，会计信息系统具备了信息系统的特点。首先它具有明确的目的性……其次，它具有整体性……再次，会计信息系统具有层次性。"[③] "会计信息系统论的基本观点自 1980 年引入中国，并经过一些著名会计学家的研究，在以往的基础上做了新的论断，从而克服了以往研究中的片面性，使这一论说得到了发展。"[④] 信息系统论观点来自国外（主要是美国），但引进以后我国学者有所发展。这一观点的代表学者是余绪缨、葛家澍、裘宗舜、郭道扬等教授。

在 20 世纪 60 年代中期，美国会计界对会计的认识开始有所转变。最早对会计的含义进行重新表述并预测"会计未来将是一个信息系统"的是美国会计学会。1964 年，美国会计学会为纪念成立 50 周年，建立了以 Charles T.Zlatovich 为首的"基本会计理论报告委员会"，于 1966 年完成并发表了著名的《基本会计理论报告》（ASOBAT）[⑤]。在 ASOBAT 中，会计被重新定义为"为了使用者能够做出有根据的判断和决策而辨认、计量和传递经济信息的程序"（导论部分）。这个定义既反映了会计信息加工的主要程序——辨认、计量和传递，又指出了财务会计的目标（供使用者进行有根据的判断与决策），而定义描述的会计处理程序实际上构成一个由若干要素组成的系统。如果说，在 ASOBAT 第一章尚未明确提出会计这一概念的实质，那么在该报告第五章探讨"会计概念的基础"（Conceptual Bases of Accounting）时所讲的一段话就比较明确了："在本质上，会计是一个信息系统，更准确地说，它是一般信息理论用于解决经济效率运行的问题。"该报告同时指出，在一般信息系统中，用于提供决策所需数量化的信息占据重要的位置。

在美国，经济信息系统的另一个提法源于会计原则委员会第 4 号公告（APB Statements No.4）。该公告认为，"会计是一种服务活动，其功能在于提供有关主体的数量化的信息（主要是财务信息），旨在有助于进行经济决策——在各种可行的行动方案中做出合理的选择。"虽然该公告认为，会计是一项服务活动，但其服务的内容是提供有关经济主体数量化的信息，而服务的对象则是供使用者在各种备选的行动方案中做出合理的选择，因此，它与信息系统的提法仅仅是殊途同归。特别是，APB Statements No.4 又给出财务会计的定义："企业财务会计是会计的一个分支。它在下述的局限性之内，以货币即定量化的方式提供有关企业经济资源及义务的持续性历史，也提供改变那些资源及义务的经济活动的历史。"

这个定义着重指出财务会计的两个非常重要的性质：

---

① 余绪缨.要从发展的观点看会计学的科学属性[J].中国经济问题.1980(5).

② 葛家澍,唐予华.关于会计定义的探讨[J].会计研究,1983(4).

③ 裘宗舜.会计与信息革命[J].江西会计,1984(6).

④ 郭道扬.世界会计职能论研究(下)[J].财会月刊,1997(3).

⑤ 值得注意的是,大约每隔 10 年,AAA 就会发表一份具有相当影响的研究报告,譬如 1977 年发表了《会计理论与理论认可》的报告(ATTA),1988 年发表了《会计和审计计量问题》的报告等。

（1）财务会计所提供的信息主要是财务的,其对象为有关企业的经济资源及义务和它们的变动情况;因为是财务的,它需要运用货币定量的方式。

（2）它所提供的关于某家企业经济资源及其义务(即资产、负债和所有者权益)以及变动,是一个持续性的历史信息。

一般来讲,一个完整的、严密的会计定义应当符合以下四点要求:

（1）定义应能揭示会计的本质与特点。

（2）定义应能反映会计的历史,既着眼于现在,又考虑未来,要预见会计发展的趋势。

（3）定义应包括会计的对象、职能(任务)、方法和主体,其中方法是重点。同时,还明确指出运用会计的主要目的(或会计的基本用途)。

（4）定义既要简明,又要准确。定义不能经常改变,而会计却处于不断的发展中,因此,定义要有较大的容纳性,太具体就经不起时间的考验。

用上述要求来衡量前文四种有代表性的会计定义,那么,最后一种提法,即把会计理解为一个以提供财务信息为主的经济信息系统是可取的:一是由于这个定义比较简明;二是由于这个定义能比较准确地表述现代会计自从产生以来就始终存在的"反映"职能;三是由于这个定义能突出在商品经济条件下会计以提供财务信息(能用货币来计量、记录、预测的那些数量方面的信息)为主的特点;四是由于这个定义考虑现代会计的新内容及新发展,因为迄今为止,会计所运用的信息加工方法已形成十分严密而复杂的体系,从而在企业中成为一个能把数据转化为信息的系统;五是由于这个定义能较好地把"管理工具论"和"艺术论"同"管理活动论"基本上统一起来。作为一个系统,会计既可理解为具有两个以上的方法或程序,为完成数据和信息提供的功能而组成的一个方法体系;也可理解为具有数据处理对象,由信息管理部门和人员来掌握,为信息提供和信息使用(使用信息就能发挥会计对生产的控制作用)而进行的一系列工作内容和程序。为了更清楚地界定会计这个定义,还需要对涉及的几个概念做必要的说明和补充。

二、会计定义所涉及的几个概念

(一) 系统

系统是指由两个或两个以上的要素组成、具有特定功能和特殊目标的统一体。[①] 如果把系统的功能加以抽象,则任何一个系统均可分为输入与输出两个部分;而具体到会计,可以认为,输入的是会计数据,输出的是财务信息和其他经济信息。

(二) 信息

信息是指传输和处理的对象,是各种事物的特征及其变化的反映,是影响或可能影响系统使用者的决策的有关知识。企业生产经营活动的信息(简称经济信息),是生产经营活动所需人、物、能源、资金等要素相互结合的特征和不断变化的数字化反映。经济信息的生产和发出是不以人的意志为转移的,人们能否理解和接收生产经营活动不断发出的所有信息,并把它加工改造为对管理者有用的知识,则依赖于科学技术的进步程度、社会

---

① 邓志刚.一门新兴的科学——系统工程简介[J].世界经济,1979(11).

生产力的发展水平。信息有广义和狭义两种理解。广义地看,一个信息系统输入的尚未处理或仅开始处理的数据可以被理解为信息。例如,原始记录、原始凭证,甚至有待进一步分类、整理和汇总的账簿记录都属于这一类。通常,我们把这一类信息称为初始信息。初始信息只有在系统中经过处理——根据一定要求,运用科学的方法、程序和手段,加工整理,去粗取精、去伪存真、压缩数量、提高质量,才能转化为合乎需要的、可供使用的数据。这种加工改制后的有用数据,才是严格意义上的经济信息。例如,在会计这个经济信息系统中,就财务会计方面(可以看成会计系统中的一个子系统)而言是对外提供财务报表,就管理会计方面(可以看成会计系统中另一个子系统)而言是对内提供决策备选方案等,这才是会计信息,即狭义的、严格意义上的信息。

(三) 财务信息

财务信息是指能够用货币表现的那一部分经济信息,也称为货币信息。资金、成本和利润的指标体系,都是财务信息系统输出的信息。不过成本信息有些特殊,它既同经济有关,又同生产技术有关。因此,成本信息系统也可以独立于财务信息系统之外。当然,会计信息系统只是以提供财务信息为主,并不是说它仅限于提供财务信息,以下将提到,像管理会计这个子系统,它就能提供管理所需要的其他经济信息。

(四) 需要在定义中补充反映的几个内容

如前所说,一个完整的会计定义,应能反映会计的对象、职能、方法、主体和运用会计所要达到的目的。在市场经济条件下,会计的对象为价值运动,更确切地讲,是价值增值运动。社会主义市场经济条件下的会计对象也是如此。不过,根据当前会计的发展,会计所能反映的范围已比过去有所扩大。这就是说,作为会计对象的价值运动,不仅包括已发生的,而且包括可能发生的,前者主要采用记录的方法进行规划、分析、评价,用于控制和决策。当然,把价值运动列为会计的对象并不排斥其他重要的经济活动和经济事务。

迄今为止,我们讲的会计是一个信息系统,总是以在经济(包括财务上)和业务上具有独立性的单位为范围,即每一个独立核算的单位都是一个独立的会计主体。在这个意义上,每一个单位的会计活动都是在一个特定空间内进行、与市场经济息息相关的信息系统,它们各自处理本单位经济活动的数据,提供本单位的财务信息和其他经济信息。因此,每一个企业、事业单位、机关和团体都是一个独立的、互不混淆的会计主体。

三、会计、财务会计与管理会计的定义

(一) 会计

综上所述,会计是旨在提高各单位的经济效益、加强经济管理而建立的一个以提供财务信息为主的经济信息系统。它主要用于处理各单位价值运动(尤其是价值增值运动)所形成的数据,并产生与此有关的信息,反映的是其基本的职能。对上述数据与信息的进一步利用,又能起到对企业的控制作用。

作为一个信息系统,会计是由若干子系统组成的。会计的子系统按照其所提供的信息的性质和用途的不同,主要分为财务会计和管理会计。

(二) 财务会计

它主要是把已发生的价值运动所形成的信息,运用复式簿记系统,通过分类、计量、记

录和汇总并予以分析解释，转化为以报表形式出现的财务信息。财务会计所提供的财务信息基本上是历史性的。它是运用货币形式，对一个单位过去的全部经济活动或财务活动所做的总结。它也能指导未来的行动。

财务会计首先出现在美国，在 1939 年至 1965 年逐步成熟为一门系统的知识。1939 年，美国会计程序委员会（CAP）开始发布《会计研究公报》（Accounting Research Bulletin，ARB）。1964 年，美国注册会计师协会（AICPA）的理事会发表了一份关于公认会计原则的特别公告。该公告指出：①公认会计原则是指那些具有相当权威支持的原则；②会计原则委员会的意见书（APB Opinions）具有相当权威支持；③在具有相当权威支持方面，会计研究公报和会计原则委员会意见书并无区别。

公告明确要求所有注册会计师协会会员从 1965 年 12 月 31 日起，对任何偏离上述两类权威性文件所阐述的会计原则、影响重大的事项，需要在财务报表的附注和审计报告中加以披露。当时仅由《会计研究公报》和《会计原则委员会意见书》两种文件来代表公认会计原则。后来增加了财务会计准则委员会（FASB）发布的《财务会计准则公告》（Statements of Financial Accounting Standards，SFAS 或 FAS）和《财务会计准则委员会解释》（FASB Interpretations）另两类文件。以公认会计原则或会计准则为规范所进行的会计处理和提供的财务报表，构成了当前各国财务会计最重要的特征。

为了全面反映财务会计的含义，应结合当前财务会计发展的新趋势与特点，进一步将财务会计界定为：

立足于主体（如企业），面向市场，对企业已发生的交易与事项运用确认、计量、记录等程序，主要通过货币表现形式，以公认会计原则为依据，在财务报表内表述财务信息，并通过报表附注加以解释和补充。同时通过其他财务报告或手段，充分披露同财务会计有关而不能够在表内或附注表述的、一切有助于使用者进行经济决策所需要（并有用）的财务、非财务、数量化或叙述性的信息。

以上的定义包含了财务会计比较全面的特性：

（1）财务会计是以提供历史的财务信息为主的企业经济信息。财务会计面向市场、立足企业，是资本市场得以正常、顺利运行的媒介，甚至可以说是整个市场各种资源流动的媒介，所以其密切依存于社会经济环境。

财务会计的本质、特点及其边界

（2）财务会计是一个人造的信息系统，人们为了达到特定的目标才建造这样一个特殊的经济信息系统，这个特定的目标有助于使用者，特别是企业的外部使用者（主要是投资者）进行投资决策和经济决策；同时，它反映企业资源的受托人（经理层）对资源的所有者受托责任的履行情况，这也是财务会计的重要特征。

（三）管理会计

它主要是利用财务会计产生的信息或其他数据，对预计发生的价值运动或其他经济活动，运用标准成本、变动成本等计算模式，应用各种财务分析方法、计划编制与评价方法，特别是现代数学方法中求最优方案的定量技术，通过预测、分析和评价，转换为各项计划、预算和决定未来行动的备选方案，以做出最优经济决策。管理会计所提供的管理信息基本上是预见性的，

财务会计与管理会计的比较

主要是运用货币形式对一个单位的全部、部分或某项未来经济活动所做的预测、分析或评价。财务会计所提供的信息有助于制定财务决策,而管理会计所提供的信息则有助于制定经营与管理的决策,由于管理会计的信息具有预见性,显然是一种高级的内部决策支持系统。

第二节　会计基本假设

诺贝尔经济学奖得主、著名的经济学家科斯(Ronald H. Coase)在其发表的经济学论文——《企业的性质》中说过:"过去经济理论一直未曾清楚地陈述其假设。"经济学家在建立一种新的理论时,常常忽视对理论赖以建立的基础的考察(Ronald H. Coase, 1937)。[①]值得庆幸的是,会计学者在这方面表现得还比较明智。1922年,美国现代会计之父佩顿(W.A. Paton)发表了《会计理论》一书。[②]该书第20章(最后一章)明确地探讨了7项会计假设。[③]在此后近20年时间里,佩顿和其他会计学者并未对上述会计假设重新做深入的考察。直到1940年,佩顿与另外一位著名的会计学家利特尔顿(A. C. Littleton)合著了《公司会计准则绪论》(An Introduction to Corporate Accounting Standards),在这本名著中,他们才把假设改称为"基本概念",除保留企业主体假设,并将继续经营改为主体的持续经营外,另提出同计量和权责发生制(其核心是通过收入和费用的配比确定企业的利润即净收益)有关的四项基本假设(概念),即可计量的对价(measured consideration)、成本的归属性(cost attach)、努力与成就(effort and accomplishment)、可稽核性的客观证据(verifiable objective evidence)。《公司会计准则绪论》是会计学的一部经典著作,但作者提出的会计基本假设除了会计主体(营业主体)和持续经营两项外,并未被会计界视为财务会计的基础。也正如科斯在其《企业的性质》一文中引用罗宾逊(Robinson)的文章时所指出的:经济学的假设,有一类未必可控,但符合现实。会计假设可能也是如此。可计量的对价、成本的归属性、努力与成就与可稽核性的客观证据都是会计程序中的必需步骤,但并非是用来指导和控制财务会计(特别是财务报表)的基本概念。会计假设研究的巅峰是美国会计学会1961年出版的《会计研究公报》(Accounting Research Studies No.1, ARS No.1)中的《论会计基本假设》(The Postulates of Accounting),该论著的作者为穆尼茨(Moonitz),他创造性地提出A、B、C三类共14项假设。其中A、B类列示了会计主体假设,C类列示了持续经营假设。穆尼茨的论著既相当系统、全面,又可称独树一帜。

我们不准备探讨全部会计假设,而只着重分析会计学者迄今为止共同承认的会计主体、持续经营、会计分期、货币计量等几项假设。

---

① Ronald H. Coase. The Nature of The Firm [J]. *Economics*, 1937(4):386–405.

② Paton. *Accounting Theory* [M]. The Ronald Press Company, 1922.

③ 企业主体(the business entity),继续经营(the going concern),资产负债表等式(the balance—sheet equation),财务状况和资产负债表(financial condition and the balance sheet),成本和账面价值(cost and book value),应计成本与收益(cost accrual and income),次序性(sequence)。

　　会计基本假设,是对会计信息系统(主要指财务会计)运行所依存的客观环境中与会计相关的因素进行的抽象与概括,是会计信息系统运行与发展的基本前提与制约条件。之所以称为"假设",首先是因为这些前提或制约条件对会计信息系统的运行至关重要,缺乏或违背这些前提,会计信息系统就无法提供真实而公允的信息。其次还因为会计信息系统是开环(而非闭环)的系统,这个系统时刻都处于一种与客观环境交互作用的状态,体现会计信息系统对客观环境的一种"学习"与"积累",在来自客观环境的"前提"尚未得到完全证实之前,才冠以假设。从这个意义上讲,如果客观环境发生了急剧的变迁,会计信息系统必然会对之做出反应,此时就需要适时地对"假设"进行重新审视与修正,以保证会计信息系统能够"良性"运行。而冠之以"基本"这个限定词:一则是因为不同的会计研究对客观环境的概括得到的"假设"可能不尽一致,而本节所介绍的四项会计基本假设是目前会计界所普遍认可的;二则是因为可以将假设分为四个层次,即基本假设(basic postulate)、基本假定(basic assumption)、假设(postulate)、假定(assumption)。本节所讲到的四项基本假设属于上述区分的第一个层次。

一、会计主体假设

　　会计主体假设规定会计核算的空间范围和界限。会计信息系统所加工的数据和提供的信息并不是漫无边际的,而是应该局限于特定的、具有独立性或相对独立性的单位之内。如果以一家独立核算的企业为会计主体,那么,会计信息系统所处理与提供的信息就必须是与该企业相关的,而那些与特定企业无关的信息,则不属于本会计主体的信息系统所核算的范围。此外,会计主体假设的提出,也要求对主体与所有者的利益界限进行明确的区分。

　　一般认为,把会计建立在每一个经营主体(主要指企业)的基础上,要求会计只反映涉及该主体的资产、负债、业主权益、收入、费用和盈利(或亏损)的交易或事项,要把该主体的经济活动与其他主体的经济活动、企业的经济活动与企业所有者的私人经济活动严格分开。其实,这不过是从现象上描述会计主体的含义。根据以上对企业性质和作用的分析,会计主体假设至少还有两个特点是值得我们注意的:

　　(1) 在主体(企业)范围内进行的经济活动(都同资源配置与运用有关),能够比在市场上通过价格机制进行资源调配活动节约交易成本(其中包括一系列的缔约成本、代理成本及剩余损失)。

　　(2) 在会计主体内进行的经济活动能够有效地控制并节约生产和经营成本,使资源使用的优化能够量化表现,集中表现在利润(价值增加)和现金净流入这两个财务指标上,也表现在通过资产、负债和所有者权益对比所体现的流动性、财务弹性和风险等其他重要的财务信息上。

　　当然,上述特点并非依靠会计主体假设一个概念就能形成,它必须同其他几个相关的概念相结合。但不把会计定位在一个主体(企业)的范围内,会计的其他概念将不会产生,也就没有会计的一系列其他特点和特有的功能与专门的程序。因此,从佩顿、利特尔顿到现代的会计学家,都无一例外地把会计主体假设列为财务会计的第一个基本假设,值得我们深思。①

二、持续经营假设

在市场经济的环境中,企业是最基本的生产单位,家庭则是消费单位。一家企业向家庭和其他企业购买劳动服务和原材料等投入品,把这些投入品转化为商品和服务,并在社会出售,目的是使收入与支出之差即利润最大化。② 企业的这种目的带来了两个由于不确定性所引发的问题:

首先,企业对商品的生产是为了满足市场的需求,而不是为了满足自己的需要。其他企业和家庭的需求决定着企业的生产经营种类和生产经营模式。这存在不可控制的风险和高度的不确定性。

其次,市场不止一家企业生产某类产品或提供某类服务,行业内的竞争又产生前途未卜的不确定性。如果认定企业的活动不仅充满挑战而且朝不保夕,那么会计这一经济信息系统将无法在企业中建立。为了使会计经常和定期提供各种财务信息以供企业内部和同企业存在利害关系的外部(包括其他企业、家庭与个人)进行各自的经济决策,会计学主体假设中"主体"的主要代表——"企业",与现实世界中的企业有所不同,它把那些随时可能破产、关闭、改组、合并的具体企业加以舍弃,而认为在市场上寻求生存、获利、发展即参与市场竞争的大量企业将会长期继续经营。持续经营假设把企业经营中的不确定性转化为确定性。这看来似乎有些武断,但这种人为的假定不但符合多数企业的实际,而且反映了财务会计的要求。因为有了持续经营这个会计假设,企业才会有长期控制、使用并能带来未来经济利益的资源——"资产",企业也才能承担在未来时期向其他主体支付资源或提供服务的义务——"负债"。此外,一个主体的收入,不是某一天的资源流入,而是长期资源流入的积累;同样,一家企业的费用,也不是某一天的资源流出,而是长期资源流出之和。这里,所谓的"长期""未来期间"都是以企业持续经营为基本前提的。例如,更具体地说,一家企业购入的一批商品之所以有立即投入使用(当作费用)和未来继续使用(当作资产)之分,是由于企业的经营具有持续性。

总之,在一个主体的范围内,假定其生产经营持续不断,会计才能对连续不断的交易与事项产生的数据进行加工处理,转化为对生产、经营、理财、投资和决策都有帮助的信息。由此可见持续经营假设的重要性。持续经营假设是会计能在一个主体内发挥反映和控制生产的作用,把分散的经营数据连续、系统地通过确认、计量、记录和报告,如实陈述主体持续经营的状况和业绩的必要前提。

持续经营假设是指,除非有明显的反证,否则都假设企业在可以预见的将来都将持续经营下去。这里的"反证"是指那些表明企业的经营将在可以预计的时刻结束,如合同规定的经营期满、企业资不抵债而濒临破产清算。之所以要对企业的持续经营做出假定,一个主要的原因是,如果缺乏这项假设,会计核算的许多原则如权责发生制、划分收益支

---

① 尽管有人认为在知识经济社会中会计主体假设正面临着巨大的冲击,但是知识经济影响更多的只是企业和会计主体的外延,而会计主体的内涵仍未发生本质的变化。

② 普罗曼,克罗茨纳.企业的经济性质[M].2版.孙经纬,译.上海:上海财经大学出版社,2000.

出与资本支出等将不能够应用。另一个原因是企业在持续经营状态下和处于清算状态时所采纳的会计处理是不同的。如对固定资产在持续经营下可以采纳实际成本法，而在清算状态下则只能够采取公允价值如市价、评估价值等；对于持续经营下在财务报表中存在的一些本期支出，但收益期间延伸至以后各期间的预付性费用如待摊费用、递延资产①等，在清算状态的财务报表中将不复存在，主要是因为它们并不代表任何的支付能力。

持续经营是一个带有主观色彩的假设，但它不会影响会计信息的真实性。在持续经营假设中，还应有一项补充的假设，那就是一旦发现与企业持续经营的相反证据或将出现前述破产、清算、改组和合并的各种情况，则正常的、奠定在持续经营假设上的会计信息系统将停止运行，取而代之的是可以用来专门反映和控制中止经营等特殊情况的会计系统如破产会计、清算会计等。②

会计的基本功能是定期并及时地向企业内部的经营者、企业外部的投资者和债权人等提供经营活动及其业绩的信息。于是，要有明确的时间边界。持续经营假设是一个时间概念，但持续经营假定企业具有无限的经营时间。会计学家之所以提出持续经营假设是为了使会计信息系统的运行处于正常的经营状态，并未企图解决应在何时和应反映哪一个时间段的会计信息。持续经营在理论上包含无限的、可分割的时间段。

三、会计分期假设

持续经营假设设定企业的经营活动是无限期的，这给会计核算带来了诸多的困难。因此，人们便将企业持续经营的活动人为地划分为一个个等距离的区间，以便能够及时地核算与报告有关的企业的财务状况、经营成果和财务状况变动的信息。其实，也正是持续经营与会计分期假设相结合，才使会计上的诸多方法和原则成为可能。没有这两项假设，会计上的递延、应计、预提、待摊等方法都失去了存在的基础，会计上的实现原则、配比原则也不复存在。

在会计分期假设下，一般以一年作为一个会计期间，一年可以以公历年度计算，即从1月1日至12月31日，也可以以财政年度计算，如有些国家规定会计期间从7月1日至次年6月30日。我国规定会计期间采用公历年度。此外，在信息时代的今天，考虑信息提供的及时性，会计期间也呈现出逐渐缩短的倾向，如以半年、季度和月度作为会计期间。③

会计分期或时间分期把企业无限、连续的经营活动划分为若干个据以总结工作并报告经营业绩的期间。这当然也是人为的假设，但会计分期假设对财务会计来说同样是一个必要的假设。把持续经营和会计分期两个假设联系起来看，前者是假定企业能够无限期经营

---

① 在持续经营的财务报表中存在和反映的待摊费用、长期待摊费用，其实从严格意义上来说并不是真正的资产，只是一些具有借方余额的项目罢了；它们之所以列示于资产方，是由复式簿记的机制所决定的。

② 应该说，持续经营假设是一项未曾很好定义的概念，它告诉我们"除了不持续经营就是持续经营"，这种非此即彼的定义方式是不科学和不严谨的，更未充分回答持续经营的核心问题——是什么确保企业的持续经营。

③ 与年度财务报告相对应，以月度、季度和半年为会计期间提供的财务报告称为中期报告。

下去,而后者假定这一连续的经营过程能够按照一定的时间间隔(如年、半年、季度甚至月度)加以分割。这体现了辩证法在会计理论中的运用。在一个持续经营的企业中所发生的交易和事项,必然是具有连续性的,而会计的确认、计量、记录和报告,特别是以财务报表为主要形式和核心的财务报告,则总是反映某一特定会计期间期末的财务状况和各该会计期间的经营成果以及现金流量情况。这样,收入与费用不可避免地会出现跨期分配,由此产生了权责发生制的确认基础,运用了应计、递延、分配和摊销等专门的会计程序。

四、货币计量假设

会计是一个以提供财务信息为主的经济信息系统,该系统采纳复式簿记原理进行相关账务处理。复式簿记的一个必备条件就是采用统一的货币进行计量。因为只有统一的货币才具备可加总性,才能够将各种经济活动综合地反映出来,否则不同属性的项目之间的加总就如一个橘子与一个苹果的相加一样毫无意义。马克思曾经指出,货币作为价值尺度,是商品内在价值尺度中劳动时间的必然表现形式。

如果说财务会计的主体假设限定了在企业范围内以它的正常经营活动为对象,那么以货币为计量单位则进一步界定了会计的对象是企业经营活动中能够以货币作为计量单位加以量化的那些方面。这也决定了会计信息主要是财务信息。进一步可以说,会计所能够反映和控制的主要对象是一家企业的价值耗费、收回和价值增值的循环反复(我们通常简称为价值增值运动)。价值是看不见、摸不着的东西,它总是依附于使用价值(具体资源或财富)之上,并伴随着企业经营活动而流动。可以进行量化的唯一形式是货币(包括观念上的货币)。货币也是一种商品,在市场经济中,货币的价值(反映为货币对其他商品的购买力即价格或各国货币之间的比率即外汇汇率)是不稳定的。价格、汇率等方面波动使各国的货币价值带有人所共知的不确定性。这种不确定性必然会损害货币作为会计计量尺度的功能,于是这里就需要一个补充的假设:用作货币计量单位的货币,通常指各国(各地区)的法定名义货币,并假定货币的价值稳定不变。

货币计量假设包括两个方面的问题:一是货币计量单位,二是货币的币值稳定与否。我国规定,人民币是我国会计核算的记账本位币,日常经营业务以外币为主的企业可以采纳某种外币作为记账本位币,但是年末编制财务报表时必须将外币折合为人民币反映。

为了解决作为记账本位币的货币的价值稳定与否的问题,会计上在货币计量假设下衍生出一个子假设——币值稳定不变假设。但我们知道货币币值由于受到诸多因素如汇率、利率、通货膨胀、贸易顺差、逆差等的综合影响,币值实际上是经常变动的。按照国际惯例,当币值变动不大,或者币值上下波动的幅度不大而且可以相互抵销时,会计核算时就可以不考虑这些影响,而仍然假设币值是稳定的。但如果客观环境发生了剧烈的变迁并引发恶性通货膨胀,会计上就不应该再坚持币值稳定不变,而应该采取特殊的会计处理方法,如通货膨胀会计调整等。

应该明确,对会计基本假设的认识不是一成不变的,而应随着客观环境的变迁不断地修正已有的认识。

货币计量假设与恶性通货膨胀

第三节　会计目标、会计职能与会计信息的质量特征

一、会计目标

会计作为一个以提供财务信息为主的经济信息系统,与其他任何人造的系统一样,都必须以一定的目标作为系统运行的基本导向和最终归宿。

(一) 会计目标的内容

1. 会计信息的使用者

立足于目前的特定会计环境,会计信息使用者需要考虑契约因素、法律制度与会计准则的要求以及企业自愿披露等因素。所谓契约因素是指企业与有关利益集团发生日常的经济业务(包括借款、购买商品等)时应该遵从契约中的相关规定,向这些相关利益集团提供其所需要的会计信息。如企业为了向银行借入一笔长期借款,就必须应银行的相关要求,提供本企业的财务报表以及本企业的偿债能力、营运能力等信息,事后还必须遵从契约的有关规定保持一定的流动比率、建立偿债基金并在财务报表中进行披露等。所谓法律制度与会计准则的要求是指企业遵循这些法律和会计准则的有关规定,定期向指定的会计信息使用者提供会计信息。例如,《中华人民共和国公司法》(以下简称《公司法》)要求企业必须在规定的期限内将财务报告递交给各个股东等。所谓自愿披露是指公司在经营情况出现重大变动时自愿向会计信息使用者披露相关信息,或将好消息及时传递给使用者以增强他们对公司管理当局经营能力的信心,或将不利的消息传递给会计信息使用者,以便他们及时了解情况,进行相关的决策。

我们可以将会计信息使用者划分为如下四类:

(1) 国家宏观管理部门,如统计、财政、税务部门等。它们需要获得会计信息以进行宏观调控。

(2) 处于企业外部、不直接参与企业经营管理的投资者和债权人(包括目前的与潜在的)。他们需要利用会计信息来评估管理层履行受托责任的情况以进行有关的决策。

(3) 企业的管理层。他们需要通过会计信息来了解企业的经营管理情况,以便进行恰当的预测、决策、计划与控制,最终达到改善企业经营管理需要的目的。

(4) 企业的相关利益者(尽管有时只是一种间接的利益关系),如本企业的职工、客户、供应商以及有关的社会福利部门等。他们需要利用会计信息来了解企业的发展前景、信用状况以及企业履行社会责任的情况。

2. 会计信息使用者需要什么样的会计信息

各种会计信息使用者所需会计信息的侧重点是不同的,甚至在每一类会计信息内部各种不同的会计信息需求者之间也存在显著的差异。比如,国家宏观管理部门需要的是有利于对企业进行宏观管理的会计信息,而在各个宏观管理部门所需要的信息侧重点也不同:税务部门关注企业对应交税费的核算与交纳情况的信息;财政部门关注企业国有资产保值、增值的会计信息。债权人关注的是有关企业偿债能力的会计信息,如流动资产与流动负债之间的比例增减变化、资产与负债之间是否保持一个恰当的比率等。投资者关

注企业的盈利能力和对企业未来有利的现金净流量,但有些股东也关注企业的长远发展趋势,也有些股东则只关注企业对利润的支付情况等。管理层关注企业的整体情况,以便从经营者的角度对企业进行把握,更好地进行经营管理。此外,社会有关部门则关注企业是否履行了其应该承担的社会责任,如在治理环境污染、保持可持续发展方面做了什么样的工作,对职工生活的关心程度等。

尽管会计信息使用者对会计信息的侧重点要求不同,企业以下方面的会计信息则是他们所共同关注的,那就是:

(1) 关于一家企业特定时点的财务状况的信息;

(2) 关于一家企业特定会计期间的经营成果的信息;

(3) 关于一家企业现金流入、流出的时间及概率分布的信息以及一家企业特定会计期间现金净流量的信息。

从这个意义上来讲,财务会计提供的会计信息只是一种通用意义上的信息,一般体现在三张基本的财务报表(资产负债表、利润表、现金流量表及其附注和附表)之中,但这三张财务报表对于所有的使用者具有不同程度的相关性。至于各个会计信息使用者的特殊需要,则必须通过对基本的财务报表进行有针对性的分析来满足。

3. 会计如何提供这些信息

财务会计为了提供这些会计信息,要通过一系列程序(如确认、计量、记录和报告四个基本程序)与专门的方法(如设置账户、复式记账、填制凭证、登记账簿、货币计价、成本计算、财产清查和编制会计报表等基本的会计核算方法)。

(二) 会计目标的提出

会计目标的确定是一个动态的、发展的过程。在会计发展的早期,会计信息的提供主要是基于一种契约约束,欧洲中世纪的庄园会计、中国古代的官厅会计的发展等都证明了这一点。历史地看,自从企业能够独立进行经营并被赋予"法人"地位以后,企业的所有权和经营权便逐渐开始分离,企业的所有者作为资源提供的一方与企业的管理当局作为经营的一方就构成了一种经济上的委托与受托关系。当然,这也需要以两个集团之间的契约为纽带,在这个意义上,现代企业可认为是一种以委托代理契约为纽带的契约关系的网络。随着所有权和经营权的日益分离,作为资源提供一方的所有者与债权人就要求企业的管理当局必须定期提供财务报表以便于他们定期了解企业的财务状况、经营成果和现金流动情况并评估企业管理当局对受托责任的履行情况,并在此基础上做出有关的投资与信贷决策。另外,企业组织形式的复杂化和资本市场的发展造就了企业股东与债权人的日益分散和投资者数目的日益增多,这些投资者与债权人不仅包括现在的投资者与债权人,还包括潜在的投资者与债权人。潜在的投资者与债权人主要是利用企业财务会计提供的会计信息进行相关的决策,因此,财务会计目标又进一步增加了"提供决策有用信息"的含义。

由此,我们认为,财务会计的目标大体可以分为三个逐步发展起来的层次:第一,提供评估管理层对受托责任履行情况的信息(受托责任观);第二,提供可以供各种投资者和债权人进行投资与信贷决策的信息(决策有用观);第三,提供企业履行社会责任的有关信息。

按照我国《企业会计准则——基本准则》（2014 年修订），我国财务会计的目标是向财务会计报告使用者提供与企业财务状况、经营成果和现金流量等有关的会计信息，反映企业企业管理层受托责任履行情况，有助于财务会计报告使用者做出经济决策。

专栏 1-1

国际会计准则理事会（IASB）的财务会计目标

　　2018 年 3 月，IASB 发布了《财务报告概念框架》。由于我国会计准则需要保持与国际财务报告准则（IFRS）的持续趋同，预计未来我国基本准则可能会根据 IASB 最新的《财务报告概念框架》适时进行修订。因此，本书正文中有关概念框架的内容仍采用我国现在适用的《企业会计准则——基本准则》（2014 年修订）的提法，但在专栏中阐述 IASB《财务报告概念框架》中的最新观点。

　　按照《财务报告概念框架》，通用目的财务报告的目标是提供关于报告主体的、有助于现有和潜在投资者、贷款人和其他债权人做出有关向主体提供资源的决策的财务信息。这些决策包括：买入、卖出或持有权益或债务工具；提供或清偿贷款及其他形式的信贷；对管理层影响主体经济资源使用的行动行使表决权或施加影响。

二、会计职能

　　会计的职能是会计固有的功能，是会计本质的体现。由于会计的本质是由生产发展和商品经济对信息的客观需求所决定的，会计的职能（尤其是基本职能）就具有客观性和相对稳定性。会计职能是会计本质的体现，带有客观必然性，因而成为确定会计目标的客观依据；会计目标是会计信息使用者向会计信息系统提出的主观要求，但会计目标的提出既不能脱离也不能超越会计的职能。

关于财务
会计的目标

　　包括财务会计和管理会计在内的现代会计具有以下五项职能：①反映经济活动；②控制经济活动；③评价经营业绩；④参与经济决策（提供决策支持）；⑤预测经营前景。其中反映和控制是会计最基本的职能。

（一）反映经济活动

　　现代会计是一个经济信息系统，财务会计和管理会计不过是两个分支。作为经济信息系统，现代会计的基本使命或基本功能是提供财务信息和其他经济信息。经济信息是经济活动的反映。就财务会计来说，它主要反映企业作为整体已形成的财务状况、财务状况的变动和经营成果。这些信息是企业经济活动及其结果的历史写照，尽管它所描述的是过去的经济事实，而这些事实已经不可改变，但只要真实、可靠、公正并及时地予以反映，历史信息同样具有预测价值和反馈价值，对于决策仍是必要和有用的。就管理会计来说，它主要反映企业内部基于决策需要的有关经营、理财和投资的未来活动方案，这些方案的预期经济利益及其评估比较。管理会计所反映的经济活动主要是针对现在正在进行和预计将要进行的那些部分，因而它主要能提供各种预测信息。从决策的观点看，预测信息比历史信息更重要。

（二）控制经济活动

任何一个信息系统都具有一定的控制功能。但对控制的性质、范围和影响程度应当具体分析。财务会计作为一个较为严密的信息子系统，除本身具有保护性控制作用（其目的在于保证财务会计核算信息的正确和真实）外，还有前馈控制和反馈控制两项功能。前馈控制通常是通过会计确认来实现的。会计确认应当遵循一定的标准，有些标准是会计本身的要求，因为它们是为了保证信息的科学性而规定的，也有些标准是外界赋予的，因为会计信息必须符合使用者的要求。在我国，把符合国家有关的法律、规定和制度作为会计确认的基本标准和主要条件之一，是运用会计实行控制和监督的一个重要特点。不过，很明显，通过会计确认所实行的会计监督（对经济活动合法性和合理性的监督）不是财务会计本身所固有的，而是财务会计信息的主要使用者——社会主义国家所赋予的。由于财务会计以提供历史信息为主，反馈控制应是财务会计发挥控制作用的主要表现。但要使具有反馈价值的历史信息对未来的经济活动起到控制作用（如纠正实际脱离计划或预算的偏差、修订计划或预算，指导企业按预定的或修正过的目标前进），必须通过经济决策来实现。财务会计信息系统是不包括"决策"这一极其重要的控制环节的，即使具有高度相关的历史信息也只能支持决策而无法代替决策。事实上，在决策前，财务会计信息如果被决策者采纳了，就转化为"命令"信息，从而才能对未来的企业经济活动起到调节、监督和指导的作用。管理会计中的成本会计特别是标准成本会计系列，由于能及时揭示偏离标准的差异，管理会计所制定的目标、规划和各种备选方案，也由于同各项决策最为相关，应当说，它们都是企业经营者据以进行决策从而施加控制的必要信息。但管理会计同样是一个信息系统而不是一个控制系统。任何一个信息系统都只能通过信息的输出去支持决策，而后才能实施控制。财务会计和管理会计所反映的都是最基本的即第一位的职能，而控制则必须在这个基础上进行。

（三）评价经营业绩

财务会计和管理会计都具有评价经营业绩的功能。在财务会计方面，业绩的评估是通过财务报表的分析完成的。这种分析可以从总体上对企业的经营活动绩效进行评估、发现问题并提出改进工作的对策。在管理会计方面，业绩的评估是通过在企业内部建立各种责任中心并推行责任会计来实现的。

现代企业的全部经济活动除经营活动外还有投资活动和理财活动，对企业业绩的评价也就应当扩展到理财和投资领域，从而更全面地评定一个企业的成败得失和有关方面应承担的责任。

（四）参与经济决策

现代会计的职能是提供有助于决策的信息，换句话说，就是提供信息、支持决策。决策是一个过程，狭义的决策是指决策者从各种备选方案（各项建议）中挑选出他认为最佳或较佳的方案，作为行动的指南并把它付诸实施。简单地说，就是做出未来行动的决定。广义的决策是指从收集数据、提供信息、讨论各种备选方案，直到最后选出最优方案的全过程。会计活动是广义的决策活动。在这个过程中，会计提供信息的活动是其中的一部分，而会计部门和会计人员则是决策的参与者和支持者。因此，现代会计就具有参与决策（提供决策支持)的职能。

(五) 预测经营前景

现代会计还能预测企业经营活动(其实也包括投资和理财活动)的前景。从财务会计看,具有预测价值的历史信息就能预测企业的经营前景。在西方国家,这种预测信息通常在财务报表以外的其他财务报告中揭示。在我国,类似于其他财务报告的财务情况说明书也会对整个企业未来的发展前景做出描述。至于管理会计,由于它以企业未来的资金运动,特别是其中的预期现金流动为对象,运用科学的方法对未来的经营活动进行预测并加以规划乃是它的主要职能。例如,目标成本和目标利润等未来信息的确定,都要以预测生产和销售的前景为前提。

三、会计目标与会计职能的关系

会计职能体现会计本质的功能,而会计目标则是按照信息使用者的要求把会计职能具体化。会计的职能是相对稳定的,而会计目标则随着会计所赖以存在的外在环境(社会制度、经济制度等)的变化而变化。提出(设定)会计目标,既能为会计作为一个信息系统设定运行的导向和应达到的预期目的,同时,也赋予会计职能以环境的影响和时代的特征。从总体上看,只要会计的本质不变,会计的基本职能也不变,但倘若会计的外在环境和使用者改变了,从而改变了会计的目标,则会计的具体职能也会有变化和发展。比如,在肯定会计的目标主要是向所有者报告财产的经营责任或委托责任时,其反映职能主要是指通过记录和报告过去的资金运动,提供历史信息;所设定的会计目标如转向满足决策者对信息的需求,包括通过预测和规划未来的资金运动,提供预测信息,这时,在反映这一基本职能的基础上,既有必要也有可能分化出与之相关的"参与决策(支持决策)"和"预测经营前景"等新的职能。又如,早先通过会计反映职能所提供的信息只是财务信息,而后来,考虑决策需要足够的和多方面的信息,于是,不但非财务的经济信息,甚至非经济信息也被引入财务会计,特别是管理会计中。

四、会计信息质量特征

明确了财务会计目标之后,必然要求会计提供的信息能够体现会计目标。而会计信息质量特征是会计目标和实现会计目标之间的"桥梁"。按照我国《企业会计准则——基本准则》(2014年修订),会计信息质量特征包括:可靠性、相关性、可理解性、可比性、实质重于形式、重要性、谨慎性、及时性。

在上述信息质量特征中,可靠性与相关性被认为是主要信息质量特征,重要性和谨慎性被认为是会计修正性惯例的要求,其他信息质量特征则被认为是次要信息质量特征。下面分别阐述各种信息质量特征的含义。

(一) 可靠性

可靠性是指企业应当以实际发生的交易或者事项为依据进行会计确认、计量、记录和报告,如实反映符合确认和计量要求的各项会计要素及其他相关信息,保证会计信息真实可靠、内容完整。

可靠性是对会计核算工作的基本要求。会计作为一个信息系统,其提供的信息是国家宏观经济管理部门、企业内部经营管理及有关方面进行决策的依据。如果会计数据不能真实、可靠地反映企业经济活动的实际情况,势必无法满足各有关方面了解企业情况、进行决策的需要,甚至可能导致错误的决策。可靠性原则要求在会计核算的各个阶段都要符合会计真实、客观的要求:会计确认必须以实际经济活动为依据;会计计量、记录的对象必须是真实的经济业务;会计报告必须如实反映情况,不得掩饰。

可靠性又包括四个子质量特征:第一,如实反映,即企业应如实反映实际发生的交易或事项,而不是反映虚构的或尚未发生的交易或事项,因此如实反映是可靠性的本质质量特征;第二,充分披露,即在符合重要性和成本效益原则的前提下,披露所有与使用者决策相关的有用信息;第三,不偏不倚,即会计信息应当是中立的,不偏向于任何特定的利益相关者;第四,可验证性是指对于相同或类似的交易或事项,不同的会计人员应当得出基本相同或类似的结果。

(二) 相关性

相关性是指企业提供的会计信息应当与财务会计报告使用者的经济决策需要相关,有助于财务会计报告使用者对企业过去、现在或者未来的情况做出评价或者预测。

可靠性与相关性的权衡

会计目标之一是为有关方面提供对制定决策有用的会计信息,为了决策有用,会计主体提供的会计信息必须是与决策相关的。一般认为,会计信息是否具有决策相关性取决于其是否具备预测价值和反馈价值。预测价值是指会计信息能够帮助使用者预测未来事项的结果,会计信息使用者可以根据此结果做出自己的最优决策。反馈价值是指使用者可以据此证实或否定自己过去已有的预期结果并能够据此修正自己的决策和认识。

(三) 可理解性

可理解性是指企业提供的会计信息应当清晰明了,便于财务会计报告使用者理解和使用。会计信息提供的主要目的就是为了帮助信息使用者进行决策。因此,企业所披露的会计信息就应该具备简明、易理解的特征,使具备一定知识而且也愿意花费一定时间与精力分析会计信息的使用者能够了解企业的财务状况、经营成果和现金流动情况。在会计核算中坚持可理解性原则,就是为了力保会计信息使用者能够准确、及时、完整地把握会计信息的基本内涵,从而可以自如地加以分析与利用。

(四) 可比性

可比性是指不同的会计主体在同一期间的会计报表中提供的会计信息应当相互之间可以进行比较,也指同一会计主体不同期间会计信息应当相互可以比较。这一原则要求:不同企业发生的相同或者相似的交易或者事项,应当采用规定的会计政策,确保会计信息口径一致、相互可比;同一企业不同时期发生的相同或者相似的交易或者事项,应当采用一致的会计政策,不得随意变更(即一致性原则)。确需变更的,应当在附注中说明。可比性原则的目的在于提高会计信息的决策相关性,使得会计主体在相互比较的基础上解释它们之间相同与差异的原因,国家可以据以进行有关的宏观经济决策,投资者与债权人也可以根据符合可比性原则的会计信息进行有关的投资与信贷决策,企业内部的管理当局可以据此进行有关的经营管理决策。

可比性原则必须以一致性原则为前提,以可靠性原则为基础。只有当一个会计主体的前后各个会计期间的会计信息一致,才能够使不同会计主体之间的比较有意义;只有各个会计主体的会计信息是真实、可靠的,进行比较才有必要。但是应该注意,为了增强可比性就要求不同的会计主体之间尽可能地采取统一的会计政策,并以会计准则或会计制度为规范;但是如果过分强调会计政策的绝对统一以便追求可比性,势必会削弱各个会计主体会计核算的固有特点而损害决策有用性。因此,可比性是一个相对的概念。

(五) 实质重于形式

实质重于形式原则是指企业应当按照交易或者事项的经济实质进行会计确认、计量、记录和报告,不应仅以交易或事项的法律形式为依据。

既然财务会计的目标是"有助于信息使用者进行决策",那么会计信息就应当反映经济业务的实质而不是拘泥于其形式,以避免使用者的误解。比如,在产品融资协议中,企业以某一价格"销售"其商品,同时协议约定,一个月后企业必须以略高于原销售价格的固定价格把商品从购买方买回来。这个例子中,形式上是企业"销售"商品,实质上是企业以商品为质押物向交易对手借款,因此企业应把该业务作为借款而不是销售进行确认、计量、记录和报告。

(六) 重要性

重要性原则是指企业提供的会计信息应当反映与企业财务状况、经营成果和现金流量等有关的所有重要交易或事项。更进一步说,重要性要求会计核算过程中对经济业务或会计事项应区别其重要程度,采用不同的会计处理方法和程序。具体地说,对于那些对企业的经济活动或会计信息的使用者相对重要的会计事项,应分别核算,分项反映,力求准确,并在会计报告中作重点说明;而对于那些次要的会计事项,在不影响会计信息真实性的情况下,则可适当简化会计核算手续,采用简便的会计处理方法进行处理,合并反映。

全面、准确地反映企业经济活动的全过程,固然是会计核算的基本要求,但从会计信息的使用者的角度来看,重要的是要通过会计报表了解会计主体的生产经营情况,特别是那些对经营决策有重要影响的会计信息,而并不要求面面俱到。如果会计信息不分主次,有时反而会有损于使用价值,甚至影响决策。从核算效益来看,对一切会计事项不分主次的处理,必将耗费过多的人力、物力和财力,增加许多不必要的工作量。

判断某项会计事项的重要性,在很大程度上取决于会计人员的职业判断。但一般来说,重要性可以从性质和数量两个方面进行判断。从性质方面讲,只要该会计事项发生就可能对决策有重大影响的,属于具有重要性的事项;从数量方面讲,当某一会计事项的发生达到一定数量时则可能对决策产生影响,如某项资产价值达到总资产的 5% 时,一般认为其具有重要性,应当将其作为具有重要性的会计事项予以处理。

(七) 谨慎性

谨慎性原则是指企业对交易或事项进行会计确认、计量、记录和报告应当保持应有的谨慎,不应高估资产或者收益、低估负债或者费用。例如,各项资产减值准备的提取就充分体现了谨慎性原则。

谨慎性原则又称稳健性原则,或称保守主义,它针对经济活动中的不确定性因素,要求人们在会计处理上保持谨慎的态度,要充分估计到可能发生的风险和损失,要求会计人员对某些经济业务或会计事项存在不同的会计处理方法和程序可供选择时,在不影响合理选择的前提下,尽可能选用一种不虚增利润和夸大所有者权益的会计处理方法和程序进行会计处理,要求合理核算可能发生的损益和费用。从谨慎性原则的运用来看,会计在一定程度上核算经营风险,提供反映经济风险的信息,有利于企业做出准确的经营决策,有利于保护债权人利益,有利于提高企业在市场上的竞争能力,因此,将谨慎性原则规定为会计核算一般原则具有现实意义。谨慎性原则要求体现于会计核算的全过程,包括会计确认、计量、记录和报告等会计核算的各个方面。从会计确认来说,要求确认标准和方法建立在稳妥、合理的基础上;从会计计量来说,要求不得高估资产和利润的数额;从会计报告来说,要求会计报告向会计信息的使用者提供尽可能全面的会计信息,特别是应报告有关可能发生的风险损失。但是,谨慎性原则并不意味着企业可以设置秘密准备。换句话说,谨慎性原则的精髓在于"度",否则过犹不及! 过于悲观,计提过多的减值准备,则很容易在企业中形成秘密准备;过于乐观,则很可能导致利润虚增并将不是利润的部分进行分配,影响企业的长远发展潜力。

(八) 及时性

及时性是指企业对于已经发生的交易或者事项,应当及时进行会计确认、计量、记录和报告,不得提前或者延后。

及时性原则要求会计核算工作的时效性,要求会计核算及时进行,以便会计信息使用者及时地使用。市场经济风云变幻,企业竞争生死攸关,各个信息使用者对会计信息的及时性要求越来越高,因此,这一原则就愈发重要。在会计核算中坚持及时性原则要求及时收集会计信息;及时对所收集到的会计信息进行加工和处理;及时将会计信息传递给会计信息使用者以供其决策之用。

当然,及时性也存在程度上的区别。必须注意到增加及时性的要求固然可以提高会计信息的决策相关性,但这同时又是以牺牲会计信息的其他可贵的质量特征来换取的。因为为了及时,有时必须放弃会计信息的精确性和可靠性,从而反过来最终损害会计信息的有用性。反之,年度财务报告不够及时,尽管可以保证其可靠性,但毫无疑问其有用性将大大减色。

第四节　会计要素

一、会计要素的分类

会计对象是价值增值运动,是指市场经济条件下,在每一个会计主体范围内会计能够反映和控制的经济事务与经济行为。会计对象独立于会计信息系统之外,但可以运用会计所特有的程序与方法,用文字与金额加以描述。会计对象内涵复杂,主要有一个特定的会计主体所控制的经济资源,以及各个利益集团对会计主体范围内的这些资源的求偿权;会计主体由于使用这些经济资源而产生收入(取得的权利)、发生费用(承担的义务)和获得利润。

会计要素是对会计对象的基本分类。之所以要对会计对象进行基本分类是因为会计对象比较抽象,要从整体上把握会计的内容,只有对会计对象进行恰当的分解,形成基本的、相互独立而又互相联系的几个部分,才能从质和量上准确地用文字与金额描述会计对象,了解价值增值运动。

对会计对象进行基本分类形成会计要素,那么到底形成多少个会计要素才算合理?[①]我们认为有关的划分应该注意质和量的严格区分,既不能够过细,也不能够过粗。如果过细,那么就隶属于账户或会计科目的范畴了,会计要素也就失去其作为会计基本概念的地位了;如果过粗,则不能够把具有不同质的部分完全进行分离。要素的设置、分类与会计对象的关系是,在要素设置与分类时,不能够超越会计对象的内涵与范围,要接受会计对象的约束。在对象的约束范围内,可以考虑会计信息使用者的具体要求,决定设置多少会计要素以及要素如何进行分类。

由于把"权责发生制"作为基本假设,日常的记录和两份财务报表——资产负债表与利润表均以权责发生制为确认的时间基础,至于另一个财务报表——现金流量表,可以根据前两个报表或账户系统的记录进行转换,由权责发生制转换为收付实现制。这样,会计要素的分类就既依据目标要求提供的信息内容,又考虑确认采用的权责发生制,分为两个部分,共六项要素。其中,用于反映财务状况的要素为资产、负债和所有者权益,用于反映经营成果的要素为收入、费用和利润。

上述六个要素,既是账户体系的大类,又是主要财务报表(资产负债表与利润表)的内容的大类。对账户体系来说,用于反映财务状况部分的三个要素是全部实账户的大类,而用于反映经营成果的三个要素则是全部虚账户的大类。对财务报表来说,用于反映财务状况部分的三个要素是资产负债表的表内内容的大类;用于反映经营成果的三个要素则是利润表的大类。

必须指出,要素设置的依据,虽然主要根据财务会计的目标,但是财务会计所处的客观经济环境的特征造成财务会计的基础概念即基本假设和财务会计应当处理的内容即对象——企业的价值的增值运动,也是影响会计要素设置的重要因素。

从会计的基本假设看,除上述权责发生制的影响外,还有主体假设、持续经营、会计分期和以货币为计量单位的影响。所有的要素都是属于特定主体的财务状况或经营业绩组成部分,都以持续经营的主体为前提,而没有会计分期,没有反映期初或期末的财务状况和某一期间经营业绩的要求,不以货币为计量单位,上述要素是不可能汇总、量化描述的。

再从会计的对象看,会计要素是会计对象的具体化,而对象则是会计要素的综合、抽象和概括。它们是同一事物的不同表现,分类则称为要素,综合则称为对象,后者用于表述财务会计应处理内容的总体特征,以区别其他学科或其他经济信息系统。"科学研究的区分,在于矛盾的特殊性。"即在于各有不同的研究(或处理)对象。

总起来说,会计要素的设置,是在财务会计目标的指引下,根据信息使用者的需要,考虑到基本假设作为制约因素所起的影响,把会计对象(体现为账户体系和财务报表的内

---

① 不同国家的会计准则制定机构的财务会计概念框架中揭示的财务报表要素的数目也是不一致的,比如美国的财务会计概念框架中认为财务报表要素包括资产、负债、所有者权益(业主权益)、收入、费用、利得、损失、全面收益、业主提款以及派给业主款。英国的准则制定机构财务报告委员会(FRC)在 FRS 102 中认为财务报表要素包括资产、负债、所有者权益、收入、费用;而我国《企业会计准则——基本准则》(2014 年修订)列举的财务报表要素包括资产、负债、所有者权益、收入、费用和利润。

容)划分为若干个虽互有联系,但在性质上又相异而可据以确认和计量(运用观念上的货币)的大类的举措。

二、会计要素的定义

由于要素是会计对象的具体化,作为企业会计对象的价值增值运动是一个有机整体,财务报表也是如此。所以,要素与要素之间不是孤立的,而且,资产在所有要素中总是占据最重要的位置。这是因为,按照会计的传统概念,资产是企业可控制的一种资源,没有资产,企业就无法实行持续经营,其他要素也不能产生,所以负债被有些会计学家认为是"负资产",而所有者权益则是"净资产"。按照复式簿记系统的机制,收入是资产的流入(增加)或是负债的减少(未来资产流出义务的减少),费用是资产的流出或负债的增加(未来资产流出义务的增加)。

我国基本准则对各要素的定义如下:

资产是指企业过去的交易或者事项形成的、由企业拥有或者控制的、预期会给企业带来经济利益的资源。

负债是指企业过去的交易或者事项形成的、预期会导致经济利益流出企业的现时义务。

所有者权益是指企业资产扣除负债后由所有者享有的剩余权益。

收入是指企业在日常活动中形成的、会导致所有者权益增加的、与所有者投入资本无关的经济利益的总流入。

费用是指企业在日常活动中发生的、会导致所有者权益减少的、与向所有者分配利润无关的经济利益的总流出。

利润是指企业在一定会计期间的经营成果。利润包括收入减去费用后的净额、直接计入当期利润的利得和损失等。

关于资产
定义的争论

第五节　会计的基本程序:确认、计量、记录和报告

财务会计是一个以提供财务信息为主的经济信息系统。作为一个系统,由数据转化为信息并向外传递,主要通过初次确认、计量、记录、报告(在报表中再确认和在表外披露)等若干元素组成,它们共同形成系统运行的内部加工程序。在理论上,这几个程序也是基本概念,但它们又具有可操作性,含有一系列可供操作的原则与步骤。把上述财务会计的基本程序概括起来是:确认、计量、记录和报告(包括确认与披露)。

财务会计是传统会计程序的继续与发展。所谓传统的会计程序,是以复式簿记系统为中心的两个主要程序:一是记录,二是编制报表。记录是运用账户对日常发生的交易和事项的分类记载,这种记载的基本原理是复式记账,它表现了具有会计特色的、对能用货币表现的交易和事项所创造的一种全面而又简洁的记录方式。我们说它简洁,是指它只用两个账户名称及其相等金额,就能相联系地表现并描述了纷繁复杂的交易和事项的经济实质;说它全面,是指这种记录能交代一个交易或事项的主要来龙去脉的经济影响。根据账户的记录,在会计期末,凡是有余额的那些账户,基本上属于资源及其义务的账户,其余额最终可形成反映企业财务状况的资产负债表;凡是没有余额的那些反映资源与义务

变化的账户,其"发生额"经过加工整理,则形成反映该企业会计期间的经营成果的利润表。账户与报表中的项目都属于会计要素的两种大致相同,但可能有一些差别的分类。

传统的会计程序是:原始数据——→按复式簿记系统的要求在账户中做成分录——→编成两个基本财务报表。

一、会计确认

(一) 关于初始确认

任何一项交易,从开始进入会计信息系统进行处理到通过报表传递已加工的信息,总要经过两次确认:第一次确认是为了正确地记录,我们称为初始确认;第二次确认是为正确地列报(在财务报表中表述),我们称为再确认。

初始记录有三项原则[①]:第一,进入会计程序的数据;第二,做出分录的时点;第三,通常要予以记录的金额。这三项原则都是初始记录确认的原则。

第一项原则解决反映企业可能发生财务影响的经济事项应否都进入会计信息系统,通过会计程序来处理。例如,购买一项原材料,其数量、价格、交货期限均已在合同中予以规定,双方已在合同上签字,合同上的经济数据是可能影响企业财务活动的,但它不应由会计处理,对会计来说,合同上涉及的是未实现的经济活动,因而合同上的数据不能进入会计信息系统进行处理。但是,如果供货方按照合同发来了一批原材料,并附有正式的发票和其他运杂费及应税单据,经验收合格,企业或立即付款,或经供货方同意在一个月后付款,或开出一个月后付款的银行承兑汇票。在上述任何一种付款条件下,该交易引起的经济数据都基本确定,因而都可以在会计上予以确认,正式加以记录。

第二项原则要解决的问题非常明确,那就是记录和确认的时点,即何时确认。这一点,对于收入和费用,尤其是收入的确认是极为重要的。所谓何时,是指哪一个会计期间。凡是本期购买的资产、承担的负债、发生的收入、应付的费用均必须在本期进行记录,既不能提前,也不应推迟,否则,都会扭曲当期的财务状况和经营业绩。早在美国安然公司(Enron)丑闻曝光之前3年,即1998年9月,当时的美国证券交易委员会(SEC)主席阿瑟·列维特(Auther Levitt)就在纽约大学法律与商务中心所做的题为"数字游戏"(the numbers game)的演讲中,痛斥上市公司的会计作假行为,并把"提前确认收入"作为五种最主要的作假手段之一加以揭露。后来,在美国上市公司一系列的财务欺诈案件中,确有类似的作假行为发生。可见,在初始确认中,何时进行记录是最为关键的确认步骤。一个企业的期末财务状况和本期的经营业绩,其真实性[②]如何,在很大程度上取决于各项会计要素特别是收

[①]　最早涉及初始确认的论述是1970年的APB Statement No.4。在该报告的第145段中,APB用的术语是"初始记录"(initial recording),并且仅对资产和负债而言。

[②]　反映真实是会计的基本职能。然而,不少人以真实性缺乏操作性为由,认为并无绝对的真实性,而将真实性划分为程序真实和事实真实,并认为会计只能够做到程序的真实性,而无法做到事实的真实。但是,仅仅强调程序的真实而忽略事实的真实,往往将可能使会计信息系统的"输出物"——会计信息成为所谓的"真实的谎言"。所以,尽管结果的真实性需要程序的真实性,但仅程序的真实性并不能够确保结果的真实性。程序的真实是结果真实的"必要非充分条件",程序真实和事实真实相结合才能够确保最终结果的真实。保证结果真实的最重要的依据就是客观、真实(决不是伪造)的原始凭证。

入和费用要素确认的正确时点。如果再重复一遍,是指:不任意(指无正当理由)提前或推后;也不任意递延或预提。总之,不应该将经营业绩本就具有波动性的财务真相,人为地加以润滑(smoothing)与粉饰(dressing)而导致其被歪曲。这才是初始确认的基本含义。

至于第三项确认的原则,则属于计量问题。

(二) 关于在财务报表中进行再确认

在初始确认的基础上,按照财务报告的目标把账户记录转化(加工、整理、分类和归并)为报表要素与项目,成为对报表使用者有用的信息,所有金额均计入报表的合计。这一程序属于我们所说的再确认。再确认有四个特点:

第一,它的数据(信息)来自日常的记录。

第二,它在财务报表表内(仅是表内)即用文字表述为财务报表的要素(报表大类)、项目(要素的分类),又用数字(金额)描绘为要素和所属项目的数量,并求出各类合计和报表的总计。

第三,把日常记录转化为报表的要素与项目有一个挑选、分类、汇总或细化的加工过程。

第四,在报表中的表述,资产负债表和利润表以权责发生制为基础,而现金流量表以收付实现制为基础。

(三) 关于确认的时间基础和确认的基本标准

以上我们把确认按会计信息系统的基本程序分为初始确认和再确认,前者指应否、何时和如何进行日常的会计记录,而后者则指应否、何时和如何在财务报表表内进行表述。它们对于任何交易或事项涉及的财务报表要素的变动都是适用的。当然,从个别交易或事项引起的要素变动来说,也还可以分为初始确认、后续确认,甚至是终止确认。

确认的基础主要是确认的时间基础。对资产和负债来说,是否即期确认;对收入和费用来说,是否在发生的当期进行确认。确认的时间基础,对收入和费用比对资产和负债更为重要,因为前者较为复杂。资产和负债通常都是单项交易,属于时点概念(即使一揽子交易也发生在同样的时点),所以只要交易成立,资产已经从其他主体取得,或已承诺在未来向其他主体交付资产的义务,则资产与负债就可以进行确认。收入和费用则不同,它们乃是反映企业经营业绩的期间概念。在一个期间内,决不只发生一笔交易或事项,而是若干笔收入和费用的积累,更重要的是:①收入和费用发生的时间有先后;②以收入来看,赚得和实现都有一个过程;③过程的起点和结束参差不齐;④发生的收入和费用,同其实现的期间经常要跨越一个甚至若干个相互毗连的期间。

由于收入和费用,尤其是收入的确认面临较为复杂的情况,因此,有两种确认基础可供选择:一为收付实现制,二为权责发生制。

在收付实现制下,一切会计要素的确认,特别是对于收入、费用的确认,以是否收到现金作为确认的时间标准——只要收到现金或支出现金,不论其相应的权利或者义务是否形成,都立即确认收入或费用。

在权责发生制下,对于一切会计要素的确认,特别是对于收入与费用的确认,均以权利或义务是否形成为标志,而不论是否收到现金。

对于会计信息系统而言,为了全面地反映企业的财务状况与经营成果,企业会计确认的时间基础一般选择权责发生制。但是,这并不意味着收付实现制就完全被抛弃,实际上在企业对外提供的第三张财务报表——现金流量表中,收付实现制就有了用武之地。实际上,按照权责发生制进行日常的会计处理,在期末编制现金流量表时,仍需要将权责发生制调整为收付实现制。

传统会计最早采纳的是收付实现制,即收到现金时方确认收入,支付现金时方确认费用。后来由于经济业务的日益复杂,伴随着大量的商业信用,而且收入有了一个从发生、赚得到实现的过程,收付实现制已不能适应会计确认的需要,取而代之的是权责发生制(应计制),即收取收入的权利已发生时就确认收入,支付费用的义务(责任)已发生时就确认费用。收入确认是在三个连续的过程均已完成的那一时点确认的:收入赚取过程开始━━▶收入赚取过程(即企业整个经营过程,具体到应销售的产品,指产品已完工验收、打包、发送并开出包括发票在内的全部单据)━━▶已实现或可实现(购货方已经支付现金;或已经收货并承诺在一个确定的期限后付款;或已开出商业承兑汇票或银行承兑汇票支付这笔货款)。毫无疑问,已实现或可实现是确认收入的正确时点。费用除确认外还有一个同收入配比的问题,即同收入相比较来确定期间经营业绩(成果)的问题。权责发生制貌似收入、费用的确认基础,其实也是资产、负债的确认基础。这正是复式簿记的巧妙机制之所在:每当确认一项收入,必然同时以相同的金额确认一项资产的增加或一项负债的减少;而确认费用,又必然同时以相同的金额确认一项资产的减少或负债的增加。权责发生制或收付实现制,只解决了要素(重点是收入)确认的时点,而不能解决确认为何种要素及其计量的可靠与否。

在整个会计处理程序中,确认是第一道关口。具体地说,记录以交易或事项的初步确认为前提,而编制报表则以再确认为前提。记录包含一系列技术程序,其中最重要的程序是按恰当的要素所属账户做成互相联系的会计分录,并按照账户把分录进行科学的过账;编制报表也包括一系列技术程序,即把账户及其金额,按财务报表中要素所属的项目,[①]根据对决策有用的要求,进行重新分类,其中包括合并、汇总、细分类和在报表中重新组合、排列等技术。

广义的确认,既包括初始确认,又包括再确认。它是在交易与事项发生后,把受到交易与事项影响到的会计要素的变动正式按账户加以记录并按报表项目列示于财务报表的全过程。那么,在这一过程中,计量则贯穿于始终。可见,广义的确认涵盖了计量、记录和报告三个环节。确认包括:①何时、以何种金额、何种要素进行记录(初始确认);②何时、以何种金额通过何种会计要素列入财务报表(再确认)。

严格地讲,确认包含了四项基本条件:①可定义性,即必须符合某个财务报表要素的定义;②可计量性,即要能够利用某种计量属性进行计量;[②]③计量的相关性;④计量的可靠性。

---

①　这里应当看到,"账户"与"报表项目"是相互呼应的。它们都是报表要素在日常会计处理和在财务报表表内列报的不同表现形式,但账户是初始确认后的表现,而报表项目是再确认后的表现。从账户到报表项目,是数据转换为信息并进一步提高信息含量的过程。也可以说,账户及其金额是初步加工的信息,而报表项目则是深加工的信息。

②　计量属性主要有历史成本、重置成本、可变现净值、市场价格以及未来现金流量的贴现值等。

二、会计计量

(一) 计量单位

任何计量都要确定采用的计量单位和计量属性。对会计计量来说,计量必须以货币为计量单位是确定无疑的。作为计量单位的货币,通常是指某国、某地区法定的货币,只有在恶性通货膨胀的条件下,才不能以假定币值不变的法定货币为计量单位,而应当按资产负债表日的计量单位(即资产负债表日的货币购买力),重新表述以受到恶性通货膨胀影响的法定货币编报的企业财务报表。

(二) 计量属性:历史成本与公允价值

会计的计量同价值及其流动密切相关,计量单位又是货币,则计量属性也应当就是市场价格或交换价格。因为前已多次论及,货币是唯一可以捉摸的价值的形式,而价值的数量不能自我表现,只能通过价格。在市场经济中,通过无数交易被买卖双方普遍接受的公允价格,应是由市场形成的市场价格。市场价格是动态的。任何时候,从时态分,市场价格都可以分为过去、现在和将来(预期)三种。财务会计与财务报表一个重要的、基本的职能,是以一家企业已发生的、过去的交易和事项为处理的对象。因此,对财务会计的账户和财务报表的项目而言,最相关的计量属性应为过去的市场价格。这种价格的优点在于:第一,它是交易成交时发生的,既公允又平等。第二,由于交易已经发生,这种价格已经确定,并有证据可供稽核,其可靠性有保证。在一家持续经营的企业中,除流动资产外,其他资产既不是为卖而买,一般也不作为交换和交付的手段,这类资产(几乎都是长期资产)是供企业长期使用和生产消费的。由于市场价格在变动,对企业持有的资产特别是长期持有的资产完全可以不予考虑。否则,对频繁调整的资产价格不但没有意义,而且会加大会计处理成本,不符合效益应该大于成本的原则。会计学者把取得资产的当时价格(成交后即成为过去的市场价格),以及形成负债时承诺的未来支付就都转化成历史成本和历史价格。

历史成本之所以成为财务会计的主要计量属性,其根本原因是财务会计对象的特点——财务会计基本上属于企业的经济活动及其业绩能够用货币量化的历史——所确定的。在这一方面,按历史成本计量是原则,但也有例外(灵活性)。例如,存货和有价证券在年终报告时,除可考虑存货的跌价损失外,还往往按照成本与市价(或可变现净值孰低,这表明也不局限于历史的市场价格)来列示;应收账款按照历史成本表明其账面价值后,在年终报告时又往往把应收账款的账面价值减去应收账款上应该计提的坏账准备而列示其净值;固定资产也是如此,在年末资产负债表上列示时,一般可将其账面价值(如有减损则先将历史成本扣除减损部分)减去已计提的折旧准备来表述。这些例外都是为了适应市场经济的变化,不拘泥于计量中必须刻板地坚持历史成本,为使用者提供决策更有用的信息。在财务会计与财务报表中,历史成本成为长期被广泛采用的计量属性,与财务会计与报表本质上是对一家企业活动的历史进行量化的描述有关。由于所描述的项目都是已发生的交易或事项所引起的,因此具有确定性,是一个已知数。历史成本计量能够反映历史的经济真实。但历史成本计量也有局限性,这主要表现在:它只能反映一家企业投入时的资本耗费,而不能够反映产出时预期的资本增值。或者说,它能量化企业在经营中所付出的努力,但不能量化经营后取得的成果。

此外,历史成本不能够反映资产在持有过程中的不确定性。实际上,一项资产的不确定性在决定之前(如应收账款在收回之前)一直处于风险状态(有发生坏账的可能性)。面向过去,计量已知数,不考虑不确定性和风险,是历史成本的缺陷,也是历史成本的特点。公允价值(fair value)可以认为是用来弥补历史成本的缺陷而面向未来的一种计量属性。按照定义,最能够代表公允价值的应是现在和未来的市场价格。某些商品如果缺乏活跃的交易市场,而无法形成市场价格,那么交易双方在自愿平等的基础上进行交易时双方一致达成的交换金额,也可以称为公允价值。该金额之所以能称为公允,是因为双方皆不认为自己吃亏。在这个意义上,这种公允价值也可以称为是“双赢价格”。除了市场价格之外的公允价值,一般要有公正、合理的计算方法,比如用预期的未来现金流量进行贴现,[①]甚至需要复杂的计价模型。

值得指出的是,历史成本和公允价值都是以市场价格为基础的。市场有多种功能,其中一种功能是以价格形式传递信息。实际上,不论是过去、现在或未来的市场价格都已将商品(资产)的不同风险和报酬区分开来了。但是历史成本作为过去的市场价格所包含的风险和报酬已经被固定为一个已知数,因此,它具有人们最为信赖的可靠性。但在反映不确定性和风险方面,历史成本则不如公允价值。首先,在历史成本中,不确定性似乎已经消失,不再暴露资产和企业的风险,因而无法预期该资产或整个企业的现行市价和预计能带来的现金流量,显然缺乏对决策的相关性;公允价值是含有不确定性的预计数,预计当然不可能精确,所以人们必然担心它的可靠性(特别是对预期未来现金流量进行折现时包含的变数太多)。但即使预计一个不甚可靠的现行价值或未来价值,总比没有预计或完全依靠已知的历史成本去预测要好。其次,历史成本与公允价值还有一个重要的区别:那就是,历史成本在不同会计期间只是就已知数做摊配(amortization),而公允价值则每期必须进行新起点的计量(fresh-start measurements),这种计量能反映当期考虑不确定性和风险的市场价格。公允价值计量,对于使用者的决策,当然比历史成本具有相关性也是显而易见的。

财务会计与财务报表主要是历史性的,即有关业已发生的事项的信息。同它的本质相适应,已发生的交换价格即历史成本,又应是最相关的计量属性,历史成本不但能量化一个企业的历史财务图景,而且有凭可据,有证可查,虽不能精确、客观(由于允许会计人员的职业估计与判断),但至少比估计的公允价值可靠。

所以,从财务会计的本质看,当可靠性与相关性发生矛盾时,应当从具有可靠性的计量属性中选取最相关的属性。至于历史成本与公允价值的使用,除与公允价值相关的项目(如金融资产与金融负债)外,[②]一般的资产与

商业模式对计量属性的影响

---

① 1988 年 10 月,FASB 即着手研究会计计量中的现值问题,从 1990 年 12 月至 1999 年 12 月,FASB 共发表了 32 份财务会计准则公告,其中 15 份涉及确认和计量问题,11 份涉及现值技术问题,而且 FASB 注意到第 5 号财务会计概念公告中对计量属性的阐述并未回答在会计计量中何时和如何应用现值技术的问题。为了克服这一缺陷,2000 年,FASB 颁布了第 7 号财务会计概念公告《在会计计量中运用现值技术》。

② 公允价值的特点在于其作为计量属性时,更多地应用于“新起点计量”,因此,它并不适合于所有的资产,至少不适用于那些企业并不准备出售或变现的资产。事实上,公允价值迄今为止的应用主要限于衍生金融工具、准备随时变现的有价证券等。

负债,还是应当按历史成本计量较好。不论在任何情况下,一旦选用公允价值为计量属性,则应要求达到"最佳估计"(best estimate)。

三、会计记录

会计记录是对经过确认而进入会计信息系统的各项数据,通过预先设置好的各种账户,运用一定的文字与金额,按照复式记账的有关要求在账簿中进行记录的过程。通过会计记录,可以对价值运动进行详细与具体的描绘与量化,也可以对数据进行初步的加工、分类与汇总。唯有经过会计记录这个基本的程序,会计才有可能最终生成有助于各项经济决策的会计信息。

企业每发生一项交易,都应首先根据确认的基本标准,遵循会计准则或会计制度,结合会计人员的专业判断,正确辨认应予记录的要素的所属账户。在决定选用的应予记录的两个或两个以上的账户时,先应审核证明交易发生的证据的合法性与合规性,排除不合法、不合规和伪造的任何证据。这是通过会计反映实行会计控制与监督的重要关口。其次,从客观、真实、合法、合规的凭证上的数量记载中,提炼出能反映交易的经济实质,含有财务信息的数据,做成会计分录。

四、财务报告

财务报告是指把会计信息系统的最终产品——会计信息传递给各个会计信息使用者的手段。财务报告包括基本的财务报表(核心组成部分)、财务报表附注、财务报表附表和其他财务报告(我国称为财务情况说明书)。

从财务会计的观点看,与财务报告相关的概念包括财务报表、附注、其他财务报告、其他报告、年度报告等。为此,必须对这些基本概念的联系和区别进行简单介绍:[①]

年度报告 ＝ **财务报表** ＋ **报表附注** ＋ **其他财务报告** ＋ **其他报告**

FASB定义的　　**FASB定义的披露(财务**
确认(财务信息)　**信息或与财务信息有关)**

广义的披露(公司对外公开的、一切有助于投资者决策的信息)

图 1-1　与财务报告相关的概念的联系和区别

从图 1-1 中可以看出,目前企业对外提供的信息已经超越了财务报告的范畴,财务会计的边界已日益模糊。尽管如此,财务会计作为一个人造的信息系统,在与其他信息源进

---

① 按照美国 FASB 的解释,确认与披露有严格的界限。但实务中两者的界限是比较模糊的,有时确认的内容也称为披露。例如,中国证监会关于公开发行股票的公司信息披露的内容与格式——1995 年 12 月 21 日修改后的第 2 号《年度报告的内容与格式说明》就包括财务报表(见第七项(2)),而财务报表的内容是确认的结果,不是一般的披露。此外,不易划分的是属于其他财务报告(包括附注)的信息披露和同其他财务报告不太相关(当然也有助于决策)的信息披露。在中国证监会规定的公司年度报告中,就包括后一类的内容,如在年度报告的正文共包括 10 项内容中,"公司简介""股东会简介""公司其他有关资料"就属于同其他财务报告无关的其他信息。

行竞争的过程中,当且仅当在"财务报告"范畴内才能具有优势。所以,财务报告是企业报告的核心,而财务报表是财务报告的核心。

本章小结

　　会计是旨在提高各单位的经济效益、加强经济管理而建立的一个以提供财务信息为主的经济信息系统。会计基本假设,是对会计信息系统(主要是指财务会计)运行所依存的客观环境中与会计相关的因素进行的抽象与概括,是会计信息系统运行与发展的基本前提与制约条件。公认的四项会计基本假设为会计主体假设、持续经营假设、会计分期假设、货币计量假设。财务会计的目标是向财务会计报告使用者提供与企业财务状况、经营成果和现金流量等有关的会计信息,反映企业管理层受托责任履行情况,有助于财务会计报告使用者做出经济决策。会计具有反映经济活动、控制经济活动、评价经营业绩、参与经济决策、预测经营前景五项职能,其中反映和控制是会计最基本的职能。会计信息质量特征包括可靠性、相关性、可理解性、可比性、实质重于形式、重要性、谨慎性、及时性。会计要素包括资产、负债、所有者权益、收入、费用、利润六个,其中资产要素的定义是六要素定义的核心。会计基本程序包括确认、计量、记录和报告。

思 考 题

　　1. 如何认识"会计本质上是一个以提供财务信息为主的经济信息系统"?

　　2. 如何认识现有的四项会计基本假设的基本内容?

　　3. 如何理解会计目标?你认为对我国的会计目标应该如何进行定位?

　　4. 如何理解会计目标本身就是一项会计基本假设?如何理解会计目标与会计对象的相互依存关系?

　　5. 如何理解会计的基本职能?你认为会计的基本职能将来会出现什么样的变化?如何理解会计职能与会计目标的关系?

　　6. 如何理解会计要素?我国的会计要素包括哪几个?你认为会计要素设置应该综合考虑哪些基本因素?

　　7. 什么是会计确认、计量、记录和报告?

　　8. 如何理解会计的谨慎性原则?

即 测 即 评

　　请扫描二维码,进行随堂测试。

第二章 复式簿记系统:复式记账与会计循环

学习目标

1. 掌握会计恒等式。
2. 了解账户的作用及结构。
3. 理解复试记账的基本原理,掌握复试记账方法。
4. 熟悉企业的会计循环。

导读案例

我该相信我的财务吗?

张亮一直梦想自己开一家鞋业公司,这一天终于来临了!张亮找了几位志同道合的同学及以前的同事,并雇了一些工人,就轰轰烈烈地把公司开起来了。由于刚刚开始创业,公司人手少,张亮作为公司最大股东,只好董事长与总经理一肩挑!

创业初期总是艰难的,张亮作为公司一把手,主要任务是带领高管团队拓展业务、搞好生产,至于行政、财务等事务性工作,则委托给张亮自认为比较可靠、稳健的人来办理。比如,财务工作就委托给他的中学同学李勇来做。在张亮看来,李勇稳重可靠、为人忠诚,且大学的专业就是会计,是负责公司财务的理想人选。而且,由于张亮自己不懂财务,由他信任的老同学李勇负责财务更有必要。

但是,随着时间的推移,张亮对李勇的财务工作出现了越来越多的困惑与质疑。就拿会计记账的这一块工作来看,张亮疑惑的地方很多,比如,为什么客户已经付钱给公司了,李勇还不作为收入入账呢?我的鞋虽然还没发给对方,但鞋迟早会生产出来并发给对方呀!为什么我的水电费一直拖着不付,李勇仍然把其入账作为费用呢?为什么公司报告了不少利润,李勇却一直喊着没钱,对公司的各种大额支出总是想办法制造障碍?钱不会被谁贪污了吧?而且,公司的利润与交的税也对不上呀!为什么公司利润的增长速度远低于销售收入的增长速度呢?

问题:如果你是李勇,你如何就会计工作的流程向张亮做出通俗易懂的解释?为了解会计工作的流程,让我们进入本章的学习。

资料来源:编者整理。

第一节　账户与复式记账

一、会计恒等式

会计恒等式是财务会计记录的出发点与归宿。在正常的经营过程中，任何一家企业都必须拥有一定种类与数量的经济资源，它们是企业创造未来经济利益的基础，这些经济资源就是我们在第一章所介绍的资产。同时资产的存在一定有其来源，要么是所有者投入，要么是通过举债取得，前者形成所有者权益，后者形成企业的负债。在任何一个特定的时点（瞬间）[①]，资产的存量与其来源在金额上必定相等，即：

$$资产 = 负债 + 所有者权益 \tag{1}$$

将公式（1）进行简单的移项，我们得到：

$$资产 - 负债 = 所有者权益 \tag{2}$$

公式（1）和公式（2）不仅形式不同，而且分别代表了极为不同的经济含义。公式（1）蕴涵了"主体理论"的思想，而公式（2）则揭示了"所有权理论"的思想；公式（2）还揭示了债权人对企业资产的求偿权先于所有者，而所有者拥有的是对企业净资产的求偿权。

上面的会计恒等式反映了资产、负债、所有者权益三个会计要素之间的数量关系，反映了资产的归属关系，它是设置账户、复式记账与编制财务报表等会计核算方法的理论基础，在会计核算中具有十分重要的意义。同时应该注意到，上述会计恒等式反映的是一种静态的关系。对于资金运动也不例外。要反映资金运动的各种变化，首先，必须立足于运动的相对静止状态，即企业期初资产、负债和所有者权益的数量关系。其次，应从动态的视角进行审视。我们知道，任何一家企业的资产、负债、所有者权益在任何一个期间（如年、季度、月）肯定是要发生某些变化的。而影响资产、负债、所有者权益变动的因素是企业的投入—产出比。从会计学的角度看，就是收入与费用的配比问题。这样就需要从收入、费用、利润三者的角度来观察：

$$收入 - 费用 = 利润 \tag{3}$$

公式（3）与公式（1）、公式（2）并非彼此孤立，它们之间的关系可以表示为：

$$资产 - 负债 = 所有者权益 + 利润（未分配前）$$
$$资产 + 费用 = 负债 + 所有者权益 + 收入 \tag{4}$$

如上所述，我们可以得知，公式（1）和公式（2）揭示的是资金运动的静态方面特点，而公式（3）揭示的是资金运动的动态方面特点，上述的公式（4）是公式（1）、公式（2）、公式（3）的综合反映。但应该指出，公式（1）是最基本的关系，即我们所称的会计恒等式。

会计六要素
与会计恒
等式

---

① 从会计学意义上来讲，此处的"瞬间"或"特定时点"或者指某一天，比如 1999 年 3 月 5 日；或者指期初、期末，如月初、月末、年初、年末等。

二、账户 ①

在我们了解了基本的会计恒等式和几个衍生的会计等式后，通过这些等式特别是"资产 = 负债 + 所有者权益"以及"收入 − 费用 = 利润"这两个等式就可以对企业的经济活动进行粗线条的描绘。但是，我们应该看到，会计恒等式反映的只是概括的指标，即只分类反映了各个会计要素的存量（stock）② 或流量（flow）③，并不能够详细揭示企业各种不同的经济业务的影响；再者，一家企业的经济业务的发生次数可能繁多、数量可能非常大，远远不是单纯借助于会计等式就能够进行全面反映的。为此，必须通过对会计要素进行进一步的细化和具体化，才能分门别类、完整地反映企业的各种经济活动。

（一）账户的设置

所谓账户，是以管理的需要与会计信息使用者的具体要求，对会计要素的内容进行科学的再分类，并赋予每一个类别以名称及相应的结构。账户设置的重要意义在于：

第一，通过账户的设置，可以将会计信息系统所接纳的原始数据转化为初级的会计信息。企业的客观经济活动是详尽而且具体的，它可以形成定量化与定性化的数据，在未经确认并按账户分类和正式记录之前，这些数据仅仅是数据而已。而把数据区分为会计信息与非会计信息的第一道屏障就是账户。数据一旦进入了账户，就转化为以账户为标志的会计信息，而与原来的数据产生了本质的区别。

第二，账户的设置的另外一个重要意义在于可以压缩信息数量、确保质量。人们从经济活动中捕捉到的数据往往是零散的、单个的、缺乏有机联系的。单个数据必然会割裂价值运动的内在联系。况且，会计信息使用者要求会计提供的是连续、系统、全面的信息，而决不是零碎的、重复的数据。为此，需要将这些数据根据类别分成在本质上既有联系而又有区别的信息群，形成会计信息系统的有序性与层次性。此时，设置账户就显得十分必要了。那么，账户设置应该遵循什么样的原则呢？

1. 应该立足于对会计要素进行科学的再分类

账户本质上就是对会计要素的再分类，因此，分类的合理化、科学化与否十分重要，而要确保分类的合理性，必须首先了解各个会计要素本身的性质与主要特征。比如，资产和负债就应该按照其流动性进行分类。对于资产这项具有丰富内容的会计要素，其中的库存现金、银行存款、应收票据、应收账款、原材料、库存商品、长期股权投资、固定资产、无形资产等都代表资产的一个特定的形态，那么也就可以单独地成为一个账户。这样，由各个账户组成的一个账户体系就能保证全面、系统、连续地反映企业的各类经济活动。

2. 应该考虑信息使用者的需要

会计信息的使用者主要包括：①企业外部的投资者与债权人；②企业内部的管理层；

---

① 这里有必要将会计科目与账户的区别进行一番说明：会计科目是账户的名称，但并不是账户的全部。因为账户除了包括会计科目外，还涵盖了可以用来进行记录的账户结构等。但是，实际工作中，人们往往对两者并不进行严格的区分，而是互相通用。

② 存量假定"资定 = 负债 + 所有者权益"这个恒等式是静态的，反映了在特定的时点上一家企业的财务状况，即指关于一个企业资产、负债和所有者权益在特定时点上的数量。

③ 流量假定"收入 − 费用 = 利润"这个等式是动态的，反映了在某一个会计期间企业的经营成果。

③国家及宏观经济管理部门。会计信息系统的主要目标,就是向会计信息使用者提供有助于他们评估企业管理层对受托责任的履行情况的信息,向他们提供进行各种投资、信贷等决策所需要的各种信息。那么,会计信息系统的一切方法,包括账户的设置都应该围绕着这个中心而展开。例如,对于一家存货较多的企业而言,考虑各种信息使用者可能会关注存货的构成及其流动性、变动情况,所以为了详细地提供与存货有关的信息,就应该将存货详细划分为原材料、在产品、产成品及低值易耗品等类别,并针对这些类别分别设置账户。

3. 应力求可比性与灵活性相结合

会计账户的设置既要适应经济业务发展的需要,又要保持相对的稳定性。保持稳定性目的是满足一定时期内和一定范围内的可比性。但是,不能够因为强调稳定性与可比性而丧失灵活性。所谓灵活性,是要求在保证基本的可比性的前提下,各个企业应该结合自身经济业务的具体特点,对账户进行适当的增删。

(二) 账户的结构

规定账户的结构的目的是全面、分类地反映经济业务的发生对会计要素产生的数量上的影响。

对于企业发生的各种经济业务,不论其内容有多么的不同,从其数量方面进行观察和抽象,我们都可以发现它们对会计要素的影响不外乎"增加"与"减少"两种情况。因此,账户除了其名称外,都包括两个最基本的方面,即登记增加或减少的方位。账户的简单图示如图2-1:

图 2-1　T字型账户结构

上面对于账户的简单图示有点类似于英文字母"T"或中文的"丁"字。因此,大家习惯于称之为"T字形账户"或"丁字形账户"。

在借贷记账法下,由于约定俗成的原因,人们将账户的左方规定为"借方",相应地,将账户的右方规定为"贷方"。至于为什么有如此的规定,其中并无深奥的理论基础,只不过是习惯使然罢了。账户的简单图示如图2-2:

图 2-2　借贷记账法下账户结构

在实际工作中,账户的基本结构见表 2-1。

表 2-1　账户的基本结构

年		凭证号数	摘要	借方	贷方	借或贷	余额
月	日						

每一个账户的左方都是借方,右方都是贷方,分别用来登记增加数与减少数。具体到每一个账户,到底借方登记增加数还是减少数,贷方登记增加数还是减少数,取决于账户的性质及经济业务的内容。

与对会计要素的划分相一致,我们也将账户从总体上划分为资产类、负债类、所有者权益类、收入类、费用类和利润类六个大类来进行解释。

在会计分期基本假设的制约下,对于账户而言就会出现如下两个名词:

(1) 本期发生额。本期发生额是在账户中计入借方或贷方的增加数或者减少数。可以将发生额进一步分为"借方发生额""贷方发生额"两种。发生额是账户记账的直接对象,是进入账户的初级信息。

(2) 余额。余额是为了反映每个账户在一个特定的期间过后,将借方发生额与贷方发生额进行比较以后得到的结果。当然,对于存在余额的账户而言,本期的期末余额即为下期的期初余额,而一旦一个账户存在着期初余额,那么计算期末余额时就必须也将期初余额考虑在内。余额意味着在考虑期初余额的基础上,比较借方发生额与贷方发生额之后的结果。期初余额一般与期末余额的方位一致,两者在正常情况下应该位于账户中登记发生额增加的方位。同样,余额一般而言也有借方余额与贷方余额的基本划分。

那么,是不是所有的账户在一定期间的结束时都有余额呢?我们的回答是对于"资产 = 负债 + 所有者权益"和"收入 - 费用 = 利润"这两个会计等式,其中第一个会计等式反映的是一家企业在特定时点上的财务状况,即关于一家企业的资产、负债和所有者权益的结存情况(存量)。既然反映的是结存的数量和金额,那么就必须对这三类账户规定计算的规则,它们都存在余额。而第二个会计等式揭示的是一家企业在经过了一定时间间隔的经营活动之后的经营成果,它反映的是一种动态或流量。鉴于此,为了计算经营成果,在期末要求计算利润时,就必须将收入、费用等账户予以结平(参见本章会计循环部分)。因此,一般来讲,在期末要求计算利润时,收入、费用等账户没有余额。

在了解上面这些基本的概念和内容之后,下面来具体说明各类账户的基本结构。根据"资产 = 负债 + 所有者权益"以及"收入 - 费用 = 利润"这两个会计等式,我们知道"资产类"账户与"负债类""所有者权益类"账户之间存在对称的关系,而"收入类"账户也与"费用类"账户存在对应关系。在联系到我们上节所介绍的衍生的会计等式"资产 + 费用 = 负债 + 所有者权益 + 收入",加上一些约定俗成的惯例,人们规定,资产类与费用类账户的结构基本一致(差别在于费用类账户可能没有余额),而负债类、所有者权益类和收入类账户的结构基本上相同。

资产、负债、所有者权益类账户被称为"实账户",收入、费用等则称为"虚账户"。"实账户"与"虚账户"的区别与联系何在?

第一,所有的实账户在期末都会有余额。借方余额为各种资产,贷方余额是各种负债和所有者权益。因此,实账户的余额是下一步编制财务状况表,即资产负债表的基础。

第二,所有的虚账户在期末都不会有余额。收入与费用的配比,就是在虚账户相互结转并最后集中在本年利润账户中完成的过程(参见本章会计循环部分)。因此,虚账户的发生额,是下一步编制利润表的基础。

既然虚账户在期末全部结平,利润账户的余额也要转入所有者权益账户,并在资产负债表所有者权益部分单独表述,那么,利润账户就成为实账户与虚账户相互联结的桥梁,资产负债表与利润表相互勾稽的链条。

在此基础上,规定资产类、费用类账户的增加额计入账户的左方即借方,减少额计入贷方,那么相应地由于对称关系的存在,负债类、所有者权益类和收入类账户的增加额就必须计入账户的贷方,减少额计入账户的借方。在此规定的基础上,再结合上面介绍的余额一般与账户中登记增加额的方位一致,则资产类账户的余额一般在借方,负债类、所有者权益类账户的余额一般在贷方。这里,资产、负债、所有者权益类账户登记增加额的方向与最终正常余额的方向是一致的。

根据上面的解释,我们将账户结构以及发生额、余额的登记方位按照类别列示如图2-3:

上述账户余额的计算依据为:

期初余额 + 本期增加 − 本期减少 = 期末余额

对于资产类、费用类账户而言,由于本期增加登记于账户的借方,而本期减少则登记于账户的贷方,因此:

期初借方余额 + 本期借方发生额 − 本期贷方发生额 =期末余额(借方)

同样的道理,对于负债类、所有者权益类和收入类账户而言:

期初贷方余额 + 本期贷方发生额 − 本期借方发生额 = 期末余额(贷方)

在会计实务中,对某些账户如应收账款、应付账款、原材料、固定资产等仅仅有总括的账户是不够的,为了帮助会计信息使用者了解详细的信息,就必须将账户进行分级,例如,"固定资产"账户提供的是一家企业的固定资产的概括情况,因此,"固定资产"账户可以看作是一个一级账户。为了更详细地反映固定资产的增减、使用情况,可以在"固定资产"这个一级账户下设立几个二级账户,如"房屋建筑物""运输设备""办公设备""工具器具"等。对于"原材料"这个一级账户而言,可以按照原材料的计划成本与实际成本及两者之间的差异,设置"×× 材料""材料价格差异"等二级账户。如果有必要,还可以设置三级账户等。

三、复式记账

(一) 关于复式记账方法

复式记账是会计核算的一种重要的方法,它是与单式记账方法相对应的。单式记账

左方	资产类账户	右方
期初余额		
本期借方发生额(+)		本期贷方发生额(-)
期末余额		

左方	负债类账户	右方
		期初余额
本期借方发生额(-)		本期贷方发生额(+)
		期末余额

左方	所有者权益类账户	右方
		期初余额
本期借方发生额(-)		本期贷方发生额(+)
		期末余额

左方	收入类账户	右方
		期初余额
本期借方发生额(-)		本期贷方发生额(+)

左方	费用类账户	右方
期初余额		
本期借方发生额(+)		本期贷方发生额(-)

图 2-3   主要会计账户的基本结构

方法的特点是对企业发生的每一项经济业务只在一个账户中进行反映,而且在通常情况下,往往只重视对现金收付以及债权、债务的核算。采用单式记账方法不能够系统地反映企业的经济业务的全貌,而只能够孤立地反映价值运动的某一个侧面。这样,随着生产力的发展,客观上也要求会计突破原来落后的单式记账方法。

复式记账方法最初形成于意大利沿海城市,如佛罗伦萨、威尼斯等,复式记账方法不同于单式记账方法的地方在于它针对每一笔经济业务都要在两个或两个以上相互联系的账户中以相等的金额进行记录,相互联系地反映价值运动。

在我国,复式记账法曾经出现过三种不同的方法:增减记账法、收付记账法和借贷记账法。目前借贷记账法是全世界范围内通用的记账方法。我国的《企业会计准则》中已经明确规定我国采用借贷记账法。

下面就以借贷记账法为例来解释复式记账。

复式簿记发展早期的"拟人说"中曾赋予借贷二字以特殊的含义;而后,借贷二字就脱离了其原本的内涵而逐渐演变为一种单纯的记账符号——分别代表账户两个相应的方位,借代表左方,贷代表右方。

(二) 记账规则

借贷记账法属于复式记账法的一种,它要求对任何一项经济业务的发生,都要在两个或多个相互联系的账户中以相等的金额进行反映,力求反映经济业务和价值运动的来龙去脉。对于借贷记账法而言,这些相互联系的账户必然要分别计入一些特定账户的借方或贷方,而且计入账户借方的金额(或合计)必然等于计入贷方的金额(或合计),因此,我们总结出借贷记账法下的记账规则:有借必有贷,借贷必相等。

对上述记账规则的详细解释是:

第一,任何一个经济业务的发生,至少会同时导致两个账户发生变化。

第二,经济业务发生以后,所计入的账户必须至少包含一个借方账户和一个贷方账户。当然,可以是一个借方账户同时对应两个或多个贷方账户,也可以是多个借方账户对应一个贷方账户,但也不排除在经济业务较为复杂时,多个借方账户对应着多个贷方账户的情况。

第三,不管借方、贷方各自涉及多少个账户,借方的金额(合计)与贷方的金额(合计)必然相等。这个结论对一项经济业务是如此,对于一个企业一定时期内所有经济业务也同样适用。

(三) 经济业务的类型及如何使用借贷记账法编制会计分录

经济业务的类型与会计等式之间存在一定的联系,根据前面章节的会计等式"资产 = 负债 + 所有者权益"和"收入 – 费用 = 利润",再考虑第二个会计等式从一般意义上而言蕴涵于第一个会计等式中,那么我们可以将企业发生的各种经济业务概括为以下四类:

第一种类型:代表会计等式两边同时增加,并保持平衡,包括资产与负债同时增加、资产与所有者权益同时增加两小类。

第二种类型:代表会计等式两边同时减少,并保持平衡,包括资产与负债同时减少、资产与所有者权益同时减少两小类。

第三种类型:代表会计等式左边即资产项目内部一增一减,会计等式保持平衡。

第四种类型:代表会计等式右边负债与所有者权益项目一增一减(包括负债增加、所有者权益减少以及负债减少、所有者权益增加两种情况)、负债项目内部一增一减以及所有者权益项目内部一增一减总共四种情况。但会计等式仍保持平衡。

下面以资产负债表相关的交易为例,并通过凌云公司的 2021 年 10 月的典型经济业务来解释上述四类九种经济业务的类型,并使用借贷记账法编制会计分录。

所谓会计分录,就是依据借贷记账法的记账规则对经济业务列示应借或应贷账户及其金额的一种书面记录。开始学习编制会计分录时,有以下三点需要引起大家的注意:

第一,一般而言,任何会计分录都包括借贷两个方位,借方在上面,贷方在下面。

第二,任何一个会计分录借方应该在左,贷方应该在右(包括文字与金额)。

第三,编制会计分录之前,首先应该判断一项经济业务可能引起哪几个账户金额的变化;其次再判断这些会计分录中可能涉及的账户从大的类别上属于何种会计要素,并回忆这些会计要素处于会计等式的左边或右边;再次判断经济业务引起这些账户的金额的增减变化;接着根据经济业务所涉及的账户的性质和对金额的增减影响情况决定这些账户应该借记或者贷记;最后,按照会计分录的具体格式编制完整的会计分录。

下面以凌云公司 2021 年 10 月的经济业务为例进行说明:

(1) 10 月 2 日,向石井公司赊购原材料一批,共计 5 000 元。

这项经济业务涉及两个账户:一个是资产类的原材料账户,另外一个是负债类的应付账款账户。其中该经济业务导致原材料账户金额增加、应付账款账户金额增加,所以,原材料账户应该计入借方,应付账款账户应该计入贷方。编制会计分录如下:

借:原材料 5 000
   贷:应付账款 5 000

(2) 10 月 5 日,建南集团投入货币资金 100 000 元(设凌云公司为股份有限公司)。

这项经济业务涉及两个账户:一个是银行存款账户,另一个是反映建南集团作为所有者投资而形成的"股本"账户。银行存款账户属于资产类,股本账户属于所有者权益类。该经济业务导致银行存款账户的增加、股本账户的增加,因此,应该一方面计入银行存款账户的借方,另一方面计入股本账户的贷方。编制会计分录如下:

借:银行存款 100 000
   贷:股本 100 000

(3) 10 月 8 日,用银行存款偿还上个月欠南强集团的货款共计 4 000 元。

这项经济业务涉及银行存款和应付账款两个账户,它们分别属于资产类账户与负债类账户。该经济业务一方面导致银行存款的减少,另一方面因偿还了欠款,故应付账款也减少了,因此,应该分别计入银行存款账户的贷方和应付账款账户的借方。

借:应付账款 4 000
   贷:银行存款 4 000

(4) 10 月 12 日,以银行存款 50 000 元按照面值回购外发普通股(符合法定的减资条件)。

这项经济业务涉及银行存款和股本两个账户,它们分别属于资产类账户和所有者权益类账户。该经济业务一方面带来企业银行存款的减少,另一方面导致企业的股本减少,因此,应该分别计入银行存款账户的贷方和股本账户的借方。

借:股本 50 000
   贷:银行存款 50 000

(5) 10 月 15 日,从银行提取现金 4 000 元备发工资。

这项经济业务涉及库存现金与银行存款两个账户,它们均属于资产类的账户。该经济业务一方面导致企业的库存现金增加,另一方面带来企业银行存款的减少,因此,应该分别计入库存现金账户的借方和银行存款账户的贷方。

借:库存现金 4 000

    贷:银行存款 4 000

(6) 10 月 18 日,签发一张商业票据偿还 10 月 2 日的欠款。

这项经济业务涉及应付账款与应付票据两个账户,它们均属于负债类账户。该经济业务一方面由于归还债务而导致企业的应付账款减少,另一方面又导致了企业新增一项负债即应付票据,因此,应该相应地计入应付账款的借方与应付票据的贷方。

借:应付账款 5 000

    贷:应付票据 5 000

(7) 根据股东大会的决议,利用盈余公积 3 000 元转增股本。

该经济业务涉及股本和盈余公积两个账户,两者均属于所有者权益类账户。该经济业务一方面导致股本的增加,另一方面带来盈余公积的减少,因此,应该分别计入股本账户的贷方和盈余公积账户的借方。

借:盈余公积 3 000

    贷:股本 3 000

(8) 芙蓉公司同意将其拥有的本企业的可转换债券 20 000 元转化为普通股。

该经济业务涉及应付债券与股本两个账户,两者分别属于负债类账户和所有者权益类账户。该经济业务一方面带来企业负债的减少,另一方面带来企业股本的增加,因此,应该分别计入应付债券账户的借方和股本账户的贷方。

借:应付债券——可转换债券 20 000

    贷:股本 20 000

(9) 董事会同意用盈余公积来支付中期现金股利 6 000 元。

该经济业务涉及盈余公积和应付股利两个账户,两者分别属于所有者权益类账户和负债类账户。该经济业务一方面导致企业的负债增加,另一方面也带来企业盈余公积项目的减少,因此,应该计入应付股利账户的贷方和盈余公积账户的借方。

借:盈余公积 6 000

    贷:应付股利 6 000

(10) 销售商品一批,价款总计 30 000 元,已经收到并存入银行(暂时不考虑增值税)。

该经济业务涉及主营业务收入和银行存款两个账户,两者分别属于收入类账户与资产类账户。该经济业务一方面带来企业银行存款增加,另一方面使企业的收入增加,因此,应该分别计入银行存款账户的借方与主营业务收入账户的贷方。

借:银行存款 30 000

    贷:主营业务收入 30 000

(四) 复式记账的特点

从上述若干交易中可以看出复式记账法的一些基本特点:

(1) 一项交易的内容往往很复杂,收集的外来和自制证据可能甚多,若全部记载交易的一切细节,将使有用的信息淹没在文字与数字的汪洋大海之中。而复式簿记却仅运用几个账户,通过一个或几个分录就能简洁而突出地将由于交易发生引起的资源和资源主权的变动的那些有用的财务数据,按"有借必有贷,借贷必相等"这一双重记录的特别方式——会计分录正式记录下来。借(Dr)和贷(Cr)不过是记录的符号,但在不同性质的要素及其所属账户中,却使其代表不同的含义(增加或减少)。会计分录这一双重(复式)记录,表示资源及其主权等的变动,并表示流动的轨迹——从何而来,到何处去,而且能自动平衡。

(2) 所有的会计分录都必须按照交易发生的顺序,连续而不得遗漏地做成。会计分录做成后,就要按分录中的账户,把金额借记或贷记各个账户中进行归集。人们有时称会计是一个分类反映经济信息的系统,分类就是从账户记录开始的。

(3) 企业真正拥有、可支配使用的是资源(资产),它的主权分别属于债权人(负债)和投资人(所有者权益)。不论资源或资源的主权,都是实实在在地存在于企业之中,资源表现为各种资产;资源的主权或由债权人掌握的借款借据、契约、合同所明确规定,或由投资人的产权合同所证明。两者均为受到法律保障的确切经济权利。它们的存在、配置和相互勾稽反映财务状况,为此企业为资源及其主权设置的账户称为实账户。

(4) 复式簿记的全过程是一个自动平衡、自动复核的过程。

第一步平衡机制是:做成的每一个会计分录,其借方金额(合计) = 贷方金额(合计)。

第二步平衡机制是:在期中或期末任何时间,若把全部账户(包括实账户和虚账户)按"期初余额""本期发生额"和"期末余额"分别加以归类并合计,又能实行下列三个平衡:

期初借方余额合计 = 期初贷方余额合计

本期借方发生额合计 = 本期贷方发生额合计

期末借方余额合计 = 期末贷方余额合计

如果出现不平衡,就表明或是会计分录或是账户记录在借贷两方产生了差错,自动地起检查、复核作用。

葛家澍教授论文《必须替借贷记账法恢复名誉》评述

第二节 借贷记账法的过账与试算平衡

为了以下论述的需要,此处我们假设凌云公司 2021 年 10 月 1 日有关账户的余额如表 2–2 所示:

表 2–2 凌云公司有关账户余额　　　　　　　　　　单位:元

科目名称	金额	科目名称	金额
库存现金	500	应付账款	7 000
银行存款	9 500	应付票据	2 000
应收账款	40 000	应付债券	70 000
原材料	12 000	负债总计	79 000
库存商品	78 000		
固定资产	150 000	股本	140 000

续表

科目名称	金额	科目名称	金额
		资本公积	4 000
		盈余公积	60 000
		利润分配——未分配利润	7 000
		所有者权益合计	211 000
资产总计	290 000	负债与所有者权益总计	290 000

一、过账

上节的 10 项经济业务的 10 个会计分录,在经过检查审核无误后,应该分别将会计分录中所记录的金额向账户进行登记,这个步骤在会计上称为"过账"。现登记如下:

库存现金

期初余额	500	
本期借方发生额(5)	4 000	
期末余额	4 500	

银行存款

期初余额	9 500		
本期借方发生额(2)	100 000	本期贷方发生额(3)	4 000
(10)	30 000	(4)	50 000
		(5)	4 000
期末余额	81 500		

应收账款

| 期初余额 | 40 000 | |
| 期末余额 | 40 000 | |

原材料

期初余额	12 000	
本期借方发生额(1)	5 000	
期末余额	17 000	

固定资产

期初余额	150 000	
期末余额	150 000	

库存商品

期初余额	78 000	
期末余额	78 000	

应付账款

		期初余额	7 000
本期借方发生额(3)	4 000	本期贷方发生额(1)	5 000
(6)	5 000		
		期末余额	3 000

应付票据

		期初余额	2 000
		本期贷方发生额(6)	5 000
		期末余额	7 000

应付债券

		期初余额	70 000
本期借方发生额(8)	20 000		
		期末余额	50 000

股本

		期初余额	140 000
		本期贷方发生额(2)	100 000
本期借方发生额(4)	50 000	(7)	3 000
		(8)	20 000
		期末余额	213 000

资本公积

		期初余额	4 000
		期末余额	4 000

盈余公积

		期初余额	60 000
本期借方发生额(7)	3 000		
(9)	6 000		
		期末余额	51 000

利润分配——未分配利润

		期初余额	7 000
		期末余额	7 000

应付股利

		期初余额	0
		本期贷方发生额(9)	6 000
		期末余额	6 000

主营业务收入

		本期贷方发生额(10)	30 000

二、试算平衡

为了确保一定期间内所发生的经济业务能够在账户中得到正确的反映,会计实务中往往要求在一定的期间终了时根据会计等式中所蕴含的基本原理,对已经存在的账户记录进行试算平衡。

账户的发生额是以会计分录作为登记的依据的,会计分录的编制符合借贷记账法的记账规则,即"有借必有贷,借贷必相等",那么每一笔会计分录的借贷方的金额都是相等的,如果我们综合本期间涉及的所有账户的借方与贷方的发生额,也依然会出现平衡,即"全部账户借方发生额 = 全部账户贷方发生额"。按照前面介绍的过账程序把所有的会计分录过入账簿以后,则"账户的期末借方余额合计 = 账户的期末贷方余额合计"。但是,由于会计人员的疏忽或者其他各种原因,期末可能会出现借贷方发生额合计或余额合计不平衡的情况,此时必然是由于记账过程出现错误,因此应该加以及时地纠正。上面的两个平衡公式,可以作为我们进行试算平衡的主要依据。运用这两个公式,我们可以得出三种平衡检测的方法,即检验期初余额、本期发生额和期末余额是否平衡。仍然沿用凌云公司案例,我们进行试算平衡,见表2-3。

表2-3　2021年10月凌云公司试算表　　　　　　　　　单位:元

账户	期初余额		本期发生额		期末余额	
	借方	贷方	借方	贷方	借方	贷方
库存现金	500		4 000		4 500	
银行存款	9 500		130 000	58 000	81 500	
应收账款	40 000				40 000	
原材料	12 000		5 000		17 000	
库存商品	78 000				78 000	
固定资产	150 000				150 000	
应付账款		7 000	9 000	5 000		3 000
应付票据		2 000		5 000		7 000
应付股利				6 000		6 000
应付债券		70 000	20 000			50 000
股本		140 000	50 000	123 000		213 000
资本公积		4 000				4 000
盈余公积		60 000	9 000			51 000
利润分配——未分配利润		7 000				7 000
主营业务收入				30 000		30 000
合计	290 000	290 000	227 000	227 000	381 000	381 000

如果编制出的试算表,其借贷方余额不平衡,则表明会计循环的某个步骤存在错误。发生错误的潜在因素包括:

(1) 日记簿上的会计分录出现错误,如分录中的借贷方余额不平衡;

(2) 过账过程中出现错误,如借贷方金额中的某一方遗漏或重复过账,或者借贷方颠倒;

(3) 分类账户余额结计时出现错误;

(4) 试算表本身出现错误,如借贷方余额抄错,某些账户被遗漏未被抄录等。

应该注意到,试算平衡只能够说明记账过程基本正确,但并不能够一定确保记账过程完全正确,因为有一些记账过程中的错误并不影响试算平衡。例如:

(1) 整笔会计分录被重复过账;

(2) 整笔经济业务被漏记;

（3）记账方向虽然正确，但是用错了账户，如将"应收股利"或"应收利息"错误地计入"其他应收款"；

（4）一笔经济业务的借贷方金额同时记错。

总之，只要过账时借贷方金额相等，即使被过入错误的账户或过账的金额本身有误，借方总额仍会等于贷方总额。对于试算表这一内在缺陷，会计人员应当注意。

试算平衡与复试簿记系统的优越性

第三节　总分类账核算与明细分类账核算

一、总分类账与明细分类账的结合运用

截至本节之前，我们在编制会计分录时所涉及账户的特点是：①只能够提供每项经济业务的基本内容。②只能够提供经济业务的货币计量指标，而不能够反映经济业务的数量和单价。我们把这种运用货币指标，总括反映资产、负债、所有者权益、收入、费用和利润的核算称为总分类核算。总分类核算中运用的账户就相应地称为总分类账户或一级账户。

在会计工作中，正确组织总分类核算是全面反映会计对象和加强经营管理的需要，这样才能够概括反映和全面控制企业的价值运动。但是，总分类核算提供的资料，还远远不能够满足深入了解企业再生产过程中的价值运动的详细情况，原因在于：①总分类核算提供的信息不够具体；②总分类核算仅仅包括货币指标，即仅局限于对价值运动的核算，但由于价值与使用价值、资本与其实物载体实际上不能够完全地隔绝或者分离，因此必须将运用货币进行的价值核算与实物量的核算紧密地结合起来。

有鉴于此，在会计核算中，除了以总分类核算提供企业再生产过程中的以货币量度的价值运动外，还应该合理地组织明细分类核算，提供详细反映一家企业各项资产、负债、所有者权益、收入、费用和利润变动详细情况的具体信息，而且对财产物资的核算还应该提供实物数量指标。明细分类核算中涉及的账户称为明细账户。

总分类账户是按照资产、负债、所有者权益、收入、费用和利润的类别来设置的，它旨在提供总括的会计信息；明细分类账户是对总分类账户所核算的经济内容进一步按照详细类别来设置的，它对总分类账户核算的内容起到补充、解释与说明的作用。例如，对原材料的核算除了设置"原材料"总分类账户外，还应该按照材料的品种、种类和规格进行明细分类核算；对应收账款除了设置总分类账户外，还应该按照购买单位组织明细分类核算。但是应该注意，明细分类核算作为总分类账户的补充，在设置时应该贯彻务实原则，即从实际会计核算需要出发，避免烦琐，包括明细分类核算需要与否或者需要程度、设置几级明细账户都应该以成本效益原则作为取舍的标准。

此外，由于企业规模不同，业务复杂程度各异，某些企业可能需要设置一种比明细账户概括，但比总分类账户详细的信息账户，实务中称为二级账户，它是介于总分类账与明细分类账之间的账户。在二级账户存在时，账户体系相应扩充为一级账户（总分类账户）、二级账户和三级账户（明细账户）。二级账户的作用在于它可以帮助总分类账户分类统御和统计所属的明细核算资料或使总分类账户核算的资料更为具体。例如，可以在固定资产这个总分类账户下设置"生产用固定资产"与"非生产用固定资产"两个二级账户，在二级账户下，再根据需要设置明细账户。

对于存在二级账户的账户体系，一级账户可以不直接统御，而是通过二级账户间接统御明细账户。企业可以通过二级账户加强经营管理，但不可否认的是二级账户的存在也同时增加了企业会计核算的工作量，所以企业应该根据自身经营管理的需要和经济业务的复杂程度决定是否设置二级账户。

二、总分类账户与明细分类账户的平行登记

总分类账户与明细分类账户之间是一种统御与被统御的关系，但是两者反映的是同样的一笔经济业务，区别只在于反映的详尽程度的不同上，所以两者应该采用平行登记原则。所谓平行登记，就是计入总分类账户和明细分类账户的资料都应该以会计凭证为依据，独立、互不依赖地进行登记。平行登记的要点可以概括为：

（1）对于企业发生的每一笔经济业务，一方面需要在总分类账户中进行登记，另一方面要分别计入总分类账户所属的各个明细分类账户。

（2）总分类账户中记录经济业务的方向必须与明细分类账户中记录经济业务的方向相同，必须同为借记或者贷记。

（3）分类账户中涉及的经济业务的金额必须与明细分类账户中涉及的经济业务的金额（或金额合计）相等。

（4）总分类账户与明细分类账户一般要依据同样的原始凭证或者记账凭证来进行登记。

（5）总分类账户与明细分类账户对同一笔经济业务的登记应该在同一个会计期间内完成。

下面，我们以"原材料"账户为例来说明总分类账户与明细分类账户的区别：

假设 2021 年 11 月凌云公司的原材料账户的余额如下：

原材料——甲材料 1 000 千克	单价 500 元 / 千克	金额 500 000 元
原材料——乙材料 2 000 吨	单价 50 元 / 吨	金额 100 000 元
合计		600 000 元

12 月原材料的购进与发出情况如下：

（1）12 月 5 日购进材料一批，货款开出商业票据偿付，材料全部验收入库。

原材料——甲材料 400 千克	单价 500 元 / 千克	金额 200 000 元
原材料——乙材料 200 吨	单价 50 元 / 吨	金额 10 000 元
合计		210 000 元

对于此笔经济业务，会计分录为：

借：原材料——甲材料	200 000
——乙材料	10 000

　　　　贷:应付票据　　　　　　　　　　　　　　　　　　　　　210 000

　　(2) 12 月 10 日向石井公司购入丙材料一批,共计 400 吨,单价 100 元,货款未付,材料已经验收入库。

　　　　借:原材料——丙材料　　　　　　　　　　　　　　　40 000

　　　　　贷:应付账款——石井公司　　　　　　　　　　　　　　40 000

　　(3) 12 月 15 日,生产车间领用材料情况如下:

甲材料——500 千克	单价 500 元 / 千克	金额 250 000 元
乙材料——1 000 吨	单价 50 元 / 吨	金额 50 000 元
丙材料——200 吨	单价 100 元 / 吨	金额 20 000 元
合计		320 000 元

这笔经济业务的会计分录为:

　　借:生产成本　　　　　　　　　　　　　　　　　　320 000

　　　贷:原材料——甲材料　　　　　　　　　　　　　　　250 000

　　　　　　——乙材料　　　　　　　　　　　　　　　　50 000

　　　　　　——丙材料　　　　　　　　　　　　　　　　20 000

　　根据上述原材料月初结存、本月购进与发出的有关情况进行平行登记(为了简便,使用 T 型账户):

原材料

期初余额	600 000		
本期借方发生额(1)	210 000	本期贷方发生额(3)	320 000
(2)	40 000		
期末余额	530 000		

原材料——甲材料

期初余额	500 000		
本期借方发生额(1)	200 000	本期贷方发生额(3)	250 000
期末余额	450 000		

原材料——乙材料

期初余额	100 000		
本期借方发生额(1)	10 000	本期贷方发生额(3)	50 000
期末余额	60 000		

原材料——丙材料

期初余额	0		
本期借方发生额(2)	40 000	本期贷方发生额(3)	20 000
期末余额	20 000		

三、总分类核算与明细分类核算的相互核对

由于总分类账户与明细分类账户既能够提供全面、总括的信息，又可以提供具体、详细的信息，所以便于进行企业的经营管理。但是无论总括信息或者明细信息都应该保证其正确无误。为了保证两者的准确无误，总分类账和明细分类账之间就应该保持账账相符，以达到相互制约与相互配合的目的，使之成为一个严密的反映与控制的体系。尽管总账与明细账之间是按照平行登记原则进行登记的，但由于两者记账程序不同或记账时间不尽一致，所以必须定期核对总分类账与明细分类账的有关记录，及时发现一方可能存在的记账错误。

要进行总账与明细账之间的相互核对，可以根据明细账记录编制本期发生额与余额表，从中观察总分类账与明细分类账之间的金额是否相符，如表2-4。

表2-4　总分类账与明细分类账情况对比

原材料	总分类账户		原材料明细分类账户				
			甲材料		乙材料		丙材料
1. 月初余额	600 000	=	500 000	+	100 000	+	0
2. 本月增加额	250 000	=	200 000	+	10 000	+	40 000
3. 本月减少额	320 000	=	250 000	+	50 000	+	20 000
4. 期末余额	530 000	=	450 000	+	60 000	+	20 000

如果企业设置了二级账户，那么总分类账与明细分类账之间的相互核对就成为总分类账户、二级账户和明细账户三者之间的相互核对。

第四节　会　计　循　环

财务会计是一个以提供财务信息为主的经济信息系统。在认识了这个系统的本质、特征、基本概念和规范要求之后，就应该将重点转向它的技术处理方面，即一家企业应通过一套什么样的科学、严密的程序(结合使用各种方法，尤其是作为会计基础的记录、分类、汇总和报告等方法)，才能使企业会计系统可正常运作并及时而正确地向使用者提供相互关联的财务信息。在财务会计上，这些依次继起、周而复始的以记录为主的会计处理步骤与程序称为会计循环。为了在此基础上说明会计的确认、计量、记录和报告过程，在这一节，让我们扼要地回顾一下会计循环的过程。典型的会计循环可用图2-4来表示。

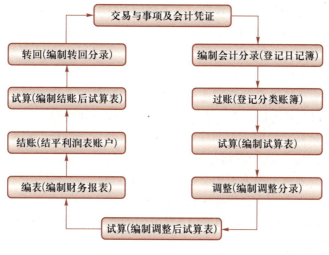

图 2-4 典型的会计循环

图 2-4 说明,会计处理是一个周而复始、循环往复的过程,基本步骤包括:①编制会计分录与登记日记簿;②将日记簿过入分类账并进行试算平衡;③编制账项调整分录并进行试算平衡;④编制财务报表;⑤结平利润表账户与结账后的试算平衡;⑥编制便于下期继续记录的转回分录。

一、编制会计分录与登记日记簿

编制会计分录与登记日记簿是会计处理的第一个基本步骤。首先,会计人员必须分析企业究竟发生了什么活动,并从大量纷繁复杂的原始凭证(source documents)中筛选出交易与事项(accounting transaction and events)。分析交易与事项对于某一特定企业的资产、负债、所有者权益、收入、费用等财务会计要素的影响,然后根据复式簿记原理,在日记簿(journal)中编制借记或贷记账户的分录。由此可见,原始会计凭证是编制会计分录的客观依据。原始凭证通常是在业务发生时填制的,其内容至少应载明发生日期、交易双方名称、交易金额、交易性质等。常见的原始凭证包括购销发票、银行支票、汇票、材料验收入库单、材料领用单、产成品发运单、销售成本计算表等。原始凭证提供了详细的有关交易或事项的信息以及对该交易或事项负责的相关人的签名。因此,它是企业信息与控制系统的一个关键组成部分。

编制会计分录实质上是确定交易与事项应以多少金额借记和贷记何种账户的过程。会计分录通常按交易与事项发生的先后顺序记入日记簿。日记簿又称为分录簿或原始分录簿,可分为特种日记簿(special journal)和普通日记簿(general journal)两种类别。特种日记簿是为登记某些大量发生的特定类型的交易与事项(如现金的收付、原材料的采购、产品的销售等)而设计的日记簿,如现金收入日记簿、现金支出日记簿、销货日记簿和购货日记簿等。它汇总了具有共同特征的交易,因此节省了时间。

普通日记簿可用于记录任何类型的交易与事项,具有格式统一、使用方便等特点。普通日记簿既适用于已设置特种日记簿的企业,也适用于未设置特种日记簿的企业。

以下以普通日记簿为例,说明在日记簿上编制会计分录的方法。

普通日记簿的登录方法如下:

(1) 在日期栏内指明编制分录的年、月、日,年、月通常只在日记簿每页的顶端以及年、月发生变动的地方填写。

(2) 将交易和事项所涉及的有关账户名称填在会计账户及摘要栏。按照惯例,借方账户紧靠左边先行登记,贷方账户在借方账户下方向右移动两格登记。

(3) 把会计分录涉及的相应金额分别记入借方和贷方金额栏。根据复式簿记原理,每笔分录的借方和贷方金额必须保持相等。

(4) 在借贷账户名称下扼要说明交易与事项的性质。

(5) 在类页栏填上所过入分类账的编号或页码。

兹以凌云化妆品销售公司 2021 年 12 月发生的业务为例,说明会计分录的编制和普通日记簿的登录方法。

假设凌云化妆品销售公司所使用的会计账户及其编号如表 2–5 所示[①]。

表 2–5   凌云化妆品销售公司所使用的会计账户及其编号

账户编号	账户名称	账户编号	账户名称
	资产类账户		收入类账户
1001	货币资金	4101	主营业务收入
1131	应收账款	4201	其他业务收入
1141	应收利息	4301	利息收入
1201	存货		
1301	待摊费用		成本费用类账户
1501	固定资产	5401	主营业务成本
1502	累计折旧	5501	工资费用
		5502	管理费用
	负债类账户	5503	广告费用
2121	应付账款	5504	房租费用
2131	预收账款		
2151	应付工资		
	所有者权益类账户		
3101	实收资本		
3141	未分配利润		

① 注意,本例中所使用的账户与会计准则规定的标准账户并不完全一致,并且为简化起见,本例把账户与报表项目视同一致,事实上二者并不完全一致。比如,按照现行会计准则,货币资金与存货是报表项目而不是账户,但本例把二者既作为账户,又作为报表项目。虽然如此,相关的非标准账户及简化并不影响读者对本例的理解。

2021 年 12 月有关交易与事项如下:

1 日,股东投入 1 000 000 元现金创办凌云化妆品销售公司。

2 日,用现金支付今年 12 月至明年 5 月共 6 个月的房租 60 000 元,并支付现金 1 000 元购买办公用品。

3 日,购买皮肤检测仪 1 台,价款 120 000 元,用现金支付 60 000 元,余款暂时赊欠。

5 日,购入一批化妆品,用现金支付价款 300 000 元。

6 日,用现金向广告公司支付 3 个月的广告费用 30 000 元。

7 日,向客户甲赊销化妆品 50 000 元,并向其开出账单 50 000 元;所销售化妆品的进价为 25 000 元。

10 日,向客户乙现销化妆品 70 000 元,所销售化妆品的进价为 35 000 元。

15 日,预收本公司美容俱乐部会员 1 年的会费总计 8 640 元。

20 日,客户甲支付货款 30 000 元,余款经协商在下月支付。

25 日,支付本月上半个月职工工资 20 000 元。

30 日,向客户丁现销化妆品 20 000 元,货款存入银行,所销售化妆品的进价为 10 000 元。

根据上述资料,2021 年 12 月凌云化妆品销售公司应当在普通日记簿中编制如表 2-6 所示的会计分录:

表 2-6 凌云化妆品销售公司 2021 年 12 月普通日记账 单位:元

2021 年		会计账户及摘要	类页	借方金额	贷方金额
月	日				
12	1	货币资金	1001	1 000 000	
		实收资本	3101		1 000 000
		(股东投入货币资金)			
	2	待摊费用	5504	60 000	
		管理费用——办公用品	5502	1 000	
		货币资金	1001		61 000
		(支付房租和办公用品费)			
	3	固定资产——皮肤检测仪	1501	120 000	
		货币资金	1001		60 000
		应付账款	2121		60 000
		(购买皮肤检测仪)			
	5	存货	1201	300 000	
		货币资金	1001		300 000
		(购入化妆品)			
	6	待摊费用	5503	30 000	
		货币资金	1001		30 000
		(支付广告费用)			

续表

2021年		会计账户及摘要	类页	借方金额	贷方金额
月	日				
12	7	应收账款	1131	50 000	
		主营业务收入	4101		50 000
		主营业务成本	5401	25 000	
		存货	1201		25 000
		(向客户甲赊销化妆品)			
	10	货币资金	1001	70 000	
		主营业务收入	4101		70 000
		主营业务成本	5401	35 000	
		存货	1201		35 000
		(向客户乙现销化妆品)			
	15	货币资金	1001	8 640	
		预收账款	2131		8 640
		(预收会员费)			
	20	货币资金	1001	30 000	
		应收账款	1131		30 000
		(收到客户甲所欠货款)			
	25	工资费用	5501	20 000	
		货币资金	1001		20 000
		(支付12月上半个月工资)			
	30	货币资金	1001	20 000	
		主营业务收入	4101		20 000
		主营业务成本	5401	10 000	
		存货	1201		10 000
		(向客户丁销售化妆品)			

二、过账与试算平衡

(一) 过账

在交易与事项以会计分录的形式登录日记簿之后,会计循环的下一个步骤就是将每笔分录的借项和贷项记录转记到分类账(ledgers)中各有关账户,这一转记程序称为过账(posting)。过账程序可以用图 2-5 来说明。

图 2-5 所展示的过账步骤为:

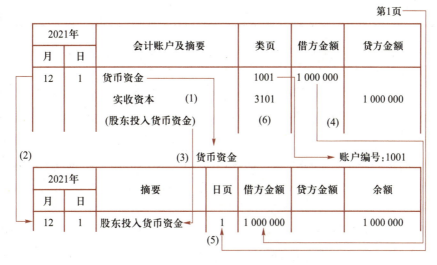

图 2-5　普通日记账的过账程序

（1）找出与日记簿分录中借方账户与贷方账户相对应的账户；

（2）在分类账户的日期栏内填入日记簿分录的编制日期，填入的日期一般以日记簿编制分录的日期为准，而不一定是实际过账日期；

（3）将日记簿分录所载明的摘要登录于分类账户的摘要栏内；

（4）将日记簿分录所载明的金额转记至分类账户的借方金额栏；

（5）将日记簿中记载该分录的页次，填入相对应的分类账户的日页栏内；

（6）将该分类账户的账户编号，填入日记簿的类页栏内，以表示该日记簿的分类已过账。

为了进一步说明过账方法，兹将上一节凌云化妆品销售公司日记簿上所列举的分录过入各有关账户，见表 2-7 至表 2-18。

表 2-7　货 币 资 金　账户编号：1001　单位：元

2021 年		摘要	日页	借方金额	贷方金额	余额
月	日					
12	1	股东投入货币资金	1	1 000 000		1 000 000
	2	支付房租和办公用品费	1		61 000	939 000
	3	购买皮肤检测仪	1		60 000	879 000
	5	购入化妆品	1		300 000	579 000
	6	支付广告费用	1		30 000	549 000
	10	向客户乙现销化妆品	2	70 000		619 000
	15	预收会员费	2	8 640		627 640
	20	收到客户甲所欠货款	2	30 000		657 640
	25	支付 12 月上半个月工资	2		20 000	637 640
	30	向客户丁销售化妆品	2	20 000		657 640

表 2-8　应 收 账 款　　　账户编号：1131　　　单位：元

2021年		摘要	日页	借方金额	贷方金额	余额
月	日					
12	7	向客户甲赊销化妆品	2	50 000		50 000
	20	收到客户甲所欠货款	2		30 000	20 000

表 2-9　存　　货　　　账户编号：1201　　　单位：元

2021年		摘要	日页	借方金额	贷方金额	余额
月	日					
12	5	购入化妆品	1	300 000		300 000
	7	向客户甲赊销化妆品	2		25 000	275 000
	10	向客户乙现销化妆品	2		35 000	240 000
	30	向客户丁销售化妆品	2		10 000	230 000

表 2-10　待 摊 费 用　　　账户编号：1301　　　单位：元

2021年		摘要	日页	借方金额	贷方金额	余额
月	日					
12	2	支付6个月房租	1	60 000		60 000
	6	支付广告费	1	30 000		90 000

表 2-11　固 定 资 产　　　账户编号：1501　　　单位：元

2021年		摘要	日页	借方金额	贷方金额	余额
月	日					
12	3	购买皮肤检测仪	1	120 000		120 000

表 2-12　应 付 账 款　　　账户编号：2121　　　单位：元

2021年		摘要	日页	借方金额	贷方金额	余额
月	日					
12	3	购买皮肤检测仪	1		60 000	60 000

表 2-13　预 收 账 款　　　账户编号：2131　　　单位：元

2021年		摘要	日页	借方金额	贷方金额	余额
月	日					
12	15	预收会员费	2		8 640	8 640

表 2-14 实 收 资 本 账户编号:3101 单位:元

2021 年		摘要	日页	借方金额	贷方金额	余额
月	日					
12	1	股东投入货币资金	1		1 000 000	1 000 000

表 2-15 主营业务收入 账户编号:4101 单位:元

2021 年		摘要	日页	借方金额	贷方金额	余额
月	日					
12	7	向客户甲赊销化妆品	2		50 000	50 000
	10	向客户乙现销化妆品	2		70 000	120 000
	30	向客户丁销售化妆品	2		20 000	140 000

表 2-16 主营业务成本 账户编号:5401 单位:元

2021 年		摘要	日页	借方金额	贷方金额	余额
月	日					
12	7	向客户甲赊销化妆品	2	25 000		25 000
	10	向客户乙现销化妆品	2	35 000		60 000
	30	向客户丁销售化妆品	2	10 000		70 000

表 2-17 工 资 费 用 账户编号:5501 单位:元

2021 年		摘要	日页	借方金额	贷方金额	余额
月	日					
12	25	支付 12 月上半个月工资	2	20 000		20 000

表 2-18 管 理 费 用 账户编号:5502 单位:元

2021 年		摘要	日页	借方金额	贷方金额	余额
月	日					
12	2	购买办公用品	1	1 000		1 000

由上面的过账程序及账户的展示可以看到,过账仅仅是一个简单的复制过程,它不涉及任何分析与判断的问题。这就与编制会计分录过程中需要会计人员判断分析交易或事项应否记入账户、应记入哪个账户以及应记入账户的借方还是贷方、记入的金额应是多少形成鲜明的对比。由此也提醒会计人员应意识到在哪些方面应该具备一定的职业判断能力。

(二)试算平衡表

在会计期间终了时,在全部项目已记入日记账且过入分类账簿之后,为了检查过账是否正确,往往需要编制试算表(trial balance)。试算表是指列示分类账中各有关账户的名称及其余额是否平衡的表式。试算表可满足两个目的:①核验账簿中借方、贷方金额是否相等。②可提供账户的发生额及其余额表,而这是进行账项调整的基础,同时又是编制财务报表及提供人们所关心的财务数据的依据。

凌云化妆品销售公司 2021 年 12 月 31 日过账后的试算如表 2-19 所示。

表 2-19   凌云化妆品销售公司试算表

2021 年 12 月 31 日   单位:元

科目名称	借方余额	贷方余额
货币资金	657 640	
应收账款	20 000	
存货	230 000	
待摊费用	90 000	
固定资产	120 000	
应付账款		60 000
预收账款		8 640
实收资本		1 000 000
主营业务收入		140 000
主营业务成本	70 000	
工资费用	20 000	
管理费用	1 000	
合计	1 208 640	1 208 640

三、编制期末账项调整分录

通过日常记录反映在分类账户中的一些交易和事项,有时不是仅影响一个会计期间的经营绩效,而是跨越几个会计期间。我们在前面的章节中已经讲到,权责发生制是收入与费用的确认基础。为了按照权责发生制进行确认,实际上也是为了准确地反映各个会计期间的损益情况,以便将报告期内已赚得的全部收入与同期有关的全部成本和费用进行配比,这就需要在每个会计期间终了时,对有关分类账户的余额进行调整。会计循环中的这一步骤称为账项调整程序(adjustment)。

下面四种情况是在权责发生制下常见的期末账项调整程序,即分配和摊销(allocation and amortization);递延(deferrals)及其分配;应计(accruals),包括应计费用(accrued expense)和应计收入(accrued revenue)。

(一) 按收益期摊销已登账的成本和费用

企业的一些支出(如固定资产以及一些预付费用等)往往会使许多会计期间受益。依据惯例,这些支出一般在发生时借记有关资本账户,到了会计期末,再将本期已被耗用的价值或已使本期受益的部分转记费用账户。

例如,在前面所举的例子中,假设凌云化妆品销售公司存在如下的业务:

（1）所购买的固定资产——皮肤检测仪可以使用2年，该公司采用直线折旧法，则12月应分担的折旧费用为5 000元[120 000/(2×12)]。

（2）该公司在12月2日支付了6个月的房租60 000元，则应由12月负担的房租费用为10 000元(60 000/6)。

（3）12月6日公司支付了3个月的广告费30 000元，同样应由12月负担的广告费用为10 000元(30 000/3)。

对于上述三项，应于12月31日在普通日记簿上编制如下调整分录，见表2-20。

表2-20　普通日记账　　　第3页　　　单位:元

2021年		会计账户及摘要	类页	借方金额	贷方金额
月	日				
12	31	管理费用——折旧费用	5502	5 000	
		累计折旧——皮肤检测仪	1502		5 000
		（计提12月设备折旧）			
		房租费用	5504	10 000	
		广告费用	5503	10 000	
		待摊费用	1301		20 000
		（摊销本月房租费用和广告费用）			

上述调整分录过账后，有关分类账户的记录见表2-21至表2-25。

表2-21　管理费用　　账户编号:5502　　单位:元

2021年		摘要	日页	借方金额	贷方金额	余额
月	日					
12	2	购买办公用品	1	1 000		1 000
	31	计提12月设备折旧	3	5 000		6 000

表2-22　累计折旧　　账户编号:1502　　单位:元

2021年		摘要	日页	借方金额	贷方金额	余额
月	日					
12	31	计提12月份设备折旧	3		5 000	5 000

表2-23　待摊费用　　账户编号:1301　　单位:元

2021年		摘要	日页	借方金额	贷方金额	余额
月	日					
12	2	支付6个月房租	1	60 000		60 000
	6	支付广告费	1	30 000		90 000
	31	摊销本月房租费用和广告费用	3		20 000	70 000

表 2-24   广告费用   账户编号：5503   单位：元

2021年		摘要	日页	借方金额	贷方金额	余额
月	日					
12	31	摊销本月房租费用和广告费用	3	10 000		10 000

表 2-25   房租费用   账户编号：5504   单位：元

2021年		摘要	日页	借方金额	贷方金额	余额
月	日					
12	31	摊销本月房租费用和广告费用	3	10 000		10 000

（二）按赚取期摊配已登账的预收账款

在企业经营过程中，往往会出现企业在销售商品或提供劳务之前就预先收取部分定金或服务费。在预收账款时，通常用借记货币资金和贷记一个负债类账户（预收账款）来反映。由此而形成的负债账户也可称作递延负债（deferred liabilities）。它表示企业有责任在本期和以后各期向客户提供商品或劳务。因此，在会计期间终了时，应当将当期已提供商品或劳务而赚得的收入转记相应的收入类账户，与此同时，相应调减预收账款账户。

仍以凌云化妆品销售公司为例，该公司于 12 月 15 日预收了公司美容俱乐部会员一年的会费总计 8 640 元。

按照权责发生制，公司应于 12 月 31 日确认应属于本月提供美容咨询、培训服务的收入 360 元[8 640/(2×12)]（12 月只提供了半个月的服务）。因此，该公司应于 12 月 31 日在普通日记簿上编制调整分录，见表 2-26 至表 2-28，将本月已赚取的 360 元记作其他业务收入，以便正确地反映 12 月份的实际经营绩效。

表 2-26   普通日记账   第 3 页   单位：元

2021年		会计账户及摘要	类页	借方金额	贷方金额
月	日				
12	31	预收账款	2131	360	
		其他业务收入	4201		360
		（记录 12 月份已赚取的会员费收入）			

上述调整分录过账后，有关分类账户的记录如下：

表 2-27   预收账款   账户编号：2131   单位：元

2021年		摘要	日页	借方金额	贷方金额	余额
月	日					
12	15	预收会员费	2		8 640	8 640
	31	记录 12 月已赚取的会员费收入	3	360		8 280

表 2-28 其他业务收入   账户编号:4201   单位:元

2021年		摘要	日页	借方金额	贷方金额	余额
月	日					
12	31	记录12月已赚取的会员费收入	3		360	360

(三)计提未登账费用

企业时常在付款之前就先使用了某些服务,从而形成一定的偿付责任。这些尚未支付的应计费用可能是在一定期间内累计形成的(如应付工资和应付水电费),也可能是随着时间的推移而形成的(如应付利息费用)。在会计期末,必须编制调整分录来反映这些尚未支付,但已构成本期费用的项目,借以使这些费用与受益期的收入相配比。

例如,凌云化妆品销售公司每半个月支付一次员工工资,付薪日分别为每个月的25日和次月10日。因此,在12月31日,该公司应确认12月下半个月的工资费用为20 000元,调整分录见表2-29至表2-31。

表 2-29 普通日记账   第3页   单位:元

2021年		会计账户及摘要	类页	借方金额	贷方金额
月	日				
12	31	工资费用	5501	20 000	
		应付工资	2151		20 000
		(记录12月下半月员工工资)			

表 2-30 应 付 工 资   账户编号:2151   单位:元

2021年		摘要	日页	借方金额	贷方金额	余额
月	日					
12	31	记录12月下半月员工工资	3		20 000	20 000

表 2-31 工 资 费 用   账户编号:5501   单位:元

2021年		摘要	日页	借方金额	贷方金额	余额
月	日					
12	25	支付12月上半个月工资	2	20 000		20 000
	31	记录12月下半月员工工资	3	20 000		40 000

(四)计提未登账收入

企业在会计期间有些交易或事项可以给企业带来暂未实现的经济利益。随着时间的推移,这些经济利益也逐渐累积。它们代表着企业在当期已赚取的收入,即应计收入,应在期末通过编制调整分录正式予以确认。

在本例中,凌云化妆品销售公司将货币资金存于银行,假设到12月31日,这些存款的利息有1 000元,这是该公司的一项应计收入。因此,该公司应确认属于本月的利息收入 1 000 元，调整分录，见表 2-32。①

表 2-32　普通日记账　　第 3 页　　　　单位：元

2021年		会计账户及摘要	类页	借方金额	贷方金额
月	日				
12	31	应收利息	1141	1 000	
		利息收入	4301		1 000
		（确认属于本月的利息收入）			

过账后，有关分类账户的记录见表 2-33 和表 2-34。

表 2-33　应收利息　　账户编号：1141　　单位：元

2021年		摘要	日页	借方金额	贷方金额	余额
月	日					
12	31	确认属于本月的利息收入	3	1 000		1 000

表 2-34　利息收入　　账户编号：4301　　单位：元

2021年		摘要	日页	借方金额	贷方金额	余额
月	日					
12	31	确认属于本月的利息收入	3		1 000	1 000

关于权责发生制的一点不同意见

调整分录过账后，为了检查过账是否正确，也可编制试算表。试算表的编制方法前面已经介绍，这里不再赘述。

四、编制财务报表

期末编制了调整分录并编制试算平衡表之后，就可以从事会计循环的下一步骤的工作，即根据有关分类账户的余额编制财务报表。在会计实务中，在编制正式的财务报表之前，还往往先编制一张工作底稿（work sheet）。工作底稿是用来调整账户余额和编制财务报表的多栏式表格。使用工作底稿有助于会计人员更及时地编制财务报表。使用工作底稿还可使财务报表的编制不必推迟到调整与结账分录必须记入日记账并过账之后。②

十栏式的工作底稿有相当完备的格式，它提供了调整前试算表、调整分录、调整后试算表、利润表与资产负债表，如表 2-35 所示。第一栏填列调整前试算表，第二栏填列期末调整分录，第三栏系调整后试算表。将第三栏内各有关账户余额稍加整理，转抄于资产负

---

① 有时为了简便，也可以将这 1 000 元利息直接冲减财务费用，而不是作为利息收入来处理。

② 需要说明的是，编制工作底稿并不是会计循环所必须要求做的一个步骤。之所以要编制工作底稿，完全是为了后面编制财务报表的便利所需。此外，工作底稿并不能取代财务报表，它仅是会计人员积累与分类财务报表（编制）所需信息的非正式手段或方法。

表2-35 凌云化妆品销售公司财务报表编制工作底稿
2021年12月

单位：元

账户	调整前试算表 借方余额	调整前试算表 贷方余额	调整分录 借方	调整分录 贷方	调整后试算表 借方余额	调整后试算表 贷方余额	利润表 借方余额	利润表 贷方余额	资产负债表 借方余额	资产负债表 贷方余额
货币资金	657 640				657 640				657 640	
应收账款	20 000				20 000				20 000	
应收利息			1 000		1 000				1 000	
存货	230 000			20 000	230 000				230 000	
待摊费用	90 000			20 000	70 000				70 000	
固定资产	120 000				120 000				120 000	
应付账款		60 000				60 000				60 000
预收账款		8 640	360			8 280				8 280
实收资本		1 000 000				1 000 000				1 000 000
主营业务收入		140 000				140 000		140 000		
主营业务成本	70 000				70 000		70 000			
工资费用	20 000		20 000		40 000		40 000			
管理费用	1 000		5 000		6 000		6 000			
累计折旧				5 000		5 000				5 000
应付工资				20 000		20 000				20 000
其他业务收入				360		360		360		
利息收入				1 000		1 000		1 000		
广告费用			10 000		10 000		10 000			
房租费用			10 000		10 000		10 000			
	1 208 640	1 208 640	46 360	46 360	1 234 640	1 234 640	136 000	141 360	1 098 640	1 093 280
本期利润							5 360			5 360
							141 360	141 360	1 098 640	1 098 640

债表和利润表，就可以完成两张基本财务报表的编制工作。

根据上述工作底稿，凌云化妆品销售公司 2021 年 12 月 31 日的财务报表就可以编制出来了，如表 2-36、表 2-37 所示。

表 2-36   凌云化妆品销售公司利润表

2021 年 12 月 单位：元

项目名称	金额
收入	
主营业务收入	140 000
其他业务收入	360
利息收入	1 000
收入合计	141 360
成本与费用	
主营业务成本	70 000
工资费用	40 000
管理费用	6 000
广告费用	10 000
房租费用	10 000
成本费用合计	136 000
本期利润	5 360

表 2-37   凌云化妆品销售公司资产负债表

2021 年 12 月 31 日 单位：元

资产	余额	负债及所有者权益	余额
流动资产：		流动负债：	
货币资金	657 640	应付账款	60 000
应收账款	20 000	预收账款	8 280
应收利息	1 000	应付工资	20 000
存货	230 000	流动负债合计	88 280
待摊费用	70 000		
流动资产合计	978 640		
固定资产：		所有者权益：	
固定资产原价	120 000	实收资本	1 000 000
减：累计折旧	5 000	未分配利润	5 360
固定资产净值	115 000	所有者权益合计	1 005 360
资产合计	1 093 640	负债及所有者权益合计	1 093 640

五、结账及转回分录

(一) 结账

收入和费用账户是用于累积一定会计期间内有关经营绩效数据的临时性账户 (temporary account),或称虚账户(nominal account),其功能在于为利润表的编制提供方便。在编制完利润表之后,这些账户的当期发生额必须结转于所有者权益类账户。会计循环的这一步骤称为结账(closing)。结平利润表账户可以避免将不同期间的收入和费用相混淆。

与此相反,资产、负债和所有者权益类账户属于永久性账户(permanent account),亦称实账户(real account)。在期末,这三大类账户的余额不必结清,但为了区分不同会计期间的记录,需要将其余额结转至下期,作为下一个会计期间的期初余额。与临时性账户不同,永久性账户的结转无须编制结转分录,而仅需要在账户的期末余额上画线结转。

具体地说,期末结账的程序如下:

(1) 将所有收入类账户的本期发生额结转至本年利润账户,即借记收入类账户,贷记本年利润账户。

(2) 将所有费用类账户的本期发生额结转至本年利润账户,即借记本年利润账户,贷记费用类账户。

(3) 将本年利润这一临时性账户借贷方之间的差额结转至未分配利润账户。若为利润,则借记本年利润账户,贷记未分配利润账户;若为亏损,则借记利润分配账户,贷记本年利润账户。

仍以凌云化妆品销售公司为例,有关结账分录(closing entries)见表2-38。

表2-38　普通日记账

第4页　　　　　　　　　　　　　　　　　　　单位:元

2021年 月	2021年 日	会计账户及摘要	类页	借方金额	贷方金额
12	31	主营业务收入	4101	140 000	
		其他业务收入	4201	360	
		利息收入	4301	1 000	
		本年利润	3131		141 360
		(结平收入类账户)			
12	31	本年利润	3131	136 000	
		主营业务成本	5401		70 000
		工资费用	5501		40 000
		管理费用	5502		6 000
		广告费用	5503		10 000
		房租费用	5504		10 000
		(结平成本费用类账户)			

续表

2021年		会计账户及摘要	类页	借方金额	贷方金额
月	日				
	31	本年利润	3131	5 360	
		未分配利润	3141		5 360
		（结平利润分配账户）			

结账分录过入分类账之后，所有临时性账户均应画线结清，以确保本期记录不致因不慎与下期记录相混淆。对于那些仅有一个借方或贷方记录的账户，则只需简单地画双线，而包含若干个借方或贷方记录的账户，则应先加计本月的发生额，然后再画双线。譬如，凌云化妆品销售公司的广告费用、主营业务收入以及存货账户结账后的记录见表2-39至表2-41。

表 2-39   广 告 费 用   账户编号：5503

2021年		摘要	日页	借方金额	贷方金额	余额
月	日					
12	31	摊销本月房租费用和广告费用	3		10 000	10 000
	31	结平广告费用	4		10 000	—

表 2-40   主营业务收入   账户编号：4101

2021年		摘要	日页	借方金额	贷方金额	余额
月	日					
12	7	向客户甲赊销化妆品	2		50 000	50 000
	10	向客户乙现销化妆品	2		70 000	120 000
	30	向客户丁销售化妆品	2		20 000	140 000
	31	结平主营业务收入	4	140 000		—
		本月合计		140 000	140 000	

表 2-41   存   货   账户编号：1201

2021年		摘要	日页	借方金额	贷方金额	余额
月	日					
12	5	购入化妆品	1	300 000		300 000
	7	向客户甲赊销化妆品	2		25 000	275 000
	10	向客户乙现销化妆品	2		35 000	240 000
	30	向客户丁销售化妆品	2		10 000	230 000
		本月合计		300 000	70 000	230 000

为了检查结账过程是否出现错误,可在结账后编制一张试算表,即记账后试算平衡表(post-closing trial balance)。凌云化妆品销售公司结账后的试算表见表2-42。

表2-42 凌云化妆品销售公司试算表

2021年12月31日　　　　　　　　　　　　　　　　　　　　　　　单位:元

科目名称	借方余额	贷方余额
货币资金	657 640	
应收账款	20 000	
应收利息	1 000	
存货	230 000	
待摊费用	70 000	
固定资产	120 000	
应付账款		60 000
预收账款		8 280
实收资本		1 000 000
累积折旧		5 000
应付工资		20 000
未分配利润		5 360
合计	1 098 640	1 098 640

(二) 转回分录

为了便于按照常规程序进行会计处理,同时也为了避免在两个连续的会计期间内重复反映同一项收入和费用,会计人员往往在下一个会计期间之初,为应计费用和收入项目(如期末应付工资、应计利息收入等)编制转回分录。转回分录的特点是,其借贷账户及金额与上一期期末的调整分录一模一样,但借贷方向与调整分录恰好相反。

例如,凌云化妆品销售公司曾在2021年12月31日编制了如下调整分录:

借:工资费用　　　　　　　　　　　　　　　　　　　　　　　　20 000
　　贷:应付工资　　　　　　　　　　　　　　　　　　　　　　　　20 000

(登记12月下半个月工资)

为了避免在2022年1月10日支付工资时,重复记录工资费用,凌云化妆品销售公司可以在2022年1月1日编制以下转回分录:

借:应付工资　　　　　　　　　　　　　　　　　　　　　　　　20 000
　　贷:工资费用　　　　　　　　　　　　　　　　　　　　　　　　20 000

到了2022年1月10日支付工资时,凌云化妆品销售公司便可按正常方式来记录此笔费用,而无须考虑这些工资支出是否属于2022年度,因为上期的调整分录已冲回。

会计与诚信

本章小结

　　会计恒等式为资产＝负债＋所有者权益。账户是以管理的需要与会计信息使用者的具体要求,对会计要素的内容进行科学的再分类,并赋予每一个类别以名称及相应的结构。账户的设置应该立足于对会计要素进行科学的再分类、考虑信息使用者的需要、力求可比性与灵活性相结合。复式记账方法要求对每一笔经济业务都要在两个或两个以上相互联系的账户中以相等的金额进行记录,相互联系地反映价值运动。复式记账规则为"有借必有贷,借贷必相等"。企业一个完整的会计循环包括以下步骤:①编制会计分录与登记日记簿;②将日记簿过入分类账并进行试算平衡;③编制账项调整分录并进行试算平衡;④编制财务报表;⑤结平利润表账户与结账后的试算平衡;⑥编制便于下期继续记录的转回分录。

 思 考 题

　　1. 什么是基本的会计等式? 基本会计等式在会计意义上可以衍生出哪些会计等式?

　　2. 账户与会计科目有何联系与区别? 如何认识借贷记账法下各类账户的结构?

　　3. 如何理解借贷记账法的记账规则? 什么是会计分录?

　　4. 企业发生的各种经济业务是否会影响到会计等式的平衡? 举例说明。

　　5. 如何进行过账与试算平衡? 试算平衡的依据是什么?

　　6. 如何进行总分类账与明细分类账的平行登记和相互核对?

　　7. 何谓会计循环? 会计循环包含哪些必要的环节?

　　8. 如何理解运用权责发生制进行的各种账项调整?

 即 测 即 评

　　请扫描二维码,进行随堂测试。

第三章　流动资产

学习目标

1. 了解货币资金的管理。
2. 掌握备用金及现金溢缺的会计处理。
3. 掌握银行存款余额调节表的编制。
4. 掌握应收账款及坏账的会计处理。
5. 掌握应收票据及贴息的会计处理。
6. 了解存货的概念与分类。
7. 掌握存货的确认、初始计量、发出计量、期末计量。

导读案例

四川长虹的应收账款

　　由于国内家电行业的竞争日益激烈,四川长虹电器股份有限公司(以下简称长虹)的净利润从1998年的17亿元急速下降到2000年的不足3亿元。为了摆脱困境,长虹2001年将注意力转移到海外市场,为迅速打开海外市场,长虹与名不见经传的APEX公司展开合作,由长虹为APEX贴牌生产家电产品。2001年长虹的出口收入从2000年的6 500万元猛增到7.76亿元,2002年达到55亿元。但同时经营活动净现金流并无增加,反而急速下降。此外,长虹对APEX的应收账款也随着出口收入的提高加速增加。2003年长虹对APEX的应收账款达到44.47亿元,占出口收入的88%。2004年,长虹报告巨额亏损36.81亿元,其中坏账损失26亿元。下表列示了长虹从2001年到2004年的净利润、经营活动净现金流、出口收入、应收账款及坏账准备等项目的情况。

单位:亿元

项目	2001 年	2002 年	2003 年	2004 年
净利润	0.89	1.76	2.42	−36.81
经营活动净现金流	0.63	−1.37	−0.34	0.35

续表

项目	2001 年	2002 年	2003 年	2004 年
出口收入	7.76	55.41	50.38	28.71
应收账款	28.83	42.24	50.84	47.85
其中:应收 APEX 款	3.46	38.30	44.47	38.39
坏账准备	0.02	0.33	0.98	26.05

　　据《财经》杂志的分析,APEX 的信用等级是可以获得的,邓白氏国际信息咨询公司对 APEX 的评级一直较低:3A4(4 级为最高风险)。而且,APEX 的净资产仅为600 万美元。

　　流动资产在企业运营中具有重要作用,也会给企业带来经营风险,企业流动资产包括哪些类型,具有什么特点,如何进行会计处理,让我们进入本章的学习。

　　资料来源:编者整理。

第一节　货币资金

一、货币资金的性质及账户设置

　　根据存放地点及其用途的不同,货币资金可分为库存现金、银行存款和其他货币资金。现金是流动性最强的一种资产。狭义的现金仅指企业的库存现金;广义的现金则近似于货币资金,除包括库存现金外,还有银行存款、其他货币资金等一切可以自由流通和转让的交易媒介。会计上所指的现金,一般是从广义的角度来说的。银行存款是指企业存放在银行或其他金融机构的货币资金。其他货币资金是指除库存现金、银行存款以外的其他符合货币资金性质的款项,主要包括外埠存款、银行本票存款、银行汇票存款、信用证保证金存款、信用卡存款、在途资金、存出投资款等。

　　在账户设置上,除了设置"库存现金""银行存款""其他货币资金"三个账户外,对于企业为日常零星支出而使用的备用金,一般通过设置"备用金"或"其他应收款"账户来进行单独核算。

二、货币资金的管理

(一) 货币资金管理的目标

　　为了保证生产经营活动的正常进行,企业必须保持一定量的货币资金储备,加强货币资金的管理。为此,企业货币资金管理应达到以下四个目标:

　　第一,货币资金的安全完整性。即通过良好的货币资金管理和控制,确保货币资金安全,预防被盗窃、诈骗或挪用。确保收到的货币资金已经全部入账,预防私设"小金库"等侵占企业资产的行为。

　　第二,货币资金的合法性。即确保货币资金的取得、使用符合国家各项法规规定,手续齐备。

第三,货币资金记录的真实可靠性。即按照会计准则和其他会计法规的要求,设置货币资金的收支凭证和核算账表,以如实反映货币资金的各项收支活动,确保货币资金信息的真实可靠性。

第四,货币资金的效益性。即确保企业有一定量的货币资金储备,既不能短缺对生产经营活动造成影响,又不能过多造成太多机会成本损失。同时,企业也应合理调度货币资金,使其尽可能发挥最大的经济效益。

(二) 货币资金管理的要点

第一,实行岗位分工制度。即企业应当建立货币资金业务的岗位责任制,明确相关部门和岗位的职责权限,确保办理货币资金业务的不相容岗位相互分离、制约和监督。企业应当配备合格的人员办理货币资金业务,并结合企业实际情况,对办理货币资金业务的人员定期进行岗位轮换。

第二,坚持预算控制制度。编制资金预算控制旨在对企业一定时期货币资金的流入和流出进行统筹安排。资金预算编制是否准确直接影响到企业货币资金流转的畅通,影响到货币资金的利用效益,乃至企业的生产经营。因此,要加强货币资金预算的可靠性控制,避免或减少预算编制的主观性和随意性。

第三,实行授权审批制度。即企业应当建立货币资金授权制度和审核批准制度,明确审批人对货币资金业务的授权批准方式、权限、程序、责任和相关控制措施,规定经办人员办理货币资金业务的职责范围和工作要求,并按照规定的权限和程序办理货币资金支付业务。

小案例:赵某某职务侵占案

三、备用金的核算

企业内部经常会发生一些金额比较小的零星支出,如差旅费、邮电费、报纸杂志费等,如果对这些支出也使用支票,就显得不切实际。为了减少工作量,可以通过建立定额备用金制度来进行管理。

其运作程序是,企业根据银行限定的金额提取现金,设专人保管并负责日常开支,并编制会计分录,借记"备用金"或"其他应收款——备用金"科目,贷记"银行存款"科目。平时的零星支出可以用备用金直接支付,不必进行会计处理,但应保管好相关发票凭证。当备用金快用完时再根据有关凭证开出支票,向银行兑现,补足原有的限额。借记"管理费用"等科目,贷记"银行存款"科目。如果以后发现提取的备用金限额太多或太少,可由会计部门做相应的调整。

[例3-1] (1) 假设某企业于2021年1月1日设置备用金制度,限额为2 000元,并规定于每月月底补足一次,由会计部门开出支票,由保管人员向银行兑现。应做如下会计分录:

借:备用金(或"其他应收款——备用金")　　　　　　　　2 000
　　贷:银行存款　　　　　　　　　　　　　　　　　　　　　　　2 000

(2) 到1月31日,保管人员已付库存现金1 352元(其中包括差旅费1 000元,购买办公用品352元),根据相关凭证开出支票1 352元向银行兑现。应做如下会计分录:

借:管理费用——办公费   352
           ——差旅费   1 000
  贷:银行存款   1 352

(3) 假设该企业于 2021 年 5 月 10 日决定调整备用金的限额,从 2 000 元增加至 3 000 元,则应开具一张 1 000 元的支票从银行提取现金,应做如下会计分录:

借:备用金(或"其他应收款——备用金")   1 000
  贷:银行存款   1 000

四、现金溢缺的处理

按照规定,每日终了,企业应结算库存现金收支,对库存现金进行盘点,确保库存现金账面余额与实际库存相符。若发现库存现金有短缺或溢余且原因有待查明的,应通过"待处理财产损溢——待处理流动资产损溢"科目核算。

如果是现金短缺,查明原因后,应由个人负责赔偿的部分,应从"待处理财产损溢"转入"其他应收款——应收现金短缺款(××人)"或"库存现金"等科目;应由保险公司赔偿的部分,转入"其他应收款——应收保险赔款"科目。若原因无法查明,则应经过相关管理部门批准后转入"管理费用——现金短缺"科目。

如果是现金溢余,查明原因后,属于应支付给个人或单位的部分,应从"待处理财产损溢"转入"其他应付款——应付现金溢余(××人或单位)"或"库存现金"等科目。若无法查明原因,经批准后应转入"营业外收入——现金溢余"科目。

[例 3-2] (1) 某企业在 2021 年 2 月 10 日进行库存现金盘点时,发现库存现金短缺 220 元,则会计分录为:

借:待处理财产损溢——待处理流动资产损溢   220
  贷:库存现金   220

(2) 若查明原因后发现,该笔短缺系由王某疏忽所致,按照规定由王某赔偿,则会计分录为:

借:其他应收款——应收现金短缺款(王某)   220
  贷:待处理财产损溢——待处理流动资产损溢   220

若查明原因后,发现这部分属于保险公司负责赔偿的部分,则会计分录为:

借:其他应收款——应收保险赔款   220
  贷:待处理财产损溢——待处理流动资产损溢   220

若无法查明原因,经批准转入当期损益中,则会计分录为:

借:管理费用——现金短缺   220
  贷:待处理财产损溢——待处理流动资产损溢   220

[例 3-3] (1) 设某企业在 2021 年 3 月 2 日进行现金盘点时,发现现金溢余 500 元,则会计分录为:

借:库存现金   500
  贷:待处理财产损溢——待处理流动资产损溢   500

（2）后因无法查明原因,经批准转入营业外收入,则会计分录为:

借:待处理财产损溢——待处理流动资产损溢　　　　　　　　　500

　　贷:营业外收入——现金溢余　　　　　　　　　　　　　　　500

五、银行存款余额调节表

每个月月末,企业都会收到开户银行提供的对账单,根据货币资金内部控制的规定,企业应将银行对账单与企业银行存款日记账的余额进行核对,二者之间经常是不一致的,需要通过编制银行存款余额调节表来进行调整。造成银行对账单金额与企业银行存款日记账余额存在差异的原因主要有:①企业或银行记账错误;②未达账项。

未达账项是指由于结算凭证在企业与开户银行之间或收付款银行之间传递需要时间,造成了企业和银行之间入账的时间差,一方收到凭证已入账,而另一方尚未收到凭证,不能入账的款项。对于由未达账项造成的差异,不需要进行会计处理,待有关方面实际收到相关凭证时再入账。

未达账项主要有以下四种情况:

（1）企业已收到相关票证并记为银行存款增加,而银行尚未收到该款项,故未做增加处理。例如,企业收到客户开出的支票时,将其银行存款记为增加,然而由于没有及时送存银行,开户银行在月末的对账单上并没有出现这笔存款。

（2）企业已支付并记为银行存款减少,而银行尚未做出支付处理,因而未做减少处理。例如,企业开出支票给供应商,同时记为银行存款的减少,但持票人尚未到银行兑现,因而银行未将该笔支出从存款账户中扣除。

（3）银行已收到相关票证并记为企业存款账户余额的增加,而企业尚未做增加处理。例如,银行已将企业银行存款利息记为存款账户的增加,而企业尚未知情,故未做处理。

（4）银行已经支付并减少企业存款账户余额,而企业尚未做减少处理。例如,银行代扣的各种水电费等,银行已经在支付的同时扣减企业存款账户余额,而企业因未收到通知和相关票证而未做减少处理。

目前,普遍采用的银行存款余额调节的方法是,以正确余额为准,调整银行对账单余额与企业银行存款账面余额。具体处理以下面例题来说明。

［例3–4］　假设有甲公司在中国建设银行设立存款账户,2021年4月30日甲公司银行存款日记账的余额为153 800.98元,银行提供的4月的对账单则显示公司存款余额为134 093.22元,通过比较核对银行对账单和企业银行存款日记账,发现:

（1）甲公司于4月30日收到客户开出的支票21 000元,由于超过了银行营业截止时间尚未承兑,因此,本月银行并未在公司存款账户中确认该笔款项。

（2）甲公司4月签发的一张支票1 360元,持票人尚未向银行兑现。

（3）银行于月末确认本月存款利息为201.24元,甲公司尚未入账。

（4）银行代扣4月水电费314元,甲公司尚未入账。

（5）经查,甲公司4月20日的一笔会计分录为:

借:银行存款　　　　　　　　　　　　　　　　　　　　　1 327

　　贷:应收账款　　　　　　　　　　　　　　　　　　　　　1 327

其实际发生额为 1 372 元。

在例 3-4 中,银行对账单余额为 134 093.22 元,根据上述事项,应针对银行对账单调整两笔业务:第一笔业务甲公司在收到支票时,已经记为银行存款的增加,而银行因没有收到支票还未做相应处理,因而应调整对账单余额,增加 21 000 元;第二笔业务公司在开出支票时已减少了银行存款的账面余额,银行应相应减少存款金额 1 360 元。4 月份甲公司银行存款日记账余额为 153 800.98 元,在此有三笔业务需要调整:在第三笔业务中,银行已增记而甲公司尚未增记,根据实际金额,甲公司应调整增加 201.24 元的利息收入;在第四笔业务中,甲公司的水电费已经扣除,而甲公司因尚未收到费用凭证没有做减记处理,应予以调整;而第五笔业务则属于甲公司在会计处理上的错误,因而应调整至正确金额,并进行会计处理:

借:银行存款   45

贷:应收账款   45

据此编制的甲公司银行存款余额调节表见表 3-1。

表 3-1 甲公司银行存款余额调节表

2021 年 4 月 30 日   单位:元

银行对账单余额:		134 093.22
加:甲公司收到的支票	21 000	
减:未兑现支票	(1 360)	
正确余额		153 733.22
甲公司日记账余额:		153 800.98
加:银行存款利息		201.24
存款误记	45	
		246.24
减:银行代扣水电费	(314)	
正确余额		153 733.22

六、其他货币资金

其他货币资金通过设置"其他货币资金"科目进行核算,并根据以下七种款项分别设置二级明细科目。

(一)外埠存款

外埠存款是指企业到外地进行临时或零星采购时,汇往采购地银行开立采购专户的款项。具体程序如下:

首先,企业需填写汇款委托书,并加盖"采购资金"字样,提交给开户银行,委托其将款项汇往采购地。同时根据汇款凭证编制付款凭证,进行会计处理,借记"其他货币资金——外埠存款"科目,贷记"银行存款"科目。

开户银行接受委托后将款项汇入采购地银行(在此我们称为汇入银行)。汇入银行收到款项后,以企业的名义开立采购账户。采购账户存款不计利息,除了为支付采购人员差

某公司出纳贪污公司款项案

旅费可支取少量现金以外,一律转账。采购账户只付不收,付完结束账户。在整个采购过程中,企业都是通过采购账户来进行结算货款的。当采购人员报销采购货款时,企业再根据供货单位的销售发票等编制付款凭证。借记"原材料"或"库存商品"或"在途物资",贷记"其他货币资金——外埠存款"科目。

若采购结束后采购账户仍有余款的,汇入银行应将款项汇回企业开户银行。企业在收到开户银行的收款通知后,编制收款凭证,借记"银行存款",贷记"其他货币资金——外埠存款"。

[**例 3-5**] (1)甲企业将派采购员到 A 市采购商品,金额估计约 50 000 元,2021 年 5 月 7 日甲企业委托其开户银行办理了汇款手续,将 50 000 元汇往 A 市银行设立采购账户,并收到开户银行的汇款凭证,编制会计分录如下:

借:其他货币资金——外埠存款　　　　　　　　　　50 000

　　贷:银行存款　　　　　　　　　　　　　　　　　　50 000

(2)2021 年 6 月 20 日,甲企业采购员提交了在 A 市采购的相关凭证,其中价款为 30 000 元,增值税税率为 13%,商品已经发出但尚未到达甲企业,甲企业通过采购专户全额支付,并编制会计分录如下:

借:在途物资　　　　　　　　　　　　　　　　　　30 000

　　应交税费——应交增值税(进项税额)　　　　　　3 900

　　贷:其他货币资金——外埠存款　　　　　　　　　33 900

(3)2021 年 6 月 25 日,甲企业收到开户银行的收款通知,采购专户中的剩余款项已转回开户银行,编制会计分录如下:

借:银行存款　　　　　　　　　　　　　　　　　　16 100

　　贷:其他货币资金——外埠存款　　　　　　　　　16 100

(二)银行汇票存款

银行汇票是指汇款人将款项交存当地银行(我们称为出票银行),由出票银行签发,由其在见票时,按照实际结算金额无条件支付的票据。银行汇票是银行结算方式之一,主要用于异地结算,见票即付,付款期限为 1 个月,过期不予受理。另外,银行汇票可背书转让,但是金额不得超过实际结算金额。

银行汇票存款就是指企业为取得银行汇票而按规定存入出票银行的款项。其具体操作程序是:

企业先填制"银行汇票申请书",并将一定金额的款项存入银行,出票银行收到申请书并收妥款项后,签发银行汇票,将汇票、解讫通知连同申请书的回单交付企业。企业收到后据此编制付款凭证,借记"其他货币资金——银行汇票"科目,贷记"银行存款"科目。

此后,企业可持银行汇票到异地办理转账结算或支取现金业务。根据对方开出的销售发票等,借记"原材料""库存商品"或"在途物资"等科目,贷记"其他货币资金——银行汇票"科目。

收款单位在收到银行汇票后,应在银行汇票和解讫通知上明确填写实际结算金额和多余金额,并在汇票背面"持票人向银行提示付款签章"处签章,还要填写进账单,最后收款单位将银行汇票、解讫通知和进账单一并提交给出票银行办理结算,银行审核无误后办理转账,并将多余金额转回企业开户银行。企业在收到银行汇票第四联"多余款收账通知"后,编制收款凭证,借记"银行存款"科目,贷记"其他货币资金——银行汇票"科目。

[例3-6] (1)甲企业欲向异地供应商A企业采购商品,故向银行申请办理银行汇票,并将50 000元存入银行。2021年6月8日,甲企业收到了出票银行签发的银行汇票、解讫通知和申请书的回单,甲企业根据申请书的存根联编制会计分录如下:

借:其他货币资金——银行汇票　　　　　　　　　　　　　　50 000
　　贷:银行存款　　　　　　　　　　　　　　　　　　　　　　　　50 000

(2)甲企业前往A企业所在地采购商品,并持银行汇票办理转账结算。2021年6月20日,甲企业收到A企业开出的销售发票以及发出的商品并已验收入库,其中商品价款为30 000元,增值税税率为13%,甲企业据此编制会计分录如下:

借:库存商品　　　　　　　　　　　　　　　　　　　　　　30 000
　　应交税费——应交增值税(进项税额)　　　　　　　　　　3 900
　　贷:其他货币资金——银行汇票　　　　　　　　　　　　　　33 900

(3)2021年6月25日,甲企业收到开户银行转来的多余款收账通知,剩余款项16 100元已转回银行存款账户,甲企业据此编制会计分录如下:

借:银行存款　　　　　　　　　　　　　　　　　　　　　　16 100
　　贷:其他货币资金——银行汇票　　　　　　　　　　　　　　16 100

(三) 银行本票存款

银行本票是由银行签发的,承诺其在见票时无条件支付款项给持票人或收款人的票据。银行本票存款是指企业为取得银行本票而存入银行的款项。银行本票主要是用于同城结算,不能用于异地计算,其最高付款期限为2个月,除此之外,银行本票的结算方式、程序以及会计处理与银行汇票大致相同。

(四) 信用证保证金存款

信用证是国际结算的一种方式。企业结算境外往来业务时,可采用信用证付款方式。首先,企业需向银行申请开立信用证,填制"信用证委托书",将信用证申请书连同信用证申请人承诺书和购销合同提交给银行,并交存一定的信用证保证金,设立信用证保证金专户,从而委托银行对国外供货单位签发信用证。信用证保证金存款即企业为取得信用证而存入银行信用证保证金专户的款项。银行开出信用证后,企业根据银行退回的"信用证委托书"回单,借记"其他货币资金——信用证存款"科目,贷记"银行存款"科目。

收款单位收到信用证后,即发出商品,开出销售发票等相关单证,连同运输单据和信用证送交银行,银行据此办理转账。付款企业在收到销售发票以及结算凭证等后,借记"原材料""在途物资"或"库存商品"等科目,贷记"其他货币资金——信用证存款"科目。

若支付货款后保证金还有余款,则将转回企业开户银行,企业在收到银行收款通知后,借记"银行存款"科目,贷记"其他货币资金——信用证存款"科目。

[例3-7] (1)甲企业欲向境外A企业采购原材料一批,故向银行申请开立信用证保证金专户,并存入50 000元的保证金。2021年6月8日,甲企业收到了银行退回的"信用证委托书"回单,据此编制会计分录如下:

借:其他货币资金——信用证存款　　　　　　　　　　　　50 000

　　贷:银行存款　　　　　　　　　　　　　　　　　　　　　　50 000

　　(2) 2021 年 6 月 20 日,甲企业收到 A 企业开出的销售发票以及结算凭证等,原材料已验收入库,其中价款为 30 000 元,增值税税率为 13%,甲企业据此编制会计分录如下:

　　借:原材料　　　　　　　　　　　　　　　　　　　　　　　30 000
　　　应交税费——应交增值税(进项税额)　　　　　　　　　　　3 900
　　　　贷:其他货币资金——信用证存款　　　　　　　　　　　　33 900

　　(3) 2021 年 6 月 25 日,甲企业收到开户银行的收账通知,剩余款项 16 100 元已转回银行存款账户,甲企业据此编制会计分录如下:

　　借:银行存款　　　　　　　　　　　　　　　　　　　　　　16 100
　　　　贷:其他货币资金——信用证存款　　　　　　　　　　　　16 100

(五) 信用卡存款

　　信用卡是商业银行向个人或单位发行的,凭以向特约单位购物、消费和向银行存取现金,且具有消费信用,可透支一定金额的特制载体卡片。信用卡可分为单位卡和个人卡。其中,单位卡的资金必须从其基本存款账户中转入,不得交存现金,也不得将销售收入等款项存入信用卡账户。此外,单位卡不得用于支付 10 万元以上的交易结算,不得支取现金。

　　信用卡存款即企业为取得信用卡而存入银行的款项。企业要取得信用卡,首先应填制申请表并提交相关资料供银行审核,符合条件后,应按照要求存入一定金额的备用金,即信用卡存款。根据银行退回的交存备用金的进账单第一联编制会计分录,借记“其他货币资金——信用卡存款”科目,贷记“银行存款”科目。企业使用信用卡进行结算后,根据相关发票、账单和银行转来的付款凭证进行会计处理,借记“管理费用”等科目,贷记“其他货币资金——信用卡存款”科目。企业如需向信用卡中续存款项,则借记“其他货币资金——信用卡存款”科目,贷记“银行存款”科目。

　　[例 3-8] (1) 甲企业向银行申请取得信用卡,并转存备用金 50 000 元,2021 年 6 月 8 日,收到银行开出的进账单,据此编制会计分录如下:

　　借:其他货币资金——信用卡存款　　　　　　　　　　　　　50 000
　　　　贷:银行存款　　　　　　　　　　　　　　　　　　　　　50 000

　　(2) 2021 年 7 月 2 日,企业持信用卡消费 3 500 元,编制会计分录如下:

　　借:管理费用　　　　　　　　　　　　　　　　　　　　　　3 500
　　　　贷:其他货币资金——信用卡存款　　　　　　　　　　　　3 500

　　(3) 2021 年 12 月 3 日,企业通过其基本存款账户续存信用卡账户,转入 20 000 元,编制会计分录如下:

　　借:其他货币资金——信用卡存款　　　　　　　　　　　　　20 000
　　　　贷:银行存款　　　　　　　　　　　　　　　　　　　　　20 000

(六) 存出投资款

　　存出投资款是指企业已存入证券公司但尚未进行股票或债券投资的货币资金。当企业存入资金时,借记“其他货币资金——存出投资款”科目,贷记“银行存款”科目。待实际进行投资购买股票或债券时,再借记“交易性金融资产”等科目,贷记“其他货币资金——存出投资款"科目。

[例3-9] (1) 甲企业于 2021 年 5 月 19 日向某证券公司划出款项 50 000 元,以作为将来购买股票时的资金。编制会计分录如下:

借:其他货币资金——存出投资款   50 000
 贷:银行存款   50 000

(2) 2021 年 5 月 30 日,甲企业购入一只股票 30 000 股,每股价格 1.2 元(忽略交易费用),企业把该股票归类为交易性金融资产。甲企业编制会计分录如下:

借:交易性金融资产   36 000
 贷:其他货币资金——存出投资款   36 000

(七) 在途货币资金

在途货币资金是指企业在同所属单位之间和上下级单位之间的汇、解款项业务中,到月终尚未到达的款项。

[例3-10] (1) 甲企业在外地的三个分支销售点分别为 A、B、C,根据规定,这三个销售点每月月末应将销售所得汇回甲企业。2021 年 4 月 30 日,根据 A、B、C 提供的会计记录,其应汇回的款项分别为 2 500 元,3 000 元和 4 500 元。然而,月底款项尚未入账,甲企业编制会计分录如下:

借:其他货币资金——在途资金   10 000
 贷:其他应收款——A   2 500
     ——B   3 000
     ——C   4 500

银行本票与银行汇票示意

(2) 2021 年 5 月 3 日,甲企业收到 A 销售点汇入的款项,据此编制会计分录如下:

借:银行存款   2 500
 贷:其他货币资金——在途资金   2 500

第二节　应收款项

一、应收账款

(一) 应收账款的概念和确认

应收账款是指企业因销售商品或提供劳务而形成的有望在一年以内或一个营业周期以内收回的债权。应收账款有其特定的范围,专指企业因从事销售活动而形成的债权,不包括应收利息、应收租金、应收股利、应收保证金、应收职工欠款等非营业活动产生的应收款项。

在一般情况下,应收账款的确认时间与收入确认时间一致。

(二) 应收账款的计量

应收账款的计价一般包括两个部分:销售发票上列示的价税款合计和代垫运杂费等。此外还应该考虑商业折扣、现金折扣等因素。

1. 商业折扣

商业折扣是指企业出于促销等目的而给予买方的售价上的优惠。通常销售发票上的金额是扣除商业折扣后的金额。因此,商业折扣不会对应收账款和收入产生特殊的影响,应收账款只需按照扣除商业折扣后的金额加上相关税费和各种代垫费用的总额入账即可。

[例 3-11] 敬贤公司规定,凡购买本公司 A 商品(单价 600 元)超过 150 件的,可给予 15% 的折扣。2021 年 3 月 12 日,石井公司向其赊购 A 商品 175 件,增值税税率为 13%。敬贤公司于 2021 年 3 月 16 日开出销售发票,发出商品并代垫运费 213 元。

在本例中,敬贤公司给予石井公司的商业折扣为 $600 \times 175 \times 15\%=15\,750$(元),敬贤公司实际收取的价款为 $600 \times 175 \times (1-15\%)=89\,250$(元),增值税为 $89\,250 \times 13\%=11\,602.5$(元),加上代垫运费 213 元,敬贤公司的应收账款可确认为 $89\,250+11\,602.5+213=101\,065.5$(元)。敬贤公司会计分录如下:

借:应收账款——石井公司   101 065.5
    贷:主营业务收入   89 250
       应交税费——应交增值税(销项税额)   11 602.5
       银行存款   213

待 2021 年 6 月 20 日收到石井公司的货款时敬贤公司编制会计分录如下:

借:银行存款   101 065.5
    贷:应收账款——石井公司   101 065.5

2. 现金折扣

现金折扣又称为销货折扣,是指企业为了鼓励客户在一定期间内及早偿付货款而从发票价格中给予客户的优惠。通用的表示方法是"3/10,2/20,n/30",分别代表"10 天内付款优惠 3%,20 天内付款优惠 2%,30 天内付款没有优惠"。

对于现金折扣,应收账款入账金额存在总价法和净价法两种计量方法。目前,我国采用的是总价法。

在总价法下,应收账款按总额入账,待销货折扣实际发生时再确认,视为财务费用处理。

[例 3-12] 2021 年 3 月 12 日,石井公司向敬贤公司赊购 A 商品 150 件,单价 220 元,增值税税率为 13%。敬贤公司于 2021 年 3 月 16 日开出销售发票,发出商品并代垫运费 213 元。敬贤公司规定的现金折扣条件为 2/10,1/20,n/30。

(1) 在总价法下,敬贤公司应于 2021 年 3 月 16 日确认应收账款的金额为:$220 \times 150 \times (1+13\%)+213=37\,503$(元),会计处理如下:

借:应收账款——石井公司   37 503
    贷:主营业务收入   33 000
       应交税费——应交增值税(销项税额)   4 290
       银行存款   213

(2) 若石井公司于 3 月 18 日付款,则享受 2% 的现金折扣,实际享受的现金折扣为 $(33\,000+4\,290) \times 2\%=745.80$(元)(注意,计算现金折扣时一般应考虑增值税,但不考虑代垫运费)。敬贤公司会计处理如下:

借:银行存款   36 757.20

  财务费用   745.80

  贷:应收账款——石井公司   37 503

（3）若石井公司于 3 月 28 日付款，则享受 1% 的现金折扣，实际享受的现金折扣为（33 000+4 290）×1%=372.90（元）。敬贤公司会计处理如下：

借:银行存款   37 130.10

  财务费用   372.90

  贷:应收账款——石井公司   37 503

（4）若石井公司于 4 月 5 日付款，则不享受现金折扣，敬贤公司会计处理如下：

借:银行存款   37 503

  贷:应收账款——石井公司   37 503

（三）坏账

1. 坏账的确认

坏账是指企业无法收回的应收款项。一般符合下列条件之一，即可确认发生了坏账：①债务人被依法宣告破产、撤销，其剩余财产确实不足清偿的应收款项；②债务人死亡或依法被宣告死亡、失踪，其财产或遗产确实不足清偿的应收款项；③债务人遭受重大自然灾害或意外事故，损失巨大，以其财产（包括保险赔偿）确实无法清偿的应收款项；④债务人逾期未履行偿债义务，经法院裁决，确实无法清偿的应收款项；⑤超过法定年限（一般为 3 年）仍未收回的应收款项；⑥法定机构批准可核销的应收款项。

2. 坏账损失处理方法

（1）直接转销法。在直接转销法下，企业只有在确定某一笔应收账款确实无法收回时，才确认坏账损失，记入"信用减值损失"科目，并直接冲销该笔应收账款。

[例 3-13] 兴隆公司于 2018 年 6 月 3 日向昌越公司赊购商品形成应收账款 31 560 元，至今已超过 3 年，有证据表明这笔款项收回的可能性极小，2021 年 6 月 10 日，昌越公司决定将该笔款项确认为坏账。则在 2021 年 6 月 10 日，昌越公司编制会计分录如下：

借:信用减值损失   31 560

  贷:应收账款——兴隆公司   31 560

如果后来该笔款项又于 2022 年 3 月 24 日收回，则应做如下会计处理：

借:应收账款——兴隆公司   31 560

  贷:信用减值损失   31 560

借:银行存款   31 560

  贷:应收账款——兴隆公司   31 560

（2）备抵法。在备抵法下，通过设置应收账款的备抵账户——"坏账准备"来定期估算可能发生的坏账损失，待坏账实际发生时，根据发生额来冲减坏账准备，同时转销相应的应收账款。

坏账准备的提取方法包括销货百分比法、应收账款余额百分比法以及账龄分析法三种。其中，后两种方法相对更为常用，这里介绍后两种方法。

第一种，应收账款余额百分比法

在应收账款余额百分比法下,期末坏账准备的余额根据期末应收账款的余额与估计的坏账损失率的乘积来确定,即

期末坏账准备余额 = 期末应收账款余额 × 估计比率

所以,本期应提取的坏账准备 = 期末坏账准备余额 − 期初坏账准备余额 + 本期借方发生额 − 本期除提取坏账准备外的其他贷方发生额

[例 3-14]　(1)昌越公司对应收账款采用余额百分比法计提坏账准备,假定 2018 年年初公司坏账准备余额为 0,2018 年年末公司应收账款余额为 51 890 元,其中兴隆公司于 2018 年 6 月 3 日向昌越公司赊购商品形成应收账款 31 560 元。昌越公司坏账准备提取比例为 0.3%。

昌越公司 2018 年年末应计提的坏账准备为 51 890×0.3%=155.67(元),则会计处理如下:

借:信用减值损失　　　　　　　　　　　　　　　　155.67
　　贷:坏账准备　　　　　　　　　　　　　　　　　　155.67

(2)2019 年昌越公司应收账款年末余额为 45 000 元,则期末坏账准备余额应为 45 000×0.3%=135(元),本期应计提的坏账准备为 135−155.67=−20.67(元),会计处理如下:

借:坏账准备　　　　　　　　　　　　　　　　　　20.67
　　贷:信用减值损失　　　　　　　　　　　　　　　　20.67

(3)2020 年昌越公司应收账款期末余额为 65 000 元,由于周围的经营情况发生变化,公司决定将坏账准备提取比例定为 0.5%。

2021 年昌越公司坏账准备期末余额为 65 000×0.5%=325(元),应计提的坏账准备为 325−135=190(元),则会计分录如下:

借:信用减值损失　　　　　　　　　　　　　　　　190
　　贷:坏账准备　　　　　　　　　　　　　　　　　　190

(4)2021 年,昌越公司应收账款期末余额为 53 760 元。此外,兴隆公司于 2018 年 6 月 3 日向昌越公司赊购商品 31 560 元,至今已超过三年,有证据表明这笔款项收回的可能性极小。2021 年 6 月 10 日,昌越公司决定将该笔款项确认为坏账。

则在 2021 年 6 月 10 日,昌越公司编制会计分录如下:

借:坏账准备　　　　　　　　　　　　　　　　　　31 560
　　贷:应收账款——兴隆公司　　　　　　　　　　　　31 560

昌越公司期末坏账准备余额应为 53 760×0.5%=268.8(元),本年应计提的坏账准备为 268.8−325+31 560=31 503.8(元),于 2021 年 12 月 31 日编制会计分录如下:

借:信用减值损失　　　　　　　　　　　　　　　　31 503.8
　　贷:坏账准备　　　　　　　　　　　　　　　　　　31 503.8

(5)2022 年,昌越公司年年末应收账款余额为 68 000 元,而且兴隆公司的坏账又于 2022 年 3 月 24 日收回,则在 2022 年 3 月 24 日应做如下会计处理:

借:应收账款——兴隆公司　　　　　　　　　　　　31 560
　　贷:坏账准备　　　　　　　　　　　　　　　　　　31 560
借:银行存款　　　　　　　　　　　　　　　　　　31 560

　　贷:应收账款——兴隆公司　　　　　　　　　　　　　　　　31 560

　　2022 年昌越公司坏账准备期末余额为 68 000×0.5%=340(元),本期应计提的坏账准备为 340–268.8–31 560=–31 488.8(元),编制会计分录如下:

　　借:坏账准备　　　　　　　　　　　　　　　　　　　　　　31 488.8
　　　　贷:信用减值损失　　　　　　　　　　　　　　　　　　　　　31 488.8

　　第二种,账龄分析法

　　在账龄分析法下,通过编制账龄分析表将应收账款按照欠款时间的长短划分为几个账龄段,再估计各账龄段坏账损失发生的比率,用各账龄段的应收账款余额乘以相应的坏账损失率并汇总求和以求得期末坏账准备的余额。账龄分析法和应收账款余额百分比法一样,在计算本期应计提的坏账准备时,都要求考虑期初数以及借贷方的发生额。即

　　本期应提取的坏账准备 = 期末坏账准备余额 – 期初坏账准备余额 + 本期借方发生额 – 本期除提取坏账准备外的其他贷方发生额

　　[例 3–15]　昌越公司 2020 年 12 月 31 日坏账准备的余额为贷方 4 340 元,假定公司 2021 年度在年末计提坏账准备前坏账准备未有任何发生额,2021 年 12 月 31 日编制的账龄分析表见表 3–2。

表 3–2　账龄分析表
2021 年 12 月 31 日　　　　　　　　　　　　　单位:元

顾客名称	余额	未过期	已过期			
			过期 1 个月	过期 3 个月	过期 6 个月	过期 6 个月以上
A 公司	1 300	300	—	—	1 000	—
B 公司	15 260	5 260	2 000	6 000	2 000	—
C 公司	32 400	6 000	—	—	1 400	25 000
D 公司	25 330	—	5 600	10 000	—	9 730
合计	74 290	11 560	7 600	16 000	4 400	34 730

　　估计的坏账损失率见表 3–3。

表 3–3　估计的坏账损失率

账龄段	比率
未到期	1.5
过期 1 个月以内	3
过期 1~3 个月	5
过期 3~6 个月	10
过期 6 个月以上	20

　　根据已提供的资料可以计算期末坏账准备余额,见表 3–4。

表 3-4　期末坏账准备余额

账龄段	应收账款余额（元）	比率（%）	坏账准备余额（元）
未到期	11 560	1.5	173.40
过期 1 个月以内	7 600	3	228
过期 1~3 个月	16 000	5	800
过期 3~6 个月	4 400	10	440
过期 6 个月以上	34 730	20	6 946
合计	74 290	—	8 587.4

吉林化工的
应收账款

由此可知,本期应计提的坏账准备为 8 587.4-4 340=4 247.4(元),编制会计分录如下:

借:信用减值损失　　　　　　　　　　　　　　　　4 247.4

　　贷:坏账准备　　　　　　　　　　　　　　　　　　　4 247.4

二、应收票据

(一) 应收票据概述

应收票据是指在赊销过程中由出票人签发的,规定债务人在未来约定时间内偿还约定金额的书面证据。在这里,应注意应收票据同即期票据的区别,即期票据可以立即变现或存入银行,如见票即付的支票、银行汇票等,即期票据应视同货币资金进行核算。

我国的应收票据指的是商业汇票,期限一般是 6 个月,通过开设"应收票据"账户来核算。此外,还应设置"应收票据备查簿"来记录应收票据的具体情况。

按照承兑人的不同,商业汇票又可分为商业承兑汇票和银行承兑汇票。商业承兑汇票由付款人承兑,银行承兑汇票由银行承兑,相比之下,商业承兑汇票的风险比较大,信用度比较低。

商业汇票还可以按照是否计息划分为不带息商业汇票和带息商业汇票。

(二) 应收票据的计量

我国的应收票据一般是按照面值来计价的。但是,对于带息商业汇票,应于中期期末和年度终了,计算票据利息,据此增加应收票据的账面余额。

1. 不带息商业汇票

不带息商业汇票的会计处理比较简单,不必考虑利息因素。在收到票据时,借记"应收票据"科目,贷记"主营业务收入"等科目,待到期实际收到货款时,借记"银行存款"科目,贷记"应收票据"科目,如果到期票据未获偿还,则转入"应收账款"科目,并计提相应的坏账准备。

[例 3-16]　昌越公司 2021 年 9 月 10 日向兴达公司销售货物一批,总价为 20 000 元,增值税税率为 13%。2021 年 9 月 15 日收到兴达公司开出一张 3 个月的商业承兑汇票 22 600 元,则会计处理如下:

(1) 2021 年 9 月 10 日昌越公司销售货物时,编制会计分录如下:

借:应收账款——兴达公司　　　　　　　　　　　　22 600

　　贷:主营业务收入　　　　　　　　　　　　　　　　20 000

| | 应交税费——应交增值税(销项税额) | 2 600 |

（2）2021年9月15日昌越公司收到兴达公司开出的票据时,应将"应收账款"转入"应收票据",编制会计分录如下:

借:应收票据——兴达公司　　　　　　　　　　　　　　　　22 600
　　贷:应收账款——兴达公司　　　　　　　　　　　　　　　　22 600

（3）3个月后若兴达公司如期承兑汇票,则编制会计分录如下:

借:银行存款　　　　　　　　　　　　　　　　　　　　　22 600
　　贷:应收票据——兴达公司　　　　　　　　　　　　　　　　22 600

（4）若3个月到期后,兴达公司没有偿付货款,则应转入"应收账款",昌越公司编制会计分录如下:

借:应收账款——兴达公司　　　　　　　　　　　　　　　22 600
　　贷:应收票据——兴达公司　　　　　　　　　　　　　　　　22 600

2. 带息商业汇票

相较于不带息商业汇票,带息商业汇票主要是还要定期核算票据利息,以此增加应收票据账面余额,并相应冲减财务费用。另外,值得注意的是,根据重要性原则,当票据利息金额不高时,可以于期中和年末以及到期时各计提一次利息,但如果票据利息金额很高,则应该每月计提一次利息。

[例3-17] 昌越公司2021年9月10日向兴达公司销售货物一批,总价为20 000元,增值税税率为13%,2021年9月15日收到兴达公司开出一张6个月的带息商业承兑汇票22 600元,票面利率为10%,则会计处理如下[①]:

（1）2021年9月10日昌越公司销售货物时,编制会计分录如下:

借:应收账款——兴达公司　　　　　　　　　　　　　　　22 600
　　贷:主营业务收入　　　　　　　　　　　　　　　　　　　　20 000
　　　　应交税费——应交增值税(销项税额)　　　　　　　　　　2 600

（2）2021年9月15日昌越公司收到兴达公司开出的票据时,应将"应收账款"转入"应收票据",编制会计分录如下:

借:应收票据——兴达公司　　　　　　　　　　　　　　　　22 600
　　贷:应收账款——兴达公司　　　　　　　　　　　　　　　　22 600

（3）2021年12月31日计算票据利息:22 600×10%×(105/360)=659.17(元),昌越公司编制会计分录如下:

借:应收票据——兴达公司　　　　　　　　　　　　　　　659.17
　　贷:财务费用　　　　　　　　　　　　　　　　　　　　　659.17

（4）若兴达公司于2022年3月15日如期承兑汇票,则昌越公司编制会计分录如下:

借:银行存款　　　　　　　　　　　　　　　　　　　　　23 730
　　贷:应收票据——兴达公司　　　　　　　　　　　　　　　23 259.17
　　　　财务费用　　　　　　　　　　　　　　　　　　　　　470.83

---

① 在此,为简化计算,将一个月设定为30天,一年设为360天。

$$(22\ 600 \times 10\% \times 75/360)$$

（5）若票据于 2022 年 3 月 15 日到期后，兴达公司无力支付，则应转入"应收账款"，并按期计提坏账准备，昌越公司编制会计分录如下：

借：应收票据——兴达公司　　　　　　　　　　　470.83
　　贷：财务费用　　　　　　　　　　　　　　　　　470.83
借：应收账款——兴达公司　　　　　　　　　　　23 730
　　贷：应收票据——兴达公司　　　　　　　　　　23 730

（三）应收票据贴现

应收票据的贴现是企业融资的一种办法，是指持票人将其持有的未到期的应收票据背书后送交银行，银行按照票据的到期价值扣除从贴现期到到期日之间的贴现息后，将剩余金额付给持票人。

应收票据的贴现可分为有追索权的应收票据贴现和无追索权的应收票据贴现两类。在有追索权的情况下，如果票据到期后付款人无力偿付，那么持票人（或背书人）要承担连带偿付责任。反之，在无追索权的情况下，持票人对银行并不承担连带偿付责任。

我国应收票据贴现指的是商业承兑汇票的贴现，一般采用有追索权的贴现方式。贴现所得金额的计算公式如下：

贴现所得金额 = 票据到期价值 – 贴现息

对于不带息应收票据：

票据到期价值 = 票据面值

对于带息应收票据：

票据到期价值 = 票据面值 + 票据面值 × 年利率 × 票据到期天数 /360
（或票据面值 × 年利率 × 票据到期月数 /12）
贴现息 = 票据到期价值 × 贴现率 × 贴现天数 /360
贴现天数 = 贴现日至票据到期日实际天数（贴现日和票据到期日只计算其中一天）

［例 3–18］　昌越公司 2021 年 9 月 10 日向兴达公司销售货物一批，总价为 20 000 元，增值税税率为 13%。2021 年 9 月 15 日收到兴达公司开出一张 6 个月的带息商业承兑汇票 22 600 元，票面利率为 10%。2021 年 10 月 1 日，昌越公司将这张票据向银行贴现，贴现率为 12%，则贴现所得金额可计算如下：

带息票据到期价值 =22 600+22 600 × 10% × 6/12=23 730（元）

2021 年 10 月 1 日即为贴现日，票据到期日为 2022 年 3 月 15 日，则贴现天数 =30+30+31+31+28+15=165（天）

贴现息 =23 730 × 12% × 165/360=1 305.15（元）
贴现所得金额 =23 730–1 305.15=22 424.85（元）

1. 无追索权的应收票据贴现会计处理

无追索权的票据贴现在持票人实际收到银行存款时，按照贴现所得金额借记"银行存款"科目，按照应收票据的账面余额贷记"应收票据"科目，二者差额通过"财务费用"科目来平衡。若票据到期后付款人无力偿付，持票人因不承担连带偿付责任，所以不需要进行会计处理。

[**例 3-19**] 昌越公司 2021 年 9 月 10 日向兴达公司销售货物一批,总价为 20 000 元,增值税税率为 13%。2021 年 9 月 15 日收到兴达公司开出一张 6 个月的带息商业承兑汇票 22 600 元,票面利率为 10%。2021 年 10 月 1 日,昌越公司将这张票据向银行贴现,贴现率为 12%。合同规定若票据到期兴达公司无力支付,昌越公司也不承担连带偿付责任,即无追索权票据贴现。

(1) 2021 年 10 月 1 日向银行贴现时应先计算票据利息:22 600 × 10% × (15/360)=94.17(元),编制会计分录如下:

借:应收票据——兴达公司　　　　　　　　　　　　　　　94.17
　　贷:财务费用　　　　　　　　　　　　　　　　　　　　　　94.17

(2) 2021 年 10 月 1 日向银行贴现,此时应收票据的账面余额为 22 600+94.17=22 694.17(元),实际贴现应得金额为 22 424.85 元(计算见上例),编制会计分录如下:

借:银行存款　　　　　　　　　　　　　　　　　　　22 424.85
　　财务费用　　　　　　　　　　　　　　　　　　　　269.32
　　贷:应收票据——兴达公司　　　　　　　　　　　　　22 694.17

2022 年 3 月 15 日,不论兴达公司是否如期偿付,昌越公司都不必进行会计处理。

2. 有追索权的应收票据贴现会计处理

同无追索权的票据贴现相比,有追索权的票据贴现在会计处理上的主要差别是票据到期后,若付款人无力偿付,则持票人应承担连带责任,银行会将已贴现的票据退回给贴现企业,同时从企业的账户中划扣票据款。贴现企业应按票据到期金额借记"应收账款"科目,贷记"银行存款"科目,若贴现企业也无力偿付,则视为银行贷款,贷记"短期借款"科目。

[**例 3-20**] 昌越公司 2021 年 9 月 10 日向兴达公司销售货物一批,总价为 20 000 元,增值税税率为 13%。2021 年 9 月 15 日收到兴达公司开出一张 6 个月的带息商业承兑汇票 22 600 元,票面利率为 10%。2021 年 10 月 1 日,昌越公司将这张票据向银行贴现,贴现率为 12%,合同规定若票据到期时,兴达公司无力支付,昌越公司需承担连带偿付责任,即为有追索权的票据贴现。

(1) 2021 年 10 月 1 日昌越公司向银行贴现时应先计算票据利息,编制会计分录如下:

借:应收票据——兴达公司　　　　　　　　　　　　　　　94.17
　　贷:财务费用　　　　　　　　　　　　　　　　　　　　　94.17

(2) 2021 年 10 月 1 日昌越公司向银行贴现,编制会计分录如下:

借:银行存款　　　　　　　　　　　　　　　　　　　22 424.85
　　财务费用　　　　　　　　　　　　　　　　　　　　269.32
　　贷:短期借款　　　　　　　　　　　　　　　　　　22 694.17

(3) 2022 年 3 月 15 日,若兴达公司如期偿付票据金额,则昌越公司会计分录如下:

借:短期借款　　　　　　　　　　　　　　　　　　　22 694.17
　　贷:应收票据　　　　　　　　　　　　　　　　　　22 694.17

若兴达公司无力偿付,则银行将按照票据到期金额,即 22 600 ×
(1+10% × 6/12) = 23 730(元),从昌越公司的银行账户中划回,昌越公司编制
会计分录如下:

10 家上市公司对应收票据计提坏账准备

　　借:短期借款　　　　　　　　　　　　　　　　22 694.17
　　　　贷:应收票据　　　　　　　　　　　　　　　　　22 694.17
　　借:应收账款——兴达公司　　　　　　　　　　23 730
　　　　贷:银行存款　　　　　　　　　　　　　　　　　23 730

第三节　存　货

一、存货的概念及分类

存货,是指企业在正常生产经营过程中持有以备出售的产成品或商品,或者为了出售仍然处在生产过程中的在产品,或者将在生产过程或提供劳务过程中耗用的材料、物料等。

存货主要包括:

(1) 原材料,是指企业所有的,在制造过程中用于构成产品主要实体的各种原料、主要材料、辅助材料、外购半成品、修理用备件以及燃料等。

(2) 在产品,是指在生产过程中尚未完成或虽已完成但尚未验收入库的物品。

(3) 半成品,是指在生产过程中尚未完成但已经验收入库的物品。它与在产品的区别主要是在是否验收入库。

(4) 产成品,是指已完成生产过程中的所有工序且已验收入库,随时都可销售的物品。

(5) 商品,是指商品流通企业外购或委托加工完成验收入库用于销售的各种商品。

(6) 周转材料,是指企业能够多次使用、逐渐转移其价值但仍保持原有形态不确认为固定资产的材料,如包装物和低值易耗品。其中,包装物是指为了包装本企业商品而储备的各种包装容器,如桶、箱、瓶、坛、袋等。其主要作用是盛装、装潢产品或商品。低值易耗品是指不符合固定资产确认条件的各种用具物品,如工具、管理用具、玻璃器皿、劳动保护用品,以及在经营过程中周转使用的容器等。

二、存货的确认

对存货的确认,除了需要符合存货的定义外,还要满足以下两个条件:

(1) 与该存货有关的经济利益很可能流入企业。

(2) 该存货的成本能够可靠地计量。

通常情况下,拥有存货的所有权是判断与存货有关的经济利益很可能流入企业的重要标志。比如,根据购销合同已出售的存货,其所有权已经转移给购货企业,即使该存货尚未运离销售企业,也不能确认为销售企业的存货。同样,其他单位寄放在本企业的存货,也不能确认为本企业的存货。

只有存货的成本能够可靠地计量时,才能确认存货。具体而言,如果存货是本企业生产的,其生产成本必须能够可靠计量;如果是外购的,则其购买成本必须能够可靠计量。

三、存货初始计量

企业可能通过若干途径取得存货,比如外购、自制、投资者投入、盘盈等。按照准则的要求,存货应当按照成本进行初始计量。存货成本包括采购成本、加工成本和其他成本。采购成本是企业外购存货时发生的成本;加工成本是企业进一步加工存货所发生的成本;其他成本,是指除采购成本、加工成本以外的,使存货达到目前场所和状态所发生的其他支出。

(一) 采购成本

外购存货的成本就是存货的采购成本,企业外购存货主要包括原材料和商品。采购成本是指企业物资从采购到入库前所发生的全部支出,包括购买价款、相关税费、运输费、装卸费、保险费以及其他可归属于存货采购成本的费用。采购成本主要包括以下内容:

(1) 存货的购买价款,是指企业购入的材料或商品的发票账单上列明的价款,但不包括按规定可以抵扣的增值税额。

(2) 存货的相关税费,是指企业购买、自制或委托加工存货发生的进口关税、消费税、资源税和不能抵扣的增值税进项税额等应计入存货采购成本的税费。

(3) 其他可归属于存货采购成本的费用,即采购成本中除上述各项以外的可归属于存货采购成本的费用,如在存货采购过程中发生的仓储费、包装费、运输途中的合理损耗、入库前的挑选整理费用等。这些费用能分清负担对象的,应直接计入存货的采购成本;不能分清负担对象的,应选择合理的分配方法,分配计入有关存货的采购成本。分配方法通常包括按所购存货的数量或采购价格比例进行分配。

对于采购过程中发生的物资毁损、短缺等,合理的途耗应当作为存货的其他可归属于存货采购成本的费用计入采购成本。从供货单位、外部运输机构等收回的物资短缺或其他赔款,应冲减所购物资的采购成本。因遭受意外灾害发生的损失和尚待查明原因的途中损耗,暂作为待处理财产损溢进行核算,查明原因后再作处理。

商品流通企业在采购商品过程中发生的运输费、装卸费、保险费以及其他可归属于存货采购成本的费用等进货费用,应计入所购商品成本。在实务中,企业也可以将发生的运输费、装卸费、保险费以及其他可归属于存货采购成本的费用等进货费用先进行归集,期末,按照所购商品的存销情况进行分摊。对于已销售商品的进货费用,计入主营业务成本;对于未售商品的进货费用,计入期末存货成本。商品流通企业采购商品的进货费用金额较小的,可以在发生时直接计入当期销售费用。

企业应当设置"在途物资""原材料""库存商品"等账户对外购存货进行会计处理。企业购入材料、商品,按应计入材料、商品采购成本的金额,借记"在途物资"科目,按实际支付或应支付的金额,贷记"银行存款""应付账款""应付票据"等科目。涉及增值税进项税额的,还应进行相应的处理。所购材料、商品到达验收入库,借记"原材料""库存商品"等科目,贷记"在途物资"科目。

[例 3-21]　江南公司是一家制造业企业,为增值税一般纳税人。2021 年 10 月 1 日公司购入一批原材料,总价款为 100 000 元,公司收到的增值税专用发票上注明的增值税额为 13 000 元。货款已用银行存款支付。此外,江南公司还支付了 2000 元的包装费。10 月 5 日,这批材料验收入库。

本例中,该批原材料的采购成本为购买价款加上包装费,但不包括增值税,即采购成本为 102 000 元。

江南公司的会计处理如下:

(1) 10 月 1 日,购入原材料,但尚未验收入库。

借:在途物资(制造业企业也可使用"在途材料",下同)　　102 000

　　应交税费——应交增值税(进项税额)　　　　　　　　 13 000

　　贷:银行存款　　　　　　　　　　　　　　　　　　　　　　　 115 000

(2) 10 月 5 日,原材料验收入库。

借:原材料　　　　　　　　　　　　　　　　　　　　　　　 102 000

　　贷:在途物资　　　　　　　　　　　　　　　　　　　　　　　 102 000

[例 3-22]　江北公司是一家商品流通企业,为增值税一般纳税企业。公司采用进价法核算存货。2021 年 10 月 1 公司购入一批商品,总价款为 100 000 元,因采购数量较大,销货单位给予了 10% 的商业折扣。江北公司已收到销货单位的增值税专用发票,增值税税率为 13%。货款已用银行存款支付。此外,江北公司还支付了 2 000 元的包装费。10 月 5 日,这批商品验收入库。

本例中,该批商品的采购成本包括购买价款(扣除商业折扣的实际价款)和包装费,但不包括增值税,即采购成本为 92 000 元。

江北公司的会计处理如下:

(1) 10 月 1 日,购入商品,但尚未验收入库。

借:在途物资　　　　　　　　　　　　　　　　　　　　　　　 92 000

　　应交税费——应交增值税(进项税额)　　　　　　　　 11 700

　　贷:银行存款　　　　　　　　　　　　　　　　　　　　　　　 103 700

(2) 11 月 5 日,商品验收入库时。

借:库存商品　　　　　　　　　　　　　　　　　　　　　　　 92 000

　　贷:在途物资　　　　　　　　　　　　　　　　　　　　　　　 92 000

(二) 加工成本

企业的产成品、在产品、半成品等存货需要企业对原材料进行进一步加工取得。这些存货的成本不仅包括原材料的采购成本,还包括企业追加的加工成本。某些存货的成本还包括使存货达到目前场所和状态所发生的其他成本。

存货加工成本,包括直接人工和制造费用,其实质是企业在进一步加工存货的过程中追加发生的生产成本。直接人工是指企业在生产产品过程中直接从事产品生产的工人的职工薪酬。制造费用是指企业为生产产品和提供劳务而发生的各项间接费用。制造费用是一种间接生产成本,包括企业生产部门(如生产车间)管理人员的职工薪酬、折旧费、办公费、水电费、机物料消耗、劳动保护费、季节性和修理期间的停工损失等。

企业在加工存货过程中发生的直接人工和制造费用,如果能够直接计入有关的成本核算对象,则应直接计入该成本核算对象。否则,应按照合理方法分配计入有关成本核算对象。分配方法一经确定,不得随意变更。存货加工成本在产品和完工产品之间的分配应通过成本核算方法进行计算确定。

直接人工一般可以直接归属于所生产的产品。如果企业生产车间同时生产几种产品,直接人工无法与产品一一对应,则其发生的直接人工应采用合理方法分配计入各产品成本中。比如,按计时工资或者按计件工资分配直接人工。

制造费用一般不会与产品一一对应,需要先归集再分配。企业应当将发生的制造费用(如折旧费等)归集到"制造费用"账户。制造费用的分配一般应按生产车间或部门进行。企业应当根据制造费用的性质,合理选择分配方法。企业所选择的制造费用分配方法,必须与制造费用的发生具有较密切的相关性,并且使分配到每种产品上的制造费用金额科学合理,同时还应当适当考虑计算手续的简便。在各种产品之间分配制造费用的方法,通常有按生产工人工资、按生产工人工时、按机器工时、按耗用原材料的数量或成本、按直接成本(原材料、燃料、动力、生产工人工资等职工薪酬之和)及按产成品产量等。这些分配方法通常是对各月生产车间或部门的制造费用实际发生额进行分配的。

企业应当设置"生产成本""制造费用"等账户进行相关会计处理。企业发生的各项直接生产成本,借记"生产成本"科目,贷记"原材料""库存现金""银行存款""应付职工薪酬"等科目。各生产车间应负担的制造费用,借记"生产成本"科目,贷记"制造费用"科目。产品完工入库时,借记"库存商品"科目,贷记"生产成本"科目。

[例 3–23]   江东公司是一家制造业企业,采用实际成本法核算存货。2021 年 7 月基本生产车间投入生产 A、B、C 三种产品。A、B、C 产品耗用的原材料成本分别为 20 000 元、15 000 元、25 000 元。本月这三种产品共同发生生产工人薪酬 40 000 元,共同发生制造费用 70 000 元。本月三种产品实际生产工时为 200 小时,其中 A 产品 80 小时,B 产品 70 小时,C 产品 50 小时。生产工人薪酬和制造费用按照工时分配。月末 A 产品完工入库,B、C 产品均尚未完工。

江东公司的会计处理如下:

$$直接人工成本分配率 = \frac{40\,000}{80+70+50} = 200(元 / 小时)$$

A 产品应分配的直接人工 $= 200 \times 80 = 16\,000(元)$

B 产品应分配的直接人工 $= 200 \times 70 = 14\,000(元)$

C 产品应分配的直接人工 $= 200 \times 50 = 10\,000(元)$

$$制造费用分配率 = \frac{70\,000}{80+70+50} = 350(元 / 小时)$$

A 产品应分配的制造费用 $= 350 \times 80 = 28\,000(元)$

B 产品应分配的制造费用 $= 350 \times 70 = 24\,500(元)$

C 产品应分配的制造费用 $= 350 \times 50 = 17\,500(元)$

则:

A 产品的生产成本 $= 20\,000 + 16\,000 + 28\,000 = 64\,000(元)$

B 产品的生产成本 =15 000+14 000+24 500=53 500（元）

C 产品的生产成本 =25 000+10 000+17 500=52 500（元）

相应的会计分录为：

分配材料费用、工资及制造费用时。

借：生产成本——A 产品	64 000
——B 产品	53 500
——C 产品	52 500
贷：原材料	60 000
应付职工薪酬	40 000
制造费用	70 000

月末 A 产品完工入库时。

借：库存商品——A 产品	64 000
贷：生产成本——A 产品	64 000

（三）其他方式取得存货的成本

除上述外购和加工取得存货之外，企业还可能通过其他途径取得存货，比如投资者投入、盘盈等。

1. 投资者投入存货的成本

投资者投入存货的成本应当按照投资合同或协议约定的价值确定，但合同或协议约定价值不公允的除外。在投资合同或协议约定价值不公允的情况下，按照该项存货的公允价值作为其入账价值。

［例 3-24］ 2021 年 1 月 1 日，安澜公司收到投资者投入的原材料一批，收到的增值税专用发票上注明的增值税税额为 13 000 元，双方协议约定的价值为 100 000 元。当日，安澜公司的股本总额为 300 000 元，该投资者投入原材料获得安澜公司 30% 的持股比例。

安澜公司的会计处理如下：

借：原材料	100 000
应交税费——应交增值税（进项税额）	13 000
贷：股本	90 000
资本公积——股本溢价	23 000

2. 盘盈存货的成本

盘盈的存货应按其重置成本作为入账价值，并通过"待处理财产损溢"科目进行会计处理。在未查明原因前借记"原材料""库存商品"等科目，贷记"待处理财产损溢"科目；在查明原因并按管理权限报经批准后借记"待处理财产损溢"科目，贷记"管理费用"等科目。

［例 3-25］ 世东公司在 2021 年 6 月 30 日的存货盘点中发现原材料多出 160 千克，该原材料的单位重置成本为 2 元 / 千克。7 月 3 日，此项盘盈存货获得有关管理人员的批准，冲销当期管理费用。

世东公司的会计处理如下：

（1）6 月 30 日，发生盘盈时。

借：原材料　　　　　　　　　　　　　　　　　　　　　　　320

　　贷：待处理财产损溢——待处理流动资产损溢　　　　　　　　　320

（2）7月3日，获得批准时。

借：待处理财产损溢——待处理流动资产损溢　　　　　　　　320

　　贷：管理费用　　　　　　　　　　　　　　　　　　　　　　320

　　在确定存货成本的过程中，下列费用不应当计入存货成本，而应当在其发生时计入当期损益：①非正常消耗的直接材料、直接人工及制造费用。例如，企业超定额的废品损失以及由自然灾害而发生的直接材料、直接人工及制造费用，由于这些费用的发生无助于使该存货达到目前场所和状态，不应计入存货成本，而应计入当期损益。②仓储费用，指企业在采购入库后发生的储存费用，应计入当期损益。但是，在生产过程中为达到下一个生产阶段所必需的仓储费用则应计入存货成本。例如，某种酒类产品生产企业为使生产的酒达到规定的产品质量标准而必须发生的仓储费用，就应计入酒的成本，而不是计入当期损益。③不能归属于使存货达到目前场所和状态的其他支出，不符合存货的定义和确认条件，应在发生时计入当期损益，不得计入存货成本。

四、存货发出的计量

　　存货是不断流动的，存货的流转包括实物流转和成本流转两个方面。从理论上来说，存货的实物流转和成本流转应保持一致，以此来保证存货核算的正确性。例如，企业购入A商品，第一次购入100件，单价20元/件；第二次购入150件，单价21元/件，如果本期销售A商品80件，全部为第一次购入的，则存货的发出计价应为20×80=1 600（元）。然而在实际工作中，经常会遇到存货数量很大，品种繁多，且成本经常变动的情况，在这种情况下就很难使实物流转与成本流转保持一致。例如，对于大量使用煤炭的企业，对于购入的煤炭通常是堆积成山、露天存放，由于场地的限制，几批分别购入、成本各不相同的煤炭不得不混合堆积在一起，在这种情况下，想要分辨某次领用的煤炭到底是哪一批购入的，对应的成本是多少显然是不可能的。于是，有了存货成本的流转假设。这样，存货的发出计价是在成本流转假设的基础上而非实物流转的基础上进行的。如上例中，新购入的煤炭通常堆积在顶端，一般情况下，我们是从顶端开始取用煤炭的，因而就有了后购入的存货先发出这样一种存货成本流转的假设，在此前提下就可采用后进先出法来进行存货的发出计价。

　　根据不同的存货成本流转假设，存货发出计价可以采用的方法有个别计价法、先进先出法、后进先出法、月末一次加权平均法和移动加权平均法等。

（一）个别计价法

　　在个别计价法下，存货的实物流转和成本流转是一致的。在存货入库时，应详细记录存货的型号、批别、单位成本、入账时间以及存放地点等；在待发出存货时，应具体辨认发出的存货属于哪一批或哪几批，根据所属的批别分别计算成本，然后汇总，并详细记录发出存货所属批别、单价、发出时间等；在期末结存时，也应详细记录各批别的剩余数量、单位成本等，以此确认期末存货的成本。

　　[例3-26]　甲企业2021年3月A商品的明细账见表3-5。

表 3-5 A 商品明细账

2021 年 3 月

日期		摘要	收入			发出			结存		
月	日		数量（千克）	单价（元/千克）	金额（元）	数量（千克）	单价（元/千克）	金额（元）	数量（千克）	单价（元/千克）	金额（元）
3	1	期初余额							80	10	800
	3	购入	200	11	2 200				280		
	10	销售				150			130		
	18	购入	150	12	1 800				280		
	25	销售				200			80		
	27	购入	180	14	2 520				260		
	29	销售				130			130		
	31	本月合计	530		6 520	480			130		

经具体辨认发现,本月销售的三批商品中:3 月 10 日发出存货 150 千克,其中包括月初的 80 千克和 3 月 3 日购进的 70 千克;3 月 25 日发出存货 200 千克,其中包括 3 月 3 日购进的 100 千克和 3 月 18 日购进的 100 千克;3 月 29 日领用的 130 千克中,有 3 月 3 日购进的 30 千克、3 月 18 日购进的 50 千克和 3 月 27 日购进的 50 千克。则:

3 月 10 日发出的存货成本 $=80 \times 10 + 70 \times 11 = 1\ 570$（元）

3 月 25 日发出存货的成本 $=100 \times 11 + 100 \times 12 = 2\ 300$（元）

3 月 29 日发出存货的成本 $=30 \times 11 + 50 \times 12 + 50 \times 14 = 1\ 630$（元）

本月发出存货的成本合计 $=1\ 570 + 2\ 300 + 1\ 630 = 5\ 500$（元）

期末存货的成本 = 期初存货成本 + 本期购入存货成本 - 本期发出的存货成本
$=800 + 6\ 520 - 1\ 570 - 2\ 300 - 1\ 630 = 1\ 820$（元）

期末存货剩余的数量为 130 千克,全部为 3 月 27 日购入的,单价为 14 元/千克,成本为 $130 \times 14 = 1\ 820$（元）,与上述计算相符。

可以说,根据个别计价法计算的存货发出成本是最正确的。然而,在实际工作中,这一方法经常会导致工作量的加大,当存货品种繁多,发出、收入频繁时,采用个别计价法的成本就会过高,甚至是不可能的,所以,个别计价法通常比较适用于容易识别且数量不多、造价昂贵的贵重存货的发出计价。我国会计准则规定:"对于不能替代使用的存货,以及为特定项目专门购入或制造的存货,一般应当采用个别计价法确定发出存货的成本。"

（二）先进先出法

先进先出法是在假设先购入的存货先发出的前提下进行的。这样在核算存货发出成本时,应按购入存货的先后顺序来确定单价,即假设第一批存货用完才会领用第二批,第二批用完才会领用第三批,以此类推。

[例 3-27] 仍然沿用例 3-26 中 A 商品的明细账,在先进先出法下,计算的成本为:

(1) 3 月 10 日发出的 150 千克的存货中,有 80 千克应该按照期初存货的单价核算,

剩下的 70 千克才按照 3 月 3 日购入存货的单价核算,即

$$3 月 10 日发出存货的成本 =80 \times 10+70 \times 11=1\,570(元)$$

3 月 3 日购入的存货 200 千克扣除领用了的 70 千克后还剩 130 千克。

(2) 3 月 25 日发出存货 200 千克,其中的 130 千克应按照 3 月 3 日购入存货的单价 11 元 / 千克计算,剩下的 70 千克再按 3 月 18 日购入的存货单价 12 元 / 千克核算。即

$$3 月 25 日发出存货的成本 =130 \times 11+70 \times 12=2\,270(元)$$

3 月 18 日购入的存货 150 千克在扣除 70 千克后,剩余 80 千克。

(3) 3 月 29 日发出存货 130 千克,其中的 80 千克应按照 3 月 18 日购入存货的单价 12 元 / 千克计算,剩下的 50 千克再按 3 月 27 日购入的存货单价 14 元 / 千克核算。即

$$3 月 29 日发出存货的成本 =80 \times 12+50 \times 14=1\,660(元)$$

3 月 27 日购入的存货 180 千克在扣除 50 千克后,剩余 130 千克,

$$则本月发出存货的成本合计 =1\,570+2\,270+1\,660=5\,500(元)。$$

(4) 期末存货的成本 =800+6 520-1 570-2 270-1 660=1 820(元)

期末存货剩余的数量为 130 千克,全部为 3 月 27 日购入的,单价为 14 元 / 千克,成本为 130 × 14=1 820(元),与上述计算相符。

具体计算结果见表 3-6。

表 3-6　例 3-27 的具体计算结果

日期		摘要	收入			发出			结存		
月	日		数量 (千克)	单价 (元/千克)	金额 (元)	数量 (千克)	单价 (元/千克)	金额 (元)	数量 (千克)	单价 (元/千克)	金额 (元)
3	1	期初余额							80	10	800
	3	购入	200	11	2 200				280		
	10	销售				80	10	1 570	130	11	1 430
						70	11				
	18	购入	150	12	1 800				280		
	25	销售				130	11	2 270	80	12	960
						70	12				
	27	购入	180	14	2 520				260		
	29	销售				80	12	1 660	130	14	1 820
						50	14				
	31	本月合计	530		6 520	480		5 500	130	14	1 820

在先进先出法下,期末存货的成本是按照最近购入存货的单价来计算的,所以比较接近现行的市场价值。但是,这种方法在存货收发频繁的情况下,也会消耗大量的工作量。而且,当物价持续上涨时,企业会低估存货的发出成本,从而会高估当期利润。当在通货膨胀严重的情况下,先进先出法会给企业带来一定的税务负担。

(三) 后进先出法

后进先出法的核算正好同先进先出法相反,它是假设后购入的存货先发出。

[**例 3-28**] 继续沿用例 3-26 中 A 商品的明细账,在后进先出法下,存货发出成本的计价将是:

(1) 3 月 10 日发出的 150 千克的存货,应全部按照 3 月 3 日购入存货的单价核算。即:

3 月 10 日发出存货的成本 =150×11=1 650(元)

3 月 3 日购入的存货 200 千克扣除领用了的 150 千克后还剩 50 千克,单价 11 元。此外还有期初的存货 80 千克,单价 10 元 / 千克。

(2) 3 月 25 日发出存货 200 千克,其中的 150 千克应按照 3 月 18 日购入存货的单价 12 元 / 千克计算,剩下的 50 千克再按 3 月 3 日购入的存货单价 11 元 / 千克核算。即:

3 月 25 日发出存货的成本 =50×11+150×12=2 350(元)

剩余存货 80 千克全部为期初存货,单价 10 元 / 千克。

(3) 3 月 29 日发出存货 130 千克,全部为 3 月 27 日购入的存货,单价 14 元 / 千克核算。即:

3 月 29 日发出存货的成本 =130×14=1 820(元)

3 月 27 日购入的存货 180 千克在扣除 130 千克后,剩余 50 千克。

本月发出存货的成本合计 =1 650+2 350+1 820=5 820(元)

(4) 期末存货的成本 =800+6 520-1 650-2 350-1 820=1 500(元)

期末存货剩余的数量为 130 千克,其中有期初的 80 千克,单价 10 元 / 千克,3 月 27 日购入的 50 千克,单价为 14 元 / 千克,成本为 50×14+80×10=1 500(元),与上述计算相符。

详细计算结果见表 3-7。

表 3-7 例 3-28 的详细计算结果

日期		摘要	收入			发出			结存		
月	日		数量 (千克)	单价 (元 / 千克)	金额 (元)	数量 (千克)	单价 (元 / 千克)	金额 (元)	数量 (千克)	单价 (元 / 千克)	金额 (元)
3	1	期初余额							80	10	800
	3	购入	200	11	2 200				280		
	10	销售				150	11	1 650	130		
	18	购入	150	12	1 800				280		
	25	销售				50	11	2 350	80		
						150	12				
	27	购入	180	14	2 520				260		
	29					130	14	1 820	80	10	1 500
									50	14	
	31	本月合计	530		6 520	480		5 820	130		1 500

后进先出法主要是可以消除通货膨胀带来的不利影响,在物价持续上涨的情况下,是一种比较稳健的做法。但是,同先进先出法一样,当存货收发频繁时,也会消耗大量的工作量。

(四)月末一次加权平均法

月末一次加权平均法是指计算一个月的存货加权平均单价,以此来核算全月发出存货的成本。

本月存货单位成本 =(月初存货结存金额 + 本月购入存货金额)/(月初存货数量 + 本月购入存货数量)

本月发出的存货成本 = 本月存货发出数量 × 本月存货单位成本

月末存货成本 = 月末存货数量 × 本月存货单位成本

[例 3-29]　沿用例 3-26 中的数据,在月末一次加权平均法下:

3 月份存货的加权平均单位成本 =(80 × 10+200 × 11+150 × 12+180 × 14)/
　　　　　　　　　　　　　　　(80+200+150+180)=12(元 / 千克)

3 月 10 日发出存货的成本 =150 × 12=1 800(元)

3 月 25 日发出存货的成本 =200 × 12=2 400(元)

3 月 29 日发出存货的成本 =130 × 12=1 560(元)

本月发出存货成本合计 1 800+2 400+1 560=5 760(元)

期末存货成本 =800+6 520−(1 800+2 400+1 560)=1 560(元)

期末存货数量为 130 千克,单价为 12 元 / 千克,成本为 130 × 12=1 560(元),与上述计算相符。

月末一次加权平均法操作简便、易于执行,适用于收发频繁、数量巨大且价格波动不大的存货核算。但是在月末一次加权平均法下,缺乏对发出存货的详细记录,不利于加强存货的管理。具体列示于表 3-8。

表 3-8　例 3-29 的详细计算结果

日期		摘要	收入			发出			结存		
月	日		数量 (千克)	单价 (元/千克)	金额 (元)	数量 (千克)	单价 (元/千克)	金额 (元)	数量 (千克)	单价 (元/千克)	金额 (元)
3	1	期初余额							80	10	800
	3	购入	200	11	2 200				280		
	10	销售				150	12	1 800	130		
	18	购入	150	12	1 800				280		
	25	销售				200	12	2 400	80		
	27	购入	180	14	2 520				260		
	29	销售				130	14	1 560	130	12	1 560
	31	本月合计	530		6 520	480		5 760	130	12	1 560

（五）移动加权平均法

在移动加权平均法下，每收入一次存货，就要计算一次存货的加权平均单位成本，以此为基础计算存货的发出成本。

[**例 3-30**]　仍然使用例 3-26 中的数据，在移动加权平均法下的具体计算为：

（1）3 月 3 日购入存货后，应计算一次加权平均成本：$(80 \times 10+200 \times 11)/(80+200)=$10.7（元 / 千克），则 3 月 10 日发出存货 150 千克的成本为 $150 \times 10.7=1\ 605$（元），剩余存货 130 千克，成本为 $80 \times 10+200 \times 11-1\ 605=1\ 395$（元）。

（2）3 月 18 日购入存货后，存货的单位成本为：$(1\ 395+150 \times 12)/(130+150)=11.4$（元 / 千克），则 3 月 25 日发出存货 200 千克的成本为：$200 \times 11.4=2\ 280$（元），剩余存货 80 千克，成本为 $1\ 395+150 \times 12-2\ 280=915$（元）。

（3）3 月 27 日购入存货后，存货的加权平均成本为：$(915+180 \times 14)/(80+180)=13.2$（元 / 千克），则 3 月 29 日发出的 130 千克的存货的成本为：$130 \times 13.2=1\ 716$（元），剩余存货 130 千克，成本为 $915+180 \times 14-1\ 716=1\ 719$（元）。

（4）本期发出存货成本合计：$1\ 605+2\ 280+1\ 716=5\ 601$（元），期末存货成本 $=80 \times 10+6\ 520-5\ 601=1\ 719$（元），与上述计算相符。

具体计算结果见表 3-9。

表 3-9　例 3-30 的具体计算结果

日期		摘要	收入			发出			结存		
月	日		数量（千克）	单价（元 / 千克）	金额（元）	数量（千克）	单价（元 / 千克）	金额（元）	数量（千克）	单价（元 / 千克）	金额（元）
3	1	期初余额							80	10	800
	3	购入	200	11	2 200				280		
	10	销售				150	10.7	1 605	130		1 395
	18	购入	150	12	1 800				280		
	25	销售				200	11.4	2 280	80		915
	27	购入	180	14	2 520				260		
	29	销售				130	13.2	1 716	130		1 719
	31	本月合计	530		6 520	480		5 601	130		1 719

移动加权平均法可以及时传递存货结存的信息，但是采用这种方法时，工作量通常会比较大。

五、存货的期末计量及会计处理

（一）存货数量的盘存方法

存货的盘存方法主要有定期盘存制和永续盘存制两种。

1. 定期盘存制

在定期盘存制下，企业每期只登记收入的存货数量和金额，不登记存货的发出数量和金额,期末对所有存货进行实地盘点,确定期末存货的数量,并乘以单价计算期末存货的金额,然后倒轧出本期发出存货的数量和金额。

本期发出的存货成本 = 期初存货成本 + 本期收入存货成本 − 期末存货的成本

本期发出的存货数量 = 期初存货数量 + 本期收入存货数量 − 期末存货的数量

在定期盘存制下,会计日常核算工作比较简便,但是其核算不够严密,不能反映存货收入、发出和结存的动态,这样就无法发现收发错误、贪污、盗窃等情况。因此,这种方法仅适用于价值比较低、数量大且收发频繁的存货,尤其适用于那些自然消耗大、数量不稳定的鲜活商品。

2. 永续盘存制

永续盘存制要求详细记录每一笔存货收入、发出和结存的数量、金额、日期、规格等,并且要定期盘点存货(每年至少一次),保证存货的实际库存同账面余额相符。

在永续盘存制下,存货的收入、发出、结存都有详细的记录,便于加强对存货的管理。其缺点是对于存货规格品种繁多的企业,记录存货的工作量较大。

在永续盘存制下,存货的盘存数量可以和账面记录相核对,若盘存数量高于账面记录,则为存货的盘盈,反之则为存货的盘亏。对于盘盈或盘亏的存货,应及时调整其账面数量金额,并通过"待处理财产损溢——待处理流动资产损溢"科目来进行核算和处理。

对于盘盈的存货,按照同类或类似存货的市场价格作为实际成本调整增加存货账面价值。借记"原材料""产成品"或"库存商品"等科目,贷记"待处理财产损溢——待处理流动资产损溢"科目。待查明原因,经有关部门批准后,再冲减管理费用。借记"待处理财产损溢——待处理流动资产损溢"科目,贷记"管理费用"科目。

[例 3–31] (1)甲公司从 2021 年 10 月份开始对存货进行盘点,2021 年 10 月 15 日盘点结束时,发现盘盈 A 材料 200 件,当日 A 材料的市场价格为 15 元 / 件。

对于盘盈的存货应按照市场价格作为实际成本入账,金额共计 200 × 15=3 000(元),应做如下会计分录:

借:原材料——A 材料　　　　　　　　　　　　　　　　　3 000
　　贷:待处理财产损溢——待处理流动资产损溢　　　　　　　　3 000

(2)假设 2002 年 12 月 20 日,甲公司董事会批准了这一事项,则应将其转入管理费用中去,应做如下会计分录:

借:待处理财产损溢——待处理流动资产损溢　　　　　　　　3 000
　　贷:管理费用　　　　　　　　　　　　　　　　　　　　3 000

对于盘亏的存货,应按照其成本冲减存货账面余额,借记"待处理财产损溢——待处理流动资产损溢"科目,贷记"原材料""产成品"或"库存商品"等科目。待查明原因且报经批准后再根据具体的原因进行处理:

(1)对于自然损耗、记录错误或管理不善造成的存货短缺,应转入管理费用。借记"管理费用"科目,贷记"待处理财产损溢——待处理流动资产损溢"科目。

(2)对于自然灾害或意外事故造成的存货毁损,应记入营业外支出。借记"营业外支出"科目,贷记"待处理财产损溢——待处理流动资产损溢"科目。

[例 3–32] (1)兴业公司 2021 年 10 月开始盘点存货,10 月 8 日盘点结束后,经过与

存货账面记录的核对发现库存商品 Q 短缺 150 件,单位成本为 10 元/件。

则应于当日根据短缺存货的实际成本 150×10=1 500(元)调整存货的账面余额:

借:待处理财产损溢——待处理流动资产损溢　　　　　　　　　1 500
　　贷:库存商品——Q 产品　　　　　　　　　　　　　　　　　　　1 500

（2）假设至 2021 年 12 月 3 日,兴业公司最终查明原因,这短缺的 150 件 Q 产品中,有 50 件为管理不善导致的毁损,另外 100 件则是由于年初的一次火灾引起的,且已获得董事会的批准。

则对于管理不善引起的损失应记入"管理费用"科目,对于火灾引起的毁损应记入"营业外支出"科目。

借:管理费用　　　　　　　　　　　　　　　　　　　　　　　　500
　　营业外支出　　　　　　　　　　　　　　　　　　　　　　　1 000
　　贷:待处理财产损溢——待处理流动资产损溢　　　　　　　　　1 500

另外,值得注意的是,"待处理财产损溢——待处理流动资产损溢"只是一个中间账户,在资产负债表中并不存在这一项目,因而在期末"待处理财产损溢"的余额应为零。如果在期末,存货的盘盈或盘亏尚未获得批准,也要转入"管理费用"或"营业外支出"科目,并在报表附注中予以说明。待下一年度实际发生时,再根据实际批准处理的金额调整会计报表相关科目的年初数。

（二）存货的期末计价

存货的期末计价是按照成本与可变现净值孰低的原则进行的,即把期末存货的历史成本同其可变现净值进行比较,选择二者中较低的一个作为存货的期末价值。当期末存货的历史成本低于可变现净值时,按照成本计价;当成本高于可变现净值时,应按可变现净值计价。

1. 可变现净值的确定

可变现净值指的是在正常生产经营活动中,以存货的估计售价减去至完工估计将要发生的成本、估计的销售费用以及相关税费后的金额。由此可见,可变现净值指的是存货可以带来的净现金流入。

在确定存货的可变现净值时,应考虑持有存货的目的。不同持有目的下的存货,其可变现净值的确定方法也不同。一般来说,存货按照其持有目的的不同可分为两类:一是直接用于销售的存货,如库存商品、产成品和用于销售的原材料等;二是将在生产过程或提供劳务过程中被耗用的存货,如生产用的原材料、半成品等。

（1）对于直接用于销售的存货,其可变现净值＝估计售价－估计的销售费用和相关税费。其中估计售价的确认原则是:有销售合同或劳务合同约定的存货,以合同价格作为估计售价,在此基础上计量可变现净值;没有销售合同或劳务合同约定的存货,则应以产成品、商品或原材料的市场价格作为估计售价。

[例 3-33]　新化公司 2021 年 10 月 2 日与昌越公司签订了销售合同,双方约定,由新化公司向昌越公司提供 A 产品 200 千克,单价 150 元,于 2022 年 2 月 1 日交货。2021 年 12 月 31 日,新化公司 A 产品的账面价值为 24 000 元,数量为 120 千克,单位成本为 200 元。2021 年 12 月 31 日,A 产品的市场销售价格为 180 元/千克。另外,在此假设估

计将要发生的销售费用和相关税费为 5 500 元。

在本例中,销售合同约定的数量为 200 千克,而期末新化公司的库存数量为 120 千克,由此可见,这 120 千克的 A 产品都可以看作有销售合同约定的存货,因而应以合同约定的价格 150 元 / 千克作为估计售价。那么这 120 千克的 A 产品的可变现净值 =120×150– 5 500=12 500(元)。而 A 产品的成本为 24 000 元,大于可变现净值 12 500 元,因而期末 A 产品应以可变现净值 12 500 元计价。

[例 3–34] 现在我们变换例 3-33 中的部分条件,将新化公司 2021 年 12 月 31 日 A 产品的数量改为 250 千克,账面价值为 40 000 元,单位成本则为 160 元,其他条件保持不变。

那么在本例中,我们可以看出,有 200 千克 A 产品是有合同约定的,另外 50 千克则没有合同约定。在这种情况下,应该区别处理:200 千克按照合同价格估计售价,而超出的 50 千克则按市场销售价格估计售价。最后这 250 千克 A 产品的可变现净值 = 200×150+50×180–5 500=33 500(元),小于 A 产品的期末成本 40 000 元,因而 A 产品应按 33 500 元作为其期末的价值。

(2) 对用于生产而持有的原材料或半成品,则应主要考虑其所生产的产成品的情况。如果期末其所生产的产成品的成本低于可变现净值,那么不论该原材料或半成品的成本是否低于可变现净值,都应该按照成本计量期末价值;反之,如果由于原材料或半成品价格的下降导致其所生产的产成品的成本高于可变现净值,那么该原材料或半成品就应按照可变现净值入账,则:

可变现净值 = 其所生产的产成品的估计售价 – 至完工估计将要发生的成本 – 估计的销售费用以及相关税费

[例 3–35] 2021 年 12 月 31 日,新化公司库存 B 材料的账面价值为 12 500 元,市场价格为 11 000 元。若将 B 材料用于生产 A 产品,需追加生产成本 7 500 元,销售价格为 28 000 元,估计将要发生的销售费用和相关税费为 5 500 元。

在本例中,要判断 B 材料的期末价值,首先应比较其所生产的产成品——A 产品的成本与可变现净值。根据题目可知:A 产品的成本为 20 000 元(12 500+7 500),可变现净值为 22 500 元(28 000–5 500)。A 产品的成本低于可变现净值,表明 B 材料没有发生减值,即使 B 材料的成本高于市场价格,仍应按其成本 12 500 元作为期末价值。

[例 3–36] 2021 年 12 月 31 日,新化公司库存 B 材料的账面价值为 12 500 元,市场价格为 11 000 元。若将 B 材料用于生产 A 产品,需追加生产成本 7 500 元,销售价格为 25 000 元,估计将要发生的销售费用和相关税费为 5 500 元。

在本例中,我们首先应判断 A 产品的成本与可变现净值,A 产品的成本为 20 000 元,可变现净值为 25 000–5 500=19 500(元),A 产品的成本高于可变现净值,因而 B 材料应以可变现净值作为其期末价值。

B 材料的可变现净值 =25 000–7 500–5 500=12 000(元),小于成本 12 500 元,因而应以可变现净值 12 000 元作为期末价值。

2. 成本与可变现净值孰低原则的具体应用

企业应当定期检查存货价值的减损情况,当存在下列情况之一时,应考虑运用成本与可变现净值孰低原则对存货的期末价值进行重新计量：

（1）市价持续下跌，并且在可预见的未来无回升的希望。

（2）企业使用该项原材料生产的产品的成本大于产品的销售价格。

（3）企业因产品更新换代，原有库存原材料已不适应新产品的需要，而该原材料的市场价格又低于其账面成本。

（4）因企业所提供的商品或劳务过时或消费者偏好改变而使市场的需求发生变化，导致市场价格逐渐下跌。

（5）其他足以证明该项存货实质上已经发生减值的情形。

当存货存在下列情形之一的，表明存货的可变现净值为零，应当将其账面价值全部转入当期损溢：

（1）已霉烂变质的存货。

（2）已过期且无转让价值的存货。

（3）生产中已不再需要，并且已无使用价值和转让价值的存货。

（4）其他足以证明已无使用价值和转让价值的存货。

在比较成本与可变现净值孰低时，有三种方法可供选择：

（1）逐项比较法。企业通常应当以单个存货项目为基础计提存货跌价准备，在这种方式下，企业应当将每个存货项目的成本与其可变现净值逐一进行比较，按较低者计量存货，并且按成本高于可变现净值的差额计提存货跌价准备。这就要求企业应当根据管理要求和存货的特点，明确规定存货项目的确定标准。例如，将某一型号和规格的材料作为一个存货项目、将某一品牌和规格的商品作为一个存货项目等。

（2）分类比较法。如果某一类存货的数量繁多并且单价较低，则企业可以按存货类别计量成本与可变现净值，即将存货类别的成本的总额与可变现净值的总额进行比较，按每个存货类别均取较低者确定存货期末价值。

（3）总额比较法。对于与在同一地区生产和销售的产品系列相关、具有相同或类似最终用途或目的，且难以与其他项目分开来计量的存货，因其所处的经济环境、法律环境、市场环境等相同，具有类似的风险和报酬，在这种情况下，可以按该产品系列合并计提存货跌价准备。

我们可以通过下面的例子来具体说明这三种方法的计算过程和区别：

[例 3-37] 新化公司有两类存货：产成品和原材料，其中按照存货的型号不同，产成品中又包括了 W1、W2、W3 三种产品，原材料中包括 A 材料和 B 材料两种材料，2020 年12 月 31 日，新化公司对以上存货的价值减损情况进行了检查，所获数据见表 3-10。

表 3-10　新化公司存货的价值减损情况　　　　　　　　　　单位:元

存货	成本	可变现净值	成本与可变现净值较低者		
			逐项比较法	分类比较法	总额比较法
产成品					
W1	12 500	11 000	11 000		
W2	13 000	15 000	13 000		

续表

存货	成本	可变现净值	成本与可变现净值较低者		
			逐项比较法	分类比较法	总额比较法
W3	20 500	21 500	20 500		
合计	46 000	47 500	44 500	46 000	
原材料					
A 材料	36 000	34 000	34 000		
B 材料	49 000	45 000	45 000		
合计	85 000	79 000	79 000	79 000	
总计	131 000	126 500	123 500	125 000	126 500

从上例中,我们可以看出,产成品按逐项比较法计算的期末存货价值为 44 500 元,小于按类别计算的价值 46 000 元;而在原材料方面,按照逐项比较法和按照分类比较法计算所得的存货价值是相同的,都是 79 000 元。这是因为在产成品中,各项存货的成本与可变现净值的比较结果有高有低(W1 的成本高于可变现净值,而 W2、W3 的成本均低于可变现净值),当汇总比较时,差异被抵消了。而在原材料中,A 与 B 的成本都是高于可变现净值的,从而导致两种方法的结果是一致的。同样道理,在产成品类,成本低于可变现净值(46 000<47 500),而原材料方面,成本高于可变现净值(85 000>79 000),因而将二者总计后相互差异抵消了,使得总额比较法下存货的价值最高,而逐项比较法下存货的价值最低。由此可见,逐项比较法下每项存货都按照成本与可变现净值中较低者进行计量,是最稳健的做法。

3. 存货跌价准备的计提及会计处理

当期末存货的成本高于可变现净值时,需要按照可变现净值对存货的期末价值进行相应的调整。为此专门设立了"存货跌价准备"账户,它的性质同前面所讲的应收账款坏账准备类似,属于存货的备抵科目,应计提的存货跌价准备 = 存货期末成本 - 存货可变现净值。当期末存货的成本低于可变现净值时,存货仍按原来的成本列示,不必进行会计处理。

[例 3-38] 在此我们继续沿用例 3-37 中的数据,假设新化公司从 2020 年开始计提存货跌价准备,则在不同的方法下,提取的存货跌价准备也各不相同。见表 3-11。

表 3-11 不同方法下的存货跌价准备   单位:元

存货	成本	可变现净值	存货跌价准备		
			逐项比较法	分类比较法	总额比较法
产成品					
W1	12 500	11 000	1 500		
W2	13 000	15 000	0		
W3	20 500	21 500	0		
合计	46 000	47 500	1 500	0	

续表

存货	成本	可变现净值	存货跌价准备		
			逐项比较法	分类比较法	总额比较法
原材料					
A 材料	36 000	34 000	2 000		
B 材料	49 000	45 000	4 000		
合计	85 000	79 000	6 000	6 000	
总计	131 000	126 500	7 500	6 000	4 500

由表 3-11 可以看出,逐项比较法下提取的存货跌价准备最高,总额比较法下最低。

当采用可变现净值作为存货期末价值时,应首先计算成本与可变现净值的差额,然后与存货跌价准备的余额进行比较,如果超出了余额则应补提,相应的存货跌价损失记入"资产减值损失"。反之,则应适当冲减,但是冲减的金额不得超过存货跌价准备的余额。

[例 3-39]（1）新化公司 2020 年初存货跌价准备余额为 0,2020 年 12 月 31 日存货的账面价值为 11 500 元,可变现净值为 10 000 元。新化公司可做如下会计处理:

此时,存货的成本高于可变现净值,因而应提取 1 500(11 500-10 000)元的存货跌价准备。

借:资产减值损失　　　　　　　　　　　　　　　　　　1 500
　贷:存货跌价准备　　　　　　　　　　　　　　　　　　　　1 500

（2）2021 年 12 月 31 日,存货的账面价值为 13 000 元(注意存货的账面价值是指存货的账面余额减去跌价准备后的金额,即存货账面价值已经扣除了跌价准备),可变现净值为 11 000 元(假定在年末计提跌价准备之前,存货跌价准备账户 2021 年度发生额为 0)。

则在 2021 年年末应计提存货跌价准备为 13 000-11 000=2 000(元)。

借:资产减值损失　　　　　　　　　　　　　　　　　　2 000
　贷:存货跌价准备　　　　　　　　　　　　　　　　　　　　2 000

（3）2022 年 12 月 31 日,存货的账面价值为 13 500 元,可变现净值为 13 000 元(假定在年末计提跌价准备之前,存货跌价准备账户 2022 年度发生额为 0)。

借:资产减值损失　　　　　　　　　　　　　　　　　　500
　贷:存货跌价准备　　　　　　　　　　　　　　　　　　　　500

夏新电子的
存货

本章小结

货币资金可分为库存现金、银行存款和其他货币资金。货币资金管理的要点包括实行岗位分工制度、坚持预算控制制度、实行授权审批制度。每月月末,企业应将银行对账单与银行存款的账面余额进行核对,如果两者不一致,应编制银行存款余额调节表进行调整。其他货币资金是指库存现金和银行存款以外的其他具有货币资金性质的款项。应收账款是指企业因销售商品或提供劳务而形成的有望在一年以内或一个营业周期以内收回的债权。应收票据是指在赊销过程中由出票人签发的,规定债务人在未来约定时间内偿还约定金额的书面证据。应收票据的贴现是企业融资的一种办法,是指持票人将其持有的未到期的应收票据背书后送交银行,银行按照票据的到期价值扣除从贴现期到到期日之间的贴现息后,将剩余金额付给持票人。存货是指企业在正常生产经营过程中持有以备出售的产成品或商品,或者为了出售仍然处在生产过程中的在产品,或者将在生产过程或提供劳务过程中耗用的材料、物料等。

思 考 题

1. 货币资金的内部控制程序主要包含哪些方面?

2. 其他货币资金核算方式有哪些?简述相关的结算程序及会计处理。

3. 何谓坏账?应收账款上发生的坏账核算方法主要有哪些?这些方法具有什么特点?

4. 分别评价个别计价法、先进先出法、后进先出法、加权平均法以及移动加权平均法的优缺点及适用范围。

5. 稳健性原则在存货的核算中主要体现在哪些方面?

即 测 即 评

请扫描二维码,进行随堂测试。

第四章　金融资产与长期股权投资

学习目标

1. 了解金融工具与金融资产的定义。
2. 理解企业管理金融资产的业务模式,掌握金融资产的分类。
3. 掌握金融资产的会计处理。
4. 理解控制、共同控制、重大影响等概念。
5. 掌握长期股权投资初始成本的确定。
6. 掌握长期股权投资的成本法和权益法。

导读案例

广东万和新电气股份有限公司关于获得投资收益的公告

本公司及董事会全体成员保证信息披露的内容真实、准确、完整,没有虚假记载、误导性陈述或重大遗漏。

一、对外投资的情况

广东万和新电气股份有限公司(以下简称"公司"或"万和电气")于2017年5月4日召开董事会三届十三次会议,审议并通过了《关于投资入伙苏州工业园区睿灿投资企业(有限合伙)的议案》,同意公司以自有资金人民币2亿元投资入伙苏州工业园区睿灿投资企业(有限合伙)(以下简称"苏州睿灿"),为苏州睿灿的有限合伙人,占苏州睿灿实缴出资金额总额比例为3.076 9%。具体内容详见2017年5月6日于信息披露媒体《中国证券报》《上海证券报》《证券日报》《证券时报》及信息披露网站巨潮资讯官网上披露的《广东万和新电气股份有限公司董事会三届十三次会议决议公告》(公告编号:2017—022)和《广东万和新电气股份有限公司关于投资入伙苏州工业园区睿灿投资企业(有限合伙)的公告》(公告编号:2017—023)。

二、公司获得投资收益的情况

根据《合伙企业法》及合伙企业合伙协议的有关规定,苏州睿灿投资决策委员会决定将投资项目收到的投资收益按约定分配给全体合伙人,公司获得的投资收益分配金额为人民币23 971 673.85元。公司已于2020年7月6日收到上述投资收益分配款。

截至本公告披露日,公司已收到苏州睿灿发放的投资收益分配款共计人民币70 770 603.18 元。

三、对公司业绩的影响

经公司初步测算,上述投资收益分配款会增加公司税前利润人民币 23 971 673.85 元(未经审计),公司将根据《企业会计准则》的有关规定进行相应的会计处理,最终影响以会计师事务所年度审计确认的结果为准。

四、其他相关说明

上述事项对公司财务数据的影响未经审计,敬请广大投资者谨慎决策,注意投资风险。

特此公告。

广东万和新电气股份有限公司董事会
2020 年 7 月 7 日

问题:什么是长期股权投资,如何确认与长期股权投资相关的投资收益。让我们进入本章的学习。

资料来源:编者整理。

第一节　金融资产

一、金融资产概述

(一) 金融工具与金融资产的定义

金融工具是指形成一方的金融资产,并形成另一方的金融负债或者权益工具的合同。金融工具实质上是有关交易双方权利义务的金融合同,这一合同将形成交易一方的金融资产,并形成交易另一方的金融负债或权益工具。例如,债券或股票属于金融工具,对于发行债券(或股票)方,这一金融工具构成其一项金融负债(或权益工具),对于持有债券(或股票)方,这一金融工具则构成其一项金融资产。

金融工具包括基础金融工具和衍生工具。基础金融工具包括企业持有的现金、存放于金融机构的款项、普通股,以及代表在未来期间收取或支付金融资产的合同权利或义务等,如应收账款、应付账款、其他应收款、其他应付款、存出保证金、存入保证金、客户贷款、客户存款、债券投资、应付债券等。衍生工具则包括远期、期货、期权和互换等。

由于金融工具构成交易一方的金融资产,有必要对金融资产进行定义。金融资产指的是企业持有的现金、其他方的权益工具,以及符合下列条件之一的资产:

第一,从其他方收取现金或其他金融资产的合同权利,如企业的银行存款、应收账款、应收票据和发放的贷款等。

第二,在潜在有利条件下,与其他方交换金融资产或金融负债的合同权利,如企业购入的看涨期权或看跌期权等衍生工具。

第三,将来须用或可用企业自身权益工具进行结算的非衍生工具合同,且企业根据该合同将收到可变数量的自身权益工具。

第四,将来须用或可用企业自身权益工具进行结算的衍生工具合同,但以固定数量的自身权益工具交换固定金额的现金或其他金融资产的衍生工具合同除外。

(二) 业务模式与合同现金流量

我国 2017 年修订的金融工具会计准则以业务模式和合同现金流量特征为判断标准,把金融资产分为三类。因此,这里首先需要了解业务模式和合同现金流量。所谓业务模式,是指企业如何管理其金融资产以产生现金流量。具体来说,企业管理金融资产的业务模式分为三类:

1. 以收取合同现金流量为目标的业务模式

该业务模式是指,企业管理金融资产旨在通过在金融资产存续期内收取合同付款来实现现金流量,而不是通过出售金融资产获得回报。注意,这里的"合同现金流量",仅指合同现金流量特征应当与基本借贷安排相一致的合同现金流量,即相关金融资产在特定日期产生的合同现金流量仅为对本金和以未偿付本金金额为基础的利息的支付,即"本金加利息的合同现金流量特征"。例如,一般的应收款项(应收账款、应收票据、其他应收款、长期应收款)、债券投资、金融机构的贷款等一般都符合"本金加利息的合同现金流量特征"。简言之,满足该业务模式条件的只可能是债务工具,因此,股权投资与基金投资不符合该业务模式的条件。但要注意,并非所有的债务工具投资都符合"本金加利息的合同现金流量特征",如可转换债券就不符合"本金加利息的合同现金流量特征",因而不能归类为该业务模式。[①]

2. 以收取合同现金流量和出售金融资产为目标的业务模式

在该业务模式下,企业的关键管理人员认为收取合同现金流量和出售金融资产对于实现其管理目标而言都是不可或缺的。换言之,该业务模式下企业管理金融资产是双目标模式。这里的合同现金流量与第一种业务模式下的合同现金流量含义相同,即只有债务工具才可能满足该业务模式条件,股权投资、基金投资以及可转换债券投资不满足条件。

3. 其他业务模式

如果企业持有金融资产的目的是交易性的或者基于金融资产的公允价值做出决策并对其进行管理,则被归类为其他业务模式。简言之,在该业务模式下,企业持有金融资产的目的是单纯的出售,而不是收取合同现金流量。企业的股权投资、基金投资以及可转换债券投资只可能被归类为该业务模式。

[例 4-1]　甲企业购买了一个贷款组合,且该组合中包含已发生信用减值的贷款。如果贷款不能按时偿付,甲企业将通过各种方式尽可能实现合同现金流量,例如通过邮件、电话或其他方法与借款人联系催收。同时,甲企业签订了一项利率互换合同,将贷款组合的利率由浮动利率转换为固定利率。

案例解析:第一,贷款组合符合本金加利息的合同现金流量特征;第二,"尽可能实现

---

① 可转换债券为什么不符合"本金加利息的合同现金流量特征",其原因还是比较复杂的,有兴趣的读者可以参阅准则指南。简言之,可转换债券中包含的转换权使其失去了本金加利息的合同现金流量特征。

合同现金流量""通过邮件、电话或其他方法与借款人联系催收",这两处叙述表明企业管理贷款组合的业务模式是以收取合同现金流量为目标;第三,甲企业预期无法收取全部合同现金流量(部分贷款已发生信用减值),不影响其业务模式;第四,利率互换合同不影响其业务模式。

综上,本例中的贷款组合是以收取合同现金流量为目标的业务模式。

[例4-2] 甲保险公司持有债券投资组合,为偿付保险合同负债提供资金。甲保险公司用债券投资的合同现金流量收入偿付到期的保险合同负债。为确保来自债券投资的合同现金流量足以偿付保险合同负债,甲保险公司定期进行重大的购买和出售债券投资的活动,以不断平衡其资产组合,并满足偿付保险合同负债所需的现金流量。

案例解析:第一,债券投资符合本金加利息的合同现金流量特征;第二,"甲保险公司用债券投资的合同现金流量收入偿付到期的保险合同负债"表明公司持有债券投资组合的第一个目标是收取合同现金流量;第三,"甲保险公司定期进行重大的购买和出售债券投资的活动,以不断平衡其资产组合,并满足偿付保险合同负债所需的现金流量"表明公司持有债券投资组合的第二个目标是出售。

综上,本例中的债券投资组合是以收取合同现金流量和出售金融资产为目标的业务模式。

(三) 金融资产的具体分类

1. 以摊余成本计量的金融资产

当企业管理金融资产的业务模式是以收取合同现金流量为目标时,该金融资产应当分类为以摊余成本计量的金融资产。

例如,银行向客户发放的固定利率的贷款,贷款的合同现金流量一般情况下包括本金和以未偿付本金金额为基础的利息。如果银行管理该贷款的业务模式是以收取合同现金流为目标,则该贷款应该分类为以摊余成本计量的金融资产。再如,企业在正常商业往来中形成的具有一定期限的应收账款,如果企业计划根据应收账款的合同现金流收取现金,且不打算提前处置应收账款,则该应收账款可以分类为以摊余成本计量的金融资产。

企业一般应设置"贷款""应收账款""应收票据""债权投资"等账户核算以摊余成本计量的金融资产。

2. 以公允价值计量且其变动计入其他综合收益的金融资产

当企业管理金融资产的业务模式既以收取合同现金流为目标,又以出售该金融资产为目标时,该金融资产应当分类为以公允价值计量且其变动计入其他综合收益的金融资产。这里的"其他综合收益"是指能够增加所有者权益,但既不是所有者投入,也不宜计入当期净利润的项目,其性质上属于所有者权益,但在利润表中也有所体现。

例如,企业在销售中通常会给客户一定期限的信用期。为加强应收账款管理,提高资金使用效率,企业与银行签订了应收账款无追索权保理总协议。规定银行一次性向企业授信一定额度的人民币,企业可以在需要时在额度范围内随时向银行出售应收账款。本例中,应收账款的业务模式符合"既以收取合同现金流为目标,又以出售该金融资产为目标",且应收账款符合本金加利息的合同现金流量特征,因此应当分类为以公允价值计量且其变动计入其他综合收益的金融资产。

对于归类为该类金融资产的债券投资,应设"其他债权投资"账户进行核算;对于归类为该类金融资产的应收款、贷款等仍采用原账户核算,即仍采用"应收账款""应收票据""贷款"等账户核算。

3. 以公允价值计量且其变动计入当期损益的金融资产

对上述两种分类之外的金融资产,企业应当将其分类为以公允价值计量且其变动计入当期损益的金融资产。如企业持有的股权投资、基金投资以及可转换债券投资应归类为该类金融资产。

此外,在初始确认时,如果将金融资产指定为以公允价值计量且其变动计入当期损益的金融资产,能够消除或显著减少会计错配,那么企业应当对该项金融资产做此分类。但是该指定一经做出,不得撤销。

企业应当设置"交易性金融资产"科目核算以公允价值计量且其变动计入当期损益的金融资产。

4. 金融工具分类的特殊规定

权益工具投资由于不符合本金加利息的合同现金流量特征,因此通常被分类为以公允价值计量且其变动计入当期损益的金融资产。但在初始确认时,企业可以将非交易性权益工具投资指定为以公允价值计量且其变动计入其他综合收益的金融资产,并按照规定确认股利收入。该指定一经做出,不得撤销。企业投资其他上市公司股票或者非上市公司股权的,都可能属于这种情况。对于指定为以公允价值计量且其变动计入其他综合收益的非交易性权益工具,企业应当设置"其他权益工具投资"科目进行核算。

新旧金融工具准则对金融资产的分类

二、金融资产的会计处理

(一)以摊余成本计量的金融资产

如前所述,以摊余成本计量的金融资产包括贷款、应收票据、应收账款、债权投资等,这里介绍债权投资的会计处理。

债权投资会计处理的要点概括如下:

第一,账户设置。企业应当在"债权投资"总账科目下设置"成本""利息调整""应计利息"等明细科目。"成本"明细科目反映债券的面值;"利息调整"明细科目反映债券的初始入账金额与面值之间的差额,以及后续按照实际利率法分期摊销后该差额的摊余金额;"应计利息"明细科目反映企业计提的到期一次还本付息债券的应计未付利息。

第二,初始计量。债权投资应当按照取得时的公允价值与相关交易费用之和作为初始入账金额。如果实际支付的价款中包含已到付息期但尚未领取的利息,应单独确认为应计项目,不构成债权投资的初始入账金额。

第三,后续计量。债权投资应当按照摊余成本进行期末计价,并根据摊余成本和实际利率计算确认投资收益。摊余成本指的是债权投资的初始入账金额经下列调整后的结果:①扣除已偿还的本金;②加上或减去累计摊销额,累计摊销额为初始入账金额与到期日金额之间的差额进行摊销形成的累计金额;③扣减已发生的减值损失。

企业应以实际利率法确认债权投资的利息收入。所谓实际利率法,是指根据摊余成本和实际利率计算确认利息收入并确定期末摊余成本的方法。即以债权投资的期初摊余成本乘以实际利率作为当期利息收入,以面值乘以票面利率作为当期应收利息,利息收入与应收利息之间的差额作为当期利息调整摊销额,以期初摊余成本加上或减去当期利息调整摊销额作为期末摊余成本。在实际利率法下,利息收入、应收利息、利息调整摊销额之间的关系如下:

$$利息收入 = 债权投资的摊余成本 \times 实际利率$$
$$应收利息 = 面值 \times 票面利率$$
$$利息调整摊销额 = 利息收入 - 应收利息$$

债权投资如为分期付息、一次还本的债券,企业应当于资产负债表日计提债券利息,同时确认投资收益。按债券面值和票面利率计算确定应收利息,借记"应收利息"科目;按债券摊余成本和实际利率计算确定利息收入,贷记"投资收益"科目;利息收入与应收利息之间的差额,借记或贷记"债权投资——利息调整"科目。收到上述应计未收的利息时,借记"银行存款"科目,贷记"应收利息"科目。

[例4-3]　2021年1月1日,甲公司支付价款1 000万元(含交易费用)从上海证券交易所购入乙公司同日发行的5年期公司债券12 500份,债券票面价值总额为1 250万元,票面年利率为4.72%,于年末支付本年度债券利息(即每年利息为59万元),本金在债券到期时一次性偿还。甲公司根据其管理该债券的业务模式和该债券的合同现金流量特征,将该债券分类为以摊余成本计量的金融资产。

假定不考虑所得税、减值损失等因素,计算该债券的实际利率 r:

$$59 \times (1+r)^{-1} + 59 \times (1+r)^{-2} + 59 \times (1+r)^{-3} + 59 \times (1+r)^{-4} + 59 \times (1+r)^{-5} = 1\,000(万元)$$

采用插值法,计算得出 $r=10\%$。甲公司各年期初摊余成本、实际利息收入、现金流入、期末摊余成本的计算过程如表4-1所示。

表4-1　债券实际利率法计算表　　　　　　　　　单位:万元

年度	期初摊余成本 (A)	实际利息收入 ($B=A \times 10\%$)	现金流入 (C)	期末摊余成本 ($D=A+B-C$)
2021	1 000	100	59	1 041
2022	1 041	104	59	1 086
2023	1 086	109	59	1 136
2024	1 136	114	59	1 191
2025	1 191	118*	1 309	0

注:* 尾数调整 1 250+59-1 191=118。

甲公司的有关账务处理如下:

(1) 2021年1月1日,购入乙公司债券。

借:债权投资——成本　　　　　　　　　　　　　　　　　　　12 500 000
　　贷:银行存款　　　　　　　　　　　　　　　　　　　　　　　　　10 000 000

| | 债权投资——利息调整 | | 2 500 000 |

（2）2021 年 12 月 31 日,确认乙公司债券实际利息收入、收到债券利息。

借:应收利息　　　　　　　　　　　　　　　　590 000
　　债权投资——利息调整　　　　　　　　　　410 000
　　　贷:投资收益　　　　　　　　　　　　　　　　1 000 000
借:银行存款　　　　　　　　　　　　　　　　590 000
　　　贷:应收利息　　　　　　　　　　　　　　　　590 000

（3）2022 年 12 月 31 日,确认乙公司债券实际利息收入、收到债券利息。

借:应收利息　　　　　　　　　　　　　　　　590 000
　　债权投资——利息调整　　　　　　　　　　450 000
　　　贷:投资收益　　　　　　　　　　　　　　　　1 040 000
借:银行存款　　　　　　　　　　　　　　　　590 000
　　　贷:应收利息　　　　　　　　　　　　　　　　590 000

（4）2023 年 12 月 31 日,确认乙公司债券实际利息收入、收到债券利息。

借:应收利息　　　　　　　　　　　　　　　　590 000
　　债权投资——利息调整　　　　　　　　　　500 000
　　　贷:投资收益　　　　　　　　　　　　　　　　1 090 000
借:银行存款　　　　　　　　　　　　　　　　590 000
　　　贷:应收利息　　　　　　　　　　　　　　　　590 000

（5）2024 年 12 月 31 日,确认乙公司债券实际利息收入、收到债券利息。

借:应收利息　　　　　　　　　　　　　　　　590 000
　　债权投资——利息调整　　　　　　　　　　550 000
　　　贷:投资收益　　　　　　　　　　　　　　　　1 140 000
借:银行存款　　　　　　　　　　　　　　　　590 000
　　　贷:应收利息　　　　　　　　　　　　　　　　590 000

（6）2025 年 12 月 31 日,确认乙公司债券实际利息收入、收到债券利息和本金。

借:应收利息　　　　　　　　　　　　　　　　590 000
　　债权投资——利息调整　　　　　　　　　　590 000
　　　贷:投资收益　　　　　　　　　　　　　　　　1 180 000
借:银行存款　　　　　　　　　　　　　　　　590 000
　　　贷:应收利息　　　　　　　　　　　　　　　　590 000
借:银行存款　　　　　　　　　　　　　　　　12 500 000
　　　贷:债权投资　　　　　　　　　　　　　　　　12 500 000

（二）以公允价值计量且其变动计入其他综合收益的金融资产

如前所述,以公允价值计量且其变动计入其他综合收益的金融资产主要是债务工具,如贷款、应收票据、应收账款、其他债权投资等,也包括直接指定的非交易性权益工具投资,即其他权益工具投资。这里介绍其他债权投资与其他权益工具投资的会计处理。

1. 其他债权投资

其他债权投资会计处理要点概括如下：

第一，企业取得债券如果划分为其他债权投资，应以债券的公允价值与相关交易费用之和作为该债券的入账价值，如果实际支付的价款中包含已到付息期但尚未领取的利息，应单独确认为应计项目，不构成其他债权投资的初始入账金额。

企业取得其他债权投资时，应当按照债券的面值，借记"其他债权投资——成本"科目，按支付的价款中包含的已到付息期但尚未领取的利息，借记"其他债权投资——应计利息"或"应收利息"科目，按照实际支付的金额，贷记"银行存款"等科目，借贷方差额借记或者贷记"其他债权投资——利息调整"科目。

第二，资产负债表日，企业应该按照当日其他债权投资的公允价值对其账面价值进行调整。但要注意，其他债权投资公允价值与账面价值的差额不得计入当期损益，而应作为所有者权益变动，计入其他综合收益。

如果其他债权投资的公允价值高于其账面价值，两者之间的差额借记"其他债权投资——公允价值变动"科目，调增其他债权投资的账面价值，同时贷记"其他综合收益——其他债权投资公允价值变动"科目。如果公允价值低于账面价值，则两者之间的差额要调减其他债权投资的账面价值，做相反的会计分录。

第三，企业出售其他债权投资时，应终止确认该金融资产，将实际收到的金额与其账面价值之间的差额确认为投资收益。同时，将之前计入其他综合收益的累计利得或损失从其他综合收益中转出，计入当期损益。企业应当根据实际收到的出售价款，借记"银行存款"等科目；将其他债权投资的账面价值贷记"其他债权投资"科目，借贷方差额借记或贷记"投资收益"科目。同时，将之前计入其他综合收益的公允价值的累计变动，贷记或借记"投资收益"科目。

[例 4-4]   2018 年 1 月 1 日，甲公司支付价款 1 000 万元（含交易费用）从上海证券交易所购入乙公司同日发行的 5 年期公司债券 12 500 份，债券票面价值总额为 1 250 万元，票面年利率为 4.72%，于年末支付本年度债券利息（即每年利息为 59 万元），本金在债券到期时一次性偿还。甲公司根据其管理该债券的业务模式和该债券的合同现金流量特征，将该债券分类为以公允价值计量且其变动计入其他综合收益的金融资产。

其他资料如下：

(1) 2018 年 12 月 31 日，乙公司债券的公允价值为 1 200 万元（不含利息）。

(2) 2019 年 12 月 31 日，乙公司债券的公允价值为 1 300 万元（不含利息）。

(3) 2020 年 12 月 31 日，乙公司债券的公允价值为 1 250 万元（不含利息）。

(4) 2021 年 12 月 31 日，乙公司债券的公允价值为 1 200 万元（不含利息）。

(5) 2022 年 1 月 20 日，通过上海证券交易所出售了乙公司债券 12 500 份，取得价款 1 260 万元。

假定不考虑所得税、减值损失等因素，计算该债券的实际利率 r：

$$59 \times (1+r)^{-1} + 59 \times (1+r)^{-2} + 59 \times (1+r)^{-3} + 59 \times (1+r)^{-4} + 59 \times (1+r)^{-5} = 1\ 000（万元）$$

采用插值法，计算得出 $r=10\%$。甲公司采用实际利率法的计算过程如表 4-2 所示。

表 4-2　债券实际利率法计算表 单位:万元

日期	现金流入 (A)	实际利息 收入 (B=期初 D×10%)	已收回 的本金 (C=A-B)	摊余成本 余额 (D=期初 D-C)	公允 价值 (E)	公允价值变 动额 (F=E-D- 期初 G)	公允价值变动 累计金额 (G=期初 G+F)
2018 年年初				1 000	1 000	0	0
2018 年年底	59	100	-41	1 041	1 200	159	159
2019 年年底	59	104	-45	1 086	1 300	55	214
2020 年年底	59	109	-50	1 136	1 250	-100	114
2021 年年底	59	114	-55	1 191	1 200	-105	9

甲公司的有关账务处理如下:

(1) 2018 年 1 月 1 日,购入乙公司债券。

借:其他债权投资——成本　　　　　　　　　　　　　　　　　　12 500 000
　　贷:银行存款　　　　　　　　　　　　　　　　　　　　　　10 000 000
　　　　其他债权投资——利息调整　　　　　　　　　　　　　　2 500 000

(2) 2018 年 12 月 31 日,确认乙公司债券实际利息收入、公允价值变动,收到债券利息。

借:应收利息　　　　　　　　　　　　　　　　　　　　　　　590 000
　　其他债权投资——利息调整　　　　　　　　　　　　　　　410 000
　　贷:投资收益　　　　　　　　　　　　　　　　　　　　　1 000 000
借:银行存款　　　　　　　　　　　　　　　　　　　　　　　590 000
　　贷:应收利息　　　　　　　　　　　　　　　　　　　　　　590 000
借:其他债权投资——公允价值变动　　　　　　　　　　　　　1 590 000
　　贷:其他综合收益——其他债权投资公允价值变动　　　　　1 590 000

(3) 2019 年 12 月 31 日,确认乙公司债券实际利息收入、公允价值变动,收到债券利息。

借:应收利息　　　　　　　　　　　　　　　　　　　　　　　590 000
　　其他债权投资——利息调整　　　　　　　　　　　　　　　450 000
　　贷:投资收益　　　　　　　　　　　　　　　　　　　　　1 040 000
借:银行存款　　　　　　　　　　　　　　　　　　　　　　　590 000
　　贷:应收利息　　　　　　　　　　　　　　　　　　　　　　590 000
借:其他债权投资——公允价值变动　　　　　　　　　　　　　550 000
　　贷:其他综合收益——其他债权投资公允价值变动　　　　　550 000

(4) 2020 年 12 月 31 日,确认乙公司债券实际利息收入、公允价值变动,收到债券利息。

借:应收利息　　　　　　　　　　　　　　　　　　　　　　　590 000
　　其他债权投资——利息调整　　　　　　　　　　　　　　　500 000
　　贷:投资收益　　　　　　　　　　　　　　　　　　　　　1 090 000
借:银行存款　　　　　　　　　　　　　　　　　　　　　　　590 000

   贷:应收利息   590 000

  借:其他综合收益——其他债权投资公允价值变动 1 000 000

   贷:其他权益投资——公允价值变动   1 000 000

（5）2021 年 12 月 31 日,确认乙公司债券实际利息收入、公允价值变动,收到债券利息。

  借:应收利息   590 000

   其他债权投资——利息调整   550 000

   贷:投资收益   1 140 000

  借:银行存款   590 000

   贷:应收利息   590 000

  借:其他综合收益——其他债权投资公允价值变动 1 050 000

   贷:其他债权投资——公允价值变动   1 050 000

（6）2022 年 1 月 20 日,确认出售乙公司债券实现的损益。

  借:银行存款   12 600 000

   其他债权投资——利息调整   590 000

   贷:其他债权投资——成本   12 500 000

        ——公允价值变动   90 000

    投资收益   600 000

  借:其他综合收益——其他债权投资公允价值变动 90 000

   贷:投资收益   90 000

  这里需要说明的是,按照会计准则的规定,当其他债权投资卖出时,原持有期间因公允价值变动而确认的其他综合收益应转入当期投资收益,因此,该其他债权投资持有期间和出售时共产生 15 万元投资收益。但要注意,指定为以公允价值计量且其变动计入其他综合收益的非交易性权益工具投资,其持有期间因公允价值变动而确认的其他综合收益不得转入当期损益,详见下面的例 4–5。

  2. 其他权益工具投资

  其他权益工具投资会计处理要点概括如下:

  第一,企业取得的股权如果划分为其他权益工具投资,应该按照股权的公允价值和相关交易费用之和作为初始投资成本,借记"其他权益工具投资——成本"科目,贷记"银行存款"等科目。如果支付的价款中包含了已宣告但尚未发放的现金股利,应确认为应收项目,借记"应收股利"科目。

  第二,在资产负债表日,企业应该按照当日其他权益工具投资的公允价值对其账面价值进行调整。其他权益工具投资的公允价值与账面价值的差额,即公允价值的变动不计入当期损益,而应当作为所有者权益变动,计入其他综合收益。即借记或贷记"其他权益工具投资——公允价值变动"科目,贷记或借记"其他综合收益——其他权益工具投资公允价值变动"科目。

  第三,企业出售其他权益工具投资时,应终止确认该金融资产,将实际收到的金额与其账面价值之间的差额确认为其他综合收益。同时,将之前计入其他综合收益的累计利得或损失从其他综合收益中转出,计入留存收益。企业应当根据实际收到的出售价款,借记"银行存款"等科目;将其他权益工具投资的账面价值贷记"其他权益工具投资"科目,借贷方差额借记或贷记"其他综合收益——其他权益工具投资公允价值变动"科目。同时,将之前计入其他综合收益的公允价值的累计变动,借记或者贷记"其他综合收益——金融资产公允价值变动",贷记或借记"利润分配——未分配利润"科目。

[例4-5]　2021年5月6日,甲公司支付价款1 016万元(含交易费用1万元和已宣告发放现金股利15万元),购入乙公司发行的股票200万股,占乙公司有表决权股份的0.5%。甲公司将其指定为以公允价值计量且其变动计入其他综合收益的非交易性权益工具投资。

2021年5月10日,甲公司收到乙公司发放的现金股利15万元。

2021年6月30日,该股票市价为每股5.2元。

2021年12月31日,甲公司仍持有该股票,当日,该股票市价为每股5元。

2022年5月9日,乙公司宣告发放股利4 000万元。

2022年5月13日,甲公司收到乙公司发放的现金股利。

2022年5月20日,甲公司由于某特殊原因,以每股4.9元的价格将股票全部转让。

假定不考虑其他因素,甲公司的账务处理如下:

(1) 2021年5月6日,购入股票。

借:应收股利	150 000	
其他权益工具投资——成本	10 010 000	
贷:银行存款		10 160 000

(2) 2021年5月10日,收到现金股利。

借:银行存款	150 000	
贷:应收股利		150 000

(3) 2021年6月30日,确认股票价格变动。

借:其他权益工具投资——公允价值变动	390 000	
贷:其他综合收益——其他权益工具投资公允价值变动		390 000

(4) 2021年12月31日,确认股票价格变动。

借:其他综合收益——其他权益工具投资公允价值变动	400 000	
贷:其他权益工具投资——公允价值变动		400 000

(5) 2022年5月9日,确认应收现金股利。

借:应收股利	200 000	
贷:投资收益		200 000

(6) 2022年5月13日,收到现金股利。

借:银行存款	200 000	
贷:应收股利		200 000

(7) 2022年5月20日,出售股票。

借:盈余公积——法定盈余公积	1 000	
利润分配——未分配利润	9 000	
贷:其他综合收益——其他权益工具投资公允价值变动		10 000
借:银行存款	9 800 000	

其他权益工具投资——公允价值变动	10 000
盈余公积——法定盈余公积	20 000
利润分配——未分配利润	180 000
贷:其他权益工具投资——成本	10 010 000

(三)以公允价值计量且其变动计入当期损益的金融资产(交易性金融资产)

交易性金融资产会计处理要点概括如下:

第一,交易性金融资产应当按照取得时的公允价值作为初始入账金额,公允价值通常为金融资产的交易价格。相关交易费用在发生时直接计入当期损益。交易价格中可能包括已宣告发放但尚未支取的利息或者现金股利,应单独确认为应收项目,不作为交易性金融资产的入账金额。在会计处理上,企业应在"交易性金融资产"总账科目下设置"成本"和"公允价值变动"明细科目进行核算。

第二,企业在持有交易性金融资产期间所获得的现金股利或债券利息,应当确认为投资收益。在资产负债表日,应该按照当日各项交易性金融资产的公允价值对其账面价值进行调整,即借记或贷记"交易性金融资产——公允价值变动"科目,同时贷记或借记"公允价值变动损益"科目。

第三,出售交易性金融资产时,一方面需要转销出售的金融资产的账面价值,另一方面将出售金融资产实际收到的金额与账面价值之间的差额确认为投资收益。

[例4-6] 假定例4-5中甲公司根据其管理乙公司股票的业务模式和乙公司股票的合同现金流量特征,将乙公司股票分类为以公允价值计量且其变动计入当期损益的金融资产,且2021年12月31日乙公司股票市价为每股4.8元,其他资料不变,则甲公司应做如下账务处理:

(1) 2021年5月6日,购入股票。

借:应收股利	150 000
交易性金融资产——成本	10 000 000
投资收益	10 000
贷:银行存款	10 160 000

(2) 2021年5月10日,收到现金股利。

借:银行存款	150 000
贷:应收股利	150 000

(3) 2021年6月30日,确认股票价格变动。

借:交易性金融资产——公允价值变动	400 000
贷:公允价值变动损益	400 000

(4) 2021年12月31日,确认股票价格变动。

借:公允价值变动损益	800 000
贷:交易性金融资产——公允价值变动	800 000

注:公允价值变动=200×(4.8-5.2)=-80(万元)。

(5) 2022年5月9日,确认应收现金股利。

借:应收股利	200 000

某药业的
投资收益

　　　　贷:投资收益　　　　　　　　　　　　　　　　　　　　　　200 000

(6) 2022 年 5 月 13 日,收到现金股利。

　　借:银行存款　　　　　　　　　　　　　　　　　　　　　　　200 000

　　　　贷:应收股利　　　　　　　　　　　　　　　　　　　　　　200 000

(7) 2022 年 5 月 20 日,出售股票。

　　借:银行存款　　　　　　　　　　　　　　　　　　　　　　9 800 000

　　　　交易性金融资产——公允价值变动　　　　　　　　　　　400 000

　　　　贷:交易性金融资产——成本　　　　　　　　　　　　10 000 000

　　　　　　投资收益　　　　　　　　　　　　　　　　　　　　200 000

第二节　长期股权投资

一、与股权投资相关的若干基本概念

　　依据投资单位对被投资单位产生的影响,股权投资可以分为控制,共同控制,重大影响,无控制、无共同控制且无重大影响共四种类型。按照会计准则的规定,当投资单位对被投资单位产生控制、共同控制或重大影响时,股权投资应作为长期股权投资核算;当投资单位对被投资单位无控制、无共同控制且无重大影响时,股权投资应作为金融资产核算(如本章第一节所述,这种情况下一般应作为交易性金融资产,对于非交易性的权益工具投资,也可指定为以公允价值计量且其变动计入其他综合收益的金融资产)。下面简要介绍控制、共同控制、重大影响等概念。

(一) 控制

　　当投资企业与被投资企业存在控制与被控制关系时,二者被称为母子公司关系。判断投资企业与被投资企业是否存在控制关系的标准有两条:

　　1. 投资企业拥有被投资企业 50% 以上(不包括 50%)有表决权的股份

　　投资企业可以通过三种方法来达到此条标准:

　　(1) 直接控制,是指直接拥有被投资企业 50% 以上(不包括 50%)有表决权的股份。例如,甲公司直接拥有乙公司 57% 的有表决权的股份。

　　(2) 间接控制,是指通过子公司而拥有被投资企业 50% 以上(不包括 50%)有表决权的股份。例如,甲公司拥有乙公司 80% 的有表决权的股份,而乙公司又拥有丙公司 62% 的有表决权的股份,那么乙公司即为甲公司的子公司,甲公司通过乙公司而间接拥有了丙公司 62% 的有表决权的股份,从而可以对丙公司施加控制。

　　(3) 直接和间接控制,是指直接拥有的被投资企业有表决权的股份与子公司拥有的被投资企业有表决权的股份之和超过 50%。例如,甲公司拥有乙公司 80% 的有表决权的股份,并拥有丙公司 20% 的有表决权的股份,此外,乙公司又拥有丙公司 42% 的有表决权的股份,那么甲公司直接与间接拥有的有表决权的股份之和(20%+42%=62%)就超过了 50%,因此仍然可以对丙公司施加控制。

　　2. 投资企业虽然仅拥有被投资企业 50% 以下的有表决权的股份,但是却可以通过如

下方法拥有被投资企业的实质控制权

(1) 通过与其他投资者的协议,投资企业拥有被投资企业 50% 以上有表决权资本的控制权。例如,甲公司拥有 A 公司 20% 的有表决权资本,乙公司拥有 A 公司 20% 的有表决权资本,丙公司拥有 A 公司 30% 的有表决权资本。甲公司与乙公司和丙公司达成协议,乙公司和丙公司在 A 公司的权益由甲公司代表。在这种情况下,甲公司实质上拥有 A 公司 70% 的有表决权资本的控制权,表明甲公司实质上控制 A 公司。

(2) 根据章程或协议,投资企业有权控制被投资企业的财务和经营政策。例如,甲公司拥有 A 公司 40% 的有表决权资本,但是根据协议,A 公司的董事长和总经理由甲公司派出,总经理有权负责 A 公司的经营管理。在这种情况下,甲公司可以通过其派出的董事长和总经理对 A 公司进行经营管理,达到对 A 公司的财务和经营政策实施控制的目的,这种情况表明甲公司实质上控制 A 公司。

(3) 有权任免被投资企业董事会等类似权力机构的多数成员。在这种情况下,虽然投资企业拥有被投资企业 50% 或以下有表决权资本,但根据章程、协议等有权任免董事会的多数董事,以达到实质上控制的目的。

(4) 在董事会或类似权力机构会议上有半数以上投票权。在这种情况下,虽然投资企业拥有被投资企业 50% 或以下有表决权资本,但能够控制被投资企业董事会等类似权力机构的会议,从而能够控制其财务和经营政策,即拥有被投资企业的实质控制权。

(二) 共同控制

共同控制,是指按照合同约定对某项经济活动共有的控制。共同控制一般存在于对合营企业的投资,所谓对合营企业的投资,是指投资企业与其他合营方一同对被投资企业实施共同控制的权益性投资。与联营企业等投资方式不同的特点在于,合营企业的合营各方均受到合营合同的限制和约束。一般在合营企业设立时,合营各方在投资合同或协议中约定在所设立合营企业的重要财务和生产经营决策制定过程中,必须由合营各方均同意才能通过。该约定可能体现为不同的形式,例如,可以通过在合营企业的章程中规定,也可以通过制定单独的合同做出约定。共同控制的实质是通过合同约定建立起来的、合营各方对合营企业共有的控制。

在实务中,在确定是否构成共同控制时,一般可以考虑以下情况作为确定基础:①任何一家合营方均不能单独控制合营企业的生产经营活动。②涉及合营企业基本经营活动的决策需要各合营方一致同意。③各合营方可能通过合同或协议的形式任命其中的一家合营方对合营企业的日常活动进行管理,但其必须在各合营方已经一致同意的财务和经营政策范围内行使管理权。

(三) 重大影响

当投资企业能够对被投资企业施加重大影响时,被投资企业被称为投资企业的联营企业。重大影响的判断标准主要有以下五种:

(1) 在被投资企业的董事会或类似的权力机构中派有代表。在这种情况下,由于在被投资企业的董事会或类似的权力机构中派有代表,并享有相应的实质性的参与决策权,投资企业可以通过该代表参与被投资企业政策的制定,从而达到对该单位施加重大影响的目的。

(2) 参与被投资单位的政策制定过程。在这种情况下,由于可以参与被投资企业的政策制定过程,在制定政策过程中可以为其自身利益而提出建议和意见,由此可以对该企业施加重大影响。

(3) 向被投资企业派出管理人员。在这种情况下,通过投资企业对被投资企业派出管理人员,并负责管理被投资企业的财务和经营活动,从而能对被投资企业施加重大影响。

(4) 依赖投资企业的技术。在这种情况下,被投资企业的生产经营需要依赖投资企业的技术,从而表明投资企业对被投资企业具有重大影响。

(5) 其他能足以证明投资企业对被投资企业具有重大影响的情形。

(四) 无控制、无共同控制且无重大影响

无控制、无共同控制且无重大影响的判断标准主要有以下两种:

(1) 投资企业直接拥有被投资企业 20% 以下的有表决权资本,同时不存在其他实施重大影响的途径。例如,甲公司拥有 A 公司 10% 的有表决权资本,同时也无其他实施重大影响的途径,则表明甲公司对 A 公司无控制、无共同控制且无重大影响。

控制还是共同控制?

(2) 投资企业直接拥有被投资企业 20% 或以上的有表决权资本,但实质上对被投资企业不具有控制、共同控制和重大影响。例如,甲公司虽然拥有 A 公司 60% 的有表决权资本,但 A 公司已宣告破产,正处于破产清算过程中,此时甲公司对 A 公司的控制能力受到限制,表明甲公司对 A 公司不再具有控制能力。又如,甲公司拥有境外 A 公司 60% 的有表决权资本,然而 A 公司受到外汇管制的限制,其向甲公司转移资金的能力受到限制,表明甲公司对 A 公司不再具有控制能力。

丰原华源控股权之争

如前所述,当投资单位对被投资单位产生控制、共同控制或重大影响时,股权投资应作为长期股权投资核算;当投资单位对被投资单位无控制、无共同控制且无重大影响时,股权投资应作为金融资产核算。当作为长期股权投资核算时,如果投资单位能够控制被投资单位,则应采用成本法核算;如果投资单位对被投资单位产生共同控制或重大影响,则采用权益法核算。

万科股权之争

二、企业合并以外其他方式取得长期股权投资初始成本的确定

长期股权投资可以通过不同的方式取得,除企业合并形成的长期股权投资外,通过其他方式取得的长期股权投资,一般应当以支付对价的公允价值确定初始投资成本。具体情况如下:

(一) 以支付现金取得长期股权投资

以支付现金取得长期股权投资的,应当按照实际应支付的购买价款作为初始投资成本,包括购买过程中支付的手续费等必要支出,但所支付价款中包含的被投资单位已宣告但尚未发放的现金股利或利润作为应收项目核算,不构成取得长期股权投资的成本。

[例 4-7] 甲公司于 2021 年 4 月 10 日自公开市场买入乙公司 20% 的股份,支付价款 16 000 万元,乙公司已于 2 月 12 日宣告派发现金股利 1 000 万元,但到 4 月 10 日仍未实际支付。另外,甲公司在购买过程中支付手续费等相关费用 400 万元。甲公司取得该部分股权后能够对乙公司的生产经营决策施加重大影响。

不考虑相关税费等其他因素影响,甲公司有关会计处理如下:

借:长期股权投资——投资成本   162 000 000
　　应收股利   2 000 000
　　贷:银行存款   164 000 000

(二)以发行权益性证券取得长期股权投资

以发行权益性证券方式取得的长期股权投资,其成本一般应为所发行权益性证券的公允价值,但不包括应自被投资单位收取的已宣告但尚未发放的现金股利或利润。为发行权益性证券支付给有关证券承销机构等的手续费、佣金等与权益性证券发行直接相关的费用,不构成长期股权的初始投资成本。该部分费用应自权益性证券的溢价发行收入中扣除,溢价发行收入不足冲减的,应冲减盈余公积和未分配利润。

[例4-8]   2021年3月,甲公司通过增发6 000万股普通股(每股面值1元)从非关联方取得乙公司20%的股权,按照增发前后的平均股价计算,该6 000万股股份的公允价值为10 400万元,为增发该部分股份,甲公司发生相关费用400万元。假定甲公司取得股权后能够对乙公司的生产经营决策施加重大影响。

不考虑相关税费等其他因素影响,甲公司有关会计处理如下:

借:长期股权投资——投资成本   104 000 000
　　贷:股本   60 000 000
　　　　资本公积——股本溢价   44 000 000
借:资本公积——股本溢价   4 000 000
　　贷:银行存款   4 000 000

三、企业合并形成的长期股权投资初始成本的确定

企业合并形成的长期股权投资,应区分企业合并的类型,分别同一控制下控股合并与非同一控制下控股合并确定其初始投资成本。

企业合并是将两家或两家以上单独的企业合并形成一个报告主体的交易或事项。按照合并的方式,企业合并分为吸收合并、新设合并和控股合并。吸收合并是一家公司取得其他一家或几家企业的净资产而后者宣告解散的合并。新设合并是现存的几家企业以其净资产换取新成立的公司的股份而后宣告解散的合并。控股合并是一家公司通过取得另一家公司的控股权而形成的合并。在这三种合并方式中,涉及长期股权投资的是控股合并。

对于控股合并,按照参与合并的双方是否同受其他方控制又分为同一控制下控股合并与非同一控制下控股合并。

同一控制下的企业合并,是指参与合并的企业在合并前后均受同一方或相同的多方最终控制且该控制并非暂时性的。

判断某一企业合并是否属于同一控制下的企业合并,应注意以下三个方面:

第一,能够对参与合并各方在合并前后均实施最终控制的一方通常指企业集团的母公司。同一控制下的企业合并一般发生于企业集团内部,如集团内母子公司之间、子公司与子公司之间等。因为该类合并从本质上是集团内部企业之间的资产或权益的转移,一般不涉及自集团外购入子公司或是向集团外其他企业出售子公司的情况,能够对参与合

并企业在合并前后均实施最终控制的一方为集团的母公司。

第二，能够对参与合并的企业在合并前后均实施最终控制的相同多方，主要是指根据投资者之间的协议约定，为了扩大其中某一投资者对被投资单位的表决权比例，或者巩固某一投资者对被投资单位的控制地位，在对被投资单位的生产经营决策行使表决权时采用相同意思表示的两个或两个以上的法人或其他组织等。

第三，实施控制的时间性要求，是指参与合并各方在合并前后较长时间内为最终控制方所控制。具体是指在企业合并之前（合并日之前），参与合并各方在最终控制方的控制时间一般在 1 年以上（含 1 年），企业合并后所形成的报告主体在最终控制方的控制时间也应达到 1 年以上（含 1 年）。

非同一控制下的企业合并，是指参与合并各方在合并前后不受同一方或相同的多方最终控制的合并交易，即除判断属于同一控制下企业合并的情况以外其他的企业合并。

（一）同一控制下企业合并形成的长期股权投资初始成本的确定

同一控制下企业合并形成的长期股权投资初始成本的确定应遵循以下原则：

第一，合并方以支付现金、转让非现金资产或承担债务方式、发行权益性证券作为合并对价的，应当在合并日按照所取得的被合并方在最终控制方合并财务报表中的净资产的账面价值的份额作为长期股权投资的初始投资成本；长期股权投资初始成本与支付对价账面价值（指以支付现金、转让非现金资产或承担债务方式作为合并对价时）或发行股份的面值总额（指以发行自身股份作为合并对价时）的差额应当调整资本公积（股本溢价），股本溢价不足冲减时，冲减留存收益。

这里需要解释一个问题，为什么在同一控制下的企业合并中，不能以支付对价的公允价值作为股权投资的初始成本？这是因为，在同一控制下的企业合并中，由于参与合并的双方同受一方或多方控制，因此，合并交易相当于关联交易，合并价格难以做到"公允"。此时，不宜以支付对价的公允价值作为长期股权投资的初始成本，只能以账面价值作为长期股权投资的初始投资成本。这一处理方式充分体现了"实质重于形式"原则。

第二，如果被合并方在被合并以前，是最终控制方通过非同一控制下的企业合并所控制的，则合并方长期股权投资的初始投资成本还应包含相关的商誉金额。

第三，同一控制下的企业合并中，被合并方采用的会计政策与合并方不一致的，合并方在合并日应当按照本企业会计政策对被合并方的会计报表相关项目账面价值进行调整，在此基础上按以上第一点进行处理。

第四，同一控制下的企业合并，合并方为进行企业合并发生的各项直接相关费用，如为进行合并而支付的审计费用、评估费用和法律费用等，应于发生时计入当期管理费用。但是，以发行股票作为合并对价的，发行股票的手续费、佣金等费用，应作为股票溢价收入（资本公积）的抵减，溢价收入不足抵减的，冲减留存收益。

[**例 4-9**] 2020 年 6 月 30 日，P 公司向同一集团内 S 公司的原股东 A 公司定向增发 1 000 万股普通股（每股面值为 1 元，市价为 8.68 元），取得 S 公司 100% 的股权，相关手续于当日完成，并能够对 S 公司实施控制。合并后 S 公司仍维持其独立法人资格继续经营。S 公司之前为 A 公司于 2018 年以非同一控制下企业合并的方式收购的全资子公司。合并日，S 公司财务报表中净资产的账面价值为 2 200 万元，A 公司合并财务报表中的 S 公司净

资产账面价值为4000万元(含商誉500万元)。假定P公司和S公司都受A公司同一控制。

不考虑相关税费等其他因素影响,P公司有关会计处理如下:

借:长期股权投资——投资成本		40 000 000
贷:股本		10 000 000
资本公积——股本溢价		30 000 000

(二)非同一控制下企业合并形成的长期股权投资初始成本的确定

非同一控制下企业合并形成的长期股权投资初始成本的确定应遵循以下原则:

第一,合并方以支付现金、转让非现金资产或承担债务方式、发行权益性证券作为合并对价的,应以合并对价的公允价值(即付出的资产、承担的负债、发行的股份等公允价值)作为长期股权投资的初始投资成本。这里,合并交易双方不存在最终控制方,二者的交易是公平交易,因此可以用支付对价的公允价值作为股权投资的初始成本。

第二,非同一控制下的企业合并,合并直接费用及发行股票的手续费、佣金等费用,与同一控制下的企业合并会计处理相同。

[例4-10] 2021年3月31日,A公司取得B公司70%的股权,取得该部分股权后能够对B公司实施控制。为核实B公司的资产价值,A公司聘请资产评估机构对B公司的资产进行评估,支付评估费用50万元。合并中,A公司支付的有关资产在购买日(2021年3月31日)的账面价值与公允价值如表4-3所示,其中,A公司用作合并对价的土地使用权和专利技术原价为6400万元,至企业合并发生时已累计摊销800万元。假定合并前A公司与B公司不存在任何关联方关系。不考虑相关税费等其他因素影响。

表4-3 A公司各项资产账面价值与公允价值   单位:万元

项目	账面价值	公允价值
土地使用权(自用)	4 000	6 400
专利技术	1 600	2 000
银行存款	1 600	1 600
合计	7 200	10 000

在本例中,因A公司与B公司在合并前不存在任何关联方关系,应作为非同一控制下的企业合并处理。A公司对于合并形成的对B公司的长期股权投资,会计处理如下:

借:长期股权投资——投资成本		100 000 000
累计摊销		8 000 000
贷:无形资产		64 000 000
银行存款		16 000 000
资产处置收益		28 000 000
借:管理费用		500 000
贷:银行存款		500 000

四、成本法下长期股权投资核算

长期股权投资在持有期间,根据投资方对被投资单位的影响程度分别采用成本法及权益法进行核算。其中,投资方持有的对子公司投资应当在投资方的个别财务报表中采用成本法核算。曾经较长一段时间,我国会计准则规定对子公司的投资采用权益法核算,目前的会计准则已经改用成本法,其原因主要是为了避免在子公司实际宣告发放现金股利或利润之前,母公司垫付资金发放现金股利或利润等情况,解决了原来权益法核算下投资收益不能足额收回导致超分配的问题。

在成本法下,按照股权投资的取得成本计量长期股权投资,持有过程中除发生追加投资、收回投资或发生减值等情况外,对其账面价值不予调整,长期股权投资账面价值不随被投资单位经营结果而发生增减变动。成本法核算的基本要求如下:

第一,采用成本法核算的长期股权投资,初始投资或追加投资时,按照初始投资或追加投资时的成本增加长期股权投资的账面价值。

第二,除取得投资时实际支付的价款或对价中包含的已宣告但尚未发放的现金股利或利润外,投资企业应当按照享有被投资单位宣告发放的现金股利或利润确认投资收益,不管有关利润分配是属于对取得投资前还是取得投资后被投资单位实现净利润的分配。

[**例 4-11**] 2020 年 1 月,甲公司自非关联方处以银行存款 800 万元取得对乙公司 60% 的股权,相关手续于当月完成,并能够对乙公司实施控制。2021 年 3 月,乙公司宣告分派现金股利,甲公司按其持股比例可取得 10 万元。不考虑相关税费等其他因素影响,甲公司的会计处理如下:

(1) 2020 年 1 月。

借:长期股权投资——投资成本　　　　　　　　　　8 000 000
　　贷:银行存款　　　　　　　　　　　　　　　　　　8 000 000

(2) 2021 年 3 月。

借:应收股利　　　　　　　　　　　　　　　　　　100 000
　　贷:投资收益　　　　　　　　　　　　　　　　　　100 000

五、权益法下长期股权投资的核算

(一) 权益法概述

权益法是指投资以初始投资成本计量后,在持有期间,根据被投资单位所有者权益的变动,投资企业按应享有被投资方所有者权益的份额调整股权投资账面价值的方法。

权益法体现了实质重于形式原则,其核心思想是,股权代表的是股东应享有(或应分担)的被投资企业所有者权益金额的增加(或减少),投资企业应按持股比例反映其长期股权投资随着被投资企业所有者权益金额变动而变动的部分。

权益法的优点是长期股权投资账户随着被投资单位净资产的变化而变化,能够比较准确地反映长期股权投资的价值变动,而且按照这种会计处理方法,投资收益是以被投资单位的盈利水平来衡量的,因而不受被投资单位的股利政策及股利支付时间的影响。

但权益法也有其局限性,表现在:第一,与法律上的企业法人概念相悖。投资企业和被投资单位虽然从经济意义上看是一个整体,但从法律意义上看,仍然是两个分别独立的法人实体。投资企业在被投资单位宣布支付股利之前无权对被投资单位的收益提出要求;第二,权益法的会计处理较为复杂和烦琐;第三,采用权益法,将导致所确认的投资收益与投资企业从被投资单位实际获得的现金净流量产生较大幅度的差异。如果投资企业的大部分利润来自对外投资,采用权益法很可能使投资企业陷入这样的一种窘境:投资企业报告了巨额的投资收益,但却拿不出足够的现金来派发股东的股利。

考虑权益法的优缺点,当投资企业能够对被投资单位产生重大影响或实施共同控制时,由于被投资单位的股利支付政策可能受到投资企业的影响,为避免成本法下投资企业可能的盈余操纵,这时宜采用权益法核算。

目前我国会计准则要求,投资企业持有的对合营企业投资及联营企业投资,应当采用权益法核算。

(二)初始投资成本的调整

在权益法下,对于取得投资时投资成本与应享有被投资单位可辨认净资产公允价值份额之间的差额,应区别情况分别处理:

第一,初始投资成本大于取得投资时应享有被投资单位可辨认净资产公允价值份额的,该部分差额是投资方在取得投资过程中通过作价体现出的与所取得股权份额相对应的商誉价值,这种情况下不要求对长期股权投资的成本进行调整。

第二,初始投资成本小于取得投资时应享有被投资单位可辨认净资产公允价值份额的,两者之间的差额体现为双方在交易作价过程中转让方的让步,该部分经济利益流入应计入取得投资当期的营业外收入,同时调整增加长期股权投资的账面价值。

[例4-12] 甲公司于2021年1月取得乙公司30%股权(设可以施加重大影响),支付价款6 000万元,取得投资时,被投资单位净资产公允价值为15 000万元。不考虑相关税费等其他因素影响。

在本例中,甲公司应对该投资采用权益法核算。长期股权投资的初始投资成本6 000万元大于取得投资时应享有被投资单位可辨认净资产公允价值的份额4 500(15 000×30%)万元,该差额1 500万元不调整长期股权投资的账面价值。甲公司会计处理如下:

借:长期股权投资——投资成本　　　　　　　　　　　　60 000 000
　　贷:银行存款　　　　　　　　　　　　　　　　　　　60 000 000

若被投资单位净资产公允价值为30 000万元,长期股权投资的初始投资成本6 000万元小于取得投资时应享有被投资单位可辨认净资产公允价值的份额9 000(30 000×30%)万元,该差额3 000万元应计入取得投资当期的营业外收入。甲公司会计处理如下:

借:长期股权投资——投资成本　　　　　　　　　　　　90 000 000
　　贷:银行存款　　　　　　　　　　　　　　　　　　　60 000 000
　　　营业外收入　　　　　　　　　　　　　　　　　　　30 000 000

(三)投资损益的确认

原则上,在权益法下,投资企业应根据在被投资企业享有的净损益确认投资收益,但在确认投资收益时对以下两种因素进行调整:

第一,被投资单位采用的会计政策和会计期间与投资方不一致的,应按投资方的会计政策和会计期间对被投资单位的财务报表进行调整,在此基础上确定被投资单位的损益。

在权益法下,是将投资方与被投资单位作为一个整体对待,作为一个整体其所产生的损益,应当在一致的会计政策基础上确定,被投资单位采用的会计政策与投资方不同的,投资方应当基于重要性原则,按照本企业的会计政策对被投资单位的损益进行调整。

第二,以取得投资时被投资单位固定资产、无形资产等的公允价值为基础计提的折旧额或摊销额,以及有关资产减值准备金额等调整被投资单位净利润。

被投资单位利润表中的净利润是以其持有的资产、负债账面价值为基础持续计算的,而投资方在取得投资时,是以被投资单位有关资产、负债的公允价值为基础确定投资成本,取得投资后应确认的投资收益代表的是被投资单位资产、负债在公允价值计量的情况下在未来期间通过经营产生的损益中归属于投资方的部分。投资方取得投资时,被投资单位有关资产、负债的公允价值与其账面价值不同的,未来期间,在计算归属于投资方应享有的净利润或应承担的净亏损时,应考虑被投资单位计提的折旧额、摊销额以及资产减值准备金额等进行调整。

在针对上述事项对被投资单位实现的净利润进行调整时,出于实务操作角度考虑,如果对所有投资时点公允价值与账面价值不同的资产、负债项目均进行调整:一方面调整的工作量较大且有些资产、负债项目的跟踪相对较为困难,另一方面相关所得税等因素的影响也较难计算确定,因此有关调整应立足重要性原则,不具重要性的项目可不予调整。

符合下列条件之一的,投资企业可以以被投资单位的账面净利润为基础,计算确认投资损益,同时应在财务报表附注中说明不能按照准则规定进行核算原因:①投资企业无法合理确定取得投资时被投资单位各项可辨认资产等的公允价值;②投资时被投资单位可辨认净资产的公允价值与其账面价值相比,两者之间的差额不具重要性的;③其他原因导致无法取得被投资单位的有关资料,不能对被投资单位的净损益进行调整的。

[例4-13]　甲公司于2020年1月1日购入乙公司30%股份,购买价款为3 000万元,甲公司由此可以对乙公司施加重大影响。取得投资日,乙公司可辨认净资产公允价值为8 000万元,有关资产、负债的情况如下:

(1) 存货(全部为产成品)账面余额1 000万元,未提减值准备,公允价值为1 400万元。

(2) 固定资产账面原价1 200万元,未提减值准备,预计使用年限6年,预计净残值为0,使用直线法计提折旧,已提折旧200万元。该固定资产公允价值为1 500万元。

(3) 无形资产账面原价700万元,未提减值准备,预计使用年限10年,预计净残值为0,使用直线法进行摊销,已摊销140万元。该无形资产的公允价值为800万元。

(4) 除以上项目外,乙公司其他资产、负债的公允价值与账面价值相同。

乙公司于2020年实现净利润800万元,其中在甲公司取得投资时的账面存货有80%在以后对外出售。甲、乙两公司的会计期间相同。甲公司对固定资产采用年数总和法计提折旧,除此以外,甲、乙两公司的会计政策相同。另假设乙公司固定资产的折旧费和无形资产的摊销费全部计入当期损益。

在本例中,甲公司应按本公司的会计政策和有关资产的公允价值对乙公司的净利润进行调整,具体调整如下(假定不考虑所得税的影响):

第一,与存货相关的应调减的利润 =(1 400-1 000)×80%=320(万元)。

第二,乙公司对固定资产采用直线折旧法,2020年度计提的折旧费 =1 200/6=200(万元),而甲公司应按固定资产的公允价值采用年数总和法计提折旧,由于甲公司取得投资时固定资产剩余使用年限为5年,因此,甲公司应计提的折旧费 =1 500×(5/15)=500(万

元),由此得出:

与固定资产相关的应调减的利润 =500-200=300(万元)。

第三,与无形资产相关的应调减的利润 =800/8-700/10=30(万元)。

综合以上三项调整,调整后的利润 =800-320-300-30=150(万元),甲公司应享有的份额 =150×30%=45(万元)。

甲公司确认投资收益的会计处理如下:

借:长期股权投资——损益调整　　　　　　　　　　　　450 000

　　贷:投资收益　　　　　　　　　　　　　　　　　　　450 000

(四) 超额亏损的确认

在权益法下,投资企业确认应分担被投资单位发生的损失,原则上应以长期股权投资及其他实质上构成对被投资单位净投资的长期权益减记至零为限,投资企业负有承担额外损失义务的除外。

这里所讲的“其他实质上构成对被投资单位净投资的长期权益”通常是指长期应收项目。比如,企业对被投资单位的长期债权,该债权没有明确的清收计划且在可预见的未来期间不准备收回的,实质上构成对被投资单位的净投资。应予说明的是,该类长期权益不包括投资企业与被投资单位之间因销售商品、提供劳务等日常活动所产生的长期债权。

投资企业在确认应分担被投资单位发生的亏损时,应将长期股权投资及其他实质上构成对被投资单位净投资的长期权益项目的账面价值综合起来考虑,在长期股权投资的账面价值减记至零的情况下,如果仍有未确认的投资损失,应以其他长期权益的账面价值为基础继续确认。另外,投资企业在确认应分担被投资单位的净损失时,除应考虑长期股权投资及其他长期权益的账面价值以外,如果在投资合同或协议中约定将履行其他额外的损失补偿义务,还应将预计承担的损失金额确认为预计负债。

企业在实务操作过程中,在发生投资损失时,应借记“投资收益”科目,贷记“长期股权投资——损益调整”科目。在长期股权投资的账面价值减记至零以后,考虑其他实质上构成对被投资单位净投资的长期权益,继续确认的投资损失应借记“投资收益”科目,贷记“长期应收款”科目;因投资合同或协议约定导致投资企业需要承担额外义务的,对于符合确认条件的义务,应确认为当期损失,同时确认预计负债,借记“投资收益”科目,贷记“预计负债”科目。

[例 4-14] 2020 年 1 月 1 日,甲公司以 500 万元购入乙公司 40% 股份,因而能对乙公司施加重大影响,当日乙公司可辨认净资产的公允价值为 1 000 万元。乙公司 2020 年度因转产失败而发生重大亏损,2020 年度共亏损 1 000 万元,2021 年度乙公司继续亏损 500 万元。乙公司所有资产、负债的账面价值和公允价值相等,甲、乙两公司的会计期间与会计政策完全一致。另外,甲公司拥有对乙公司的一项长期应收款 50 万元,该长期应收款没有明确的清偿计划。甲公司的相关会计处理如下:

(1) 2020 年 1 月 1 日购入乙公司股份时。

借:长期股权投资——投资成本　　　　　　　　　　5 000 000

　　贷:银行存款　　　　　　　　　　　　　　　　　5 000 000

(2) 2020 年年底时。

　　借:投资收益　　　　　　　　　　　　　　　　　　　　　4 000 000
　　　　贷:长期股权投资——损益调整　　　　　　　　　　　　4 000 000

　　(3) 2021年年底时,甲公司应承担亏损200万元,但长期股权投资账面价值仅剩100万元,实质上构成对被投资单位净投资的长期应收款50万元,因此,甲公司应确认投资损失150万元。

　　借:投资收益　　　　　　　　　　　　　　　　　　　　　1 500 000
　　　　贷:长期股权投资——损益调整　　　　　　　　　　　　1 000 000
　　　　　　长期应收款　　　　　　　　　　　　　　　　　　　500 000

　　此时,甲公司尚有应承担的50万元的超额亏损没有确认,甲公司应在备查账簿中进行登记。

(五) 被投资单位其他综合收益变动

　　采用权益法核算时,投资企业对于被投资单位其他综合收益变动,如其他债权投资(或其他股权投资)公允价值的变动,应按照享有的份额,借记(或贷记)"长期股权投资——其他综合收益"科目,贷记(或借记)"其他综合收益"科目。

　　当长期股权投资被处置时,如果被投资企业是其他债权投资产生的其他综合收益,则投资企业长期股权投资产生的其他综合收益应转出,计入当期投资收益;如果被投资企业是其他权益工具投资产生的其他综合收益,则投资企业长期股权投资产生的其他综合收益应转为留存收益,不转为当期投资收益。

　　[例 4–15]　A企业持有B企业30%的股份,能够对B企业施加重大影响。当期B企业因持有的其他债权投资公允价值的变动计入其他综合收益的金额为1 200万元,除该事项外,B企业当期实现的净损益为6 400万元。假定A企业与B企业适用的会计政策、会计期间相同,投资时B企业有关资产、负债的公允价值与其账面价值亦相同。A企业在确认应享有被投资单位所有者权益的变动时:

　　借:长期股权投资——损益调整　　　　　　　　　　　　　19 200 000
　　　　　　　　　　——其他综合收益　　　　　　　　　　　　3 600 000
　　　　贷:投资收益　　　　　　　　　　　　　　　　　　　19 200 000
　　　　　　其他综合收益　　　　　　　　　　　　　　　　　3 600 000

　　由于B企业持有的是其他债权投资,因此,如果A企业处置长期股权投资,其他综合收益应转为当期投资收益。

六、长期股权投资的处置

　　出售全部或部分长期股权投资时,应相应结转与所售股权相对应的长期股权投资的账面价值;出售所得价款与处置长期股权投资账面价值之间的差额,应确认为处置损益(投资收益)。

　　第一,原采用成本法的,会计处理即结束。

　　第二,原采用权益法的,仍要继续处理:如处置后长期股权投资仍采用权益法(部分处置),原计入其他综合收益(不能转入当期损益的除外)和其他资本公积的应按比例结转,计入当期投资收益;如全部处置或处置后改用

会计政策影响案例解析:
To Be or Not
To Be

钱江水利的长期股权投资

公允价值法（即处置后剩余的股权投资以金融资产核算），原计入其他综合收益（不能转入当期损益的除外）和其他资本公积的应全额结转，计入当期投资收益。

[例4-16]　A公司持有B公司40%的股权并采用权益法核算。2021年7月1日，A公司将B公司20%的股权出售给第三方C公司，对剩余20%的股权仍采用权益法核算。转让时A公司持有的对B公司的长期股权投资账面价值为6 000万元，出售20%股权获得银行存款4 000万元。A公司取得B公司股权至2021年7月1日期间，确认的相关其他综合收益为400万元（其中：200万元为按比例享有的B公司其他债权投资的公允价值变动，200万元为按比例享有的B公司其他权益工具投资的公允价值变动）。不考虑相关税费等其他因素影响，A公司的有关账务处理如下：

（1）确认出售的投资收益。

借：银行存款　　　　　　　　　　　　　　　40 000 000
　　贷：长期股权投资　　　　　　　　　　　　　30 000 000
　　　　投资收益　　　　　　　　　　　　　　　10 000 000

（2）持有期间其他综合收益转出。

借：其他综合收益　　　　　　　　　　　　　　2 000 000
　　贷：投资收益　　　　　　　　　　　　　　　 1 000 000
　　　　利润分配——未分配利润　　　　　　　　1 000 000

本章小结

金融工具是指形成一方的金融资产，并形成另一方的金融负债或者权益工具的合同。金融资产指的是企业持有的现金、其他方的权益工具，以及符合下列条件之一的资产：①从其他方收取现金或其他金融资产的合同权利；②在潜在有利条件下，与其他方交换金融资产或金融负债的合同权利；③将来须用或可用企业自身权益工具进行结算的非衍生工具合同，且企业根据该合同将收到可变数量的自身权益工具；④将来须用或可用企业自身权益工具进行结算的衍生工具合同。企业管理金融资产的业务模式分为三类：①以收取合同现金流量为目标的业务模式；②以收取合同现金流量和出售金融资产为目标的业务模式；③其他业务模式。依据投资单位对被投资单位产生的影响，股权投资可以分为控制，共同控制，重大影响，无控制、无共同控制且无重大影响共四种类型。长期股权投资可以通过不同的方式取得，除企业合并形成的长期股权投资外，通过其他方式取得的长期股权投资，一般应当以支付对价的公允价值确定初始投资成本。

思考题

1. 什么是金融工具？什么是金融资产？
2. 谈谈你对企业管理金融资产三种业务模式的理解。为什么金融资产以企业管理金融资产的业务模式及合同现金流量特征为标准进行分类?

3. 简述以摊余成本计量的金融资产、以公允价值计量且其变动计入其他综合收益的金融资产、以公允价值计量且其变动计入当期损益的金融资产三种金融资产的会计处理。

4. 什么是控制、共同控制、重大影响? 这些概念与股权投资的会计处理有何联系?

5. 谈谈同一控制下控股合并与非同一控制下控股合并情况下,确定初始投资成本有何差异。为什么?

6. 你如何理解长期股权投资的成本法与权益法? 并谈谈权益法会计处理的要点。

即测即评

请扫描二维码,进行随堂测试。

第五章 固定资产及无形资产

学习目标

1. 了解固定资产的定义、特征与分类。
2. 掌握固定资产的初始计量及会计处理。
3. 掌握固定资产折旧计提的各种方法。
4. 了解固定资产的各种后续支出及会计处理原则。
5. 了解无形资产的定义、特征与分类。
6. 掌握无形资产的初始计量与后续计量。
7. 掌握内部研究与开发支出的会计处理。

导读案例

旧标尺衡量不了新经济

肇始于经济全球化和信息革命、由科技创新驱动的经济发展模式被称为新经济,新经济本质上是一种知识经济,是以智力、研发和创意等无形资源为主要驱动因素,依靠信息技术进步和商业模式创新推动经济社会可持续发展的智慧型经济形态。作为新经济的一部分,2018 年我国的数字经济总量接近 31.3 万亿元,占GDP 的比重高达 34.8%,以我国新经济代表企业 BAT 为例,截至 2018 年 12 月 31 日,百度、阿里巴巴和腾讯的存货和固定资产等实物资产分别为 179 亿元、908 亿元和354 亿元,而商誉和无形资产则分别高达 258 亿元、3 122 亿元和 567 亿元。后者尚不包括未在财务报表内反映的品牌价值,2018 年"BrandZ 全球品牌价值 100 强"显示,百度、阿里巴巴和腾讯的品牌价值分别为 269 亿美元、1 134 亿美元和 1 790 亿美元。

现在我们熟悉的财务报告体系,基本上是工业革命后的产物,其背后的会计规则具有重视物质资源、轻视人力资源,关注有形资产、忽略无形资产的鲜明印记,到了无形资产占主导地位的新经济时代开始感到水土不服,最明显的症状莫过于会计信息的相关性日益降低。有研究发现,从 1950 至 2013 年,会计信息相关性一直呈恶化趋势,会计收益和权益净值对上市公司股票市值的解释能力从 20 世纪 50 年代的 90% 降至 2013 年的 50% 左右。新经济时代会计信息相关性急剧下降的主要原因是，准则制定机构缺乏与时俱进精神，对新生事物采取鸵鸟政策，坚守因循守旧的确认、计量和报告标准，导致财务报告选择性失明，对新经济企业价值创造的关键驱动因素视而不见。总的来看，现行会计准则体系的缺陷主要表现在以下六个方面：无视无形投资的资本支出属性；无视平台资产的网络效应现象；无视行业地位的经济价值差异；无视用户聚集的边际成本递减；无视数字资产的价值创造功能；无视智慧资本的内在经济价值。

以上六点使现行财务报告体系缺失了新经济条件下企业赖以进行价值创造的主要资产。以第一点为例，新经济企业的价值创造和竞争力的提升，主要不是依靠股东投入的财务资源，而主要是依靠知识资源、信息技术和商业模式创新。为此，新经济企业将大量资源投放在研究开发、创意设计、人才培养、专利申请、网络更新、客户获取、市场开拓、品牌维护、数据库建设、业务流程再造等无形投资方面。比如，有研究指出，欧美的无形投资占 GDP 比重从 2008 全球金融危机开始就逐渐大幅超过有形投资。无形投资是新经济企业提升价值创造能力和核心竞争力的最重要方式，本质上具有明显的资本性支出属性，本应予以资本化，但现行会计准则的规定过于迂腐，认为这些无形投资能否带来未来经济利益存在诸多不确定性，因而要求企业费用化。其结果，无形投资越大的新经济企业，报表上体现的利润越少，甚至亏损。将无形投资费用化，造成的不良后果是资产负债表和利润表双双失实，导致新经济企业的财务图像与经营实绩严重脱节，甚至相互矛盾！

问题：现行会计准则如何确认、计量与披露无形资产，让我们进入本章的学习。

资料来源：黄世忠. 旧标尺衡量不了新经济——论会计信息相关性的恶化与救赎[J]. 当代会计评论，2018，11(4).

第一节　固定资产

一、固定资产概述

（一）固定资产的定义及特征

固定资产在西方被称为厂场设备（Property, Plant, and Equipment），是指企业为生产商品、提供劳务、出租或经营管理而持有的，预计使用寿命超过一个会计年度的有形资产。固定资产具有三个特征：

第一，企业持有固定资产的目的是生产商品、提供劳务、出租或经营管理，而不是直接用于出售，这是固定资产最基本的特征。其中，"出租"的固定资产，是指用以出租的机器设备类固定资产，不包括以经营租赁方式出租的建筑物，按照我国《企业会计准则第 3 号——投资性房地产》的相关规定，后者属于企业的"投资性房地产"，不属于固定资产。

第二,预计使用寿命超过一个会计年度,在使用过程中物质形态不会发生改变。一方面,固定资产属于长期资产,其使用寿命通常远远超过一个会计年度;另一方面,固定资产在使用过程中物质形态不会发生改变。因此,固定资产的成本是在企业使用过程中分期转入产品成本中或被耗用的,这就决定了固定资产需要计提折旧。

第三,具有实物形态。固定资产必须是有形的,如我们常见的土地、建筑物、机器设备等,人们可以通过感官直接感知其存在。而比如长期股权投资和无形资产等,虽然也是企业的长期资产,但由于不具有实物形态,因而不属于固定资产。

固定资产与
低值易耗品
的界限

此外,企业在经营中使用的某些资产,如工业企业所持有的工具、用具、备品备件、维修设备等资产,施工企业所持有的模板、挡板、架料等周转材料,以及地质勘探企业所持有的管材等资产,由于单位价值较低或使用期限较短,可以按类别归并成总额,作为固定资产核算,也可以作为存货核算。在我国,这类资产通常作为存货中的低值易耗品核算。

(二) 固定资产的分类

按照不同的分类标准,固定资产有多种分类方法:

1. 按照固定资产的经济用途分类

(1) 生产经营用固定资产,是指直接服务于企业生产、经营过程的各种固定资产,如厂房、设备以及生产过程中需要的各种工具等。

(2) 非生产经营用固定资产,是指不直接服务于企业生产、经营过程的各种固定资产,如职工宿舍、食堂等集体福利设施。

2. 按照固定资产的使用情况分类

(1) 使用中固定资产,是指正在使用的固定资产,包括本企业使用的固定资产、由于季节性原因或大修理而暂停使用的固定资产以及经营性租出的固定资产等。

(2) 未使用固定资产,是指新增的尚未交付使用的固定资产以及因进行改建、扩建等原因暂停使用的固定资产。

(3) 不需用固定资产,是指本企业多余或不适用的各种固定资产。

3. 按照固定资产的所有权分类

固定资产的
内容

(1) 自有固定资产,是指企业拥有的可供企业自由支配使用的固定资产。经营性租出的固定资产也属于企业的自有固定资产。

(2) 租入固定资产,是指企业采用租赁的方式从其他企业租入的固定资产。

从内容上看,固定资产种类繁多,大致可以分为以下四类:

第一,土地。这是指没有建筑物等附着设施的土地,如购入待用的平整土地,或那些地面虽有建筑物或其他附加设施,但地价可单独分离的土地。在西方,土地可以私有,因此土地应作为固定资产核算。但土地又是比较特殊的固定资产,一方面,土地可能具有无限寿命,不会因为使用而逐渐被消耗掉,其价值通常比较稳定,甚至在使用过程中价值会逐渐升高,因此土地一般不需要计提折旧;另一方面,土地是不可再生的自然资源,土地的供给量通常不会随着需求量增加而增加,因而土地又是稀缺的。

但在我国,土地归国家所有,企业拥有的是土地使用权,土地使用权应作为无形资产核算。

第二,建筑物。建筑物包括房屋和构筑物两大类,房屋如企业的办公用房、生产用房、仓储用房、居住用房等。构筑物是指不具备、不包含或不提供人类居住功能的人工建筑物,如道路、码头、桥梁、水坝、水利管道、水塔、水池、过滤池、澄清池、沼气池等建筑物。建筑物通常附着在土地上,在地价和建筑物无法分离的情况下,地价和建筑物应合并作为建筑物进行核算。

第三,设备。这包括企业生产经营使用的各种机械设备、电子与电气设备、办公设备、运输设备、单位价值较高的工具器具等。有些时候,建筑物和设备的区别并不十分明显,有些项目既可划入建筑物一类,又可划入设备一类,如电梯、室内固定器具等。在实际情况中,往往根据企业的具体情况,具体确定合适的分类标准,但要注意坚持一贯性。

第四,家具用具。

二、固定资产的初始计量及会计处理

固定资产在同时满足以下两个条件时,才能加以确认:①该固定资产包含的经济利益很可能流入企业;②该固定资产的成本能够可靠地计量。

固定资产一般是以历史成本作为其计价基础,也就是说固定资产应按照其成本入账。按照不同方式取得的固定资产,其成本构成及相关会计处理也有所差异,在此我们将分别展开讨论。

（一）外购固定资产

企业外购固定资产的成本包括买价、相关税费和为使固定资产达到预定可使用状态前发生的可直接归属于该资产的其他一切必要支出,如运输费、装卸费、保险费、安装费、专业人员服务费等。这里需要注意两个问题:第一,购买固定资产支付的增值税进项税。增值税进项税是否计入固定资产成本,取决于购买固定资产产生的进项税是否可以抵扣销项税,如果可以抵扣销项税,则进项税不计入固定资产成本;反之,则要计入固定资产成本。我国目前实行的增值税属于消费型增值税,大部分固定资产的增值税进项税可以抵扣销项税,因此,相关的进项税不应计入固定资产成本。但是,并非所有固定资产的增值税进项税都可以抵扣销项税,按我国《营业税改征增值税试点实施办法》第二十七条规定,用于简易计税方法计税项目、免征增值税项目、集体福利或者个人消费的固定资产的增值税进项税不得抵扣销项税。比如,我国企业分为一般纳税人和小规模纳税人,小规模纳税人采用简易计税方法计税,其购买固定资产产生的增值税进项税不可以抵扣销项税,因而应计入固定资产成本。第二,固定资产买价中包含的现金折扣。在计量固定资产的成本时,是否应该扣除买价中包含的现金折扣?这个问题我国现行会计准则并无明确回答。但由于固定资产的单价通常较高,实务中不论企业是否取得现金折扣,均应从买价中扣除现金折扣,未享受的折扣作为财务费用处理。换言之,现行实务对固定资产普遍以净价入账。但对存货,以总价或以净价入账在实务中都存在。

外购固定资产是否达到预定可使用状态,需要根据具体情况进行分析判断。如果购入不需安装的固定资产,购入后即可发挥作用,则购入后即可达到预定可使用状态。如果购入需安装的固定资产,则需要等到安装调试后达到设计要求或合同规定的标准,固定资产可以发挥作用,才算达到预定可使用状态。

在实际工作中,企业可能以一笔款项购入多项没有单独标价的资产(即一揽子购货)。如果这些资产均符合固定资产的定义,并满足固定资产的确认条件,则应将各项资产单独确认为固定资产,并按各项固定资产公允价值的比例对总成本进行分配,分别确定各项固定资产的成本。如果以一笔款项购入的多项资产中还包括固定资产以外的其他资产,也应按类似的方法予以处理。

[例 5–1] 敬贤公司(一般纳税人)用银行存款向某企业同时购买 A 和 B 两种生产设备,A、B 两种设备总价款为 230 000 元,增值税进项税额为 29 900 元。以现金支付装卸费、运输费、保险费共 10 000 元(忽略运输费中的增值税)。A、B 两种设备的公允价值分别为 90 000 元、180 000 元。购入的 A 设备需要安装,B 设备不需要安装。安装 A 设备时,领用了本公司的原材料 10 000 元(原购进原材料时支付的增值税额为 1 300 元),应支付给安装工人的工资为 5 000 元。因工人操作失误,A 设备在安装时发生意外损坏,发生修理费 1 000 元(设以现金支付),公司没有向工人追偿,把该笔修理费作为公司的额外支出。

本例涉及一揽子购货,如前所述,当存在一揽子购货情况时,为确定各单项固定资产的账面价值,应以各项固定资产公允价值的比例对总成本进行分配。

首先,计算 A、B 两种设备的购买总成本:

A、B 两种设备的购买总成本 =230 000+10 000=240 000(元)

其次,按 A、B 设备公允价值的比例对购买总成本进行分配:

A 设备应分摊的购买成本 =购买总成本 ×(A 设备的公允价值 /A 设备和 B 设备公允价值之和)=240 000 ×(90 000/(90 000+180 000))=80 000(元)

B 设备应分摊的购买成本 =购买总成本 ×(B 设备的公允价值 /A设备和 B 设备公允价值之和)=240 000 ×(180 000/(90 000+180 000))=160 000(元)

本例敬贤公司的会计分录如下:

(1) 购入设备时。

借:在建工程——A 设备	80 000
固定资产——B 设备	160 000
应交税费——应交增值税(进项税额)	29 900
贷:银行存款	259 900
库存现金	10 000

(2) 安装 A 设备时。

借:在建工程——A 设备	15 000
贷:原材料	10 000
应付职工薪酬	5 000

由于购入生产用的固定资产增值税进项税可以抵扣销项税,因此,用于安装工程的原

材料增值税进项税 1 300 元也可以抵扣销项税,不需要转出。但如果安装的固定资产增值税进项税不可以抵扣销项税(如安装的固定资产用于集体福利),则用于安装工程的原材料增值税进项税应该转出。

(3) A 设备意外损坏进行修理时。

借:营业外支出   1 000

  贷:库存现金   1 000

(4) A 设备安装完工时。

借:固定资产——A 设备   95 000

  贷:在建工程——A 设备   95 000

(二)自行建造的固定资产

自行建造的固定资产,应以该项资产达到预定可使用状态前发生的所有必要支出作为入账价值。自建固定资产包括自营工程和出包工程两种,它们的核算有所差别。

1. 自营工程

企业以自营方式建造固定资产,是指企业自行组织工程物资采购、自行组织施工人员从事工程施工完成固定资产建造。自营方式建造固定资产的入账价值应当按照建造该项固定资产达到预定可使用状态前所发生的必要支出确定。在实务中,企业较少采用自营方式建造固定资产,多数情况下采用出包方式。企业如有以自营方式建造固定资产,其成本应当按照直接材料、直接人工、直接机械施工费等计量。

企业为建造固定资产准备的各种物资应当按照实际支付的买价、运输费、保险费等相关税费作为实际成本,并按照各种专项物资的种类进行明细核算。工程完工后,剩余的工程物资转为本企业存货的,按其实际成本或计划成本进行结转。建设期间发生的工程物资盘亏、报废及毁损,减去残料价值以及保险公司、过失人等赔款后的净损失,计入所建工程项目的成本;盘盈的工程物资或处置净收益,冲减所建工程项目的成本。工程完工后发生的工程物资盘盈、盘亏、报废、毁损,计入当期损益。

建造固定资产领用工程物资、原材料或库存商品,应按其实际成本转入所建工程成本。自营方式建造固定资产应负担的职工薪酬、辅助生产部门为之提供的水、电、修理、运输等劳务,以及其他必要支出等也应计入所建工程项目的成本。

所建造的固定资产已达到预定可使用状态,但尚未办理竣工结算的,应当自达到预定可使用状态之日起,根据工程预算、造价或者工程实际成本等,按暂估价值转入固定资产成本,并按有关计提固定资产折旧的规定,计提累计折旧。待办理竣工结算手续后再调整原来的暂估价值,但不需要调整原已计提的累计折旧。

[例 5-2] 2020 年 1 月 1 日,敬贤公司拟自行建造一座仓库,为此发生以下业务(忽略增值税等相关税费):

(1) 1 月 1 日,以银行存款购入工程物资一批,价款 1 000 000 元。

(2) 1 月至 10 月,工程先后领用工程物资 800 000 元。

(3) 应分摊的辅助车间的劳务成本为 500 000 元。

(4) 工程建设期间应支付工程人员工资为 660 000 元。

(5) 11 月 30 日,经盘点,发现工程物资损失 50 000 元。经查,工程物资损失系保管员工作失误造成,公司责成保管员赔偿 10 000 元,剩余工程物资转作公司原材料。

(6) 12 月 31 日,工程施工完毕,仓库达到预定可使用状态。

敬贤公司有关账务处理如下:

(1) 购入工程物资。

借:工程物资　　　　　　　　　　　　　　　　　　　　　1 000 000
　　贷:银行存款　　　　　　　　　　　　　　　　　　　　　　　1 000 000

(2) 领用工程物资。

借:在建工程——仓库　　　　　　　　　　　　　　　　　　800 000
　　贷:工程物资　　　　　　　　　　　　　　　　　　　　　　　800 000

(3) 分摊劳务成本。

借:在建工程——仓库　　　　　　　　　　　　　　　　　　500 000
　　贷:生产成本——辅助生产成本　　　　　　　　　　　　　　　500 000

(4) 确认工程人员工资。

借:在建工程——仓库　　　　　　　　　　　　　　　　　　660 000
　　贷:应付职工薪酬　　　　　　　　　　　　　　　　　　　　　660 000

(5) 盘点剩余工程物资。

借:在建工程——仓库　　　　　　　　　　　　　　　　　　　40 000
　　原材料　　　　　　　　　　　　　　　　　　　　　　　150 000
　　其他应收款——保管员　　　　　　　　　　　　　　　　　10 000
　　贷:工程物资　　　　　　　　　　　　　　　　　　　　　　　200 000

(6) 工程施工完毕。

借:固定资产——仓库　　　　　　　　　　　　　　　　　2 000 000
　　贷:在建工程——仓库　　　　　　　　　　　　　　　　　　2 000 000

2. 出包工程

出包工程是指企业通过签订承包合同将固定资产交给外部的承包商来建造,企业通常会先预付一定的工程款,并按照工程完工进度定期与承包商进行结算,多退少补。出包工程的成本即企业实际支付的工程款。在出包方式下,只需通过设立“在建工程”科目来核算企业与承包商的工程结算,在工程达到预定可使用状态后再由“在建工程”转入“固定资产”科目即可。

[例 5-3]　2020 年 3 月 19 日甲公司将一仓库的建筑工程出包给乙公司,预付工程款 200 000 元。2020 年 12 月 10 日,工程达到可使用状态,同时与乙公司办理了竣工结算手续,退回多余的工程款 50 000 元。

(1) 2020 年 3 月 19 日,预付工程款通过“在建工程”科目来进行会计处理。

借:在建工程——建筑工程(仓库)　　　　　　　　　　　200 000
　　贷:银行存款　　　　　　　　　　　　　　　　　　　　　　　200 000

(2) 2020 年 12 月 10 日退回工程款时,做一笔相反的分录。

借:银行存款　　　　　　　　　　　　　　　　　　　　　　50 000
　　贷:在建工程——建筑工程(仓库)　　　　　　　　　　　　　　50 000

（3）工程达到预定可使用状态后，应将所有的成本由"在建工程"转入"固定资产"科目。

借：固定资产——仓库　　　　　　　　　　　　　　150 000
　　贷：在建工程——建筑工程（仓库）　　　　　　　　　　150 000

（三）投资者投入的固定资产

投资者投入固定资产的成本，一般应按投资合同或协议约定的价值确定，但合同或协议约定价值不公允的除外。在投资合同或协议约定价值不公允的情况下，应按照该项固定资产的公允价值作为入账价值。

[例 5-4]　甲公司以一台账面价值为 50 000 元的固定资产向乙公司投资，双方经协商后决定按照 45 000 元确认投资额。

乙公司应按照双方确认的价值 45 000 元而非原账面价值 50 000 元作为固定资产的入账价值。乙公司应做会计分录为：

借：固定资产　　　　　　　　　　　　　　　　45 000
　　贷：实收资本　　　　　　　　　　　　　　　　　45 000

（四）接受捐赠的固定资产

对于企业接受捐赠的固定资产，捐赠方提供了有关凭据的，按凭据上标明的金额加上应当支付的相关税费作为固定资产的入账价值；捐赠方没有提供有关凭据的，按以下顺序确定其入账价值：①同类或类似固定资产存在活跃市场的，按同类或类似固定资产的市场价格估计的金额，加上应当支付的相关税费作为固定资产的入账价值；②同类或类似固定资产不存在活跃市场的，按该接受捐赠的固定资产的预计未来现金流量现值作为固定资产的入账价值。

当接受捐赠的固定资产为旧资产时，按根据上述方法确定的新固定资产价值，减去按该项固定资产的新旧程度估计的价值损耗后的余额作为入账价值。

[例 5-5]　敬贤公司接受乙公司捐赠的五成新机器设备一台（设该设备净残值为 0），同类设备全新状态下市场价格为 200 000 元。敬贤公司为使该设备达到预定可使用状态所发生的运输费、保险费为 10 000 元，全部以银行存款支付。忽略增值税与所得税的影响。

固定资产的入账价值为：$200\,000 \times 50\% + 10\,000 = 110\,000$（元）

敬贤公司应做会计分录为：

借：固定资产——机器设备　　　　　　　　　　110 000
　　贷：银行存款　　　　　　　　　　　　　　　　10 000
　　　　营业外收入　　　　　　　　　　　　　　　100 000

三、固定资产折旧

（一）折旧的定义和性质

固定资产在使用过程中，由于各种有形或无形的损耗会使其服务潜能不断降低。有形损耗是指固定资产由于使用和自然力的影响等物质因素而引起的服务潜能的降低。无形损耗是指固定资产在物质形态上可能还具有一定的服务潜能，但由于技术或经济上的原因而使其丧失了使用价值。

最大的"黑洞"——固定资产投资

固定资产在长期使用过程中,其服务潜能是不断下降的,其成本也在不断地消耗或转移。因此,我们应在固定资产的使用期限内,按照一定的方法合理地分摊这些成本,以使收入和费用保持恰当的配比。为此,我们提出了折旧这一概念。固定资产折旧,就是指在固定资产的使用寿命内,按照确定的方法对应计折旧额进行的系统分摊。

(二)固定资产折旧的计提

我国会计准则规定,除以下情况外,企业应对所有固定资产计提折旧:①已提足折旧仍继续使用的固定资产;②按规定单独估价作为固定资产入账的土地。

除上述两种情况外,对于提前报废的固定资产,不必再补提折旧。

土地是一项比较特殊的资产。在我国,土地所有权归国家所有,企业拥有的是土地使用权,它应该作为无形资产进行核算,只有少数过去已经估价单独入账的土地才在固定资产中核算。此外,土地在使用过程中,不会发生损耗,服务潜能不会发生改变,因此不必对其计提折旧。

以固定资产
单独计价入
账的土地

企业一般应于每月月末计提折旧,借记"制造费用""销售费用""管理费用"或"营业外支出"等费用类科目,贷记"累计折旧"科目。对于新增的固定资产,增加当月不提折旧,从下月开始提取折旧;而当月减少的固定资产,当月照提折旧,从下月起不提折旧。

新增加的固定资产应以其是否达到预定可使用状态为标准来判断从何时起计提折旧。如果某项固定资产已经达到预定可使用状态,但是尚未办理竣工结算手续,应先暂估入账,并开始计提折旧,待办理竣工结算后再对固定资产的账面价值做相应的调整。

例如,假设J公司2022年3月自行建造的一座仓库达到了预定可使用状态,但尚未办理竣工结算手续,则J公司应在2022年3月将工程按照估计的成本从"在建工程"转入"固定资产"科目。仓库作为新增的固定资产,当月不提折旧,而是从下月起提取折旧,因此J公司应从2022年4月开始对该仓库计提折旧。

固定资产折旧的计提存在着多种方法,主要有:直线法(又称年限平均法)、工作量法和加速折旧法等。企业应根据固定资产的使用情况选择合理的折旧方法,一经确定就不得随意变更。

1. 直线法(平均年限法)

在直线法下,各期计提的固定资产折旧的金额是相等的。其计算公式如下:

年折旧额 =(固定资产原值 − 预计净残值)/ 预计使用年限

月折旧额 = 年折旧额 /12

在此我们有必要对其中的三个概念进行解释:

固定资产原值,是指固定资产的初始入账价值,但是当对固定资产计提了减值准备时,应从固定资产原值中予以扣除。此时折旧的计算公式就变为:(固定资产原值 − 固定资产减值准备 − 预计净残值)÷ 预计使用年限。

预计使用年限,又称固定资产的预计使用寿命。我国《企业会计准则——固定资产》规定:"企业在确定固定资产的使用寿命时,主要应当考虑下列因素:①该资产的预计生产能力或实物产量;②该资产的有形损耗,如设备使用中发生磨损、房屋建筑物受到自然侵蚀等;③该资产的无形损耗,如因新技术的出现而使现有的资产技术水平相对陈旧、市场需求变化使产品过时等;④有关资产使用的法律或者类似的限制。"

预计净残值,是指估计的固定资产报废后所回收的现金净额,预计净残值 = 预计出售固定资产残料所得的收入 - 固定资产清理费用。固定资产的预计使用寿命和预计净残值一经确定就不得随意调整。

[**例 5–6**] 甲企业于 2022 年 3 月 4 日以 50 000 元购入车床一台,当月投入使用。预计使用年限为 5 年,预计净残值率为 1%。

车床是 2022 年 3 月份增加的,所以应从 2022 年 4 月份开始计提折旧。

$$年折旧额 = 50\,000 \times (1-1\%)/5 = 9\,900(元)$$
$$月折旧额 = 9\,900/12 = 825(元)$$
$$2022 年甲企业共应计提折旧 825 \times 9 = 7\,425(元)$$

直线法计算简便、容易操作,适用于各个时期使用程度和使用效率大致相同的固定资产。然而,绝大多数固定资产的使用效率是逐年递减的,在这种情况下,直线法无法实现收入与费用相配比的要求。

2. 工作量法

在工作量法下,固定资产的折旧是以其在各期完成的工作量为基础来进行分摊的。这里所说的工作量,可以是产量、工作小时或行驶千米数等。其具体计算公式是:

$$单位工作量的折旧额 = (固定资产原值 - 预计净残值) \div 预计总工作量$$
$$固定资产的月折旧额 = 固定资产当月工作量 \times 单位工作量的折旧额$$

[**例 5–7**] 甲企业于 2020 年 8 月 12 日购入机器设备一台,价值 35 000 元,预计净残值率为 2%,预计总工作小时数为 7 000 小时,于当月投入使用,9 月份该机器设备运行了 580 小时。

$$单位工作小时的折旧额 = 35\,000 \times (1-2\%)/7\,000 = 4.9(元/小时)$$
$$9 月份应提折旧额 = 4.9 \times 580 = 2\,842(元)$$

同直线法相比,工作量法的优点是考虑了固定资产的使用强度。然而,在使用工作量法时,总工作量的估计存在一定的难度,而且工作量法也没有考虑到自然损耗和无形损耗对固定资产的影响。因此,工作量法一般比较适用于因使用而产生损耗,同时受自然和无形损耗影响比较小的机器设备以及运输工具等。

3. 加速折旧法

加速折旧法包括双倍余额递减法和年数总和法等。

(1) 双倍余额递减法

双倍余额递减法的计算公式如下:

$$年折旧率 = 2 \div 预计使用年限 \times 100\%$$
$$年折旧额 = 年初固定资产账面净值 \times 年折旧率$$
$$月折旧额 = 年折旧额 /12$$

在此,年初固定资产账面净值 = 固定资产原值 - 累计折旧额 = 上年年初固定资产账面净值 - 上年提取的折旧额,而不必考虑预计净残值的影响。而且,此处的年初并不是指每年的 1 月 1 日,而是按照固定资产开始计提折旧的日期划分的年初。如企业于 2022 年 5 月购入资产,预计可使用年限为 5 年,那么,开始计提折旧的日期是 2022 年 6 月,相应地,以后所指的年初固定资产账面净值就指的是固定资产在 2022 年 6 月、2023 年 6 月、2024 年 6 月、2025 年 6 月、2026 年 6 月以及 2027 年 6 月的账面净值。

在双倍余额递减法下,固定资产在后期的账面净值可能会低于其净残值,因此,在固定资产使用年限的最后两年,应改用直线法计算折旧,此时的年折旧额 =(固定资产原值 − 已计提的累计折旧 − 预计净残值)/2。在上例中,企业应从 2025 年 6 月开始采用直线法,2025 年 6 月至 2026 年 6 月的年折旧额为(固定资产原值 − 截至 2025 年 6 月累计折旧的金额 − 预计净残值)/2,而 2026 年 6 月至 2027 年 6 月的年折旧额与上年相同,这样,2027 年 6 月固定资产的账面净值就等于其估计净残值。

[例 5–8] 甲企业于 2020 年 8 月 12 日购入机器设备一台,价值为 35 000 元,预计净残值率为 2%,预计使用年限为 5 年。

则甲企业应从 2020 年 9 月开始计提折旧:

2020 年 9 月设备的账面净值为 35 000 元,年折旧率为 2/5,当年应计提的折旧为 35 000 × 2/5=14 000(元);

2021 年 9 月设备的账面净值 =35 000–14 000=21 000(元),
当年应计提的折旧 =21 000 × 2/5=8 400(元);
2022 年 9 月设备的账面净值 =21 000–8 400=12 600(元),
当年应计提的折旧 =12 600 × 2/5=5 040(元);

2023 年 9 月设备的账面净值 =12 600–5 040=7 560(元),从 2023 年 9 月起开始采用直线法计提折旧,当年应计提的折旧额 =(7 560–35 000 × 2%)/2=(35 000–27 440–35 000 × 2%)/2=3 430(元);

2024 年 9 月—2025 年 9 月的折旧额计算与上年相同。

具体计算情况见表 5–1。

表 5–1　例 5–8 的具体计算情况

年度	年初账面净值(元)	折旧率	本年计提折旧额(元)	累计折旧(元)	年末账面净值(元)
2020 年 9 月—2021 年 8 月	35 000	2/5	14 000	14 000	21 000
2021 年 9 月—2022 年 8 月	21 000	2/5	8 400	22 400	12 600
2022 年 9 月—2023 年 8 月	12 600	2/5	5 040	27 440	7 560
2023 年 9 月—2024 年 8 月	7 560	—	3 430	30 870	4 130
2024 年 9 月—2025 年 8 月	4 130	—	3 430	34 300	700

(2) 年数总和法

在年数总和法下,须掌握如下三个公式:

年折旧率 = 尚可使用年限 ÷ 预计可使用年限的总和
年折旧额 =(固定资产原值 − 预计净残值)× 年折旧率
月折旧额 = 年折旧额 ÷ 12

[例 5–9] 继续沿用例 5–8 中的数据,则在年数总和法下,

预计使用年限总和 =(5+1)×5/2=15（年）

2020 年 9 月—2021 年 8 月应计提的折旧金额 =35 000×（1−2%）×5/15=11 433.33（元）

2021 年 9 月—2022 年 8 月应计提的折旧金额 =35 000×（1−2%）×4/15=9 146.67（元）

2022 年 9 月—2023 年 8 月应计提的折旧金额 =35 000×（1−2%）×3/15=6 860（元）

2023 年 9 月—2024 年 8 月应计提的折旧金额 =35 000×（1−2%）×2/15=4 573.33（元）

2024 年 9 月—2025 年 8 月应计提的折旧金额 =35 000×（1−2%）×1/15=2 286.67（元）

具体计算情况见表 5–2。

表 5–2　例 5–9 的具体计算情况

年度	固定资产原值 − 预计净残值（元）	尚可使用 年限（年）	折旧率	本年计提折 旧额（元）	累计折旧 （元）
2020 年 9 月—2021 年 8 月	34 300	5	5/15	11 433.33	11 433.33
2021 年 9 月—2022 年 8 月	34 300	4	4/15	9 146.67	20 580
2022 年 9 月—2023 年 8 月	34 300	3	3/15	6 860	27 440
2023 年 9 月—2024 年 8 月	34 300	2	2/15	4 573.33	32 013.33
2024 年 9 月—2025 年 8 月	34 300	1	1/15	2 286.67	34 300

通过上述计算，我们可以看出，在加速折旧法下，前期多提折旧，后期少提折旧。固定资产在实际使用过程中，其前期服务潜能下降得比后期要快，因此，从这一点上来说，加速折旧法是比较合理的。但是加速折旧法的计算比前两种方法复杂，一般适用于受技术进步等无形损耗影响比较大的固定资产，如电子计算机等。

我国上市公司固定资产折旧方法的选择

以上三种折旧方法各有利弊，企业应根据固定资产的具体使用情况来选择折旧方法，折旧方法一经确定就不得随意变更。

四、固定资产的后续支出

固定资产在投入使用后，往往还会根据具体的需要进行维护、修理、更新、改良或扩建，这些在固定资产取得后发生的支出，我们称为固定资产的后续支出。

对于固定资产的后续支出，我们有资本化和费用化两种处理方法。其具体的划分标准是，如果某项固定资产的后续支出能使流入企业的经济利益超过原先的估计，如延长了固定资产的使用年限，增加了固定资产的服务潜能，改善产品质量或使产品成本发生实质性降低的，应予以资本化，记入固定资产的成本中。反之，如果发生的后续支出不能使流入企业的经济利益超过原先的估计，仅能维持现有的服务潜能和状态，则应将其费用化，在实际发生时作为费用处理。

下面我们就对六种后续支出进行具体的讨论。

（一）修理

修理又可以分为经常性修理和大修理。经常性修理主要是针对固定资产在日常使用中所出现的小的异常而进行的，其目的只是维持固定资产现有的使用状态，发生的支出通常比较小,因而应作为费用来处理。而大修理则是非经常发生的,金额一般比较大,可以延长固定资产的使用寿命或者增加其服务潜能,因此,大修理支出应予以资本化处理。

（二）维护

维护是为了预防固定资产发生损坏,保持其良好的运行状态而发生的支出,如定期更换设备上的螺丝、给齿轮添加润滑油等。由此可见,维护仅能维持固定资产现有的潜能和运行状态,因此应将其费用化。

（三）增置

增置是指在原有资产的基础上增添新的实物,如给机械设备配备其他设置,对厂房进行改建扩建等。由于增置可以增加固定资产的服务潜能,因此,应将因增置而发生的支出计入固定资产的成本。

（四）改良和改善

改良和改善是指用性能更好的部件替换原有的旧部件,以增加固定资产的服务潜能,如将木制门窗全部换成铝合金门窗等。改良的支出通常较大,效果比较明显,一般应予以资本化处理。而改善的支出一般比较小,效果不是特别明显,在发生时记入费用即可。

（五）更新

更新是指用同类的新的部件替换原来的旧部件,以恢复固定资产的服务潜能。对于不经常发生的大部件的更新应予以资本化;对日常发生的一般性的更新在实际发生时记入费用即可。

（六）重新安装

重新安装的支出应计入固定资产的成本,但是,为了防止重复计价,同时还应将固定资产初次安装的成本及与之相关的累计折旧予以抵销。

五、固定资产的处置

企业在生产经营过程中,对那些不适用或不需用的固定资产,可以通过对外出售的方式进行处置;对那些由于使用而不断磨损直到最终报废,或由于技术进步等原因发生提前报废,或由于遭受自然灾害等非正常损失发生毁损的固定资产应及时进行清理。

（一）出售、报废和毁损的固定资产

企业出售、报废或毁损的固定资产应通过"固定资产清理"账户进行核算。其会计核算一般包括以下五步:①补提本月应提的折旧;②把固定资产和有关累计折旧、减值准备转入"固定资产清理"账户;③把清理费用转入"固定资产清理"账户;④把出售收入或残料变价收入以及保险赔偿等转入"固定资产清理"账户;⑤确认固定资产清理损益。其中,出售固定资产产生的利得或损失确认"资产处置损益";固定资产报废或毁损损失确认为"营业外支出"。

[例5-10] 敬贤公司2020年10月8日因火灾损失一幢生产用厂房,该厂房系2010年10月建造完工,历史成本为240万元,预计使用年限为20年,预计净残值为0,采用直线法计提折旧。该厂房曾向保险公司投保,应向保险公司收取保险赔偿款50万元,厂房清理过程中发生清理费用1万元(以银行存款支付),残料变价收入为10万元。厂房没有计提过资产减值准备,忽略相关税费,敬贤公司的账务处理如下:

(1) 计提本月折旧。

本月应提折旧 =2 400 000/(20×12)=10 000(元)

借:制造费用	10 000	
贷:累计折旧		10 000

(2) 把固定资产和累计折旧转入"固定资产清理"账户。

固定资产已提折旧 =10 000×12×10=1 200 000(元)

借:累计折旧	1 200 000	
固定资产清理	1 200 000	
贷:固定资产		2 400 000

(3) 发生清理费用。

借:固定资产清理	10 000	
贷:银行存款		10 000

(4) 残料变价收入。

借:银行存款	100 000	
贷:固定资产清理		100 000

(5) 应收保险公司赔款。

借:其他应收款——保险公司	500 000	
贷:固定资产清理		500 000

(6) 确认固定资产毁损损失。

借:营业外支出——非常损失	610 000	
贷:固定资产清理		610 000

[例 5–11] 假定例 5-10 中厂房没有发生火灾,敬贤公司因厂区搬迁于 2020 年 10 月 8 日把该厂房出售给其他企业,出售价款为 100 万元。其他条件不变,该公司的账务处理如下:

(1) 计提本月折旧。

借:制造费用	10 000	
贷:累计折旧		10 000

(2) 把固定资产和累计折旧转入"固定资产清理"账户。

借:累计折旧	1 200 000	
固定资产清理	1 200 000	
贷:固定资产		2 400 000

(3) 出售厂房。

借:固定资产清理	1 000 000	
贷:银行存款		1 000 000

(4) 确认资产处置损益。

借:资产处置损益——固定资产处置损益	200 000	
贷:固定资产清理		200 000

（二）捐赠转出的固定资产

对外捐赠的固定资产,应按固定资产账面净值确认营业外支出,其会计分录如下:

借:固定资产清理　　　　　　　　　　　　　　　　　　　　×××
　　累计折旧　　　　　　　　　　　　　　　　　　　　　　×××
　　贷:固定资产　　　　　　　　　　　　　　　　　　　　　　×××
借:营业外支出——捐赠支出　　　　　　　　　　　　　　　　×××
　　贷:固定资产清理　　　　　　　　　　　　　　　　　　　　×××

（三）固定资产清查

固定资产的清查可能出现盘盈或盘亏,盘盈属于前期会计差错。固定资产盘亏的情况很少出现,如果出现这种情况,应按照以下程序处理:

第一,盘亏的固定资产在查明原因前应记入“待处理财产损溢”,其会计分录如下(假定固定资产没有计提资产减值准备):

借:待处理财产损溢——待处理固定资产损溢　　　　　　　　×××
　　累计折旧　　　　　　　　　　　　　　　　　　　　　　×××
　　贷:固定资产　　　　　　　　　　　　　　　　　　　　　　×××

第二,在查明盘亏原因并报上级批准后,按可收回的保险赔偿或过失人赔偿借记“其他应收款”,剩余损失金额确认为“营业外支出”,其会计分录为:

借:其他应收款　　　　　　　　　　　　　　×××
　　营业外支出——盘亏损失　　　　　　　　×××
　　贷:待处理财产损溢——待处理固定资产损溢　　×××

我国企业会计准则规定,“待处理财产损溢”应在期末前查明原因、处理完毕,期末时,“待处理财产损溢”账户应无余额。

利润操纵与
固定资产
造假

第二节　无形资产

一、无形资产的定义及特征

无形资产,是指企业为生产商品、提供劳务、出租给他人,或为管理目的而持有的、没有实物形态的非货币性长期资产。

无形资产一般具有如下特征:

（1）无形资产没有实物形态。没有实物形态是无形资产同其他资产进行区别的标志之一,但并非所有没有实物形态的资产都属于无形资产。像应收账款也没有实物形态,但是它却不属于无形资产。

（2）无形资产是非货币性资产。货币性资产是指持有的现金及将以固定或可确定金额的货币收取的资产,包括现金、应收账款和应收票据以及准备持有至到期的债券投资等。非货币性资产是指货币性资产以外的资产。货币性资产与非货币性资产的主要区别是资产在未来为企业带来的经济利益是否是固定的或是可以确定的。而无形资产给企业带来的未来经济利益具有很大的不确定性,因而无形资产是一项非货币性资产。

（3）无形资产的使用年限一般在一年以上，属于长期资产，但是其具体的使用寿命有时很难确定。

（4）无形资产可以为企业带来超额的经济利益，而且是企业可以控制的。

二、无形资产的分类

无形资产的分类方法主要有三种：

（一）按照能否分辨来划分

（1）可辨认无形资产，是指可以脱离企业单独辨认的无形资产，包括专利权、非专利技术、商标权、著作权、土地使用权、特许权等。

（2）不可辨认无形资产，是指很难脱离企业单独辨认的无形资产，一般是指商誉。

（二）按照取得方式来划分

（1）外购无形资产是指从企业外部购入的无形资产。

（2）自创无形资产是指企业自行开发的无形资产。

（三）按照受益期来划分

（1）使用寿命有限的无形资产，是指因法律、规章、合同的限制，或受技术进步、市场竞争等因素的影响，从而可以确定其使用寿命的无形资产。如我国法律规定，发明专利权有效期为 20 年，商标权的有效期为 10 年。

（2）使用寿命不确定的无形资产，是指根据可获得的情况判断，有确凿证据表明无法合理估计其使用寿命的无形资产。如永久性特许经营权、非专利技术等的寿命不受法律限制，其寿命或是无限的，或是不确定的。

三、无形资产的确认与初始计量

（一）无形资产的确认

并非所有的无形资产都可以在财务报表中加以确认，我国企业会计准则规定，无形资产在满足以下两个条件时，企业才能加以确认：①该资产的成本能够可靠地计量；②该资产产生的经济利益很可能流入企业。

下面，我们将针对无形资产的具体形式展开讨论。

1. 专利权

专利权是指专利权人在法定期限内对其发明创造享有的专有权利，包括发明、实用新型和外观设计三种。专利权受到法律的保护，具有独占排他性，专利权的保护期为 10 年、15 年或 20 年，但是，并非所有的专利权都应确认为无形资产，只有同时满足了上述两个条件的专利权才能确认为无形资产。对于那些已经不属于先进技术、无法为企业带来经济利益的专利权，不能在无形资产中核算。

2. 非专利技术

非专利技术是指企业未公开的且未申请专利权的先进技术。它与专利权相似，只是未受法律保护。对于外部购入的非专利技术，其成本可以可靠计量，因而应在无形资产中核算。而对于企业自行开发的非专利技术，可以进行有条件的资本化。

3. 商标权

"红牛"商标
权权属
纠纷案

商标是指由图形、文字等组成的,用以区别其他同类商品或劳务的特殊标记。商标权则是指商标所有人对商标拥有的独占的、排他的权利。商标权受法律保护,其保护期为 10 年,期满后可以继续申请延长有效期。商标权应作为企业的无形资产予以核算。

4. 著作权

著作权又称版权,是指著作权人依法享有的对其作品的权利。著作权一般于作品完成后自然形成,不必申请注册。

5. 土地使用权

土地使用权,是指国家准许某企业在一定期间内对国有土地享有开发、利用、经营的权利。《中华人民共和国土地管理法》的规定,我国土地实行公有制,任何单位和个人不得侵占、买卖或者以其他形式非法转让。企业取得土地使用权的方式大致有以下三种:行政划拨取得、外购取得及投资者投资取得。但要注意,只有企业有偿取得的土地使用权才应确认为无形资产,对于由政府无偿划拨而取得的土地使用权不能作为无形资产进行核算。根据《中华人民共和国城镇国有土地使用权出让和转让暂行条例》第十二条规定,土地使用权使用最高年限按用途确定:居住用地 70 年,工业用地 50 年,教育、科技、文化、卫生、体育用地 50 年,商业、旅游、娱乐用地 40 年,仓储用地 50 年,综合或者其他用地 50 年。

6. 特许权

特许权又称特许经营权。主要有两种形式:一种是由政府授权,准许企业在一定地区经营或销售某种商品的权利,如企业在某一地区的烟酒专卖权等;另一种则是一家企业根据双方签订的协议享有另一家企业的商标、技术等权利,如连锁店的分店依照协议享有的商标权或配方等。只有有偿取得的特许权才能够确认为无形资产。

我国无形资产确认范围问题

7. 商誉

商誉属于不可辨认的无形资产,它不能脱离企业单独辨认。外购商誉可以作为无形资产入账。而自创商誉,由于其成本不能可靠地加以计量,因此不能确认为无形资产。

(二)无形资产的初始计量

无形资产的取得方式不同,其入账价值以及会计处理也有所区别。

1. 外购的无形资产

对于从企业外部购入的无形资产,应以实际支付的价款作为入账价值,借记"无形资产"科目,贷记"银行存款"科目。

[例 5-12] 2020 年 6 月,兴业公司购入一项商标,共支付价款 450 000 元。兴业公司应做会计分录为:

借:无形资产   450 000
    贷:银行存款   450 000

2. 投资者投入的无形资产

投资者投入无形资产的成本,应按投资合同或协议约定的价值为基础确定,但合同或协议约定价值不公允的除外。在投资合同或协议约定价值不公允的情况下,应按照该项无形资产的公允价值作为入账价值。

[例 5-13]　敬贤公司接受笃信公司无形资产投资,无形资产的合同约定价值为30 万元(假定合同约定价值公允),敬贤公司另外以银行存款支付印花税等相关税费 2 万元。笃信公司因该笔无形资产投资取得敬贤公司 50 000 股股票(每股面值1 元)。

本例中,合同约定价值公允,无形资产应按合同约定价值 30 万元加上支付的相关税费 2 万元作为初始入账价值。敬贤公司应做会计分录为:

```
借:无形资产                                    320 000
    贷:股本                                          50 000
        资本公积                                     250 000
        银行存款                                      20 000
```

四、无形资产的后续计量

按照预计受益期,无形资产分为使用寿命有限的无形资产和使用寿命不确定的无形资产。这两类无形资产在后续计量中存在差异。

(一) 使用寿命有限的无形资产的后续计量

使用寿命有限的无形资产,应在其预计的使用寿命内采用系统的合理的方法对应摊销金额进行摊销。应摊销金额,是指无形资产的成本扣除残值后的金额。已计提减值准备的无形资产,还应扣除已计提的无形资产减值准备的累计金额。

1. 摊销期与摊销方法

我国企业会计准则规定:企业摊销无形资产,应当自无形资产可供使用时起,至不再作为无形资产确认时止。因此,与固定资产计提折旧不同,无形资产摊销的起始和停止日期为:当月增加的无形资产,当月开始摊销;当月减少的无形资产,当月不再摊销。

在无形资产的使用寿命内系统地分摊其应摊销金额,存在多种方法,如直线法、产量法、加速摊销法等。企业选择的无形资产摊销方法,应恰当反映无形资产服务潜能降低的方式,并一致地运用于不同会计期间。例如,受技术陈旧因素影响较大的专利权和非专利技术等无形资产,可采用类似固定资产加速折旧法的加速摊销法进行摊销;有特定产量限制的特许经营权或专利权,应采用产量法进行摊销。无法可靠确定无形资产服务潜能降低方式的,应当采用直线法进行摊销。

无形资产的摊销一般应计入当期损益,但如果某项无形资产是专门用于生产某种产品或者其他资产,其包含的经济利益是通过转入到所生产的产品或其他资产中实现的,则无形资产的摊销费用应当计入相关资产的成本。例如,某项专门用于生产过程中的专利技术,其摊销费用应构成所生产产品成本的部分,计入制造该产品的制造费用。

2. 残值的确定

除下列情况外,无形资产的残值一般为零:①有第三方承诺在无形资产使用寿命结束时购买该项无形资产。例如,某企业取得一项专利技术,法律保护期间为 20 年,企业预计运用该专利生产的产品在未来 15 年内会为企业带来经济利益。就该项专利技术,第三方向企业承诺在 5 年内以其取得之日公允价值的 60% 购买该项专利权,从企业管理层目前的持有计划来看,准备在 5 年内将其出售给第三方,该项专利技术应在企业持有期 5 年内摊销,残值为该专利在取得之日公允价值的 60%。②可以根据活跃市场得到无形资产预计残值信息,并且该市场在该项无形资产使用寿命结束时可能存在。例如,某企业取得一项专利技术,法律保护期间为 20 年,该专利技术存在公开的活跃市场。企业打算在使用该专利技术 10 年后在活跃市场上转让。根据已有的证据,企业估计专利技术 10 年后在活跃市场上的转让价款为其初始入账价值的 20%,则该专利技术 10 年后的残值为其初始入账价值的 20%。

另外,残值确定以后,在持有无形资产期间,企业至少应于每年年末进行复核,预计其残值与原估计金额不同的,应按照会计估计变更进行处理。如果无形资产的残值重新估计以后高于其账面价值的,无形资产不再摊销,直至残值降至低于账面价值时再恢复摊销。

[例 5-14]   2020 年 1 月 1 日,敬贤公司以银行存款购入一项商标权和一项用于产品生产的专利技术,价款分别为 100 万元和 400 万元(忽略相关税费),预计使用年限分别为 10 年和 20 年,预计净残值都为 0。2020 年 1 月 1 日两项无形资产达到预定可使用状态,并投入使用。敬贤公司对两项无形资产都采用直线法摊销。该公司账务处理如下:

(1) 2020 年 1 月 1 日购入无形资产时。

借:无形资产——商标权　　　　　　　　　　　　　　1 000 000

　　　　　——专利权　　　　　　　　　　　　　　4 000 000

　　贷:银行存款　　　　　　　　　　　　　　　　　5 000 000

(2) 假定敬贤公司按年摊销无形资产,则每年年底摊销无形资产时。

借:管理费用　　　　　　　　　　　　　　　　　　100 000

　　制造费用　　　　　　　　　　　　　　　　　　200 000

　　贷:累计摊销　　　　　　　　　　　　　　　　　300 000

(二) 使用寿命不确定的无形资产的后续计量

对于使用寿命不确定的无形资产,在持有期间不需要摊销,而应在每个会计期末进行减值测试,如果减值测试表明无形资产已经减值,则应计提“无形资产减值准备”(但要注意,对于使用寿命有限的无形资产,在持有期间既要摊销,又可能需要计提减值准备)。

五、无形资产的处置

无形资产的处置,主要是指无形资产的出售、报废、对外捐赠、对外出租等。

(一) 无形资产的出售

出售无形资产时,应按实际收到的金额,借记“银行存款”等科目;按已摊销的累计摊销额,借记“累计摊销”科目;原已计提减值准备的,借记“无形资产减值准备”科目;按应支付的相关税费,贷记"应交税费"等科目;按其账面余额,贷记"无形资产"科目,按其差额,借记或贷记"资产处置损益——无形资产处置损益"科目。

[例 5-15] 敬贤公司出售一项其持有的专利技术,出售价款为 200 万元(不含增值税,增值税税率为 6%),价款 200 万元及增值税 12 万元已收存银行。该专利技术账面余额 400 万元,累计摊销余额为 160 万元,已提减值准备 60 万元。该公司账务处理如下:

借:银行存款	2 120 000
累计摊销	1 600 000
无形资产减值准备	600 000
贷:无形资产——专利权	4 000 000
应交税费——应交增值税(销项税额)	120 000
资产处置损益————无形资产处置损益	200 000

(二)无形资产报废

如果预期无形资产不能为企业带来未来经济利益,则应将其冲销。例如,无形资产已被其他新技术所替代,不能为企业带来经济利益;或者无形资产不再受到法律保护,且不能给企业带来经济利益等。冲销无形资产时,应按已摊销的累计摊销额,借记"累计摊销"科目;按已计提减值准备金额,借记"无形资产减值准备"科目;按其账面余额,贷记"无形资产"科目;按其差额,借记"营业外支出"科目。

[例 5-16] 敬贤公司持有的一项非专利技术已经过时,企业决定不再使用该非专利技术,该非专利技术也不具有转让价值。非专利技术账面余额为 100 万元,累计摊销余额50 万元,已提减值准备 20 万元。则冲销时的会计分录为:

借:营业外支出——无形资产报废损失	300 000
累计摊销	500 000
无形资产减值准备	200 000
贷:无形资产——非专利技术	1 000 000

此外,企业对外捐赠无形资产时,一方面需要冲销无形资产,另一方面应按无形资产的账面净值确认营业外支出;无形资产对外出租时,出租收入应确认为其他业务收入,相应的无形资产摊销费用应确认为其他业务成本。

六、内部研究与开发支出的会计处理

企业内部形成的一些无形资产由于缺乏可以单独辨认的成本,而无法在报表中确认,如企业内部产生的商誉、品牌、报刊名、刊头、客户名单等。但通过内部研究与开发项目形成的无形资产,其成本是可以单独辨认且能够计量的,那么,如何处理内部研发项目呢?关于这个问题,理论界一直存在争议,本部分介绍有关研发项目会计处理的争议及我国会计准则的处理。

(一)研究与开发项目的主要特点及其会计处理的争议

1. 研究与开发项目的特点

在当前知识经济条件下,对研究与开发项目的大量投入已经成为许多企业尤其是高科技企业获取创新能力与持续竞争优势的主要源泉,以研发支出为代表的无形资源也成为企业价值的主要驱动力。因此,有关研究与开发项目核算的恰当与否,在当前知识经济条件下显得尤为重要。但是,研究与开发项目本身所具有的特点又使其会计处理充满争议。研发项目的特点如下:

第一,高风险性。无形资产总体上都具有高风险性,但研发项目的高风险性更加突出。国外专家研究发现,高技术研发项目一般只有57%左右在技术上获得成功,在技术上成功的项目仅有55%左右能够实现商品化,实现商品化的产品只有38%左右具有经济效益。换句话说,一个高技术研发项目获得经济意义上成功的概率仅仅略微超过10%,企业大部分的研发项目事实上是以失败告终的。

第二,高收益性及其难以计量性。首先,研发项目虽然成功的概率较低,但一旦成功就会给企业带来巨大的未来经济利益。一份研究表明:虽然随着行业和时间的不同,研发活动的回报率存在差异,但总体来说,研发活动估计的年回报率在20%~30%,是有形资本年回报率的两倍多。其次,鉴于研发项目的高风险性,其潜在的未来经济利益是很难进行计量的,即研发项目是否能够成功、成功后能够带来多少经济利益、未来经济利益能够持续多久,都具有极大的不确定性。

第三,研发项目的成本与其未来经济利益之间缺乏明显的因果关系。研发项目虽然有可以辨别的成本,但相关的成本很难体现其未来经济利益,甚至多数情况下二者差异巨大。一般来说,企业外购的专利技术或非专利技术,其成本大体上可以反映购买时的公允价值及未来经济利益,但内部研发项目却完全不同。一方面,企业有可能在某一研发项目上投入了大量的资金,但研发项目或失败了或没有带来足够的经济利益。比如,日本20世纪90年代曾经投入几十亿美元巨资研发"高清晰度模拟电视",但产品研发出来后很快被美国的数字电视取代,没有产生真正的经济效益。另一方面,企业有可能在某一研发项目上投入的资金并不多,但却产生意想不到的经济效益。比如,可口可乐的发明人约翰·彭伯顿助手的一次意外失误改写了可口可乐的配方,进而使可口可乐成为全球最受欢迎的碳酸饮料。

上述特点中,第一个特点尤为重要,也是影响其会计处理的关键。

2. 研发项目会计处理的争议

关于研发项目会计处理的争议主要集中于,研究与开发过程中的支出到底是应该费用化还是资本化。主张研发支出费用化的人认为:①研发项目成功的概率太低,把研发支出当成资产确认不符合会计中的谨慎性原则(即研发支出不满足本节提到的无形资产确认的一个条件"与该无形资产有关的经济利益很可能流入企业");②研发支出虽然可以计量,但研发支出与其未来可能产生的经济利益关联不大,把其确认为资产没有意义,而研发项目本身的未来经济利益又很难进行计量。

主张研发支出资本化的人认为:①研发项目虽然成功的概率较低,但一旦成功就可能给企业带来巨大的未来经济利益。而且,企业之所以愿意从事研究与开发项目,是预期其能够带来未来经济利益。企业往往从事多个研发项目,这些研发项目总有些会成功,并给企业带来经济利益。因此,从企业众多的研发项目整体看,研发项目必然会给企业带来未来经济利益。②研发项目支出虽不能完全反映其未来经济利益,但财务会计本身就是着重反映资产的成本而不是其价值。而且,对研发支出的计量具有可靠性。

我国 2001 年颁布的《企业会计准则——无形资产》采用了第一种观点,准则的第 13 段规定,自行开发并依法申请取得的无形资产……依法申请取得前发生的研究与开发费用,应于发生时确认为当期费用。但我国 2006 年颁布的《企业会计准则第 6 号——无形资产》采用了第一种观点和第二种观点的折中,即"有条件的资本化"。按照新准则,研发项目成功的概率在项目进行过程中是不断变化的,只有研发项目进展到"项目很可能成功"时,其以后的支出才能资本化,之前的支出必须费用化。

(二) 研究阶段与开发阶段的划分

为便于对项目成功的可能性进行初步判断,我国 2006 年颁布的《企业会计准则第 6 号——无形资产》把研究与开发项目分为研究阶段与开发阶段。

1. 研究阶段

研究阶段是指为获取新的技术和知识等进行的有计划调查的阶段,研究活动的例子包括:为获取知识而进行的活动;研究成果或其他知识的应用研究、评价和最终选择;材料、设备、产品、工序、系统或服务替代品的研究;以及新的或经改进的材料、设备、产品、工序、系统或服务的可能替代品的配置、设计、评价和最终选择。

研究阶段的特点在于:①计划性。研究阶段是建立在有计划的调查基础上,即研发项目已经董事会或者相关管理层的批准,并着手收集相关资料、进行市场调查等。②探索性,是指研究阶段往往具有较大的风险,甚至具有一定的尝试性和成功的偶然性,换言之,研究成功与否具有很大的不确定性。

2. 开发阶段

开发阶段是指在进行商业性生产或使用前,将研究成果或其他知识应用于某项计划或设计,以生产出新的或具有实质性改进的材料、装置、产品等的阶段。开发活动的例子包括:生产前或使用前的原型和模型的设计、建造和测试;含新技术的工具、夹具、模具和冲模的设计;不具有商业性生产经济规模的试生产设施的设计、建造和运营;新的或改造的材料、设备、产品、工序、系统或服务所选定的替代品的设计、建造和测试等。

开发阶段的特点在于:①具有针对性。开发阶段是建立在研究阶段基础上,因而,对项目的开发具有针对性。②形成成果的可能性较大。

综上,研究阶段是新知识的探索及获取过程,旨在获取理论上的可行性;开发阶段是已获取的新知识的商业应用过程,旨在获取实践上的可行性。二者具有以下不同点:①目标不同。研究阶段一般目标不具体、不具有针对性;而开发阶段多是针对具体目标、产品、工艺等。②对象不同。研究阶段一般很难具体化到特定项目上;而开发阶段往往形成对象化的成果。③风险不同。研究阶段的成功概率很难判断,一般成功率很低,风险较大;而开发阶段的成功率较高,风险相对较小。④结果不同。研究阶段的结果多是研究报告等基础性研究成果;而开发阶段的结果则多是具体的新技术、新产品等。

(三) 内部研究与开发支出的会计处理

1. 基本原则

企业内部研究与开发项目,应区分研究阶段与开发阶段分别处理:处于研究阶段的研发项目风险较大、成功概率较低,因此这一阶段的支出应全部费用化,计入当期损益;处于开发阶段的研发项目风险相对较小、成功率相对较高,但开发阶段的支出仍需满足一定的条件才能资本化,不满足条件的必须费用化。

2. 开发阶段有关支出资本化的条件

在开发阶段,只有同时满足以下五个条件,相关支出才能予以资本化确认为无形资产,否则必须费用化。

第一,完成该无形资产以使其能够使用或出售在技术上具有可行性。判断无形资产的开发在技术上是否具有可行性,应当以目前阶段的成果为基础,并提供相关证据和材料,证明企业进行开发所需的技术条件等已经具备,不存在技术上的障碍或其他不确定性。比如,企业已经完成了全部计划、设计和测试活动,这些活动是使资产能够达到设计规划书中的功能、特征和技术所必需的活动或经过专家鉴定等。

第二,具有完成该无形资产并使用或出售的意图。开发某项产品或专利技术产品等,通常是根据管理层决定该项研发活动的目的或者意图加以确定,也就是说,研发项目形成成果以后,是为出售,还是为自己使用并从使用中获得经济利益,应当以管理当局意图而定。因此,企业的管理层应能够说明其持有拟开发无形资产的目的,并具有完成该项无形资产开发并使其能够使用或出售的可能性。

第三,明确并证明无形资产产生经济利益的方式,包括能够证明运用该无形资产生产的产品存在市场或无形资产自身存在市场,无形资产在内部使用的,应当证明其有用性。开发支出资本化作为无形资产确认,其基本条件是能够为企业带来未来经济利益。就其能够为企业带来未来经济利益的方式讲,如果有关的无形资产在形成以后,主要是用于形成新产品或新工艺的,企业应对运用该无形资产生产的产品市场情况进行估计,应能够证明所生产的产品存在市场、能够带来经济利益的流入;如果有关的无形资产开发以后主要是用于对外出售的,则企业应能够证明市场上存在对该类无形资产的需求,开发以后存在外在的市场可以出售并带来经济利益的流入;如果无形资产开发以后不是用于生产产品,也不是用于对外出售,而是在企业内部使用的,则企业应能够证明在企业内部使用时对企业的有用性。

第四,有足够的技术、财务资源和其他资源支持,以完成该无形资产的开发,并有能力使用或出售。这一条件进一步包括以下方面:①为完成该项无形资产开发具有技术上的可靠性。开发的无形资产并使其形成成果在技术上的可靠性是继续开发活动的关键。因此,必须有确凿证据证明企业继续开发该项无形资产有足够的技术支持和技术能力。②财务资源和其他资源支持。财务和其他资源支持是能够完成该项无形资产开发的经济基础,因此,企业必须能够说明为完成该项无形资产的开发所需的财务和其他资源,是否能够足以支持完成该项无形资产的开发。③能够证明企业获取在开发过程中所需的技术、财务和其他资源,以及企业获得这些资源的相关计划等。如在企业自有资金不足以提供支持的情况下,是否存在外部其他方面的资金支持,如银行等借款机构愿意为该无形资产的开发提供所需资金的声明等来证实。④有能力使用或出售该无形资产以取得收益。

第五,归属于该无形资产开发阶段的支出能够可靠计量。企业对于研究开发活动发生的支出应单独核算,如发生的研究开发人员的工资、材料费等,在企业同时从事多项研究开发活动的情况下,所发生的支出同时用于支持多项研究开发活动的,应按照一定的标准在各项研究开发活动之间进行分配,无法明确分配的,应予费用化计入当期损益,不计入开发活动的成本。

如何理解以上五个条件呢? 正如本节前面提到的,无形资产的确认需要同时满足两个条件:该无形资产有关的经济利益很可能流入企业,该无形资产的成本能够可靠地计量。其中,五个条件中的前四个着重强调企业应在技术上、意图和能力上、市场上、资源上证明研发项目很可能成功,未来经济利益很可能流入,最后一个条件对应可计量性。

3. 具体账务处理方法

第一,企业自行开发无形资产发生的研发支出,未满足资本化条件的,借记"研发支出——费用化支出"科目,满足资本化条件的,借记"研发支出——资本化支出"科目,贷记"原材料""银行存款""应付职工薪酬"等科目。

第二,年末,若研发项目尚未完成,应借记"管理费用——研发费用"科目,贷记"研发支出——费用化支出"科目,确认的研发费用应在利润表中作为期间费用以"研发费用"项目单独列示;对于"研发支出——资本化支出"部分不做处理,但在资产负债表上应以"开发支出"项目单独列示在非流动资产下。

第三,研发项目达到预定用途形成无形资产的,应按"研发支出——资本化支出"科目的余额,借记"无形资产"科目,贷记"研发支出——资本化支出"科目;倘若研发项目在结束时仍然失败了,则应按"研发支出——资本化支出"科目的余额,借记"管理费用——研发费用"科目,贷记"研发支出——资本化支出"科目。

[例 5-17]　2020 年 1 月 1 日,敬贤公司经董事会批准研究与开发一项非专利技术,2020 年 10 月以前发生各项研究、调查、实验费用 200 万元(全部以银行存款支付),2020年 10—12 月发生材料费 50 万元,人工工资 50 万元。2020 年 9 月 30 日,敬贤公司已经证实该项非专利技术很可能开发成功,并满足资本化的全部条件。2021 年 1—12月发生材料费 200 万元、人工工资 200 万元,场地租金和注册费 200 万元(以银行存款支付),2021 年 12 月 31 日研发项目结束并且非专利技术研发成功。该公司的账务处理如下:

(1) 2020 年 10 月以前。

借:研发支出——费用化支出　　　　　　　　　　　　　2 000 000
　　贷:银行存款　　　　　　　　　　　　　　　　　　　　　　2 000 000

(2) 2020 年 10—12 月。

借:研发支出——资本化支出　　　　　　　　　　　　　1 000 000
　　贷:原材料　　　　　　　　　　　　　　　　　　　　　　　　500 000
　　　　应付职工薪酬　　　　　　　　　　　　　　　　　　　　　500 000

(3) 2020 年 12 月 31 日。

借:管理费用——研发费用　　　　　　　　　　　　　　2 000 000
　　贷:研发支出——费用化支出　　　　　　　　　　　　　　　2 000 000

在敬贤公司 2020 年年末的报表中,研发费用 200 万元在利润表中以"研发费用"项目列示;资本化的开发支出 100 万元在资产负债表中以"开发支出"项目列示。

(4) 2021 年 1—12 月。

研发支出计量中存在的问题

借:研发支出——资本化支出　　　　　　6 000 000
　　贷:原材料　　　　　　　　　　　　　　　　2 000 000
　　　　应付职工薪酬　　　　　　　　　　　　　2 000 000
　　　　银行存款　　　　　　　　　　　　　　　2 000 000

(5) 2021 年 12 月 31 日研发项目成功时。

借:无形资产——非专利技术　　　　　　7 000 000
　　贷:研发支出——资本化支出　　　　　　　　7 000 000

 本章小结

　　固定资产是指企业为生产商品、提供劳务、出租或经营管理而持有的,预计使用寿命超过一个会计年度的有形资产。企业外购固定资产的成本包括买价、相关税费和为使固定资产达到预定可使用状态前发生的可直接归属于该资产的其他一切必要支出。自行建造的固定资产,应以该项资产达到预定可使用状态前发生的所有必要支出,作为入账价值。固定资产折旧的计提包括直线法、工作量法和加速折旧法,加速折旧法又包括双倍余额递减法和年数总和法。固定资产的后续支出主要包括修理、维护、增置、改良和改善、更新、重新安装等,固定资产的后续支出应根据情况进行资本化或费用化。无形资产,是指企业为生产商品、提供劳务、出租给他人,或为管理目的而持有的、没有实物形态的非货币性长期资产。其主要包括专利权、非专利技术、商标权、著作权、土地使用权、特许权、商誉等。

 思考题

1. 比较固定资产折旧方法各自的优缺点及适用范围。
2. 简述固定资产减值准备的计提方法与存货跌价准备的区别。
3. 比较固定资产与无形资产业务处理的异同。
4. 我国目前对无形资产(包括商誉)的核算是否合理? 为什么?

即测即评

请扫描二维码,进行随堂测试。

第六章 负债

学习目标

1. 了解负债的概念、特征与分类。
2. 了解流动负债的主要类型,掌握各种流动负债的会计处理。
3. 了解或有事项的概念、特点及分类。
4. 掌握负债、预计负债与或有负债三个概念的联系与区别。
5. 掌握或有事项的相关确认、计量与披露要求。
6. 了解非流动负债的主要类型,掌握各种非流动负债的会计处理。

导读案例

企业杀手——债务担保

广东万家乐股份有限公司(现更名为广东顺钠电气股份有限公司,简称顺钠股份)主营输变电设备、燃气用具的生产及销售,其拥有的"万家乐"商标是我国燃气热水器行业唯一一家同时拥有"中国驰名商标"和"中国名牌"称号的"双冠王"。

公司 1998 年和 1999 年的业绩较为稳定,到 2000 年出现大幅下降,每股收益仅余 4 分,而 2001 年更是报出惊人亏损,全年亏损 9.78 亿元,每股亏损达到 1.7 元,其上市股票被带上 ST 的帽子。如此严重的亏损是什么原因造成的?

公司 2001 年的利润表显示,公司当年确实遭遇较大困难,由于热水器市场竞争激烈等原因,营业利润项下产生了将近 3 亿元的亏损。更糟糕的是,企业当年列支了 7 亿元的营业外支出,这个数字是营业亏损的两倍多。

在 2001 年年度报告的注释中,公司解释巨额营业外支出的主要原因是计提固定资产减值准备、无形资产减值准备、对外担保预计负债等。其中对外担保形成的预计负债为 2.86 亿元,占营业外支出的 40%!

原来,这接近 3 亿元的预计负债来自万家乐于 1992 年 12 月至 1999 年 9 月期间曾为原大股东广东新力集团公司和广东万家乐集团公司提供贷款担保,致使公司大量资产遭到法院查封冻结,严重影响了 ST 万家乐的正常运作。2001 年年末,ST万家乐根据上述已经审结并判决公司承担连带责任的担保本息等余额的一定比例,计提预计负债约 2.7 亿元,直接减少当年利润,是导致公司 2001 年巨额亏损的重要原因。

债务担保是或有事项,预计负债是由或有事项产生的,或有事项除了产生预计负债,还会产生或有负债。那么,负债、预计负债、或有负债,三个概念的关系是什么? 让我们进入本章的学习。

资料来源:编者整理。

第一节　负债概述

一、负债的概念及特征

负债是指企业过去的交易或者事项形成的、预期会导致经济利益流出企业的现时义务。从本质上讲,负债是债权人对企业资产的一项求偿权,且该项权利优先于企业的所有权。

从以上定义可以看出,负债具有以下三个特征:

第一,负债是企业承担的现时义务。义务是以某种方式采取行动或执行的职责或责任。负债必须是企业承担的现时义务,这是负债的一个基本特征。现时义务是指企业在现行条件下已承担的义务,未来发生的交易或者事项形成的义务不属于现实义务,不应当确认为负债。这里的义务可以是法定义务,也可以是推定义务。其中法定义务是指具有约束力的合同或者法律法规规定的义务,通常必须依法执行。例如,企业购买原材料形成应付账款,企业向银行贷入款项形成借款,企业按照税法规定应当交纳的税款等,均属于企业承担的法定义务,需要依法予以偿还。推定义务是指根据企业多年来的习惯做法、公开的承诺或者公开宣布的政策而导致企业将承担的责任,这些责任也使有关各方形成了企业将履行义务解除责任的合理预期。例如,某企业多年来制定有一项销售政策,对于售出商品提供一定期限内的售后保修服务,预期将为售出商品提供的保修服务就属于推定义务,应当将其确认为一项负债。

第二,负债是由企业过去的交易或者事项形成的。负债应当由企业过去的交易或者事项所形成。换句话说,只有过去的交易或者事项才形成负债,企业将在未来发生的承诺、签订的合同等交易或者事项,不形成负债。比如,企业管理层签订了一个采购意向书,它本身是一种意愿,并没有构成实际的交易,因此不能形成一项负债。

第三,负债预期会导致经济利益流出企业。预期会导致经济利益流出企业也是负债的一个本质特征,只有企业在履行义务时会导致经济利益流出企业的,才符合负债的定义,如果不会导致企业经济利益流出,就不符合负债的定义。在履行现时义务清偿负债时,导致经济利益流出企业的形式多种多样,例如,用现金偿还或以实物资产形式偿还,以提供劳务形式偿还,以部分转移资产、部分提供劳务形式偿还,将负债转为资本等。在某些特殊情况下,企业的债权人可能会豁免或者减免企业的债务,这种情况下,负债并没有导致经济利益的流出。但是,没有导致经济利益的流出并不能说企业之前不应将其确认为负债,因为这种情况下企业并未"履行"负债,而且企业在确认负债时,并不能预计到该负债会被豁免或减免。

二、负债的分类

(一) 根据负债的偿还期限和方式划分

根据负债的偿还期限和方式,负债可以划分为流动负债和非流动负债两大类,这样的分类有助于分析企业的财务状况和偿债能力,是负债最基本的分类方式。通常,人们把在一年或超过一年的一个经营周期内偿还的负债归为流动负债,而在长于一年或一个经营周期的时间里偿还的负债归为非流动负债。另外,区分流动负债和非流动负债还要考虑债务的偿还方式。凡是需要使用流动资产或增加其他流动负债来清偿的负债,都列为流动负债,否则,应列为非流动负债。如"一年内到期的非流动负债"项目,虽然名称中含有非流动负债的字眼,但由于它的偿还期限在一年以内,所以在资产负债表上列示于流动负债项下。

(二) 根据负债的偿还方式划分

根据负债的偿还方式,负债还可以分为货币性负债和非货币性负债。前者是指企业将来直接用货币偿还的负债,如应付账款、短期借款、应付债券等;后者是指企业将来用实物或非货币性资产偿还的负债,如预收账款、售出产品质量担保等。

另外,与负债相关的一个概念是或有负债,是指过去的交易或者事项形成的潜在义务,其存在须通过未来不确定事项的发生或不发生予以证实;或过去的交易或者事项形成的现时义务,履行该义务不是很可能导致经济利益流出企业或该义务的金额不能可靠计量。或有负债是由或有事项产生的,或有事项除了产生或有负债外,还会产生预计负债。

那么,负债、或有负债与预计负债三者的关系是什么呢? 这个问题相对复杂,简言之,或有负债不属于负债,或有负债与负债是并列的关系,但预计负债属于负债。由于或有事项及其产生的或有负债与预计负债的特殊性,本章在第三节专门叙述或有事项问题。

第二节　流　动　负　债

一、短期借款

短期借款是指企业向银行或其他金融机构借入的期限在一年以内的各种借款。它一般是企业为了弥补营运资金不足或抵偿某些债务而临时借入的款项,且短期内必须归还。

短期借款一般通过"短期借款""财务费用""应付利息"等科目进行核算。"短期借款"科目是用来核算企业借入的、期限在一年以内的各种借款的本金。该科目的贷方登记取得的各项短期借款,借方登记归还的各种短期借款,期末余额在贷方,表示尚未归还的借款部分。该科目按照债权人及借款种类设置明细账,进行明细分类核算。"财务费用"

科目是在短期借款利息发生时应当计入的损益类科目。"应付利息"科目是在短期借款利息较大时,按照权责发生制的要求用来分期核算借款利息的。

短期借款的会计处理通常涉及以下三个方面的内容。

(一)取得短期借款的处理

当取得短期借款时,借记"银行存款"科目,贷记"短期借款"科目。

(二)借款利息的处理

根据不同的借款条件,利息核算的方法有所不同。

如果短期借款的利息是按月支付,或者利息是在借款到期时连同本金一起归还,但金额较小,企业可以在实际支付时或根据银行的计息通知,将短期借款的利息直接计入当期损益,即借记"财务费用"科目,贷记"银行存款"科目。

如果短期借款是分期支付(如按季支付)或者利息是在借款到期时连同本金一起归还且金额较大,企业必须按月确认应付利息。即借记"财务费用"科目,贷记"应付利息"科目。

(三)短期借款到期的处理

企业到期归还短期借款时,应借记"短期借款""应付利息"和"财务费用"科目,贷记"银行存款"科目。

[例6-1] 太和公司为弥补短期资金不足,于2021年11月16日向开户银行借入60 000元,期限3个月,利率为12%。公司按月确认利息费用,到期一次还本付息。公司的会计处理如下:

(1) 2021年11月16日借入款项时。

借:银行存款   60 000
　　贷:短期借款   60 000

(2) 2021年11月30日计提利息时。

借:财务费用   300
　　贷:应付利息   300
                                                    $(60\,000 \times 12\% \div 12 \div 2)$

(3) 2021年12月31日计提利息时。

借:财务费用   600
　　贷:应付利息   600
                                                        $(60\,000 \times 12\% \div 12)$

(4) 2022年1月31日计提利息时。

借:财务费用   600
　　贷:应付利息   600

(5) 2022年2月16日,短期借款到期还本付息时。

借:短期借款   60 000
　　应付利息   1 500
　　财务费用   300
　　贷:银行存款   61 800

二、应付票据

应付票据是由出票人出票,委托付款人在指定日期无条件支付特定的金额给收款人或持票人的票据。我国企业的应付票据主要指商业汇票。应付票据是与应收票据相对应的一个概念,销售企业的应收票据也就是购货企业的应付票据。因此,与应收票据一样,应付票据也可按承兑人不同分为商业承兑汇票和银行承兑汇票,按票据是否带息分为不带息应付票据和带息应付票据。不带息应付票据是到期时承兑人只按票面金额(即面值)偿付的票据,带息应付票据是到期时承兑人必须按票面金额加上利息偿付的票据。

企业应当设置"应付票据"账户,核算企业购买材料、商品和接受劳务等开出、承兑的商业汇票。"应付票据"账户可以按债权人进行明细核算。

企业开出、承兑商业汇票或以承兑商业汇票抵付货款、应付账款时,借记"材料采购""库存商品""应付账款"等科目,贷记"应付票据"科目。涉及增值税进项税额的,还应进行相应的处理。支付银行承兑汇票的手续费,计入财务费用。对尚未支付的带息应付票据计提的利息,应当计入财务费用。商业承兑汇票到期无法支付,应当在票据到期时,将"应付票据"账面价值转入"应付账款"科目。银行承兑汇票到期无法支付,应当将"应付票据"账面价值转入"短期借款"科目。

[例6-2] 东成公司 2020 年 1 月 1 日赊购一批材料,货款 600 000 元,增值税税率为 13%,并开具一张 3 个月期的商业承兑汇票,面值为 678 000 元,票面利率 3%,到期一次付息。材料已入库,采用实际成本核算。东成公司的会计处理如下:

(1) 1 月 1 日赊购商品开具票据时。

借:原材料	600 000
应交税费——应交增值税(进项税额)	78 000
贷:应付票据	678 000

(2) 每月月末计提票据利息时。

借:财务费用	(678 000 × 3%/12)1 695
贷:应付票据	1 695

(3) 3 月 31 日到期偿付票据。

借:应付票据	(678 000+1 695 × 3)683 085
贷:银行存款	683 085

如果该票据到期无法偿付,东成公司应将其转入应付账款。

借:应付票据	683 085
贷:应付账款	683 085

三、应付账款

应付账款是指企业在购买材料、商品等资产或接受劳务时,交易已经发生,但款项尚未支付时所形成的一项负债。与应付账款类似,应付票据也是在经营过程中为购买商品、接受劳务而产生的一项负债,都属于企业的商业信用。但是应付票据本身就是延期付款的证明,法律效力更强,而应付账款仅是尚未结清的债务,并没有承兑付款的凭证,所以流动性较低。企业在非经营过程中发生的应付赔偿金、存入保证金等,属于其他应付款,不属于应付账款的核算范畴。

企业应设置"应付账款"账户反映企业因购买材料、商品和接受劳务等产生的债务以及偿还情况。该账户借方登记已经偿还的应付账款以及用商业汇票抵付的应付账款,贷方反映应付未付的款项,期末余额一般在贷方,表示尚未偿还或抵付的应付账款。该账户应按照债权人设置明细账。

理论上说,应付账款的确认时点是按照权责发生制的要求,在所购物资的所有权发生转移时进行确认。但在会计实务中,因为取得发票账单和收到货物或接受劳务的时间往往较为接近,所以一般在收到货物和发票账单时才入账,以避免出现在验收货物时发现不合格品,再要求退货或给予折扣等并调整应付账款的情形。具体说来,应付账款的确认时点有三种情况:①货、单同到。如果货物已经验收入库且发票账单已到,两者核对无误后,根据发票账单借记"原材料"等科目,贷记"应付账款"科目。②货到单未到。如果货物已经到达企业而发票账单尚未收到,为简化核算,暂不做账务处理,待收到发票账单时再入账。然而,如果月末仍未收到发票账单,则需根据收料凭证暂估入账,借记"原材料"等科目,贷记"应付账款——暂估应付账款"科目,下月初用红字冲回,待实际收到发票账单时,再按货、单同到的情况入账。③单到货未到。若期末发票账单已到而货物未到,则需根据发票账单登记应付账款,同时确认一项在途物资,即借记"物资采购"科目(采用实际成本法核算货物采购的企业使用"在途物资"科目),贷记"应付账款"科目。

由于应付账款还款期限较短,一般不按照到期应付金额的现值入账,而是根据发票账单实际应付金额计价,包括买价和相关税费(如增值税、运费等)。此外,还可能存在折扣问题。在购买货物或接受劳务时,通常会发生两种折扣,一种是商业折扣,另一种是现金折扣。商业折扣是一种数量折扣,是由于企业购货量大而在原有价格的基础上给予一定比例的折扣,由于折扣金额在购货当时即已确定,而应付账款入账时间也在购货时点,所以,应付账款直接按照折扣后的金额入账即可。现金折扣是一种时间性折扣,是销售方为尽早收回款项而给予的折扣,发生在购货之后、付款之前。其一般形式为"2/10,1/20,n/30",表示信用期限为 30 天,若 10 日内付款,可享受 2% 的现金折扣;10~20 日内付款,可享受 1% 的现金折扣;20~30 内付款,不享受现金折扣。由于实际支付金额在购货当时无法确定,随还款时间的早晚而改变,所以应付账款入账金额的确定比商业折扣情形下复杂。

根据入账金额确定的方法不同,应付账款的核算分为总价法和净价法。总价法假设企业不会享受现金折扣,按照应付账款扣除现金折扣之前的发票价格入账,如果折扣期内企业付款享受了现金折扣,则视为理财收益,冲减财务费用;净价法假设企业一定会享受现金折扣(且一般为最大比例的折扣),如果超过折扣期付款而丧失现金折扣,则视为理财损失,增加财务费用。我国会计实务中一般采用总价法。

[例 6-3] 北疆公司向建民公司购入一批原材料,已验收入库。发票金额为 30 000元,不考虑增值税等相关税费,付款条件为"2/10,n/30"。其账务处理见表 6-1。

表 6-1 北疆公司的有关账务处理　　　　　　　　　单位:元

账务处理时点	总价法		净价法	
购货时	借:原材料 　贷:应付账款——建民	30 000 30 000	借:原材料 　贷:应付账款——建民	29 400 29 400
10 天内付款	借:应付账款——建民 　贷:财务费用 　　银行存款	30 000 600 29 400	借:应付账款——建民 　贷:银行存款	29 400 29 400
10~30 天内付款	借:应付账款——建民 　贷:银行存款	30 000 30 000	借:应付账款——建民 　财务费用 　贷:银行存款	29 400 600 30 000

四、预收账款

预收账款是指企业根据合同或者协议,向购货方预先收取的定金或者部分货款。预收账款一般是在企业产品、劳务供不应求或购货方信誉较差的情况下产生的,如果企业生产周期长(如建筑业、造船业等),也会为弥补生产资金不足而预先向购货方收取定金。

预收账款的核算要根据企业的具体情况而定。预收账款不多的企业,可以不设置“预收账款”科目,直接记入“应收账款”科目的贷方;预收账款较多的企业,则应单独设置“预收账款”科目,贷方反映预收的货款和补付的货款,借方反映应收的货款和退货多收的货款。期末余额若在贷方,表示尚未结清的预收款项,借方余额表示应收的款项。

[例6-4] 2021年5月,南强公司向北疆公司购买一批材料,预先交纳定金70 000元。2021年6月,北疆公司将生产好的材料出售给南强公司,该批材料价值100 000元(不考虑相关税费)。2021年7月,南强公司补付差额款30 000元。南强公司的会计处理如下:

(1) 2021年5月,北疆公司收到定金时。

借:银行存款　　　　　　　　　　　　　　　　　　70 000
　贷:预收账款——南强公司　　　　　　　　　　　　　　70 000

(2) 2021年6月,北疆公司销售材料时。

借:预收账款——南强公司　　　　　　　　　　　　100 000
　贷:主营业务收入　　　　　　　　　　　　　　　　　100 000

(3) 2021年7月,北疆公司收到补付款时。

借:银行存款　　　　　　　　　　　　　　　　　　30 000
　贷:预收账款——南强公司　　　　　　　　　　　　　30 000

五、其他应付款

除了前述应付票据、应付账款外,企业还会发生一些应付、暂收款项,如存入保证金、应付经营租入固定资产租金、应付包装物租金等。企业应设置“其他应付款”科目,区分款项类别及应付预收款的单位或个人进行明细核算。根据流动负债的定义,如果应付、预收款项超过一年或者一个经营周期,则不应列入其他应付款的核算内容,而应作为长期负债核算。例如,企业以融资租赁方式租入固定资产时,形成的应付租金,属于长期负债,应当在"长期应付款"科目中核算。

[例 6-5] 南强公司在销售商品时,向购货单位华发公司出借了一批包装物,包装物成本 8 000 元,收到押金 10 000 元,不考虑相关税费。南强公司的会计处理如下:

(1) 收到押金时。

借:银行存款: 10 000
　　贷:其他应付款——华发公司存入保证金   10 000

(2) 若包装物如期归还,退还押金时。

借:其他应付款——华发公司存入保证金   10 000
　　贷:银行存款   10 000

(3) 若包装物毁损,没收押金时。

借:其他应付款——华发公司存入保证金   10 000
　　贷:包装物   8 000
　　　营业外收入   2 000

六、应付职工薪酬

(一) 职工与职工薪酬

1. 职工的定义

职工,是指与企业订立劳动合同的所有人员,含全职、兼职和临时职工,也包括虽未与企业订立劳动合同但由企业正式任命的人员。具体而言,职工的范围至少应当包括:

第一,与企业订立劳动合同的所有人员,含全职、兼职和临时职工。按照《中华人民共和国劳动法》和《中华人民共和国劳动合同法》的规定,企业作为用人单位应当与劳动者订立劳动合同。《企业会计准则第 9 号——职工薪酬》(以下简称本准则)中的职工首先应当包括这部分人员,即与企业订立了固定期限、无固定期限或者以完成一定工作作为期限的劳动合同的所有人员。

第二,未与企业订立劳动合同但由企业正式任命的人员,如部分董事会成员、监事会成员等。企业按照有关规定设立董事、监事,或者董事会、监事会的,如所聘请的独立董事、外部监事等,虽然没有与企业订立劳动合同,但属于由企业正式任命的人员,属于本准则所称的职工。

第三,在企业的计划和控制下,虽未与企业订立劳动合同或未由其正式任命,但向企业所提供服务与职工所提供服务类似的人员,也属于职工的范畴,包括通过企业与劳务中介公司签订用工合同而向企业提供服务的人员,这些劳务用工人员属于本准则所称的职工。

2. 职工薪酬的定义与分类

职工薪酬,是指企业为获得职工提供的服务或解除劳动关系而给予的各种形式的报酬或补偿。职工薪酬主要包括以下四个方面。

第一,短期薪酬,是指企业预期在职工提供相关服务的年度报告期间结束后 12 个月内将全部予以支付的职工薪酬,因解除与职工的劳动关系给予的补偿除外。因解除与职工的劳动关系给予的补偿属于辞退福利的范畴。

短期薪酬主要包括:

(1) 职工工资、奖金、津贴和补贴,是指企业按照构成工资总额的计时工资、计件工资、支付给职工的劳动报酬,为了补偿职工特殊或额外的劳动消耗和因其他特殊原因支付给职工的津贴,以及为了保证职工工资水平不受物价影响支付给职工的物价补贴等。其中,企业按照短期奖金计划向职工发放的奖金属于短期薪酬,按照长期奖金计划向职工发放的奖金属于其他长期职工福利。

(2) 职工福利费,是指企业向职工提供的生活困难补助、丧葬补助费、抚恤费、职工异地安家费、防暑降温费等职工福利支出。

(3) 医疗保险费、工伤保险费和生育保险费等社会保险费,是指企业按照国家规定的基准和比例计算,向社会保险经办机构缴存的医疗保险费、工伤保险费和生育保险费等。

(4) 住房公积金,是指企业按照国家规定的基准和比例计算,向住房公积金管理机构缴存的住房公积金。

(5) 工会经费和职工教育经费,是指企业为了改善职工文化生活、为职工学习先进技术和提高文化水平和业务素质,用于开展工会活动和职工教育及职业技能培训等相关支出。

(6) 短期带薪缺勤,是指职工虽然缺勤但企业仍向其支付报酬的安排,包括年休假、病假、婚假、产假、丧假、探亲假等。长期带薪缺勤属于其他长期职工福利。

(7) 短期利润分享计划,是指因职工提供服务而与职工达成的基于利润或其他经营成果提供薪酬的协议。长期利润分享计划属于其他长期职工福利。

(8) 其他短期薪酬,是指除上述薪酬以外的其他为获得职工提供的服务而给予的短期薪酬。

第二,离职后福利,是指企业为获得职工提供的服务而在职工退休或与企业解除劳动关系后,提供的各种形式的报酬和福利,属于短期薪酬和辞退福利的除外。

离职后福利计划,是指企业与职工就离职后福利达成的协议,或者企业为向职工提供离职后福利制定的规章或办法等。离职后福利计划按照企业承担的风险和义务情况,可以分为设定提存计划和设定受益计划。

第三,辞退福利,是指企业在职工劳动合同到期之前解除与职工的劳动关系,或者为鼓励职工自愿接受裁减而给予职工的补偿。

辞退福利主要包括:

(1) 在职工劳动合同尚未到期前,不论职工本人是否愿意,企业决定解除与职工的劳动关系而给予的补偿。

(2) 在职工劳动合同尚未到期前,为鼓励职工自愿接受裁减而给予的补偿,职工有权利选择继续在职或接受补偿离职。

辞退福利通常采取解除劳动关系时一次性支付补偿的方式,也可采取在职工不再为企业带来经济利益后,将职工工资支付到辞退后未来某一期间的方式。

企业应当根据辞退福利的定义和包括的内容,区分辞退福利与正常退休的养老金(正常退休的养老金属于离职后福利)。辞退福利是在职工与企业签订的劳动合同到期前,企业根据法律与职工本人或职工代表(如工会)签订的协议,或者基于商业惯例,承诺当其提前终止对职工的雇佣关系时支付的补偿,引发补偿的事项是辞退,因此,企业应当在辞退职工时进行辞退福利的确认和计量。职工在正常退休时获得的养老金,是其与企业签订的劳动合同到期时,或者职工达到了国家规定的退休年龄时获得的退休后生活补偿金额,引发补偿的事项是职工在职时提供的服务,而不是退休本身,因此,企业应当在职工提供服务的会计期间进行养老金的确认和计量。另外,职工虽然没有与企业解除劳动合同,但未来不再为企业提供服务,不能为企业带来经济利益,企业承诺提供实质上具有辞退福利性质的经济补偿的,如发生"内退"的情况,在其正式退休日期之前应当比照辞退福利处理,在其正式退休日期之后,应当按照离职后福利处理。

专栏 6-1

职工薪酬定义的完善

我国 2006 年发布的《企业会计准则第 9 号——职工薪酬》对职工薪酬的定义是,企业因职工提供服务而支付或放弃的所有对价。而 2014 年修订的《企业会计准则第 9 号——职工薪酬》的定义是,是指企业为获得职工提供的服务或解除劳动关系而给予的各种形式的报酬或补偿。对新旧定义进行比较我们发现,新定义增加了"解除劳动关系"这一用语,该定义相对更加严谨,主要是考虑了辞退福利不直接与职工提供服务挂钩的情况。

第四,其他长期职工福利,是指除短期薪酬、离职后福利、辞退福利之外所有的职工薪酬,包括长期带薪缺勤、长期残疾福利、长期利润分享计划等。

(二)货币性短期薪酬

职工的工资、奖金、津贴和补贴,大部分的职工福利费、医疗保险费、工伤保险费和生育保险费等社会保险费,住房公积金、工会经费和职工教育经费一般属于货币性短期薪酬。

企业应当根据职工提供服务情况和工资标准计算应计入职工薪酬的工资总额,按照受益对象计入当期损益或相关资产成本,借记"生产成本""制造费用""管理费用"等科目,贷记"应付职工薪酬"科目。发放时,借记"应付职工薪酬",贷记"银行存款"等科目。企业发生的职工福利费,应当在实际发生时根据实际发生额计入当期损益或相关资产成本。

企业为职工缴纳的医疗保险费、工伤保险费、生育保险费等社会保险费和住房公积金,以及按规定提取的工会经费和职工教育经费,应当在职工为其提供服务的会计期间,根据规定的计提基础和计提比例计算确定相应的职工薪酬金额,并确认相关负债,按照受益对象计入当期损益或相关资产成本。其中:①医疗保险费、工伤保险费、生育保险费等社会保险费和住房公积金,企业应当按照国务院、所在地政府或企业年金计划规定的标准,计量应付职工薪酬义务和应相应计入成本费用的薪酬金额。②工会经费和职工教育经费,企业应当分别按照职工工资总额的 2% 和 8% 的计提标准,计量应付职工薪酬(工会经费、职工教育经费)义务金额和相应计入成本费用的薪酬金额;从业人员技术要求高、培训任务重、经济效益好的企业,可根据国家相关规定,按照职工工资总额的 8% 计量应计入成本费用的职工教育经费。按照明确标准计算确定应承担的职工薪酬义务后,再根据受益对象计入当期损益或相关资产成本。

[例 6-6]　2020 年 6 月,甲公司当月应发工资 15 600 万元,其中:生产部门直接生产人员工资 10 000 万元,生产部门管理人员工资 2 000 万元,公司管理部门人员工资 3 600 万元。

根据所在地政府规定:公司分别按照职工工资总额的 10% 计提医疗保险费和按 8% 计提住房公积金,缴纳给当地社会保险经办机构和住房公积金管理机构;公司分别按照职工工资总额的 2% 和 1.5% 计提工会经费和职工教育经费;假定不考虑所得税影响。

应计入生产成本的职工薪酬金额 =10 000+10 000 ×(10%+8%+2%+1.5%)=12 150(万元)
应计入制造费用的职工薪酬金额 =2 000+2 000 ×(10%+8%+2%+1.5%)=2 430(万元)
应计入管理费用的职工薪酬金额 =3 600+360 ×(10%+8%+2%+1.5%)=4 374(万元)

公司应根据上述业务,做如下账务处理:

借:生产成本　　　　　　　　　　　　　 121 500 000
　　制造费用　　　　　　　　　　　　　　 24 300 000
　　管理费用　　　　　　　　　　　　　　 43 740 000
　　贷:应付职工薪酬——工资　　　　　　　　　　 156 000 000
　　　　　　　　——医疗保险费　　　　　　　　 15 600 000
　　　　　　　　——住房公积金　　　　　　　　 12 480 000
　　　　　　　　——工会经费　　　　　　　　　 3 120 000
　　　　　　　　——职工教育经费　　　　　　　　 2 340 000

××特钢职工薪酬与利润操纵案例

(三)带薪缺勤

带薪缺勤分为累积带薪缺勤和非累积带薪缺勤。其中,累积带薪缺勤是指带薪缺勤权利可以结转下期的带薪缺勤,本期尚未用完的带薪缺勤权利可以在未来期间使用;非累积带薪缺勤是指带薪缺勤权利不能结转下期的带薪缺勤,本期尚未用完的带薪缺勤权利将予以取消,并且职工离开企业时也无权获得现金支付。我国企业职工休婚假、产假、丧假、探亲假、病假期间的工资通常属于非累积带薪缺勤。因此,这里介绍一下非累积带薪缺勤的会计处理。

[例 6-7]　南强公司 2020 年 9 月有 2 名销售人员放弃 15 天的婚假,假设平均每名职工每个工作日工资为 200 元,月工资 6 000 元。

(1)假设公司未实行非累积带薪缺勤货币补偿制度,可做会计处理为:

借:销售费用　　　　　　　　　　　　　　　　　　 12 000
　　贷:应付职工薪酬——工资　　　　　　　　　　　　　 12 000

（2）假设公司实行非累积带薪缺勤货币补偿制度，补偿金额为放弃带薪休假期间平均日工资的 2 倍，可做会计处理为：

借：销售费用   24 000

    贷：应付职工薪酬——工资   12 000

        ——带薪休假   12 000

（3）实际补偿时，随工资同时支付，可做会计处理为：

借：应付职工薪酬——工资   12 000

        ——带薪休假   12 000

    贷：银行存款   24 000

（四）离职后福利

离职后福利包括退休福利（如养老金和一次性的退休支付）及其他离职后福利（如离职后人寿保险和离职后医疗保障）。

离职后福利计划，是指企业与职工就离职后福利达成的协议，或者企业为向职工提供离职后福利制定的规章或办法等。离职后福利计划分为设定提存计划和设定受益计划两种类型。设定提存计划，是指企业向单独主体（如基金等）缴存固定费用后，不再承担进一步支付义务的离职后福利计划。设定受益计划，是指除设定提存计划以外的离职后福利计划。

设定提存计划和设定受益计划的区分，取决于离职后福利计划的主要条款和条件所包含的经济实质。在设定提存计划下，企业的义务以企业应向独立主体缴存的提存金金额为限，职工未来所能取得的离职后福利金额取决于向独立主体支付的提存金金额，以及提存金所产生的投资回报，从而精算风险和投资风险实质上要由职工来承担。在设定受益计划下，企业的义务是为现在及以前的职工提供约定的福利，并且精算风险和投资风险实质上由企业来承担。简言之，在设定提存计划下，企业缴存额固定，但职工受益额不固定；在设定受益计划下，职工受益额固定，但企业缴存额不固定。我国目前的离职后福利如基本养老保险、失业保险等属于设定提存计划范畴，因此，这里介绍设定提存计划的会计处理。

设定提存计划的会计处理相对简单。企业在每一期间的义务取决于该期间将要提存的金额。企业应在资产负债表日确认为换取职工在会计期间内为企业提供的服务而应付给设定提存计划的提存金，并作为一项费用计入当期损益或相关资产成本。

［例 6-8］ 甲公司为管理人员设立了一项企业年金：每月该企业按照每位管理人员工资的 5% 向独立于甲公司的年金基金缴存企业年金，年金基金将其计入该管理人员个人账户并负责资金的运作。该管理人员退休时可以一次性获得其个人账户的累积额，包括公司历年来的缴存额以及相应的投资收益。公司除了按照约定向年金基金缴存之外不再负有其他义务，既不享有缴存资金产生的收益，也不承担投资风险。因此，该福利计划为设定提存计划。2020 年，按照计划安排，该企业向年金基金缴存的金额为 500 万元。甲公司应做如下账务处理：

借：管理费用   5 000 000

    贷：应付职工薪酬   5 000 000

```
借:应付职工薪酬                                          5 000 000
    贷:银行存款                                                    5 000 000
```

（五）辞退福利

1. 辞退福利的含义

由于导致义务产生的事项是终止雇佣而不是为获得职工的服务,企业应当将辞退福利作为单独一类职工薪酬进行会计处理。辞退福利包括两方面的内容,一是在职工劳动合同尚未到期前,不论职工本人是否愿意,企业决定解除与职工的劳动关系而给予的补偿;二是在职工劳动合同尚未到期前,为鼓励职工自愿接受裁减而给予的补偿,职工有权利选择继续在职或接受补偿离职。辞退福利还包括当公司控制权发生变动时,对辞退的管理层人员进行补偿的情况。

辞退福利与正常退休养老金不同。辞退福利是在职工与企业签订的劳动合同到期前,企业根据法律与职工本人或职工代表(如工会)签订的协议,或者基于商业惯例,承诺当其提前终止对职工的雇佣关系时支付的补偿,引发补偿的事项是辞退。因此,企业应当在辞退时进行确认和计量。而职工在正常退休时获得的养老金应在职工提供服务的会计期间确认和计量。

需要注意的是,无论职工因何种原因离开都要支付的福利属于离职后福利,不是辞退福利。有些企业对职工本人提出的自愿辞退比企业提出的要求职工非自愿辞退的情况下支付较少的补偿。在这种情况下,非自愿辞退提供的补偿与职工本人要求辞退提供的补偿之间的差额,才属于辞退福利。

2. 辞退福利的确认

企业在职工劳动合同到期之前解除与职工的劳动关系,或者为鼓励职工自愿接受裁减而提出给予补偿的建议,同时满足以下确认条件的,应当确认因解除与职工的劳动关系给予补偿而产生的预计负债,同时计入当期损益:

(1) 企业已经制订正式的解除劳动关系计划或提出自愿裁减建议,并即将实施。这一条件意味着辞退福利已经构成企业现时义务。

这里所称"正式的辞退计划或建议"应当经过董事会或类似权力机构的批准,通常应当包括拟解除劳动关系或裁减的职工所在部门、职位及数量;根据有关规定按工作类别或职位确定的解除劳动关系或裁减补偿金额;拟解除劳动关系或裁减的时间。

"即将实施"是指辞退工作一般应当在一年内实施完毕,但因付款程序等原因使部分付款推迟到一年后支付的,视为符合辞退福利预计负债确认条件。

(2) 企业不能单方面撤回解除劳动关系计划或裁减建议。如果企业能够单方面撤回解除劳动关系计划或裁减建议,则表明未来经济利益流出不是很可能,因而不符合负债的确认条件。

由于被辞退的职工不再为企业带来未来经济利益,因此,对于所有辞退福利,均应当于辞退计划满足预计负债确认条件的当期计入费用。在确认辞退福利时,需要注意的是:对于分期或分阶段实施的解除劳动关系计划或自愿裁减建议,企业应当将整个计划看作由一个个单项解除劳动关系计划或自愿裁减建议组成,在每期或每阶段计划符合预计负债确认条件时,将该期或该阶段计划中由提供辞退福利产生的预计负债予以确认,计入该部分计划满足预计负债确认条件的当期管理费用,不能等全部计划都符合确认条件时再予以确认。

3. 辞退福利的计量

企业应当按照辞退计划条款的规定,合理预计并确认辞退福利产生的职工薪酬负债。辞退福利的计量因辞退计划中职工有无选择权而有所不同:

(1) 对于职工没有选择权的辞退计划,企业应当根据计划条款规定拟解除劳动关系的职工数量、每一职位的辞退补偿等确认职工薪酬负债。

(2) 对于自愿接受裁减建议的辞退计划,由于接受裁减的职工数量不确定,企业应当预计将会接受裁减建议的职工数量,根据预计的职工数量和每一职位的辞退补偿等确认职工薪酬负债。

(3) 实质性辞退工作在一年内实施完毕但补偿款项超过一年支付的辞退计划,企业应当选择恰当的折现率,以折现后的金额计量应计入当期损益的辞退福利金额。

[例 6-9] 东方公司是一家彩电生产企业。2018 年 9 月,为了能够在下一年度顺利实施转产,东方公司管理层制订了一项辞退计划,计划规定,从 2019 年 1 月 1 日起,企业将以职工自愿方式,辞退其彩电生产车间的职工。

辞退计划的详细内容,包括拟辞退的职工所在部门、数量、各级别职工能够获得的补偿以及计划大体实施的时间等均已与职工沟通,并达成一致意见,辞退计划已于 2018 年 12 月 10 日经董事会正式批准,辞退计划将于下一个年度内实施完毕。该项辞退计划的详细内容如表 6-2 所示。

表 6-2　2019 年东方公司辞退计划一览表

所属部门	职位	辞退数量(名)	工龄(年)	每人补偿(万元)
彩电车间	车间主任副主任	10	1~5	10
			6~10	20
			15~20	30
	高级技工	40	1~5	8
			6~10	18
			15~20	28
	一般技工	80	1~5	5
			6~10	15
			15~20	25
合计		130		159

2018 年 12 月 31 日,东方公司预计各级别职工拟接受辞退职工数量的最佳估计数(最可能发生数)及其应支付的补偿如表 6-3 所示。

表6-3 各级别职工拟接受辞退职工数量的最佳估计数

所属部门	职位	辞退数量（名）	工龄（年）	接受数量（名）	每人补偿（万元）	补偿金额（万元）
彩电车间	车间主任副主任	10	1~5	4	10	40
			6~10	2	20	40
			15~20	1	30	30
	高级技工	40	1~5	15	8	120
			6~10	10	18	180
			15~20	5	28	140
	一般技工	80	1~5	30	5	150
			6~10	20	15	300
			15~20	10	25	250
合计		130		97	159	1 250

根据表6-3,愿意接受辞退职工的最可能数量为97名,预计补偿总额为1 250万元,则东方公司在2018年应做如下账务处理:

借:管理费用　　　　　　　　　　　　　12 500 000

　　贷:应付职工薪酬——辞退福利　　　　　　12 500 000

×× 公司辞职门事件

七、应交税费

按照国家有关税法的规定,企业在一定时期内的生产经营活动会产生相关税费,包括增值税、消费税、所得税、资源税、土地增值税、城市维护建设税、房产税、土地使用税、车船税、教育费附加、矿产资源补偿费等。这些税费必须依法缴纳。在会计上,企业应当按照权责发生制的要求记录应当缴纳的税费,从而形成相应的负债。企业应当设置"应交税费"账户核算这些税费,并按照应交的税费项目进行明细核算。

(一) 增值税

增值税是对在我国境内销售货物或者提供加工、修理修配劳务,销售服务、无形资产、不动产以及进口货物的单位和个人,就其取得的货物或应税劳务的销售额,以及进口货物的金额计算税款,并实行税款抵扣制的一种流转税。从计税原理上看,增值税是对商品生产和流通中各环节的新增价值或商品附加值进行征税,所以称为"增值税"。

增值税的纳税人分为一般纳税人和小规模纳税人。一般纳税人是指年应征增值税销售额超过财政部、国家税务总局规定的小规模纳税人标准的企业和企业性单位。一般纳税人的特点是增值税进项税额可以抵扣销项税额,适用税率一般为13%。如果企业的年应征增值税销售额未超过财政部、国家税务总局规定的小规模纳税人标准,则属于小规模纳税人,小规模纳税人的特点是增值税进项税额不可以抵扣销项税额,适用税率为3%。

增值税的征收方法也因一般纳税人和小规模纳税人而有所不同。一般纳税人采取税款抵扣的征收方法,即当期应纳税额为当期销项税额抵扣当期进项税额后的余额。销项税额是纳税人销售货物或者提供劳务,按照销售额或应税劳务收入和规定的税率计算,并向购买方收取的增值税税额。进项税额是纳税人购进货物或应税劳务,支付或负担的增值税。小规模纳税人不采取这种抵扣办法,直接用销售额乘以适用的征收率,即为当期应交的增值税。增值税计税销售额,是指纳税人因销售货物或者提供应税劳务而向购买方收取的全部价款和价外费用,但不包括收取的销项税额。

税法规定,一般纳税人销售货物或者提供应税劳务均应开具增值税专用发票,增值税专用发票记载了销售货物的售价、税率和税额等,购货方以增值税专用发票上记载的购入货物已支付的税额,作为扣税和记账的依据。小规模纳税人不使用增值税专用发票。

企业应当设置"应交税费——应交增值税"账户核算增值税,并分别设置"进项税额""销项税额""出口退税""进项税额转出""已交税费"等明细账户。

[例 6-10] 笃信公司为增值税一般纳税人。2020 年 5 月 1 日,笃信公司销售一批材料,开具了增值税专用发票,发票上注明的材料售价为 100 000 元,增值税税率为 13%,增值税额为 13 000 元,尚未收到货款。5 月 2 日,笃信公司购买一批材料,收到对方开具的增值税专用发票,发票上注明的材料售价为 80 000 元,增值税税率为 13%,增值税额为 10 400 元,笃信公司尚未支付货款。笃信公司已将材料入库,按实际成本核算存货。笃信公司的会计处理为:

(1) 5 月 1 日销售材料。

借:应收账款	113 000
贷:主营业务收入	100 000
应交税费——应交增值税(销项税额)	13 000

(2) 5 月 2 日购买材料。

借:原材料	80 000
应交税费——应交增值税(进项税额)	10 400
贷:应付账款	90 400

(3) 假设 5 月份笃信公司只发生这两笔业务,那么笃信公司 5 月份应当缴纳的增值税为:当期应交增值税 = 当期销项税额 – 当期进项税额 =13 000–10 400=2 600(元)。

假设笃信公司 5 月 31 日用银行存款缴纳了当月的增值税,此时的会计处理为:

借:应交税费——应交增值税(已交税费)	2 600
贷:银行存款	2 600

小规模纳税人购入货物或接受应税劳务,无论是否取得增值税专用发票,其支付的增值税额均不能计入进项税额,而是直接计入购入货物的成本。小规模纳税人销售货物或提供应税劳务,不能开具增值税专用发票,只能开具普通发票。普通发票上载明的销售价格为含税销售额,计算增值税时,应当将含税销售额还原为不含税销售额,再按照适用征收率计算增值税。还原公式为:不含税销售额 = 含税销售额 /(1+ 适用的征收率)。

[例 6-11] 沿用例 6-10 的资料,假设笃信公司为小规模纳税人,适用的征收率为 3%。2020 年 5 月 1 日销售材料时,开具普通发票,发票上注明的销售价格总额为 103 000 元。5 月 2 日的购货交易不变。此时,笃信公司的会计处理为:

（1）5月1日销售材料。

不含税销售额 =103 000/（1+3%）=100 000（元）

借：应收账款　　　　　　　　　　　　　　　103 000

　　贷：主营业务收入　　　　　　　　　　　　　　100 000

　　　　应交税费——应交增值税　　　　　　　　　　3 000

（2）5月2日购买材料。

借：原材料　　　　　　　　　　　　　　　　90 400

　　贷：应付账款　　　　　　　　　　　　　　　　90 400

国家税务总局曝光5起虚开增值税发票案件

（二）消费税

消费税是对在我国境内生产、委托加工和进口应税消费品征收的一种税。国家在普遍征收增值税的基础上，选择部分消费品再征收一道消费税，以贯彻国家的产业政策，引导消费方向。消费税的征税范围包括：烟、酒、鞭炮、焰火、高档化妆品、成品油、贵重首饰及珠宝玉石、高尔夫球及球具、高档手表、游艇、木制一次性筷子、实木地板、摩托车、小汽车、电池、涂料等。在我国境内生产、委托加工和进口上述消费品的单位和个人都是消费税的纳税义务人。消费税的税率采取比例税率和定额税率两种形式，消费税相关法规按照各税目，详细列明了各种应税消费品适用的税率。计算消费税的销售额，为纳税人销售应税消费品而向购货方收取的除增值税税款以外的全部价款和价外费用。

与增值税不同，消费税是价内税，而增值税属于价外税。价内税一般是指税金作为商品价格的组成部分的税收；价外税一般是指税金作为商品价格之外的附加额的税收。所以消费税的会计处理与增值税有所不同。企业应当设置"应交税费——应交消费税"账户，按规定计算应交纳消费税时，借记"税金及附加"科目，贷记该科目，实际缴纳时，借记该科目，贷记"银行存款"等科目。企业用应税消费品对外投资，或用于在建工程、非生产机构等其他方面，按规定应缴纳的消费税，应计入相关成本。

［例6-12］　华生公司为增值税一般纳税人。2020年1月1日，公司销售了一批化妆品，开具的增值税专用发票上注明的售价为25万元，增值税税率为13%，化妆品的消费税税率为15%。该批化妆品的成本为18万元。产品已发出，款项尚未收到。华生公司的会计处理如下：

借：应收账款　　　　　　　　　　　　　　　282 500

　　贷：主营业务收入　　　　　　　　　　　　　　250 000

　　　　应交税费——应交增值税（销项税额）　　　　32 500

借：税金及附加　　　　　　　　　　　　　　37 500

　　贷：应交税费——应交消费税　　　　　　　　　　37 500

借：主营业务成本　　　　　　　　　　　　　180 000

　　贷：库存商品　　　　　　　　　　　　　　　　180 000

税法规定，企业委托加工的应税消费品，由受托方在向委托方交货时代扣代缴税款。委托加工的应税消费品收回后直接出售的，不再征收消费税；用委托加工收回的应税消费品连续生产应税消费品的，其已纳消费税税款准予从连续生产的应税消费品应纳消费税中抵扣。

[例6-13]　摩尔公司委托外单位加工材料,原材料价款为10万元,加工费2万元,由受托方代收代缴消费税1万元,不考虑增值税。材料已经收回入库,加工费尚未支付。

如果摩尔公司收回加工后的材料直接用于对外出售,会计处理为:

借:委托加工物资　　　　　　　　　　　　　　　　　　100 000

　　贷:原材料　　　　　　　　　　　　　　　　　　　　　　　100 000

借:委托加工物资　　　　　　　　　　　　　　　　　　30 000

　　贷:应付账款　　　　　　　　　　　　　　　　　　　　　　30 000

借:原材料　　　　　　　　　　　　　　　　　　　　　130 000

　　贷:委托加工物资　　　　　　　　　　　　　　　　　　　　130 000

如果摩尔公司收回加工后的材料用于继续生产应税消费品,会计处理为:

借:委托加工物资　　　　　　　　　　　　　　　　　　100 000

　　贷:原材料　　　　　　　　　　　　　　　　　　　　　　　100 000

借:委托加工物资　　　　　　　　　　　　　　　　　　20 000

　　应交税费——应交消费税　　　　　　　　　　　　　10 000

　　贷:应付账款　　　　　　　　　　　　　　　　　　　　　　30 000

借:原材料　　　　　　　　　　　　　　　　　　　　　120 000

　　贷:委托加工物资　　　　　　　　　　　　　　　　　　　　120 000

(三) 企业所得税

我国于2007年3月16日颁布了《中华人民共和国企业所得税法》(以下简称《企业所得税法》),该法于2008年1月1日开始施行,2017年、2018年分别进行了修订。《企业所得税法》结束了之前我国内外资企业所得税区别对待的局面,统一了对我国境内所有企业(不包括个人独资企业和合伙企业)的所得税规范。

该法规定,在我国境内,企业和其他取得收入的组织(统称企业)为企业所得税的纳税人,依照企业所得税法的规定缴纳企业所得税。但个人独资企业和合伙企业不适用该法。企业每一纳税年度的收入总额,减除不征税收入、免税收入、各项扣除以及允许弥补的以前年度亏损后的余额,为应纳税所得额。企业的应纳税所得额乘以适用税率,减除依照企业所得税法关于税收优惠的规定减免和抵免的税额后的余额,为应纳税额。一般情况下,企业所得税的税率为25%。

企业应当严格按照《企业所得税法》的规定,计算应纳税所得额和应纳税额。企业应按照税法规定计算应交的所得税,借记“所得税费用”等科目,贷记“应交税费——应交所得税”科目。缴纳的所得税,借记“应交税费——应交所得税”科目,贷记“银行存款”等科目。

(四) 其他税费

1. 资源税

资源税是对在我国境内开采应税资源的矿产品或者生产盐的单位和个人征收的一种税。资源税按照应税产品的课税数量和规定的单位税额计算,公式为:应纳税额 = 课税数量 × 单位税额。纳税人开采或者生产应税产品销售的,以销售数量为课税数量;纳税人开采或者生产应税产品自用的,以自用数量为课税数量。

企业应设置"应交税费——应交资源税"明细科目进行相关核算。企业按规定计算销售应税产品应交纳的资源税,借记"税金及附加"科目,贷记"应交税费——应交资源税"科目;企业计算自产自用的应税产品应交纳的资源税,借记"生产成本""制造费用"等科目;贷记"应交税费——应交资源税"科目。

2. 土地增值税

土地增值税是对转让国有土地使用权、地上建筑物及其附着物并取得收入的单位和个人,就其转让房地产所取得的增值额征收的一种税。增值额是指转让房地产所取得的收入减除规定扣除项目金额后的余额。扣除项目主要包括:取得土地使用权所支付的金额;开发土地的成本、费用;新建房屋及配套设施的成本、费用,或者旧房及建筑物的评估价格;与转让房地产有关的税金。土地增值税实行四级超率累进税率。

企业应当设置"应交税费——应交土地增值税"明细科目进行相关核算。企业转让土地使用权应交的土地增值税,土地使用权与地上建筑物及其附着物一并在"固定资产"等科目核算的,借记"固定资产清理"等科目,贷记"应交税费——应交土地增值税"。土地使用权在"无形资产"科目核算的,按实际收到的金额,借记"银行存款"科目;按应交的土地增值税,贷记"应交税费——应交土地增值税";同时冲销土地使用权的账面价值,贷记"无形资产"科目;按其差额,借记或贷记"资产处置损益"科目。实际交纳土地增值税时,借记"应交税费——应交土地增值税",贷记"银行存款"等科目。

3. 城市维护建设税和教育费附加

城市维护建设税,又称城建税,是以纳税人实际缴纳的增值税、消费税税额为计税依据,依法计征的一种税。城市维护建设税与其他税种不同,没有独立的征税对象或税基,而是以增值税、消费税"二税"实际缴纳的税额之和为计税依据,随"二税"同时附征,本质上属于一种附加税。城建税属于特定目的税,是国家为加强城市的维护建设,扩大和稳定城市维护建设资金的来源而采取的一项税收措施。城建税的应纳税额为纳税人实际缴纳的"二税"税额乘以适用税率。城建税按纳税人所在地的不同,设置了三档地区差别比例税率:所在地为市区的,税率为 7%;所在地为县城、镇的,税率为 5%;所在地不在市区、县城或者镇的,税率为 1%。

与城建税类似,教育费附加是根据"二税"征收的一种附加费,征收税率为 3%。

企业应当设置"应交税费——应交城市维护建设税(或教育费附加)"明细科目进行相关核算。企业按规定计算出的城市维护建设税(或教育费附加),借记"税金及附加"科目,贷记"应交税费——应交城市维护建设税(或教育费附加)";实际上交时,借记"应交税费——应交城市维护建设税(或教育费附加)",贷记"银行存款"等科目。

4. 房产税、城镇土地使用税、车船税和印花税

房产税是以房产为征税对象,依据房产价格或房产租金收入向房产所有人或经营人征收的一种税。房产税依照房产原值一次减除 10%~30% 后的余额计算交纳。没有房产原值作为依据的,由房产所在地税务机关参考同类房产核定;房产出租的,以房产租金收入为房产税的计税依据。

城镇土地使用税是国家为了合理利用城镇土地,调节土地级差收入,提高土地使用效益,加强土地管理而开征的一种税,以纳税人实际占用的土地面积为计税依据,依照规定

税额计算征收。

车船税是指在我国境内的车辆、船舶的所有人或者管理人按照车船税暂行条例应缴纳的一种税。《中华人民共和国车船税暂行条例》给出了车船税的征税标准。

企业按规定计算应交的房产税、土地使用税、车船税时,借记"税金及附加"科目,贷记"应交税费——应交房产税(或土地使用税、车船税)"科目;上交时,借记"应交税费——应交房产税(或土地使用税、车船税)"科目,贷记"银行存款"科目。

西安格润牧业股份有限公司关于公司收到税务行政处罚的公告

印花税是对经济活动和经济交往中书立、使用、领受具有法律效力的凭证的单位和个人征收的一种税。这些凭证包括:合同,产权转移书据,营业账簿,权利、许可证照等。企业交纳的印花税,由纳税人根据规定自行计算应纳税额以购买并一次贴足印花税票的方法交纳,不会产生应交未交的税款,因此印花税不需要通过"应交税费"科目核算,企业在购买印花税票时,直接借记"税金及附加",贷记"银行存款"等科目。

八、应付股利

股利是股份公司支付给股东的部分净利润,是其投入资金的一种回报形式。股利支付最常见的形式包括现金股利和股票股利。现金股利的发放需要设置"应付股利"科目来核算。当股份公司董事会正式宣告发放现金股利时,应付现金股利构成了企业对股东的一项负债,应借记"利润分配"科目,贷记"应付股利"科目;若以后股东大会批准的年度分配方案与董事会提请股东大会批准的现金股利分配方案不一致,需调整"利润分配"和"应付股利"科目。企业实际发放现金股利时,应借记"应付股利"科目,贷记"银行存款"科目。

第三节　或 有 事 项

一、或有事项的概念、特点及分类

(一) 或有事项的概念

或有事项,是指过去的交易或者事项形成的,其结果须由某些未来事项的发生或不发生才能决定的不确定事项。常见的或有事项主要包括:未决诉讼或未决仲裁、债务担保、产品质量保证(含产品安全保证)、亏损合同、重组义务、环境污染整治、承诺等。

(二) 或有事项的特点

或有事项具有如下特点:

1. 或有事项是由过去的交易或者事项形成的

或有事项作为一种不确定事项,是由企业过去的交易或者事项形成的。由过去的交易或者事项形成,是指或有事项的现存状况是过去交易或者事项引起的客观存在。例如,未决诉讼虽然是正在进行中的诉讼,但该诉讼是企业因过去的经济行为导致起诉其他单位或被其他单位起诉,这是现存的一种状况,而不是未来将要发生的事项。由于或有事项具有因过去的交易或者事项而形成这一特征,未来可能发生的自然灾害、交通事故、经营亏损等事项,不属于或有事项。

2. 或有事项的结果具有不确定性

或有事项的结果具有不确定性,是指或有事项的结果是否发生具有不确定性或者或有事项的结果预计将会发生,但发生的具体时间或金额具有不确定性。例如,有些未决诉讼的被告是否会败诉,在案件审理过程中有时是难以确定的,需要根据法院判决情况加以确定。再如,某企业因生产排污治理不力并对周围环境造成污染而被起诉,如无特殊情况,该企业很可能败诉。但是,在诉讼成立时,该企业因败诉将支出多少金额,或者何时将发生这些支出,可能是难以确定的。

3. 或有事项的结果须由未来事项决定

由未来事项决定,是指或有事项的结果只能由未来不确定事项的发生或不发生才能决定。或有事项对企业是有利影响还是不利影响,或已知是有利影响或不利影响但影响多大,在或有事项发生时是难以确定的,只能由未来不确定事项的发生或不发生才能证实。例如,企业为其他单位提供债务担保,该担保事项最终是否会要求企业履行偿还债务的连带责任,一般只能看被担保方的未来经营情况和偿债能力。如果被担保方经营情况和财务状况良好且有较好的信用,那么企业将不需要履行该连带责任。只有在被担保方到期无力还款时,企业(担保方)才承担偿还债务的连带责任。或有事项与不确定性联系在一起,但会计处理过程中存在的不确定性并不都形成或有事项准则所规范的或有事项,企业应当按照或有事项的定义和特征进行判断。例如,折旧的提取虽然涉及对固定资产净残值和使用寿命的估计,具有一定的不确定性,但固定资产原值是确定的,其价值最终会转移到成本或费用中也是确定的,因此折旧不是或有事项。

环境或有
事项与环境
负债

(三)或有事项的分类

或有事项按照事件结果分为两类:一类是有利的或有事项,即导致经济利益流入企业的或有事项;另一类是不利的或有事项,即导致经济利益流出企业的或有事项。有利的或有事项将产生或有资产;不利的或有事项可能产生或有负债,也可能产生预计负债。图 6-1 列示了或有事项与或有资产、或有负债、预计负债三个概念的关系,也列示了相关的可能性标准及确认与披露要求。具体而言:

1. 或有资产的确认

或有资产,是指过去的交易或者事项形成的潜在资产,其存在须通过未来不确定事项的发生或不发生予以证实。或有资产作为一种潜在资产,其结果具有较大的不确定性,只有随着经济情况的变化,通过某些未来不确定事项的发生或不发生才能证实其是否会形成企业真正的资产。例如,甲企业向法院起诉乙企业侵犯了其专利权。法院尚未对该案件进行公开审理,甲企业是否胜诉尚难判断。对于甲企业而言,将来可能胜诉而获得的赔偿属于一项或有资产,但这项或有资产是否会转化为真正的资产,要由法院的判决结果确定。如果终审判决结果是甲企业胜诉,那么这项或有资产就转化为甲企业的一项资产。如果终审判决结果是甲企业败诉,那么或有资产就消失了,更不可能形成甲企业的资产。

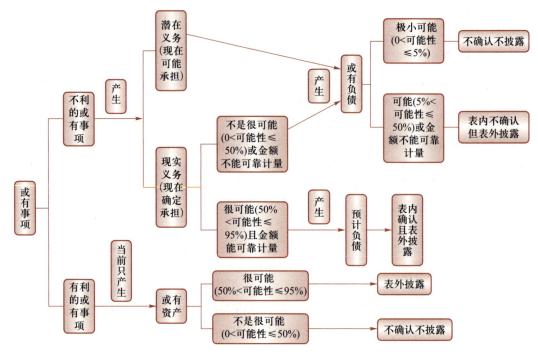

图 6-1　或有事项的分类、确认与披露

2. 或有负债的确认

或有负债,是指过去的交易或者事项形成的潜在义务,其存在须通过未来不确定事项的发生或不发生予以证实;或过去的交易或者事项形成的现时义务,履行该义务不是很可能导致经济利益流出企业或该义务的金额不能可靠计量。

或有负债涉及两类义务:一类是潜在义务;另一类是现时义务。潜在义务是指结果取决于不确定未来事项的可能义务。也就是说,潜在义务最终是否转变为现时义务,由某些未来不确定事项的发生或不发生才能决定。或有负债作为一项潜在义务,其结果如何只能由未来不确定事项的发生或不发生来证实。

现时义务是指企业在现行条件下已承担的义务。作为或有负债的现时义务,其特征是:该现时义务的履行不是很可能导致经济利益流出企业,或者该现时义务的金额不能可靠地计量。其中,"不是很可能导致经济利益流出企业",是指该现时义务导致经济利益流出企业的可能性不超过 50%(含 50%)。"金额不能可靠计量"是指,该现时义务导致经济利益流出企业的"金额"难以合理预计,现时义务履行的结果具有较大的不确定性。

[例 6-14]　2020 年 4 月,B 公司从银行贷款美元 100 万元,期限 1 年,由 A 公司担保50%;2020 年 4 月,C 公司通过银行从 G 公司贷款人民币 1 000 万元,期限 2 年,由 A 公司全额担保。

2020 年 12 月 31 日,B 公司由于受政策影响和内部管理不善等原因,经营效益不如以往,可能不能偿还到期美元债务;C 公司经营情况良好,预期不存在还款困难。

在本例中,对 B 公司而言,A 公司很可能需履行连带责任,但承担连带责任的相关金额不能可靠计量;就 C 公司而言,A 公司履行连带责任的可能性较小。根据《企业会计准则第 13 号——或有事项》的规定,这两项债务担保形成 A 公司的或有负债。

3. 预计负债的确认

与或有事项相关的义务同时满足下列条件的,该义务就是预计负债:该义务是企业承担的现时义务;履行该义务很可能导致经济利益流出企业;该义务的金额能够可靠地计量。

第一,该义务是企业承担的现时义务,是指与或有事项相关的义务是在企业当前条件下已承担的义务,企业没有其他现实的选择,只能履行该现时义务。通常情况下,过去的事项导致现时义务是比较明确的,但也存在极少情况,如法律诉讼,特定事项是否已发生或这些事项是否已产生了一项现时义务可能难以确定,企业应当考虑包括资产负债表日后所有可获得的证据、专家意见等,以此确定资产负债表日是否存在现时义务。如果据此判断,资产负债表日很可能存在现时义务,且符合预计负债确认条件的,应当确认一项预计负债;如果资产负债表日现时义务很可能不存在的,企业应披露这一或有事项,除非含有经济利益的资源流出企业的可能性极小。

或有事项准则所指的义务包括法定义务和推定义务。其中,法定义务,是指因合同、法规或其他司法解释等产生的义务,通常是企业在经营管理和经济活动中,依照经济法律、法规的规定必须履行的责任。比如,企业与另外企业签订购货合同产生的义务,就属于法定义务。从事矿山开采、建筑施工、危险品生产以及道路交通运输等高危企业,按照国家有关规定提取的安全费,就属于法定义务。如果拟定中新法律的具体条款还未最终确定,并且仅当该法律基本确定会按草拟的文本颁布时才形成义务,该义务应视为法定义务。推定义务,是指因企业的特定行为而产生的义务。企业的特定行为,泛指企业以往的习惯做法、已公开的承诺或已公开宣布的经营政策。由于以往的习惯做法,或通过这些承诺或公开的声明,企业向外界表明了它将承担特定的责任,从而使受影响的各方形成了其将履行哪些责任的合理预期。例如,甲公司是一家化工企业,因扩大经营规模,到 A 国创办了一家分公司。假定 A 国尚未针对甲公司这类企业的生产经营可能产生的环境污染制定相关法律,因而甲公司的分公司对在 A 国生产经营可能产生的环境污染不承担法定义务。但是,甲公司为在 A 国树立良好的形象,自行向社会公告,宣称将对生产经营可能产生的环境污染进行治理。甲公司的分公司为此承担的义务就属于推定义务。

义务通常涉及指向的另一方。没有必要知道义务指向的另一方的身份,实际上义务可能是对公众承担的。通常情况下,义务总是涉及对另一方的承诺,但是,管理层或董事会的决定在资产负债表日并不一定形成推定义务,除非该决定在资产负债表日之前已经以一种相当具体的方式传达给受影响的各方,使各方形成了企业将履行其责任的合理预期。

第二,履行该义务很可能导致经济利益流出企业,是指履行与或有事项相关的现时义务时,导致经济利益流出企业的可能性超过 50% 但小于或等于 95%。

企业因或有事项承担了现时义务,并不说明该现时义务很可能导致经济利益流出企业。例如,2021 年 5 月 1 日,甲企业与乙企业签订协议,承诺为乙企业的 2 年期银行借款提供全额担保。对于甲企业而言,由于担保事项而承担了一项现时义务,但这项义务的履行是否很可能导致经济利益流出企业,需依据乙企业的经营情况和财务状况等因素加以确定。假定 2021 年年末,乙企业的财务状况恶化,且没有迹象表明可能发生好转。此种情况出现,表明乙企业很可能违约,从而甲企业履行承担的现时义务将很可能导致经济利益流出企业。

第三,该义务的金额能够可靠地计量,是指与或有事项相关的现时义务的金额能够合理地估计。由于或有事项具有不确定性,因或有事项产生的现时义务的金额也具有不确定性,需要估计。对或有事项确认一项预计负债,相关现时义务的金额应当能够可靠估计。例如,甲企业(被告)涉及一桩诉讼案。根据以往的审判案例推断,甲企业很可能要败诉,相关的赔偿金额也可以估算出一个范围。这种情况下,可以认为甲企业因未决诉讼承担的现时义务的金额能够可靠地估计。

另外,对于或有事项结果发生的可能性一般采取以下划分方法:

结果的可能性	对应的概率区间(a 为发生的概率)
基本确定	$95\% < a < 100\%$
很可能	$50\% < a \leqslant 95\%$
可能	$5\% < a \leqslant 50\%$
极小可能	$0 < a \leqslant 5\%$

二、预计负债的计量与披露

前文有关预计负债需要满足的三个条件,已经说明了其确认条件。这里叙述预计负债的计量、会计处理与相关披露。

(一) 预计负债的计量

预计负债的计量包括初始计量和后续计量。或有事项准则规定,预计负债应当按照履行相关现时义务所需支出的最佳估计数进行初始计量。企业应当在资产负债表日对预计负债的账面价值进行复核,有确凿证据表明该账面价值不能真实反映当前最佳估计数的,应当按照当前最佳估计数对该账面价值进行调整,这也就是预计负债的后续计量。

最佳估计数的确定应当分别以下两种情况处理:

第一,所需支出存在一个连续范围,且该范围内各种结果发生的可能性相同,则最佳估计数应当按照该范围内的中间值,即上下限金额的平均数确定。例如,甲公司涉及一项诉讼,根据企业法律顾问判断,最终判决很可能对公司不利,但是诉讼尚未宣判,赔偿金额尚无法准确确定。根据专业人士估计,赔偿金额的范围是 10 万元到 20 万元,这个范围内的任何金额发生的可能性都相同。据此,甲公司就可以确认一项预计负债,初始计量金额为 15 万元。

第二,所需支出不存在一个连续范围,或者虽然存在一个连续范围但该范围内各种结果发生的可能性不相同。在这种情况下,最佳估计数分别根据下列情况确定:

(1) 或有事项涉及单个项目的,按照最可能发生金额确定。"涉及单个项目"指或有事项涉及的项目只有一个,如一项未决诉讼、一项未决仲裁或一项债务担保等。例如,假设专业人士估计,上述甲公司赔偿 10 万元的可能性为 30%,赔偿 20 万元的可能性为 70%。此时,甲公司的赔偿金额就不是一个连续范围,而是两个可能的金额,那么甲公司应该确认 20 万元的预计负债,因为这一金额是最可能发生的。

(2) 或有事项涉及多个项目的,按照各种可能结果及相关概率计算确定。"涉及多个项目"是指或有事项涉及的项目不止一个,如产品质量保证。在产品质量保证中,提出产品保修要求的可能有许多客户,相应地,企业对这些客户负有保修义务。例如,乙公司某年度销售额为 12 亿元。乙公司的产品质量保证条款规定:产品售出后一年内,如发生正常质量问题,乙公司将免费负责修理。根据以往的经验,如果出现较小的质量问题,则须发生的修理费为销售额的 1%;而如果出现较大的质量问题,则须发生的修理费为销售额的 2%。据预测,本年度已售产品中,有 80% 不会发生质量问题,有 15% 将发生较小质量问题,有 5% 将发生较大质量问题。那么,乙公司年末应确认的预计负债金额(最佳估计数)= (12 × 1%)× 15%+(12 × 2%)× 5%=0.03(亿元)。

《企业会计准则第 13 号——或有事项》还规定,企业在确定最佳估计数时,应当综合考虑与或有事项有关的风险、不确定性和货币时间价值等因素。货币时间价值影响重大的,应当通过对相关未来现金流量进行折现后确定最佳估计数。

另外,在某些情况下,企业需要清偿的预计负债可能从第三方取得补偿,使得企业实际赔偿金额有所减少。该准则规定,企业清偿预计负债所需支出全部或部分预期由第三方补偿的,补偿金额只有在基本确定能够收到时才能作为资产单独确认。确认的补偿金额不应当超过预计负债的账面价值。根据前文,"基本确定"是指发生的可能性大于 95% 但小于 100%。例如,丙企业因或有事项确认了一项预计负债 100 万元,同时因该或有事项,丙企业还可从丁企业获得 65 万元的赔偿,且这项金额基本确定能收到。在这种情况下,丙企业应分别确认一项预计负债 100 万元和一项资产 65 万元。

(二) 预计负债的会计处理及披露

企业应设置"预计负债"账户核算企业确认的对外提供担保、未决诉讼、产品质量保证等预计负债。企业由对外提供担保、未决诉讼等产生的预计负债,应按确定的金额,借记"营业外支出"等科目,贷记"预计负债"科目。由产品质量保证产生的预计负债,应按确定的金额,借记"销售费用"科目,贷记"预计负债"科目。企业实际清偿或冲减的预计负债,借记"预计负债"科目,贷记"银行存款"等科目。"预计负债"的期末贷方余额,反映企业已确认尚未支付的预计负债。

[例 6-15] 2020 年 11 月 1 日,风行公司被某公司起诉。2020 年 12 月 31 日,风行公司尚未接到法院的判决。在咨询了公司的法律顾问后,风行公司认为最终的法律判决很可能对公司不利。假定风行公司预计将要支付的赔偿金额、诉讼费等费用为 36 万元至 40 万元的某一金额,而且这个区间内每笔金额的可能性都大致相同,其中诉讼费为 5 万元。

风行公司应当确认一项预计负债,金额为 (36+40)/2=38(万元)。

风行公司的有关会计处理如下:

借:管理费用——诉讼费　　　　　　　　　　　　　　　50 000
　营业外支出　　　　　　　　　　　　　　　　　　330 000
　　贷:预计负债——未决诉讼　　　　　　　　　　　　　380 000

这里,诉讼费之所以也计入预计负债,是因为诉讼费由败诉方负担,而是否败诉在法院判决之前具有不确定性。

[**例 6–16**] 沿用前文乙公司的例子,乙公司年末应确认的预计负债金额(最佳估计数)=(12×1%)×15%+(12×2%)×5%=0.03(亿元)。假设乙公司实际发生修理费 100 万元。乙公司的会计处理为:

(1) 确认与产品质量保证有关的预计负债时。

借:销售费用——产品质量保证   3 000 000
　　贷:预计负债——产品质量保证   3 000 000

(2) 发生产品质量保证费用时。

　　　　　借:预计负债——产品质量保证   1 000 000
　　　　　　贷:银行存款或原材料等   1 000 000

中国中铁对预计负债的表内确认与表外披露

企业应当将预计负债的期末余额列示于资产负债表对应项目中,同时还应当在附注中披露与预计负债有关的下列信息:预计负债的种类、形成原因以及经济利益流出不确定性的说明;各类预计负债的期初、期末余额和本期变动情况;与预计负债有关的预期补偿金额和本期已确认的预期补偿金额。

三、或有负债和或有资产的披露

当或有事项有关的义务满足预计负债的确认条件时,应当确认为预计负债,并进行相应的会计处理。但是如果这些义务不满足预计负债的确认条件,就不应当进行确认,此时称这些义务为或有负债。

或有资产作为一种潜在资产,其结果具有较大的不确定性,只有随着经济情况的变化,通过某些未来不确定事项的发生或不发生才能证实其是否会形成企业真正的资产。例如,企业面临诉讼时也可能胜诉,可能获得的赔偿就是一种或有资产,这项或有资产不是企业真正的资产,它是否会形成资产取决于法院最终的判决。

《企业会计准则第 13 号——或有事项》要求,企业不应当确认或有负债和或有资产,但应当在附注中披露下列信息:

第一,或有负债(不包括极小可能导致经济利益流出企业的或有负债):或有负债的种类及其形成原因,包括已贴现商业承兑汇票、未决诉讼、未决仲裁、对外提供担保等形成的或有负债;经济利益流出不确定性的说明;或有负债预计产生的财务影响,以及获得补偿的可能性,无法预计的,应当说明原因。

第二,或有资产。企业通常不应当披露或有资产。但或有资产很可能会给企业带来经济利益的,应当披露其形成的原因、预计产生的财务影响等。

另外,在涉及未决诉讼、未决仲裁的情况下,按照上述要求披露全部或部分信息预期对企业造成重大不利影响的,企业无须披露这些信息,但应当披露该未决诉讼、未决仲裁的性质,以及没有披露这些信息的事实和原因。

应当注意的是,影响或有负债和或有资产的多种因素处于不断变化之中,企业应当持续地关注这些因素。随着时间推移和事态的进展,或有负债对应的潜在义务可能转化为现时义务,原本不是很可能导致经济利益流出的现时义务也可能被证实将很可能导致企业流出经济利益,并且现时义务的金额也能够可靠计量。这时或有负债就转化为企业的负债或预计负债,符合负债(或预计负债)的确认条件,应当予以确认,但企业不应当将未来经营亏损确认为预计负债。或有资产也是一样,其对应的潜在资产最终是否能够流入企业会逐渐变得明确,如果某一时点企业基本确定能够收到这项潜在资产并且其金额能够可靠计量,则应当将其确认为企业的资产。

紫金矿业
污染事件

第四节　非流动负债

一、长期借款

长期借款是指企业向金融机构等借入的、偿还期限在一年以上的各种借款。按照借款的偿还方式,长期借款可划分为定期偿还借款和分期偿还借款;按照有无担保标准,可划分为担保贷款和信用贷款;按照借款币种,可划分为人民币借款和外汇借款。

为总括地核算和反映企业长期借款的借入、应计利息以及还本付息的情况,企业应设置"长期借款"总账科目。该科目应按长期借款单位和借款种类设置明细账,反映各种、各笔借款的借入以及还本付息情况。"长期借款"科目与"短期借款"科目不同,"短期借款"科目只核算借款的本金,利息一般通过"应付利息"科目核算,不计入"短期借款"科目;而"长期借款"科目不仅核算本金的借入、偿还情况,还核算利息。长期借款发生的利息,应按照权责发生制原则按期预提计入"长期借款"科目,并按照借款费用的原则进行处理;长期外币借款所发生的外币折合差额,应根据借款费用的原则处理。

[例6-17]　2021年10月1日,长发公司向银行借入一笔期限为3年、利率为12%的长期借款100万元,借款方式为按年付息、到期一次还本。假设长期借款的利息费用不必资本化。公司可做如下会计处理:

(1) 2021年10月1日借款时。

借:银行存款　　　　　　　　　　　　　　　　1 000 000
　　贷:长期借款　　　　　　　　　　　　　　　　1 000 000

(2) 2021年12月31日计提利息时。

借:财务费用　　　　　　　　　　　　　　　　30 000
　　　　　　　　　　($1\,000\,000 \times 12\% \times 3/12$)
　　贷:长期借款　　　　　　　　　　　　　　　　30 000

(3) 2022年10月1日偿还利息时。

借:长期借款　　　　　　　　　　　　　　　　30 000
　　财务费用　　　　　　　　　　　　　　　　90 000
　　　　　　　　　　($1\,000\,000 \times 12\% \times 9/12$)
　　贷:银行存款　　　　　　　　　　　　　　　　120 000

(4) 2022年12月31日计提利息时。

借:财务费用　　　　　　　　　　　　　　　　30 000
　　　　　　　　　　($1\,000\,000 \times 12\% \times 3/12$)

　　　　　　贷:长期借款　　　　　　　　　　　　　　　　　　　　30 000

　　(5) 2023 年 10 月 1 日偿还利息时。

　　借:长期借款　　　　　　　　　　　　　　　　　　　　　30 000

　　　财务费用　　　　　　　　　　　　　　　　　　　　　　90 000

　　　　　　　　　　　　　　　　　　(1 000 000 × 12% × 9/12)

　　　　　　贷:银行存款　　　　　　　　　　　　　　　　　　120 000

　　(6) 2023 年 12 月 31 日计提利息时。

　　借:财务费用　　　　　　　　　　　　　　　　　　　　　30 000

　　　　　　　　　　　　　　　　　　(1 000 000 × 12% × 3/12)

　　　　　　贷:长期借款　　　　　　　　　　　　　　　　　　30 000

　　(7) 2024 年 10 月 1 日偿还本金和最后一笔利息时。

　　借:长期借款　　　　　　　　　　　　　　　　　　　　1 030 000

　　　　　　　　　　　　　　　　　　　(30 000+1 000 000)

　　　财务费用　　　　　　　　　　　　　　　　　　　　　90 000

　　　　　　　　　　　　　　　　　　(1 000 000 × 12% × 9/12)

　　　　　　贷:银行存款　　　　　　　　　　　　　　　　1 120 000

二、应付公司债券

(一) 公司债券的性质和分类

　　公司债券是企业为筹集资金(一般是长期资金)而对外发行、在一定期限内还本付息的有价债券。不同于签发长期票据,公司通过发行债券的方式对巨额债务进行等额细分,向社会公众公开出售,广泛吸引投资者,以取得自己所需的资金,但是发行费用往往会更高。

　　应付公司债券按照不同的标准,可以分为如下几类:

　　1. 按照发行方式分类,分为记名公司债券和不记名公司债券

　　记名公司债券是指公司债券发行时,债券凭证上记有债券持有人姓名的债券。债券本息的发放凭借债券凭证和债券持有人的身份证明,债券的转让可以通过背书等法律规定的方式。不记名公司债券是指公司债券发行时,债券凭证上不记载债券持有人姓名的债券。债券本息的发放仅凭债券凭证,实际上,不记名债券是谁持有谁受益。

　　2. 按照发行价格水平分类,分为溢价发行、折价发行、平价发行

　　当债券的票面利率高于银行利率时,债券的发行价格会高于票面价值,称为溢价发行。溢价部分是企业以后多付利息而事先得到的补偿。当债券的票面利率低于银行利率时,债券的发行价格会低于票面价值,称为折价发行。折价部分是企业以后少付利息而事先给予投资者的补偿。当债券的票面利率等于银行利率时,债券的发行价格会等于票面价值,称为平价发行。

　　3. 按照还本方式分类,分为定期还本公司债券和分期还本公司债券

　　前者指债券本金全部在到期日偿还;后者指债券本金在不同到期日分期偿还。

(二) 公司债券发行的会计处理

　　发行公司债券需经董事会表决同意。发行时,应将所有有关公司债券的重要事项,如

发行方式、担保情况、债务总额、提前还本条件、偿债基金的设置以及其他保障债权人的条款等，在公司债券信托合同中予以规定。公司债券信托合同一般委托一个第三者作为信托人，如一家银行或一家信托公司。信托人的任务是负责保管信托合同，并代表公司债券所有持有人的利益，监督信托合同的执行。

公司债券的发行方式通常有包销、代销及直接发售三种。包销是指由银行、投资公司或其他金融机构按一定的价格全部承购，再转售给其他投资人，包销人自负盈亏。代销是指通过某一经纪人代为销售，并抽取佣金，未售出部分则归还给发行公司。直接发售则是指发行公司直接将债券售给投资人。

公司债券上的利率称为票面利率或名义利率，它是根据债券市场情况、发行公司资信情况、担保情况及未来的经济发展趋势而制定的。与名义利率相对的是实际利率，又称市场利率，它是指公司债券发行时投资者愿意接受的市场上的通行利率。一般来说，票面利率应尽可能接近市场利率，但由于公司债券的发行需要经过多个环节（如政府的审批、对发行公司的审计、公司债券的印刷和出售等），导致发行周期较长（从几个星期到几个月不等），因此票面利率往往不会等于发行时的市场利率。

公司债券的发行价格主要取决于公司债券的本息按市场利率折算的现值。当市场利率等于票面利率时，公司债券的现值等于面值，该债券按面值出售，这种发行方式称为平价发行。当市场利率高于票面利率时，公司债券的现值低于面值，差额部分即为折价，该债券按低于面值的现值出售，这种发行方式称为折价发行。当市场利率低于票面利率时，公司债券的现值高于面值，差额部分即为溢价，该公司债券按高于面值的现值出售，这种发行方式称为溢价发行。当然，公司债券的发行价格除受现值的影响外，还受其他因素的影响，如市场条件、公司债券的供需情况、相对风险、宏观经济状况等，但现值是影响债券价格最主要的因素。

公司债券折价的实质是发行公司因票面利率低于市场利率，造成以后各期少付利息（票面利息小于按市场利率计算的利息），而预先给债券投资者的补偿。公司债券溢价的实质是发行公司因票面利率高于市场利率，导致以后各期多付利息（票面利息大于按市场利率计算的利息），而提前从公司债券投资者那里获得的补偿。

在"应付债券"科目下应设置"面值""利息调整""应计利息"三个二级科目。企业发行债券时，按实际收到的款项，借记"银行存款"科目；无论是按面值发行，还是溢价发行或折价发行，均按债券面值，贷记"应付债券——面值"科目；按实际收到的款项与票面值之间的差额，贷记或借记"应付债券——利息调整"科目。

［**例 6–18**］ 敬贤公司于 20×9 年 12 月 31 日发行 5 年期、年利率为 10% 的债券，面值为 200 万元，每半年付利息一次。假设发行时的市场利率为 10%，敬贤公司的会计分录如下：

  借：银行存款   2 000 000

    贷：应付债券——面值   2 000 000

［**例 6–19**］ 沿用例 6–18，假设发行时的市场利率为 12%。

债券的发行价格 $=2\,000\,000 \times$ 复利现值系数 $+2\,000\,000 \times 5\% \times$ 年金现值系数

       $=2\,000\,000 \times (P/F, 6\%, 10) + 2\,000\,000 \times 5\% \times (P/A, 6\%, 10)$

       $=2\,000\,000 \times 0.558\,395 + 2\,000\,000 \times 5\% \times 7.360\,090$

       $=1\,852\,799$（元）

敬贤公司的会计分录如下：

借：银行存款   1 852 799

  应付债券——利息调整   147 201

  贷：应付债券——面值   2 000 000

[例 6-20] 沿用例 6-18，假设发行时的市场利率为 8%。

债券的发行价格 =2 000 000 × 复利现值系数 +2 000 000 ×5% × 年金现值系数

        =2 000 000 × $(P/F, 4\%, 10)$ +2 000 000 ×5% × $(P/A, 4\%, 10)$

        =2 000 000 × 0.675 564+2 000 000 ×5% × 8.110 896

        =2 162 218（元）

敬贤公司的会计分录如下：

借：银行存款   2 162 218

  贷：应付债券——面值   2 000 000

    应付债券——利息调整   162 218

从上述例题可以看到，"利息调整"科目是对债券的溢价或折价进行核算的二级科目，"利息调整"的贷方余额表示溢价、借方余额表示折价。债券的摊余成本等于债券面值加上（减去）利息调整贷方（借方）余额。

公司债券的发行可能涉及一系列费用，如律师费、会计师费、印刷费、手续费和促销费等。传统上，会计实务一般把公司债券发行费用确认为一项长期待摊费用。但美国 FASB 第 3 号概念公告认为，债券发行费用不包含未来经济利益，因此债券发行费用不应被确认为一项资产。比较合理的做法是：把债券发行费用作为对债券溢折价的调整，或者是直接确认为当期损益。

我国会计准则规定，企业应以发行债券实际收到的款项与债券面值的差额借记或贷记"应付债券——利息调整"科目，实质是将债券发行费用计入债券的摊余成本，即将发行费用作为债券溢价或折价的调整。

[例 6-21] 沿用例 6-20，假设发行时手续费用为 2 万元。敬贤公司的会计分录如下：

借：银行存款   2 142 218

  贷：应付债券——面值   2 000 000

    应付债券——利息调整   142 218

（三）公司债券利息费用的处理

发行债券的公司应于每个付息日向债券持有人支付票面利息。在公司债券平价发行时，支付的票面利息即为应确认的财务费用；但在溢价或折价发行方式下，支付的票面利息并不等于应确认的财务费用，需要用溢价或折价的摊销额对票面利息进行调整以得出财务费用。另外，如果付息日与会计结账日不一致，则应在每一个结账日计提应付利息。平价发行的利息费用处理较为简单，在此不进行讨论，下面主要论述在溢价或折价发行方式下利息费用的处理。

由于公司债券到期时按面值偿还，因此公司债券的折价或溢价应在公司债券的期限内进行摊销，以使公司债券到期日的账面价值等于偿还金额。公司债券折价或溢价的摊销额实质上是对公司债券利息费用的调整，因此，对折价或溢价采用"利息调整"明细科目核算。折溢价摊销方法可以采用直线法或实际利率法,但我国会计准则要求采用实际利率法。直线法的特点是每期摊销的折价或溢价的金额相等,其优点是比较简单,其缺点是对利息费用的确认不够精确。实际利率法的特点是按债券的账面价值和市场利率计算企业当期应该承担的利息费用,并与当期实际支付的票面利息比较,差额部分即为本期应摊销的溢价或折价金额。其优点是对利息费用的确认考虑货币的时间价值,但计算比较复杂。实际利率是指将债券在存续期间的未来现金流量,折现为该债券当前账面价值所使用的利率。

随着市场利率的变化,公司债券未来现金流量的现值也在不断变化。那么在计算实际利息费用时是否需要考虑当期市场利率变动造成的影响?就目前来看,回答是否定的。传统财务会计坚持历史成本原则,不反映市场利率变化对公司债券利息费用的影响,计算利息所用的实际利率仍沿用发行日的市场利率。

资产负债表日,对于分期付息、一次还本的债券,企业应按应付债券的摊余成本和实际利率计算确定的债券利息费用,借记“在建工程”“制造费用”“财务费用”等科目。按票面利率计算的应付未付利息,贷记“应付利息”科目,注意如果公司债券是一次还本付息,则计提应付未付利息时,贷记“应付债券——应计利息”科目。按上述差额,借记或贷记“应付债券——利息调整”科目。以下举例说明采用实际利率法对公司债券利息费用进行处理。

1. 折价发行公司债券的利息费用处理

[**例 6—22**] 沿用例 6-19,敬贤公司采用实际利率法摊销债券折价,过程如表 6-4 所示。

表 6—4 公司债券折价摊销表(实际利率法) 单位:元

日期	实付票面利息 A= 面值 ×5%	利息费用(实际利息) B= 上期 E×6%	摊销折价 C=B−A	未摊销折价 D= 上期 D−C	债券的摊余成本 E= 上期 E+C
20×9-12-31				147 201	1 852 799
20×0-06-30	100 000	111 168	11 168	136 033	1 863 967
20×0-12-31	100 000	111 838	11 838	124 195	1 875 805
20×1-06-30	100 000	112 548	12 548	111 647	1 888 353
20×1-12-31	100 000	113 301	13 301	98 346	1 901 654
20×2-06-30	100 000	114 099	14 099	84 247	1 915 753
20×2-12-31	100 000	114 945	14 945	69 302	1 930 698
20×3-06-30	100 000	115 842	15 842	53 460	1 946 540
20×3-12-31	100 000	116 792	16 792	36 668	1 963 332
20×4-06-30	100 000	117 780	17 780	18 888	1 981 112
20×4-12-31	100 000	118 888	18 888	0	2 000 000

敬贤公司会计分录以 20×0 年 6 月 30 日为例：

借：财务费用 111 168

　　贷：应付利息 100 000

　　　　应付债券——利息调整 11 168

2. 溢价发行公司债券的利息费用处理

[例 6-23]　沿用例 6-20，敬贤公司采用实际利率法摊销债券溢价，过程如表 6-5 所示。

表 6-5　公司债券溢价摊销表（实际利率法）　　　　　　　　单位：元

日期	实付票面利息 $A=$ 面值 $\times 5\%$	利息费用 （实际利息） $B=$ 上期 $E\times 4\%$	摊销折价 $C=A-B$	未摊销折价 $D=$ 上期 $D-C$	债券的摊 余成本 $E=$ 上期 $E-C$
20×9-12-31				162 218	2 162 218
20×0-06-30	100 000	86 489	13 511	148 707	2 148 707
20×0-12-31	100 000	85 948	14 052	134 655	2 134 655
20×1-06-30	100 000	85 386	14 614	120 041	2 120 041
20×1-12-31	100 000	84 802	15 198	104 843	2 104 843
20×2-06-30	100 000	84 194	15 806	89 037	2 089 037
20×2-12-31	100 000	83 561	16 439	72 598	2 072 598
20×3-06-30	100 000	82 904	17 096	55 502	2 055 502
20×3-12-31	100 000	82 220	17 780	37 722	2 037 722
20×4-06-30	100 000	81 509	18 491	19 231	2 019 231
20×4-12-31	100 000	80 769	19 231	0	2 000 000

敬贤公司会计分录以 20×0 年 6 月 30 日为例：

借：财务费用 86 489

　　应付债券——利息调整 13 511

　　贷：应付利息 100 000

（四）两个付息日之间发行的债券

公司债券通常一年内在特定时点支付利息。然而，投资者不一定在付息日向发行公司购买债券。若在两个付息日之间购买债券，则投资者所能享受的利息只能是购买日到下一个付息日这一时段内的利息。由于在下一个付息日时，发行公司将支付全期利息给投资者，所以发行公司在两个付息日出售其债券时，要预先向投资者收取从上一个付息日至购买日期间的公司债券票面利息。

[例 6-24]　敬贤公司于 20×9 年 12 月 31 日发行 5 年期、年利率为 10% 的债券，面值为 200 万元，每半年付利息一次。假设确定发行价格时的市场利率低于 10%，因此本次发行为溢价发行，溢价为面值的 5%。然而，因故本次发行推迟到 2×20 年 3 月 31 日。

20×9 年 12 月 31 日至 20×0 年 3 月 31 日,计算的票面利息为 2 000 000×10%÷4=50 000(元)。

敬贤公司的会计分录如下:

借:银行存款　　　　　　　　　　　　　　　　　　　　2 150 000

　　贷:应付债券——面值　　　　　　　　　　　　　　　　　2 000 000

　　　　应付债券——利息调整　　　　　　　　　　　　　　　 100 000

　　　　应付利息　　　　　　　　　　　　　　　　　　　　　　50 000

(五) 公司债券的偿还

企业清偿公司债券可能存在以下四种情况:①到期清偿;②提前从证券市场购回;③行使赎回权;④举债还债。在第一种情况下,公司债券的账面价值与面值相等,因此偿还不会产生损益。在第二种和第三种情况下,购回价格可能高于或低于公司债券的账面价值,差额部分即为公司债券偿还损益。公司债券偿还损益通常作为非常损益列入当期利润表,通过营业外收支核算。

[**例 6-25**]　沿用例 6-22,假设敬贤公司于 20×3 年 6 月 30 日购回发行的全部债券,购回价格为 193 万元。

敬贤公司的会计分录如下:

借:应付债券——面值　　　　　　　　　　　　　　　　　2 000 000

　　应付利息　　　　　　　　　　　　　　　　　　　　　 100 000

　　贷:应付债券——利息调整　　　　　　　　　　　　　　　　53 460

　　　　银行存款　　　　　　　　　　　　　　　　　　　 1 930 000

　　　　营业外收入——债券偿还收益　　　　　　　　　　　　 116 540

在第四种情况下,企业发行新的公司债券用以替换旧的公司债券,举债偿债可在旧债券到期前或到期日进行。此时,旧债券的摊余成本加上应付未付的票面利息与新债券的摊余成本之间的差额即为偿还损益。

[**例 6-26**]　沿用例 6-22,假设敬贤公司于 20×3 年 6 月 30 日发行新债券用于交换原债券,此次发行为平价发行,面值为 190 万元,票面利率为 14%。

敬贤公司的会计分录如下:

借:应付债券——面值(12%)　　　　　　　　　　　　　　2 000 000

　　应付利息　　　　　　　　　　　　　　　　　　　　　 100 000

　　贷:应付债券——利息调整　　　　　　　　　　　　　　　　53 460

　　　　应付债券——面值(14%)　　　　　　　　　　　　　 1 900 000

　　　　营业外收入——债券偿还收益　　　　　　　　　　　　 146 540

三、长期应付款

长期应付款是指除了长期借款和应付债券之外的其他各种长期负债,包括补偿贸易引进设备应付款、以分期付款方式购入固定资产等发生的应付款项和融资租入固定资产应付款等。下面以补偿贸易为例说明长期应付款的会计处理。

补偿贸易是从国外引进设备,再用该设备生产的产品归还设备价款的贸易方式。引进设备时,企业应借记"固定资产"或"在建工程"等科目,贷记"长期应付款——应付补偿贸易引进设备款"科目;待用设备生产的产品归还设备价款时,视同产品销售处理,同时,按照产品的作价金额,借记"长期应付款——应付补偿贸易引进设备款"科目,贷记"应收账款"科目。补偿贸易期内一般免交流转税。

[例 6-27] 华美公司按照补偿贸易合同引进国外设备,设备价款折合人民币 300 万元,安装费 20 万元。设备安装投产后,第一批产品 5 000 件,单位售价 80 元 / 件,单位成本 45 元 / 件,该批产品全部用于偿还设备款。华美公司的会计处理如下:

(1) 引进设备时。

借:在建工程	3 000 000	
贷:长期应付款——应付补偿贸易引进设备款		3 000 000
借:在建工程	200 000	
贷:银行存款		200 000
借:固定资产	3 200 000	
贷:在建工程		3 200 000

(2) 视同销售时。

借:应收账款	400 000	
贷:主营业务收入		400 000
借:主营业务成本	225 000	
贷:库存商品		225 000

(3) 用产品偿还设备款时。

恒大债务
危机

借:长期应付款——应付补偿贸易引进设备款	400 000	
贷:应收账款		400 000

 本 章 小 结

　　负债是指企业过去的交易或者事项形成的、预期会导致经济利益流出企业的现时义务。根据债务的偿还期限和方式,负债可以划分为流动负债和非流动负债两大类。或有事项是指过去的交易或者事项形成的,其结果须由某些未来事项的发生或不发生才能决定的不确定事项。或有资产是指过去的交易或者事项形成的潜在资产,其存在须通过未来不确定事项的发生或不发生予以证实。或有负债是指过去的交易或者事项形成的潜在义务,其存在须通过未来不确定事项的发生或不发生予以证实;或过去的交易或者事项形成的现时义务,履行该义务不是很可能导致经济利益流出企业或该义务的金额不能可靠计量。与或有事项相关的义务同时满足下列条件的,该义务就是预计负债:该义务是企业承担的现时义务,履行该义务很可能导致经济利益流出企业,该义务的金额能够可靠地计量。

 思 考 题

1. 什么是负债? 它有哪些基本特征? 如何对它进行分类?

2. 什么是流动负债？什么是长期负债？它们的划分标准是什么？

3. 按照未来偿付金额的确定性程度,可以把流动负债分为哪几类？

4. 长期负债一般分为哪几类？我国是如何进行分类的？

5. "短期借款"科目和"长期借款"科目的核算内容有何异同点？

6. 带息应付票据和不带息应付票据的核算特点分别是什么？

7. 简述总价法和净价法下,购货方的会计处理有什么不同？

8. 在哪些情况下可以抵扣增值税的进项税额？在哪些情况下不得抵扣？

9. 视同销售业务包括哪些情形？

10. 因或有事项确认的负债和资产的确认标准分别是什么？分别应如何计量和披露？

11. 应付债券划分为平价发行、溢价发行和折价发行的标准是什么？三种发行方式下的会计处理有哪些异同点？

 即 测 即 评

请扫描二维码,进行随堂测试。

第七章 所有者权益

学习目标

1. 了解所有者权益的概念和特征。
2. 熟悉业主权理论与主体理论的含义及适用范围。
3. 了解实收资本与资本公积的概念,掌握实收资本与资本公积的会计处理。
4. 了解其他综合收益的概念,掌握其他综合收益的会计处理。
5. 了解盈余公积与未分配利润的概念,掌握盈余公积与未分配利润的会计处理。

导读案例

小米集团的股权结构安排

2018年5月3日,小米集团向香港联合交易所提交了上市申请,并披露了招股说明书。招股说明书中披露了小米集团的股权结构与特殊投票权架构,如表7-1所示。

表7-1 小米集团的股权结构与特殊股票权架构

序号	股份种类	股份数量(股)	占总股本比例(%)	投票权比例(%)
1	A类普通股	669 518 772	31.970 6	82.451 0
2	B类普通股	374 158 150	17.866 6	4.612 2
3	A轮优先股	392 591 302	18.746 9	4.834 8
4	B-1轮优先股	221 156 910	10.560 6	2.723 5
5	B-2轮优先股	33 049 592	1.578 2	0.407 0
6	C轮优先股	172 094 348	8.217 8	2.119 3
7	D轮优先股	102 127 680	4.876 8	1.257 7
8	E-1轮优先股	21 277 676	1.016 0	0.262 0
9	E-2轮优先股	51 031 512	2.436 8	0.628 5

续表

序号	股份种类	股份数量(股)	占总股本比例(%)	投票权比例(%)
10	F-1 轮优先股	48 787 104	2.329 7	0.600 8
11	F-2 轮优先股	8 376 037	0.400 0	0.103 2
	合计	2 094 169 083	100.000 0	100.000 0

在招股说明书中,小米集团披露了上市前的持股比例。其中,小米公司创始人,董事长兼首席执行官雷军持有 31.41%;联合创始人兼总裁林斌持有 13.33%。但是小米设置的是双重股权架构,公司股本分 A 类股份和 B 类股份。除一些保留事项外 A 类股份持有人每股有 10 票的表决权。而 B 类股份持有人每股有一票的表决权。通过这一双重股权架构安排,雷军在持股比例仅为 31.41% 的情况下,取得接近 60% 的表决权,实现了对公司的有效控制。

企业所有者权益包括哪些类型,各有什么特点,如何进入会计处理,让我们进入本章的学习。

资料来源:编者整理。

第一节 所有者权益概述

一、所有者权益的概念和特征

所有者权益是指所有者在企业资产中所享有的经济利益,在金额上表现为企业资产扣除企业全部负债后的剩余权益。所有者权益包括实收资本(或股本)、资本公积、其他综合收益、盈余公积和未分配利润等。在股份有限公司,所有者权益被称为股东权益。

所有者权益作为对企业剩余资产的求偿权,主要有如下四个方面的特征:

(1)所有者权益是一种财产权利,也是一种剩余权益。所有者权益作为所有者在某个企业所享有的一种财产权利,包括所有者对投入资本的所有权、使用权、处置权和收益分配权。然而,从法律的角度来说,所有者权益是一种次于负债的求偿权。法律规定,同属权益的负债要求权比所有者权益要优先,只有先满足负债的要求权,才能满足所有者权益的求偿权,这一点在企业清算时非常明显。剩余权益还表现在企业举债时,所有者权益占资产的比重、其金额大小是债权人考虑借款的重要因素,因为所有者权益的作用之一就是清偿债务。

(2)所有者权益是一种长期投资行为产生的权益。任何企业在成立时,投资人为了成为企业的所有者,都得向企业投入一定的资本金,借此享有企业的最终收益权,当然也得根据投入的资本金相应地承担企业经营活动的最终风险。投资者在设立企业时,一般都希望该企业能够持续发展、长期存在,在发展的过程中,往往还需要更多的资金投入。此外,大多数国家的公司法都规定,投入的资本在企业终止经营前不得抽回。由此可见,所有者投入的资金来自长期投资行为。

（3）所有者权益的构成包括所有者的投入资本、企业的资产增值以及经营利润。所有者的投入资本是企业实收资本（股本）的唯一来源，也是企业资本公积形成的主要来源。企业的最终所有者是企业资产增值的受益人。经营利润则是所有者承担企业经营风险和投资风险的回报。

（4）所有者权益的核算随企业组织形式的不同而各异。在不同组织形式的企业里，资产、负债、收入、费用和利润的核算一般并无太大差别，但所有者权益的核算差别较大。如在个人独资企业和合伙企业，所有者权益通过"业主资本"等科目核算；在有限责任公司，用"实收资本"等科目核算；在股份有限公司，则以"股本"等科目核算。对于股份有限公司和有限责任公司，法规要求公司对所有者投入的资本和赚取的利润必须严格地区分核算，而个人独资企业和合伙企业则不必如此。

二、所有者权益理论简述

所有者权益理论最初产生于复式簿记理论，发展至今，在当今众多理论中，最具代表性的权益理论是业主权理论和主体理论。

（一）业主权理论

业主权理论是伴随着最初对复式簿记进行解释而产生的。业主权理论依据的会计恒等式是：资产 – 负债 = 业主权益，这个等式体现出业主居于中心地位。资产是业主所拥有的，负债是业主的义务，业主权益则代表所有者享有的企业净值。可见，业主权理论实际上强调的是净值（财富）概念。

业主权理论的基本观点是：会计主体与其终极所有者是一致的，会计主体就是企业终极所有者的化身，是终极所有者财富的载体。会计主体的资产和负债就是终极所有者的资产和负债，会计主体的资产和负债之差代表了终极所有者的净权益。会计主体的所有收益即为终极所有者财富的增加，所有支出即为所有者财富的减少。显然，这种观点和现代会计的主体假设相违背。

业主权理论主要适用于个人独资企业和合伙企业，因为在这两种企业组织形式中，企业的所有者和管理者往往重合。当然，对于公司制企业来说，业主权理论也并非完全不适用，公司的股本和留存收益等项目都是股东的净财富，蕴含着业主权理论的思想。现行会计实务的许多方面也体现了业主权理论的运用，如财务会计准则委员会提出的全面收益概念。

（二）主体理论

主体理论也源于对复式簿记的解释。它所依据的会计恒等式是：资产 = 负债 + 业主权益，即资产 = 权益。在这个等式中，业主不再是处于核心地位，而是被置于与债权人相同的位置。债权人和业主的主要区别只是在清算时，债权人权利是事先确定的，而业主的权益则等于初始投入资产价值加上再投资收益价值以及重估价的调整。

主体理论的基本观点是：会计主体和企业终极所有者是相互独立的个体，会计主体是独立存在的，甚至具有自身的人格化。会计主体的资产、负债、净资产、收入和费用等都独立于企业的终极所有者，不应将会计主体和终极所有者的法律、经济行为混为一谈。因此，主体理论是现代会计中主体假设的理论基础。主体假设将会计主体与其终极所有者区别对待,会计主体的各个会计要素以及相关的交易、事项都与终极所有者相分离,独立核算,以此保护会计主体的法人财产权。

主体理论主要适用于公司组织,因为在这种组织形式中,企业的业主和管理者通常是相分离的。管理者不仅要维护终极所有者的利益,也要保障债权人的权益,所以,主体理论非常强调资本保全,不允许所有者任意抽回资本,以免侵害债权人的权益。相反,业主权理论不强调资本保全,不限制所有者抽回资本。

如前文所述,由于企业组织形式不同,所有者投入资本的会计核算方法也有所不同。在个人独资企业和合伙企业中,所有者权益表现为"业主资本";在公司制企业里,所有者权益表现为"实收资本或股本""资本公积"和"留存受益"。下面将以公司制企业为主体阐述所有者权益。

业主权益理论与企业主体理论的对比

第二节　实收资本(股本)和资本公积

一、实收资本(股本)的概念和核算的基本要求

投资者以货币、实物、无形资产等向企业出资所形成的投入资本,一般分为两大部分:资本金和超额资本。资本金往往代表了企业的法定资本,在我国以"实收资本"科目核算;超额资本则属于资本公积的范畴,作为企业设立时产生的溢价。在股份制企业,用"股本"科目代替"实收资本"科目核算企业资本金。

按照投入资产的不同形式,企业收到投资的会计处理分为如下几种:企业收到投资人投入的现金,应在实际收到或存入企业开户银行时,按照实际收款金额,借记"库存现金""银行存款"科目,贷记"实收资本"或"股本"科目;收到实物投资时,应在办理实物产权转移手续时,借记有关资产科目,贷记"实收资本"科目;以无形资产投资时,应按照合同、协议或公司章程的规定,移交有关凭证时,借记"无形资产"科目,贷记"实收资本"科目。

二、非股份有限公司实收资本的核算

有限责任公司是指由两个以上股东共同出资,每个股东以其认缴的出资额为限对公司承担有限责任,公司以其全部财产对其债务承担责任的企业法人。在我国,根据公司法的规定,国家授权的机构或部门单独投资设立的国有独资公司,也划入有限责任公司的范围。但是,单一投资者的国有独资公司与多个投资者的普通有限责任公司在会计核算上是有区别的。国有独资公司在组建时,所有者投入的资本,全部作为实收资本入账;而普通的有限责任公司,所有者投入的资本可能全部作为实收资本,也可能部分作为实收资本,剩余部分计入资本公积当中。与股份有限公司不同,国有独资企业不发行股票,不会产生股票溢价发行收入。在追加投资时,国有独资公司也不会像其他公司制企业那样为了维持一定的投资比例而产生资本公积。在其他会计处理方面,国有独资公司与普通的有限责任公司相同。

普通的有限责任公司在依法设立时,各所有者(即股东)按照合同、协议或公司章程

所规定的出资方式、出资额和出资缴纳期限而投入企业的资本,一般全部作为实收资本入账,公司成立之后增资扩股时,如有新股东加入,新加入的股东缴纳的出资额大于其按照约定比率计算的实收资本部分的,作为资本溢价计入资本公积。如果公司股东欲转让股份,应先征得公司其他超过半数投资者的同意。如果其他投资者不同意,其他投资者必须买下该投资者转让的出资;如果同意,在同等条件下,原投资者具有优先认购权。

企业增加实收资本的途径主要有三条:一是将资本公积转增为实收资本。会计处理是借记"资本公积"科目,贷记"实收资本"科目。二是将盈余公积转增为实收资本。会计处理是借记"盈余公积"科目,贷记"实收资本"科目。有限责任公司转增资本时,应当按照原投资者所持股份同比例增加各股东的股权。三是投资者投资。企业在收到投资者投入的资金时,借记"银行存款""固定资产""原材料"等科目,贷记"实收资本"等科目。

[例 7-1]　广银有限责任公司是由王好、丁一两方各出资 70 万元设立的,设立时的实收资本为 140 万元,经营 3 年后,留存收益已达 50 万元。为扩大经营规模,两人决定吸收投资者许二加入,投资者许二以现金 100 万元出资,投入后占公司全部资本的 1/3,同时公司的注册资本增加为 210 万元。则该公司在收到投资者许二的出资时,应做如下会计分录:

借:银行存款　　　　　　　　　　　　　　　　　　　　1 000 000
　　贷:实收资本　　　　　　　　　　　　　　　　　　　700 000
　　　　资本公积——资本溢价　　　　　　　　　　　　300 000

根据资本保全的要求,企业的所有者不能随意撤资,所以企业实收资本一般不会减少。企业实收资本的减少主要有两个原因:一是资本过剩而减资,一般要发还股款。会计上应借记"实收资本"科目,贷记"银行存款"科目。二是因重大亏损而减资,一般采用注销资本的方法。会计上应借记"实收资本"科目,贷记"利润分配——未分配利润"科目,这实际上是用资本金弥补企业亏损。

[例 7-2]　东电有限责任公司实收资本总额为 10 000 000 元,开业以来经营情况不佳,连续两年发生严重亏损,亏损金额为 3 900 000 元。经投资者共同商议,决定采用注销资本的方法,使公司转入正常经营,公司注销资本时应做如下会计分录:

借:实收资本　　　　　　　　　　　　　　　　　　　　3 900 000
　　贷:利润分配——未分配利润　　　　　　　　　　　　3 900 000

三、股份有限公司股本的核算

(一) 股票发行的会计处理

1. 包销方式发行股票

包销股票是指股票发行公司将股票按照约定价格全部出售给承销商,再由承销商将股票出售给最终投资者的股票发行方式。股票发行公司收到承销商转来的股款时,就可以认为股票发行完毕,应按实际收到的金额借记"库存现金"或"银行存款"科目,按照股票面值贷记"股本"科目,按照两者之间的差额贷记"资本公积"科目。

[例 7-3]　东光股份有限责任公司委托金通证券公司代理发行普通股 5 000 万股,每股面值 1 元。东光公司与金通公司商定,以发行收入 5% 支付手续费。本次股票按照面

值发行，发行收入总额 5 000 万元，扣除按 5% 比例计算的手续费 250 万元(5 000万股 × 1 元 / 股 × 5%)，东光公司实际收到金通公司交来款项 4 750 万元。东光公司发行股票时应做的会计处理如下：

借：银行存款	47 500 000
长期待摊费用——股票发行费用	2 500 000
贷：股本——普通股	50 000 000

[例 7-4]　沿用上例，假设东光公司本次股票采取溢价发行，发行价每股 2 元，发行股票数量、面值、支付的手续费比例等条件都不变，那么扣除按 5% 比例计算的手续费 500 万元(5 000万股 × 2 元 / 股 × 5%)，东光公司实际收到金通公司交来款项 9 500 万元(5 000 万股 × 2 元 / 股 –500 万元)。东光公司发行股票时应做的会计处理如下：

借：银行存款	95 000 000
贷：股本——普通股	50 000 000
资本公积——普通股溢价	45 000 000

一般情况下，股份有限公司委托其他单位发行股票支付的手续费或佣金等相关费用，应减去股票发行冻结期间的利息收入后的余额，从发行股票的溢价中抵销，股票溢价不够抵销的，或者无溢价的，若金额较小，直接计入当期损益，若金额较大，可作为长期待摊费用，在不超过 2 年的期限内平均摊销，计入损益。因此，以上两例中东方公司发行股票时手续费的处理并不相同，前一例计入长期待摊费用，后一例冲减普通股溢价。

2. 直销方式发行股票

直销股票是指股票发行公司直接将股票出售给最终的投资者，而不是像包销方式那样，通过券商转手出售股票。当然，股份有限公司可以委托券商直销股票。直销方式下，股票发行要经过股票认购、收缴股款和发行股票的阶段，耗时较长，需要增设"应收认股款"和"已认股本"两个科目，来核算股票发行期间的交易事项。

[例 7-5]　南海股份有限公司以直销方式发行面值 1 元的普通股 1 000 万股，认购价 4 元，认股款分 2 期等额收款。南海公司应做的会计处理如下。

(1) 股票认购日。

借：应收认股款	40 000 000
贷：已认股本——普通股	10 000 000
资本公积——普通股溢价	30 000 000

(2) 第一次收款日。

| 借：银行存款 | 20 000 000 |
| 　　贷：应收认股款 | 20 000 000 |

(3) 第二次收款日。

| 借：银行存款 | 20 000 000 |
| 　　贷：应收认股款 | 20 000 000 |

(4) 股票发行日。

| 借：已认股本——普通股 | 10 000 000 |
| 　　贷：股本——普通股 | 10 000 000 |

从本例中可以看出，"应收认股款"和"已认股本"这两个科目，分别是在尚未收到认股款和尚未发行股票时的过渡账户。

3. 非现金方式发行股票

股份有限公司有时会通过发行股票来换取非现金资产或劳务。在这种情况下，股票的发行价格应以所换取资产的公允市价或股票的公允市价中较为可靠、明确者为基础加以确定。如果两者的公允价值较为接近，出于稳健性原则的考虑，选取金额较小的为宜。如果两者都无确切的公允价值，则应以独立的专业评估机构评估确定的资产或股票的公允市价作为计价基础。

[例 7−6] 南海股份有限公司接受某单位的实物投资，该批实物可以作为企业目前建造办公大楼的物资使用，其公允价值为 4 540 000 元，为此公司发行了面值 1 元的普通股股票 1 000 000 股。不考虑相关税费，公司可做如下会计处理：

借：原材料　　　　　　　　　　　　　　　　　　　4 540 000
　　贷：股本——普通股　　　　　　　　　　　　　　1 000 000
　　　　资本公积——普通股溢价　　　　　　　　　　3 540 000

[例 7−7] 沿用上例，假设该批实物的公允价值未知，股票公允市价为 5 元 / 股。则该公司会计处理如下：

借：原材料　　　　　　　　　　　　　　　　　　　5 000 000
　　贷：股本——普通股　　　　　　　　　　　　　　1 000 000
　　　　资本公积——普通股溢价　　　　　　　　　　4 000 000

(二) 增、减资的会计处理

股份公司增资的途径和有限责任公司一样，也是资本公积或者盈余公积转增和再投资三种。会计处理的差异主要在于用"股本"科目代替"实收资本"科目。

股份公司减资的原因也主要是资本过剩和重大亏损。重大亏损的账务处理与有限责任公司的类似，只要用"股本"科目代替"实收资本"科目即可。但是，股份公司资本过剩情况下减资方法不是直接向股东发还股款（因为股东人数众多），而是回购企业在外发行的股票。回购股票时，首先应按实际支付的金额，借记"库存股"科目，贷记"银行存款"等科目；注销库存股时，应按股票面值和注销股数计算的股票面值总额，借记"股本"科目，按注销库存股的账面余额，贷记"库存股"科目，按其差额，借记"资本公积——股本溢价"科目，股本溢价不足冲减的，应借记"盈余公积""利润分配——未分配利润"科目。

[例 7−8] 环新股份有限公司由于资本过剩，欲缩小经营规模，经有关部门批准，采用收购本公司发行在外股票的方式减资 30 万股。公司股票面值 1 元 / 股，发行价格 8 元，在外发行股票数 80 万股。该公司提取的盈余公积为 30 万元，未分配利润为 50 万元。

(1) 假设该公司以每股 13 元的价格收购本公司股票，由于收购价格 13 元高出每股面值 12 元，共收购 30 万股，那么，该公司共超面值支付 360 万元。因为该公司原溢价发行了 80 万股该种股票，溢价收入为 560 万元 [80 万股 ×（8−1）元 / 股]，所以收购该种股票超面值支付的 360 万元可以全部从原股票溢价收入中列支。环新股份有限公司应做如下会计分录：

借：库存股　　　　　　　　　　　　　　　　　　　3 900 000

贷:银行存款	3 900 000
借:股本——普通股	300 000
	(300 000 × 1)
资本公积——普通股溢价	3 600 000
	(300 000 × 12)
贷:库存股	3 900 000

(2) 假设该公司以每股 20 元的价格收购本公司股票,公司收购股票价格高出面值 19 元,共计 570 万元(30 万股 × 19 元 / 股)。由于该种股票是溢价发行股票,所以超面值支付款项首先应冲减原股票溢价收入,不足冲销部分 10(570–560)万元应冲减盈余公积。该公司应做如下会计分录:

借:库存股	6 000 000
贷:银行存款	6 000 000
借:股本——普通股	300 000
	(300 000 × 1)
资本公积——普通股溢价	5 600 000
盈余公积	100 000
	(300 000 × 19–5 600 000)
贷:库存股	6 000 000

(3) 假定该公司以每股 21 元的价格收购本公司股票,公司收购股票价格高出面值 20 元,共计 600 万元(30 万股 × 20 元 / 股),应先后冲减资本公积、盈余公积、未分配利润。该公司应做如下会计分录:

借:库存股	6 300 000
贷:银行存款	6 300 000
借:股本——普通股	300 000
	(300 000 × 1)
资本公积——普通股溢价	5 600 000
盈余公积	300 000
利润分配——未分配利润	100 000
贷:库存股	6 300 000

四、资本公积

资本公积是指投资者或其他单位或个人投入,所有权归属投资者,但不构成实收资本的那部分资本或资产。从定义可以看出,资本公积与实收资本一样都属于投入资本的范畴,不是由企业实现的净利润转化而来的,与由净利润转化的留存收益有着本质的区别。这种将所有者投入资本和企业赚取的收益严格区分的做法,体现了主体理论的基本观点。

虽然资本公积属于投入资本的范畴,但与实收资本也有区别。实收资本无论在来源上,还是金额上,都有严格的限制。一般地,实收资本由投资者的原始资本构成,属于法定资本,与企业的注册资本相一致。资本公积的主要来源是资本/股本溢价,是因法律规定而无法直接以资本的名义出现的投入资本。

资本公积按照特定的来源,可以划分为资本/股本溢价和其他资本公积。其中,资本溢价反映企业实际收到的资本/股本超过注册资本的金额。对于有限责任公司来说,一般只在再投资时才可能产生资本溢价。对于股份有限公司,如果平价发行股票,那么发行收入全部记入"股本"科目,不产生溢折价;如果溢价发行股票,则相当于股票面值部分的发行收入记入"股本"科目,其余发行收入记入"资本公积——股本溢价"科目。我国公司

《浙江天正电气股份有限公司首次公开发行股票发行公告》(部分内容节选)

法规定股票不得低于票面金额折价发行,但在国外,往往允许折价发行,此时可以在"资本公积"下设"股本折价"明细账户,记录折价部分。资本/股本溢价的例子可以参见前文再投资或股票发行的例子,因为溢价与"实收资本""股本"是同时产生的。

其他资本公积是指除资本/股本溢价以外所形成的资本公积。例如,在长期股权投资中,被投资单位除净损益、其他综合收益以及利润分配以外的所有者权益的其他变动所引起的投资单位所有者权益的变动;以权益结算的股份支付换取职工或其他方提供服务所引起的所有者权益的变动;外币资本折算差额等。

第三节　其他综合收益

一、其他综合收益概述

其他综合收益是指企业按会计准则的规定未在当期损益中确认的各项利得和损失,如采用权益法核算的长期股权投资、自用的房地产核算方法的转换、其他债权投资等金融资产公允价值的变动等所涉及的项目。其他综合收益主要是直接计入所有者权益的利得(或损失),一般是由特定资产的计价变动形成。当处置特定资产时,其他综合收益也应一并处置。因此,其他综合收益不得用于转增资本(或股本)。

二、其他综合收益的会计处理

其他综合收益主要包括直接计入所有者权益的利得和损失。直接计入所有者权益的利得和损失主要由以下交易或事项引起:

(一) 采用权益法核算的长期股权投资

长期股权投资采用权益法核算的,在持股比例不变的情况下,被投资单位其他综合收益发生变动,企业按持股比例计算应享有的份额,计入其他综合收益。处置采用权益法核算的长期股权投资时,还应结转原计入其他综合收益的相关金额,借记或记"其他综合收益"科目,贷记或借记"投资收益"科目。享有的被投资单位其他综合收益变动的份额,属于企业在经营过程中形成的利得(或损失)。

(二) 债权投资转换为其他债权投资公允价值与账面价值的差额

将债权投资转换为其他债权投资时,转换日该债权投资的公允价值与其账面价值的

差额,应计入其他综合收益;债权投资转换为其他债权投资时,公允价值与账面价值的差额,属于企业在经营过程中形成的利得(或损失)。

(三) 其他债权投资、其他权益工具投资的公允价值变动

其他债权投资、其他权益工具投资的公允价值高于其账面价值的差额,应计入其他综合收益;反之,应冲减其他综合收益;处置其他债权投资、其他权益工具投资时,应转销与其相关的其他综合收益。

(四) 投资性房地产的转换差额

自用房地产转换为采用公允价值模式计量的投资性房地产时,转换日的公允价值小于原账面价值的,其差额计入当期损益。转换日的公允价值大于原账面价值的,其差额作为其他综合收益计入所有者权益;处置该项投资性房地产时,应转销与其相关的其他综合收益。

如何通俗易懂地理解其他综合收益

第四节　留存收益

一、留存收益的概念和内容

留存收益是指企业从历年实现的净利润中提取或形成的留存于企业的内部积累,是股东权益的组成部分,它包括盈余公积和未分配利润两个项目。

(一) 盈余公积

盈余公积是企业按照规定从净利润中提取的各种限定用途的积累资金。盈余公积又可以分为法定盈余公积和任意盈余公积。

一是法定盈余公积,这是按照法律规定以净利润的一定比例必须提取的盈余公积。《公司法》规定,股份有限公司应当提取税后利润的 10% 列入公司的法定盈余公积;提取的法定盈余公积达到注册资本的 50% 时,可不再提取。二是任意盈余公积。任意盈余公积是在企业提取法定公积金之后,经股东大会决议提取的。法定盈余公积和任意盈余公积的区别在于各自计提的依据不同,前者以国家的法律或行政规章为提取依据,后者则由企业自行决定。不论是法定盈余公积,还是任意盈余公积,其提取均以企业盈利为前提。如果企业当年发生亏损,则当年不提取盈余公积。

企业提取盈余公积主要用于以下三个方面:

第一,弥补亏损。企业发生的亏损应自行弥补。企业弥补亏损的方法主要有三种:一是用以后年度税前利润弥补。我国税法规定,企业发生亏损时,可以用以后五年内实现的税前利润弥补。二是用以后年度税后利润弥补。企业发生的亏损经过五年期限尚未用税前利润足额弥补的,应用企业所得税后的利润弥补。三是用盈余公积弥补亏损。企业用提取的盈余公积弥补亏损时,应当由公司董事会提议,并经股东大会批准。

第二,转增资本。企业将盈余公积转增资本时,要维持股东原有持股比例结转,转增后留存的盈余公积不得少于注册资本的 25%。

第三,分配股利。原则上,公司应无利不分。但为了维护公司的信誉,经股东大会特别决议,也可用盈余公积分配股利。如果企业有未弥补的亏损,应先用盈余公积弥补

亏损,弥补亏损后仍有结余的,才能用以分配股利。法律规定,用盈余公积分配股利,一般股利率不超过股票面值的 6%。股利分配后,留存的法定盈余公积不应低于注册资本的 25%。

盈余公积的提取,本身就属于利润分配的一部分,它实际上是对企业向投资者分配当期净利润的一种限制。提取盈余公积所对应的资金,在一般情况下不得用于向投资者分配利润或股利,属于企业已经限定用途的资金。所以,弥补亏损和转增资本是盈余公积的主要用途,它们只会影响所有者权益各组成项目的金额变动(如弥补亏损使得盈余公积减少,而未分配利润增加),并不引起所有者权益总额的变动。

(二)未分配利润

未分配利润是企业当期尚未分配、留待以后期间再确定用途、进行分配的结存利润。根据定义,可知未分配利润有两层含义:一是留待以后期间处理的利润,二是尚未确定用途的利润。相对于盈余公积来说,企业对于未分配利润的使用有较大的自主权。从数量上讲,期末未分配利润等于期初未分配利润,加上本期实现的净利润,减去已提取的各种盈余公积和用作利润/股利分配后的金额。如果余额在贷方,则表示长期经营结果为盈利;如果余额在借方,则表示亏损。

二、留存收益的会计处理

(一)盈余公积的会计处理

企业提取法定盈余公积时,借记"利润分配——提取法定盈余公积"科目,贷记"盈余公积——法定盈余公积"科目。公司提取任意盈余公积时,借记"利润分配——提取任意盈余公积"科目,贷记"盈余公积——任意盈余公积"科目。

盈余公积用于转增资本时,应按照转增资本前各所有者占实收资本的比例,将盈余公积转增资本的数额计入"实收资本/股本"科目下各所有者的明细账中。会计上借记"盈余公积——法定/任意盈余公积"科目,贷记"实收资本"科目,股份有限公司应贷记"股本"科目。盈余公积用于弥补亏损时,应借记"盈余公积——法定/任意盈余公积"科目,贷记"利润分配——盈余公积补亏"科目。

[例 7-9]   2018 年年末,南海股份有限公司的净利润为 665 万元,公司决定按照净利润 10% 的比例分别提取法定盈余公积和任意盈余公积。2019 年,经股东大会决议,南海股份有限公司决定将累计盈余公积中的 200 万元转增股本。2020 年,南海股份有限公司产生经营亏损 50 万元,经股东大会决议,用盈余公积弥补当年亏损。南海股份有限公司相关会计分录如下:

(1) 2018 年年末提取盈余公积金时。

借:利润分配——提取法定盈余公积   665 000
　　　　　——提取任意盈余公积   665 000
　　贷:盈余公积——法定盈余公积   665 000
　　　　　　——任意盈余公积   665 000

(2) 2019 年转增股本时。

借:盈余公积——法定(或任意)盈余公积   2 000 000

　　贷:股本　　　　　　　　　　　　　　　　　　　　　2 000 000

（3）2020年弥补亏损时。

借:盈余公积——法定（或任意）盈余公积　　　　　500 000

　　贷:利润分配——盈余公积补亏　　　　　　　　　　　500 000

（二）未分配利润形成的会计处理

要了解未分配利润形成过程，就得首先知晓利润分配的过程。根据我国《公司法》的规定，企业当年实现的净利润，一般应当按照如下程序进行分配：

（1）提取法定公积金。

（2）提取任意公积金。

（3）向投资者分配利润或股利。

净利润经过以上分配程序后，得到当年未分配利润的发生额。具体的会计处理是在年末，利润分配的各个明细科目的借方余额（包括"利润分配——提取法定盈余公积""利润分配——提取任意盈余公积""利润分配——分配现金股利""利润分配——转做股本的普通股股利"等）自其贷方转入"利润分配——未分配利润"科目的借方。同时，企业将当年实现的净利润由"本年利润"科目的借方转入"利润分配——未分配利润"科目的贷方（当年亏损则由"本年利润"科目的贷方转入"利润分配——未分配利润"科目的借方）。在求得当年未分配利润发生额的基础上，加上未分配利润明细科目的期初余额，就得到本年度未分配利润的期末余额或累计额。期末余额如果在贷方，表示企业尚未分配的利润，如果在借方，则是企业尚未弥补的亏损。

[例7-10] 2021年年末，南海股份有限公司的净利润为665万元，公司决定按照净利润10%的比例，分别提取法定盈余公积和任意盈余公积。同时，经股东大会决议，公司决定发放140万元的现金股利。编制与该公司2021年未分配利润有关的会计分录如下：

（1）结转2021年净利润。

借:本年利润　　　　　　　　　　　　　　6 650 000

　　贷:利润分配——未分配利润　　　　　　　　6 650 000

（2）进行利润分配。

借:利润分配——提取法定盈余公积　　665 000

　　　　——提取任意盈余公积　　665 000

　　　　——分配现金股利　　　1 400 000

　　贷:盈余公积——法定盈余公积　　　　　665 000

　　　　——任意盈余公积　　　　　665 000

　　应付股利　　　　　　　　　　　1 400 000

（3）结转利润分配项目。

借:利润分配——未分配利润　　　2 730 000

　　贷:利润分配——提取法定盈余公积　　　665 000

　　　　——提取任意盈余公积　　　665 000

　　　　——分配现金股利　　　1 400 000

公司独立董事对恒玄科技利润分配方案的意见

本章小结

　　所有者权益是指所有者在企业资产中所享有的经济利益,在金额上表现为企业资产扣除企业全部负债后的剩余权益。所有者权益包括实收资本(或股本)、资本公积、其他综合收益、盈余公积和未分配利润等。所有者权益理论包括业主权理论和主体理论。投资者以货币、实物、无形资产等向企业出资所形成的投入资本,一般分为实收资本和资本公积两大部分。其他综合收益主要是直接计入所有者权益的利得(或损失),一般是由特定资产的计价变动形成。留存收益是指企业从历年实现的净利润中提取或形成的留存于企业的内部积累,是股东权益的组成部分,它包括盈余公积和未分配利润两个项目。

 **思考题**

　　1. 什么是所有者权益? 它有哪些特征? 包括哪些内容?
　　2. 所有者权益理论主要有哪两种? 试分别进行简要阐述。
　　3. 什么是实收资本(股本)? 有限责任公司的实收资本和股份有限公司的股本的核算有哪些异同点?
　　4. 企业增加实收资本(股本)的途径有哪些? 减少实收资本(股本)的途径有哪些?
　　5. 什么是资本公积? 它与实收资本(股本)的关系是什么? 与留存收益的关系是什么?
　　6. 什么是留存收益? 它主要包括哪些内容?
　　7. 盈余公积有哪些作用? 法律上对它的限制有哪些?
　　8. 简述利润分配的程序及相关的会计处理。
　　9. 比较现金股利和股票股利? 简述两者各自的特点。

即测即评

请扫描二维码,进行随堂测试。

第八章　收入、费用及利润

学习目标

1. 了解收入的定义和特征,掌握收入确认的根本原则。
2. 掌握在某一时段内履行履约义务应满足的三个条件。
3. 掌握履约进度确定方法的产出法和投入法。
4. 掌握建造合同的会计处理。
5. 掌握在某一时点履行的履约义务应考虑的五个迹象。
6. 了解费用的概念与分类,掌握期间费用核算的内容。
7. 掌握费用的确认原则与会计处理。
8. 掌握利润的定义、构成及计算公式。

导读案例

碧桂园的收入确认

2017 年 9 月 11 日,碧桂园控股有限公司(以下简称碧桂园)发布 2017 年中期报告,披露了 2017 年上半年业绩。碧桂园在中期报告中披露:"由于提早采纳香港财务报告准则第 15 号的影响,本集团于 2017 年 1 月 1 日的权益中的留存收益期初余额增加了人民币 3 152.3 百万元。"《香港财务报告准则第 15 号》,名为"客户合约收益",其实就是《国际财务报告准则第 15 号——客户合同收入》的中国香港本地版,与我国财政部 2017 年发布的修订后《企业会计准则第 14 号——收入》内容基本一致。碧桂园同时在财务报表附注中披露了采纳新收入准则对当期业绩和财务状况的影响:碧桂园 2017 年上半年房地产开发收入 744.7 亿元,其中因提前采用新收入准则带来的收入为 147.5 亿元,占比 19.8%。在 2018 年 4 月 13 日发布的 2017 年年报中,碧桂园再次披露了新收入准则带来的影响:2017 年全年房地产开发收入 2 200 亿元,其中因提前采用新收入准则带来的收入为 608 亿元,占比 27.6%。

碧桂园 2017 年半年报和 2017 年年报中是这样披露应用新收入准则带来的影响的:"在履约过程中所产出的商品具有不可替代用途,且在整个合约期间内有权就累计至今已完成的履约部分收取款项的情况下,本集团按一段时间内的方法确认收入；否则，本集团在买房者取得已完工物业控制权的某一时点确认收入。"

碧桂园提前采纳新准则的理由是"新的会计准则可以为报表使用者评估未来现金流量的金额，时点和不确定性提供更加可靠与相关的信息"。

问题：新收入准则对于房地产企业来讲，是否会对其收入确认有颠覆性影响？让我们进入本章的学习。

资料来源：编者整理。

第一节　收　　入

一、收入的定义及确认原则概述

（一）收入的定义与特征

收入，是指企业在日常活动中形成的、会导致所有者权益增加的、与所有者投入资本无关的经济利益的总流入。其中，日常活动，是指企业为完成其经营目标所从事的经常性活动以及与之相关的活动。例如，工业企业制造并销售产品、商品流通企业销售商品、咨询公司提供咨询服务、软件公司为客户开发软件、安装公司提供安装服务、建筑企业提供建造服务等，均属于企业的日常活动。

收入的根本特征应是净资产的增加。因为，收入的表现形式可以是资产的增加，也可能是负债的减少，或二者兼而有之。从"资产＝负债＋所有者权益"等式中可知，为保持等式的平衡，在其他要素不变的情况下，增加资产必然增加所有者权益；减少负债同样也会增加所有者权益。

（二）收入的确认

关于收入的确认，《企业会计准则第14号——收入》采取了控制权转移标准，准则规定，企业应当在履行了合同中的履约义务，即在客户取得相关商品控制权时确认收入。取得相关商品控制权，是指能够主导该商品的使用并从中获得几乎全部的经济利益，也包括有能力阻止其他方主导该商品的使用并从中获得经济利益。企业在判断商品的控制权是否发生转移时，应当从客户的角度进行分析，即客户是否取得了相关商品的控制权以及何时取得该控制权。取得商品控制权同时包括下列三项要素：

一是能力。企业只有在客户拥有现时权利，能够主导该商品的使用并从中获得几乎全部经济利益时，才能确认收入。如果客户只能在未来的某一期间主导该商品的使用并从中获益，则表明其尚未取得该商品的控制权。例如，企业与客户签订合同为其生产产品，虽然合同约定该客户最终将能够主导该产品的使用，并获得几乎全部的经济利益，但是，只有在客户真正获得这些权利时（根据合同约定，可能是在生产过程中或更晚的时点），企业才能确认收入，在此之前，企业不应当确认收入。

二是主导该商品的使用。客户有能力主导该商品的使用，是指客户在其活动中有权使用该商品，或者能够允许或阻止其他方使用该商品。

三是能够获得几乎全部的经济利益。客户必须拥有获得商品几乎全部经济利益的能力,才能被视为获得了对该商品的控制。商品的经济利益,是指该商品的潜在现金流量,既包括现金流入的增加,也包括现金流出的减少。客户可以通过使用、消耗、出售、处置、交换、抵押或持有等多种方式直接或间接地获得商品的经济利益。

企业将商品的控制权转移给客户,该转移可能在某一时段内(即履行履约义务的过程中)发生,也可能在某一时点(即履约义务完成时)发生,对于在某一时段内履行的履约义务,企业应当根据履约进度确认收入;对于在某一时点履行的履约义务,企业应当在控制权转移时确认收入。下面分别叙述这两种情况下的收入确认。

二、收入是企业在某一时段内履行的履约义务

在某一时段内履行履约义务的条件。满足下列条件之一的,属于在某一时段内履行履约义务,相关收入应当在该履约义务履行的期间内确认:第一,客户在企业履约的同时即取得并消耗企业履约所带来的经济利益;第二,客户能够控制企业履约过程中在建的商品;第三,企业履约过程中所产出的商品具有不可替代用途,且该企业在整个合同期间内有权就累计至今已完成的履约部分收取款项。

(一) 客户在企业履约的同时即取得并消耗企业履约所带来的经济利益

企业在履约过程中是持续地向客户转移企业履约所带来的经济利益的,该履约义务属于在某一时段内履行的履约义务,企业应当在履行履约义务的期间确认收入。对于一些服务类(比如保洁服务)的合同而言,可以通过直观的判断获知,企业在履行履约义务(即提供保洁服务)的同时,客户即取得并消耗了企业履约所带来的经济利益。对于难以通过直观判断获知结论的情形,企业在进行判断时,可以假定在企业履约的过程中更换为其他企业继续履行剩余履约义务,当该继续履行合同的企业实质上无须重新执行企业累计至今已经完成的工作时,表明客户在企业履约的同时即取得并消耗了企业履约所带来的经济利益。例如,甲企业承诺将客户的一批货物从 A 市运送到 B 市,假定该批货物在途经 C 市时,由乙运输公司接替甲企业继续提供该运输服务,由于 A 市到 C 市之间的运输服务是无须重新执行的,表明客户在甲企业履约的同时即取得并消耗了甲企业履约所带来的经济利益,因此,甲企业提供的运输服务属于在某一时段内履行的履约义务。

[例8-1] 1 月 1 日,某保洁公司与客户签订合同,每天为客户提供一次保洁服务,合同期限为 1 年,合同金额为 12 万元(不考虑相关税费),客户每月末支付保洁费用 1 万元。合同签订时,客户预付定金 2 万元,若客户在合同履约期间的前 10 个月取消合同,保洁公司有权没收全部定金,若客户在合同履约期间的前 10 个月没有取消合同,11 月、12 月两个月不需要再支付保洁费用。

在本例中,首先,某保洁公司在履约时,客户享受保洁服务,即客户"取得并消耗企业履约所带来的经济利益",该合同履约义务属于在某一时段内履行的履约义务,企业应当根据履约进度确认收入;其次,"有权没收全部定金"表明保洁合同不可撤销,合同期限为 1 年;最后,由于每天提供相同的服务,可以按照时间确定履约进度。因此,某保洁公司会计处理如下:

（1）签订保洁合同时。

借：银行存款 20 000

　　贷：合同负债 20 000

这里需要说明的是，按照新的收入准则，企业因转让商品或提供服务收到的预收款适用收入准则时，不再使用"预收账款"科目，而要使用"合同负债"科目。

（2）1~10 月的每个月末。

借：银行存款 10 000

　　贷：主营业务收入 10 000

（3）11~12 月的每个月末。

借：合同负债 10 000

　　贷：主营业务收入 10 000

（二）客户能够控制企业履约过程中在建的商品

企业在履约过程中在建的商品包括在产品、在建工程、尚未完成的研发项目、正在进行的服务等，由于客户控制了在建的商品，客户在企业提供商品的过程中获得其利益，因此，该履约义务属于在某一时段内履行的履约义务，应当在该履约义务履行的期间内确认收入。

[例 8-2] 甲企业与客户签订合同，在客户拥有的土地上按照客户的设计要求为其建造厂房。在建造过程中客户有权修改厂房设计，并与甲企业重新协商设计变更后的合同价款。客户每月末按当月工程进度向甲企业支付工程款。如果客户终止合同，已完成建造部分的厂房归客户所有。

在本例中，甲企业为客户建造厂房，该厂房位于客户的土地上，在建造过程中客户有权修改厂房设计，客户终止合同时，已建造的厂房归客户所有，这些均表明客户在该厂房建造的过程中就能够控制该在建的厂房。因此，甲企业提供的该建造服务属于在某一时段内履行的履约义务，企业应当在提供该服务的期间内确认收入。

（三）企业履约过程中所产出的商品具有不可替代用途，且该企业在整个合同期间内有权就累计至今已完成的履约部分收取款项

1. 企业履约过程中所产出的商品具有不可替代用途

具有不可替代用途，是指因合同限制或实际可行性限制，企业不能轻易地将商品用于其他用途。当企业产出的商品只能提供给某特定客户，而不能被轻易地用于其他用途（如销售给其他客户）时，该商品就具有不可替代用途。在判断商品是否具有不可替代用途时，企业既应当考虑合同限制，也应当考虑实际可行性限制，但无须考虑合同被终止的可能性。企业在判断商品是否具有不可替代用途时，需要注意下列四点：

第一，判断时点是合同开始日。企业应当在合同开始日判断所承诺的商品是否具有不可替代用途，此后，除非发生合同变更，且该变更显著改变了原合同约定的履约义务，否则，企业无须重新进行判断。

第二，考虑合同限制。当合同中存在实质性的限制条款，导致企业不能将合同约定的商品用于其他用途时，该商品满足具有不可替代用途的条件。在判断限制条款是否具有实质性时，应当考虑企业试图把合同中约定的商品用于其他用途时，客户是否可以根据

这些限制条款,主张其对该特定商品的权利,如果是,那么这些限制条款就是实质性的;相反,如果合同中约定的商品和企业的其他商品在很大程度上能够互相替换(如企业生产的标准化产品),而不会导致企业违约,也无须发生重大的成本,则表明该限制条款不具有实质性。

第三,考虑实际可行性限制。虽然合同中没有限制条款,但是,当企业将合同中约定的商品用作其他用途,将导致企业遭受重大的经济损失时,企业将该商品用作其他用途的能力实际上受到了限制。企业遭受重大经济损失的原因可能是需要发生重大的返工成本,也可能是只能在承担重大损失的情况下才能将这些商品销售给其他客户。例如,企业根据某客户的要求,为其专门设计并生产了一套专用设备,由于该设备是定制化产品,企业如果将其销售给其他客户,需要发生重大的改造成本,表明企业将该产品用于其他用途的能力受到实际可行性的限制,因此,该产品满足"具有不可替代用途"的条件。

第四,基于最终转移给客户的商品的特征判断。当商品在生产的前若干个生产步骤是标准化的,只是从某一时点(或者某一流程)才进入定制化的生产时,企业应当根据最终转移给客户时该商品的特征来判断其是否满足"具有不可替代用途"的条件。例如,某汽车零部件生产企业,为客户提供定制零部件的生产,该生产通常需要经过四道工序,前两道工序是标准工序,后两道工序是特殊工序,处于前两道工序的在产品,可以用于任一客户的需要,但是,进入第三道工序后的产品只能销售给某特定客户。在企业与该特定客户之间的有关最终产品的合同下,最终产品符合"具有不可替代用途"的条件。

2. 企业在整个合同期间内有权就累计至今已完成的履约部分收取款项

有权就累计至今已完成的履约部分收取款项,是指在由于客户或其他方原因终止合同的情况下,企业有权就累计至今已完成的履约部分收取能够补偿其已发生成本和合理利润的款项,并且该权利具有法律约束力。需要强调的是,合同终止必须是由于客户或其他方而非企业自身的原因所致,在整个合同期间内的任一时点,企业均应当拥有此项权利。企业在进行判断时,需要注意下列五点:

第一,企业有权收取的该款项应当大致相当于累计至今已经转移给客户的商品的售价,即该金额应当能够补偿企业已经发生的成本和合理利润。企业有权收取的款项为保证金或仅是补偿企业已经发生的成本,不满足这一条件。补偿企业的合理利润并不意味着补偿金额一定要等于该合同的整体毛利水平。下列两种情形都属于补偿企业的合理利润:一是根据合同终止前的履约进度对该合同的毛利水平进行调整后确定的金额作为补偿金额。二是如果该合同的毛利水平高于企业同类合同的毛利水平,以企业从同类合同中能够获取的合理资本回报或者经营毛利作为利润补偿。此外,当客户先行支付的合同价款金额足够重大(通常指全额预付合同价款),以至于能够在整个合同期间内任一时点补偿企业已经发生的成本和合理利润时,如果客户要求提前终止合同,企业有权保留该款项并无须返还,且有相关法律法规支持的,则表明企业能够满足在整个合同期间内有权就累计至今已完成的履约部分收取款项的条件。

第二,该规定并不意味着企业拥有现时可行使的无条件收款权。企业通常会在与客户的合同中约定,只有在达到某一重要时点、某重要事项完成后或者整个合同完成之后,企业才拥有无条件的收取相应款项的权利。在这种情况下,企业在判断其是否有权就累计至今已完成的履约部分收取款项时,应当考虑,假设在发生由于客户或其他方原因导致合同在该重要时点、重要事项完成前或合同完成前终止时,企业是否有权主张该收款权利,即是否有权要求客户补偿其累计至今已完成的履约部分应收取的款项。

第三,当客户只有在某些特定时点才有权终止合同,或者根本无权终止合同时,客户终止了合同(包括客户没有按照合同约定履行其义务),但是,合同条款或法律法规要求,企业应继续向客户转移合同中承诺的商品并因此有权要求客户支付对价,此种情况也符合"企业有权就累计至今已完成的履约部分收取款项"的要求。

第四,企业在进行判断时,既要考虑合同条款的约定,还应当充分考虑适用的法律法规、补充或者凌驾于合同条款之上的以往司法实践以及类似案例的结果等。例如,即使在合同没有明确约定的情况下,相关的法律法规等是否支持企业主张相关的收款权利;以往的司法实践是否表明合同中的某些条款没有法律约束力;在以往的类似合同中,企业虽然拥有此类权利,却在考虑了各种因素之后没有行使该权利,这是否会导致企业主张该权利的要求在当前的法律环境下不被支持等。

第五,企业和客户之间在合同中约定的付款时间进度表,不一定就表明企业有权就累计至今已完成的履约部分收取款项,这是因为合同约定的付款进度和企业的履约进度可能并不匹配。在此种情况下,企业仍需要证据对其是否有该收款权进行判断。

[例8-3]　甲公司与乙公司签订合同,针对乙公司的实际情况和面临的具体问题,为改善其业务流程提供咨询服务,并出具专业的咨询意见。双方约定,甲公司仅需要向乙公司提交最终的咨询意见,而无须提交任何其在工作过程中编制的工作底稿和其他相关资料;在整个合同期间内,如果乙公司单方面终止合同,需要向甲公司支付违约金,违约金的金额等于甲公司已发生的成本加上15%的毛利率,该毛利率与甲公司在类似合同中能够赚取的毛利率大致相同。

在本例中,在合同执行过程中,由于乙公司无法获得甲公司已经完成工作的工作底稿和其他任何资料,表明乙公司并未在甲公司履约的同时即取得并消耗了其履约所带来的经济利益。

但是,由于该咨询服务是针对乙公司的具体情况而提供的,甲公司无法将最终的咨询意见用作其他用途,表明其具有不可替代用途;而且,如果乙公司单方面终止合同,甲公司根据合同条款可以主张其已发生的成本及合理利润,表明甲公司在整个合同期间内有权就累计至今已完成的履约部分收取款项。

综上,甲公司向乙公司提供的咨询服务属于在某一时段内履行的履约义务。

[例8-4]　甲公司是一家造船企业,与乙公司签订了一份船舶建造合同,按照乙公司的具体要求设计和建造船舶。甲公司在自己的厂区内完成该船舶的建造,乙公司无法控制在建过程中的船舶。甲公司如果想把该船舶出售给其他客户,需要发生重大的改造成本。双方约定,如果乙公司单方面解约,需向甲公司支付相当于合同总价30%的违约金,且建造中的船舶归甲公司所有。假定该合同仅包含一项履约义务,即设计和建造船舶。

在本例中,乙公司显然无法在企业履约的同时即取得并消耗企业履约所带来的经济利益,也无法控制在建过程中的船舶,因此,在某一时段内履行的履约义务的第一、第二个条件不满足。

船舶是按照乙公司的具体要求进行设计和建造的,甲公司需要发生重大的改造成本将该船舶改造之后才能将其出售给其他客户,因此,该船舶具有不可替代用途,在某一时段内履行的履约义务的第三个条件的第 1 个小条件满足。

然而,如果乙公司单方面解约,仅需向甲公司支付相当于合同总价 30% 的违约金,表明甲公司无法在整个合同期间内都有权就累计至今已完成的履约部分收取能够补偿其已发生成本和合理利润的款项。因此,在某一时段内履行的履约义务的第三个条件的第 2 个小条件不满足。

综上,本例不满足在某一时段内履行的履约义务的三个条件的任何一个条件,因而属于在某一时点履行的履约义务。

三、履约进度的确定方法

对于在某一时段内履行的履约义务,企业应当在该段时间内按照履约进度确认收入,即企业应当在资产负债表日按照合同的交易价格总额乘以履约进度扣除以前会计期间累计已确认的收入后的金额,确认为当期收入。履约进度的确定方法包括产出法与投入法。

(一)产出法

产出法是根据已转移给客户的商品对于客户的价值确定履约进度的方法,通常可采用实际测量的完工进度、评估已实现的结果、已达到的里程碑、时间进度、已完工或交付的产品等产出指标确定履约进度。

[例 8-5] 甲公司与客户签订合同,为该客户拥有的一条铁路更换 100 根铁轨,合同价格为 10 万元(不含税价)。截至 20×8 年 12 月 31 日,甲公司共更换铁轨 60 根,剩余部分预计在 20×9 年 3 月 31 日之前完成。该合同仅包含一项履约义务,且该履约义务满足在某一时段内履行的条件。假定不考虑其他情况。

在本例中,甲公司提供的更换铁轨的服务属于在某一时段内履行的履约义务,甲公司按照已完成的工作量确定履约进度。因此,截至 20×8 年 12 月 31 日,该合同的履约进度为 60%(60÷100),甲公司应确认的收入为 6(10×60%)万元。

(二)投入法

投入法是根据企业履行履约义务的投入确定履约进度的方法,通常可采用投入的材料数量、花费的人工工时或机器工时、发生的成本和时间进度等投入指标确定履约进度。当企业从事的工作或发生的投入是在整个履约期间内平均发生时,企业也可以按照直线法确认收入。

[例 8-6] 乙公司经营一家健身俱乐部。2020 年 2 月 1 日,某客户与乙公司签订合同,成为乙公司的会员,并向乙公司支付会员费 3 600 元(不含税价),可在未来的 12 个月内在该俱乐部健身,且没有次数的限制。

在本例中,客户在企业履约的同时即取得并消耗企业履约所带来的经济利益,属于在某一时段内履行的履约义务。履约进度与时间成比例,按时间确定履约进度,这种确认履约进度的方法叫直线法,即每月确认 300 元收入。若合同改为"在未来 12 个月内,客户可随时来健身俱乐部健身 100 次",则应按次数确定履约进度。

[**例 8-7**]　20×8 年 1 月 1 日,甲公司与乙公司签订一项大型设备制造合同,该设备系专门为乙公司定制。根据双方合同,设备在甲公司厂区制造,该工程的造价为 6 300 万元,工程期限为 1 年半,甲公司负责工程的施工及全面管理,乙公司按照第三方工程监理公司确认的工程完工量,每半年与甲公司结算一次。预计 20×9 年 6 月 30 日竣工,预计可能发生的总成本为 4 000 万元。合同同时规定,若乙公司在工程施工中解约,甲公司有权就累计至今已完成的工程量收取相当于施工成本和合理利润的补偿款项。甲公司采用成本法确定履约进度,增值税税率为 10%,不考虑其他相关因素。

20×8 年 6 月 30 日,工程累计实际发生成本 1 500 万元,甲公司与乙公司结算合同价款 2 500 万元,甲公司实际收到价款 2 000 万元;20×8 年 12 月 31 日,工程累计实际发生成本 3 000 万元,甲公司与乙公司结算合同价款 1 100 万元,甲公司实际收到价款 1 000 万元;20×9 年 6 月 30 日,工程累计实际发生成本 4 100 万元,乙公司与甲公司结算了合同竣工价款 2 700 万元,并支付剩余工程款 3 300 万元。上述价款均不含增值税额。假定甲公司与乙公司结算时即发生增值税纳税义务,乙公司在实际支付工程价款的同时支付其对应的增值税款。

在本例中,乙公司显然无法在企业履约的同时即取得并消耗企业履约所带来的经济利益,因此在某一时段内履行履约义务的第一个条件不满足;设备在甲公司厂区制造,乙公司无法控制正在制造的设备,因此第二个条件也不满足。关键看是否满足第三个条件。

由于设备系专门为乙公司定制,因此商品具有不可替代用途。同时合同规定,若乙公司在工程施工中解约,甲公司有权就累计至今已完成的工程量收取相当于施工成本和合理利润的补偿款项。因此,本例满足在某一时段内履行履约义务的第三个条件,属于在某一时段内履行的履约义务,应按履约进度确认收入,并且题目中已经明确,甲公司按照投入法中的成本法确定履约进度及相关会计处理如下:

(1) 20×8 年 1 月 1 日至 6 月 30 日实际发生工程成本时。

借:合同履约成本　　　　　　　　　　　　　　　　　15 000 000
　　贷:原材料、应付职工薪酬等　　　　　　　　　　　　15 000 000

这里,合同履约成本性质上属于报表上的存货(在产品),但如果时间超过一年或一个营业周期,在报表上应归入"其他非流动资产"。

(2) 20×8 年 6 月 30 日,按履约进度确认收入。

$$履约进度 = 15\,000\,000 \div 40\,000\,000 = 37.5\%$$
$$合同收入 = 63\,000\,000 \times 37.5\% = 23\,625\,000(元)$$

借:合同资产(或合同结算——收入结转)　　　　　　23 625 000
　　贷:主营业务收入　　　　　　　　　　　　　　　　　23 625 000

这里,借方科目不能使用"应收账款",而应使用"合同资产"。所谓合同资产,是指企业已向客户转让商品或按照履约进度确认收入时而有权收取对价的权利,且该权利取决于时间流逝之外的其他因素。合同资产和应收款项都是企业拥有的有权收取对价的合同权利。二者的区别在于,应收账款是无条件收款权,能否收款,仅取决于时间;合同资产是有条件收款权,能否收款,除了时间,还取决于其他条件。

在本例中,按履约进度确定的收款权不是无条件收款权,其能否收款,除了时间,还要取决于未来的价款结算,因此应把相关的收款权确认为合同资产;只有到了未来价款结算时确定的收款权才是无条件收款权,才可以确认为应收账款。

(3) 20×8年6月30日,确认主营业务成本。

　　借:主营业务成本　　　　　　　　　　　　　　　　15 000 000
　　　　贷:合同履约成本　　　　　　　　　　　　　　　　　　15 000 000

(4) 20×8年6月30日,价款结算时确认应收账款。

　　借:应收账款　　　　　　　　　　　　　　　　　　27 500 000
　　　　贷:合同资产　　　　　　　　　　　　　　　　　　　23 625 000
　　　　　合同负债　　　　　　　　　　　　　　　　　　　　 1 375 000
　　　　　(或合同结算——价款结算　　　　　　　　　　　　25 000 000)
　　　　　应交税费——应交增值税(销项税额)　　　　　　　　 2 500 000

这里的"合同负债"1 375 000元是应收客户对价产生的合同负债。注意本例中的合同负债与例8–1中的合同负债并不相同,例8–1中的合同负债性质上是预收款,本例的合同负债不是预收款。

另外,企业也可以用"合同结算"代替合同资产及合同负债,如果"合同结算"的余额在借方,则表示合同资产;否则就表示合同负债。为简化起见,本例中以后的会计分录一律使用"合同结算"账目。

(5) 20×8年6月30日,实际付款时。

　　借:银行存款　　　　　　　　　　　　　　　　　　22 000 000
　　　　贷:应收账款　　　　　　　　　　　　　　　　　　　22 000 000

(6) 20×8年7月1日至12月31日实际发生工程成本时。

　　借:合同履约成本　　　　　　　　　　　　　　　　15 000 000
　　　　贷:原材料、应付职工薪酬等　　　　　　　　　　　　15 000 000

(7) 20×8年12月31日,按履约进度确认收入与成本。

　　　　　　履约进度 =30 000 000÷40 000 000=75%

　　　　　　合同收入 =63 000 000×75%–23 625 000=23 625 000(元)

　　借:合同结算——收入结转　　　　　　　　　　　　23 625 000
　　　　贷:主营业务收入　　　　　　　　　　　　　　　　　23 625 000
　　借:主营业务成本　　　　　　　　　　　　　　　　15 000 000
　　　　贷:合同履约成本　　　　　　　　　　　　　　　　　15 000 000

(8) 20×8年12月31日,价款结算时确认应收账款。

　　借:应收账款　　　　　　　　　　　　　　　　　　12 100 000
　　　　贷:合同结算——价款结算　　　　　　　　　　　　　11 000 000
　　　　　应交税费——应交增值税(销项税额)　　　　　　　　 1 100 000

(9) 20×8年12月31日,实际付款时。

　　借:银行存款　　　　　　　　　　　　　　　　　　11 000 000
　　　　贷:应收账款　　　　　　　　　　　　　　　　　　　11 000 000

(10) 20×9年1月1日至6月30日实际发生工程成本时。

借:合同履约成本　　　　　　　　　　　　　　　　　　　　　　11 000 000
　　贷:原材料、应付职工薪酬等　　　　　　　　　　　　　　　　　　11 000 000

（11）20×9年6月30日,按履约进度确认收入与成本。

由于当日该工程已竣工决算,其履约进度为100%。合同收入=63 000 000－23 625 000－23 625 000=15 750 000（元）

借:合同结算——收入结转　　　　　　　　　　　　　　　　　15 750 000
　　贷:主营业务收入　　　　　　　　　　　　　　　　　　　　　15 750 000

借:主营业务成本　　　　　　　　　　　　　　　　　　　　　11 000 000
　　贷:合同履约成本　　　　　　　　　　　　　　　　　　　　　11 000 000

（12）20×9年6月30日,价款结算时确认应收账款。

借:应收账款　　　　　　　　　　　　　　　　　　　　　　　29 700 000
　　贷:合同结算——价款结算　　　　　　　　　　　　　　　　　27 000 000
　　　　应交税费——应交增值税（销项税额）　　　　　　　　　　　2 700 000

（13）20×9年6月30日,实际付款时。

借:银行存款　　　　　　　　　　　　　　　　　　　　　　　36 300 000
　　贷:应收账款　　　　　　　　　　　　　　　　　　　　　　36 300 000

做过该会计分录后,"合同结算"科目和"应收账款"科目余额都已为0。

四、收入是企业在某一时点履行的履约义务

收款不确
定性与收入
确认

对于不属于在某一时段内履行的履约义务,应当属于在某一时点履行的履约义务,企业应当在客户取得相关商品控制权时点确认收入。在判断客户是否已取得商品控制权（即客户是否能够主导该商品的使用并从中获得几乎全部的经济利益）时,企业应当考虑下列五个迹象:

（1）企业就该商品享有现时收款权利,即客户就该商品负有现时付款义务。当企业就该商品享有现时收款权利时,可能表明客户已经有能力主导该商品的使用并从中获得几乎全部的经济利益。

（2）企业已将该商品的法定所有权转移给客户,即客户已拥有该商品的法定所有权。当客户取得了商品的法定所有权时,可能表明其已经有能力主导该商品的使用并从中获得几乎全部的经济利益,或者能够阻止其他企业获得这些经济利益,即客户已取得对该商品的控制权。如果企业仅仅是为了确保到期收回货款而保留商品的法定所有权,那么该权利通常不会对客户取得对该商品的控制权构成障碍。

（3）企业已将该商品实物转移给客户,即客户已占有该商品实物。客户如果已经占有商品实物,则可能表明其有能力主导该商品的使用并从中获得其几乎全部的经济利益,或者使其他企业无法获得这些利益。需要说明的是,客户占有了某项商品实物并不意味着其就一定取得了该商品的控制权,反之亦然。

（4）企业已将该商品所有权上的主要风险和报酬转移给客户,即客户已取得商品所有权上的主要风险和报酬。企业向客户转移了商品所有权上的主要风险和报酬,可能表明客户已经取得了主导该商品的使用并从中获得其几乎全部经济利益的能力。但是,

在评估商品所有权上的主要风险和报酬是否转移时,不应考虑导致企业在除所转让商品之外产生其他单项履约义务的风险。例如,企业将产品销售给客户,并承诺提供后续维护服务的安排中,销售产品和提供维护服务均构成单项履约义务,企业将产品销售给客户之后,虽然仍然保留了与后续维护服务相关的风险,但是,由于维护服务构成单项履约义务,所以该保留的风险并不影响企业已将产品所有权上的主要风险和报酬转移给客户的判断。

(5)客户已接受该商品。如果客户已经接受了企业提供的商品,例如,企业销售给客户的商品通过了客户的验收,可能表明客户已经取得了该商品的控制权。合同中有关客户验收的条款,可能允许客户在商品不符合约定规格的情况下解除合同或要求企业采取补救措施。因此,企业在评估是否已经将商品的控制权转移给客户时,应当考虑此类条款。当企业能够客观地确定其已经按照合同约定的标准和条件将商品的控制权转移给客户时,客户验收只是一项例行程序,并不影响企业判断客户取得该商品控制权的时点。例如,企业向客户销售一批必须满足规定尺寸和重量的产品,合同约定,客户收到该产品时,将对此进行验收。由于该验收条件是一个客观标准,企业在客户验收前就能够确定其是否满足约定的标准,客户验收可能只是一项例行程序。在实务中,企业应当根据过去执行类似合同积累的经验以及客户验收的结果取得相应证据。当在客户验收之前确认收入时,企业还应当考虑是否还存在剩余的履约义务,比如设备安装等,并且评估是否应当对其单独进行会计处理。

相反,当企业无法客观地确定其向客户转让的商品是否符合合同规定的条件时,在客户验收之前,企业不能认为已经将该商品的控制权转移给了客户。这是因为,在这种情况下,企业无法确定客户是否能够主导该商品的使用并从中获得其几乎全部的经济利益。例如,客户主要基于主观判断进行验收时,该验收往往不能被视为仅仅是一项例行程序,在验收完成之前,企业无法确定其商品是否能够满足客户的主观标准,因此,企业应当在客户完成验收并接受该商品时才能确认收入。在实务中,定制化程度越高的商品,越难以证明客户验收仅仅是一项例行程序。

此外,如果企业将商品发送给客户供其试用或者测评,且客户并未承诺在试用期结束前支付任何对价,则在客户接受该商品或者在试用期结束之前,该商品的控制权并未转移给客户。

需要强调的是,在上述五个迹象中,并没有哪一个或哪几个迹象是决定性的,企业应当根据合同条款和交易实质进行分析,综合判断其是否将商品的控制权转移给客户以及何时转移的,从而确定收入确认的时点。此外,企业应当从客户的角度进行评估,而不应当仅考虑企业自身的看法。

[例8-8] 甲公司是一家健身器材销售公司。20×8年10月1日,甲公司向乙公司销售5 000件健身器材,单位销售价格为500元,单位成本为400元,开出的增值税专用发票上注明的销售价格为250万元,增值税额为40万元。健身器材已经发出,但款项尚未收到。根据协议约定,乙公司应于20×8年12月1日之前支付货款,在20×9年3月31日之前有权退还健身器材。发出健身器材时,甲公司根据过去的经验,估计该批健身器材的退货率约为20%;在20×8年12月31日,甲公司对退货率进行了重新评估,认为

只有 10% 的健身器材会被退回。甲公司为增值税一般纳税人,健身器材发出时纳税义务已经发生,实际发生退回时取得税务机关开具的红字增值税专用发票。假定健身器材发出时控制权转移给乙公司。

在本例中,甲公司发出健身器材时,现实收款权、法定所有权转移、实物转移、风险和报酬转移、客户接受商品这五个条件基本得到满足,因此,发出器材时商品控制权转移,应该确认收入。

但是,对于可能退货的那一部分(这里退货的原因多种多样,不一定是商品质量问题,如对款式不满意、无理由退货等),现实收款权、风险和报酬转移、客户接受商品这三个条件不满足,因此,可能退货部分的收入在发出商品时不能确认。按准则规定,这种情况应该按照因向客户转让商品而预期有权收取的对价金额(即不包含预期因销售退回将退还的金额)确认收入,按照预期因销售退回将退还的金额确认负债。

(1) 20×8 年 10 月 1 日发出健身器材。

借:应收账款　　　　　　　　　　　　　　　　2 900 000
　　贷:主营业务收入　　　　　　　　　　　　　　2 000 000
　　　　预计负债——应付退货款　　　　　　　　　　500 000
　　　　应交税费——应交增值税(销项税额)　　　　400 000
借:主营业务成本　　　　　　　　　　　　　　　1 600 000
　　应收退货成本　　　　　　　　　　　　　　　　400 000
　　贷:库存商品　　　　　　　　　　　　　　　　2 000 000

(2) 20×8 年 12 月 1 日前收到货款。

借:银行存款　　　　　　　　　　　　　　　　　2 900 000
　　贷:应收账款　　　　　　　　　　　　　　　　2 900 000

(3) 20×8 年 12 月 31 日,甲公司对退货率进行重新评估,估计退货率 10%。

借:预计负债——应付退货款　　　　　　　　　　250 000
　　贷:主营业务收入　　　　　　　　　　　　　　250 000
借:主营业务成本　　　　　　　　　　　　　　　200 000
　　贷:应收退货成本　　　　　　　　　　　　　　200 000

(4) 假定 20×9 年 3 月 31 日发生销售退回,实际退货量为 400 件,退货款项已经支付(20×8 年 12 月 31 日估计退货 500 件,实际退货 400 件)。

借:库存商品　　　　　　　　　　　　　　　　　160 000
　　贷:应收退货成本　　　　　　　　　　　　　　160 000
　　　　　　　　　　　　　　　　　　　　　　(收回退货商品)

　　借:预计负债——应付退货款　　　　　　　　　200 000
　　　　应交税费——应交增值税(销项税额)　　　　 32 000
　　　　贷:银行存款　　　　　　　　　　　　　　232 000
　　　　　　　　　　　　　　　　　　　　(实际退款,含增值税)

　　借:预计负债——应付退货款　　　　　　　　　 50 000
　　　　贷:主营业务收入　　　　　　　　　　　　 50 000

收入与报表
操纵陷阱

万福生科的
收入造假

借：主营业务成本　　　　　　　　　（未退货100件确认收入）
　　　　　　　　　　　　　　　　　40 000
　　贷：应收退货成本　　　　　　　　　　　　　　40 000
　　　　　　　　　　　　（未退货100件确认成本）

第二节　费　用

一、费用的概念及分类

费用的概念包括广义和狭义两种。广义的概念是指企业在会计期间内发生的各种经济利益的减少。狭义的概念是指企业日常活动所发生的经济利益的流出。费用的表现形式为资产的流出、耗费或负债的增加。根据会计恒等式"资产 = 负债 + 所有者权益"可知，费用的发生必然会引起所有者权益的减少，但是，因所有者分配而导致的所有者权益减少的交易或事项与费用无关。

容易与费用概念混淆的是成本概念。成本的概念也有广义与狭义之分。广义的成本是指取得资产的代价。如取得固定资产的代价就是固定资产的成本，生产产品所花费的代价即为产品成本等。狭义的成本是指产品成本。产品成本与生产费用既有联系，又有区别。联系在于：两者都是为了产品的生产而发生的耗费。区别在于：生产费用与一定期间相联系，是指某个会计期间内为生产产品而发生的全部耗费；产品成本与一定品种或数量的产品相联系，是指为取得某个会计期间内所售产品而发生的全部耗费，而不论这种耗费发生在哪一期间。

按照与收入配比的关系来划分，费用可以分为：①直接配比的费用，如直接材料、直接人工。②间接配比的费用，如制造费用。间接配比的费用需要经过分配才能与相关的收入配比。③期间配比的费用，如销售费用、管理费用、财务费用，只和具体的期间相联系，而不能归属于为取得某项收入而发生的费用。

按照与经营活动的关系划分，费用可以分为：①与企业日常经营活动相关的费用，即狭义的费用，强调与收入的配比关系；②与企业日常经营活动无关的费用，这类费用常常被称作损失，不强调与收入的配比关系，只强调交易结果的净值，如营业外支出。

按照经济内容与用途划分，费用包括直接用于产品生产的生产费用、税金及附加、其他业务成本、期间费用、所得税费用等。

二、期间费用

期间费用是指本期发生的、不能直接或间接归入某种产品成本而直接计入当期损益的各项费用，通常包括销售费用、管理费用和财务费用。

（一）销售费用

销售费用，是指企业在销售产品、提供劳务等日常经营过程中发生的各种费用，以及专设销售机构的各项经费。包括：运输费、装卸费、包装费、保险费、展览费、广告费、经营租赁费，以及专设销售机构的职工工资、福利费等经常性费用。

(二) 管理费用

管理费用,是指企业的行政管理部门为组织和管理生产经营活动而发生的各种费用。包括:工会经费、职工教育经费、业务招待费、技术转入费、无形资产摊销、咨询费、诉讼费、公司经费、聘请中介机构费、研究与开发费、劳动保险费、待业保险费、董事会会费以及其他管理费用。

注意区分劳动保险费和劳动保护费。例如,企业购买的生产用的头罩、手套等属于劳动保护费,应计入制造费用。

(三) 财务费用

财务费用,是指企业筹集生产经营所需资金而发生的费用。包括:利息净支出(减利息收入)、汇兑净损失(减汇兑收益)、金融机构手续费以及筹集生产经营资金发生的其他费用等。为存货、购建固定资产和无形资产等筹集资金而发生的借款费用,应根据借款费用的相关准则确定应计入资产的成本还是财务费用。当期财务费用如为净收益,则用红字表示。

三、费用的确认与计量原则

(一) 费用的确认原则

会计分期的假设决定了各种时段类要素都得确定能否归属于当期,费用要素也不例外。费用何时确认以及如何确认的原则有:

1. 划分收益性支出与资本性支出原则

该原则的含义是如果某项支出的效益长于一个会计期间,则应对这项支出予以资本化,不能作为当期的费用;如果某项支出的效益仅限于本会计年度,就应在本期间内立即确认为费用。例如,企业购买固定资产的支出,由于固定资产的使用年限都在一年以上,所以该支出的受益期也相应地大于一年,购买固定资产的支出应资本化为固定资产的成本。而企业购买的低值耗用品,使用年限可能短于一年,相应支出的受益期也就少于一年,所以购买这类低值耗用品的支出应在购买当期计入费用。

2. 权责发生制原则

该原则在划分收益性支出与资本性支出原则的基础上进一步确定了费用确认的时点。权责发生制在费用上的确认是指凡是当期应负担的费用,不论款项是否已经支付,都应作为当期的费用;凡是当期不应负担的费用,即使款项已经在当期支付,也不应确认为当期的费用。

3. 配比原则

该原则认为,当与费用相关联的收入已经实现时,应该确认相应的费用。配比原则实际上解释了权责发生制原则中"当期应负担的费用"的概念,是对权责发生制的说明和补充。

根据收入与费用的不同配比关系,费用的确认具体分为三种情况:①因果配比,即按照费用与收入的直接联系确认费用。②期间配比,即支出发生时直接作为当期费用确认。③系统分摊,即一项受益期较长的支出,只能大致确定其与收入的联系,采用一定的分摊程序,系统、合理地分配费用。

（二）费用的计量方法

一般情况下,费用按照所消耗资产的历史成本或实际成本计价,而不是按照现行成本计量。

在权责发生制下,费用的确认与款项的支付可能不同步,就会产生预先计提的费用和以后摊销的费用。如预计借款利息属于预先计提的费用,长期待摊费用属于以后摊销的费用。对于预先计提的费用来说,事先的估计可能会与最终支付的款项或耗费的资产不一致,在这种情况下,一般先根据以往经验按期计提,在最后一期再做调整。

上市公司的
费用造假

四、费用的会计处理

与日常生产经营活动有关的费用包括:与收入配比的直接材料、直接人工,一般在发生时计入"生产成本"科目;与收入间接配比的制造费用,在发生时先计入"制造费用"科目,再经过分配从"制造费用"科目转入"生产成本"科目;期间配比的三项费用在发生时,分别按项目归属直接计入当期"销售费用""管理费用""财务费用"等相关的某些科目中。与日常生产经营活动无关的费用一般计入"营业外支出"科目。

[例8-9] 2021年5月,长泰公司投产A产品1 500件,期初在产品500件,月末全部完工。本月共计发生制造费用35 000元,分配给A产品15 000元。此外,还发生销售费用、管理费用、财务费用,分别为15 000元、20 000元、5 000元。5月份的生产成本明细账见表8-1。

表8-1　长泰公司5月份生产成本明细账

产品名称:A　　　　　　　　　　产品产量:2 000件　　　　　　　　　　单位:元

| 2023年 | | 摘要 | 借方(产品成本项目) | | | |
月	日		直接材料	直接人工	制造费用	合计
5	1	期初在产品成本	55 000	22 000	10 000	87 000
5	2	投入原材料	115 000			115 000
		应付生产工人工资		38 000		38 000
		分配制造费用			15 000	15 000
		生产费用合计	170 000	60 000	25 000	255 000
		完工产品总成本	170 000	60 000	25 000	255 000
		完工产品单位成本	85	30	12.50	127.50

长泰公司相关的会计处理如下:

(1) 投入原材料时。

借:生产成本——A产品　　　　　　　　　　　　　　　　115 000

　　贷:原材料　　　　　　　　　　　　　　　　　　　　　　115 000

(2) 计提应付工人工资时。

借:生产成本——A产品　　　　　　　　　　　　　　　　38 000

　　贷:应付职工薪酬　　　　　　　　　　　　　　　　　　　　38 000

（3）制造费用分配给 A 产品时。

借:生产成本——A 产品　　　　　　　　　　　　　　　　15 000

　　贷:制造费用　　　　　　　　　　　　　　　　　　　　　15 000

（4）完工产品入库时。

借:库存商品　　　　　　　　　　　　　　　　　　　　255 000

　　贷:生产成本——A 产品　　　　　　　　　　　　　　　255 000

（5）发生期间费用时。

借:销售费用　　　　　　　　　　　　　　　　　　　　15 000

　　管理费用　　　　　　　　　　　　　　　　　　　　20 000

　　财务费用　　　　　　　　　　　　　　　　　　　　　5 000

　　贷:银行存款　　　　　　　　　　　　　　　　　　　　40 000

[例 8-10]　2021 年,长泰公司因遭遇当地罕见的洪涝灾害,厂房被冲垮,机器、材料被冲毁。厂房原价 1 500 万元,已计提折旧 500 万元;机器原价 800 万元,已计提折旧 450 万元;冲毁的材料 50 万元,无残料回收;保险公司答应赔偿 700 万元。长泰公司相关的会计分录如下:

借:累计折旧——厂房　　　　　　　　　　　　　　　5 000 000

　　　　　　——机器　　　　　　　　　　　　　　　4 500 000

　　其他应收款——保险公司　　　　　　　　　　　　7 000 000

　　营业外支出　　　　　　　　　　　　　　　　　　7 000 000

　　贷:固定资产——厂房　　　　　　　　　　　　　　15 000 000

　　　　　　　　——机器　　　　　　　　　　　　　　8 000 000

　　　　原材料　　　　　　　　　　　　　　　　　　　500 000

第三节　利　　润

一、利润的定义和构成

（一）利润的定义

　　利润是企业经济效益的综合表现,对利润的追求,对于企业生存和发展至关重要。作为企业经济效益的综合表现,利润不仅是衡量企业作为经营主体所取的业绩的主要指标,而且也是对企业经营成果进行分配的重要依据。根据我国《企业会计准则——基本准则》,利润是指企业在一定会计期间的经营成果。利润包括收入减去费用后的净额、直接计入当期利润的利得和损失等。直接计入当期利润的利得和损失,是指应当计入当期损益、会导致所有者权益发生增减变动的、与所有者投入资本或向所有者分配利润无关的利得和损失。

（二）利润的构成

　　会计中的利润又分为“营业利润”“利润总额”和“净利润”等几个不同的概念。根

据最新利润表格式,与利润相关的计算公式如下:

1. 营业利润

营业利润＝营业收入－营业成本－税金及附加－销售费用－管理费用－研发费用－财务费用＋其他收益＋投资收益(－投资损失)＋公允价值变动收益(－公允价值变动损失)－信用减值损失－资产减值损失＋资产处置收益(－资产处置损失)

营业收入包括企业确认的销售商品、提供劳务等主营业务以及除主营业务以外的其他经营活动实现的收入。

营业成本包括企业确认的销售商品、提供劳务等主营业务收入时应结转的成本,以及除主营业务活动以外的其他经营活动所发生的成本。

税金及附加是指企业经营活动发生的消费税、城市维护建设税、资源税和教育费附加等相关税费。

研发费用是指企业进行研究与开发过程中发生的费用化支出,以及计入管理费用的自行开发无形资产的摊销。

其他收益主要包括计入其他收益的政府补助,以及其他与日常活动相关且计入其他收益的项目。

投资收益(或损失)是指企业以各种方式对外投资所取得的收益(或发生的损失)。

公允价值变动收益(或损失)是指企业交易性金融资产等公允价值变动形成的应计入当期损益的利得(或损失)。

信用减值损失是指计提的各项金融工具信用减值准备所确认的信用损失。

资产减值损失是指企业计提各项资产减值准备所形成的损失。

资产处置收益主要反映企业出售或处置非流动资产(金融工具、长期股权投资和投资性房地产除外)时确认的处置利得或损失。

2. 利润总额

利润总额＝营业利润＋营业外收入－营业外支出

营业外收入是指企业发生的除营业利润以外的收益,主要包括与企业日常活动无关的政府补助、盘盈利得、捐赠利得(企业接受股东或股东的子公司直接或间接的捐赠,经济实质属于股东对企业的资本性投入的除外)等。

营业外支出是指企业发生的除营业利润以外的支出,主要包括公益性捐赠支出、非常损失、盘亏损失、非流动资产毁损报废损失等。

3. 净利润

净利润＝利润总额－所得税费用

所得税费用是指企业确认的应从当期利润总额中扣除的所得税费用。

二、营业外收支的会计处理

营业外收支是指企业发生的与日常活动无直接关系的各项收支,即前文的直接计入当期利润的利得和损失。营业外收支虽然与企业生产经营活动没有多大的关系,但从企业主体来考虑,同样带来收入或形成企业的支出,也是增加或减少利润的因素,会对利润总额及净利润产生影响。

（一）营业外收入

营业外收入是指企业发生的与日常活动无直接关系的各项利得。营业外收入并不是由企业经营资金耗费所产生的,不需要企业付出代价,实际上是一种纯收入,不可能也不需要与有关费用进行配比。因此,在会计处理上,应当严格区分营业外收入与营业收入的界限。营业外收入主要包括政府补助、盘盈利得、捐赠利得等。其中:

盘盈利得,是指企业对于现金等资产清查盘点中盘盈的资产,报经批准后计入营业外收入的金额。

政府补助,是指企业与企业日常活动无关的、从政府无偿取得货币性资产或非货币性资产形成的利得。注意,按照政府补助会计准则,企业接受的政府补助并不必然形成营业外收入,大部分政府补助可能应确认为"其他收益",只有少部分政府补助会被确认为营业外收入。

捐赠利得,是指企业接受捐赠产生的利得。企业接受的捐赠和债务豁免,通常应当确认为当期收益。但是,企业接受控股股东(或控制股东的子公司)或非控股股东(或非控股股东的子公司)直接或间接代为偿债、债务豁免或捐赠,经济实质表明属于控股股东或非控股股东对企业的资本性投入,应当将相关利得计入所有者权益(资本公积)。

企业应当通过"营业外收入"科目核算营业外收入的取得和结转情况。该科目按营业外收入项目进行明细核算。期末,应将该科目余额转入"本年利润"科目,结转后该科目无余额。

（二）营业外支出

营业外支出是指企业发生的营业利润以外的支出,主要包括:非流动资产毁损报废损失、公益性捐赠支出、非常损失、盘亏损失等。其中:

非流动资产毁损报废损失,是指因自然灾害等发生毁损、已丧失使用功能而报废的非流动资产所产生的清理损失。

公益性捐赠支出,是指企业对外进行公益性捐赠发生的支出。

非常损失,是指企业对于因客观因素(如自然灾害等)造成的损失,在扣除保险公司赔偿后计入营业外支出的净损失。

非经常损益
与利润操纵

企业应通过"营业外支出"科目,核算营业外支出的发生及结转情况。该科目按营业外支出项目进行明细核算。期末,应将该科目余额转入"本年利润"科目,结转后该科目无余额。

需要注意的是,营业外收入和营业外支出应当分别核算。在具体核算时,不得以营业外收入冲减营业外支出,也不得以营业外支出直接冲减营业外收入。

 本章小结

收入是指企业在日常活动中形成的、会导致所有者权益增加的、与所有者投入资本无关的经济利益的总流入。企业应当在履行了合同中的履约义务,即在客户取得相关商品控制权时确认收入。费用是指企业日常活动所发生的经济利益的流出。按照经济内容与用途划分,费用包括直接用于产品生产的生产费用、税金及附加、其他业务成本、期间费用、所得税费用等,期间费用又包括管理费用、销售费用和财务费用。费用的确认原则包括划分收益性支出与资本性支出原则、权责发生制原则和配比原则。利润是指企业在一定会计期间的经营成果。

思 考 题

1. 什么是收入?收入有哪些特征?收入与利得的关系是什么?

2. 收入确认的根本原则是什么,你如何理解?

3. 在某一时段内履行履约义务的条件,需要满足三个条件之一,这三个条件是什么?如何理解?

4. 确定履约进度的方法有哪两种?谈谈你的理解。

5. 谈谈应收账款与合同资产的联系与区别。

6. 在某一时点履行的履约义务,企业应当在客户取得相关商品控制权时点确认收入。在判断客户是否已取得商品控制权时,企业应当考虑哪五个迹象?如何理解这五个迹象?

7. 什么是费用?它与成本的关系是什么?它的分类有哪几种?

8. 三项期间费用的核算内容包括哪些?试举例说明。

9. 费用的确认原则有哪些?其计量的特点是什么?

10. 什么是利润?简述利润总额的计算公式以及各项目的推导。

即测即评

请扫描二维码,进行随堂测试。

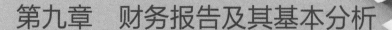

第九章 财务报告及其基本分析

学习目标

1. 了解财务报告和财务报表的基本构成。
2. 了解资产负债表的性质和作用,掌握资产负债表的编制方法。
3. 了解利润表的性质和作用,掌握利润表的编制方法。
4. 了解现金流量表的概念和作用,理解现金流量表编制方法的直接法和间接法。
5. 了解所有者权益变动表的概念和格式。
6. 了解非财务报表附注的作用和形式,熟悉财务报表附注的主要内容。
7. 了解其他财务报告主要包括哪些,以及这些报告的主要内容。
8. 熟悉财务报表的基本分析方法。

导读案例

康美药业财务造假案

2020 年 8 月,证监会对康美药业下发《行政处罚及市场禁入事先告知书》,其中指出康美药业存在以下四大方面的问题:

一是,康美药业涉嫌累计虚增营业收入 291.28 亿元。具体为:《康美药业 2016 年年度报告》虚增营业收入 89.99 亿元,多计利息收入 1.51 亿元,虚增营业利润 6.56 亿元,占合并利润表当期披露利润总额的 16.44%;《康美药业 2017 年年度报告》虚增营业收入 100.32 亿元,多计利息收入 2.28 亿元,虚增营业利润 12.51 亿元,占合并利润表当期披露利润总额的 25.91%;《康美药业 2018 年半年度报告》虚增营业收入 84.84 亿元,多计利息收入 1.31 亿元,虚增营业利润 20.29 亿元,占合并利润表当期利润总额的 65.52%;《康美药业 2018 年年度报告》虚增营业收入 16.13 亿元,虚增营业利润 1.65 亿元,占合并利润表当期披露利润总额的 12.11%。

二是,累计虚增货币资金 886 亿元。《康美药业 2016 年年度报告》虚增货币资金 225.49 亿元,占公司披露总资产的 41.13% 和净资产的 76.74%;《康美药业 2017 年年度报告》虚增货币资金 299.44 亿元,占公司披露总资产的 43.57% 和净资产的

93.18%;《康美药业 2018 年半年度报告》虚增货币资金 361.88 亿元,占公司披露总资产的 45.96% 和净资产的 108.24%。

三是,《康美药业 2018 年年度报告》中存在虚假记载,虚增固定资产、在建工程、投资性房地产,共计 36 亿元。在《康美药业 2018 年年度报告》中将前期未纳入报表的亳州华佗国际中药城、普宁中药城、普宁中药城中医馆、亳州新世界、甘肃陇西中药城、玉林中药产业园 6 个工程项目纳入表内,分别调增固定资产 11.89 亿元,调增在建工程 4.01 亿元,调增投资性房地产 20.15 亿元,合计调增资产总额 36.05 亿元。

四是,《康美药业 2016 年年度报告》《康美药业 2017 年年度报告》《康美药业 2018 年年报告》中存在重大遗漏,未按规定披露控股股东及其关联方非经营性占用资金的关联交易情况。2016 年 1 月 1 日至 2018 年 12 月 31 日,康美药业在未经过决策审批或授权程序的情况下,累计向控股股东及其关联方提供非经营性资金 116.19 亿元用于购买股票、替控股股东及其关联方偿还融资本息、垫付解质押款或支付收购溢价款等用途。

2021 年 5 月 14 日,证监会依法对康美药业违法违规案做出行政处罚及市场禁入决定。对康美药业给予警告并处以 60 万元罚款,对主要责任人罚款并禁入市场。

证监会指出,经过前期的调查和行政复议等程序,证监会最终认定,2016—2018 年,康美药业虚增巨额营业收入,通过伪造、变造大额定期存单等方式虚增货币资金,将不满足会计确认和计量条件的工程项目纳入报表,虚增固定资产等。同时,康美药业存在控股股东及其关联方非经营性占用资金的情况。上述行为致使康美药业披露的相关年度报告存在虚假记载和重大遗漏。

证监会认为,康美药业有预谋、有组织,长期、系统实施财务欺诈行为,践踏法治,对市场和投资者毫无敬畏之心,严重破坏资本市场健康生态。证监会发现案涉违法行为后,立即集中力量查办,持续公布执法进展,新冠肺炎疫情期间通过多地远程视频会议方式召开听证会,听取当事人陈述申辩,并在坚持法治原则的情况下最终做出从严从重从快惩处的决定。业内人士指出,60 万元的处罚是老版证券法中有关信息披露违法违规的顶格惩处,康美药业的违法行为是在 2016 年至 2018 年期间,此前也下发了行政处罚及市场禁入事先告知书,因行政复议等程序导致行政处罚书最近下发。对康美药业的惩处并未结束,后续的民事赔偿、刑事追责将让康美药业的财务欺诈付出沉重代价。

要求:请您在巨潮资讯网下载康美药业 2016—2018 年的年度报告,通过本章的财务报表分析的各种方法,找到康美药业可能存在财务欺诈的迹象。

资料来源:编者整理。

第一节　财务报告体系概述

一、财务报告的基本概念

财务会计是由确认、计量、记录和报告四个基本程序组成的。通过初始确认、计量所做成的会计分录，都是为编报财务报告做准备，产生财务报告是财务会计的目的。从财务会计的观点看，与财务报告相关的概念包括财务报表、附注、其他财务报告、其他报告、年度报告等。为此，必须对这些基本概念的联系和区别进行简单介绍：

年度报告＝财务报表＋报表附注＋其他财务报告＋其他报告

可以看出，目前企业对外提供的信息已经超越了财务报告的范畴，财务会计的边界已日益模糊。尽管如此，财务会计作为一个人造的信息系统，在与其他信息源进行竞争的过程中，当且仅当在"财务报告"范畴内才能具有优势。所以财务报告是企业报告的核心，而财务报表是财务报告的核一。

参照美国 FASB 第 5 号概念公告，可以对财务报表、财务报告和确认等概念做如下分析：

财务报表是财务报告中的中心部分，是向企业外界传递会计信息的主要手段。在对外通用财务报告中，财务报表是由一系列指标的货币金额组成的表述，来反映企业某个时点的财务状况，或在一段期间内财务状况的一种或多种变动的会计记录。确认于财务报表的项目，是企业的一定资源（资产）、对这些资源的要求权（负债与业主产权）以及引起这些资源和要求权变动的交易或其他事项。

确认是指把某个项目作为资产、负债、收入、费用等正式加以记录或列入某一主体财务报表的过程。确认包括同时用文字和数字来描述一个项目，其数额包括在财务报表上的各个总计数之中。就资产或负债而言，确认不仅要记录一个项目的取得或发生，还要记录它的随后变化（包括那些未列入财务报表的变动）。

虽然财务报表与财务报告基本上具有相同的目标，但某些有用的信息最好通过财务报表提供，有些信息则要由或只能由报表附注、辅助资料或财务报告的其他手段提供：

（1）以报表附注或报表上括号加注形式揭示的信息，比如重要的会计政策或对资产、负债项目的其他计量结果，是对确认于财务报表上的信息的补充或解释。

（2）补充信息（如按 FAS89 关于价格影响的揭示）和财务报告的其他手段（如管理层的论证和分析），可以补充财务报表和报表附注所提供的信息，它们包括某些相关的，但不符合全部确认标准的信息。

既然确认是指同时用文字和数据描述一个项目并将其数额包括在财务报表上的各个总计数之中，那么，财务报告的其他手段的披露不是确认。对财务报表的有关项目的信息的披露以及可在报表附注或在表内用括号加注或者补充信息与财务报告的其他手段提供关于这些项目的计量，不能代替对符合确认标准的项目在财务报表上的确认。

通过上面的论述，财务报告、财务报表和其他财务报告之间的关系，可用图 9-1 来表示。

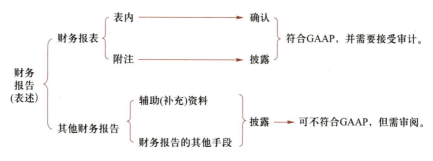

图 9–1　财务报告、财务报表和其他财务报告的关系

我国《企业会计准则第 30 号——财务报表列报》(2014 年修订)指出："财务报表是对企业财务状况、经营成果和现金流量的结构性表述。"列报，是指交易和事项在报表中的列示和在附注中的披露。在财务报表的列报中，"列示"通常反映资产负债表、利润表、现金流量表和所有者权益(或股东权益)变动表等报表中的信息，"披露"通常反映附注中的信息。可以看出，与图 9–1 中使用的财务报表"表述"、表内"确认"和附注"披露"术语不同，我国财务报表列报准则使用了财务报表"列报"、表内"列示"和附注"披露"的术语。

二、财务报表的分类

财务报表可以按照不同的标准进行分类。

财务报表按编报期间的不同，可以分为中期财务报表和年度财务报表。中期财务报表是以短于一个完整会计年度的报告期间为基础编制的财务报表，包括月报、季报和半年报等。中期财务报表至少应当包括资产负债表、利润表、现金流量表和附注。中期资产负债表、利润表和现金流量表应当是完整报表，其格式和内容应当与上年度财务报表相一致。企业在编制中期财务报表时，应当将中期视同为一个独立的会计期间，所采用的会计政策应当与年度财务报表所采用的会计政策相一致，包括会计要素确认和计量原则相一致。

财务报表按编报主体的不同，可以分为个别财务报表和合并财务报表。个别财务报表是由企业在自身会计核算基础上对账簿记录进行加工而编制的财务报表，它主要用以反映企业自身的财务状况、经营成果和现金流量情况。合并财务报表是以母公司和子公司组成的企业集团为会计主体，根据母公司和所属子公司的财务报表，由母公司编制的综合反映企业集团财务状况、经营成果及现金流量的财务报表。

三、财务报表的组成部分

一般来说，财务报表是由一些基本报表组成的。例如，英国 ASB 要求企业对外报告的基本财务报表包括资产负债表、利润表、全部已确认利得与损失表和现金流量表等；美国 FASB 规定企业应当报告的基本财务报表包括资产负债表、利润表、全面收益表和现金流量表等。我国《企业会计准则第 30 号——财务报表列报》(2014 年修订)指出："财务报表是对企业财务状况、经营成果和现金流量的结构性表述。财务报表至少应当包括下列组

财务报告与
信息过载

成部分:资产负债表;利润表;现金流量表;所有者权益(或股东权益)变动表;附注。"

第二节　资产负债表及其编制

一、资产负债表的性质和作用

资产负债表是指反映企业在某一特定日期的财务状况的会计报表。它是根据"资产 = 负债 + 所有者权益"这一基本会计恒等式编制的。资产负债表的主要目的是反映企业在某一特定时点的财务状况,如年末、季度末或月末。所谓财务状况,通常指企业在某一时点资产、负债、所有者权益的构成及其相互关系。因此,资产负债表就是报告企业在某一时点的资产、负债和所有者权益状况及其相互关系的基本财务报表。

资产负债表是企业对外提供的主要财务报表之一。它把企业在特定时日所拥有或控制的经济资源和与之相应的企业在该时日所承担的负债以及偿债之后属于所有者的权益都充分体现出来。这些信息对于实现财务会计的目标、为信息使用者提供决策有用的信息都具有重要的意义。

一般来说,资产负债表的作用包括:

第一,可以提供某一日期资产的总额及其结构,表明企业拥有或控制的资源及其分布情况,使用者可以一目了然地从资产负债表上了解企业在某一特定日期所拥有的资产总量及其结构。

第二,可以提供某一日期的负债总额及其结构,表明企业未来需要用多少资产或劳务清偿债务以及清偿时间。

第三,可以反映所有者所拥有的权益,据以判断资本保值、增值的情况以及对负债的保障程度。

资产负债表的起源

此外,资产负债表还可以提供进行财务分析的基本资料。信息使用者可以通过依据资产负债表计算的相关指标来分析、评价和预测企业的偿债能力、资本结构、变现能力、财务弹性和经营业绩等。总之,资产负债表作为企业必须报告的第一张报表,具有不可替代的重要作用。

二、资产负债表列报的总体要求

(一)分类别列报

资产负债表列报应当如实反映企业在资产负债表日所拥有的资源、所承担的负债以及所有者所拥有的权益。因此,资产负债表应当按照资产、负债和所有者权益三大类别分类列报。

(二)资产和负债按流动性列报

资产和负债应当按照流动性分别分为流动资产和非流动资产、流动负债和非流动负债列示。流动性,通常按资产的变现或耗用时间长短或者负债的偿还时间长短来确定。按照我国财务报表列报准则的规定,资产负债表应先列报流动性强的资产或负债,再列报流动性弱的资产或负债。

（三）列报相关的合计、总计项目

资产负债表中的资产类至少应当列示流动资产和非流动资产的合计项目；负债类至少应当列示流动负债、非流动负债以及负债的合计项目；所有者权益类应当列示所有者权益的合计项目。资产负债表应当分别列示资产总计项目和负债与所有者权益之和的总计项目，并且这二者的金额应当相等。

三、资产负债表的项目分类

（一）资产的列报

资产负债表中的资产反映由过去的交易、事项形成并由企业在某一特定日期所拥有或控制的、预期会给企业带来经济利益的资源。资产应当按照流动资产和非流动资产两大类别在资产负债表中列示，在流动资产和非流动资产类别下进一步按性质分项列示。

1. 流动资产和非流动资产的划分

资产负债表中的资产应当分别流动资产和非流动资产列报，因此区分流动资产和非流动资产十分重要。资产满足下列条件之一的，应当归类为流动资产：

（1）预计在一个正常营业周期中变现、出售或耗用。这主要包括存货、应收账款等资产。需要指出的是，变现一般针对应收账款等而言，指将资产变为现金；出售一般针对产品等存货而言；耗用一般指将存货（如原材料）转变成另一种形态（如产成品）。

（2）主要为交易目的而持有。这主要是指根据《企业会计准则第22号——金融工具确认和计量》划分的交易性金融资产。但是，并非所有的交易性金融资产均为流动资产，比如自资产负债表日起超过12个月到期且预期持有超过12个月的衍生工具应当划分为非流动资产或非流动负债。

（3）预计在资产负债表日起1年内（含1年）变现。

（4）自资产负债表日起1年内，交换其他资产或清偿负债的能力不受限制的现金或现金等价物。在实务中存在用途受到限制的现金或现金等价物，比如用途受到限制的信用证存款、汇票存款、技改资金存款等，这类现金或现金等价物如果作为流动资产列报，可能高估了流动资产金额，从而高估流动比率等财务指标，影响使用者的决策。

2. 正常营业周期

判断流动资产、流动负债时所称的一个正常营业周期，是指企业从购买用于加工的资产起至实现现金或现金等价物的期间。

正常营业周期通常短于1年，在1年内有几个营业周期。但是，也存在正常营业周期长于1年的情况，如房地产开发企业开发用于出售的房地产开发产品，造船企业制造的用于出售的大型船只等，从购买原材料进入生产，到制造出产品出售并收回现金或现金等价物的过程，往往超过1年。在这种情况下，与生产循环相关的产成品、应收账款、原材料尽管是超过1年才变现、出售或耗用，仍应作为流动资产列示。

当正常营业周期不能确定时，应当以1年（12个月）作为正常营业周期。

（二）负债的列报

资产负债表中的负债反映在某一特定日期企业所承担的、预期会导致经济利益流出企业的现时义务。负债应当按照流动负债和非流动负债在资产负债表中进行列示，在流动负债和非流动负债类别下再进一步按性质分项列示。

流动负债的判断标准与流动资产的判断标准相类似。负债满足下列条件之一的,应当归类为流动负债:

(1) 预计在一个正常营业周期中清偿;

(2) 主要为交易目的而持有;

(3) 自资产负债表日起 1 年内到期应予以清偿;

(4) 企业无权自主地将清偿推迟至资产负债表日后 1 年以上。

值得注意的是,有些流动负债,如应付账款、应付职工薪酬等,属于企业正常营业周期中使用的营运资金的一部分。尽管这些经营性项目有时在资产负债表日后超过 1 年才到期清偿,但是它们仍应划分为流动负债。此外,还要注意资产负债表日后事项对流动负债与非流动负债划分的影响。

(三) 所有者权益的列报

资产负债表中的所有者权益是企业资产扣除负债后的剩余权益,反映企业在某一特定日期股东投资者拥有的净资产的总额。资产负债表中的所有者权益类一般按照净资产的不同来源和特定用途进行分类,应当按照实收资本(或股本)、资本公积、其他综合收益、盈余公积、未分配利润等项目分项列示。

四、资产负债表的格式 [①]

(一) 表首

财务报表一般分为表首和正表两部分。在表首部分企业应当概括说明下列基本信息:

(1) 编报企业的名称,如企业名称在所属当期发生了变更的,还应明确标明;

(2) 对资产负债表而言,须披露资产负债表日,而对利润表、现金流量表、所有者权益变动表而言,须披露报表涵盖的会计期间;

(3) 货币名称和单位,按照我国企业会计准则的规定,企业应当以人民币作为记账本位币列报,并标明金额单位,如人民币元、人民币万元等;

(4) 财务报表是合并财务报表的,应当予以标明。

(二) 正表

资产负债表正表的列报格式一般有两种:报告式资产负债表和账户式资产负债表。报告式资产负债表是上下结构,上半部列示资产,下半部列示负债和所有者权益。具体排列形式又有两种:一是按"资产 = 负债 + 所有者权益"的原理排列;二是按"资产 − 负债 = 所有者权益"的原理排列。账户式资产负债表是左右结构,左边列示资产,右边列示负债和所有者权益。根据财务报表列报准则的规定,资产负债表采用账户式的格式,即左侧列报资产方,一般按资产的流动性大小排列;右侧列报负债方和所有者权益方,一般按要求清偿时间的先后顺序排列。账户式资产负债表中的资产各项目的合计等于

---

① 我国《企业会计准则》指出,财务报表格式和附注分别按一般企业、商业银行、保险公司、证券公司等企业类型予以规定。企业应当根据经营活动的性质,确定本企业使用的财务报表格式和附注。本章介绍的财务报表格式均为一般企业适用的格式。

负债和所有者权益各项目的合计,即资产负债表左方和右方平衡。因此,通过账户式资产负债表,可以反映资产、负债、所有者权益之间的内在关系,即"资产 = 负债 + 所有者权益"。

另外,根据《企业会计准则第 30 号——财务报表列报》(2014 年修订)的规定,企业需要提供比较资产负债表,以便报表使用者通过比较不同时点资产负债表的数据,掌握企业财务状况的变动情况及发展趋势。所以,资产负债表还就各项目再分为"年初余额"和"期末余额"两栏分别填列。

账户式资产负债表的格式如表 9-1 所示。

表 9-1　资产负债表

编制单位:　　　　　　　　　　年　　月　　日　　　　　　　　　单位:元

资产	期末余额	年初余额	负债和所有者权益(或股东权益)	期末余额	年初余额
流动资产:			流动负债:		
货币资金			短期借款		
交易性金融资产			交易性金融负债		
衍生金融资产			衍生金融负债		
应收票据			应付票据		
应收账款			应付账款		
应收款项融资			预收款项		
预付款项			合同负债		
其他应收款			应付职工薪酬		
存货			应交税费		
合同资产			其他应付款		
持有待售资产			持有待售负债		
一年内到期的非流动资产			一年内到期的非流动负债		
其他流动资产			其他流动负债		
流动资产合计			流动负债合计		
非流动资产:			非流动负债:		
债权投资			长期借款		
其他债权投资			应付债券		
长期应收款			其中:优先股		
长期股权投资			永续债		
其他权益工具投资			租赁负债		
其他非流动金融资产			长期应付款		
投资性房地产			预计负债		

续表

资产	期末余额	年初余额	负债和所有者权益(或股东权益)	期末余额	年初余额
固定资产			递延收益		
在建工程			递延所得税负债		
生产性生物资产			其他非流动负债		
油气资产			非流动负债合计		
使用权资产			负债合计		
无形资产			所有者权益(或股东权益):		
开发支出			实收资本(或股本)		
商誉			其他权益工具		
长期待摊费用			其中:优先股		
递延所得税资产			永续债		
其他非流动资产			资本公积		
非流动资产合计			减:库存股		
			其他综合收益		
			专项储备		
			盈余公积		
			未分配利润		
			所有者权益(或股东权益)合计		
资产总计			负债和所有者权益(或股东权益)总计		

五、资产负债表的编制方法

(一)年初余额栏的列报方法

资产负债表"年初余额"栏内各项数字,应根据上年末资产负债表"期末余额"栏内所列数字填列。如果上年度资产负债表规定的各个项目的名称和内容同本年度不相一致,应对上年年末资产负债表各项目的名称和数字按照本年度的规定进行调整,填入表中"年初余额"栏内。

(二)期末余额栏的列报方法

资产负债表"期末余额"栏内各项数字,一般应根据资产、负债和所有者权益类科目的期末余额填列。主要包括以下五种方式:

(1)根据总账科目的余额填列。资产负债表中的有些项目,可直接根据有关总账科目的余额填列,如"交易性金融资产""短期借款""应付票据""应付职工薪酬"等项目;有些项目则需根据几个总账科目的余额计算填列,如"货币资金"项目,需根据"库存现金""银行存款""其他货币资金"三个总账科目余额的合计数填列。

（2）根据有关明细账科目的余额计算填列。例如，"应付账款"项目，需要根据"应付账款"和"预付账款"两个科目所属的相关明细科目的期末贷方余额计算填列；"应收账款"项目，需要根据"应收账款"和"预收账款"两个科目所属的相关明细科目的期末借方余额计算填列。

（3）根据总账科目和明细账科目的余额分析计算填列。例如，"长期借款"项目，需根据"长期借款"总账科目余额扣除"长期借款"科目所属的明细科目中将在资产负债表日起一年内到期、且企业不能自主地将清偿义务展期的长期借款后的金额计算填列。

（4）根据有关科目余额减去其备抵科目余额后的净额填列。例如，资产负债表中的"应收账款""长期股权投资"等项目，应根据"应收账款""长期股权投资"等科目的期末余额减去"坏账准备""长期股权投资减值准备"等科目余额后的净额填列；"固定资产"项目，应根据"固定资产"科目的期末余额减去"累计折旧""固定资产减值准备"科目余额后的净额填列；"无形资产"项目，应根据"无形资产"科目的期末余额，减去"累计摊销""无形资产减值准备"科目余额后的净额填列。

（5）综合运用上述填列方法分析填列。例如，资产负债表中的"存货"项目，需根据"原材料""库存商品""委托加工物资""周转材料""材料采购""在途物资""发出商品""材料成本差异"等总账科目期末余额的分析汇总数，再减去"存货跌价准备"科目余额后的金额填列。

六、资产负债表编制示例

[例 9-1]　华安股份有限公司 20×7 年 12 月 31 日的资产负债表和 20×8 年的科目余额表分别见表 9-2 和表 9-3。根据这些资料，可以编制华安股份有限公司 20×8 年 12 月 31 日的资产负债表如表 9-4 所示。

表 9-2　资产负债表

编制单位：华安股份有限公司　　　　　20×7 年 12 月 31 日　　　　　　　单位：元

资产	期末余额	年初余额	负债和所有者权益（或股东权益）	期末余额	年初余额
流动资产：			流动负债：		
货币资金	5 625 200		短期借款	1 200 000	
交易性金融资产	60 000		交易性金融负债	0	
衍生金融资产	0		衍生金融负债	0	
应收票据	984 000		应付票据	800 000	
应收账款	1 196 400		应付账款	3 815 200	
应收款项融资	0		预收款项	0	
预付款项	400 000		合同负债	0	
其他应收款	20 000		应付职工薪酬	440 000	
存货	10 320 000		应交税费	146 400	

续表

资产	期末余额	年初余额	负债和所有者权益（或股东权益）	期末余额	年初余额
合同资产	0		其他应付款	200 000	
持有待售资产	0		持有待售负债	0	
一年内到期的非流动资产	0		一年内到期的非流动负债	4 000 000	
其他流动资产	400 000		其他流动负债	0	
流动资产合计	19 005 600		流动负债合计	10 605 600	
非流动资产：			非流动负债：		
债权投资	0		长期借款	2 400 000	
其他债权投资	0		应付债券	0	
长期应收款	0		其中：优先股	0	
长期股权投资	1 000 000		永续债	0	
其他权益工具投资	0		租赁负债	0	
其他非流动金融资产	0		长期应付款	0	
投资性房地产	0		预计负债	0	
固定资产	4 400 000		递延收益	0	
在建工程	6 000 000		递延所得税负债	0	
生产性生物资产	0		其他非流动负债	0	
油气资产	0		非流动负债合计	2 400 000	
使用权资产	0		负债合计	13 005 600	
无形资产	2 400 000		所有者权益（或股东权益）：	0	
开发支出	0		实收资本（或股本）	20 000 000	
商誉	0		其他权益工具	0	
长期待摊费用	0		其中：优先股	0	
递延所得税资产	0		永续债	0	
其他非流动资产	800 000		资本公积	0	
非流动资产合计	14 600 000		减：库存股	0	
			其他综合收益	0	
			专项储备	0	
			盈余公积	400 000	
			未分配利润	200 000	

续表

资产	期末余额	年初余额	负债和所有者权益（或股东权益）	期末余额	年初余额
			所有者权益(或股东权益)合计	20 600 000	
资产总计	33 605 600		负债和所有者权益(或股东权益)总计	33 605 600	

表 9-3　20×8 年华安股份有限公司科目余额表　　　　单位：元

科目名称	借方余额	科目名称	贷方余额
库存现金	8 000	短期借款	200 000
银行存款	3 104 540	应付票据	400 000
其他货币资金	29 200	应付账款	3 815 200
交易性金融资产	0	其他应付款	200 000
应收票据	264 000	应付职工薪酬	720 000
应收账款	2 400 000	应交税费	906 924
坏账准备	-7 200	应付利息	0
预付账款	400 000	应付股利	128 863.4
其他应收款	20 000	一年内到期的长期负债	0
材料采购	1 100 000	长期借款	4 640 000
原材料	180 000	股本	20 000 000
周转材料	152 200	盈余公积	499 081.6
库存商品	8 489 600	利润分配(未分配利润)	762 871
材料成本差异	17 000		
其他流动资产	400 000		
长期股权投资	1 000 000		
固定资产	9 604 000		
累计折旧	-680 000		
固定资产减值准备	-120 000		
工程物资	1 712 000		
在建工程	1 200 000		
无形资产	2 400 000		
累计摊销	-240 000		
递延所得税资产	39 600		
其他非流动资产	800 000		
合计	32 272 940	合计	32 272 940

表 9-4　资产负债表

编制单位:华安股份有限公司　　　　　20×8 年 12 月 31 日　　　　　　　　　单位:元

资产	期末余额	年初余额	负债和所有者权益 (或股东权益)	期末余额	年初余额
流动资产:			流动负债:		
货币资金	3 141 740	5 625 200	短期借款	200 000	1 200 000
交易性金融资产	0	60 000	交易性金融负债	0	0
衍生金融资产	0	0	衍生金融负债	0	0
应收票据	264 000	984 000	应付票据	400 000	800 000
应收账款	2 392 800	1 196 400	应付账款	3 815 200	3 815 200
应收款项融资	0	0	预收款项	0	0
预付款项	400 000	400 000	合同负债	0	0
其他应收款	20 000	20 000	应付职工薪酬	720 000	440 000
存货	9 938 800	10 320 000	应交税费	906 924	146 400
合同资产	0	0	其他应付款	328 863.4	200 000
持有待售资产	0	0	持有待售负债	0	0
一年内到期的非流动资产	0	0	一年内到期的非流动负债	0	4 000 000
其他流动资产	400 000	400 000	其他流动负债	0	0
流动资产合计	16 557 340	19 005 600	流动负债合计	6 370 987.4	10 605 600
非流动资产:			非流动负债:		
债权投资	0	0	长期借款	4 640 000	2 400 000
其他债权投资	0	0	应付债券	0	0
长期应收款	0	0	其中:优先股	0	0
长期股权投资	1 000 000	1 000 000	永续债	0	0
其他权益工具投资	0	0	租赁负债	0	0
其他非流动金融资产	0	0	长期应付款	0	0
投资性房地产	0	0	预计负债	0	0
固定资产	8 804 000	4 400 000	递延收益	0	0
在建工程	2 912 000	6 000 000	递延所得税负债	0	0
生产性生物资产	0	0	其他非流动负债	0	0
油气资产	0	0	非流动负债合计	4 640 000	2 400 000
使用权资产	0	0	负债合计	11 010 987.4	13 005 600

续表

资产	期末余额	年初余额	负债和所有者权益 （或股东权益）	期末余额	年初余额
无形资产	2 160 000	2 400 000	所有者权益（或股东权益）：		0
开发支出	0	0	实收资本（或股本）	20 000 000	20 000 000
商誉	0	0	其他权益工具	0	0
长期待摊费用	0	0	其中：优先股	0	0
递延所得税资产	39 600	0	永续债	0	0
其他非流动资产	800 000	800 000	资本公积	0	0
非流动资产合计	15 715 600	14 600 000	减：库存股	0	0
			其他综合收益	0	0
			专项储备	0	0
			盈余公积	499 081.6	400 000
			未分配利润	762 871	200 000
			所有者权益（或股东权益）合计	21 261 952.6	20 600 000
资产总计	32 272 940	33 605 600	负债和所有者权益（或股东权益）总计	32 272 940	33 605 600

第三节 利润表及其编制

一、利润表的性质和作用

利润表是指反映企业在一定会计期间的经营成果的会计报表。一般而言,利润是企业经营效益的综合表现,追求利润是企业的目的之一,对企业的生存和发展至关重要。利润不但是衡量企业业绩的主要指标,而且是对企业经营成果进行分配的重要依据,因此,企业各利益相关者都十分重视利润信息。

与资产负债表所提供的时点信息不同,利润表提供的是期间信息,如一个月、一个年度等。利润表中的信息可以反映企业一定会计期间收入的实现情况,如实现的营业收入有多少、实现的投资收益有多少、实现的营业外收入有多少等;可以反映一定会计期间的费用耗费情况,如耗费的营业成本有多少、税金及附加有多少及销售费用、管理费用、财务费用各有多少、营业外支出有多少等;可以反映企业生产经营活动的成果,即净利润的实现情况,据以判断资本保值、增值等情况。将利润表中的信息与资产负债表中的信息相结合,还可以提供进行财务分析的基本资料,如将净利润与资产总额进行比较,计算出资产收益率等。利润表所提供的信息有助于分析、评价、预测企业的经营成果、获利能力和未

利润表
的起源

来现金流动情况,有助于分析、评价、预测企业的偿债能力,也有助于评价考核管理人员的绩效。

二、利润表的格式

利润表也包括表首和正表两部分。表首部分的格式在介绍资产负债表时已经进行了说明。利润表的正表一般有两种格式:单步式和多步式。单步式利润表是将当期所有的收入列在一起,然后将所有的费用列在一起,两者相减得出当期净损益。多步式利润表是通过对当期的收入、费用、支出项目按性质加以归类,按利润形成的主要环节列示一些中间性利润指标,分步计算当期净损益。

我国《企业会计准则第 30 号——财务报表列报》(2014 年修订)规定,企业应当采用多步式列报利润表,将不同性质的收入和费用类别进行对比,从而可以得出一些中间性的利润数据,便于使用者理解企业经营成果的不同来源。企业可以分以下三个步骤编制利润表:

第一步,以营业收入为基础,减去营业成本、税金及附加、销售费用、管理费用、研发费用、财务费用,加上其他收益、投资收益(减去投资损失)和公允价值变动收益(减去公允价值变动损失),再减去信用减值损失、资产减值损失、资产处置损失(加上资产处置收益),计算出营业利润。

第二步,以营业利润为基础,加上营业外收入,减去营业外支出,计算出利润总额。

第三步,以利润总额为基础,减去所得税费用,计算出净利润(或净亏损)。

上面三个步骤可以用公式表示为:

营业利润 = 营业收入 – 营业成本 – 税金及附加 – 销售费用 – 管理费用 – 研发费用 – 财务费用 + 其他收益 + 投资收益(– 投资损失)+ 公允价值变动收益(– 公允价值变动损失)– 资产减值损失 – 信用减值损失 + 资产处置收益(– 资产处置损失)

利润总额 = 营业利润 + 营业外收入 – 营业外支出

净利润(或净亏损)= 利润总额 – 所得税费用

普通股或潜在普通股已公开交易的企业,以及正处于公开发行普通股或潜在普通股过程中的企业,还应当在利润表中列示每股收益信息。

这里需要指出的是,准则规定的上述利润表格式中费用的列报采用的是"功能法",即按照费用在企业所发挥的功能进行分类列报,通常分为从事经营业务发生的成本、管理费用、销售费用和财务费用等,并且将营业成本与其他费用分开披露。对企业而言,其活动通常可以划分为生产、销售、管理、融资等,每一种活动上发生的费用所发挥的功能并不相同,因此,按照费用功能法将其分开列报,有助于使用者了解费用发生的活动领域。例如,企业为销售产品发生了多少费用、为一般行政管理发生了多少费用、为筹措资金发生了多少费用等。这种方法通常能向报表使用者提供具有结构性的信息,能更清楚地揭示企业经营业绩的主要来源和构成,提供的信息更为相关。费用列报的另外一种方法是"性质法",即将费用按其性质分为耗用的原材料、职工薪酬费用、折旧费、摊销费等,而不是按照费用在企业所发挥的不同功能分类。关于费用性质的信息有助于预测企业未来现金流量,企业可以在附注中披露费用按照性质分类的利润表补充资料。

　　另外,根据财务报表列报准则的规定,企业需要提供比较利润表,以使报表使用者通过比较不同期间利润的实现情况,判断企业经营成果的未来发展趋势。所以,利润表还就各项目再分为"本期金额"和"上期金额"两栏分别填列。

　　多步式利润表的格式如表 9-5 所示。

表 9-5 利 润 表

编制单位:　　　　　　　　　　　　年　月　　　　　　　　　　　　　单位:元

项目	本期金额	上期金额
一、营业收入		
减:营业成本		
税金及附加		
销售费用		
管理费用		
研发费用		
财务费用		
其中:利息费用		
利息收入		
加:其他收益		
投资收益(损失以"-"号填列)		
其中:对联营企业和合营企业的投资收益		
以摊余成本计量的金融资产终止确认收益		
净敞口套期收益(损失以"-"号填列)		
公允价值变动收益(损失以"-"号填列)		
信用减值损失(损失以"-"号填列)		
资产减值损失(损失以"-"号填列)		
资产处置收益(损失以"-"号填列)		
二、营业利润(亏损以"-"号填列)		
加:营业外收入		
减:营业外支出		
三、利润总额(亏损总额以"-"号填列)		
减:所得税费用		
四、净利润(净亏损以"-"号填列)		
(一)持续经营净利润(净亏损以"-"号填列)		
(二)终止经营净利润(净亏损以"-"号填列)		

续表

项目	本期金额	上期金额
五、其他综合收益的税后净额		
（一）不能重分类进损益的其他综合收益		
1. 重新计量设定受益计划变动额		
2. 权益法下不能转损益的其他综合收益		
3. 其他权益工具投资公允价值变动		
4. 企业自身信用风险公允价值变动		
……		
（二）将重分类进损益的其他综合收益		
1. 权益法下可转损益的其他综合收益		
2. 其他债权投资公允价值变动		
3. 金融资产重分类计入其他综合收益的金额		
4. 其他债权投资信用减值准备		
5. 现金流量套期储备		
6. 外币财务报表折算差额		
……		
六、综合收益总额		
七、每股收益		
（一）基本每股收益		
（二）稀释每股收益		

三、利润表的编制方法

（一）上期金额栏的列报方法

利润表"上期金额"栏内各项数字,应根据上年该期利润表"本期金额"栏内所列数字填列。如果上年该期利润表规定的各个项目的名称和内容同本期不相一致,应对上年该期利润表各项目的名称和数字按本期的规定进行调整,填入利润表"上期金额"栏内。

（二）本期金额栏的列报方法

利润表"本期金额"栏内各项数字一般应根据损益类科目的发生额分析填列。

（三）利润表主要项目的列报说明

"营业收入"项目,反映企业经营主要业务和其他业务所确认的收入总额。本项目应根据"主营业务收入"和"其他业务收入"科目的发生额分析填列。

"营业成本"项目,反映企业经营主要业务和其他业务所发生的成本总额。本项目应根据"主营业务成本"和"其他业务成本"科目的发生额分析填列。

"税金及附加"项目,反映企业经营业务应负担的消费税、城市建设维护税、资源税、土地增值税和教育费附加等。本项目应根据"税金及附加"科目的发生额分析填列。

"销售费用"项目,反映企业在销售商品过程中发生的包装费、广告费等费用和为销售本企业商品而专设的销售机构的职工薪酬、业务费等经营费用。本项目应根据"销售费用"科目的发生额分析填列。

"管理费用"项目,反映企业为组织和管理生产经营发生的管理费用。本项目应根据"管理费用"的发生额分析填列。

"研发费用"项目,反映企业进行研究与开发过程中发生的费用化支出,以及计入管理费用的自行开发无形资产的摊销。该项目应根据"管理费用"科目下的"研究费用"明细科目的发生额,以及"管理费用"科目下的"无形资产摊销"明细科目的发生额分析填列。

"财务费用"项目,反映企业筹集生产经营所需资金等而发生的筹资费用。本项目应根据"财务费用"科目的发生额分析填列。

"其他收益"项目,反映计入其他收益的政府补助,以及其他与日常活动相关且计入其他收益的项目。该项目应根据"其他收益"科目的发生额分析填列。

"投资收益"项目,反映企业以各种方式对外投资所取得的收益。本项目应根据"投资收益"科目的发生额分析填列。如为投资损失,本项目以"–"号填列。

"净敞口套期收益"项目,反映净敞口套期下被套期项目累计公允价值变动转入当期损益的金额或现金流量套期储备转入当期损益的金额。该项目应根据"净敞口套期损益"科目的发生额分析填列;如为套期损失,以"–"号填列。

"公允价值变动收益"项目,反映企业应当计入当期损益的资产或负债公允价值变动收益。本项目应根据"公允价值变动损益"科目的发生额分析填列,如为净损失,本项目以"–"号填列。

"信用减值损失"项目,反映企业按照《企业会计准则第 22 号——金融工具确认和计量》的要求计提的各项金融工具信用减值准备所确认的信用损失。该项目应根据"信用减值损失"科目的发生额分析填列。

"资产减值损失"项目,反映企业各项资产发生的减值损失。本项目应根据"资产减值损失"科目的发生额分析填列。

"资产处置收益"项目,反映企业出售划分为持有待售的非流动资产(金融工具、长期股权投资和投资性房地产除外)或处置组时确认的处置利得或损失,以及处置未划分为持有待售的固定资产、在建工程、生产性生物资产及无形资产而产生的处置利得或损失。该项目应根据"资产处置损益"科目的发生额分析填列;如为处置损失,以"–"号填列。

"营业利润"项目,反映企业实现的营业利润。如为亏损,本项目以"–"号填列。

"营业外收入"项目,反映企业发生的与经营业务无直接关系的各项收入。本项目应根据"营业外收入"科目的发生额分析填列。

"营业外支出"项目,反映企业发生的与经营业务无直接关系的各项支出。本项目应根据"营业外支出"科目的发生额分析填列。

"利润总额"项目,反映企业实现的利润。如为亏损,本项目以"–"号填列。

"所得税费用"项目,反映企业应从当期利润总额中扣除的所得税费用。本项目应根据"所得税费用"科目的发生额分析填列。

"净利润"项目,反映企业实现的净利润。如为亏损,本项目以"-"号填列。

"基本每股收益"和"稀释每股收益"项目,应当按照《企业会计准则第 34 号——每股收益》的要求进行计算列报。

四、利润表编制示例

[例 9-2] 薇安股份有限公司 20×8 年度有关损益类科目本年累计发生净额如表 9-6 所示(设"管理费用"科目下的"研究费用"明细科目和"无形资产摊销"明细科目的发生额都为 0),其他表 9-6 未列示的科目的发生额均为 0。根据表中资料,编制薇安股份有限公司 20×8 年度利润表如表 9-7 所示。

表 9-6   薇安股份有限公司损益类科目 20×8 年度累计发生净额   单位:元

科目名称	借方发生额	贷方发生额
主营业务收入		5 000 000
主营业务成本	3 000 000	
税金及附加	8 000	
销售费用	80 000	
管理费用	628 400	
财务费用	166 000	
信用减值损失	100 000	
资产减值损失	123 600	
公允价值变动损益		10 000
投资收益		126 000
营业外收入		200 000
营业外支出	78 800	
所得税费用	287 800	

表 9-7   利 润 表

编制单位:薇安股份有限公司   20×8 年   单位:元

项目	本期金额	上期金额(略)
一、营业收入	5 000 000	
减:营业成本	3 000 000	
税金及附加	8 000	
销售费用	80 000	
管理费用	628 400	
研发费用	0	
财务费用	166 000	

续表

项目	本期金额	上期金额（略）
其中：利息费用	略	
利息收入	略	
加：其他收益	0	
投资收益（损失以"–"号填列）	126 000	
其中：对联营企业和合营企业的投资收益	略	
以摊余成本计量的金融资产终止确认收益	略	
净敞口套期收益（损失以"–"号填列）	0	
公允价值变动收益（损失以"–"号填列）	10 000	
信用减值损失（损失以"–"号填列）	100 000	
资产减值损失（损失以"–"号填列）	123 600	
资产处置收益（损失以"–"号填列）	0	
二、营业利润（亏损以"–"号填列）	1 030 000	
加：营业外收入	200 000	
减：营业外支出	78 800	
三、利润总额（亏损总额以"–"号填列）	1 151 200	
减：所得税费用	287 800	
四、净利润（净亏损以"–"号填列）	863 400	
（一）持续经营净利润（净亏损以"–"号填列）	以下项目略	
（二）终止经营净利润（净亏损以"–"号填列）		
五、其他综合收益的税后净额		
（一）不能重分类进损益的其他综合收益		
1. 重新计量设定受益计划变动额		
2. 权益法下不能转损益的其他综合收益		
3. 其他权益工具投资公允价值变动		
4. 企业自身信用风险公允价值变动		
……		
（二）将重分类进损益的其他综合收益		
1. 权益法下可转损益的其他综合收益		
2. 其他债权投资公允价值变动		
3. 金融资产重分类计入其他综合收益的金额		
4. 其他债权投资信用减值准备		
5. 现金流量套期储备		

续表

项目	本期金额	上期金额（略）
6. 外币财务报表折算差额		
……		
六、综合收益总额		
七、每股收益		
（一）基本每股收益		
（二）稀释每股收益		

第四节　现金流量表简介

一、现金流量表的概念和作用

现金流量表是指反映企业在一定会计期间现金和现金等价物流入和流出的报表。与利润表类似,现金流量表也是反映期间信息的。但是现金流量表是以现金为基础编制的,通过报告企业现金的来源、运用、净额的增减等,向信息使用者提供决策有用的信息。现金流量表与资产负债表、利润表相结合,能够分别从权责发生制和收付实现制两种角度反映企业财务状况、经营业绩和财务状况变动(主要是现金流量)。

编制现金流量表的主要目的,是为财务报表使用者提供企业一定会计期间内现金和现金等价物流入和流出的信息,以便于财务报表使用者了解和评价企业获取现金和现金

现金流量表的起源

等价物的能力,并据以预测企业未来现金流量。现金流量表的作用主要体现在以下三个方面:一是有助于评价企业支付能力、偿债能力和周转能力;二是有助于预测企业未来现金流量;三是有助于分析企业收益质量及影响现金净流量的因素,掌握企业经营活动、投资活动和筹资活动的现金流量,可以从现金流量的角度了解净利润的质量,为分析和判断企业的财务前景提供信息。

二、现金流量表的编制基础

现金流量表以现金及现金等价物为基础,按照收付实现制原则编制,将权责发生制下的信息调整为收付实现制下的现金流量信息。

现金,是指企业库存现金以及可以随时用于支付的存款。不能随时用于支付的存款不属于现金。现金主要包括:

(1) 库存现金。库存现金是指企业持有可随时用于支付的现金,与"库存现金"科目的核算内容一致。

(2) 银行存款。银行存款是指企业存入金融机构、可以随时用于支取的存款,与"银行存款"科目核算内容基本一致,但不包括不能随时用于支付的存款。例如,不能随时支取的定期存款等不应作为现金;提前通知金融机构便可支取的定期存款则应包括在现金范围内。

（3）其他货币资金。其他货币资金是指存放在金融机构的外埠存款、银行汇票存款、银行本票存款、信用卡存款、信用证保证金存款和存出投资款等，与"其他货币资金"科目核算内容一致。

现金等价物，是指企业持有的期限短、流动性强、易于转换为已知金额现金、价值变动风险很小的投资。其中，"期限短"一般是指从购买日起 3 个月内到期。例如，可在证券市场上流通的 3 个月内到期的短期债券等。现金等价物虽然不是现金，但其支付能力与现金的差别不大，可视为现金。例如，企业为保证支付能力，手持必要的现金，为了不使现金闲置，可以购买短期债券，在需要现金时，随时可以变现。

不同企业现金及现金等价物的范围可能不同。企业应当根据经营特点等具体情况，确定现金及现金等价物的范围，一经确定不得随意变更。如果发生变更，应当按照会计政策变更处理。

三、现金流量的分类

根据企业业务活动的类型，我国《企业会计准则第 31 号——现金流量表》将企业一定期间的现金流量分为三类：经营活动产生的现金流量、投资活动产生的现金流量和筹资活动产生的现金流量。

（一）经营活动产生的现金流量

经营活动是指企业投资活动和筹资活动以外的所有交易和事项。各类企业由于行业特点不同，对经营活动的认定存在一定差异。一般来说，经营活动主要包括销售商品、提供劳务、购买商品、接受劳务、支付税费等。经营活动是直接与产品生产销售有关的活动，其所包括的交易和事项直接影响企业净利润的确定，是企业最主要的业务活动，也是影响企业现金流量的最重要因素。经营活动产生的现金流量属于企业现金的内部来源，其使用的约束远小于外部资金。通过这类现金流量可以判断企业在不进行外部筹资的情况下，仅依靠内部融资是否足以偿还贷款、维持企业生产经营、支付股利和对外投资等。

一般企业经营活动产生的现金流入包括：销售商品、提供劳务收到的现金，收到的税费返还，收到其他与经营活动有关的现金等；经营活动产生的现金流出包括：购买商品、接受劳务支付的现金，支付给职工以及为职工支付的现金，支付的各项税费，支付其他与经营活动有关的现金等。

（二）投资活动产生的现金流量

投资活动是指企业长期资产的购建和不包括在现金等价物范围内的投资及其处置活动。长期资产是指固定资产、无形资产、在建工程、其他资产等持有期限在一年或一个营业周期以上的资产。投资活动既包括实物资产投资，也包括金融资产投资。这里之所以将"包括在现金等价物范围内的投资"排除在外，是因为已经将包括在现金等价物范围内的投资视同现金。不同企业由于行业特点不同，对投资活动的认定也存在差异。例如，交易性金融资产所产生的现金流量，对于工商业企业而言，属于投资活动现金流量；而对于证券公司而言，属于经营活动现金流量。在现金流量表中单独披露投资活动产生的现金流量非常重要，因为这部分现金流量代表着企业为了获得未来收益和现金流量而导致资源转出的程度。

一般企业投资活动产生的现金流入包括:收回投资收到的现金,取得投资收益收到的现金,处置固定资产、无形资产和其他长期资产收回的现金净额,处置子公司及其他营业单位收到的现金净额,收到其他与投资活动有关的现金等;投资活动产生的现金流出包括:构建固定资产、无形资产和其他长期资产支付的现金,投资支付的现金,取得子公司及其他营业单位支付的现金净额,支付其他与投资活动有关的现金等。

(三) 筹资活动产生的现金流量

筹资活动是指导致企业资本及债务规模和构成发生变化的活动。这里所说的资本,既包括实收资本(股本),也包括资本溢价(股本溢价);这里所说的债务,是指对外举债[(包括向银行借款和发行债券)]以及偿还债务等。通常情况下,应付账款、应付票据等属于经营活动,不属于筹资活动。企业有效的筹资活动能够及时为经营和投资提供各种可靠的和低成本的资金,是企业开展经营活动和投资活动的基础和前提。

一般企业筹资活动产生的现金流入包括:吸收投资收到的现金,取得借款收到的现金,收到其他与筹资活动有关的现金等;筹资活动产生的现金流出包括:偿还债务支付的现金,分配股利、利润或偿付利息支付的现金,支付其他与筹资活动有关的现金等。

另外,对于企业日常活动之外特殊的、不经常发生的特殊项目,如自然灾害损失、保险赔款、捐赠等,应当归并到相关类别中,并单独反映。比如,对于自然灾害损失和保险赔款,如果能够确指,属于流动资产损失的,应当列入经营活动产生的现金流量;属于固定资产损失的,应当列入投资活动产生的现金流量。如果不能确指,则可以列入经营活动产生的现金流量。捐赠收入和支出,可以列入经营活动。如果特殊项目的现金流量金额不大,则可以列入现金流量类别下的"其他"项目,不单列项目。外币现金流量以及境外子公司的现金流量,应当采用现金流量发生日的即期汇率或按照系统合理的方法确定的、与现金流量发生日即期汇率近似的汇率折算。汇率变动对现金的影响额应当作为调节项目,在现金流量表中单独列报。

四、现金流量表的格式

根据现金流量表准则的要求,现金流量表格式分别一般企业、商业银行、保险公司、证券公司等企业类型予以规定。企业应当根据其经营活动的性质,确定本企业适用的现金流量表格式。

一般企业现金流量表的表首部分与利润表类似,正表部分的格式如表9-8所示。

表9-8　现金流量表

编制单位:　　　　　　　年　　月　　　　　　　　　单位:元

项目	本期金额	上期金额
一、经营活动产生的现金流量:		
销售商品、提供劳务收到的现金		
收到的税费返还		
收到其他与经营活动有关的现金		
经营活动现金流入小计		

续表

项目	本期金额	上期金额
购买商品、接受劳务支付的现金		
支付给职工以及为职工支付的现金		
支付的各项税费		
支付其他与经营活动有关的现金		
经营活动现金流出小计		
经营活动产生的现金流量净额		
二、投资活动产生的现金流量:		
收回投资收到的现金		
取得投资收益收到的现金		
处置固定资产、无形资产和其他长期资产收回的现金净额		
处置子公司及其他营业单位收到的现金净额		
收到其他与投资活动有关的现金		
投资活动现金流入小计		
购建固定资产、无形资产和其他长期资产支付的现金		
投资支付的现金		
取得子公司及其他营业单位支付的现金净额		
支付其他与投资活动有关的现金		
投资活动现金流出小计		
投资活动产生的现金流量净额		
三、筹资活动产生的现金流量:		
吸收投资收到的现金		
取得借款收到的现金		
收到其他与筹资活动有关的现金		
筹资活动现金流入小计		
偿还债务支付的现金		
分配股利、利润或偿付利息支付的现金		
支付其他与筹资活动有关的现金		
筹资活动现金流出小计		
筹资活动产生的现金流量净额		
四、汇率变动对现金及现金等价物的影响		
五、现金及现金等价物净增加额		
加:期初现金及现金等价物余额		
六、期末现金及现金等价物余额		

除现金流量表正表外，《企业会计准则第 31 号——现金流量表》还要求企业在现金流量表附注中披露以下三个方面的信息：

（1）现金流量表补充资料。现金流量表补充资料包括将净利润调节为经营活动现金流量、不涉及现金收支的重大投资和筹资活动、现金及现金等价物净变动情况等项目。现金流量表补充资料的格式如表 9–9 所示。

表 9–9 现金流量表补充资料 单位：元

补充资料	本期金额	上期金额
1. 将净利润调节为经营活动现金流量：		
净利润		
加：资产减值准备		
固定资产折旧、油气资产折耗、生产性生物资产折旧		
无形资产摊销		
长期待摊费用摊销		
处置固定资产、无形资产和其他长期资产的损失（收益以"–"号填列）		
固定资产报废损失（收益以"–"号填列）		
公允价值变动损失（收益以"–"号填列）		
财务费用（收益以"–"号填列）		
投资损失（收益以"–"号填列）		
递延所得税资产减少（增加以"–"号填列）		
递延所得税负债增加（减少以"–"号填列）		
存货的减少（增加以"–"号填列）		
经营性应收项目的减少（增加以"–"号填列）		
经营性应付项目的增加（减少以"–"号填列）		
其他		
经营活动产生的现金流量净额		
2. 不涉及现金收支的重大投资和筹资活动：		
债务转为资本		
一年内到期的可转换公司债券		
融资租入固定资产		
3. 现金及现金等价物净变动情况：		
现金的期末余额		
减：现金的期初余额		
加：现金等价物的期末余额		
减：现金等价物的期初余额		
现金及现金等价物净增加额		

（2）企业当期取得或处置子公司及其他营业单位的有关信息。这些信息包括：取得或处置价格，取得或处置价格中以现金支付的部分，取得或处置子公司及其他营业单位收到的现金，取得或处置子公司及其他营业单位按照主要类别分类的非现金资产和负债。其披露格式如表 9–10 所示。

表 9–10　当期取得或处置子公司及其他营业单位的有关信息　　　　单位：元

项目	金额
一、取得子公司及其他营业单位的有关信息：	
1. 取得子公司及其他营业单位的价格	
2. 取得子公司及其他营业单位支付的现金和现金等价物	
减：子公司及其他营业单位持有的现金和现金等价物	
3. 取得子公司及其他营业单位支付的现金净额	
4. 取得子公司的净资产	
流动资产	
非流动资产	
流动负债	
非流动负债	
二、处置子公司及其他营业单位的有关信息：	
1. 处置子公司及其他营业单位的价格	
2. 处置子公司及其他营业单位收到的现金和现金等价物	
减：子公司及其他营业单位持有的现金和现金等价物	
3. 处置子公司及其他营业单位收到的现金净额	
4. 处置子公司的净资产	
流动资产	
非流动资产	
流动负债	
非流动负债	

（3）与现金和现金等价物有关的下列信息：①现金和现金等价物的构成及其在资产负债表中的相应金额；②企业持有但不能由母公司或集团内其他子公司使用的大额现金和现金等价物金额。

这些信息的披露格式如表 9–11 所示。

表 9–11　现金和现金等价物的有关信息　　　　　单位:元

项目	本期金额	上期金额
一、现金		
其中:库存现金		
可随时用于支付的银行存款		
可随时用于支付的其他货币资金		
可用于支付的存放中央银行款项		
存放同业款项		
拆放同业款项		
二、现金等价物		
其中:三个月内到期的债券投资		
三、期末现金及现金等价物余额		
其中:母公司或集团内子公司使用受限制的现金和现金等价物		

五、现金流量表编制的直接法与间接法

编制现金流量表时,列报经营活动现金流量的方法有两种:直接法和间接法。这两种方法通常也称为编制现金流量表的方法。

所谓直接法,是指按现金收入和现金支出的主要类别直接反映企业经营活动产生的现金流量,如销售商品、提供劳务收到的现金;购买商品、接受劳务支付的现金等就是按现金收入和支出的类别直接反映的。在直接法下,一般是以利润表中的营业收入为起算点,调节与经营活动有关的项目的增减变动,然后计算出经营活动产生的现金流量。

所谓间接法,是指以净利润为起算点,调整不涉及现金的收入、费用、营业外收支等有关项目,剔除投资活动、筹资活动对现金流量的影响,据此计算出经营活动产生的现金流量。由于净利润是按照权责发生制原则确定的,且包括了与投资活动和筹资活动相关的收益和费用,将净利润调节为经营活动现金流量,实际上就是将按权责发生制原则确定的净利润调整为现金净流入,并剔除投资活动和筹资活动对现金流量的影响。

采用直接法编报的现金流量表,便于分析企业经营活动产生的现金流量的来源和用途,预测企业现金流量的未来前景;采用间接法编报的现金流量表,便于将净利润与经营活动产生的现金流量净额进行比较,了解净利润与经营活动产生的现金流量差异的原因,从现金流量的角度分析净利润的质量。所以,现金流量表准则规定企业应当采用直接法编报现金流量表(见表 9–8),同时要求在附注中提供以净利润为基础调节到经营活动现金流量的信息(见表 9–9)。

第五节　所有者权益变动表简介

一、所有者权益变动表概述

所有者权益变动表是反映构成所有者权益的各组成部分当期的增减变动情况的报表。所有者权益总额的变动主要有两个原因：一个原因是企业与其所有者进行交易，如企业发行股票、分配股利等；另一个原因是企业的全面收益。全面收益（也叫综合收益）是指企业在某一期间与所有者之外的其他方面进行交易或发生其他事项所引起的净资产变动。所有者权益总额的变动还有其他原因，如会计政策变更、会计差错更正等。除总额变动外，所有者权益的各组成部分之间还会发生内部结转，如资本公积转增资本等，从而使所有者权益的组成结构发生变动。上述这些所有者权益的总额变动和内部结转，都可以通过所有者权益变动表来反映。

需要强调，所有者权益变动表反映了企业的全面收益，这是对企业财务业绩报告的重大改进。传统的利润表由于受到历史成本原则、权责发生制、配比原则和实现原则等会计原则的限制，进入利润表的收益必须是已实现并且已确认的，这使得一些交易和事项引起的不满足传统确认条件的收益无法通过利润表得到体现。这一问题在金融创新日新月异的当代社会尤为突出。例如，大多数衍生金融工具不满足确认的条件，无法在财务报表中得到反映，而这些工具往往隐含着巨大的风险。因此，改进企业财务业绩报告、提供全面收益信息就十分重要。

全面收益包括净利润、直接计入所有者权益的利得和损失两个组成部分。前者是企业已实现并已确认的收益，后者是企业未实现但根据会计准则的规定已确认的收益。其用公式表示为：

$$全面收益 = 净利润 + 直接计入所有者权益的利得和损失$$
$$其中，净利润 = 收入 - 费用 + 直接计入当期损益的利得和损失$$

在所有者权益变动表中，净利润和直接计入所有者权益的利得和损失均单列项目反映，体现了企业全面收益的构成。

二、所有者权益变动表的格式

我国《企业会计准则第 30 号——财务报表列报》（2014 年修订）规定，所有者权益变动表应当反映构成所有者权益的各组成部分当期的增减变动情况。当期损益、直接计入所有者权益的利得和损失，以及与所有者（或股东）的资本交易导致的所有者权益的变动，应当分别列示。根据准则要求，所有者权益变动表应当以矩阵的形式列示。一方面，列示导致所有者权益变动的交易或事项，改变了以往仅仅按照所有者权益的各组成部分反映所有者权益变动情况，而是按所有者权益变动的来源对一定时期所有者权益变动情况进行全面反映；另一方面，按照所有者权益各组成部分（包括实收资本、其他权益工具、资本公积、其他综合收益、专项储备、盈余公积、未分配利润和库存股）及其总额列示交易或事项对所有者权益的影响。根据财务报表列报准则的规定，企业需要提供比较所有者权益变动表，因此，所有者权益变动表还就各项目再分为"本年金额"和"上年金额"两栏分别填列。

一般企业所有者权益变动表的格式如表 9-12 所示。

表 9-12　所有者权益变动表

编制单位：　　　　　　　　　　　　　　　　　　　　　年度　　　　　　　　　　　　　　　　　　　　　单位：元

项目	本年金额												上年金额											
	实收资本（或股本）	其他权益工具			资本公积	减：库存股	其他综合收益	专项储备	盈余公积	未分配利润	所有者权益合计		实收资本（或股本）	其他权益工具			资本公积	减：库存股	其他综合收益	专项储备	盈余公积	未分配利润	所有者权益合计
		优先股	永续债	其他										优先股	永续债	其他							
一、上年年末余额																							
加：会计政策变更																							
前期差错更正																							
其他																							
二、本年年初余额																							
三、本年增减变动金额（减少以"－"号填列）																							
（一）综合收益总额																							
（二）所有者投入和减少资本																							
1. 所有者投入的普通股																							
2. 其他权益工具持有者投入资本																							
3. 股份支付计入所有者权益的金额																							
4. 其他																							

续表

项目	本年金额										上年金额									
	实收资本(或股本)	其他权益工具			资本公积	减:库存股	其他综合收益	专项储备	盈余公积	未分配利润	所有者权益合计	实收资本(或股本)	其他权益工具			资本公积	减:库存股	其他综合收益	专项储备	盈余公积	未分配利润	所有者权益合计
		优先股	永续债	其他									优先股	永续债	其他							
(三) 利润分配																						
1. 提取盈余公积																						
2. 对所有者(或股东)的分配																						
3. 其他																						
(四) 所有者权益内部结转																						
1. 资本公积转增资本(或股本)																						
2. 盈余公积转增资本(或股本)																						
3. 盈余公积弥补亏损																						
4. 设定受益计划变动额结转留存收益																						
5. 其他综合收益结转留存收益																						
6. 其他																						
四、本年年末余额																						

第六节　财务报表附注及其他财务报告

一、财务报表附注

（一）财务报表附注的作用和形式

财务报表附注是对在资产负债表、利润表、现金流量表和所有者权益变动表等报表中列示项目的文字描述或明细资料，以及对未能在这些报表中列示项目的说明等。附注是财务报表的组成部分。

财务报表向信息使用者提供了企业最重要的财务信息，是财务报告的核心。但是，财务报表十分概括和抽象，仅仅报告了会计程序的最终结果，这些结果产生的基础、依据和方法却未提及。实际上，财务报表的编制基础、编制依据、编制原则和方法，以及主要报表项目的详细解释等信息，对使用者更好地理解报表十分重要。因此，财务报表附注就成为财务报表信息的重要补充。通过附注，使用者可以更加全面、正确的理解和使用财务报表。

广义地看，财务报表附注有两种形式：财务报表表内的括号注释和报表之后的尾注。括号注释简单明了，是表内项目的直接说明，如"股本（发行在外 100 000 股，每股面值 1 元）""净利润（净亏损以'−'号填列）"等。财务报表尾注是指在财务报表之后所加的注释，其中提供对财务报表起补充说明作用的更加详细的定性和定量信息。尾注所提供的信息十分丰富且日益增多，目前企业年度报告中尾注通常占据近一半的篇幅。因此，财务报表尾注是财务报表附注的主要形式。

（二）财务报表附注（尾注）的内容

我国《企业会计准则》规定，财务报表附注一般应当按照顺序至少披露以下有关内容：

1. 企业的基本情况

（1）企业注册地、组织形式和总部地址。

（2）企业的业务性质和主要经营活动。如企业所处的行业、所提供的主要产品或服务、客户的性质、销售策略、监管环境的性质等。

（3）母公司以及集团最终母公司的名称。

（4）财务报告的批准报出者和财务报告批准报出日。如果企业已在财务报表其他部分披露了财务报告的批准报出者和批准报出日信息，则无须重复披露；或者已有相关人员签字批准报出财务报告，可以其签名及其签字日期为准。

（5）营业期限有限的企业，还应当披露有关其营业期限的信息。

2. 财务报表的编制基础

企业应当根据本准则的规定判断企业是否持续经营，并披露财务报表是否以持续经营为基础编制。

3. 遵循企业会计准则的声明

企业应当声明编制的财务报表符合企业会计准则的要求，真实、完整地反映了企业的财务状况、经营成果和现金流量等有关信息，以此明确企业编制财务报表所依据的制度基础。如果企业编制的财务报表只是部分地遵循了企业会计准则,附注中不得做出这种表述。

4. 重要会计政策和会计估计

(1) 重要会计政策的说明。企业应当披露采用的重要会计政策,并结合企业的具体实际披露其重要会计政策的确定依据和财务报表项目的计量基础。其中,会计政策的确定依据主要是指企业在运用会计政策过程中所做的重要判断,这些判断对在报表中确认的项目金额具有重要影响。比如,企业如何判断持有的金融资产是持有至到期的投资而不是交易性投资,企业如何判断与租赁资产相关的所有风险和报酬已转移给企业从而符合融资租赁的标准,投资性房地产的判断标准是什么等。财务报表项目的计量基础包括历史成本、重置成本、可变现净值、现值和公允价值等会计计量属性,如存货是按成本还是按可变现净值计量的等。

(2) 重要会计估计的说明。企业应当披露重要会计估计,并结合企业的具体实际披露其会计估计所采用的关键假设和不确定因素。

重要会计估计的说明,包括可能导致下一个会计期间内资产、负债账面价值重大调整的会计估计的确定依据等。例如,固定资产可收回金额的计算需要根据其公允价值减去处置费用后的净额与预计未来现金流量的现值两者之间的较高者确定,在计算资产预计未来现金流量的现值时需要对未来现金流量进行预测,并选择适当的折现率,企业应当在附注中披露未来现金流量预测所采用的假设及其依据、所选择的折现率为什么是合理的等。又如,对于正在进行中的诉讼提取准备,企业应当披露最佳估计数的确定依据等。

5. 会计政策和会计估计变更以及差错更正的说明

企业应当按照《企业会计准则第 28 号——会计政策、会计估计变更和差错更正》的规定,披露会计政策和会计估计变更以及差错更正的情况。

6. 报表重要项目的说明

企业应当按照资产负债表、利润表、现金流量表、所有者权益变动表及其项目列示的顺序,采用文字和数字描述相结合的方式披露报表重要项目的说明。报表重要项目的明细金额合计,应当与报表项目金额相衔接。

企业还应当在附注中披露如下信息:

(1) 费用按照性质分类的利润表补充资料,可将费用分为耗用的原材料、职工薪酬费用、折旧费用、摊销费用等。

(2) 关于其他综合收益各项目的信息。

(3) 在资产负债表日后、财务报告批准报出日前提议或宣布发放的股利总额和每股股利金额(或向投资者分配的利润总额)。

(4) 终止经营的收入、费用、利润总额、所得税费用和净利润,以及归属于母公司所有者的终止经营利润。企业披露的上述数据应当是针对终止经营在整个报告期间的经营成果。

7. 或有和承诺事项、资产负债表日后非调整事项、关联方关系及其交易等需要说明的事项等,企业应当按照相关会计准则的规定进行披露。

8. 有助于财务报表使用者评价企业管理资本的目标、政策及程序的

财务报表
附注的起源

信息。

二、其他财务报告 [①]

(一) 分部报告

随着市场经济的发展,企业的生产经营规模日益扩大,跨行业、跨国界的集团化公司日渐增多。这些集团公司往往面临各种不同的经营环境,此时以企业整体为基础披露的财务信息就无法清晰地体现企业面临的这些差异。在这种情况下,反映不同产品(或劳务)和不同地区经营的风险报酬信息越来越普遍地受到会计信息使用者的重视。分部报告就是向信息使用者提供以业务分部和地区分部为主体的分散财务信息的手段。企业提供分部信息,能够帮助会计信息使用者更好地理解企业以往的经营业绩,更好地评估企业的风险和报酬,以便更好地把握企业整体的经营情况,对未来的发展趋势做出合理的预期。

《企业会计准则第35号——分部报告》规定,企业应当以对外提供的财务报表为基础,区分业务分部和地区分部,并且按照准则要求确定主要报告形式和次要报告形式,分别按规定披露分部信息。企业披露的分部信息主要包括分部收入、分部费用、分部利润、分部资产和分部负债等。分部报告通常作为财务报表附注的一个组成部分予以披露。

(二) 简化年度报告

在使用者的信息需求日益增加的同时,财务报告的信息超载问题也日益严重。企业年度报告的篇幅越来越长,内容复杂、项目繁多、难以理解。简化年度报告就是在这样一种背景下产生的。

简化年度报告是摘录了传统年度报告中的一些主要信息并经过高度浓缩后形成的。它省略了年度报告中的许多财务信息,与完整的年度报告相比,简化年度报告简单、清晰,有利于使用者一目了然地了解企业的经营状况,有利于激励使用者阅读。然而需要注意的是,简化年度报告不能代替会计准则要求编制的完整年度报告,只能作为完整年度报告的一个补充。在企业发布简化年度报告时,还需要同时报告一套经过全面审计的报表和其他需要披露的财务信息。

我国《公开发行证券的公司信息披露内容与格式准则第2号——年度报告的内容与格式》(2021年修订)第一章第七条规定:“公司年度报告的全文应当遵循本准则第二章的要求进行编制和披露。公司年度报告的摘要应当遵循本准则第三章的要求,并按照附件的格式进行编制和披露。”其中,“公司年度报告的摘要”就是简化年度报告。

(三) 盈利预测报告

财务会计所提供的信息主要是历史信息,然而随着使用者对会计信息质量(主要是相关性)的要求不断提高,反映企业未来发展前景的预测性信息也越发必要。盈利预测

---

①　年度报告中的其他财务报告和其他报告往往没有明确的界限,如环境和社会责任报告,如果其中包括财务信息(如防治污染的成本、捐赠的金额等),则可以说它是其他财务报告,如果没有财务信息,则只能说是其他报告。但如人事变动之类的信息则可以比较明确地归属于其他报告。

报告是预测性信息的一种,它是企业对未来期间(通常是一年)经营成果所做的预计和测算。

我国《公开发行证券的公司信息披露内容与格式准则第 1 号——招股说明书》(2015年修订)对初次发行股票公司的盈利预测信息披露做了规定。

(四) 管理层讨论与分析

按照我国《公开发行证券的公司信息披露内容与格式准则第 2 号——年度报告的内容与格式》(2021 年修订)的规定,企业年度报告中应当包括"管理层讨论与分析"。

管理层讨论与分析应当包括以下内容:

(1) 报告期内公司所处行业情况,包括但不限于以下内容:所处行业基本情况、发展阶段、周期性特点以及公司所处的行业地位情况,应当重点突出报告期内发生的重大变化;新公布的法律、行政法规、部门规章、行业政策对所处行业的重大影响。

(2) 报告期内公司从事的业务情况,包括但不限于以下内容:报告期内公司所从事的主要业务、主要产品及其用途、经营模式等内容,应当重点突出报告期内发生的重大变化;报告期内公司产品市场地位、竞争优势与劣势、主要的业绩驱动因素、业绩变化是否符合行业发展状况等内容。

(3) 报告期内核心竞争力(包括核心管理团队、关键技术人员、专有设备、专利、非专利技术、特许经营权、土地使用权、水面养殖权、探矿权、采矿权、独特经营方式和盈利模式、允许他人使用自己所有的资源要素或作为被许可方使用他人资源要素等)的重要变化及对公司所产生的影响。发生因核心管理团队或关键技术人员离职、设备或技术升级换代、特许经营权丧失等导致公司核心竞争力受到严重影响的,公司应当详细分析,并说明拟采取的相应措施。

(4) 报告期内的主要经营情况,并应当披露对报告期内的主要经营情况产生重大影响以及未来会产生重大影响的事项。

(5) 对未来发展进行展望,公司应当讨论和分析公司未来发展战略、下一年度的经营计划以及公司可能面对的风险,鼓励进行量化分析。

(五) 公司治理报告

公司治理完善与否是企业能否运行良好的前提条件。按照《公开发行证券的公司信息披露内容与格式准则第 2 号——年度报告的内容与格式》(2021 年修订)的规定,企业年度报告中应当包括公司治理报告。公司应当披露公司治理的相关情况,具体来说,公司治理报告主要包括以下内容:

(1) 公司治理的基本状况,说明公司治理的实际状况与法律、行政法规和中国证监会关于上市公司治理的规定是否存在重大差异,如有重大差异,应当说明具体情况及原因。

(2) 说明控股股东、实际控制人在保证公司资产、人员、财务、机构、业务等方面独立性的具体措施;说明控股股东、实际控制人及其控制的其他单位从事与公司相同或者相近业务的情况。

(3) 报告期内召开的年度股东大会、临时股东大会的有关情况。

(4) 公司具有表决权差异安排的,应当披露该等安排在报告期内的实施和变化情况。

(5) 董事、监事和高级管理人员的情况。

(6) 报告期内召开的董事会有关情况。

(7) 下设专门委员会的成员情况,报告期内召开会议次数、召开日期、会议内容、提出的重要意见和建议,以及其他履行职责的情况。

(8) 监事会就有关风险的简要意见、监事会会议召开日期、会议届次、参会监事以及临时报告披露网站的查询索引等信息。

(9) 母公司和主要子公司的员工情况。

(10) 报告期内利润分配政策。

(11) 股权激励计划、员工持股计划或其他员工激励措施在报告期的具体实施情况。

(12) 报告期内的内部控制制度建设及实施情况。

(13) 报告期内对子公司的管理控制情况。

(14) 按照规定要求披露内部控制自我评价报告的公司,应当提供披露相关信息的网站查询索引。按照规定要求对内部控制进行审计的公司,应当提供披露内部控制审计报告的网站查询索引。会计师事务所出具非标准意见的内部控制审计报告或者内部控制审计报告与公司内部控制评价报告意见不一致的,公司应当解释原因。

(六) 审计报告

审计报告是指注册会计师根据注册会计师审计准则的规定,在实施审计工作的基础上对被审计单位财务报表发表审计意见的书面文件。审计报告以独立第三方的身份对被审计单位财务报表的合法性和公允性发表意见,这种意见具有鉴证作用。在年度报告中,公司应当在经审计的财务报表之前披露审计报告。

注册会计师出具的审计报告应包括以下内容:

(1) 标题;

(2) 收件人;

(3) 审计意见段;

(4) 形成审计意见的基础段;

(5) 关键审计事项段;

(6) 其他信息段;

(7) 管理层和治理层对财务报表的责任段;

(8) 注册会计师对财务报表审计的责任段;

(9) 注册会计师的签名和盖章;

(10) 会计师事务所的名称、地址及盖章;

(11) 报告日期。

(七) 环境和社会责任报告

随着经济和社会的进步,企业不仅要追求盈利,还要承担相应的环境和社会责任。在当今的市场环境下,不注重承担环境和社会责任,企业就很难生存和发展。企业环境和社会责任越来越受到企业管理当局的重视,主动履行环境和社会责任的企业越来越多。现实当中,企业管理当局为了向利益相关者表明其履行环境和社会责任的情况,一个主要的途径是对外披露企业环境和社会责任报告。环境和社会责任报告也就成为企业对外展示自身环境和社会责任履行情况,以及利益相关者了解和评价企业履行环境和社会责任情况的重要手段。

从世界范围看,环境和社会责任报告日益普遍。企业环境和社会责任报告在我国也得到了重视和发展。早在 2005 年,修订的《中华人民共和国公司法》第五条就指出:"公司从事经营活动,必须遵守法律、行政法规,遵守社会公德、商业道德,诚实守信,接受政府和社会公众的监督,承担社会责任。"明确要求公司从事经营活动,必须"承担社会责任"。2006 年 9 月 25 日,深圳证券交易所发布了我国第一个企业社会责任指引——《深圳证券交易所上市公司社会责任指引》。2021 年 6 月 28 日,中国证监会颁布了修订的《公开发行证券的公司信息披露内容与格式准则第 2 号——年度报告的内容与格式》,该文件在年度报告中新增了"环境和社会责任报告",证监会并因此进行了说明:"一是为突出上市公司作为公众公司在环境保护、社会责任方面的工作情况,将与环境保护、社会责任有关条文统一整合至新增的'第五节　环境和社会责任';二是要求全部上市公司披露报告期内因环境问题受到行政处罚的情况;三是为协同做好'碳达峰、碳中和'工作,鼓励公司自愿披露为减少其碳排放所采取的措施及效果;四是为协同做好乡村振兴工作,鼓励公司积极披露巩固拓展脱贫攻坚成果、乡村振兴等工作情况。"

按照《公开发行证券的公司信息披露内容与格式准则第 2 号——年度报告的内容与格式》(2021 年修订),环境和社会责任报告包括三方面内容:

(1) 属于环境保护部门公布的重点排污单位的公司或其主要子公司,应当根据法律、行政法规、部门规章及规范性文件的规定披露以下主要环境信息:

1) 排污信息。包括但不限于主要污染物及特征污染物的名称、排放方式、排放口数量和分布情况、排放浓度和总量、超标排放情况、执行的污染物排放标准、核定的排放总量。

2) 防治污染设施的建设和运行情况。

3) 建设项目环境影响评价及其他环境保护行政许可情况。

4) 突发环境事件应急预案。

5) 环境自行监测方案。

6) 报告期内因环境问题受到行政处罚的情况。

7) 其他应当公开的环境信息。

重点排污单位之外的公司应当披露报告期内因环境问题受到行政处罚的情况,并可以参照上述要求披露其他环境信息,若不披露其他环境信息,应当充分说明原因。

(2) 鼓励公司结合行业特点,主动披露积极履行社会责任的工作情况,包括但不限于:公司履行社会责任的宗旨和理念,股东和债权人权益保护、职工权益保护、供应商、客户和消费者权益保护、环境保护与可持续发展、公共关系、社会公益事业等方面情况。公司已披露社会责任报告全文的,仅需提供相关的查询索引。

(3) 鼓励公司积极披露报告期内巩固拓展脱贫攻坚成果、乡村振兴等工作具体情况。

ESG 理念
的历史演进

第七节　财务报表分析

一、财务报表分析概述

(一)财务报表分析的目的

财务报表分析是在财务报表及其相关资料的基础上,通过一定的方法和手段,审视财务报表数字之间的关系,同时对这些数字在较长时间内可能表现的趋势做出预测,从而向使用者提供更相关和全面深入的财务信息。财务报表分析的主要目的在于:一是评价企业的财务状况和经营成果,揭示财务活动过程中存在的矛盾和主要问题,为改善经营管理提供方向和线索;二是预测企业未来的报酬和风险,为债权人、投资者和经营者的决策提供帮助;三是检查企业财务目标的完成情况,考核经营管理人员的业绩,为完善合理的激励机制提供帮助。

财务报表分析是以财务报表为基础的,分析使用的数据大部分来源于公开发布的财务报表。企业公开发布的财务报表是一种通用报表,满足的是信息使用者的一般需要,并不适合特定信息使用者的特定要求。因此,信息使用者要结合自身的特定需要,对通用报表的信息重新整理排列,得出适合自己决策需要的财务信息。从这个意义上说,不同信息使用者财务报表分析的目的是不同的。一般来说,企业的股东关注企业的财务状况、未来收益和现金流量情况;债权人关注企业的偿债能力、资本结构和收益情况;供应商关注企业的信用状况;政府关注企业的盈利状况和纳税情况;职工关注企业的盈利与员工收入、保险、福利是否相适应,等等。

(二)财务报表分析的原则

财务报表分析是对财务报表的深化认识过程,在分析时应当坚持一些基本的原则。

1. 实事求是

财务报表分析要从实际出发,不能主观臆断。

2. 全面分析

财务报表分析要全面认识,要兼顾内部外部、宏观微观、有利不利等因素,不能片面地看问题。

3. 注重联系

财务报表分析要注重事物之间的联系,如风险与报酬、局部与整体等,不能孤立的分析问题。

4. 强调发展

财务报表分析要坚持发展的眼光,动态地认识问题,要注重过去、现在和未来的联系。

5. 定量为主

财务报表分析要定量与定性相结合,坚持定量分析为主。定性分析是基础和前提,能够认识问题的本质;定量分析是工具和手段,财务报表分析应该透过数字看本质。

(三)财务报表分析的步骤

财务报表分析通常应当遵循一定的步骤,主要包括:

1. 明确分析目标

不同的信息使用者有不同的财务分析目的,因此,在进行财务分析前,必须明确分析目标。

2. 制定分析方案

在明确分析目标后,就要研究财务分析方案,包括财务分析的范围、方法选择、工作分工组织、进度安排、资料来源等。

3. 收集资料

根据分析目标和方案的要求,收集各种相关的资料。一般来说,在进行财务分析时,需要收集以下几个方面的资料:国民经济宏观运行信息,行业发展信息,竞争对手或同类企业的各种财务、非财务信息,企业内部各种财务、非财务信息。

4. 整理、分析资料,回答分析问题

核查所收集的资料,核实其是否真实可靠,是否与分析目标相关;然后,联系企业的经营环境,探求数据之间的因果关系,揭示企业当前的财务状况与经营成果,并预测企业未来的经营前景;采用合理的分析方法,并使定量分析与定性分析相结合,最后回答分析问题。

财务报表分析不是一种固定程序的工作,不存在唯一的分析程序,而是一个研究和探索的过程。

(四)财务报表分析的局限性

1. 财务报表本身的局限性

财务报表是会计程序的产物,存在着众多局限性。

第一,现行财务会计系统所提供的财务信息主要反映已发生的历史事项,与使用者决策所需要的有关未来的信息的相关性较低。

第二,现行财务会计系统主要提供能以货币表示的财务信息,因此无法反映许多影响企业财务状况和经营成果的重要信息,如管理人员和员工的素质、新产品研究与开发、受环境影响程度等。

第三,现行会计原则对同一经营业务允许有不同的处理方法,并需要对许多事项进行估计,从而给人为操纵会计信息提供了机会,并降低了财务信息的可比性。

第四,现行财务会计信息系统是建立在一系列假设之上的,它容易使人们混淆名义数值与实际数值之间的区别。例如,财务报表上资产的账目价值与其实际价值往往有很大的背离。

此外,只有根据真实的财务报表,才有可能得出正确的分析结论,财务报表分析无法解决报表的真实性问题,通常假定报表是真实的。因此,在报表分析时,要注意察觉与财务报表真实性有关的问题,如财务报表是否规范、是否有遗漏、分析数据是否反常,以及审计报告的意见等。

2. 参照标准问题

在财务报表分析时,必须选择参照标准,如本企业的历史数据、行业数据和计划指标等。横向比较时使用行业标准,但当企业跨行业经营时,没有明确的行业归属,同业对比就更困难。此外,不同组织、不同部门在计算财务比率时经常采用不同的计算方法,也增加了比较的难度。趋势分析以本企业历史数据为基础,但是经营环境是变化的,当期比历史业绩改进不一定是管理改善的结果,可能是由于环境改变导致的。实际与计划的差异分析以计划指标为基础,但实际与计划的差异不一定是执行存在问题,也有可能是原来的计划不合理。因此,财务报表分析时要充分认识参照标准,实事求是地进行全面分析。

3. 企业经营和环境变化的复杂性

财务报表分析往往得出一些简单的数据,但是这些数据的背后是企业的经营活动以及企业所处的环境。如果只注重数据本身,而忽视经营和环境的现实背景,财务报表分析就是失败的。例如,企业经营过程中有些事项是连续性的,而有些事项是偶发的,如自然灾害等。财务报表分析时要注意区分这两类事项,否则如果将偶发事项引起的业绩变动归因于企业经营管理,就会得出错误的分析结论。再如,企业经营过程中有些因素是企业可以控制的,而有些是不可控的,如宏观政策等。财务分析同样需要区分这些因素,才能做出合理的分析和评价。

二、比率分析法

比率分析法是把同一张财务报表中的相关不同项目或者两张不同财务报表之间的相关项目进行比较,用比率的形式来揭示存在相关关系的项目之间的逻辑关系,并以此来评价企业的财务状况、经营绩效和现金流量状况等的方法。比率分析法是财务报表分析中运用最广泛的一种方法,许多比率甚至已成为一种基准,被人们普遍用作评价企业财务状况和经营成果的有用标准。这些指标也被企业内部或外部的使用者广泛用于经济决策。

企业财务分析理论和实务中经常使用的财务比率不下 30 种,涉及企业经营管理的各个方面。它们大致可以分为四类:流动性比率、经营效率比率、获利能力比率和资本结构比率。

(一) 流动性比率

流动性比率是考察企业短期偿债能力的指标,企业偿付流动负债的变现能力对评价企业的财务状况是非常重要的。反映企业短期偿债能力的比率有流动比率、速动比率、现金比率和速动资产够用天数等。

1. 流动比率

流动比率是企业流动资产总额与流动负债总额的比率。它通常表现为企业流动资产可偿付流动负债的倍数。其计算公式为:

$$流动比率 = \frac{流动资产}{流动负债}$$

流动比率是衡量企业短期偿债能力的一个重要财务指标。依照传统观点,流动比率为 2∶1 是比较合理的。然而,随着信息技术的发展,企业可以有效地最小化其对现金、存货及其他流动资产的持有需求,因此一些成功企业的流动比率经常低于 1。

实务当中也使用营运资本反映企业的短期流动性。营运资本是流动资产与流动负债的差额。但在评价企业短期偿债能力时,流动比率要比营运资本优越。

2. 速动比率

速动比率是企业速动资产与流动负债的比率,是对企业短期偿债能力的更为严格的

一种测试。速动资产是指可以随时变现的资产,包括货币资金、交易性金融资产、应收账款和应收票据。其计算公式为:

$$速动比率 = \frac{速动资产}{流动负债}$$

在计算速动比率时从流动资产中扣除了变现能力较差的存货,而存货一般在流动资产中占 50% 的作用,所以通常认为速动比率为 1 是比较合理的。但实际中还要考虑行业特点等因素,也要注意速动资产的构成项目,如应收账款的变现能力等。

3. 现金比率

如果一家企业处于财务困境,它的存货和应收账款被抵押或流动不畅,企业的偿债能力降低,则企业资产的流动性只有靠现金和有价证券。因此,评价企业短期偿债能力的最佳指标就是现金比率。其计算公式为:

$$现金比率 = \frac{现金 + 交易性金融资产}{流动负债}$$

4. 速动资产够用天数

不论是流动比率或是速动比率,都没有给企业的短期偿债能力一个满意的解释。流动资产与流动负债相比较,通常都假定流动资产全部用于偿付流动负债。但一些分析家认为,考察企业短期偿债能力的较好方法应该是速动资产的够用天数,它是指现有速动资产可以支持企业日常现金支出的天数。这个指标由速动资产与每日经营支出的比值构成。其计算公式为:

$$速动资产够用天数 = \frac{速动资产}{每日经营支出}$$

其中,每日经营支出是通过销售成本加上销售和管理费用及其他现金支出,计算出只涉及现金支出的总成本费用,再除以 365 天后计算求得。速动资产够用天数为投资者在决定企业满足日常经营支出的能力方面建立了一个安全范围,反映企业可以用部分速动资产偿还短期债务而不会影响日常支付的能力。如果速动资产够用天数较高,一方面说明企业具有较强的短期偿债能力,另一方面也表明企业具有较高的自我保护能力。

(二) 经营效率比率

经营效率比率,又称周转比率,是考察企业资产运转快慢、评价企业资产流动性的指标。该比率用于考核企业利用经济资源的有用性。常用的经营效率比率主要有应收账款周转率、存货周转率、总资产周转率和应付账款周转率等。

1. 应收账款周转率

应收账款周转率是考察企业控制应收账款规模并将其转化为现金的效率。它是通过把产品销售收入除以会计期间内应收账款平均余额计算而来的,表现为应收账款周转的次数或周转天数。从理论上讲,这里的销售收入额应该是赊销净额,但在销售过程中,通常赊销与现销混在一起难以区分,所以在计算时往往以产品销售收入净额来代替净赊销额。其计算公式为:

$$应收账款周转率 = \frac{产品销售收入}{应收账款平均余额}$$

$$应收账款平均收账期 = \frac{应收账款平均余额}{产品销售收入净额} \times 365$$

$$= \frac{365}{应收账款周转率}$$

一般来说,周转率越高越好,应收账款平均收账期越短,表明企业占用在应收账款上的资金越少,同时在财务分析中流动比率和速动比率也就具有较高的可信度。

2. 存货周转率

存货周转率是确定存货销售快慢的比率,是通过公司的产品销售成本除以存货平均余额计算的,表现为存货周转次数或周转天数。其计算公式为:

$$存货周转率(次数) = \frac{产品销售成本}{平均存货}$$

$$存货周转天数 = \frac{平均存货}{产品销售成本} \times 365$$

$$= \frac{365}{存货周转率}$$

一般而言,存货周转次数越高或存货平均周转天数越少,表明企业的存货管理水平越高,企业就可以在存货上投入较少的资金,而将有限的资金投入到其他的盈利项目中去,以便为企业带来更多的收益。但过高的存货周转率或过低的存货平均周转天数可能使企业因存货不足而增加缺货成本。

3. 应付账款周转率

应付账款周转率是指年内应付账款的周转次数或周转天数。周转次数越高或平均周转天数越少,表明购买存货和现金支付之间的时间就越短。但是,过高的周转次数或过低的平均周转天数也会使企业因付款过快而失去应付账款所应享有的灵活性,反之,则表明企业可能陷入财务困境,其财务信息也可能受到影响。计算周转率时可以用购货成本作为分子,购货成本是销货成本加上期末存货成本减去期初存货成本。其计算公式为:

$$应付账款周转率(次数) = \frac{购货成本}{应付账款平均余额}$$

$$应付账款平均周转天数 = \frac{应付账款平均余额}{购货成本} \times 365$$

$$= \frac{365}{应付账款周转率}$$

根据应收账款周转率、应付账款周转率和存货周转率,可以确定总周转期。总周转期是指从获得存货到存货销售并取得现金的平均期限。它是存货周转天数与应收账款周转天数之和再减去应付账款周转天数。考察总周转期及其三个组成部分对判断企业之间经营效率差异是相当有用的,它也可用于同一企业不同年度之间的比较,以评价企业市场营销、信誉和收款政策的有效性。

4. 总资产周转率

总资产周转率是用产品销售收入净额除以总资产平均余额得出的。其计算公式为:

$$总资产周转率 = \frac{产品销售收入净额}{总资产平均余额}$$

该指标用来考察企业资产的利用效率。如果周转率高,说明企业利用资产经营销售的效率较高,否则企业应该考虑提高资产的利用效率,或对闲置的资产进行及时处理。

(三) 获利能力比率

获利能力比率也称收益比率,是考核企业利润目标,尤其是与投入资产相关的报酬实现效果的指标。该比率分为企业收益比率和股东收益比率。

1. 企业收益比率

企业收益比率既可以收入为基础计算,也可以投资如总资产为基础计算。企业获利能力通常也是对管理效率的最好检验。

(1) 销售利润率。

销售利润率也称边际利润率,是企业产品销售利润总额和产品销售收入净额的比率。其计算公式为:

$$销售利润率 = \frac{产品销售利润总额}{产品销售收入净额} \times 100\%$$

该指标常用于衡量企业产品销售收入的获利能力,包括对销售过程成本和费用的控制能力。企业产品的销售成本和期间费用越低,企业销售收入的获利能力就越大。如果企业有非正常收入,那么公式分子应只包括持续经营的收入。

(2) 资产报酬率。

资产报酬率是考察企业全部资产获利能力的指标,反映企业管理当局对企业所拥有资源优化配置与使用的效率。其计算公式为:

$$资产报酬率 = \frac{利润净额 + 利息费用 \times (1- 税率)}{资产平均余额}$$

扣抵税收影响后的利息费用应该加回净利润,因为财务费用是为获取资产而支付给债权人的理财成本,而不是销货成本。把利息费用加回净利润所得的收益数字代表企业未对债权人或股东分配前的收益。公式中的净利润应剔除非常项目、非持续经营项目和会计方法变化的影响,因为这些项目与应用于企业经营活动中的持续经营资产无直接关系。

(3) 净资产报酬率。

净资产报酬率有时也称股东权益报酬率或所有者权益报酬率,它是利润净额除以所有者权益平均余额或股东权益平均余额后的比率,这一比率反映所有者权益或股东权益的剩余报酬。其计算公式为:

$$净资产报酬率 = \frac{利润净额}{股东权益平均余额}$$

当企业实行举债经营,净资产报酬率高于资产报酬率时,说明企业的财务杠杆运用良好。净资产报酬率的缺点是没有考虑实收资本的现值,因为财务报表主要是基于历史成本编制的。而有些公司则从净利润中扣除优先股股利,只采用普通股权益,它们认为优先股在本质上与长期负债更为相似。

(4) 财务杠杆。

财务杠杆是指企业在安排资本结构时,合理安排借入资金与股东权益的比例。当借入资金的投资报酬率高于利息率时,借入资金对股东权益的比率越大,股东权益报酬率越高,反之亦然。这就是所谓的"财务杠杆"。根据"财务杠杆"原理,企业可以在不改变经营条件的情况下,采用举债经营的办法,提高股东权益报酬率。因为

$$股东权益报酬率 = \frac{投资报酬率 + 负债}{股东权益 \times (投资报酬率 - 利息率)}$$

由此可见,"财务杠杆"是一把双刃剑,它既可以给股东带来收益,同时也可能给股东带来损失。这种在不改变企业生存经营条件的情况下,只是改变借入资金与股东权益比例而给企业收益带来的不确定性,成为财务风险。如果举债过度,企业就可能发生财务困难,严重时还可能导致破产。因此,企业在安排资本结构时,应充分权衡财务风险,合理确定负债对股东权益的比例关系。

2. 股东收益比率

股东收益比率是反映公司满足所有者获利目标的指标。常用的股东收益比率主要有每股收益、市盈率、股利支付率等。

(1) 每股收益。

每股收益是财务分析中最重要的比率之一,也是最具隐蔽性的比率之一。由于每股收益指标的重要性,所以有些国家要求公司在收益表中专门披露这一比率。每股收益的计算相当复杂,如果企业资本结构中没有可能冲减每股收益的证券,每股收益可以简单地通过净利润减去优先股股利再除已发行在外的普通股加权平均数计算。其计算公式为:

$$流通在外每股收益 = \frac{净利润 - 优先股股利}{普通股加权平均股数}$$

我国企业会计准则要求企业在利润表中披露每股收益信息,包括基本每股收益和稀释每股收益。《企业会计准则第 34 号——每股收益》规定了这两种每股收益的计算方法。

(2) 市盈率。

市盈率也称价格与收益比率,是指普通股每股市价与每股收益额的比率。其计算公式为:

$$市盈率 = \frac{普通股每股市价}{普通股每股收益}$$

该比率常被投资者作为判断股票价格是否具有吸引力的一种依据。它反映股东每取得 1 元收益所需要支付的代价。从理论上讲,市盈率越低的股票越具有投资价值。与其

他类似公司相比,市盈率越高,表明该公司股价中泡沫成分可能越多。但是,在运用这一指标时,还要考虑公司的成长性。同时,这一比率也受投资者对公司经营质量的直觉、盈利增长趋势、投资风险、备选会计方法的应用和其他因素的影响。

（3）股利支付率。

股利支付率是现金股利与净利润的比率。该比率不考虑发行在外的优先股,主要衡量在普通股每股收益中,有多大比例用于支付股利。其计算公式为:

$$股利支付率 = \frac{现金股利}{净利润 - 优先股股利}$$

一般来说,大多数投资者希望有较高的股利支付率。但一些长期投资者可能更看重企业股票的未来投资价值,他们愿意企业将更多的收益用于再投资,以期获得更高的资本收入。一般而言,高成长性的公司股利支付率较低,而成熟期的公司可能会发放更多的股利。

（四）资本结构比率

资本结构比率也称企业稳定比率,它是反映企业长期偿债能力和稳定性的指标,它向长期债券持有人、优先股股东和普通股股东提供其对公司投资的安全(风险)程度的信息。一个企业的资本结构中债务越多,普通股股东投资的回报就越不确定。

1. 资产负债率

资产负债率是企业负债总额与资产总额的比率,表明债权人提供的资产在企业总资产中所占的百分比。它可以向债权人提供关于企业在不损害债权人权益的情况下,规避损失的能力。其用公式表示为:

$$资产负债率 = \frac{负债总额}{资产总额}$$
$$= 1 - 股东权益比率$$

在通常情况下,当企业经营处于下降趋势时,债权人希望企业的资产负债率越低越好,这样可以使他们的本金和利息收入得到保护。但就股票持有人而言,他们偏爱公司拥有较高的资产负债率,这样公司就可以利用"权益交易"和"财务杠杆"来获得超额报酬。然而,过高的资产负债率可能会动摇企业的资本基础,影响企业吸收更多外部资本的能力。债权人和股东一般都认为,过度运用财务杠杆将使得公司具有相对的不稳定性和更高的风险。

2. 已获利息倍数

已获利息倍数是利息和税前利润(即利润总额)除以利息费用得出的,常用于评价公司用所赚收益支付利息费用的能力和债权人在公司投资的安全性。其计算公式为:

$$已获利息倍数 = \frac{税前利润 + 利息费用}{利息费用}$$

一般而言,已获利息倍数越高,公司支付利息的能力就越强。尽管支付利息费用是一种法定义务,但连续多期的低收益也会危及利息的连续支付。此外,已获利息倍数并非完全准确地反映企业支付利息的能力,因为公式中的数据来源于权责发生制会计,使用现金数据会得出更加准确的结果。

3. 每股面值

每股面值反映的是每股净资产，它有时也被称为每股清算值。如果公司以资产负债表所报告的数额为基础进行清算，每股面值就是每股所收到的数额。但如果资产的账面价值与其公允价值差距较大，那么这个比率在很大程度上就失去了相关性。其计算公式为：

$$每股面值 = \frac{普通股股东权益}{发行在外的普通股数}$$

4. 每股现金流量

每股现金流量是当今最流行也最难理解的指标之一。它是用净利润加上非现金支出（如折旧和摊销）除以发行在外的普通股数计算的。其计算公式为：

$$每股现金流量 = \frac{净利润 + 非现金支出}{发行在外的普通股数}$$

目前，每股现金流量尚未被广泛披露在年报中，因为一般讨论的现金流量都过于简单化，没有按影响营运资本的应收账款、应付账款和其他流动资产与流动负债的变化进行调整。此外，单纯考虑每股现金流量而不考虑其他比率如每股收益，可能会误导投资者。

三、比较分析法

比较分析法是将报告期的某项指标与某些选定的基准数进行对比，确定其增减差异，分析事物之间的联系、结构和发展趋势，用于评价企业财务状况和经营成果好坏的方法。根据比较基数不同，比较分析法可分为若干对比形式，主要有实际与计划对比、不同时期实际数比较、同类企业之间的对比等。而依据比较范围来划分，则可以分为企业内部比较分析和企业之间比较分析。比较分析法可以是绝对数的比较，也可以是相对数的比较；可以是某一项指标的比较，也可以是整个财务报表的比较。最常见的形式是编制比较财务报表。

（一）企业内部比较分析

企业内部比较分析是指将不同期间的企业内部有关数据进行对比分析，通过这种不同时期的数据比较，可以了解发展变化的趋势。

1. 绝对数比较分析

绝对数比较分析是将企业现在与过去的历史资料相比较，以评价企业现在财务业绩和状况的一种方法。在这种比较过程中，可以发现企业的长期业绩状况是稳定的、发展的或是恶化的。一般来说，大多数公司在财务报表中至少列示 2 年的可比数据。我国企业会计准则也要求企业报告比较财务报表。

2. 比较财务比率

比较财务比率就是将企业连续几期的财务比率进行对比，从而分析企业财务状况的发展趋势，这种方法更加直观地反映了企业各方面的财务状况的变动趋势。

3. 比较结构分析

结构分析通常被称为纵向分析。它是以百分比的形式表述企业在一个特定期间内，财务报表项目与某一共同项目之间的关系。纵向分析可用于资产负债表、利润表和现金流量表的分析。在资产负债表、利润表和现金流量表中，分别以"资产总额""本年期销售收入"和"现金增加额"为其他项目的对比基数，来计算其余项目与之相比而得到的百分比。以百分比形式表述的报表称为共同比报表。而把这种结构分析用于财务报表的多期比较时，可以更清晰地反映报表项目间的变化趋势。

（二）企业间的比较分析

企业间的比较分析是将企业的业绩与竞争对手的业绩相比、与整个行业比较或与相关的企业相比。在比较分析时，可以比较一期，也可以与过去多期相比较。比较的基础可以是比率、发展趋势或结构。使用者在运用比较分析方法编制财务分析信息时，不仅要考虑跨期数据的一致性与可比性，还要注意公司间数据的可比性，以得到更有实际意义的分析结果。

（三）趋势分析法

趋势分析法是对不同时期的财务指标进行对比以确定其增减差异和变动趋势的分析方法。从某种意义上说，它是将比率分析法和比较分析法结合起来运用的一种方法。

趋势分析法的计算指标包括差异数、差异率和趋势比率。其计算公式为：

$$差异数 = 报告期数 - 基期数$$

$$差异率 = \frac{差异数}{基期数} \times 100\%$$

$$趋势比率 = \frac{报告期数}{基期数} \times 100\%$$

在进行趋势分析时，确定好基期至关重要。可以以某选定时期为基期，即固定基期，以后各期数均以该期数作为共同基数计算出趋势比率，称为定比。也可以以上一期为基期，各期数分别以前一期数作为基期数，基期不固定且顺次移动，计算出的趋势比率称为环比。

 本 章 小 结

财务报告包括财务报表和其他财务报告，财务报表是财务报告中的中心部分，但有些信息只能由报表附注、辅助资料或财务报告的其他手段提供。财务报表至少应当包括资产负债表、利润表、现金流量表、所有者权益变动表、附注。其他财务报告主要包括分部报告、简化年度报告、盈利预测报告、管理层讨论与分析、公司治理报告、审计报告、环境和社会责任报告。财务报表分析是在财务报表及其相关资料的基础上，通过一定的方法和手段，审视财务报表数字之间的关系，同时对这些数字在较长时间内可能表现的趋势做出预测，从而向使用者提供更相关和全面深入的财务信息。财务报表分析的方法主要有比率分析法和比较分析法。

思 考 题

1. 财务报告主要包括哪些部分？财务报表又主要包括哪些部分？说一说企业报告、财务报告、财务报表三个概念之间的关系。

2. 资产负债表主要反映企业什么情况，其主要作用是什么？如何编制资产负债表？

3. 利润表主要反映企业什么情况，其主要作用是什么？如何编制利润表？

4. 现金流量表主要反映企业什么情况，其主要作用是什么？谈谈筹资活动、投资活动与经营活动三者的区别。

5. 谈谈你对现金流量表直接法与间接法的理解。

6. 所有者权益变动表主要反映什么内容？主要项目有哪些？

7. 财务报表附注主要包括什么内容？结合内容情况谈谈报表附注的主要作用。

8. 其他财务报告主要包括哪些报告？这些报告的主要内容是什么？

9. 财务报表分析主要哪两种方法？请简述这两种方法。

10. 财务比率包括哪四类？每一类的典型指标有哪些？如何计算？

 ## 即 测 即 评

请扫描二维码，进行随堂测试。

主要参考文献

［1］财政部会计司编写组：企业会计准则讲解2010［M］.北京：人民出版社，2010.
［2］财政部会计司编写组.小企业会计准则释义2011［M］.北京：中国财政经济出版社，2011.
［3］杜兴强.葛家澍教授学术思想研究［M］.厦门：厦门大学出版社，2021.
［4］杜兴强，刘峰.葛家澍文集［M］.厦门：厦门大学出版社，2021.
［5］杜兴强，章永奎.财务会计理论［M］.厦门：厦门大学出版社，2008.
［6］郭道扬.会计史教程［M］.北京：中国财政经济出版社，1999.
［7］葛家澍.会计学［M］.成都：四川人民出版社，1992.
［8］葛家澍.中级财务会计［M］.沈阳：辽宁人民出版社，2006.
［9］葛家澍.会计学（财务会计分册）［M］.北京：高等教育出版社，2006.
［10］葛家澍，杜兴强.财务会计的基本概念、基本程序与基本特征［J］.财会通讯，2003（7）–2004（12）.
［11］葛家澍，杜兴强.中级财务会计学［M］.北京：中国人民大学出版社，2007.
［12］葛家澍，林志军.现代西方财务会计理论［M］.厦门：厦门大学出版社，2019.
［13］克里舍·G.佩普，保罗·M.希利，维克多·L.伯纳德.运用财务报表进行企业分析与估价［M］.第二版.孔宁宁，丁志杰，译.北京：中信出版社，2004.
［14］王耕，金铭.财务会计［M］.上海：上海交通大学出版社，2003.
［15］吴水澎.会计学原理［M］.北京：经济科学出版社，2011.
［16］张先治.财务分析［M］.北京：中国财政经济出版社，2004.
［17］张新民.企业财务报表分析［M］.北京：机械工业出版社，2003.
［18］中国注册会计师协会.2021年注册会计师全国统一考试指定辅导教材——会计［M］.北京：中国财政经济出版社，2021.
［19］中华人民共和国财政部：企业会计准则［M］.北京，经济科学出版社，2006.
［20］中华人民共和国财政部.小企业会计准则2011［M］.北京：中国财政经济出版社，2011.
［21］中华人民共和国财政部.企业会计准则（合订本）［M］.北京：经济科学出版社，2020.
［22］中华人民共和国财政部.企业会计准则应用指南（2021年版）［M］.上海：立信会计出版社，2021.
［23］中华人民共和国财政部等.企业内部控制基本规范　企业内部控制配套指引（2021年版）［M］.上海：立信会计出版社，2021.
［24］Walter.P.Schutze. What is an Asset［J］. Accounting Horizons，1993，7（3）：66–70.

郑重声明

高等教育出版社依法对本书享有专有出版权。任何未经许可的复制、销售行为均违反《中华人民共和国著作权法》，其行为人将承担相应的民事责任和行政责任；构成犯罪的，将被依法追究刑事责任。为了维护市场秩序，保护读者的合法权益，避免读者误用盗版书造成不良后果，我社将配合行政执法部门和司法机关对违法犯罪的单位和个人进行严厉打击。社会各界人士如发现上述侵权行为，希望及时举报，我社将奖励举报有功人员。

反盗版举报电话　　（010）58581999　58582371
反盗版举报邮箱　　dd@hep.com.cn
通信地址　北京市西城区德外大街 4 号　高等教育出版社法律事务部
邮政编码　100120

读者意见反馈

为收集对教材的意见建议，进一步完善教材编写并做好服务工作，读者可将对本教材的意见建议通过如下渠道反馈至我社。

咨询电话　400-810-0598
反馈邮箱　gjdzfwb@pub.hep.cn
通信地址　北京市朝阳区惠新东街 4 号富盛大厦 1 座
　　　　　高等教育出版社总编辑办公室
邮政编码　100029

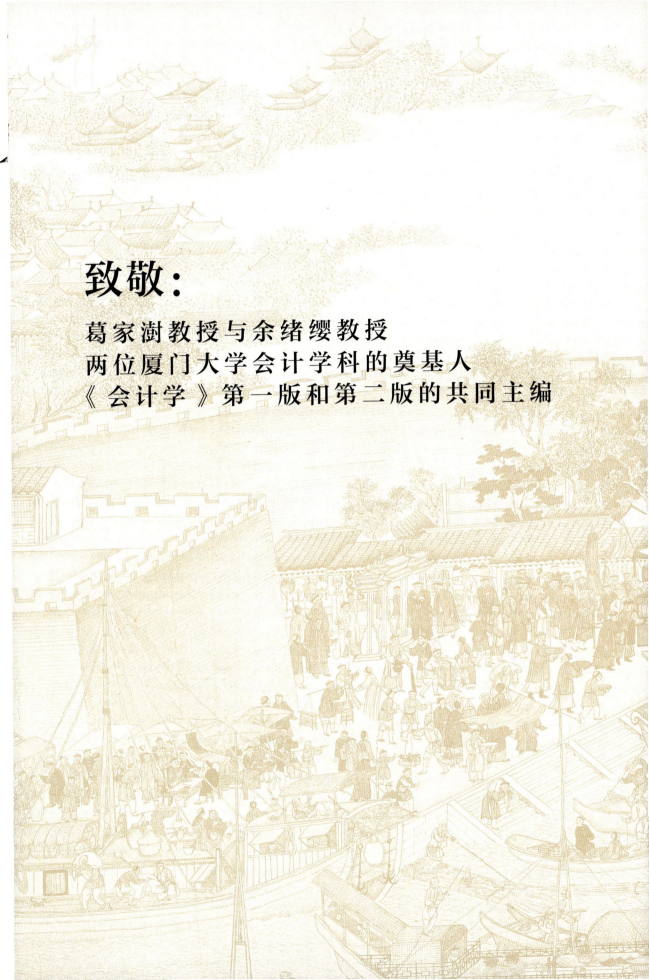

致敬：

葛家澍教授与余绪缨教授
两位厦门大学会计学科的奠基人
《会计学》第一版和第二版的共同主编

厦门大学会计系列精品教材 / 总主编 杜兴强 刘峰

面向二十一世纪课程教材
Testbook Series 21st Century

新时代高等学校会计学、财务管理专业基础课程精品系列
国家级一流本科专业配套教材

新形态教材

会计学（管理会计分册）
（第三版）

主编　**杜兴强　林　涛**

管理会计分册主编　**林　涛**

管理会计分册副主编　**谢　灵　郭晓梅**

高等教育出版社·北京

内容简介

本书管理会计分册含导论共十三章,三大部分内容。

第一部分是成本管理基础。以基础成本概念为起点,从传统的分步法、分批法,介绍到目前的以作业成本系统为代表的现代成本管理。在企业中,成本管理已经超出了最初单纯成本核算的狭隘领域,通过对企业作业流程的分析逐步演变成为一种有效的管理工具。

第二部分是决策与计划会计。决策是管理的核心,如何正确决策直接关系企业的盛衰成败。本部分从战略高度出发,对企业的经济活动进行规划、分析、评价和决策,以达到最佳的经济效益。内容包括变动成本计算、本量利分析、短期经营决策和长期投资决策等。

第三部分是执行性会计。企业制定的决策需要按部门、期间进行分解,并以预算形式加以落实。在预算执行过程中,还要通过差异分析和业绩评价,对企业生产经营进行事前、事中、事后的控制。

最后以战略管理会计为题,对现代管理会计的新发展及未来的发展趋势做了介绍和展望。

图书在版编目(C I P)数据

会计学 : 上下册 / 杜兴强,林涛主编. -- 3版. --
北京 : 高等教育出版社,2023.5
  厦门大学会计系列精品教材 / 杜兴强,刘峰总主编
  ISBN 978-7-04-058878-1

  Ⅰ. ①会… Ⅱ. ①杜… ②林… Ⅲ. ①会计学-高等
学校-教材 Ⅳ. ①F230

  中国版本图书馆CIP数据核字(2022)第109145号

Kuaijixue

策划编辑	于 明 王 琼	责任编辑	王 琼	封面设计 马天驰	版式设计	杨 树
责任绘图	杨伟露	责任校对	刘俊艳 胡美萍	责任印制 田 甜		

出版发行	高等教育出版社		网 址	http://www.hep.edu.cn
社 址	北京市西城区德外大街 4 号			http://www.hep.com.cn
邮政编码	100120		网上订购	http://www.hepmall.com.cn
印 刷	北京鑫海金澳胶印有限公司			http://www.hepmall.com
开 本	787 mm×1092 mm 1/16			http://www.hepmall.cn
本册印张	16.25		版 次	2000 年 7 月第 1 版
本册字数	360 千字			2023 年 5 月第 3 版
购书热线	010-58581118		印 次	2023 年 5 月第 1 次印刷
咨询电话	400-810-0598		总 定 价	79.00 元

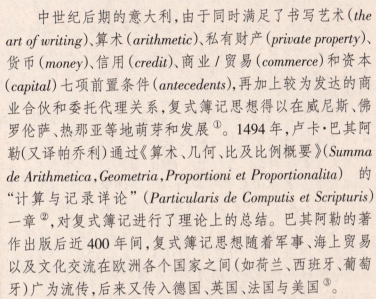

总　序

　　中世纪后期的意大利,由于同时满足了书写艺术(*the art of writing*)、算术(*arithmetic*)、私有财产(*private property*)、货币(*money*)、信用(*credit*)、商业/贸易(*commerce*)和资本(*capital*)七项前置条件(*antecedents*),再加上较为发达的商业合伙和委托代理关系,复式簿记思想得以在威尼斯、佛罗伦萨、热那亚等地萌芽和发展[①]。1494年,卢卡·巴其阿勒(又译帕乔利)通过《算术、几何、比及比例概要》(*Summa de Arithmetica, Geometria, Proportioni et Proportionalita*)的"计算与记录详论"(*Particularis de Computis et Scripturis*)一章[②],对复式簿记进行了理论上的总结。巴其阿勒的著作出版后近400年间,复式簿记思想随着军事、海上贸易以及文化交流在欧洲各个国家之间(如荷兰、西班牙、葡萄牙)广为流传,后来又传入德国、英国、法国与美国[③]。

　　复式簿记思想和理论总结并未使会计学科在人类知识的殿堂里获得应有的地位。哈特菲尔德(Hatfield)教授1923年12月19日在美国大学会计教师联合会(The American Association of University Instructors in Accounting)的一次会议上,做了题为"簿记的历史辩护"的演讲(后发

　　① Littleton A.C.. *Accounting Evolution to 1900*〔M〕. American Institute Publishing Co., 1933, p.12; Littleton A.C.. *Accounting Evolution to 1900*(2nd edition)〔M〕. Russell & Russell, 1966, p.12.

　　② Brown R. G. & Johnston K.S.. *Paciolo on Accounting*〔M〕. Garland Publishing, Inc, 1984.

　　③ Peragallo E.. *Origin and Evolution of Double Entry Bookkeeping: A Study of Italian Practice from the Fourteenth Century*〔M〕. American Institute Publishing Co., 1938; Merino B. & Previts G.. *A History of Accountancy in the United States: The Cultural Significance of Accounting*〔M〕. Columbus: The Ohio State University Press, 1998.(亦可参阅:美国会计史——会计的文化意义. 杜兴强,等,译. 中国人民大学出版社, 2006)。

表于 1924 年的 *Journal of Accountancy* 杂志①),并指出,在大学里讲授会计学的我们,正经受着同事含蓄的蔑视,他们不欢迎会计学科、认为会计学科与学术殿堂的纯洁性不符②。哈特菲尔德教授的演讲激励了所有会计学者励精图治、理论化会计学的知识体系,最终会计学科得以名正言顺地进入美国的商学院,且在美国资本市场、企业内部管理、审计市场中发挥着日益重要的角色③。

在中国,改革开放,特别是 20 世纪 90 年代以来,会计在资本市场中的地位也日益提高。目前,几乎所有高校都设置有会计学系(院),且会计学系的学生人数应是目前中国高校各个专业中最多的。面对人数众多的会计本科生,一套体系完整、内容前沿、贴合中国资本市场制度环境现实的教材就显得十分必要了,因为她有利于夯实学生的会计基础,培养学生学习会计知识的兴趣,带领学生深入思考会计学科的重要理论和现实问题,甚至能激发学生的研究兴趣,最终走向教学科研的道路。

实际上,厦门大学会计学科的奠基人葛家澍教授、余绪缨教授与常勋教授很早就注意到高质量教材对会计学本科教育的重要性。早在 20 世纪 60 年代初,葛家澍教授就应邀担任当时教育部组织的文科统编教材《会计学基础》的主编,这也是当时整套教材体系中唯一的一本会计学教材;他还同时作为主要合作者,参与完成财政部统编教材《会计原理》的编写任务。改革开放后,厦门大学接连出版多本教育部统编教材如《会计学基础》《会计学》《管理会计》《国际会计》《经济核算与经济效果》等。1992 年 11 月《企业会计准则》与《企业财务通则》颁布后,葛家澍教授与余绪缨教授两位老先生筹划和总编了"厦门大学会计系列精品教材",由辽宁人民出版社于 1994—1995 年期间进行出版④,第一次将厦门大学会计教材系列化、系统化;1997 年开始,我国陆续颁布《企业会计准则——具体准则》,两位老先生根据环境变化和教学需要,规划和总编了第二版的"厦门大学会计系列精品教材",由辽宁人民出版社于 2000 年全部出版完毕;2006 年 2 月,财政部一次性颁布了 1 项基本准则与 38 项具体准则,以及 48 项注册会计师执业准则,"厦门

---

① Hatfield H.R.. A Historical Defense of Bookkeeping [J]. *Journal of Accountancy*, 1924, 37 (4): 241–253.

② 原文为:*I am sure that all of us who teach accounting in the universities suffer from the implied contempt of our colleagues, who look upon accounting an intruder, a saul among the prophets, a parish whose very presence detracts somewhat from the sanctity of the academic halls*。

③ 尽管每一次的经济危机或资本市场震动,社会各界都将矛头指向"会计行业(职业)",但每次危机过后,会计的重要性不仅被再次确认,而且经济危机往往促使会计获得下一次的长足发展。这实际上也促使我们进一步思考"会计在人类社会中的不可替代的角色及其对会计学科定位的影响"这一重大现实问题。本次的系列教材,也试图将关于会计的这种"big picture"融入其中。

④ 在 1994 年的"厦门大学会计系列精品教材"之前,葛家澍教授与余绪缨教授两位老先生就在各自的教学领域内主编了影响几代人的教材。这些教材包括:葛家澍教授主编的《会计学原理》(上海财经出版社,1962 年),《会计基础知识》(教育部组织的、新中国第一批统编教材,中国财政经济出版社,1964 年),《会计学基础》(高等学校文科教材,中国财政经济出版社,1980 年);余绪缨教授主编的《管理会计》(中国财政经济出版社,1983 年)。

大学会计系列精品教材"第三版(仍由葛家澍教授与余绪缨教授担任总编)出版。此后,由于种种原因,最近10余年,厦门大学会计学科未大规模地组织"厦门大学会计系列精品教材"的修订或重编。

回顾21世纪的前20年,国际与国内的资本市场、会计环境、企业内部治理及外部独立审计市场都经历了较大的变化。国际方面,2000年证券委员会国际组织(IOSCO)认可了修订后的30份国际会计准则为核心准则(*core standards*);2001年的安然事件几乎摧毁了资本市场对会计信息披露质量和独立审计的信心;2002年的萨班斯－奥克斯利法案敦促会计界反思会计准则制定的原则导向或规则导向的问题;2004年启动的、美国财务会计准则委员会(FASB)和国际会计准则理事会(IASB)的联合概念框架项目及随后的阶段性成果让会计界充满期待;2008年美国的次贷危机使会计(特别是公允价值)再次站在了风口浪尖,一定程度上成为"贪婪华尔街"的"替罪羊";持续不断的会计准则的国际化趋同给全球资本市场带来了深刻的变革;2018年,FASB时隔18年颁布的第8号概念框架及IASB自1989年后时隔29年颁布的"财务报告概念框架"都值得吸收和借鉴(与FASB联合发布)。

国内方面,2000年以来,会计准则和会计制度也面临多重变化,如2000年新修订发布《企业会计制度》;2006年发布"企业会计准则体系"(含1项基本准则与38项具体准则)、注册会计师执业准则体系;2008年,财政部、证监会、审计署、银监会、保监会联合发布《企业内部控制基本规范》;2010年财政部颁布的《中国企业会计准则与国际财务报告准则持续趋同路线图》;2014年以来《企业会计准则》体系的持续修订;2015年新《预算法》的实施与2016年的预算会计改革;2016年财政部发布的《管理会计基本指引》;等等。这些会计准则(制度)的改革进程都对中国资本市场信息披露、审计独立性与审计质量、管理会计、政府及非营利组织的实践产生了重要的影响。

值得指出的是,近年来,移动互联网、大数据、人工智能等技术(以下统称"AI技术")在全世界范围内迅猛发展,不仅正在重塑社会秩序与重新界定话语权,而且也冲击到会计这个最为古老的学科。AI时代,新科技与新知识持续不断地定义新秩序,而我们固化了的知识与技能,正在经受着被迅速"迭代"的风险。会计学科向何处去,是整个会计界乃至整个社会都广泛关注的核心话题。上述背景呼唤一套新的"厦门大学会计系列精品教材",以适应新形势下的会计学教学和人才培养。

"厦门大学会计系列精品教材"由杜兴强教授与刘峰教授担任总主编,曲晓辉教授与李建发教授担任学术顾问。总主编负责和高等教育出版社保持联系和沟通,勾勒"厦门大学会计系列精品教材"的框架,建议各本教材的主编,以及协调各教材之间的内容分工、避免过多的交叉和重复。各位主编各司其职,对相应的教材负责,包括编写人员的组织、内容框架的初步拟定及督促教材内容的编写。

"厦门大学会计系列精品教材"第一批共计划出版 10 本,包括《会计学原理》《中级财务会计》《成本会计》《高级财务会计》《管理会计》《财务管理》《审计学》《财务会计理论》《商业伦理与公司治理》与《会计学》(非会计专业);各本教材的第一主编分别为刘峰教授、杜兴强教授、张国清教授、杨绮副教授、郭晓梅教授、林涛教授、严晖副教授、杜兴强教授(财务会计理论)、张扬助理教授及杜兴强教授与林涛教授(会计学)。

"厦门大学会计系列精品教材"的编写,在内容上紧扣中国会计改革的动态(如企业会计准则体系的改革与完善、注册会计师执业准则体系的完善、管理会计基本指引的颁布等),并力争能够反映国际范围内的会计发展动态。在编写方式上,不仅有利于授课教师传授基本的会计学知识,而且能够启发学生针对所学内容进行深入思考。"厦门大学会计系列精品教材"的所有教材,在每一章开篇都明确指出了学习目标,并设置了与章节内容相关的导读案例,引导学生带着问题和明确的目标学习和思考相关章节的内容;在每章结束后,都有本章的小结;在多数章节的内容安排上,除了讲解基本的知识点,还附有若干"二维码"的知识拓展及"二维码"的随堂测试。概括起来,开篇明确学习目标,章后进行总结,并辅之以案例导读、知识拓展与即测即评,"厦门大学会计系列精品教材"将一改以往"传统",将以生动、立体的形式呈现在一线师生面前。

考虑外部环境变化的冲击,我们亦在部分教材(如《会计学原理》《管理会计》等)中尝试内容更新,反映 AI 技术等新兴科技对会计学教学内容与教材体系的冲击。考虑会计学专业的特点,以及会计的社会性,我们亦在部分教材(如《财务会计理论》)中尝试嵌入中国文化与伦理因素,进行教学内容方面的改革。值得指出的是,"厦门大学会计系列教材"中的部分教材(如《管理会计》)开发和提供了数字课程资源(包括在线开放课程、教学视频、在线实验等),并已入选国家级一流本科课程立项。

在与高等教育出版社商洽出版"厦门大学会计系列精品教材"之后,厦门大学会计学科成立了编委会[①],尽最大可能广泛吸收现任教师参与本套教材的编写。在确定主编人选时,我们不唯学历、不唯资历,秉持让"教学第一线"的教师承担各本教材主编和副主编的原则。因此,编委会里既有知名的中青年教授、博导,又有年富力强、一直站在教学第一线、教学效果备受好评的副教授,甚至是助理教授。此外,本着厦门大学会计学科"传帮带"的优良传统,部分教材设置了不止一位主编。我们认为,虽然让年轻、不具有教授职称的教师承担主编角色存在一定的风险,但在一定程度上也体现了厦门大学会计学科勇于突破、锐意改革的决心。

值得指出的是,"厦门大学会计系列精品教材"将呈现开放式的结构,允许根

---

① 最终的编委会由第一批各本教材的主编及副主编组成,按照姓氏拼音排序。

据教学改革的需求不断纳入新的教材。目前已在计划中、后期可能陆续纳入的教材，包括《财务报表分析》《政府会计》《会计思想史》《资本市场会计》《大数据与会计信息系统》等。我们相信，未来的"厦门大学会计系列精品教材"将会是一套体系完整、能够体现厦门大学会计学科教学改革特色的教材。

"厦门大学会计系列精品教材"在一定程度上反映了目前厦门大学会计学科的教学特点，亦是厦门大学会计学科承担的福建省本科高校重大教育教学改革研究项目[①]（*FBJG20190184*）与国家自然科学基金重大项目课题（71790602）的重要成果之一。

感谢高等教育出版社的厚爱，使得厦门大学会计学科在 10 余年后再次推出"厦门大学会计系列精品教材"。2018 年 10 月，"教育部高等学校工商管理专业教学指导委员会会计学专业教学指导分委员会"在江苏苏州召开会议。会间，杜兴强教授与高等教育出版社的于明主任就重新组织编写"厦门大学会计系列教材"达成了初步意见。感谢于明主任与王琼编辑一直和两位总主编及各本教材的主编保持密切联系，共同推动"厦门大学会计系列教材"的编写和出版。

由于编著者的知识结构、时间、精力与水平所限，"厦门大学会计系列精品教材"难免存在错漏、不完善之处。为此，我们非常欢迎一线师生将您在使用"厦门大学会计系列精品教材"过程中发现的错漏和问题反馈给两位总主编（总主编：*xmdxdxq@xmu.edu.cn*，杜兴强；*cnliufeng@gmail.com*，刘峰）或各本教材的主编，以便我们再版时逐一进行修订、改进并致谢。

杜兴强　刘峰

2020 年 11 月 8 日

[①] "会计学教材体系与教学模式改革：AI 技术冲击、中国文化嵌入与伦理关注"（负责人为杜兴强教授）。

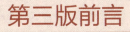

第三版前言

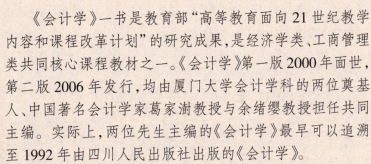

一

《会计学》一书是教育部"高等教育面向21世纪教学内容和课程改革计划"的研究成果,是经济学类、工商管理类共同核心课程教材之一。《会计学》第一版2000年面世,第二版2006年发行,均由厦门大学会计学科的两位奠基人、中国著名会计学家葛家澍教授与余绪缨教授担任共同主编。实际上,两位先生主编的《会计学》最早可以追溯至1992年由四川人民出版社出版的《会计学》。

从1992年至2021年,30年的时间内,会计专业在中国高校的发展日新月异;时至今日,极少看到某个中国高校没有会计系(或会计专业),会计学的相关课程业已发展成为中国大学教育的通识课程[①]。1828年,耶鲁大学发布的《关于耶鲁学院教学课程的报告》("耶鲁报告"),提出了完整教育(thorough education)和广博、深入、扎实(broad,deep,solid)的概念,并明确大学教育不是职业、专业教育,而是奠定坚实的基础以适应将来任何职业、专业的需要[②]。1829年,美国鲍登学院(Bowdoin College)的帕卡德(Packard A.S.)教授第一次撰文强调通识教育的重要性[③]:大学应当给青年一种通识教育(general education),一种古典的、文学的和科学的教育,且尽可能综合(comprehensive),以为未来各类专业学习做好准备。

---

① 刘峰,杜兴强. 会计学通识课:理论与实践[J]. 中国大学教学,2021(7):58-63.

② 钱铭. 大学英语课程的通识教育功能——《1828耶鲁报告》的启示[J]. 教育与教学研究,2014,28(9):75-78.

③ 潘茂元,高新发. 高等学校的素质教育与通识教育[J]. 煤炭高等教育,2002(1):1-5.

会计是一种人类社会有效运行的信任机制,维系着社会的有序运行,对于个人、家庭、企业与非营利组织而言是如此,对整个人类社会而言亦是如此[①]。君不见,大到超大型跨国公司或联合国,中到企业集团与企业,小到小杂货铺,甚至家庭或个人,都离不开会计。甚至有学者认为,没有会计,就没有资本主义[②]。经济史学家索穆巴特(Sombart W.)认为,"创造复式簿记的精神也就是创造伽利略与牛顿系统的精神"[③]。1987 年,时任美国总统的里根在祝贺美国注册会计师协会(AICPA)百年庆典(1887—1987)的贺信中写道,独立审计为企业和政府的会计报表提供可信度。没有这种可信度,债权人和投资者就难以做出为我们的经济带来稳定和活力的决策。没有 CPA,我们的资本市场将土崩瓦解。对这样一个关乎人类生存和发展的基础性学科,它当然要列入"通识"教育,和哲学、历史学、经济学一起,作为大学生们的必备知识。

二

综观全球 500 强公司,有不少的 CEO 均在职业生涯的某阶段从事过与会计相关的工作。这可以从一个侧面佐证会计学通识教育的重要性,至少,会计学通识教育可以给一个人打下较为基础的会计学知识,为其以后在工作中从事管理工作提供重要的基础。

麦肯锡的一项调查显示,英国和美国的知名公司中,有 1/5 的 CEO 曾经担任过 CFO;该调查结论契合了英国《财务总监》杂志此前的一篇文章中列示的数据——在财富 100 强企业的 CEO 中,有 20% 的人曾担任过 CFO。在欧洲国家和亚洲地区的知名公司中,CEO 曾有 CFO 经历的比例也在 5%~10%。因此,会计背景对于职业发展的作用不言而喻。巴菲特不止一次地在股东大会上说:"我们所有投资的收益都是对企业财务数字深度分析的结果,企业家都要懂得财务管理!"有许多公司如阿里巴巴对于 CEO 的选择一向比较重视财会背景。

学术界亦对 CEO 的会计背景比较感兴趣,对此进行了系统调查或经验研究。Custódio and Metzger (2014) 调查了标准普尔的 25 562 个"CEO—公司—年样本",发现 41% 的 CEO 曾具有金融行业工作或在非金融公司担任金融职位(CFO、会计、财务)的工作经验,其中 8.2% 的 CEO 曾担任 CFO 职位[④]。Frank and Goyal (2007) 使用 S&P 500,S&P Mid Cap 400 和 S&P Small Cap 600 的样本,发现超过

---

① 刘峰,杜兴强. 会计学通识课:理论与实践[J]. 中国大学教学,2021(7):58-63.

② 黑泽清. 改订簿记原理[M]. 日本东京:森山书店,1951. 尽管如此,但值得指出的是,Yamey (1964)通过对资本主义社会初期经济史料的研究,于1964年提出复式簿记和资本主义之间不存在因果关系.

③ Sombart,W.. *Der Moderne Kapitalismus*[M]. Munich and Leipzig:Duncker &Humblot,1924.

④ Custódio C.,Metzger D.. Financial Expert CEOs:CEO's Work Experience and Firm's Financial Policies[J]. *Journal of Financial Economics*,2014,114(1):125-154.

20% 的 CEO 拥有财务工作经历,曾在公司财务部门,或在金融、审计或会计行业公司工作[①]。Cullinan and Roush(2011)调查了 264 名 CEO,发现在 SOX 法案出台前有 15.48% 的 CEO 有会计/金融经验,在 SOX 法案出台后有 33.33% 的 CEO 有会计/金融经验[②]。Jiang et al.(2013)以中国上市公司为样本,发现约 6% 的 CEO 拥有 CFO 工作经验[③]。类似地,姜付秀等(2012)发现中国上市公司在 1995 年有 CFO 工作经验的 CEO 为 0.9%,2002 年为 5.71%,2003—2009 年均在 5% 以上,2010 年则达到了 6.59%[④]。

那么,CEO 有无会计或财务背景,其所任职公司的财务决策行为究竟有何差异?首先,有无 CFO 工作经验的 CEO 在财务报告披露与财务政策选择上存在显著差异。Matsunaga and Yeung(2008)发现,有 CFO 工作经验的 CEO 管理的公司在会计选择上更加保守,有更高的整体披露质量,采用了更保守的披露策略;分析师对有 CFO 工作经验的 CEO 管理的公司的预测更准确、更集中、更稳定[⑤]。Gounopoulos and Pham(2018)发现,曾经担任过 CFO 的 CEO 更有动力向市场提供更高质量的财务报告,不太可能进行应计和真实盈余管理[⑥]。Jiang et al.(2013)以中国上市公司为样本,发现曾担任 CFO 职位的 CEO 会提供更精确的盈余信息和更高质量的财务报表[⑦]。

其次,有无 CFO 工作经验的 CEO 在现金持有、负债、投资、筹资等方面存在差异。Custódio and Metzger(2014)指出,聘请拥有财务专长工作经验(在金融行业工作,或在非金融公司担任金融职位如 CFO、会计、财务的工作经验)的 CEO 的公司持有更少的现金、更多的债务,并进行更多的股票回购;在财务方面更加成熟,管理财务政策更加积极,投资对现金流更不敏感,在信贷紧缩的情况下,他们也更有可能筹措外部资金[⑧]。

① Frank M. Z., Goyal V. K.. Corporate Leverage: How Much do Managers Really Matter[J]. *Available at SSRN*, 2007.

② Cullinan C. P, Roush P. B.. Has the Likelihood of Appointing a CEO with an Accounting/Finance Background Changed in the Post-Sarbanes Oxley era?[J]. *Research in Accounting Regulation*, 2011, 23(1):71-77. 其对 CEO 会计/金融经验的定义是:(1)有会计或审计工作经验。(2)有财务管理职位的经验,如担任 CFO。(3)会计或金融专业学位。(4)获得 CPA 认证。

③ Jiang F., Zhu B, Huang J.. CEO's Financial Experience and Earnings Management[J]. *Journal of Multinational Financial Management*, 2013, 23(3):134-145.

④ 姜付秀,黄继承,李丰也,任梦杰.谁选择了财务经历的 CEO?[J].管理世界, 2012(2):96-104.

⑤ Matsunaga S. R., Yeung P E.. Evidence on the Impact of a CEO's Financial Experience on the Quality of the Firm's *Financial Reports and Disclosures*[C]. AAA, 2008.

⑥ Gounopoulos D., Pham H.. Financial Expert CEOs and Earnings Management around Initial Public Offerings[J]. *International Journal of Accounting*, 2018, 53(2):102-117.

⑦ Jiang F., Zhu B., Huang J.. CEO's Financial Experience and Earnings Management[J]. *Journal of Multinational Financial Management*, 2013, 23(3):134-145.

⑧ Custódio C., Metzger D.. Financial Expert CEOs: CEO's Work Experience and Firm's Financial Policies[J]. *Journal of Financial Economics*, 2014, 114(1):125-154.

最后,在审计行为经济后果方面,聘请拥有财务专长工作经验的 CEO 的公司支付的审计费用更低(Kalelkar and Khan,2016),有 CFO 工作经历的 CEO 所在公司的审计报告更及时 [①]。

三

厦门大学的《会计学》教材历史悠久。该教材最初由四川人民出版社于 1992 年出版;之后,《会计学》作为经济学类与工商管理类共同核心课程教材之一,由高等教育出版社先后于 2000 年与 2006 年出版发行第一版与第二版。现今,距高教版《会计学》首次面世已逾二十余载,距上一次修订已经过去了十五年。

二十年,白驹过隙、白云苍狗。会计专业由最初在中国高校不受待见,变成了如今一个人数众多、高考招生持续热门的专业。

二十年,唯一不变的是"改变"。二十年前,电算化会计浪潮席卷全国,会计从业者惶惶、生怕被计算机抢走饭碗;二十年后,大数据会计与智能会计等异军突起,大有取代传统会计之趋势。但是,关于会计专业与会计的诸多变局中,拨云见雾,变化的是形式和手段,不变的是内核、基本原理,以及会计对于社会和经济发展的重要性。

二十年,《会计学》的两位主编、我国著名会计学家葛家澍教授和余绪缨教授已经相继仙逝 [②]。两位先生的离去,是厦门大学会计学科乃至中国会计界的巨大损失。尽管如此,虽然先哲已逝,但他们的学术思想与精神永存!

正是基于此,在厦门大学会计学系与高等教育出版社共同筹划出版"厦门大学会计系列精品教材"的过程中,经沟通,我与林涛教授商议,将两位先生主编的《会计学》或根据十余年间国际会计惯例的发展及中国会计准则/制度的变化进行系统的修订("财务会计分册"),或依据国际范围内及我国企业管理会计标准与实务的发展进行重新修订("管理会计分册"),从而出版第三版,借以致敬对厦门大学会计学科做出过卓越贡献的两位先生!

四

《会计学》作为经济学类与工商管理类共同核心课程教材之一,可以作为中国高等院校本科非会计专业通识课教材,适用的学科包括但不限于经济学类、工商管理类、法学类等,同时也可以作为实务界人士(包括 CEO、董事长、高层管理人

[①] Kalelkar R.,Khan S.. CEO Financial Background and Audit Pricing [J]. *Accounting Horizons*,2016,30(3):325–339.

[②] 葛家澍教授生于 1921 年,2013 年仙逝;余绪缨教授生于 1924 年,2007 年仙逝。2021 年 3 月,厦门大学会计学科举行了隆重的纪念活动,纪念葛家澍教授 100 周年诞辰,并出版了《葛家澍教授学术思想研究》(杜兴强著,厦门大学出版社,2021 年 3 月),《葛家澍文集(上下)》(杜兴强、刘峰主编,厦门大学出版社,2021 年 3 月),《澍雨杏风》(刘峰、苏锡嘉主编,厦门大学出版社,2021 年 3 月)。余绪缨教授百年诞辰纪念活动将于 2024 年举办。

员和会计人员)学习和培训会计学知识的相关教材或参考书,亦可作为 EMBA 课程——"非财务经理的会计学"先修课程的教材。

《会计学》第三版由杜兴强教授与林涛教授担任主编。遵循传统,本版依然分为"财务会计分册"与"管理会计分册"。

《会计学》的"财务会计分册"由杜兴强教授担任主编、章永奎副教授担任副主编。内容包括"会计学的基本概念""复式簿记系统:复式记账与会计循环""流动资产""金融资产与长期股权投资""固定资产及无形资产""负债""所有者权益""收入、费用及利润"与"财务报告及其基本分析"共九章。其中,杜兴强教授修订并撰写了第一、二、七、九章,章永奎副教授修订并撰写了第三、四、五、六、八章。

《会计学》的"管理会计分册"由林涛教授担任主编,谢灵副教授与郭晓梅教授担任副主编。内容包括"导论""成本管理基础概念""成本会计计算方法原理""作业成本计算与作业管理""标准成本系统""成本性态分析与变动成本计算""本量利分析""短期经营决策方案的分析评价""长期投资决策""预算控制""责任会计""业绩评价"与"战略管理会计"共十二章。其中,林涛教授负责导论及第四、五、六、七、九、十章,谢灵副教授负责第二、十一、十二章,郭晓梅教授负责第三、八章,第一章由林涛和谢灵共同完成。

五

《会计学》第三版出版之际,首先我们深深缅怀葛家澍教授与余绪缨教授,不仅因为两位先生是《会计学》第一版和第二版的共同主编,而且因为两位先生对厦门大学会计学系(会计学科)乃至中国会计事业发展做出的卓越贡献。

"逝非永别,遗忘才是"!

其次,因为工作单位变化或不再从事高校教学和研究工作等原因,在《会计学》第三版的撰写和修订过程中,第一版和第二版参与编写工作的作者(见随附的第一和第二版的前言)中的部分作者未能参与。尽管如此,我们必须感谢他们曾为本教材做出的重要贡献。

最后,需要感谢高等教育出版社的于明和王琼两位编辑老师,他们极力促使对两位老先生主编的《会计学》进行修订,将之纳入"厦门大学会计系列精品教材"。

杜兴强　林涛

2022 年 1 月

第二版前言

　　管理会计分册是葛家澍、余绪缨主编的《会计学》（第二版）一书的下册。本分册对原版本中的相关内容做了较大修订、扩展和深化。适应本书使用对象（非会计专业的经济学类、工商管理类的本科生）的教学需要，本次修订把重点放在从理论上阐释相关论题的经济与管理意义，对纯业务技术操作和计算程序方面的内容，则尽量进行缩减。本分册也对十几年来国内外在本学科前沿所取得的进展和创新做了适当的反映，以期在扩大视野、启发思路、加深认识等方面能对读者提供一定的帮助。在行文的简明、清晰，提高其可读性方面，本次修订也做了一定的努力。

　　本书主要用作本科生教材，同时也可用作实务界的在职经营管理人员、财会人员的培训教材和进修、提高的参考用书。

　　本分册由厦门大学管理学院"现代管理会计"方向博士生导师、管理学博士后流动站学术带头人余绪缨教授任主编，林涛（博士、副教授），谢灵（在职博士生、副教授），郭晓梅（博士、副教授）任副主编，总体框架由主编和副主编共同制定。具体的写作分工是：第一至四章由余绪缨执笔；第五、十四、十五各章由谢灵执笔；第六、七、八、九、十一、十二各章由林涛执笔；第十、十三章由郭晓梅执笔。主编负责对各章的初稿进行加工、修改，并总纂、定稿。

　　在本分册编写过程中，书稿的整理、校对等各方面的工作，得到在校攻读管理会计的博士生刘俊茹的大量帮助，对她为此而付出的辛勤劳动，谨致衷心的感谢！

　　我们在编写过程中,虽做了力所能及的努力,但书中疏漏、不妥以至错误之处在所难免,敬请广大读者批评指正,以便有机会修订再版时得以改正和提高。

余绪缨

2005 年 5 月 1 日于厦门大学

敬贤楼(9—302)

第一版前言

本书是教育部组织的面向 21 世纪经济学类、工商管理学类核心课程教材。

会计是一个经济信息系统。市场经济和现代企业越发展，会计就越重要。这不仅为世界各国经济发展所证明，也为我国改革开放、建立社会主义市场经济体制的伟大实践所证明。了解和掌握会计学的必要知识，对于高等学校工商管理类学生来说，是至关重要的。

会计学已有几百年的悠久历史，它已经积累了丰富的理论和方法，随着市场经济的迅猛发展，它的内容也日新月异。从 20 世纪 30 年代以后，基于资本市场和现代企业的需要，现代企业会计逐步形成两个分支：财务会计与管理会计。前者主要面向市场加工并传递信息；后者主要服务于企业内部的经济决策。两者虽分流但同源，它们总是分工合作地发挥作用。

财务会计与管理会计是现代企业会计的不同组成部分，是一个经济信息系统中的两个子系统，不论从理论渊源或从未来发展的大趋势看，这两个组成部分不应当割裂。何况，从工商管理学类各专业学生应掌握的会计知识来说，财务会计与管理会计两方面的知识都缺一不可。为此，我们把财务会计与管理会计统一起来，组成本书——《会计学》的完整内容。

21 世纪的经济将是全球经济。全球经济的媒介和沟通任何时候都离不开信息，其中包括会计信息，努力使会计信息和财务报告更加可比，甚至一致，是当前各国会计界（特别是会计准则制定机构）为之加大力度而努力的一个重要目标。会计将真正成为国际通用的商业语言，使会计的理论、方法和技术打破国与国的界限，为全人类所共享。

考虑会计和会计学的发展趋势与未来前景,本书在安排章节体系和全书内容时,既立足中国,又放眼世界,既注意联系当前实际,更关注 21 世纪会计学科发展的前沿。

本书由葛家澍、余绪缨任主编;陈汉文、林涛为副主编。在副主编的协助下,主编负责全书的统纂、修改和定稿。

参加本书编写的同志分工如下:

第一章 葛家澍 杜兴强 李文

第二、二十章,二十一章第二节 胡玉明

第三、四、五、六章 杜兴强 李文

第七、八、九、十章 陈汉文

第十一章 葛家澍 余佳霖

第十二、十七章,二十一章第一、三、四节 余绪缨

第十三、十四、十五、十六、十八、十九章 林涛

本书会有不妥或疏忽之处,甚至有错误,衷心欢迎读者提出宝贵的意见。

葛家澍、余绪缨
1999 年 12 月

目　录

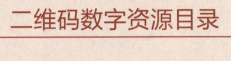

二维码数字资源目录

导论(下册)

学习目标

1. 掌握管理会计的概念。
2. 掌握管理会计学科发展各个阶段的特点。
3. 理解管理会计与财务会计、成本会计学科上的联系。
4. 理解执行性管理会计和决策性管理会计的差异。
5. 了解管理会计在企业组织结构中的地位和作用。
6. 了解管理会计师的能力要求和职业道德的基本内涵。

管理会计是将现代管理与会计融为一体,为企业的领导者和决策者提供管理信息的会计,它是企业管理信息系统的一个子系统,是决策支持系统的主要组成部分①。管理会计和财务会计同为现代会计的重要分支,它主要服务于单位(包括企业和行政事业单位)内部管理需要,通过运用管理会计工具方法,参与单位规划、决策、控制、评价活动并为之提供有用信息,推动单位实现战略规划②。

一、管理会计学科的形成与发展

从学科发展的角度看,成本会计是管理会计的前身③,在 20 世纪初形成的标准成本会计通常被视作成本会计向管理会计过渡的中间环节④。在百年的历史中,管理会计学科的发展大致可以划分为如下三个重要的阶段⑤:

---

① 余绪缨、汪一凡(2009)。

② 《管理会计应用指引——基本指引》。

③ 余绪缨.会计学[M].2版.高等教育出版社,2006.

④ 在管理会计的发展过程中经常出现理论与实践不同步,实践超前于理论发展的情况。19 世纪初期或更早,欧美国家出现了一大批跨地域经营、多步骤生产的企业,如纺织厂、铁路、兵工厂等,它们已经开始基于提高经营效率、衡量绩效、实施激励的目的提供各种特定的信息。也是基于该认识,以卡普兰教授为代表的部分管理会计学家认为管理会计的历史要早得多,他们甚至认为"实际上到 1925 年,所有(重要的)管理会计实践已经得到了发展"。具体内容可参见 H.Thomas Johnson、Robert S.Kaplan(1987)。

⑤ 对于管理会计的发展有三阶段说,也有四阶段说,具体可参见胡玉明.管理会计研究[M].机械工业出版社,2008.

（一）执行性管理会计发展阶段(20 世纪 50 年代之前)

20 世纪初兴起的科学管理运动直接影响了管理会计的早期发展。当时的美国经济高速发展,企业规模迅速扩大,但由于管理混乱、劳资关系紧张,导致生产效率低下。美国工程师弗雷德里克·W. 泰勒认为造成这种状况的核心原因是工人缺乏科学工作定额的引导,需要把科学知识和科学研究系统运用到管理实践中。1898—1901 年,泰勒在伯利恒钢铁公司精心挑选和培训工人进行实验,系统研究工人的生产过程和工作环境,制定出严格的规章制度和合理的日工作量,要求将劳动力和原材料的消耗控制在最低限度内,同时采用差别计件工资调动工人的积极性,实行管理的例外原则。实验大获成功。泰勒创建了科学管理理论体系,即"泰勒制"。虽然泰勒制的初衷并不在于控制财务成本,但其精细化、标准化、数量化的思想内核却间接促进了企业制造成本管理系统的改进。在泰勒之后,P. 郎曼、H. 艾默森、G.C. 哈里森等人逐步展开对成本标准的研究,并利用标准进行成本控制。在工程师、管理学家和会计师的共同努力下,标准成本系统逐步成熟。正所谓没有衡量就没有管理,到 20 世纪 20 年代,标准成本体系已经十分普及并对科学管理运动起到了积极的推进作用。

1921 年,美国国会颁布《预算与会计法》,从制度层面上推动了预算控制在企业中的应用。此前的 1920 年,J.O. 麦金西在芝加哥大学率先开设"管理会计"讲座并于 1922 年出版了美国第一部系统论述预算控制的著作《预算控制论》(Budgetary Control);同年,H.W. 奎因斯坦出版了《管理会计:财务管理入门》(Managerial Accounting:An Introduction to Financial Management),第一次提出"管理会计"这个名称;此后,麦金西、比利斯等人陆续出版了一系列管理会计方面的论著,这标志着管理会计理论已初步形成。

美国管理会计师协会介绍

当前全球规模较大、影响力较大的两大管理会计师专业组织——英国特许管理会计师公会(CIMA)的前身英国成本会计师协会和美国管理会计师协会(IMA)的前身全美成本会计师协会(NACA)在 1919 年相继成立,进一步明确了管理会计师的社会地位,并为管理会计的理论研究和实践提供了组织保障。

英国特许管理会计师公会介绍

总的来看,这个时期属于管理会计发展的早期阶段,它以提高生产经营效率为目的,以标准成本、预算控制和差异分析为主要内容,尚不涉及企业经营的总体问题,重点着眼于执行过程的效率提升,具有局部性,因此称为执行性管理会计。执行性管理会计还只能算是管理会计的雏形,还不是现代意义上的管理会计[①],其基本特点是在企业经营的方针政策等重大问题既定的前提下,通过预算管理和标准成本系统实现生产过程的事前计算、事中控制和事后分析的紧密结合,解决内部流程执行过程中的问题,促使企业提高原材料、劳动力要素的使用效率。

（二）决策性管理会计发展阶段(20 世纪 50 年代—80 年代中期)

第二次世界大战之后,西方企业所处的经营环境发生了一系列重大变化:

(1)科学技术迅速发展并广泛应用于生产领域,生产力得到了极大的增长,甚至远远

---

① 余绪缨. 管理会计[M].辽宁人民出版社,1996.

超过了需求的增长速度。

（2）客户获取信息的渠道更为广阔，市场供需力量发生变化，从卖方市场向买方市场转变。

（3）企业规模进一步扩大，竞争环境和企业内部管理日益复杂。

因应这些变化，人们逐渐认识到"管理的重心在经营，经营的重心在决策"，提高生产效率的重要性逐步让位于经营决策的正确性，一旦决策错误，即便个别环节的效率再高也无济于事。先前致力于效率提升的执行性管理会计因其忽略了对全局性问题、内部经营与外部环境关系问题的关注，忽视了经营方针、政策等重大决策对企业可持续发展的重要意义而变得跟不上时代变化的要求，管理会计的学科开始朝着决策性管理会计方向发展。

20 世纪 60 年代前后，现代管理科学逐步取代早先的科学管理运动，为管理会计提供了新的理论基础。管理会计广泛吸收了行为科学、数量管理和系统论等方面的研究成果，多学科交叉、相互渗透，改变了传统会计只提供历史信息的旧模式，而把研究的重心放在利用信息预测前景、参与决策、规划未来、控制和评价企业经济活动等方面[1]。

管理会计在这个阶段的发展又可以以 1965 年为界再细分为两个子阶段：一是 1965 年之前，管理会计的重心在于通过信息提供和决策分析为预算和内部控制提供支持。在方法上，最重要的突破体现在对贴现技术的引入，收益贴现法逐渐取代传统的回收期法、收益率法成为资本预算的主要评价方法。美国会计学会在 1958 年的一份研究报告中指出管理会计的基本方法包括标准成本计算、预算管理、盈亏临界点分析、差量分析、变动预算、边际分析等，这些技术和方法构成了管理会计的基础方法体系[2]。二是 1965 年之后，管理会计吸收了信息经济学和委托代理理论等相关理论奠定了严密的分析性理论基础，线性和非线性回归分析、概率论和决策论等定量分析方法广泛应用于管理会计决策过程。

在决策性管理会计阶段，"决策会计"成为管理会计体系的核心，它以追求效益最大化为目的，强调在做对的事的同时兼顾把事情做对。相比执行性管理会计阶段，决策性管理会计在理论的深度和广度上都得到了极大的拓展。

（三）以价值管理为核心的新发展阶段（1985 年以后）

20 世纪 70 年代末到 80 年代，管理会计的学科发展进入反思期[3]。一则因为"传统管理会计体系所赖以存在的社会和经济环境已经发生了根本性的变化，管理会计的方法和技术已经不能适应这种变化"[4]；二则因为之前管理会计的理论研究没有能够做到从实践当中来、到实践当中去，理论研究与工作实践出现了严重的脱节，管理会计信息"既不能为产品成本定价服务，也不能协助控制运营成本；它们无法为成本管理提供有用的信息……不准确的产品成本和贫乏的过程控制"[5]，决策的相关性逐渐消失。

企业经营内外部环境的变化加快了管理会计的转变，并最终进入一个全新的发展阶段。具体说，导致管理会计发生新变化的关键因素主要包括如下四个方面：

① 李天民.论管理会计的前景[J].会计研究,1988(5).

② 胡玉明.管理会计研究[M].机械工业出版社,2008.

③ 毛付根.管理会计[M].江西人民出版社,1995.

④ H.Thomas Johnson，Robert S.Kaplan（1987）。

⑤ H.Thomas Johnson，Robert S.Kaplan（1987）。

首先,在迈克尔·波特1985年提出的价值链概念的基础上,学者们提出了新的企业观,即认为企业是一个为最终满足客户需求而设计的一系列作业的集合,是一个由此及彼、由内至外的作业链,作业链同时就是价值链,价值链上的每一个作业都要消耗一定的资源也会创造一定的价值。这种新的企业观要求管理会计的研究对象深入到作业层面,将管理会计和研究开发、设计、工程、营销、管理、财务等企业职能实现有机结合。图0-1呈现了作业链与管理会计的关系。

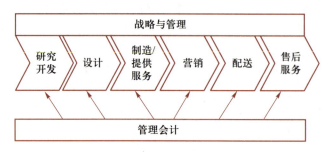

图0-1　作业链与管理会计[①]

其次,经济全球化对企业经营产生了深远的影响。冷战结束后东西方两个世界在政治、经济和社会等各个层面上逐步走向融合,横亘在世界经济活动中的非经济障碍开始逐步被扫除,国际经济交往和相互依赖程度趋向深化,全球化成为潮流。经济全球化带给企业更大发展空间的同时,也使企业经营的内外部环境更为复杂多变,影响决策的因素和信息纷繁杂乱,变化成为唯一不变的趋势,不确定性增加,企业战略的重要性凸显。企业需要制定正确、合适的战略,重视战略的统筹规划作用,在更长的时间维度上培育核心竞争力,舍弃短期利益,追求更长久的股东价值最大化。而这些都要求管理会计要以企业战略为指引,同时管理会计信息要服务于企业战略。

再次,从早期的适时生产系统、全面质量管理、弹性制造系统、计算机一体化制造,到近期的大数据、人工智能、移动互联、云计算、物联网、区块链,新技术、新方法、新体系、新思维不断被引入,提升了生产经营效率的同时也改变了企业的制造环境和管理基础。这些技术一方面大大提高了管理会计收集和处理数据的能力,但另一方面也对管理会计信息的及时性、精确性和相关性提出了更高的要求。

最后,当今社会已进入富裕阶段,消费者需求呈现个性化趋势,导致传统的以追求规模经济为目的的大规模生产逐步为更为灵活的多批次、小批量的"顾客化生产"所取代。同时,产品生命周期缩短、产品更新换代加速的趋势也对成本计算方法、决策相关信息提出了新的要求。

为了适应这些转变,管理会计工作的重点由过去的计划、控制及减少浪费扩展到通过对股东价值、客户价值、组织创新以及业绩创造动因的确认、计量和管理,并更多地强调战略性的企业价值创造[②]。1997年,美国管理会计师协会在对管理会计重新定义时,认为管

---

①　Horngren C.T., Foster G., and Datar S.M.. Cost Accounting-A Managerial Emphasis [M]. 8th edition. Prentice Hall, 1994.

②　潘飞,童卫华,文东华,程明.基于价值管理的管理会计——案例研究.清华大学出版社,2005.

理会计的目的是提供价值增值，是为企业规划设计、计量和管理财务与非财务信息的持续改进过程，并通过该过程指导管理行动、激励行为，支持和创造达到实现组织战略、战术和经营目标所必需的文化价值。

1985 年之后，一大批学者走出办公室、参与企业一线实践寻找理论的突破和创新，相继提出了作业成本、平衡计分卡、经济增加值、战略管理会计等一系列新的管理会计概念、技术和方法。这些新东西迥然不同于传统，企业却在不断运用一个被称作"价值管理（VBM）"的综合框架将它们整合在一起。这些整合着眼于：①界定和实施能为股东创造最大价值的各项战略；②实施聚焦于横跨企业业务单元、产品和客户群的价值创造活动和潜在价值动因的信息系统；③契合管理流程和价值创造；④设计反映价值创造的业绩计量和员工激励计划。① 这些成果极大地拓宽了管理会计研究的深度和广度，管理会计也因此迎来一个以价值管理为核心的新发展阶段。2014 年 11 月，英国特许管理会计师公会与美国注册会计师协会联合发布的《全球管理会计原则》中定义管理会计为"为组织的价值创造和价值保持而收集、分析、传递和使用与决策相关的财务和非财务信息"②，也就是强调管理会计要以高质量的决策为中心，将最相关的信息和信息分析放在显著的位置，并服务于价值的创造和保值目的③。

从管理会计的发展历程中，我们可以看到管理会计的理论和实务都发生了革命性的变化，从传统的、以财务为导向的决策分析和预算控制转变为强调股东价值创造的多元化动因的确认、计量以及管理的战略性方法体系④。可以预见随着时间的推移和实践的不断发展，人们对管理会计概念和体系的认识还将不断深化。

二、管理会计和财务会计的关系

弄清管理会计和财务会计的关系问题将有助于我们进一步理解管理会计概念的内涵和外延，以及管理会计工作的目标和职能定位。

（一）财务会计和管理会计的比较

如果我们将管理会计定位为服务于组织内部管理需要的会计，那么诞生之初的会计本质上就是管理会计。因为会计一开始就是作为生产职能的附带部分"以服务于经营管理为目的而产生的"⑤，只不过由于当时管理职能尚未与基本生产职能完全分开，导致会计服务于内部经营管理的特点未能引起人们的重视⑥。但随着资本市场以及企业规模、组

---

① 潘飞，童卫华，文东华，程明 . 基于价值管理的管理会计——案例研究 . 清华大学出版社，2005.

② CIMA，Global Management Accounting Principle. *Effective Management Accounting：Improving Decisions and Building Successful Organizations*［R］. 2014.

③ 沈艺峰、郭晓梅、林涛 . CIMA《全球管理会计原则》背景、内容及影响［J］. 会计研究，2015（10）：37—43.

④ International Federation of Accountants，International Management Accounting Practice Statement. *Management Accounting Concepts*［M］. International Federation of Accountants，New York，1998；*Insitute of Management Accountants*［M］. Counting More，Counting Less；*Transformations in the Management Accounting Profession*［M］.IMA Publications，Montvale，NJ，1999［转引自潘飞、童卫华、文东华、程明（2005）］.

⑤ 费文星 . 西方管理会计的产生和发展［M］. 辽宁人民出版社，1990.

⑥ 胡玉明 . 管理会计研究 . 机械工业出版社，2008.

织结构的发展,企业在经营过程中形成了诸多的利益相关集团,它们的利益取向不同,对信息的需求也不尽相同。会计作为企业最重要的信息系统,为满足多方利益集团不同的信息需求,逐渐形成了两个相互独立又相互联系的子系统:财务会计系统和管理会计系统。

投资人、债权人、税务机关、政府部门等外部利益集团远离企业的经营过程,他们主要依靠财务会计系统生成的定期财务报告了解企业的财务状况和经营成果。基于决策目的,这些外部利益集团必然要求财务会计站在"客观公正"的立场,确保财务会计信息的真实可靠、可验证性。为了做到这一点,就要求财务会计的日常核算及报表编制须遵循一定的规范和程序,即公认会计准则,要求在公认会计准则的指引下客观、合理地对企业已发生的经济事项进行确认、计量、报告。

管理会计和财务会计同源分流。与财务会计主要为企业的外部利益相关集团提高财务信息、发挥会计的社会职能不同,管理会计侧重于为内部使用者提供管理信息,发挥会计的管理职能。管理会计在执行内部管理职能时,一方面要求尽可能地利用财务会计系统提供的资料;另一方面又要根据不同的管理决策目的,结合其他财务或非财务、内部或外部资料进行数据、信息的分类收集、组合,满足多样化的管理决策需求。表 0-1 对管理会计和财务会计的主要差异做了简要的归纳。

表 0-1   财务会计和管理会计的主要差异[①]

指标	财务会计	管理会计
信息的主要使用者	企业外部利益集团:包括股东、债权人、税务机关等	企业内部利益集团:决策管理层、员工
信息用途	向组织外部利益相关者报告过去的经营业绩;为股东和债权人提供订立合同的基础;协调利益相关人利益	服务于企业决策和控制;向员工和经理传达所做的内部决策,对经营业绩进行反馈和控制
主要目的	利润核算和分配	通过提高效率和效益为企业创造价值
信息的时间维度	历史信息	历史、现在和未来信息,强调信息的未来导向
信息的空间维度	以企业整体(会计主体)信息为主	整体信息、分部信息、外部信息,具有较强的随意性
信息的性质	财务信息	有关经营过程、技术、供应商、顾客、竞争者等方面的财务、实物、市场信息
信息的计量方式	货币性计量	货币性计量与非货币性计量相结合
信息系统输出	规范性的财务报告	多样化报告
信息处理规范	公认会计准则及相关法律	无外部规定,由管理人员根据战略与经营的需求来确定必要的信息与系统
信息质量特征	客观、公正、精确,具有连续性和可验证性	及时、相关、有效,有较强的主观判断

① 引自林涛. 管理会计 [M]. 厦门大学出版社,2019.

在实践中，企业往往并没有在财务会计体系之外另建一套单独的管理会计信息披露体系，而是以财务会计提供的信息为基础，再综合其他渠道获取的财务、非财务信息通过恰当的分析方法、模型为企业经营管理者提供有针对性的决策支持信息，服务于企业经营需要。

（二）财务会计、成本会计与管理会计的内在联系[①]

成本会计既是管理会计的前身，是现代管理会计的重要组成部分，同时又是财务会计与管理会计的中介。成本会计源于工业革命时期对产品成本信息的需求，最初，对产品成本数据的计算是在账外进行的，经过较长时间的实践，逐渐从账外计算转入账内，将成本的形成、积累与结转纳入复式簿记的框架，成本会计因此正式诞生[②]。原始意义上的成本会计侧重于成本的归集、分配和产品成本的事后计算，其主要目的是为企业定期的财务报告提供相关的成本资料。也就是说，通过成本计算将企业的资源消耗在期间销售成本和期末存货成本之间进行合理分配，并将它们分别列入企业损益表和资产负债表的相关科目。在这个阶段，成本会计主要服务于财务会计的存货计价和收益确定。

随着企业生产经营的发展，成本会计逐步从单纯的成本计算向成本计算与成本管理相结合发展，并逐渐深入企业的生产经营过程，成为企业降低成本、控制成本的管理工具，最初集中表现在标准成本系统之中。标准成本系统是成本会计向管理会计过渡的分界点，成本性态分析则是管理会计学科发展的起点。因此，从管理会计的发展史来看，成本会计是管理会计的前身。

在现代企业的经营过程中，成本信息的地位和作用变得越来越重要。存货计价和收益确定、经营控制、管理决策都需要成本信息的支持，单一的成本信息难以同时满足这三种目的，这就要求实现"不同目的，不同成本"。财务会计以成本计算的结果作为存货计价和收益确定的基础；管理会计以成本信息为工具，应用多维的成本概念进行经营管理决策。从这个意义上说，成本会计又是联结财务会计和管理会计的中间介质。管理会计以优化企业价值链为目的，着眼于价值的最大化；而成本会计则着眼于成本的最小化，为管理的控制功能提供相关信息，二者相辅相成、不可偏废，二者共同组成统一的现代管理会计系统，为提高企业经营的效率和效益服务。

（三）管理会计的学科框架不同于财务会计学科

通过分析管理会计在社会经济活动中所担负的社会、经济职能及其研究对象的特殊性，可见管理会计的研究内容和学科框架也有别于财务会计。《全球管理会计原则》提出企业通过战略决策—计划—执行—反馈这一业务循环实践可持续发展，在此过程中管理会计应以企业的基业长青为目标，也就是要服务于企业的可持续发展需要，要与业务循环相结合，通过识别、创造并抓住有利机会，进行有效的战略决策、成本管理和风险管理，优化资源配置，为企业改善生产经营、提高经济效益、创造价值、实现可持续发展提供重要的、综合性信息。

---

①　胡玉明.高级成本管理会计［M］.厦门大学出版社,2002.

②　余绪缨,汪一凡.管理会计［M］.3 版.辽宁人民出版社,2009.

如前述,管理会计经历了多个阶段的发展,其研究范畴、视野、对象发生了重大的变化,但研究的主要内容没有发生质的变化,仍可以纳入如下的学科框架当中:

1. 成本管理会计

从早期的分步法、分批法成本核算,到作业成本计算、质量成本、生命周期成本等现代成本管理方法,成本管理会计已经从最初单纯的成本核算演变成为一种有效的管理工具。

2. 决策会计

决策会计就是要从战略高度出发,以价值创造为目的,对企业的经济活动进行规划、分析、评价和决策,以实现企业价值最大化。其内容一般包括变动成本计算、本量利分析、经营决策和投资决策等。

3. 执行会计

《全球管理会计原则》指出的发挥管理会计的职能要遵循的四项原则

执行会计论及的是企业战略既定条件下如何提高效率的问题,主要包括预算管理、差异分析、业绩评价等内容。即企业制定决策后需要按部门、期间进行分解,并以预算的形式落实下来;在预算的执行过程中,还要通过差异分析和业绩评价,对企业生产经营进行事前、事中、事后的控制。

成本管理会计、决策会计和执行会计构成管理会计的学科框架,每一个部分的具体内容既包括传统基础性管理会计的内容也包括管理会计在新经济环境下发展出来的新理论、新方法,它们的相互结合构成了完整的现代管理会计,共同发挥决策支持作用。

三、企业组织中的管理会计

(一) 企业组织结构中的管理会计

图 0-2 列示了管理会计在企业组织架构中的位置,说明了其承担的职责。

在现代组织结构中,财务总监(CFO)全面负责企业的财务和会计事务,其下分设财务和会计两个部门。其中,与资金筹集、运用相关的财务事务归属财务部,由财务主管或称司库(treasure)掌管;包括财务会计和管理会计在内的与会计核算及信息提供、决策支持相关的业务归属会计部,由会计主管或称主计长分管。

会计属于企业的参谋职位,并不直接参与企业的价值创造,它们通过提供决策相关信息的方式为企业的直线职位提供参谋和支持服务。财务会计和管理会计是企业会计工作的两个重点,相互关联但各有侧重。如前述,管理会计在企业管理过程中担负的职责包括成本核算与管理、预算控制和业绩计量及决策支持,侧重于满足企业内部经营决策的信息需求。

我国管理会计发展相对滞后。"为建立和完善现代企业制度,增强价值创造力……推进预算绩效管理、建立事业单位法人治理结构……要求财政部门顺应时势,大力发展管理会计",财政部于2014年发布《关于全面推进管理会计体系建设的指导意见》(财会〔2014〕27 号),要求推进管理会计理论体系建设,推进管理会计指引体系建设,推进管理会计人才队伍建设,推进面向管理会计的信息系统建设,实现会计与业务活动的有机融合,推动管

图 0-2　企业组织结构简图

理会计功能的有效发挥。

（二）管理会计师的职业化发展

在欧美发达国家中，随着对管理会计重要性认识的不断加强，管理会计已经成为一种专门化的职业。美国管理会计师协会（IMA）认为管理会计师是一种平等参与管理决策、设计规划与绩效管理系统，并利用其在财务报告与控制方面的专业技能帮助管理者制定及实施组织战略的职业[①]。

西方管理会计师的职业化发展重点体现在管理会计的专业组织、管理会计师的资格考试等方面。

1. 管理会计的国际专业组织

目前国际范围内会员最多、影响力较大的管理会计师专业机构是英国的特许管理会计师协会和美国的管理会计师协会。

英国成本会计师协会于 1919 年 3 月 8 日成立，1972 年更名为成本和管理会计师协会，1986 年再度更为现名——特许管理会计师公会（The Chartered Institute of Management Accountants，简称 CIMA）。CIMA 总部设在英国伦敦，在澳大利亚、新西兰、爱尔兰、斯里兰卡、南非、赞比亚、印度、马来西亚、新加坡、中国等国家和地区设有分支机构或联络处，拥

① 美国管理会计师协会．管理会计词典［M］．刘霄仑，等，译．经济科学出版社，2017.

有来自全球 170 多个国家和地区的数十万会员。CIMA 会员包括正式会员和非正式会员两类。其中,非正式会员除需要通过资格考试外还需要具备 3 年以上的专业工作经验;正式会员则还要符合诸如具备财务经理等高层次的专业工作经验等条件要求。在英国,取得特许管理会计师证书后就会拥有较高的社会地位,收入也较普通会计人员高得多。CIMA 除负责组织资格考试 ① 外,还十分重视管理会计的研究与实践活动,经常有计划地召集管理会计学者和工作者举办研讨会探讨管理会计的一些理论问题和实际问题。协会同时负责出版《财务管理》(Financial Management)月刊、发布《管理会计正式术语》并积极参与国际交流。2012 年,CIMA 与美国注册会计师协会(AICPA)合作,共同设立全球特许管理会计师(Chartered Global Management Accountant,简称 CGMA)证书,致力于进一步提升管理会计职业的影响力。

管理会计师协会(Institute of Management Accountants,简称 IMA)是目前美国最大的管理会计专业组织,其前身为 1919 年成立的全美成本会计师协会。IMA 总部设在美国新泽西州,在全球 150 个国家设有 350 个专业和学生分会,会员人数超过 14 万。IMA 还是 COSO 委员会的创始成员以及国际会计师联合会(IFAC)的主要成员,在管理会计、企业内部规划与控制、风险管理等领域的研究和实践方面均走在全球最前沿,对美国财务会计准则委员会(FASB)和美国证券交易委员会(SEC)等组织起着非常重要的影响作用。IMA 在 1972 年 12 月开始负责举办"管理会计资格证书"考试 ②,并出版《管理会计》月刊和《管理会计研究》季刊、发布《管理会计公告》。近年来,由于注意到会计领域内出现的一系列创新,IMA 认为单一地专注于管理会计可能会限制协会的发展,因此逐步将工作重心向财务与决策管理领域靠拢,并于 1996 年开办了注册财务师认证考试。2014 年 5 月 7 日,IMA 在上海设立了办事处。

2. 管理会计师的能力要求和职业道德规范

由于环境、技术的变化日益加快,管理会计师工作中所面临的不确定性因素增强,工作的战略高度和时间维度与往昔相比不可同日而语,这就要求管理会计师不但要注重会计、技术等"硬"技能,还必须培养战略、沟通、领导力等"软"技能 ③。作为企业内部的信息提供者,管理会计师需要与生产管理人员、销售人员、金融专家、人事经理等各阶层管理人员发生联系,为了有效地完成职责,管理会计师不但需要具备会计知识,还需要掌握经营管理中其他学科的知识,更要善于沟通并具备影响他人的领导能力。能力建设和人才队伍建设已经成为管理会计事业发展的当务之急。

1986 年,美国注册会计师协会下属的管理会计实务委员会颁布第 ID 号管理会计公告:《管理会计师共同知识体系》,对管理会计师的知识体系要求做出了明确的分类和规定,主要内容如表 0–2 所示。

① 考试科目包括管理会计、财务会计、成本会计、财务管理、管理学、公司发展战略及市场学、法律、税收、经济学、定量分析技术与信息处理技术等,考试时间长达 48 小时。

② 考试科目包括经济学、财务管理和管理学、财务会计及报告、管理报告分析与行为问题、决策分析与信息系统等,考试时间共计 16 小时。

③ 沈艺峰、郭晓梅、林涛(2015)。

表 0-2　管理会计师共同知识体系

1. 信息和决策过程知识
(1) 管理决策过程，包括重复性决策程序、非规划性决策程序、战略决策程序
(2) 内部报告，包括信息的搜集、组织、表达和传递
(3) 财务计划的编制和业绩评价，包括预测和预算的编制、分析和评价
2. 会计原则和职能知识
(1) 组织结构与管理，包括会计职能的结构和管理、内部控制、内部审计
(2) 会计概念和原则，包括会计的本质和目标、会计实务
3. 企业经营活动知识
(1) 企业的主要经营活动，包括财务和投资、项目研究和开发、生产和经营、销售和人力资源
(2) 经营环境，包括法律环境、经济环境、道德和社会环境
(3) 税务，包括税收政策、税收的结构和种类、税收计划
(4) 外部报告，包括报告准则，满足信息使用者需要
(5) 信息系统，包括系统分析和设计、数据库管理、软件应用、技术基础知识、系统分析

　　2008 年全球金融危机爆发之后，很多学者将危机的根源归结为社会道德的风险，会计的职业道德备受质疑。这要求包括管理会计师在内的会计从业人员必须更好地遵守法律、法规，建立健全职业能力、责任心、保密性和行业规范，重塑社会信心。IMA 曾于 1982 年颁布的第 IC 号管理会计公告：《管理会计师职业道德行为准则》仍是目前国际范围内较为完整的关于管理会计师职业道德的规定，其内容具体如表 0-3 所示。

表 0-3　管理会计师职业道德行为准则

1. 专业技能（competence）
(1) 不断提升自身知识和技能，保持一定水平的专业技能
(2) 依据相关的法律、法规和技术规范履行专业职责
(3) 基于相关的和可靠的信息分析，编制完整、清晰的报告与建议书
2. 保密（confidentiality）
(1) 除法律规定外，未经批准，不得泄露工作过程中所获取的机密信息
(2) 告知下属应重视工作中所获取信息的机密性，并且监督其行为以保证保守机密
(3) 禁止利用或变相利用在工作中所获取的机密信息为个人或通过第三方谋取不道德或非法利益
3. 诚实正直（integrity）
(1) 避免实际或明显的利益冲突，并对任何可能的潜在冲突的各方提出忠告
(2) 不得从事道德上有损于履行职责的活动
(3) 拒绝接受影响或可能影响其作出正确行动的任何馈赠、好处或招待
(4) 不得主动或被动地破坏企业合法的、符合道德的目标的实现
(5) 及时了解有碍于业务活动开展或工作绩效的限制与约束条件，并进行沟通
(6) 就有利和不利的信息以及职业的判断及意见进行沟通
(7) 不得从事或支持各种有损于职业的活动
4. 客观性（objectivity）
(1) 公正而客观地交流信息
(2) 充分披露相关信息，以帮助使用者正确理解报告、评论和建议

续表

5. 道德冲突的解决（resolution of ethical conflict）

(1) 遇到道德冲突问题时，应向直接主管讨论，除非其牵连在其中；如果直接主管可能有所牵连，则应提交更高一级的主管。若果提交的问题未能达成满意的解决方案，则再提交更高一级的主管

(2) 如果直接主管是首席执行官或同级别人物，应由审计委员会、执行委员会、董事会、受托人委员会或所有者等集体行使复核权。但如果上司并未牵扯在冲突中，应让直接主管知道与更高级别领导的联系。除法律规定情况外，不宜向未聘用或雇佣的机构或个人沟通此类问题

(3) 与客观公正的顾问（如 IMA 道德咨询服务机构等）秘密讨论，弄清楚有关的道德问题，可以更好地理解可能的行动方案

(4) 向律师咨询道德冲突的法律义务和权利

(5) 如果在组织内所有级别复核之后仍未解决道德冲突，那么对于重大事项而言，当事方就只有辞职并提交一份详细的备忘录给组织的一位适当的代表。之后，依据道德冲突的性质，也可告知其他方

除该公告外，国际会计师联合会（IFAC）于 1990 年 7 月发布了《职业会计人员的道德指南》，对各类会计从业人员都有普遍的适用性。

 本 章 小 结

本章重点介绍了管理会计的形成与发展、管理会计与财务会计的区别与联系、管理会计的职业发展等方面的内容。管理会计是将现代管理与会计融为一体，为企业的领导者和决策者提供管理信息的会计，它是企业管理信息系统的一个子系统，是决策支持系统的重要组成部分。在学科联系上，管理会计与财务会计同源分流，财务会计主要服务于外部利益集团决策的信息需求，履行会计的社会职能；管理会计主要服务于企业内部的管理决策，履行会计的管理职能；二者相辅相成，共同构成现代会计体系的主体。随着社会经济的不断发展，管理会计的职业化发展已经成为大趋势，这也对管理会计的发展起到了重大的推动作用。

 **重 点 词 汇**

管理会计　　　　执行性管理会计　　　决策性管理会计　　　价值管理
管理会计师职业化

 思 考 题

1. 如何定义管理会计？结合企业管理理论的发展和企业实践的深入，如何理解不同定义之间的差异？

2. 管理会计、财务会计、成本会计之间有什么样的关系？

3. 你如何理解管理会计的实践与学科发展之间的关系？

4. 执行性管理会计和决策性管理会计有何区别？

5. 什么是新的企业观？它对管理会计的发展有何影响？

6. 你认为管理会计在企业组织结构中处于什么样的地位？它对企业的经营管理的决策发挥什么样的作用？

7. 如何理解管理会计师的能力要求和职业道德对中国发展管理会计事业的重要性？

第一章 成本管理基础概念

学习目标

1. 掌握成本概念并掌握进行成本管理在企业经营管理中的意义。
2. 理解制造业企业的产品成本构成，明确生产成本和非生产成本概念的差异。
3. 掌握制造业的成本流转过程，描述产品成本的形成过程。
4. 理解成本可追溯性的含义及其对成本核算的影响。
5. 理解管理会计成本概念和财务会计成本概念的异同。
6. 以上市公司财务报表为基础说明期间费用与产品生产成本在对外财务信息披露上的差异。

导读案例

美国西南航空的低成本战略

总部设在达拉斯的美国西南航空公司（简称"西南航空"），是美国航空界的一个神话。公司于1967年成立，目前是世界上载客量第三大的航空公司，是美国通航城市最多的航空公司，更重要的是公司自1973年以来，除2020年受新冠疫情影响外的每一年都实现了盈利。

西南航空以打折航线闻名，以低成本战略赢得市场。为了避免与各大航空公司形成正面交锋，公司打破了美国航空业统一实行的、由监管部门批准的高票价规则，成立伊始就把目标瞄准在潜力巨大的低价航空市场。低价策略使西南航空飞机成为城际间快捷而舒适的"空中巴士"。

低票价以高效率和低成本为基础：

采用单一机型。公司一直选用燃油经济性最好的波音737型飞机，每架737-700型飞机都安装了翼梢小翼，全员协同努力实现油耗最小化。单一机型的好处是简化了维修、运营和培训工作，也为飞行员和乘务机组随时接机飞行提供了方便。公司许多飞行员和乘务员经常不倒班工作，飞行时间是美国联合航空公司和美国航空公司的两倍。

提高飞机利用率。西南航空每架飞机每天在空中的时间是美国同业中最长的，平均每天执行 7 个航班。时间短、班次密,即使旅客错过了一个航班也经常可以在一个小时后乘坐西南航空的下一班飞机。高频率的飞行班次不但便利了客户,而且极大地降低了公司成本。

只开设中短途的点对点航线,没有长途航线,更没有国际航线,这样就减少了经停和联程,结果是减少了航班延误和旅行时间。飞机的过站时间只有 25 分钟甚至更短,高效的运作使得乘客等行李的时间也大为缩短。

西南航空以二线机场运营起步,现在也成功开辟了一些主干机场。公司对机场的选择标准是管理得当、运作高效、起降费和候机楼费用较低,同时还可以帮助公司保持高生产率和航班准点率。

不用对号入座,没有公务舱和经济舱的区分,这样登机很快,节省了时间的同时也节约了飞机滞留机场的费用。

通过和其他航空公司之间的代码共享,提供更好的联程服务。

飞机上不提供费人费时的用餐服务。

采用塑料登机牌,用完可以再回收利用……

民航业是一个脆弱的行业,一旦发生全球性事件往往就会遭受重大冲击,如 1992 年的海湾战争、21 世纪初的"9·11"事件、2008 年的次贷危机、2020 年的新冠疫情无一例外都重创了美国航空业。截至 2019 年的数据显示,西南航空经受住了历次危机的考验,盈利水平始终高居全球航空公司前列。

资料来源:根据百度词条、美国西南航空公司的相关资料改写。

第一节　基础成本概念

生活中处处需要花钱,"生活成本"是大家耳熟能详的名词,小到日常的衣食住行,大到投入的教育经费、养老费用、医疗支出等。企业里每生产一件产品,都需要原材料、人工、固定资产折旧等各项投入,如果包括生产上下游的支出,又有研发费用、营销费用各方面的投入。计算出这些花费到底是多少,才能明白哪些地方花了冤枉钱,要降低成本;哪些地方节约了,继续努力,争取把钱用着刀刃上,这就是成本会计的雏形。

会计信息系统的主要目标是:

目标一:构建整体策略和长远规划。这包括对有形(设备)和无形资产(商标、专利和人力资源)进行新的产品开发和投资,而且通常涉及特殊目的的报告。

目标二:资源分配决策和定价决策。这通常包括向管理人员提供有关产品盈利能力、品牌类别、顾客、分销渠道等内容的内部常规报告。

目标三:企业经营活动的成本计划和成本控制。这包括提供有关收入、成本、资产、负债等各种责任领域的报告。

目标四:人员业绩的衡量与评估。这包括实际业绩与计划水平的比较。这种比较建立在财务和非财务信息的基础上。

目标五:满足外部监管,依法报告业绩。因为对外公布的财务报告是股东投资决策的依据,企业必须按照财务会计一般公认会计原则(如我国会计准则)进行报告。

上述五个目标的实现,都有赖于成本会计提供及时可靠的成本信息。成本会计是确定产品、顾客或其他成本对象成本的技术方法体系。从为使用者提供成本信息的角度看,成本管理主要涉及以下基本概念:

一、成本概念

美国会计学会(AAA)下属的"成本与标准委员会"对成本的定义是:为了达到特定目的而发生或未发生的价值牺牲,它可用货币单位加以衡量。美国管理会计师协会将成本定义为:为实现特定的管理目标而消耗的资源,成本应与资源、流程和产品/服务的数量因果关系相联系。查尔斯·T. 亨格瑞《成本与管理会计》(第16版)中对成本下的定义是:为了达到某一种特定目的而耗用或放弃的资源,成本通常用取得货物或劳务所必须付出的货币数量来衡量。中国成本协会(CCA)发布的《成本管理体系术语》标准中第2.1.2条中对成本的定义是:为过程增值和结果有效已付出或应付出的资源代价。总而言之,成本是为了得到自己所需要的有价值的东西而放弃自己所拥有的有价值的东西。

在企业的利润表中,成本是收入的扣除项,收入扣减为取得收入而付出的成本(及期间费用)后还有剩余才构成企业的期间利润。因此,成本低于收入是赚取利润的基本要求,相同条件下,成本越低意味着经营效益越显著。迈克尔·波特(1980)认为实施总成本领先战略是获取企业竞争优势的重要途径,它可以帮助企业在全部五种竞争作用力的威胁中保护企业:低成本企业可以获得高于行业平均水平的利润率,其成本优势可以使企业在剧烈的市场竞争中得到保护,更好地应对强大的买方和供应方威胁,在面临替代品竞争时获得比其他企业有利的地位。[①] 此外,低成本企业还可以基于其成本优势设计和实施战略,如凭借规模经济等方式建立进入壁垒,甚至将竞争对手挤出市场,进而实现低成本向高收益的转化。美国西南航空的低成本战略就是一个的典型成功案例。

成本有广义和狭义之分,广义的成本包括取得各种资源的代价,狭义的成本仅指生产产品所付出的代价,即产品的生产成本或制造成本。

财务会计中所需要的成本信息必须遵守会计准则的要求,而管理会计主要向企业管理当局提供用于计划、决策、控制等管理活动所需要的各种财务与非财务信息,由于不必受限于公认会计准则的要求,因而在成本的定义和使用上,具有较大的灵活性。1923年美国会计学家克拉克提出"不同目的,不同成本"的多维成本概念,强调成本的定义和内容随着服务的目标不同而不同,这一理念得到了学术界和实务界的普遍认同。比如,为了控制成本,必须有标准成本、实际成本;为了进行决策,按与决策的关系就有差别成本、机会成本、沉没成本、不可避免成本;为了进行短期经营决策,按成本性态就有变动成本和固定成本;为了分清决策权利,就有可控成本和不可控成本;为了进行战略管理,还有价值链成本。这些成本概念在本章及后续章节涉及时分别做详细介绍。

---

① 迈克尔·波特. 竞争战略[M]. 华夏出版社,1997.

二、成本对象

确定成本发生额之后,还需要将确认的成本总额分配到各个成本对象。所谓成本对象,是指任何需要对其独立进行成本计量的产品、服务、客户、合同、项目、过程或其他工作单元。例如,我们要了解执行一个从上海虹桥机场到广州白云机场的航班到底要花多少钱,那么航班就是一个成本对象;想知道地勤部门的运作成本,那么成本对象就是地勤部;想确定举办一场乘务员培训活动的耗费,那么成本对象就是培训作业;要分析为单个乘客提供服务的成本,那么成本对象就是乘客;等等。

作业是一种特别类型的成本对象。作业是指具有特定目的的工作单位(如一项交易或一个事件),是描述企业经营过程的基本单位。作业贯穿企业生产经营的全过程,从产品设计、原材料采购、生产加工、产品检验直至产品的发运销售,在这一过程中,每个环节、每道工序都可以视为一项作业。在现代管理决策过程中,作业日益成为重要的成本对象,在向其他成本对象分配成本中扮演着重要的角色。

三、成本归集与成本分配

企业可被视作一条由许多战略性相关活动组成的价值链,设计、生产、经销、交货这一经营流程及辅助作业即是价值的形成过程,也是成本的累积和流转过程,每一种活动都对企业的相对成本地位有所贡献。[1]

在各种行业当中,制造业企业的成本流转和分配最具代表性。制造业企业的产品成本核算就是成本的归集和分配过程,其主要成本包括料、工、费三项,即直接材料、直接人工和间接制造费用。图1–1列示了制造业企业的产品成本流转过程。

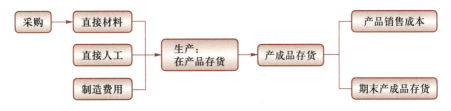

图1–1 制造业企业产品成本流转

在生产流程中,外购的原材料被一次性或分次投入生产,采购成本随着原材料实物的转移逐步转移到在产品存货。除原材料外,生产过程还需要消耗直接人工劳动和机器、能源等,对应的直接人工成本和制造费用也逐步向在产品存货转移。在产品完工后,在产品存货转变为产成品存货,生产流程中归集地在产品成本按照一定的标准向产成品存货分配,构成产成品存货成本。对外销售产品时,已实现销售的产成品所累积的成本随着产品销售而结转入当期的产品销售成本,期末的产成品存货成本反映的是尚未实现销售的产成品的存货成本。

---

[1] 迈克尔·波特.竞争优势[M].华夏出版社,1997.

可见,产品成本包括料、工、费三大项,成本核算的基本思路是首先将成本项目分为直接成本和间接成本,分类归集成本,然后按照"直接成本直接计入成本对象,间接成本分配计入成本对象"的原则,计算成本对象的成本。也就是说,一旦选择了成本对象,其成本核算就是将直接材料和直接人工按成本对象进行归集,将制造费用(间接成本)先分门别类地归集,然后再按一定标准分配计入成本对象上去。简而言之,成本核算就是成本归集和成本分配。图 1-2 以某自行车装配厂为例说明成本核算的基本思路。

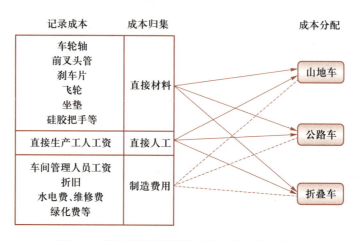

图 1-2   某自行车装配厂的成本归集与成本分配
(实线表示直接计入成本对象,虚线表示分配计入成本对象)

图 1-2 中,成本对象包括山地车、公路车和折叠车三种。成本有两类,一类是直接成本,包括车轮轴、刹车片、飞轮等"直接材料"和"直接人工"(直接生产工人的工资),这些成本可以直接归集到成本对象;另一类是间接成本,包括装配车间的折旧费、水电费、车间主任和保安等的工资福利费、业务活动费等,这些间接费用(制造费用)可以直接归集在车间的"制造费用"中,也可以按照折旧费、业务活动费等分门别类地加以归集,然后按一定的标准分配到不同成本对象,最终计算出这三种产品的成本。

成本归集是通过一定的会计制度有组织地进行成本数据的确认和记录的过程。成本会计需要审核原始凭证编制记账凭证,以追踪所发生的成本。一旦成本经过归集和计量,它们就要被分配到成本对象中去。

成本分配是通过成本和成本对象的因果关系向成本对象分配成本。通常以两种方式进行:动因分配法和主观分配法。动因分配法是利用成本和成本对象之间的动因关系向成本对象分配成本,本书第三章节介绍的作业成本法就是利用动因关系分配成本。主观分配法是在分配一些间接成本时,当成本与成本对象不存在因果关系,或追溯在经济上不可行时,采用主观判断将间接成本分配到成本对象,这种主观判断往往建立在简便基础或合理假设基础上。例如,将一个同时生产三种自行车产品的车间的照明用电费和车间主任的工资分配到各产品成本中,由于很难看出任何因果关系,只能根据主观判断。通常采用的方法是:在劳动密集型生产条件下,可按照每种产品所用的直接人工小时的比例来分配;在生产机械化水平较高的情况下,可按所用机器小时的比例进行分配,这是较为简便的方法。实际上,随意向成本对象分配间接成本降低了成本分配的正确性,但有时是不得已而为之。如为了满足外部报告的要求必须向产品分配间接成本,但如果将此结果服务于管理目的,可能会导致管理者做出错误的判断和决策。图1-3说明了成本分配的方法。

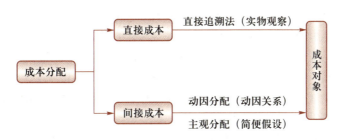

图1-3　成本分配的方法

可见,成本计算的方法并不唯一,企业可以结合实际情况选择最切合自身需求的核算方法,同时,在成本计算过程中总是会涉及大量的人为假设和主观判断,综合影响的结果就是成本计算的结果也不唯一,关注的重点在于选择的方法是否具备合理性和逻辑性。有关成本计算内容的详细介绍可参见本书第二、第三章。

四、成本动因

成本动因(cost driver)是任何能影响成本的因素,也就是说,成本动因的变化会导致某一成本对象的成本变动。例如,车间的电力成本受机器小时的影响,所以机器小时便是成本动因。表1-1列举了价值链各组成部分可能的成本动因。正确地识别和分析成本动因为成本的正确计算和有效控制提供了基础。

表1-1　价值链各组成部分可能的成本动因

价值链	成本动因举例	价值链	成本动因举例
研究与开发	研究对象的技术复杂性 研究过程中所消耗的工时 研究种类	营销	广告次数 销售数量 销售金额
设计	设计的时间 需设计的产品的数量	销售	配送产品的数量 配送对象的数量 拜访客户次数
生产	生产时间 机器小时 直接人工成本 设备调试次数 设备调整时间	售后服务	服务次数 维护、检修产品的数量

五、生产成本与期间费用

在成本核算过程中需要严格区分生产成本和期间费用。

(一) 生产成本

生产成本在制造业企业中称为制造成本或产品成本,是指与生产的产品或提供的服务有着直接联系的成本,包括直接材料、直接人工和制造费用。直接材料是在生产过程中消耗的、成为完工产品实体的一部分,并可以方便地追溯到成本对象中的材料,如前述自行车厂生产自行车用的钢材、飞轮轴等。直接人工是指直接制造产品的人员的工资、奖金和福利费,如生产自行车的现场生产工人工资。制造费用是指制造过程中车间所发生的所有其他的间接成本,包括间接材料、间接人工和其他制造费用。

间接材料是指在生产过程中需要但并不成为完工产品实体一部分的材料成本,如自行车生产车间用的钻头成本。间接人工是指不参与直接生产,但所提供的服务是生产过程所必需的人工成本,如自行车装配车间主任、保管员和保安人员的工资、福利费等。其他制造费用是指间接材料、间接人工以外的制造费用,如厂房和设备的折旧费、保险费、财产税以及辅助生产部门的服务成本等。辅助生产部门是那些不直接生产产品,但为制造车间提供服务的部门,如供电车间、机修车间等。

在制造成本的三个组成项目中,直接材料与直接人工的合计数称为主要成本;直接人工与制造费用的合计数称为加工成本。在劳动密集型的企业中,原料和人工为主要成本,在资本技术密集型的企业中,生产自动化导致制造费用在生产成本中所占比重大大提高。

(二) 期间费用

期间费用是发生在企业中除生产成本以外其他支出,主要包括销售费用、管理费用、研究开发费和财务费用等。

销售费用是指销售产品、自制半成品和提供劳务过程中所发生的费用,包括市场调查、广告、销售人员的差旅费,促销成本,储存、处理及装运货物的费用以及与订单相联系的记录费用,为销售本企业商品而专设的销售机构的职工工资及福利费等。商品流通企业在购买商品过程中所发生的进货费用也包括在内。

管理费用是为管理和组织整个企业经营活动所发生的各项费用,包括高级管理人员的工资、法律顾问费、董事会费、业务招待费、职工教育经费等。

研究和开发成本是与开发和改进产品或生产方法所做的努力相关联的成本。在全球竞争加剧,产品、技术更新换代日新月异的形势下,企业要在研究开发上投入大量资金,以提高企业的竞争能力。企业科研部门的研究成本、新产品的设计成本都属于研究和开发成本。按照会计准则的要求,除了符合《企业会计准则第6号——无形资产》规定的研发成本资本化外,其他研发成本都列入期间费用的范畴。

财务费用是指企业为筹集生产经营所需资金等发生的费用。它包括应当作为期间费用的利息支出(减利息损失)、汇兑损失(减汇兑收益)以及相关的手续费用。

(三) 生产成本和期间费用的比较

总的来说,生产成本与期间费用之间存在如下三点差异:

(1) 内涵不同,即与产品生产的关系不同。生产成本包括料、工、费三类,可以对象化归集到特定的产品,并随产品的实物流动而流动。非生产成本属于费用性质,其发生与否、发生额多少与产品生产之间不存在直接联系,因此也就不能追踪到具体产品,原则上应全部列为当期费用冲减当期收入。

(2) 与会计期间的关系不同。料、工、费等生产成本在发生时计入在产品成本,当期完工产品的成本则转入产成品成本,未完工部分则结转下期继续生产。可见,生产成本的核算与会计期间存在明显的关联关系。而期间费用只与费用发生的会计期间相关,不会对其他会计期间的利润产生影响。

(3) 会计信息披露方式不同。生产成本对应着产品生产,其发生额随着生产活动的逐步累积并构成在产品和产成品存货价值综合反映在资产负债表中,已实现销售部分的产品成本则相应代记存货账户作为当期的产品销售成本披露在利润表中;期间费用的发生并不会形成与之对应的资产,因此直接列入当期利润表,抵减当期利润。信息披露方式的差异也从一个侧面说明生产成本和非生产成本的价值回收途径存在差异,合理区分生产成本和非生产成本对企业会计期末的财务状况和期间利润核算有着直接的影响。

表 1-2 结合不同企业类型对比了生产成本和期间费用的关系。

表 1-2　生产成本与期间费用的比较

公司类别	生产成本	期间费用	产品成本处理方法
制造型企业(同时销售产品)	直接材料 直接人工 制造费用	销售费用 管理费用 财务费用	作为产品成本处理,在产品出售以前,列于存货账户,产品出售后,转为营业成本(费用)
生产工厂(不直接销售产品)	直接材料 直接人工 制造费用		
商业流通企业	从供应商处购入商品的成本	销售费用 管理费用 财务费用	在商品尚未出售以前,视为资产(存货),出售时转列为营业成本(费用)

第二节　财务报表中的成本概念

财务会计范畴的成本概念与管理会计领域的成本概念之间存在着显著的区别。为满足对外信息披露的要求,财务报表中的成本数据必须满足会计准则和税收等法律法规的相关要求。如图 1-4 所示,在现行的财务会计体系下,生产成本和期间费用是分开报告的:已销售产品的生产成本作为产品销售成本在利润表中反映,未销售产品的生产成本与在产品成本等并入资产负债表的存货账户;销售费用和管理费用等期间费用则直接进入利润表抵减当期收入,而不进入资产负债表。

以下选取三家不同行业的上市公司,分别列示其 2019 年度利润表及资产负债表的部分相关数据,以便更为直观地说明财务报表中的成本概念,更为全面地理解和掌握成本概念。

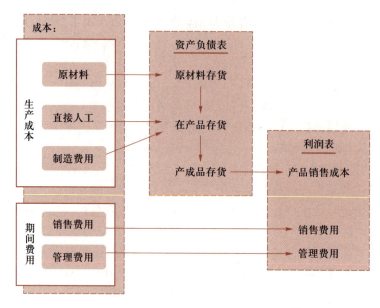

图 1-4　生产成本与期间费用的会计披露 [①]

一、利润表中的成本概念

（一）贵州茅台

贵州茅台,全称贵州茅台酒股份有限公司,是我国知名的白酒生产企业。其主导产品茅台酒与法国科涅克白兰地、苏格兰威士忌一起并称"世界三大蒸馏名酒",是我国大曲酱香型白酒的鼻祖和典型代表。公司 2001 年 8 月 27 日在上海证券交易所挂牌,证券代码 600519,长期以来一直是中国股市绩优高价股的代表,2020 年年底公司股价 1 998.00元,总市值超过 2.5 万亿元。表 1-3 为 2020 年 4 月 21 日贵州茅台披露的 2019 年合并利润表的简表。

表 1-3　2019 年度贵州茅台合并利润表　　　　　　　　单位:万元

营业总收入	8 885 434
减:营业成本	743 001
利息支出、手续费及佣金支出	14 583
税金及附加	1 273 329
销售费用	327 899
管理费用	616 798
研发费用	4 869

---

① 林涛.管理会计.厦门大学出版社,2019.

续表

财务费用	746
加:其他收益	−59
营业利润	5 904 149
加:营业外收支净额	−25 893
利润总额	5 878 256
减:所得税	1 481 256
税后利润	4 397 000
其中:归属母公司股东的净利润	4 120 647
少数股东权益	276 353

注:① 表中数据根据《贵州茅台酒股份有限公司 2019 年年度报告》整理而得。

② 2019 年公司实现主营酒业收入 8 534 457 万元,另有 8 500 万元的酒店营业收入及下属贵州茅台集团财务有限公司实现的利息收入 342 447 万元。

③ 此处的利息支出为贵州茅台集团财务有限公司财务公司因对外吸收存款及开展业务而支付的利息、手续费及佣金。

　　2019 年,贵州茅台实现营业总收入 888.54 亿元,较上年增加 15.10%;营业成本 74.30 亿元,较上年增加 13.92%。其中,酒类产品销售 6.46 万吨,销售收入 853.44 亿元,产品销售成本 73.65 亿元;此外,茅台国际大酒店等实现业务收入 8 500 万元,对应营业成本 6 520 万元。茅台集团财务有限公司实现利息收入 34.24 亿元。酒类产品产销是贵州茅台的核心业务,表 1-4 简要分析了公司的酒类产品的成本构成。

表 1-4　贵州茅台 2019 年成本分析表

分产品情况						
分产品	成本构成项目	本期金额（万元）	本期占总成本比例（%）	上年同期金额（万元）	上年同期占总成本比例（%）	本期金额较上年同期变动比例（%）
酒类	直接材料	428 130	58.13	388 375	60.32	10.26
	直接人工	232 468	31.57	185 740	28.86	25.16
	制造费用	52 166	7.08	49 620	7.71	5.13
	燃料及动力	23 717	3.22	20 050	3.11	18.29
	合计	736 481	100.00	643 685	100.00	14.42

资料来源:《贵州茅台酒股份有限公司 2019 年年度报告》。

　　贵州茅台的销售成本相对营业收入的占比并不高,茅台酒的毛利率达到 93.78%、系列酒为 72.20%。高的毛利率是历史沉淀的结果,也是公司核心竞争力的体现。

　　表 1-3 显示,贵州茅台 2019 年的"税金及附加"达到了 127.33 亿元,是所得税前各项费用中占比最高的,这主要是因为酒类商品属于现行消费税的征收范围。公司 2019 年计

征的消费税总额高达 99.62 亿元,附加计征的城市维护建设税 15.10 亿元、教育费附加 10.23 亿元。需要注意的是,根据我国税法的规定,增值税属于价外税,并不反映在其中。

表 1-5 和表 1-6 反映了贵州茅台 2019 年发生的销售费用和管理费用的项目构成。

表 1-5　贵州茅台 2019 年销售费用明细表　　　　　单位:元

项目	本期发生额	上期发生额
广告宣传及市场拓展费用	2 674 537 776.30	1 966 772 022.93
运输费用及运输保险费用	249 212 420.87	216 741 446.99
营销差旅费、办公费	55 197 260.49	63 213 255.65
其他	300 043 524.60	325 350 146.59
合计	3 278 990 982.26	2 572 076 872.16

资料来源:《贵州茅台酒股份有限公司 2019 年年度报告》。

表 1-6　贵州茅台 2019 年管理费用明细表　　　　　单位:元

项目	本期发生额	上期发生额
职工薪酬费用	3 020 268 045.06	2 658 633 947.75
商标许可使用费	1 108 858 073.75	952 843 197.73
固定资产折旧费用	354 547 118.97	342 160 218.08
环境整治费	140 079 202.93	124 483 180.53
公司经费	77 064 129.95	121 717 988.59
无形资产摊销	83 262 106.36	80 431 667.22
财产保险	63 645 087.32	57 869 261.84
原料基地费	107 318 326.54	36 382 882.95
房屋租赁费	26 495 895.72	25 708 215.70
业务招待费	13 928 608.62	9 716 172.89
中介机构费用	16 347 157.62	13 648 889.68
土地使用租金	4 307 703.76	4 307 704.75
董事会费用	4 170 392.58	3 849 716.79
综合服务费	286 505.24	1 020 191.03
其他	1 147 404 489.80	893 167 526.71
合计	6 167 982 844.22	5 325 940 762.24

资料来源:《贵州茅台酒股份有限公司 2019 年年度报告》。

可见,企业销售费用和管理费用的具体构成项目繁杂,且除折旧与摊销外多是在发生的当期进入利润表,列作当期开支抵减当期收入。

(二) 苏宁易购

苏宁易购,前身为 1996 年在南京注册成立的江苏苏宁交家电有限公司,伴随着企业发展几度更名,2018 年经年度第二次临时股东大会批准更为现名苏宁易购集团股份有限公司,简称苏宁易购。公司发行的 A 股于 2004 年 7 月 21 日在深交所中小板上市交易,股票代码 002024.SZ。

苏宁易购主要从事商品零售及物流业务,2019 年 9 月完成对家乐福中国 80% 股份收购后,现有苏宁易购广场、家电 3C 家居生活专业店、苏宁易购直营店、家乐福超市、苏鲜生超市、红孩子母婴店等系列共计 3 600 家门店、总营业面积超过 800 万平方米。2020 年 4 月 18 日,公司对外披露了 2019 年年度报告。表 1-7 为公司 2019 年利润表简表。

表 1-7　2019 年度苏宁易购利润表简表[①]　　单位:百万元

营业收入	269 228
减:营业成本	230 117
税金及附加	1 061
销售费用	33 532
管理费用	4 945
研发费用	3 267
财务费用净额	2 237
加:投资收益	21 791
其他损益[②]	−1 188
营业利润	14 672
加:营业外收支净额	−77
利润总额	14 595
减:所得税费用	−5 275
净利润	9 320
其中:归属母公司所有者的净利润	9 843
少数股东权益	−523

注:① 表中数据根据《苏宁易购集团股份有限公司 2019 年年度报告》整理而得。
② 包括信用减值损失、资产减值损失、资产处置亏损、其他收益等项目。

2019 年,苏宁易购实现的营业总收入达到 2 692.28 亿元,其中零售业收入 2 536.56 亿元,占 94.22%。作为一家零售企业,苏宁易购并不直接从事产品的加工生产,其营业成本的主体就是所销售商品的外购成本,而购入未销售的商品成本则反映为会计期末资产负债表的"存货"账户的期末余额。表 1-8 列示了苏宁易购 2019 年主要产品类别、主要地区零售业的营业收入、营业成本及毛利率数据。

表 1-8   苏宁易购 2019 年占营业收入 10% 的行业、产品或地区情况表

	营业收入（百万元）	营业成本（百万元）	毛利率（%）
分行业			
零售业	253 655	222 081	12.4
分产品			
通信产品	62 013	59 272	4.42
日用百货	45 570	37 477	17.76
小家电产品	43 824	36 417	16.90
冰箱、洗衣机	27 879	22 841	18.07
分地区			
华东一区	81 783	67 251	17.77
华东二区	42 592	39 015	8.40
华北地区	37 376	34 387	8.00
华南地区	30 505	27 967	8.32

2019 年苏宁易购高达 335.32 亿元的销售费用主要包括与销售及卖场有关的各项成本，如人员薪酬福利（83.03 亿元）、租赁费（69.66 亿元）、广告及市场推广费用（63.34 亿元）、运输费（35.43 亿元）、仓储费（11.60 亿元）、固定资产折旧（10.44 亿元）及能源费、社会保险费、差旅费等；49.45 亿元的管理费用反映了公司的行政管理部门当年为组织和管理生产经营而发生的各项费用，具体包括相关人员的工资福利、无形资产摊销、办公费用等。

（三）中国国航

中国国际航空有限公司，简称中国国航，是中国三大航空集团之一，从事国际、国内定期和不定期航空客、货、邮和行李运输等，其中又以航空客运为主营业务。公司股票目前在上海、香港、伦敦三地同时上市，其在沪市 A 股代码为 601111.SH。2020 年 4 月 1 日，中国国航披露了 2019 年年度报告。表 1-9 为该公司 2019 年利润表简表。

表 1-9   2019 年度中国国航利润表   单位：百万元

营业收入	136 180
减：营业成本	113 246
税金及附加	273
销售费用	6 637
管理费用	4 445
研发费用	491
财务费用	6 169
加：其他收益、投资收益等	4 259
营业利润	9 178

续表

加:营业外收支净额	−74
利润总额	9 104
减:所得税费用	1 852
净利润	7 252
其中:归属母公司股东的净利润	6 409
少数股东损益	843

注:表中数据由《中国国际航空股份有限公司2019年年度报告》整理而得。

年报显示,中国国航在2019年拥有各型飞机699架,经营客运航线770条,投入2 877.88亿可用座位公里、109.52亿可用货运吨公里,实现客运总周转量2 331.76亿收入客公里,客座利用率81.02%。当年实现营业收入1 361.81亿元,对应营业成本1 132.46亿元,其营业成本构成如表1–10所示。

表1–10　中国国航2019年营业成本分析表

分行业	成本构成项目	2019年		2018年		金额变动比例(%)
		金额(百万元)	占比(%)	金额(百万元)	占比(%)	
航空运输业	航空油料成本	35 965	31.76	38 481	33.42	−6.54
	起降及停机费用	16 440	14.52	15 355	13.34	7.07
	折旧及租赁费	21 204	18.72	21 061	18.29	0.67
	飞机保养、维修和大修成本	6 120	5.40	6 613	5.74	−7.46
	员工薪酬成本	19 737	17.43	18 701	16.24	5.54
	航空餐饮费用	4 026	3.56	3 787	3.29	6.31
	民航发展基金	1 818	1.61	2 360	2.05	−22.99
	其他主营业务成本	6 317	5.58	6 443	5.60	−1.94
其他主业	其他业务成本	1 619	1.42	2 330	2.03	−30.53
合计		113 246	100.00	115 131	100.00	−1.64

对比可见,中国国航的营业成本的构成、性质与贵州茅台、苏宁易购存在着很大的差异,这是由于其所处的行业差异、经营特点差异所导致的。而结合本章的导读案例,我们可以比照美国西南航空思考一下中国国航存在哪些可以提高收入或降低成本的空间。

查阅年度报告的财务报表附注,可以看到中国国航2019年度发生的销售费用和管理费用,主要为代理业务手续费、电脑订座费、相关人员的薪酬福利费用及租赁费。

二、资产负债表中的存货成本

由于不同行业所具有的不同特点,其在资产负债表中"存货"账户中反映的经济内容也有所不同。

(一)贵州茅台

表1-11列示了贵州茅台2019年12月31日合并资产负债表流动资产部分的内容。

表1-11　贵州茅台合并资产负债表(流动资产部分)

2019年12月31日　　　　　　　　　　　　　　单位:万元

流动资产	
货币资金	1 325 182
拆出资金	11 737 781
应收票据	146 300
预付账款	154 948
其他应收款	7 564
存货	2 528 492
其他流动资产	2 090
流动资产合计	15 902 447

资料来源:《贵州茅台酒股份有限公司2019年年度报告》。

存货是贵州茅台最重要的流动资产类别,2019年年末公司账面余额达252.85亿元,占同期流动资产总额的15.89%;若剔除财务公司的拆出资金后,则占比更是高达60.69%。其构成可参见表1-12。

表1-12　贵州茅台2019年12月31日存货分类表　　　　单位:万元

项目	期末余额			期初余额		
	账面余额	跌价准备	账面价值	账面余额	跌价准备	账面价值
原材料	189 781		189 781	220 861		220 861
在产品	1 136 688	128	1 136 559	1 015 410	128	1 015 282
库存产品	139 410		139 410	153 795		153 795
自制半成品	1 062 742		1 062 742	960 757		960 757
合计	2 528 621	128	2 528 492	2 350 823	128	2 350 695

资料来源:《贵州茅台酒股份有限公司2019年年度报告》。

作为一家制造业企业,贵州茅台的核心业务就是对外购原材料进行加工的基础上生产出符合市场需求的产品,因此企业存货包括原材料、在产品、产成品等几大类。其中,原材料,是指企业从外部购入尚未投入生产的高粱等待加工原料;在产品是指在报告期尚处于酿造过程中的存货。根据茅台酒工艺,当年生产的茅台酒至少5年后才能销售。生产周期长,是造成公司在产品存货余额高企的主要原因;库存产品,即产成品,是指在报告日完成所有加工流程、按标准检验合格、待销售的存货。公司当年生产7.50万吨,销售6.46

万吨,期末库存产品 1.13 万吨;自制半成品,主要指的是茅台酒的基础酒。茅台酒是由不同年份、不同轮次、不同浓度的基础酒相互勾兑而成。为了保证公司的可持续发展,每年需要留存一定量的基础酒,这些基础酒会在未来数年后作为产品出现。价值超过 100 亿元的基础酒,23.04 万吨的半成品(含基础酒)为贵州茅台的发展提供了有力的保障。

资产负债表反映的存货价值在一定程度上受成本核算方法差异的影响。贵州茅台在年度报告的重要会计政策和会计估计中对存货的核算做了如下五项说明:

(1) 存货的分类:存货包括原材料、自制半成品、在产品、库存商品、周转材料。

(2) 发出存货的计价方法:材料核算按计划成本计价,按月结转材料成本差异,并将发出成本调整为实际成本;自制半成品、库存商品以实际成本计价,按移动加权平均法结转销售成本。

(3) 存货可变现净值的确定依据及存货跌价准备的计提方法:期末存货按成本与可变现净值孰低计价;按单个存货项目的成本高于可变现净值的差额计提存货跌价准备。

(4) 存货的盘存制度:永续盘存制。

(5) 低值易耗品和包装物的摊销方法:一次摊销法。

综合企业的财务报表及附注,对照相应的会计政策和会计估计,对企业的经营水平和财务状况可以有一个更为全面的理解和把握。

(二)苏宁易购

表 1-13 列示了苏宁易购 2019 年 12 月 31 日资产负债表流动资产部分。

表 1-13　苏宁易购集团股份有限公司资产负债表(流动资产部分)①

2019 年 12 月 31 日　　　　　　　　　　　　　　单位:百万元

流动资产	
货币资金	33 903
交易性金融资产	11 970
应收类账户②	40 943
存货	26 780
其他流动资产	7 165
流动资产合计	120 761

注:① 表中数据由《苏宁易购集团股份有限公司 2019 年年度报告》整理而得。
② 包括应收票据、应收账款、预付账款、其他应收款等应收类账户。

表 1-13 中的存货项目包括库存商品(219.99 亿元)、房地产开发产品(1.30 亿元)和安装维修用备件(0.86 亿元)等项目。其中,库存商品反映了所有向生产厂家采购、尚未销售给顾客的产品,其成本构成与制造业企业有明显的差异。值得注意的是,表内"存货"项目的金额为扣减了存货跌价损失后的净额。

(三)中国国航

下表为中国国航 2019 年 12 月 31 日资产负债表的流动资产部分。

表 1-14   中国国际航空股份有限公司资产负债表（流动资产部分）

2019 年 12 月 31 日   单位：百万元

流动资产	
货币资金	9 664
应收票据、应收账款	5 998
预付款项	479
其他应收款	3 245
存货	2 099
其他流动资产	3 332
流动资产合计	24 817

表 1-14 中显示中国国航在 2019 年年末有总值 20.99 亿元的存货，主要是航材消耗件、机上供应品、普通器材及其他。应该注意到和制造业企业、商业企业不同，这部分存货基本属于航空消耗件而非企业的可销售产品。中国国航为客户提供空中运输服务，服务在产出的同时就被消耗掉了。大多数服务业企业提供的产品（服务）不具有可储存性。如前所述，尽管 2019 年中国国航投入了 2 877.88 亿收入客公里，但实际实现的客运总周转量为 2 331.76 亿收入客公里，客座利用率仅有 81.02%。在货运方面也有同样情况。但那些空余出来的运载能力并不能像制造业企业或服务业企业一样转化为未来可供销售的产品。因此，我们也经常把服务业企业的营业成本称为经营费用，经营费用属于期间费用，在发生的当期消耗、抵减当期的营业收入。

从以上分析中，我们可以清楚地看到不同行业企业的成本费用项目、存货项目的经济内涵具有很大的差异。

━━━■ ┄┄┄┄┄┄┄┄ **本 章 小 结** ┄┄┄┄┄┄┄┄ ■━━━

本章介绍了成本、成本对象、成本的归集与分配、成本动因等基本概念，并对生产成本与期间费用的差异做了比较说明。广义的成本包括为取得各种资源所付出的代价，狭义的成本仅指产品的生产成本。明确成本对象，结合行业特点及企业经营特点进行成本归集与分配，选择恰当的成本计算方法是产品成本核算的关键。本章最后以贵州茅台、苏宁易购和中国国航三家公司 2019 年年报的利润表和资产负债表的相关数据为例说明了不同行业销售成本、存货成本的构成差异，也间接地比较了财务会计的成本概念与管理会计成本概念的差异。

━━━■ ┄┄┄┄┄┄┄┄ **重 点 词 汇** ┄┄┄┄┄┄┄┄ ■━━━

费用	成本	成本对象	生产成本	非生产成本	可追溯性
直接成本	间接成本	成本性态			

思 考 题

1. 如何理解制造业企业的成本流转过程？

2. 如何理解生产成本和非生产成本的差异？其在财务会计核算和披露上有何不同？

3. 按可追溯性区分成本对提高成本数据的准确性有何意义？

4. 制造业企业、流通业企业和服务行业企业利润表中的"营业成本"、资产负债表中的"存货"账户所反映的经济内涵有何差异？选择一家上市公司的财务报表做分析说明。

即 测 即 评

请扫描二维码,进行随堂测试。

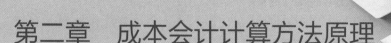

第二章 成本会计计算方法原理

学习目标

1. 理解产品成本核算的基本要求以及适用场合,并理解核算原则的基本内容。
2. 掌握产品成本核算的基本程序。
3. 掌握成本计算分批法的特点、适用场合及核算程序。
4. 理解分步法的含义、特点、适用范围及核算程序。
5. 掌握混合法的应用场合。
6. 理解废品损失的核算。

导读案例

大华石材的成本核算难题

　　2021 年新年伊始,李灵受聘大华石材机械公司会计主管,该公司主要生产切石机、石材磨机、框架锯等石材加工设备。李灵入职后了解到,公司之前规模不大、产品种类和规格型号较少,请的会计只是简单做账应付税务局等监管单位要求。随着业务规模的扩大,公司目前拥有 20 多个产品系列、100 多种规格,市场竞争激烈。老板一直困扰于真实的产品成本数据,甚至搞不清的是:什么产品能赚钱、什么不能赚钱? 什么订单能接、什么不能接? 最近公司接到一笔特殊订单,这笔订单无论是电源结构,还是材料、定制规格和质量要求都与往常的标准化石材设备不同。公司的总工程师和客户一起专门研究了图纸,并对设备电路、外形设计进行了修改,在征得客户同意之后就进行了投产。由于生产要求非常精细,大华公司在原材料零部件的购买、生产、焊接和装配过程中都非常谨慎,配置的机器和员工都是最好的。但即便这样,还是出现了问题,生产出的产品多次返工,其中一部分满足了客户要求,另一部分公司准备改制后廉价处理,但处理价格多少合理呢? 老板希望李灵拿个方案。因为正确计算产品成本是公司分析、决策和控制的基础,所以李灵面临的首要问题是尽快理顺公司的成本核算系统。

　　李灵首先向工程师了解了产品生产流程(流程图见图 2-1),然后直接到采购部门、仓库、生产车间、生产管理部、人力资源管理部、工程技术部、研发中心、质检部、

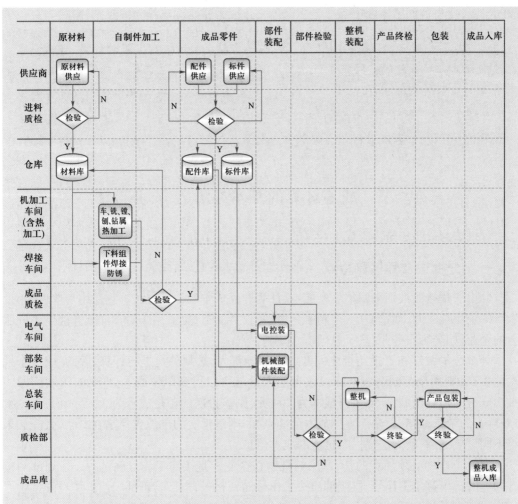

图 2-1　大华石材机械公司生产流程

资料来源:作者根据相关资料编写。

物流部等与成本资料基础数据相关的职能部门了解情况,审核并改进原有的仓库管理制度,理顺原材料采购、收料、发料流程,重点解决了原先废品废料管理混乱的问题,强化车间管理制度,制定了供应链成本会计岗位责任制度。

公司历史上一直采用平行分步法进行成本核算,但李灵认为逐步结转分步法可能会更契合公司现状,可以更好地进行成本控制。李灵审核了客户的订单后发现,公司早先的主要生产模式是大批量无差别生产,而现在出现越来越多的定制生产,对这些特殊订单,由于成本结构差异较大,可能更适宜采用分批法核算。

在对公司的制造费用归集和分配进行了进一步的调查后,李灵发现公司的制造费用在十年前是按照全厂制造费用进行分摊的,分摊的基础是人工小时。这样的分配方法看似简单但完全不符合实际情况,而且似乎分配给低端产品的制造费用比较高,分配给高端产品的制造费用比较低,这也很不合理。随后,李灵在制造费用分配方面进行了改进,采取了以车间为基础的制造费用分配方法。机加工车间、电气车间通过机器小时分配,焊接车间、部装车间和总装车间通过人工工时分摊,质检部通过检验批次进行分配。实施了一系列改变后,李灵认为,这样的方式尽管暂时解决了当下的燃眉之急,相对过去的制造费用分配有了进步,但是随着公司信息化水平的提高和老板对成本信息的重视,接下去还应该采用作业成本法等先进方法加强成本核算和成本管理。

第一节　成本计算的基本方法之一:分批法

分批法与分步法是传统成本计算的基本方法,本节介绍分批法,下一节介绍分步法。

一、分批法及其核算特点

分批法是按照批别来归集生产成本、计算产品成本的一种方法。它适用于单件、小批生产的企业和车间,如造船厂、定制家具、精密仪器制造,也适用于对不同顾客提供不同服务的企业,如美容服务业、汽车修理厂、印刷厂等。

分批法的关键在于批与批之间的成本差异较大,必须分批进行计算。每完成一个批次的生产,则用全部制造成本除以该批的产量就可以得到单位成本。例如,印刷厂印一批 200 份的婚宴请贴,全部生产成本为 700 元,则该批次的单位成本为 3.5 元 / 份;印一批 1 000 张的录取通知书,全部生产成本为 200 元,则该批次的单位成本是 0.2 元 / 张。如果将不同订单混淆,就无法提供有价值的成本信息。

实际工作中必须注意的是,产品的批别在企业中是按照工作号确定的。计划部门按合同上的订单签发工作号,供应部门按工作号储备材料,生产管理部门按工作号安排生产流程,生产车间按工作号组织生产,会计部门同样也按工作号分别汇总每件或每批产品的生产成本,并计算各工作号的成本。工作号在这里起着核心作用,所以又把按工作号汇总生产成本并计算各工作号生产成本的分批法称为订单法。在实务工作者中,客户的订单与厂内的工作号可以相同也可以不相同,一张订单可以分为几个工作号,几张相同的订单也可以合并为一个工作号,分批法是以厂内的工作号为准的。

利用分批法进行成本核算具有这样一些特点:

(1)成本计算对象是工作号所列的一件或一批产品。直接材料和直接工资都必须按工作号归集,领料单上都要标明工作号,工资汇总分配表中凡属于生产工人工资均应分清生产的工作号。制造费用应选择合适的标准分配记入本月生产的工作号中。一旦产品完工,该工作号就不能再列支任何成本了。

(2)成本计算期就是生产周期。在一般情况下,某工作号完工后才计算该工作号成本,成本计算期是从工作号开出至结束,而不按会计报告期。假如会计报告期是每个月,而某工作号的生产周期超过一个月,这时虽未能编制产品成本计算单,也要把已发生的成本列作在产品成本。

（3）一般不需要分配在产品成本。若月末某工作号已全部完工，该工作号汇集的生产成本全部作为完工产品成本；若未完工，则全部列作在产品成本。如果是小批量生产，某工作号在月末有部分完工，部分未完工，为了在月份会计报表提供已完工这部分的生产成本，才需要用简单的方法（如在产品用计划成本结转）将工作号中归集的生产成本在完工产品和月末在产品之间进行分配。

二、分批法的成本核算程序

分批法的成本核算大致包括如下步骤：

（1）在开始生产时，会计部门根据每份工作号，开设成本明细账即产品成本计算单。成本明细账可按车间、成本项目分设专栏，以便把有关这一张工作号的直接成本或间接成本全部记入。

（2）各张工作号产品所直接耗用的各种材料、成本，都要在有关的原始凭证上填明工作号及生产通知单号，以便将成本整理、归集记入各成本明细账内，间接成本要填明其用途和发生地点。

（3）月终根据各项成本的原始凭证编制材料、工资等分配表。直接成本要根据原始凭证写明工作号，据以记入有关的成本明细账内。辅助生产成本、各车间制造费用、管理部门有关的成本、费用要按原始凭证填明的发生地点、成本费用明细项目，通过材料、工资等分配表汇总记入辅助生产成本、制造费用、管理费用明细账内。

（4）分配辅助生产成本。把各工作号产品直接耗用的辅助生产产品、劳务的成本，直接记入各有关成本明细账。各车间、管理部门一般消耗的辅助生产产品、劳务的成本记入各车间的制造费用及管理费用明细账。

（5）汇集与分配各车间的制造费用和管理部门的管理费用，记入各有关的成本明细账。

分批法成本核算程序图

（6）单件、小批生产一般不单独计算废品损失。如果要计算的话，可根据废品报废凭证，计算不可修复废品成本，从各有关成本明细账的直接材料、直接工资和制造费用等成本项目中减除，转入废品损失。可修复废品的修复成本根据成本分配表记入废品损失明细表。在分批法下，废品损失一般能直接归属于各工作号，这样就可以从废品损失明细账直接转入各有关工作号的成本明细账内。

（7）当某工作号产品完工、检验合格后，应由车间填制完工通知单，将一份送会计部门，以便结算成本。已经发出完工通知单的工作号，以后不能再发生成本。剩余的半成品、材料、废料要进行盘点清理、计价，办理退库手续，供以后使用，如不能使用，则按废料价值计算，从有关成本明细账中扣除。

（8）会计部门收到车间送来的完工通知单，检查该成本明细账及有关凭证。检查无误后，把成本明细账上已归集的成本加计总数，扣除退库的材料、半成品以及废料价值，得到产成品的实际总成本，除以完工数量，就是产成品的单位成本。根据产品成本明细账和原始凭证的资料，就可编制产品成本计算表。月末未完工订单的成本明细账所归集的成本就是在产品成本。

分批法成本核算程序大致可以表示为图 2-2。

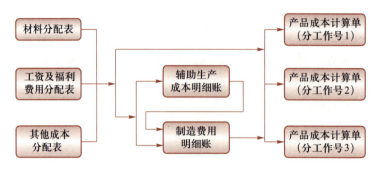

图 2-2 分批法成本核算程序

三、分批法例解

根据制造费用是否累计,分批法成本核算上会有所差异,以下分别举例说明。

(一)制造费用当期分配理解

[例 2-1] 联泰机器厂生产各种定制的专用设备,产品规格不一,有的是单件生产,有的是小批量生产。由于该厂生产工艺过程和生产组织的特点,要求按分批法核算产品生产成本。该厂设有锻铆、金工、装配三个基本生产车间(辅助生产车间从略)。产品成本明细账按订单(订单即为工作号)设置,直接将成本汇总并计算各订单产品的成本。

该厂设下列成本费用明细账

(1)成本明细账:2021 年 8 月有 3 张订单同时生产。其中,610# 订单是 8 份开工的,生产运输机 20 台,当月完工;620# 订单是 7 月开工的,生产搅拌机 3 台,当月没有完工;630# 订单是 5 月开工的,生产精密冲压机 5 台,当月完工 2 台,其余未完工。因此开设 610#、620#、630# 订单成本明细账。

(2)制造费用明细账是按锻铆、金工、装配等车间设置的,制造费用按实际工时的比例在各订单产品之间进行分配。

该厂设有原材料、工资、制造费用等成本项目,成本是按月汇总的,但产品成本则在订单产品全部完工后,才进行结算。

各车间各订单产品实际工时见表 2-1,该厂 2021 年编制材料分配表和工资及福利费用分配表,如表 2-2、表 2-3 所示。

表 2-1 各车间各订单产品实际工时 单位:工时

订单	锻铆车间	金工车间	装配车间
610#	3 000	6 250	1 650
620#	—	1 500	60
630#	—	1 600	190
合计	3 000	9 350	1 900

表 2-2　材料分配表

2021 年 8 月　　　　　　　　　　　　　　　单位:元

应借账户		锻铆车间	金工车间	装配车间	管理部门	合计
生产成本	610#	1 050	93 975	57 000		152 025
	620#		6 618	300		6 918
	630#		31 125	600		31 725
小计		1 050	131 718	57 900		190 668
制造费用		1 410	3 300	1 590		6 300
管理费用					1 800	1 800
合计		2 460	135 018	59 490	1 800	198 768

表 2-3　工资及福利费用分配表

2021 年 8 月　　　　　　　　　　　　　　　单位:元

应借账户		锻铆车间	金工车间	装配车间	管理部门	合计
生产成本	610#	3 600	8 750	2 640		14 990
	620#		2 100	960		3 060
	630#		2 240	304		2 544
小计		3 600	11 200	3 040		20 594
制造费用		1 200	1 500	1 800		4 500
管理费用					3 000	3 000
合计		4 800	12 700	4 840	3 000	28 094

该厂制造费用明细账见表 2-4、表 2-5、表 2-6。

表 2-4　锻铆车间制造费用明细账

2021 年 8 月　　　　　　　　　　　　　　　单位:元

日期	摘要	材料	工资	折旧费	办公费	修理费	动力费	其他	合计
8/31	有关记账凭证			8 000	300	200	250	600	9 350
8/31	材料分配表	1 410							1 410
8/31	工资及福利费用分配表		1 200						1 200
合计		1 410	1 200	8 000	300	200	250	600	11 960

表 2-5   金工车间制造费用明细账

2021 年 8 月   单位:元

日期	摘要	材料	工资	折旧费	办公费	修理费	动力费	其他	合计
8/31	有关记账凭证			21 000	1 200	2 300	450	2 400	27 350
8/31	材料分配表	3 300							3 300
8/31	工资及福利费用分配表		1 500						1 500
	合计	3 300	1 500	21 000	1 200	2 300	450	2 400	32 150

表 2-6   装配车间制造费用明细账

2021 年 8 月   单位:元

日期	摘要	材料	工资	折旧费	办公费	修理费	动力费	其他	合计
8/31	有关记账凭证			15 000	860	700	310	220	17 090
8/31	材料分配表	1 590							1 590
8/31	工资及福利费用分配表		1 800						1 800
	合计	1 590	1 800	15 000	860	700	310	220	20 480

该厂根据制造费用明细账,按生产工人工时比例进行分配,编制制造费用分配表,如表 2-7、表 2-8、表 2-9 所示。

表 2-7   锻铆车间制造费用分配表

2021 年 8 月

对方账户	生产工人工时(工时)	分配率	分配金额(元)
生产成本:610#	3 000	3.987	11 960
合计	3 000	3.987	11 960

表 2-8   金工车间制造费用分配表

2021 年 8 月

对方账户	生产工人工时(工时)	分配率	分配金额(元)
生产成本:610#	6 250		21 490.64
620#	1 500	3.438 5	5 157.75
630#	1 600		5 501.61
合计	9 350	3.438 5	32 150.00

表 2-9　装配车间制造费用分配表

2021 年 8 月

对方账户	生产工人工时(工时)	分配率	分配金额(元)
生产成本:610#	1 650		17 785.26
620#	60	10.779	646.74
630#	190		2 048.00
合计	1 900	10.779	20 480.00

根据材料分配表、工资分配表、制造费用分配表等资料,登记各工作号产品成本明细账,并计算完工产品的总成本和单位成本。各工作号的成本计算单如表 2-10、表 2-11、表 2-12 所示。

表 2-10　产品成本明细账

工作号:610#　　　　　　　　　　　　　　　　开工日期:2021 年 8 月
产品名称:运输机　　　　　　产量:20 台　完工日期:2021 年 8 月 31 日　单位:元

月份	摘要	直接材料	直接人工	制造费用	合计
8	锻铆车间	1 050	3 600	11 960.00	16 610.00
	金工车间	93 975	8 750	21 490.64	124 215.64
	装配车间	57 000	2 640	17 785.26	77 425.26
	合计	152 025	14 990	51 235.90	218 250.90

表 2-11　产品成本明细账

工作号:620#　　　　　　　　　　　　　　　　开工日期:2021 年 7 月
产品名称:搅拌机　　　　　　产量:3 台　完工日期:2021 年 8 月 31 日　单位:元

月份	摘要	直接材料	直接人工	制造费用	合计
7	已累计成本	10 700	3 800	5 400.00	19 900.00
8	金工车间	6 618	2 100	5 157.75	13 875.75
	装配车间	300	960	646.74	1 906.74
	合计	17 618	6 860	11 204.49	35 682.49

表 2-12　产品成本明细账

工作号:630#　　　　　　　　　　　　　　　　开工日期:2021 年 5 月
产品名称:精密冲压机　　　　产量:5 台　完工日期:2021 年 8 月 31 日　单位:元

月份	摘要	直接材料	直接人工	制造费用	合计
9	已累计成本	86 400	6 700	18 600	111 700.00
10	金工车间	31 125	2 240	5 501.61	38 866.61
	装配车间	600	304	2 048.00	2 952.00
	合计	118 125	9 244	26 149.61	153 518.61
	完工 2 台按计划成本转出	−49 280	−3 840	−10 880	−64 000

注:每台精密冲压机计划成本 32 000 元,其中,直接产量占 77%,直接人工占 6%,制造费用占 17%。

根据各完工订单的产品成本明细账,编制产品成本计算表,如表2-13所示。

表 2-13 产品成本计算表

2021 年 8 月 单位:元

成本项目	运输机 20 台		精密冲压机 2 台	
	总成本	单位成本	总成本	单位成本
直接材料	152 025	7 601.25	49 280	24 640
直接人工	14 990	749.50	3 840	1 920
制造费用	51 235.90	2 561.80	10 880	5 440
合计	218 250.90	10 912.55	64 000	32 000

(二)制造费用累计分配法理解

有些单件、小批生产的企业,订单多、生产周期长,实际每月完工的订单不多,为了减少核算工作量,对间接成本采用累计分配法。这种方法就是将完工订单应负担的加工成本记入其成本明细账内,对未完工订单应负担的加工成本暂时保留总数,累计起来,到下月计算累计的加工成本分配率。以制造费用为例,假定制造费用按工时进行分配,可按下列公式计算:

$$\frac{制造费用}{累计分配率} = \frac{月初结存制造费用余额 + 本月发生制造费用}{月初在产品工时数 + 本月发生工时数}$$

$$\frac{完工订单应}{负担的制造费用} = \frac{该完工订单的}{累计工时数} \times \frac{制造费用}{累计分配率}$$

累计分配法的特点是:分配间接成本时,只对当月完工的产品按累计分配率进行分配,对未完工产品留下应负担的间接成本总额,不再分配给各产品,但在各产品成本计算单中要登记本月发生的工时。由于累计分配方式只对完工产品进行分配,因此在投产订单比较多而且月末未完工订单也比较多的企业中,采用这种方式分配间接成本可以简化核算工作。

简化的成本分配方法虽可节省工作量,但也带来一个问题:在产品的间接成本不分配到各工作号产品上去,只是到某工作号产品完工时才分配,因而对各工作号产品生产成本的控制力度有所降低。此外,成本分配是按月累计数计算的,由于各月的成本水平不一致,在一定程度上影响了成本核算的准确性。

以下以简例说明累计分配法的应用:

[例 2-2] 众华公司生产供专业音乐家使用的精制民族乐器,9月生产情况如下:

(1)9月初在产品成本见表2-14。

表 2-14 月初在产品成本

单位:元

工作号	直接材料	直接人工	制造费用
101#	3 750		
102#	2 200		
103#	1 600		
合计	7 550	1 725	2 350

（2）9 月初在产品耗用累计工时见表 2-15。

表 2-15　月初在产品耗用累计工时

工作号	累计工时（小时）	工作号	累计工时（小时）
101#	1 800	103#	960
102#	590	合计	3 350

（3）9 月的生产情况，发生的工时和直接材料成本如表 2-16 所示。

表 2-16　9 月发生的工时和直接材料成本

产品名称	工作号	批量	投产日期	完工日期	工时（小时）	直接材料（元）
唢呐	101#	40 件	7 月	9 月	450	250
扬琴	102#	20 把	8 月	9 月	810	300
古筝	103#	5 台	8 月		1 640	300

（4）9 月发生的各项间接成本：直接人工 1 400 元，制造费用 2 025 元。

为了计算完工产品成本，我们先编制产品成本明细账，如表 2-17、表 2-18、表 2-19 所示。

表 2-17　产品成本明细账

工作号：101#　　　　　　　　　　　　　　　　　　　　　　　　投产日期：7 月
产品名称：唢呐　　　　　　　　　产量：40 件　　　　　　　　　完工日期：9 月

2021 年		摘要	直接材料（元）	工时（小时）	直接人工（元）	制造费用（元）	合计（元）
月	日						
8	31	累计发生	3 750	1 800			3 750
9	30	本月发生	250	450			250
		累计发生	4 000	2 250			
		累计分配率			0.50①	0.70②	
		工资和制造费用			1 125	1 575	2 700
		完工产品成本	4 000		1 125	1 575	6 700
		单件成本	100		28.125	39.375	167.50

注：①直接人工累计分配率 $= \dfrac{1\,725 + 1\,400}{3\,350 + 450 + 810 + 1\,640} = 0.5$。

②造费用累计分配率 $= \dfrac{2\,350 + 2\,025}{3\,350 + 450 + 810 + 1\,640} = 0.7$。

表 2-18　产品成本明细账

工作号:102#　　　　　　　　　　　　　　　　　　　　　投产日期:8 月

产品名称:扬琴　　　　　　　　产量:20 把　　　　　　　完工日期:9 月

2021 年		摘要	直接材料 (元)	工时 (小时)	直接人工 (元)	制造费用 (元)	合计 (元)
月	日						
8	31	累计发生	2 200	590			
9	30	本月发生	300	810			
		累计发生	2 500	1 400			
		累计分配率			0.50	0.70	
		工资和制造费用			700	980	1 680
		完工产品成本	2 500		700	980	4 180
		单价成本	125		35	49	209

表 2-19　产品成本明细账

工作号:103#　　　　　　　　　　　　　　　　　　　　　投产日期:8 月

产品名称:古筝　　　　　　　　产量:5 台　　　　　　　　完工日期:9 月

2021 年		摘要	直接材料 (元)	工时 (小时)	直接人工 (元)	制造费用 (元)	合计 (元)
月	日						
8	31	累计发生	1 600	960			
9	30	本月发生	300	1 640			
		累计发生	1 900	2 600			

第二节　成本计算的基本方法之二:分步法

一、分步法的特点

成本计算分步法是按照生产过程中各个加工步骤归集生产成本,计算各步骤半成品和最后产成品成本的一种方法,简称分步法。它适用于那些经由一系列相似步骤生产出相似产品的企业,这些企业通常连续流水式地生产大量类似产品。如电力、冶金、纺织、造纸、化工、水泥等企业以及提供同质服务和重复操作步骤的服务业。在这些类型的企业中,生产过程由一个或若干个在技术上可以间断的生产步骤组成。例如,钢铁厂可分为炼铁、炼钢、轧钢等步骤;纺织厂可分为纺纱、织布等步骤;造纸厂可分为制浆、制纸、包装等步骤;机械厂可分为铸造、加工、装配等步骤。每个生产步骤除了生产出半成品(最后一个步骤是产成品)外,还有一些加工中的在产品。其生产特点是:

(1) 加工步骤是有一定顺序的,每一步骤生产出来的半成品的形状、性质不同,有的可直接对外销售。

（2）这种连续加工式的生产通常是大批或大量生产，也就是说产品在生产线上是川流不息地往下移动的。

（3）各种产品生产的程序、生产方法都是相同的，一般没有特殊规格的产品或特定的生产方法。

与生产特点相适应，分步法成本核算上具有这样一些特点：

（1）成本计算对象：分步法是以最终完工产品和各步骤半成品为成本计算对象的，产品成本明细账要按每个加工步骤的产品品种来设置。这里所谈的步骤是指成本计算上的步骤，它与生产步骤的口径可能一致，也可能不一致。如为了简化核算，对于管理上没有必要分步计算成本的生产步骤，可以与其他生产步骤合并计算成本。另外，成本计算上的步骤与车间的概念也并不完全一致，如果所计算的步骤与车间一致时，按步骤计算成本，也就

分批法与
分步法的
异同简表

是按车间计算成本，但若某些车间管理上不要求分别计算成本，也可以把这些车间合并为一个步骤计算成本；而为了适应成本管理的需要，也可以在一个车间内分几个步骤分别计算成本。

在分步法下，对于生产过程中所发生的原材料成本、工资及其他成本，应分别加工步骤进行核算，其中属于各产品的成本，应按产品进行归集，至于每一步骤的一般成本，应先按整个步骤归集，然后按一定标准，在该步骤的各种产品间进行分配。

（2）成本计算期。分步成本计算工作是定期进行的。因为在大批大量生产的企业里，原材料连续投入，产品连续不断地往下移动，生产过程中始终有一定数量的在产品，成本计算只能在每月月底进行，所以成本计算是定期的，成本计算期与生产周期不一致，而与会计报告期一致。

（3）必须分步骤确定在产品成本。由于分步法主要适用于大量大批的复杂生产，因此产品成本计算要定期在每月月末进行。同时，因为产品往往跨月陆续完工，月末经常有在产品存在，所以，还需要把各步骤的成本，采用适当的分配方法在完工产品和在产品之间进行分配，以正确计算完工产品和在产品的成本。最后，按照一定的结转方式，计算出每种产品的产成品成本。

二、分步法的成本核算程序

在采用分步法时，由于各企业生产的具体情况和对于步骤成本管理的要求不同，以及出于简化核算工作的考虑，分步法在结转各个步骤的成本时，又可以进一步区分为逐步结转和平行结转两种方法。

（一）逐步结转分步法

逐步结转分步法在管理上要求提供半成品成本资料的情况下使用。其成本核算的程序是：首先，根据第一步骤成本计算单上的直接材料和加工成本（包括直接工资和制造费用），计算出第一步骤的半成品成本，并将其转移到第二步骤相关产品的成本计算单中；其次，将第一步骤转入的半成品成本加上第二步骤发生的直接材料和加工成本，计算出第二步骤的半成品成本，再随着半成品实物的转移，将其半成品成本从第二步骤成本计算单转

入第三步骤相关产品的成本计算单。这样,按照加工程序,逐步计算和逐步结转半成品成本,在最后一个步骤,就可以计算出产成品的成本。这种方法可用图 2-3 表示。

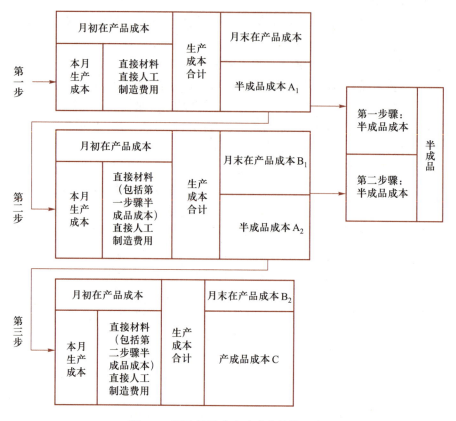

图 2-3   逐步结转分步法成本核算程序

在图 2-3 中,各步骤半成品完工后,直接为下一步骤领用,所以完工半成品成本可以在各步骤的成本计算单之间直接结转;如果各步骤完工的半成品通过半成品库收发,就要通过“自制半成品”科目核算。在验收入库时,借记“自制半成品”科目,贷记“生产成本”科目;领用自制半成品时,再做相反会计分录。“自制半成品”科目,应按照自制半成品的类别或品种设置明细账,自制半成品收发的明细核算,可以比照材料收发明细核算处理。

(二)平行结转分步法

平行结转分步法适用于大量大批、多步骤、装配式生产,且管理上不要求提供各步骤半成品成本的信息的企业。在这种方法下,各步骤不计算,也不结转半成品成本,只计算本步骤发生的成本及应由产成品成本负担的份额。月末,各步骤要从成本计算单上转销应由本月产成品负担的份额,按产品分别平行汇总,计算出产品的成本。其核算程序如图 2-4 所示。

由于管理上一般需要各步骤半成品的信息,以便进行有效的成本控制,平行结转分步法应用的场合越来越少,故本章主要介绍逐步结转分步法。

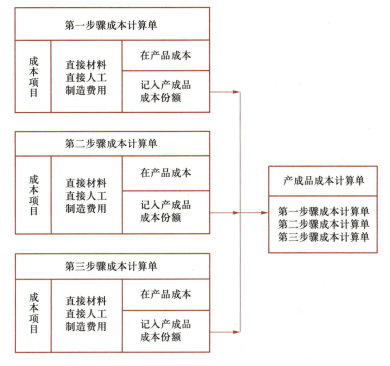

图 2-4　平行结转分步法成本核算程序

三、逐步结转分步法的具体应用

（一）逐步结转分步法成本计算的具体程序

逐步结转分步法成本计算的具体程序包括如下步骤：

1. 设置成本明细账

在连续加工式生产里，一般是按步骤来划分，并按产品（半成品或产成品）的品种或类别来设置成本明细账，以便正确计算产品成本。

2. 归集成本明细账

成本明细账要按月设置，分别成本项目登记，在成本明细账里应根据上月资料记入月初在产品成本，然后根据各成本分配表登记本月成本。对于能直接归集于各步骤各产品的材料成本，应直接记入各该产品的成本明细账，尽量减少采用比例分摊的方法，除少数确实由几种产品共同消耗的，才采用一定标准进行分配。

在逐步结转分步法下，各步骤半成品成本是随着半成品的转移而结转的。对于耗用各步骤半成品的成本，在各步骤成本计算单的反映方式有综合结转和分项结转两种方式。本章仅讨论综合结转分步法。

3. 在产品成本计算

各车间成本明细账所归集的成本要在各该步骤完工的半成品（最后步骤是产成品）和在产品之间进行分配。在产品计价通常采用约当产量法，也可以采用其他方法。按约当产量来计算在产品成本具体又有两种：即在产品成本计算的加权平均法和在产品成本计算的先进先出法，本章仅介绍加权平均法。在约当产量法下，直接材料中期末在产品的数量按投料程度折算成产成品的数量，加工成本中的期末在产品数量按加工程度折算成产成品的数量。有的企业原材料成本占总成本的绝大部分，为简化核算，在产品成本在第一步骤只负担原材料成本，以后步骤则按上一步骤的半成品成本计价；也有的企业因产品已接近完工，就与完工的半成品或产成品一样计价。

4. 半成品成本的计算

各步骤归集的成本总数，扣除在产品成本后，即为半成品成本，随着半成品交下一步骤加工（或自制半成品仓库），半成品成本也结转到下一步骤（仓库）成本明细账（或半成品明细账），并在本步骤成本明细账上转销。随着半成品逐步移转加工，半成品成本也逐步结转，逐渐累积到最后一个步骤，计算产成品成本。

5. 产成品成本计算

最后步骤所归集的成本总额，扣除期末在产品，就是产成品成本，除以产量就是单位产成品成本。

（二）逐步结转分步法应用简例

［例 2-3］　大华造纸厂设纸浆、制纸和成品三个基本生产车间，纸浆车间生产的半成品纸浆转到制纸车间作为原材料，制纸车间生产的半成品筒纸再转入成品车间裁切为复印纸，包装后验收入库。由于管理上需要按月提供纸浆和筒纸的半成品成本，采用逐步结转分步法计算最终产品复印纸的成本。

（1）各车间制造费用的相关资料汇总如表 2-20 所示。

表 2-20　制造费用汇总表

2021 年 9 月　　　　　　　　　　　　　　　单位：元

车间	工资	折旧费	修理费	水电费	其他	合计
纸浆车间	4 800	80 000	600	90 000	36 000	211 400
制纸车间	6 000	200 000	800	120 000	148 500	475 300
成品车间	3 600	60 000	1 200	70 000	9 800	144 600

（2）编制纸浆车间生产成本明细账及半成品纸浆成本计算单，如表 2-21 和表 2-22 所示。纸浆车间月初在产品纸浆 300 吨，本月投产纸浆 700 吨，完工 800 吨，月末在产品纸浆 200 吨。在产品的直接材料已一次投入，加工程度 60%。

表 2-21　纸浆车间生产成本明细账

2021 年 9 月　　　　　　　　　　　　　　　单位：元

成本项目	月初在产品成本 ①	本月生产成本 ②	月末在产品成本* ③	纸浆半成品成本 ④=①+②-③
直接材料	120 000	800 000	184 000.00	736 000.00
直接人工	8 000	35 000	5 608.70	37 391.30

续表

成本项目	月初在产品成本 ①	本月生产成本 ②	月末在产品成本* ③	纸浆半成品成本 ④=①+②-③
制造费用	90 000	211 400	39 313.04	262 086.96
合计	218 000	1 046 400	228 921.74	1 035 478.26

*：

$$\text{月末在产品直接材料成本} = \frac{120\ 000 + 800\ 000}{1\ 000} \times 200 \times 100\% = 184\ 000(元)。$$

$$\text{月末在产品直接人工成本} = \frac{8\ 000 + 35\ 000}{800 + 200 \times 60\%} \times 200 \times 60\% = 5\ 608.70(元)。$$

$$\text{月末在产品制造费用} = \frac{90\ 000 + 211\ 400}{800 + 200 \times 60\%} \times 200 \times 60\% = 39\ 313.04(元)。$$

表 2-22　纸浆半成品成本计算单

2021 年 9 月

成本项目	800 吨总成本(元)	单位成本(元 / 吨)
直接材料	736 000.00	920.00
直接人工	37 391.30	46.74
制造费用	262 086.96	327.61
合计	1 035 478.26	1 294.35

(3) 编制制纸车间生产成本明细账及半成品筒纸成本计算单如表 2-23 和表 2-24 所示。制纸车间本月领用半成品纸浆 400 吨，计 517 740(1 294.35 × 400)元，与其他材料一起列入直接材料项目，本月生产半成品筒纸 250 吨，月末在产品 50 吨，在产品已投入全部材料，加工程度 70%。

表 2-23　制纸车间生产成本明细账

2021 年 9 月　　　　　　　　　　　　　　　　　　　　　　　单位：元

成本项目	月初在产品成本 ①	本月生产成本 ②	月末在产品成本* ③	筒纸半成品成本 ④=①+②-③
直接材料	108 000	630 000	123 000	615 000
(其中:纸浆)	(12 000)	(517 740)	(88 290)	(441 450)
直接人工	3 200	11 000	1 743.86	12 456.14
制造费用	28 000	480 000	62 385.96	445 614.04
合计	139 200	1 121 000	187 129.82	1 073 070.18

*：

$$\text{月末在产品直接材料成本} = \frac{108\ 000 + 630\ 000}{250 + 50} \times 50 \times 100\% = 123\ 000(元)。$$

$$\text{月末在产品直接人工成本} = \frac{3\ 200 + 11\ 000}{250 + 50 \times 70\%} \times 50 \times 70\% = 1\ 743.86(元)。$$

$$\text{月末在产品制造费用} = \frac{28\ 000 + 480\ 000}{250 + 50 \times 70\%} \times 50 \times 70\% = 86\ 947.37(元)。$$

表 2-24　筒纸半成品成本计算单

2021 年 9 月

成本项目	250 吨总成本(元)	单位成本(元/吨)
直接材料	615 000	2 460.00
(其中:纸浆)	(441 450)	(1 765.80)
直接人工	12 456.14	49.82
制造费用	445 614.04	1 782.46
合计	1 073 070.18	4 292.28

（4）编制成品车间生产成本明细账及产成品复印纸成本计算单如表 2-25 和表 2-26 所示。成品车间本月领用半成品筒纸 200 吨,计 858 456 元(200×4 292.28),与其他材料合并列入直接材料项目。本月生产产成品复印纸 10 000 箱,月末在产品 250 箱。该厂生产的复印纸每箱由两种不同规格的纸配成,月末在产品中直接材料(包括筒纸)仅投入 40%,加工程度也是 40%。

表 2-25　成品车间生产成本明细账

2021 年 9 月　　　　　　　　　　　　　　　　　　　　　单位:元

成本项目	月初在产品成本 ①	本月生产成本 ②	月末在产品成本 * ③	产成品成本 ④=①+②-③
直接材料	40 000	982 500	10 123.76	1 012 376.24
(其中:筒纸)	(39 700)	(858 456)	(8 892.63)	(889 263.37)
直接人工	3 600	59 000	619.80	61 980.20
制造费用	6 000	112 000	1 168.32	116 831.68
合计	49 600	1 153 500	11 911.88	1 191 188.12

*:　$\dfrac{\text{月末在产品}}{\text{直接材料成本}} = \dfrac{40\,000+982\,500}{10\,000+250\times40\%}\times250\times40\% = 10\,123.76(\text{元})$。

　　$\dfrac{\text{月末在产品}}{\text{直接人工成本}} = \dfrac{3\,600+59\,000}{10\,000+250\times40\%}\times250\times40\% = 619.80(\text{元})$。

　　$\dfrac{\text{月末在产品}}{\text{制造费用}} = \dfrac{6\,000+112\,000}{10\,000+250\times40\%}\times250\times40\% = 1\,168.32(\text{元})$。

表 2-26　复印纸成本计算表

2021 年 9 月

成本项目	10 000 箱总成本(元)	单位成本(元/箱)
直接材料	1 012 376.24	101.24
直接人工	61 980.20	6.20
制造费用	116 831.68	11.68
合计	1 191 188.12	119.12

在本例中,制纸和成品车间都把领用上一车间的半成品作为本车间的材料,这样的做法在转账时较为简单,但不能提供按原始成本项目反映的核算资料,这样成本计算的步骤越多,最后一个步骤成本计算单上"半成品"项目的成本在产成品成本中占的比重越大,因而不能据以了解产品成本的结构(各成本项目的成本占全部成本的比重)情况。所以,在管理上要求提供按原始成本项目反映成本资料时,尚需逐步进行成本还原工作。

所谓成本还原,就是将产成品成本中以综合项目反映的半成品成本,逐步分解为以原始的成本项目表现的成本。这时,就要从最后一个步骤起进行成本还原,直到还原到第一个步骤。成本还原的方法,通常是按半成品中成本项目占全部成本的比重还原。采用这种方法,首先要确定各步骤完工产品的成本结构,即各成本项目占全部成本的比重;然后将产成品成本中的半成品综合成本乘以前一步骤该种半成品的各成本项目的比重,就可以把综合成本进行分解,如果成本计算不是两步,而是两步以上,那么第一项成本还原后,还会有未还原的半成品成本,这时应将未还原的半成品成本,再乘以前一步骤该种半成品的各成本项目的比重,以此类推,直到半成品成本还原为原始项目为止。现以例2-3的资料,编制成本还原计算表,见表2-27。

表 2-27　成本还原计算表

2021 年 9 月

项目	产成品成本(元)①	筒纸半成品 金额(元)②	筒纸半成品 比重(%)③	成本还原之一(元)④	纸浆半成品 金额(元)⑤	纸浆半成品 比重(%)⑥	成本还原之二(元)⑦	还原后产成品成本(元)⑧
直接材料 其中:	1 012 376.24	615 000	57.31	509 636.84	736 000	71.08	260 041.17	526 947.93
半成品	(889 263.37)	(441 450)	(41.14)	(365 842.95)				
直接人工	61 980.20	12 456.14	1.16	10 315.46	37 391.30	3.61	13 206.93	85 502.59
制造费用	116 831.68	445 614.04	41.53	369 311.07	262 086.96	25.31	92 594.85	578 737.6
合计	1 191 188.12	1 073 070.18	100.00	889 263.37	1 035 478.26	100.00	365 842.95	1 191 188.12

编表说明:①栏来自表2-26;②栏来自表2-24;③栏是根据②栏的资料,计算各成本项目占总成本的比重;④栏是将产成品中耗用筒纸半成品的金额889 263.37元乘以③栏各成本项目的比重,求得筒纸中各成本项目的金额,包括耗用纸浆半成品的金额366 189.13元;⑤栏来自表2-22;⑥栏是根据⑤栏的资料,计算各成本项目占总成本的比重;⑦栏是将筒纸耗用纸浆车间365 842.95元进行还原,即用365 842.95乘以⑥栏中各成本项目的比重;⑧栏中,直接人工成本和制造费用是将①栏、④栏、⑦栏相应项目加总求得;在⑧栏中的直接材料计算较复杂,其中,成品车间耗用直接材料1 012 376.24−889 263.37=123 112.87(元);制纸车间耗用直接材料509 636.84−365 842.95=143 793.89(元);纸浆车间耗用直接材料为260 041.17元,三者合计为526 947.93(元)。

第三节　成本计算混合法

分批成本法和分步成本法是成本核算的两种主要方法。分批法按工作号归集成本,它适用于小批、单件地生产多种不同产品或提供不同服务的企业使用;分步成本法按步骤归集成本,它适合于大批大量生产同质产品或提供同质服务的企业使用。然而,在实际工作中,并非所有的企业都是纯粹的分批生产或是分步生产。一些企业既有分批生产的特征,也有分步生产的特点。例如,服装厂可以生产昂贵的时装,也可以生产单位定购的大批量制服。有许多企业在生产产品时,投入的材料有很大的不同,但加工过程实质是相同的,在这种情况下,直接材料成本可按工作号(或订单、批别)来归集,使用分批法分配到产品;而加工成本可按步骤来归集,使用分步法分配到产品。我们把这种杂交式的成本核算方法称为成本计算混合法,其成本核算特点如图 2-5 所示。

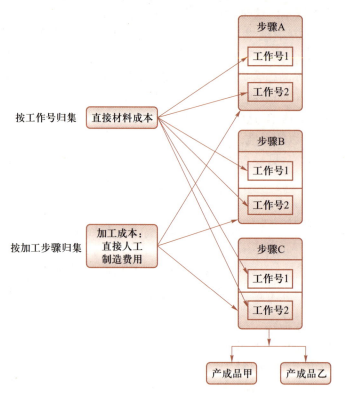

图 2-5　混合法成本核算的特点

为了说明成本计算混合法,我们以例 2-4 为例。

[例 2-4]　雅妮服装厂本月接到两笔订单,生产 101# 高级时装 20 套,生产 102# 学生服 1 000 套。这两类服装用料不同,但加工程序基本相同。高级时装最后需要进行特别成形处理,而学生服则不需要。本月没有期初、期末存货。有关资料如表 2-28 所示。

表 2-28　雅妮服装厂有关资料

项目	金额(元)	项目	金额(元)
直接材料成本		加工成本	
101#(20 套高级时装)	4 000	制板车间	14 000
102#(1 000 套学生服)	10 000	裁剪车间	10 000
		缝纫车间	15 000
		成形车间	200

每种服装的成本计算如表 2-29 所示。

表 2-29　每种服装的成本计算

单位:元

项目	101#	102#	分配率
直接材料	4 000	10 000	
加工成本:			
制板车间	274.51	13 725.49	13.73
裁剪车间	196.08	9 803.92	9.80
缝纫车间	294.12	14 705.88	14.71
成形车间	200		
总成本(元)	4 964.71	48 235.29	
单位成本(元/套)	248.24	48.24	

注:分配率是将各步骤加工成本除以总产量(1 000+20)得出的。

第四节　废品损失核算

一、废品和废品损失的基本概念

废品是指经检验在质量上不符合技术标准,不能按原定用途使用,或需在生产中经过重新加工修理后才能使用的产品。废品的产生,客观上增加了完工产品的成本,也降低了企业资源利用的效率和效果。

废品可以按不同的标准进行分类。①按废品产生的原因,可分为料废和工废两种。料废是指由于材料质量、规格、性能不符合要求而产生的废品;工废是指在产品生产过程中,由于加工工艺技术,工人操作方法、技术水平等方面的缺陷而产生的废品。分清废品是由于料废还是工废造成,有利于查明废品产生的责任。②废品按其毁损程度和在经济上是否具有修复价值,可区分为可修复废品和不可修复废品两种。所谓可修复废品是指该废品经过重新修理加工后仍可使用,而且在重新修理加工过程中所支付的费用在经济上是合算的;所谓不可修复废品是指该废品在技术上是不可修复的,或者虽能修复但在经济上是不合算的。

废品损失是指由于产生废品而发生的废品报废损失和超过合格产品正常成本的多耗损失。具体而言,不可修复废品产生的损失,是指不可修复废品已耗的实际制造成本扣除残料回收价值的净额;可修复废品产生的损失,则是指可修复废品在返修过程中所发生的各种修复费用。若废品产生后由责任人赔偿损失,赔偿额应如数冲减发生的废品损失。需要指出的是,成本会计上所讲的废品损失,一般只包括生产完工前发现废品而产生的各种直接损失。产生废品给企业带来的间接损失,如延误交货期的违约赔偿款、减少销量影响利润,或因损害企业生产技术水准的社会形象而给企业造成荣誉损失等,这种损失往往更加惨重,但由于较难估计,一般不计算在废品损失之内。企业生产完工后经检验确认为次品的产品,以其低价销售给企业带来利润减少的损失,不作为废品损失处理。如果产品入库时经检验为合格产品,但由于保管不善,包装、运输不当,发生产品破损而报废发生的各种损失,应作为产成品毁损处理,不纳入废品损失核算范围。

二、废品损失核算的凭证与账户

(一)废品损失核算常用的原始凭证

1. 废品通知单

在产品质量检验过程中,一旦发现废品,不论是在产品生产过程中发现,还是在半成品、产成品入库后发现,产品质量检验人员都应填制"废品通知单"。废品通知单格式如表 2-30 所示。废品通知单内应填明废品的名称和数量、废损部分、发生废品的原因和造成废品的责任人等。如按规定,废品由责任人负责赔偿时,还应在废品通知单中注明索赔的金额。对于在产品生产过程中发现的废品,同时还要在有关的产量和工时记录中加以记录。

表 2-30　废品通知单

车间:＿＿＿＿＿＿＿＿＿＿＿＿　　　　　　　　编号＿＿＿＿＿＿＿＿

生产小组:＿＿＿＿＿＿＿＿＿＿　　　　　　　　日期＿＿＿＿＿＿＿＿

订单号	零件		工序	计量单位	加工单价(元)	废品数量			实际工时	应负担的工资
	名称	编号				工废	料废	返修		
废品原因										
责任人			追偿废品			备注				
姓名	工种	工号	数量	单价	金额					

检验员:　　　　　　　　　　　　　　　　　生产组长:

2. 废品交库单

对于不可修复废品,废品应送交废品仓库,这时应填写"废品交库单",在单上须注明废品残料的价值。如果废品不是由于生产工人过失造成的(如料废),在采用计件工资形式下,应照付工资,在废品通知单中需注明应付数额,以便据以计算和结算工资。如果废品是由生产工人过失造成的,则不应再计工资。

废品通知单、废品交库单和可修复废品返修用料的领料单、工作通知单等都是归集、计算废品损失的依据。为了明确责任,有效地防止废品发生,从管理角度讲,还需根据废品通知单,按照废品发生的原因和责任人进行分类记录,以便车间领导及时掌握情况,采取适当措施改进工作。

(二)废品损失核算账户的设置

为了核算生产过程中发生的废品损失,可在"基本生产"账户下设置"废品损失"明细账户进行核算。借方登记不可修复废品的生产成本和可修复废品的修复费用;货方登记应从产品成本中扣除的回收废料的价值。该账户借贷双方上述内容相抵后的差额,即为企业的全部废品净损失。其中对应由过失人负担的部分,则从其贷方转入"其他应收款"账户借方,及时要求赔偿;其余废品净损失,应该全部归由本期完工的同种产品成本负担,从"废品损失"账户的货方转入"生产成本——基本生产成本"账户的借方。"废品损失"账户月末一般无余额。废品损失明细分类账户应分别不同的基本生产车间设置,账内按不同的成本计算对象开设专栏。其格式如表 2-31 所示。

表 2-31　废品损失明细账

车间:＿＿＿＿＿＿＿＿＿＿＿＿＿

20××		摘要	产品名称及废品金额			
月	日		甲产品	乙产品	丙产品	……
		可修复废品的修复成本				
		直接材料				
		直接工资				
		制造费用				
		小计				
		不可修复废品的成本				
		直接材料				
		直接工资				
		制造费用				
		小计				
		合计				
		减:废品残值				
		责任人赔偿款				
		废品净损失				

三、废品损失的确认与计量

在废品损失的确认与计量时,首先要明确正常废品和非正常废品的概念。所谓正常废品,是指在有效的经营条件下产生的废品,它是一定的生产流程中不可避免的。当废品伴随着合格品的生产而产生时,正常废品的成本被视为完工合格产品成本的一部分,正常废品率可以在总完工合格产品数量的基础上计算。而非正常废品是指在正常有效的生产条件下,不应该产生的废品,大多数非正常废品都被视为可避免和可控制的。非正常废品的成本应单独在"废品损失"项目中核算,在发生当期作为当期损失予以冲销。但也有一些公司如丰田公司,追求的目标是零缺隙,此时,所有的废品,无论正常的还是非正常的,都被认为是非正常的,按非正常废品的核算方式予以处理。

废品损失的确认和计量一般分四个步骤：

步骤1：汇总实际产量,区别正常废品和非正常废品。可按下列公式计算：

$$总废品数量 = \left(\begin{array}{c}期初在\\产品数\end{array} + 本期投入数量\right) - \left(\begin{array}{c}结转合\\格品数\end{array} + \begin{array}{c}期末在\\产品数\end{array}\right)$$

$$非正常废品数量 = 总废品数量 - 正常废品数量$$

$$= 总废品数量 - 完工合格品数量 \times 正常废品率$$

步骤2：采用与核算合格品约当产量相同的方法核算废品的约当产量。

步骤3：按成本项目分别计算约当单位成本,计算公式如下：

$$\begin{array}{c}材料成本的\\约当单位成本\end{array} = \frac{某产品直接材料成本总额}{合格品数量 + 废品约当产量 + 期末在产品约当产量}$$

$$\begin{array}{c}工资成本的\\约当单位成本\end{array} = \frac{某产品直接人工工资总额}{合格品数量 + 废品约当产量 + 期末在产品约当产量}$$

$$\begin{array}{c}制造费用的\\约当单位成本\end{array} = \frac{某产品制造费用总额}{合格品数量 + 废品约当产量 + 期末在产品约当产量}$$

步骤4：汇总并在产成品、废品和期末在产品中分配实际总成本。

以下以简例说明废品损失的确认和计量。

[例 2–5]   大华木制品厂生产一种高档装饰用木碗。直接材料在生产开始时一次性投入,产品加工成本在加工期内均匀地、连续地发生,废品只有在产品检验时才能发现。若该企业采用两种做法：一是主张零缺隙,所有的废品均视为非正常废品；二是认为正常废品率是合格品数量的10%,其余才为非正常废品。2021 年 8 月已汇总如表 2–32 所示的数据。

表 2–32   木碗生产成本数据

	数量（只）	金额（元）
期初在产品	15 000	
直接材料（投料程度 100%）		120 000
加工成本（加工程度 60%）		90 000
本月投产	85 000	
直接材料		765 000
加工成本		891 000
本月完工并结转合格品	70 000	
期末在产品	20 000	
直接材料（投料程度 100%）		
加工成本（加工程度 50%）		

为了计算废品损失成本,我们可以采取如下步骤：

步骤1：总废品数量 =（15 000+85 000）–（70 000+20 000）=10 000（只）

方法一:非正常废品数量 =10 000(只)

方法二:非正常废品数量 =10 000–70 000×10%=3 000(只)

步骤2:编制约当产量计算表,见表2-33和表2-34。

方法一:当所有的废品都视为非正常废品时:

表2-33 方法一下的约当产量计算表

	实物单位(只)	约当产量(只)	
		直接材料	加工成本
当期完工且转出合格品数量	70 000	70 000	70 000
非正常废品	10 000	10 000	10 000
期末在产品	20 000	20 000 (20 000×100%)	10 000 (20 000×50%)
应计总数	100 000	100 000	90 000

方法二:当正常废品为合格品的10%时:

表2-34 方法二下的约当产量计算表

	实物单位(只)	约当产量(只)	
		直接材料	加工成本
当期完工且转出合格品数量	70 000	70 000	70 000
正常废品	7 000	7 000	7 000
非正常废品	3 000	3 000	3 000
期末在产品	20 000	20 000	10 000
应计总数	100 000	100 000	90 000

步骤3:计算约当单位成本(方法一和方法二结果相同)。

$$材料的约当单位成本 = \frac{120\ 000+765\ 000}{70\ 000+(7\ 000+3\ 000)+20\ 000} = 8.85(元/只)$$

$$加工的约当单位成本 = \frac{90\ 000+891\ 000}{70\ 000+(7\ 000+3\ 000)+20\ 000\times50\%} = 10.9(元/只)$$

步骤4:将总成本在产成品、废品和期末在产品中分配。

方法一:

产成品总成本 1 382 500 元 $\begin{cases} 材料成本 = 8.85\times70\ 000 = 619\ 500(元) \\ 加工成本 = 10.9\times70\ 000 = 763\ 000(元) \end{cases}$

废品损失成本 197 500 元 $\begin{cases} 材料成本 = 10\ 000\times8.85 = 88\ 500(元) \\ 加工成本 = 10\ 000\times10.9 = 109\ 000(元) \end{cases}$

$$期末在产品成本\ 286\ 000\ 元 \begin{cases} 材料成本 = 8.85 \times 20\ 000 = 177\ 000(元) \\ 加工成本 = 10.9 \times 10\ 000 = 109\ 000(元) \end{cases}$$

方法二：

$$废品损失成本\ 59\ 250\ 元 \begin{cases} 材料成本 = 3\ 000 \times 8.85 = 26\ 550(元) \\ 加工成本 = 3\ 000 \times 10.9 = 32\ 700(元) \end{cases}$$

$$产成品总成本\ 1\ 520\ 750\ 元 \begin{cases} 材料成本 = 8.85 \times 77\ 000 = 681\ 450(元) \\ 加工成本 = 10.9 \times 77\ 000 = 839\ 300(元) \end{cases}$$

期末在产品不变，为 286 000 元。

四、可修复废品损失的核算

以上所讨论废品损失的核算，实际上是核算不可修复废品损失的问题。由于可修复废品与不可修复废品损失的组成内容不一样，其废品损失的归集计算方法也不同。可修复废品的损失是修复费，修复费用的归集与合格产品所耗成本的归集一样，可以根据直接材料、直接人工和制造费用分配表的分配结果进行归集计算。如果修复成本中要由责任人赔偿一部分时，则赔偿款应冲抵废品损失。有必要指出，可修复废品的归集是指当月实际发生的修复成本，它与可修复废品发现的时间无关。即凡是本月发生的修复成本，不论被修复的废品是本月发现的，还是以前月份发现的，都作为本月废品损失进行归集；同样，即使是本月发现的废品，如果未在本月进行修复，则其修复时发生的成本不能计入本月的废品损失。如果修复废品跨月进行，则各月发生的修复成本计入各月的废品损失。

本章小结

本章讨论了什么是"成本"，并讨论了"不同目的的不同成本"的内涵。无论是营利还是非营利组织都会涉及成本计算的问题。进行成本计算时首先要明确成本计算对象，然后再采用特定的成本计算思路，按照成本动因将成本分配到成本对象中去。本章介绍了成本的基本概念和分类，并以此为依据，介绍了实务中广泛应用的分批法、分步法、混合法等成本计算的方法、特点和计算思路；结合全面质量管理，还介绍了废品损失的核算。企业应根据实际情况，选择和设计符合企业自身生产经营特点和管理需要的成本计算系统。

重点词汇

成本　　成本会计　　产品成本　　期间费用　　分批法　　分步法　　废品损失

思考题

1. 如何理解"不同目的，不同成本"？
2. 什么是成本对象？请举例说明。

3. 什么是成本动因？请分别对价值链中的每个环节的成本动因举例说明。

4. 请解释间接成本分配时动因分配法和主观分配法的区别。为什么说主观分配法是不得已而为之？

5. 试述产品成本核算系统的总体框架

6. 分批法有什么特点？说明分批法的成本核算程序。

7. 分批法下制造费用当期分配和累计分配有何区别？

8. 订单和工作号有何区别？分批法是按订单还是按工作号归集和分配成本的？

9. 什么是成本还原？怎样进行成本还原？

10. 分步法有什么特点？说明逐步结转分步法的成本核算程序。

11. 什么是混合成本法？在什么场合下使用？

12. 正常废品和非正常废品的区别是什么？

13. 如何用逐步结转分步法中的加权平均法来核算合格品和废品的成本？

 即测即评

请扫描二维码，进行随堂测试。

第三章 作业成本计算与作业管理

学习目标

1. 了解传统成本计算系统所导致的成本扭曲。
2. 掌握作业成本计算系统的基本原理。
3. 了解作业的辨别、分类和成本动因的确定。
4. 了解作业管理的含义和基本原理。
5. 了解作业管理的主要方法。

导读案例

作业成本法在广博文具公司的应用 [1]

广博集团股份有限公司(以下简称"广博公司")创建于1992年,是一家集办公文具、印刷纸品等生产为一体的国家高新技术企业,是国内第一家文具A股上市企业(股票代码:002103)。广博公司的一项生产任务是为不同颜色的水笔调制墨水,墨水通过半自动机器灌入笔筒中,最后的包装和送货工作通过人工完成。该公司规定,间接费用负担率是直接人工的300%。蓝色、黑色水笔是该公司传统的低成本制造项目,二者的利润在销售额中所占的比重超过20%。该公司在5年前引进了红色水笔生产线,该生产线与传统项目的生产技术基本相同,不需要额外购买机器及雇用专业人士,但是红色水笔的售价比普通水笔高出3%。在上一年度,该公司又引进了紫色水笔,售价比普通水笔高出10%。从表面上看该公司增加的两条新生产线更加具有盈利性,但是从财务报表数据来看,该公司整体的盈利水平却在下降,以至于未达到传统生产线原有的销售回报率。

该公司的生产经理对业务进行了分析,发现是因为引进新的生产线以后增加了设备调整时间,红色水笔的生产线需要在蓝、黑两种颜色水笔停止生产后清空大桶,清除掉原来残留的黑色和蓝色墨水染料后才能进行生产。而在以前,生产黑色水笔时,由于产品的颜色比较深,不需要清理掉原先残留的蓝色墨水染料,只需要加入足够数量的黑色墨水染料将原有的底色遮住即可,调整时间很短。但是以红色为代表

① 资料来源:彭璐,张波. 作业成本管理及其应用——以广博文具公司为例[J]. 商业会计,2017(16):pp.19~22.

的浅颜色,由于对色彩质量要求较高,生产时间往往是原来的几倍之多。该问题困扰着管理层,需要引入作业成本管理概念予以解决。

广博公司运用作业成本法,经过作业调研、将资源成本按照资源动因分配到作业、确定作业成本动因、将作业费用分配到产品等多个步骤后,计算出了作业成本法下的单位产品成本,并与传统成本计算方法下的结果进行了对比,如表3-1所示。

表3-1　两种成本计算方法下的结果对比

方法	项目	蓝色水笔	黑色水笔	红色水笔	紫色水笔	总计
传统成本法	单位成本(元/支)	1.3	1.3	1.32	1.35	
	营业利润总额(元)	10 000	8 000	2 070	300	20 370
	销售回报率(%)	13.3	13.3	14.8	18.2	13.5
作业成本法	单位成本(元/支)	1.03	1.00	1.39	3.74	
	营业利润总额(元)	19 375	16 767	−3 611	−2 162	20 370
	销售回报率(%)	25.83	27.95	−25.89	−131.03	13.5

在传统成本计算方法下,蓝色、黑色水笔的销售回报率较低,红色、紫色水笔的销售回报率较高,因此,该公司加大红色、紫色水笔的投产,导致最终呈现利润下降的趋势。通过采用作业成本法核算,计算结果与初始结果大相径庭,蓝色、黑色水笔的销售回报率很高且获利状况接近,以至于远远超过传统方法计算的结果,可是红色、紫色水笔不只是低于传统方法计算的结果,还呈现亏损状态,也就是说生产得越多亏损就越多,最终导致该公司总的利润率不断下降。

从上述案例可以看出,作业成本法有助于企业加强成本管理,提高企业的经济效益、帮助企业做出最优决策。作业成本法到底是什么?又该如何运用?让我们带着这些问题,一起开始接下来的学习吧。

第一节　作业成本计算系统

一、传统成本计算系统概述

(一)传统成本计算系统中分配制造费用的基本原理

在传统的成本计算系统中,一般只把产品当作成本对象,并且只把包括直接材料、直接人工和制造费用在内的制造成本分配到产品上。对于前面两种成本,可以采用直接追踪的方法,或是可以根据材料的消耗量和人工工时等为依据,较正确地将成本分配到产品上。因为在直接材料或直接人工与产品之间,往往存在着可以从实物形态上观察的投入和产出关系。但是,对于制造费用,就很难观察到这种关系了。

在第二章所介绍的传统成本计算系统中，一般是以与产量有关的单位为基础进行制造费用的分配。主要分配基础如直接人工工时、机器工时、材料成本等。这种分配的基本假设是产品所消耗的制造费用与产量高度相关。在计算制造费用分配率时，根据费用的范围的不同，可分为全厂统一的制造费用分配率和部门制造费用分配率。

采用全厂统一的制造费用分配率时，制造费用的分配分为两个步骤：在第一步骤，先以工厂为成本对象，归集全厂发生的制造费用。实际上就是将总账上的所有制造费用加总起来，接着根据单一的分配标准，如直接人工工时，计算全厂统一的制造费用分配率，如单位工时制造费用分配率。在第二步骤，实质上是假设产品对于制造费用的消耗与其所耗用的直接人工工时成正比例，以每个产品所耗用的实际直接人工工时，乘以全厂统一的制造费用分配率计算应分配到各个产品对象上的制造费用。

当采用部门制造费用分配率时：在第一步骤，先以部门为成本对象，归集各部门所发生的制造费用，这种归集，可能采用直接追踪的方法，也可能采用分配的方法。归集完部门成本后，对不同的部门，根据其生产经营特点的不同，选择不同的分配标准，如对于劳动力密集型部门，采用直接人工工时，对于资本密集型部门采用机器工时，计算不同的部门制造费用分配率。在第二步骤，假设经过该部门生产的产品所消耗的该部门的制造费用，与其所耗用的该部门的直接人工工时或机器工时成正比例，以产品所消耗的直接人工工时或机器工时乘以部门制造费用分配率计算该产品应分摊的各个部门的制造费用，最后，将分配到产品上的各个部门制造费用加总，便取得该产品的全部制造费用成本。

（二）以产量为基础分配制造费用的不足

在生产机械化程度不高的情况下，直接人工是产品生产成本的一个重要组成部分，制造费用在产品总成本中占的比重不大，工时消耗和制造费用的多寡之间存在着较大的联系，产品生产主要是大批量的，规模和复杂程度相差不大。采用单一分配标准方法简便，所计算出来的产品成本，并没有形成产品成本的严重失实。

但是，进入20世纪后期以来，产品的制造环境发生了巨大的变化。首先是当代高新技术蓬勃发展并在生产上得到了广泛应用，出现了电子数控机床、计算机辅助生产、计算机辅助制造和弹性制造系统，其高级形式为计算机集成化制造系统。技术的变革，使产品的寿命周期大大缩短，加剧了全球性竞争，资本密集度提高，组织规模、生产技术以及管理技术、管理思想都出现了新的变革。其次，随着社会生产力的飞速增长，社会财富增加，顾客需求向着个性化、多样化方向发展，这迫使企业改变生产模式，实施顾客化生产，将传统的少品种大批量的生产模式，转变为多品种小批量的生产模式。这种转变，使成本结构发生了重大的转变。在传统生产模式下，构成产品成本的主要因素是直接材料和直接人工，而制造费用只占很小的比例。此时，采用单一的，与数量联系的分配标准分配制造费用，所可能导致的成本扭曲比较小。但是，随着生产机械化、自动化程度的提高，直接材料、直接人工在生产成本中所占的比重大大下降，而制造费用所占的比重则大大增加。在这些制造费用中，与产品产量无关的作业而产生的费用比例增大。例如，设备调整成本是在生产每批产品时发生的，而与各批产品所包含的产品数量无关。产品批数越多，调整成本越大。这表明，产量以外的其他成本动因的重要性急剧增加。许多如质量检验、设计、试验等方面发生的支持性费用，与产量没有直接联系。面临这种生产、技术、组织等方面的新情况，如果继续采用产量作为成本动因,只以它为基础进行制造费用的分配,必然会导致成本的严重扭曲。

以下以简例说明:

[例 3-1] 某精密机械公司生产 A 和 B 两种产品,用工时表现的公司现有生产能力每年为 50 000 小时,其中 A 产品耗用 10 000 小时(5 000×2),B 产品耗用 40 000 小时(20 000×2)。可以看出,A 产品为小批量产品,B 产品为大批量产品。公司生产的产品目标是按全部产品成本加成 30% 的方式进行报价。表 3-2 提供的是该公司 2021 年的预计制造成本资料。

表 3-2 2021 年预计制造成本

	A 产品	B 产品
单位直接材料(元)	25	15
单位直接人工(每小时工资率 5 元)	10	10
年制造费用总数(件)	875 000	

A 产品和 B 产品所需要的直接人工工时相等,但 A 类产品的工艺比较复杂,设计中的机器调整、质量检验多,批量小,订单多。而 B 产品工艺比较简单,批量大。按照完全成本计算法可以计算 A 类和 B 类产品的成本如下:

单位工时制造费用分配率:875 000/50 000=17.5(元/小时)

单位 A 类产品分配的制造费用为 2×17.5=35(元)
单位 B 类产品分配的制造费用为 2×17.5=35(元)

因此可以得到 A 类产品制造成本 =25+10+35=70(元/件),B 类产品制造成本 =15+10+35=60(元/件)。按照其定价原则,A 产品的报价为 70×(1+30%)=92(元/件),B 产品的报价为 60×(1+30%)=78(元/件)。根据这样的报价,该公司获得了 A 产品的订单,而其竞争对手则获得了 B 产品的订单。

假设经过作业分析,该公司发现,制造费用所消耗的资源主要是由调整机器、质量检验和接受订单三种作业引起的,并归集了各种作业所消耗的资源和成本动因数量,其余的制造费用则全部与产量有关,这样,可重新计算 A、B 两种产品的单位制造费用的消耗如表 3-3 所示。

表 3-3 A、B 产品单位制造费用消耗

成本动因	可追踪成本	成本动因数			单位成本动因分配率	A 分配	B 分配
		A 耗用	B 耗用	合计			
调整机器次数(小时)	230 000	3 000	2 000	5 000	46	138 000 元	92 000 元
质量检验次数(小时)	160 000	5 000	3 000	8 000	20	100 000 元	60 000 元
生产订单数(件)	81 000	200	400	600	135	27 000 元	54 000 元

续表

成本动因	可追踪成本	成本动因数			单位成本动因分配率	A 分配	B 分配
		A 耗用	B 耗用	合计			
其他(直接工时计算)	404 000	10 000	40 000	50 000	8.08	80 800 元	323 200 元
合计						345 800 元	529 200 元
生产量(件)						5 000 件	20 000 件
单位产品制造费用(元)						69.16(元/件)	26.46(元/件)

所以,A 产品成本 =25+10+69.16=104.16(元/件),B 产品成本 =15+10+26.46=51.46(元/件)。所确定的产品成本和传统分配方法所确定的成本有很大的差异。为什么会这样呢?

以机器调整成本为例,传统成本计算法是按照直接人工工时进行分配的,其每工时分配率为 4.6 元/小时(230 000/50 000),则 A 产品由于产量小,分配到的机器调整成本少,为 46 000 元(4.6×10 000),B 产品由于产量大,分配到的机器调整成本多,为 184 000 元(4.6×40 000),成本扭曲率分别达到了 66% 和 100%。可见,以产量为基础分配实际上是由产量以外因素驱动的成本项目,将导致成本的高扭曲,最终影响企业的决策。在本例中,如果根据重新计算的成本,则 A 产品的报价应当是 135 元/件(104.16×1.3),而 B 产品的报价应当是 67 元/件(51.46×1.3)。即应当提高 A 产品的价格而降低 B 产品的价格。A 产品的报价偏低,所以公司容易获得此订单;而 B 产品的报价偏高,所以公司总是失去该订单。

采用传统成本计算法,除了产品批量差异会导致成本扭曲外,其他方面的差异,如工艺的差异,也会导致成本扭曲。例如,导读案例中的广博公司,增加了红色生产线后,生产工艺流程与原来的生产线存在不同。特别是在设备调整时间上存在较大的差异。如果仍按原来的标准分配(直接人工),那么两种产品消耗的时间差异,无法体现在产品的成本上。新产品看似盈利,其实不然,所以造成公司的整体盈利水平下降。此外,不同产品的营销手段、结算手段等也可能存在差异,但是,由于传统成本计算系统只计算制造成本,而不考虑销售和管理费用,因此,这种差异将无法在产品成本中体现出来。

(三)成本扭曲导致的后果

传统的成本分配方法,导致不同类型的产品成本严重失实,会产生哪些不良后果呢?

首先,将导致经营决策的失误。例如,在例 3-1 中,A 产品按传统成本计算法所提供的信息进行定价为 92 元/件,而实际计算出来的真实成本为 104.16 元/件,实际上是在亏损状态下经营。而公司总是赢得这种订单,长此以往,其持续经营能力将受到损害。而按传统成本计算法所计算的 B 产品的成本为 60 元/件,当竞争对手的报价低于 60 元/件时,企业将选择放弃此订单。但是,B 产品的实际成本为 51.46 元/件,说明即使价格降到 60 元 / 件以下，公司也还是有利可图的。传统的成本计算提供的信息，使企业放弃了有利可图的 B 产品的经营。

其次，失实的成本信息，无法揭示成本发生的真正原因，从而使成本控制和改进难以取得良好的效果。因为传统的成本计算所提示的成本信息，不能反映产品在设计、生产、流程和营销等方面的差异，所以有可能使设计人员在设计中忽视流程复杂性的控制，不必要地在设备、零件等方面提高专用化程度等，从而导致成本上升。

最后，随着企业价值链分析观点的建立，企业为了增加顾客价值，在服务部门上投入的费用不断增加，这些费用对于产品价值是否能够实现具有重要意义。传统成本计算法不计算不同产品在这些服务作业上消耗的差异，使管理者难以分析其消耗是否合理，经营是否有效率，是否可以进行外包等，从而对企业价值链最优化的实现造成不良影响。

二、作业成本计算系统的基本原理

（一）作业成本计算系统的产生

面对传统成本计算的上述缺陷，人们开始认识到对它进行重大的改革已刻不容缓。20 世纪 80 年代，美国学者罗宾·库珀和罗伯特·卡普兰提出了以作业为基础的成本计算方法，是一个创举。从那以后，会计界掀起了对作业成本法研究的热潮，而作业成本计算法的应用，也迅速从美国扩展到世界的其他国家，从制造业扩展到商品批发、金融业甚至非营利企业。

所谓的作业成本计算法，是指通过对所有的作业活动动态地追踪反映，计量作业和成本对象的成本、评价作业业绩和资源利用情况的方法。它根据资源耗用的因果关系进行成本分配，根据作业消耗资源的情况，将资源分配给作业，再根据成本对象消耗作业的情况，将作业成本分配给成本对象（如产品）。

简单的作业成本模型如图 3-1 所示。从图中可以看出，和传统成本计算法类似，作业成本计算法也是通过两个步骤来计算产品成本的。在第一步骤，归集作业成本，而在第二步骤，将作业成本分配到产品上。作业成本计算法与传统成本计算法的不同，在于作业成本计算法强调的是直接追踪成本或是按成本动因追踪成本，大量使用各种与产量有关和无关的成本动因，并且分析成本动因和成本之间的因果关系。它对成本的追踪，是围绕业务流程的资源消耗展开的，可以较好地掌握成本的形成与积累过程，大大提高成本信息的真实性。

图 3-1　简单的作业成本模型

（二）作业成本计算系统的分配原理

作业成本计算法的起点是确定作业、归集作业成本、将作业进行分类，建立同质性的作业成本库，计算不同作业成本库的成本分配率。在例 3-1 中，确定了调整机器、质量检验和接受订单三种作业，并且计算了不同作业的成本分配率。再以此为基础，将作业成本分配率乘以不同产品所消耗的成本动因量，计算出各种产品所消耗的作业成本，每一产品消耗的各类作业的成本的合计,就是该产品的成本。

(三)作业的辨别、分类与成本动因的确定

可以看出,作业成本计算的核心在于确认作业、作业分类,确定成本动因。

作业是指在一个组织内为了完成一定的目标任务而进行的单元性的"活动"。作业的运行要耗费一定资源,因此作业是自然成本作业成本计算系统中的最小成本归集单元。进行作业成本计算,首先要确定作业。具体做法是,先绘制一张流程图,反映从材料的入库到产品完工检验的全部流程,记下该过程的全部步骤和所耗费的时间。接着,分析流程图上的各类作业,并分析其是否为增值作业。判断标准可以根据消除此作业是否影响顾客对产品的满意度而定。这样,就可以清楚地找出生产产品所需要的各类作业。为了便于计算和管理,可以将一系列相互联系、能够实现某种特定功能的作业集合起来,构成作业中心。这一系列作业所耗费的资源归集到作业中心,就形成作业成本库。

一般还需要对作业进行归类。根据服务的层次和范围,可以将作业分为:产量级作业、批别级作业、品种级作业、客户级作业和设施级作业。

(1)产量级作业是指使单位产品或服务受益的作业,它对资源的消耗量往往与产品的产量或销量成比例,如直接材料、直接人工、直接电力等。

(2)批别级作业是使一批产品受益的作业,其对资源的消耗与批量有关,而与批内所包含的产品产量无关。例如,设备调整成本在产品在不同批次之间转换时发生,而与各批次所包含的数量无关。

(3)品种级作业是指服务于某种型号或样式产品的作业,如产品设计、更新、工艺改造等。这类作业随产品品种数而变化,不随产量、批次数而变化。

(4)客户级作业是使产品生产或服务的提供成为可能的作业。如果把顾客当作成本对象,则上面的作业就成为顾客作业,如市场调查作业等。

(5)设施级作业是为支持产品的生产经营而发生,支持一般管理流程的作业,包括管理人员的配备、工厂的管理等。该作业成本的发生与工厂的所有产品有关。一般只有在工厂规模发生变化时才可能发生变化,所以在短期决策中经常被当作非相关成本。

表 3-4 列出了常见的五类作业动因[①]。

表 3-4　常见的五类作业和作业成本动因

作业类别	含义	作业中心例子	常见成本动因
产量级作业	明确地为个别产品(或服务)实施的、使单个产品(或服务)受益的作业	与机器有关的作业,如切割、维护等,与人工有关的作业,如福利活动	机器工时、人工工时、单位产出
批别级作业	为一组(或一批)产品(或服务)实施的、使该组(或批)产品(或服务)受益的作业	采购订单、生产订单处理、设备调整、材料处理等	处理的订单、收到的材料量、调整时间、调整次数等

---

① 资料来源:中华人民共和国财政部.管理会计应用指引第 304 号——作业成本法[M].财政部官网,2017-09-29.

续表

作业类别	含义	作业中心例子	常见成本动因
品种级作业	为生产和销售某种产品(或服务)实施的、使该种产品(或服务)的每个单位都受益的作业	新产品设计、现有产品质量与功能改进、生产流程监控、工艺变换需要的流程设计、产品广告等	设计种类、检验次数、监控时间等
客户级作业	该类作业保证企业将产品(或服务)销售给个别客户,但作业本身与产品(或服务)数量独立	质量检验、产品检验、产品设计、市场调查、售后服务	检验次数、检验时间、设计种类、调查次数、服务次数、时间等
设施级作业	为提供生产产品(或服务)的基本能力而实施的作业	人事管理和培训、工厂占用的空间等	人员数、培训时间、机器工时等

所谓成本动因,是指未完成作业导致资源消耗成本发生的驱动因素。它是计算作业成本的依据,可以揭示执行作业的原因和作业消耗资源的大小。

三、作业成本计算系统的评价

和传统成本计算系统相比,作业成本计算系统的优越性表现在:

(一)一种先进的成本方法

传统的成本计算法以产品为核心,除了直接材料和直接人工以外,将其他的制造成本全部归入制造费用,并按单一的与产量联系的标准进行分配。这种分配是建立在所有这些费用的发生与分配标准之间存在线性比例关系的假设基础上的。但实际上,许多组织资源的消耗并不直接为最终的产出服务,而是服务于一系列的辅助作业,要正确计算产品成本,不能就成本而论成本。

作业成本计算法首先确定作业的成本动因,再根据成本动因计算作业对资源的消耗,确定作业成本,最后按产品对作业的消耗,将作业成本分配到产品上。这种方法以作业为中心,通过设置多样化的成本库并按多样化的成本动因来分配制造费用,使成本计算中间接成本的分配过程建立在产出与投入之间的因果关系之上,计算过程明细化,计算的可归属性大大提高,即提高了产品成本分配的技术经济依据,从而提高了产品成本计算的准确性。

(二)实现了成本计算与成本管理的结合

现代竞争性的经营环境要求企业的经营管理突破部门与部门之间的界限,由不同部门的员工共同协作来完成一定的任务。作业成本计算法以作业为中心,按同质作业建立成本库,按成本动因归集成本的思路,和现代企业价值链分析的思想趋于一致。现代企业观认为,企业是为最终满足顾客需要而设计的一系列作业的集合,是一个由此及彼、由内到外的作业链。作业成本计算法不是就成本而论成本,而是把重点放在成本发生的前因和后果上,以作业为核心,以资源流动为线索,以成本动因为媒介,通过对成本形成过程进行动态的追踪反映,可以实现对作业成本的有效控制。

在企业管理中,根据作业成本计算方法所提供的有关企业经营流程的数据,以及产品成本形成过程的分析,可以深入了解不同的产品、作业、业务流程等的赢利能力,对作业链上的所有作业进行分析修正,尽量消除不增值的作业,提高增值作业的效益,从而全面提高企业的经营效益。因此,作业成本计算法既是一种成本计算方法,也是一种管理手段。如图 3-2 所示。

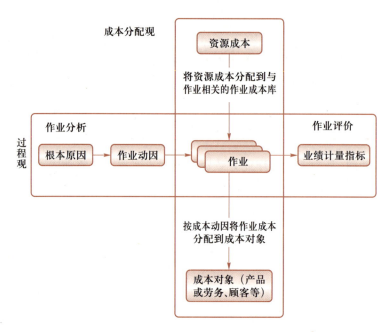

图 3-2   作业成本计算法与作业管理的关系图 [1]

图中的纵轴代表的是成本分配观,它表明,成本对象产生了对作业的需求,而作业需求产生了对资源的需求。在成本分配时,按照资源流动的途径,根据资源成本与作业、作业成本与成本对象之间的因果关系进行分配。而横轴代表的是过程观。它表明,企业由于何种原因产生了作业,以及这些作业完成的效益如何。利用这些信息,可以改进作业链,提高顾客价值。

正是由于作业成本计算法所提供的动态信息,使企业管理深入到作业水平,形成作业管理,并且为适时生产系统和全面质量管理等现代管理方法的应用提供了经济基础。

第二节   作业管理

作业成本计算法最开始只是作为一种产品成本计算方法而产生的。此后,这种方法涉及对价值链成本的分析,并将成本分析的结果应用到战略的考量中,从而形成了战略成

---

① Ronald W.Hilton. *Managerial Accounting*［M］. 3rd edition. McGraw-Hill Companies,p.262.

本分析。当人们利用作业成本信息,计量执行企业重大作业所发生的资源耗费、识别并消除不增值的作业,确定企业所有重大作业的效率和效益,借以从总体上来改进和提高企业的未来业绩时,作业管理也就产生了。

一、作业管理的含义与原理

作业管理是以作业为核心的企业管理思想,应用作业成本计算所提供的明细、动态的信息优化企业价值链,以增加顾客的价值,并从为顾客提供的价值中获得更多的利润。作业成本计算是作业管理的主要信息来源。作业管理是一种符合战略管理思想要求的现代成本计算和管理模型,它既是先进的成本计算系统,也是改进业绩的工具。

和传统的成本管理相比,作业管理强调关注对作业的控制,而不是对成本的管理。因为,作业的执行要消耗资源,控制作业就意味着对成本发生的源头进行控制。由于作业跨越了职能部门的界限,因此,作业管理强调的是优化系统整体的业绩而不是个别的业绩。例如,顾客订单处理作业可能需要若干部门完成。财务部门审核顾客的信用,生产部门安排顾客订单的生产,销售部门则进行配送。传统的成本管理根据部门编制预算,其成本构成则按费用的类别来细分。与此相适应,各个部门为追求自身业绩最大化,就有可能损害其他部门以致公司整体业绩。而采用作业管理,成本报告将按作业来提供,从而提供关于作业的成本,引导管理者尽可能消除重复和不增值的作业,以实现公司整体业绩的优化。

作业管理的基本原理是,把企业看作为满足顾客需要而设计的一系列作业的集合体,从顾客需求开始,从后向前确定各种相关作业,核定作业的消耗量,作业的成本;通过揭示资源动因、作业动因,判断作业对企业的价值,计量作业的业绩,以消除不增值作业,提高增值作业的效率,从而提高企业的整体效益。因此,作业管理是一种面向企业全过程的全面成本控制方法。

二、作业管理的应用

作业成本计算和作业管理所提供的作业信息,可以帮助企业改进长期战略决策和短期经营决策。例如,企业可以通过分析和计量作业业绩,寻求低成本的产品设计、质量改进的方法,发现价值链中存在的缺陷,寻找最有利的投资机会等。其具体应用,应围绕流程价值分析、目标成本计算和顾客盈利能力分析等逐步深入地进行展开。

(一)流程价值分析

1. 动因分析

要管理作业,首先必须找出导致作业成本形成的原因。前文已指出,每项作业都有投入和产出。作业投入是为取得产出而由作业消耗的资源,而作业产出,则是一项作业的结果或产品。例如,搬运材料,需要有一个搬运工,而搬运到指定地方的材料数量,则是该作业的产出量。一般地说,需要搬运的数量越多,就需要投入越多的人力和资源。不过,产出计量指标不一定是导致作业发生的根本原因,必须进一步进行动因分析,找出形成作业成本的源头。例如,过多的材料搬运,可能是车间布局不合理造成的。据此,就从源头上采取相应的措施通过改善车间布局,达到减少搬运成本的目的。

2. 作业分析

作业分析是流程价值分析的核心,这是确认、描述和评价一个组织所执行的作业的过程。其所要解决的问题是,要完成哪些作业,由多少人完成,执行作业所需要的时间和资源,评价作业对组织的价值。为此,必须合理地将作业区分为增值作业和不增值作业,并对其增值的内容做进一步的分析。

(1) 增值作业和增值成本。所谓增值作业,就是顾客认为可以增加其所购买的产品或服务的有用性的作业。这是经营中必须保留的作业。这些作业应当同时满足以下条件:①作业能带来某种变化;②这种变化是该作业之前发生的其他作业所无法实现的;③该作业使其他作业的发生成为可能。例如,印刷厂的最后装订工序,要先裁边,再装订。裁边作业使所有纸张保持整齐划一,从而改变了原来的状态,这种状态之前的印刷或其他作业都不能实现该目的。而只有裁切后,才能进行装订,以达到顾客要求。该作业同时符合上述条件,所以属于增值作业。一个个作业经研究,确定为增值作业,为高效完成该作业而发生的成本为增值成本。

(2) 不增值作业和非增值成本。不增值作业,是指即使被消除也不会影响产品对顾客的服务潜能的作业,因此属于一种不必要的作业。如果某作业不能同时满足增值作业的上述三个条件,则可以视为不增值作业。例如检验作业,只能说明产品是否符合既定标准,而不能改变其状态,所以不符合第一个条件。再如次品返工作业,目的在于将不符合标准的产品修正为符合标准的产品,但在该作业属于重复作业,在其之前的加工作业本就应提供符合标准的产品,所以,也属于不增值作业。为完成不增值作业而发生的成本,或是由于抵销完成增值作业而造成的损失,就是非增值成本。如果属于不增值作业,不论其效率多高,都是一种浪费,由此而发生的成本,自然不具有"增值"意义。

3. 作业业绩考核

实施作业管理,其目的在于找出并消除所有不增值的作业,同时提高增值作业的效率,达到充分挖掘成本降低潜力的目的。当利用作业成本计算系统,识别出流程中的不增值作业及其成本动因后,也就指明了改进业绩的方向。此时,需要评价作业和流程的执行情况。必须建立业绩指标,可以是财务指标,也可以是非财务指标,以此来评价是否实现了流程的改善。作业业绩的财务指标,主要集中在增值和非增值成本上,可以提供增值和非增值报告,以及作业成本趋势报告。而非财务业绩,主要集中在效率、质量和时间三个方面。效率方面的指标,主要有产出/材料、产出/人工小时、产出/人等指标,反映生产过程中的投入和产出的关系。质量方面的指标,主要有产品缺陷率、次品率、故障率等。时间方面的指标,可以有按时交货率、生产周期和生产速度指标。人们也经常计算制造周期效率,即加工时间占全部生产周期的比率,来反映时间效率。该比率越接近于1,就越能缩短生产周期。而改善该指标的唯一途径是减少非增值作业,从而也就带来成本的节约。

(二) 目标成本计算

在激烈的市场竞争中,企业面临着降低价格的压力,但是又必须保持一定的利润率才能保证自身的长期发展。因此,企业必须不断削减成本,同时建立持续改进的观念,不断消除浪费,缩短反应时间,简化产品和流程的设计,改进质量和顾客服务。

目标成本计算法是一种在开发阶段对产品和流程进行设计,以确保其将来按市场驱动的价格出售时能保证实现一定利润的成本计划工具,通过生产、工程、开发设计、会计、营销等诸部门的通力合作,致力于降低产品生命周期总成本。

目标成本计算法是从产品的设计阶段开始,通过作业成本计算所提供的信息,对产品生命周期内的相关作业进行价值分析,找出非增值作业并修改设计方案,或是对生产的工艺过程进行调整,减少非增值作业。之后,再次分析产品生命周期成本是否达到了目标成本的要求,如果达到,则可投入生产;如果未达到,则应再度修改或调整,直到符合目标成本的要求;如果始终未能达到目标成本的要求,则应放弃投产。除了作业分析的信息以外,设计小组还常常使用逆向工程、价值工程和业务流程再造等方法来实现目标成本。

目标成本计算的优点有:①植根于设计小组的全程设计,不允许个别部门只关注于自身的利益,最终是达到降低产品生命周期成本的目的;②在可能对产品成本产生巨大影响的情况下,目标成本可以作为设计方案取舍的衡量标准。

目标成本与作业成本的结合,可以达到降低直接单位成本、在间接成本和直接成本之间达成成本—收益均衡的目的。

目标成本计算法主要适用于新产品和模型的开发设计阶段,指导产品选择、工序设计和改进。而在现有产品生产阶段进行的削减现有产品或流程的成本的过程,则称为改进成本计算。作业分析在改进成本计算中发挥着核心作用,主要通过四个方面降低成本:①消除作业。通过作业分析找出不增值作业之后,就可以采取措施来消除这些作业,从而消除成本。②选择作业。企业可能采取不同的战略,从而导致了不同的作业,而这些作业又造成了对资源的需求,通过选择成本较低的作业来降低成本。③削减作业。通过降低作业对资源和时间的需求来降低成本。该方法是对提高增值作业的效率进行的,或者是对不增值作业所采取的一种临时性措施。④共享作业。利用规模经济来提高增值作业的效率。在不增加作业总成本的前提下提高成本动因的数量,从而降低单位成本动因(分配率),减少消耗作业的产品的成本。

(三)顾客盈利能力分析

顾客盈利能力分析是指利用作业成本信息来分析为特定顾客提供服务的作业、成本和盈利状况,据此对企业的客户群做出相应的选择和定位,从而更进一步明确企业的盈利区域,提高企业的竞争能力。

企业的许多作业是由顾客的需求驱动的,如促销、配送、订单处理等。公司必须评价不同顾客群体的盈利能力,从而能更准确地定位市场,提高利润。作业成本计算法能清楚地反映顾客的各项资源消耗,因而可以利用其所提供的作业成本信息,对顾客盈利能力及企业获利状况进行深层次的分析,区分顾客的类型并对顾客进行正确的管理,这对于提高企业赢利能力是相当必要的。

顾客盈利能力取决于产品或服务的收入与相关成本的差额(扣除了销售折扣和折让)。收入高低的差异主要由市场价格和企业的战略来决定。作业成本法可以帮助管理人员识别哪些服务成本较高,而哪些服务成本相对较低:特殊的、小批量的或一次性的订货要求,特殊的送货方式,手工操作,较多的营销成本或售后服务,要求提供存货储备,以及结算期长的顾客,服务成本常常比较高;正常的、大批量的或长期的订货要求,普通的交货方式,自动化生产,较少的营销成本或售后服务,适时供应,以及结算期短(如现金交易)

的顾客,服务成本则较低。

图3-3展示了不同服务成本与其相应净利润所构成的四种组合。

图中的斜线是成本对角线。只有超过成本对角线的顾客,即出价高于其特定服务成本的顾客,才具有盈利能力。

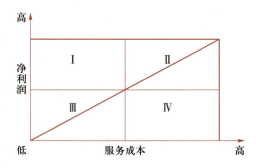

图3-3 服务成本与相应净利润的四种组合

第Ⅰ类顾客:成本低、利润高,属于高盈利性的顾客。这是企业主要的利润提供者,也是竞争对手争夺的对象,企业必须善待此类顾客。

第Ⅱ类顾客:成本高、利润高,属于存在潜力的顾客。高成本、高报价符合市场竞争规律,企业应识别并削减不增值成本,或通过降低折扣、对专门服务增收附加费的方式来增加收入。

第Ⅲ类顾客:成本低、利润也低,属于问题顾客。这类顾客通常对价格变动比较敏感,企业应讲求信誉,稳定价格,保证服务,以建立和维持其忠诚度,并通过削减不增值成本增加产品利润空间。

第Ⅳ类顾客:成本高、利润低,属于亏损顾客。企业对于这类顾客,表面上无利可图,但也可以从内外入手,寻找机会,通过流程价值分析,削减不增值成本,加强与顾客联系等方式来降低成本。

企业面对不同的顾客生产和销售某种特定的产品,尽管其产品是盈利的,但不同顾客所发生的相关成本则不尽相同。如果不加具体分析地向所有的顾客提供同样的产品,就有可能将从盈利顾客所获得的利润用来弥补亏损顾客造成的损失,由此降低了企业的盈利能力。

顾客盈利能力分析就是要将不同顾客的相关成本区分开来,分别计算不同顾客的盈利能力,据此区分企业的盈利性客户和非盈利性顾客,并以此为依据,有选择地决定企业的顾客群体,提高公司的整体盈利能力。

三、作业管理的实施

要成功实施作业管理,必须建立能够收集和报告作业信息的信息系统。其具体内容包括确定整个企业的业务流程和作业,归集实际和预算的作业数据,定期提供产品或服务的成本信息和作业信息,以便决策并控制业绩,最后,该信息系统还应当将重大的作业活动进行记录。

实施作业管理的时间,根据企业规模的大小的不同而有所不同,长则数年,短则几个月。实施中的主要步骤包括:确定和定义作业,确定产业产出的计量指标,判断作业的价值(属于增值作业或是非增值作业),奖励作业业绩计量指标,计算作业成本和消耗作业的产品或服务的成本,完善持续的作业信息系统。

(一)试点法

在具体组织实施的过程中,有的企业选择在小范围内试点。因为全面实施作业管理需要对整个信息系统进行彻底变革,这将费时费力。在试点时,一般先由来自不同部门的五到七人组成实施小组,先制定一些部门实施作业管理的原则、技术和方法。实施小组通过调查访问、作业管理软件等收集和整理信息,最后形成一份包括主要发现、建议和进一步工作的意见等内容的报告。如果试点成功,则可能进一步推广作业管理。不过,试点方法可能不能充分识别有效的程序和方法,也忽视持续收集和报告作业及作业成本信息。这可能给今后的全面实施带来障碍。

(二) 全面实施法

也有的企业选择全面实施作业管理。此时应当注意,要对整体实施过程进行评估,并制订整体实施计划,要将组织分解成可以控制的若干部门,在各个部门逐步推广作业管理。最后应当开发出具有成本效益的,能够持续收集和报告信息的系统。

(1) 整体评估的目的在于为整体计划做准备,要目标明确,提供相应的资源,分清责任和工作的先后顺序。评估中可以获得企业流程的关系图,初步了解企业的重大作业,并初步估计其成本,估计可能的非增值作业和成本,确定企业的流程和作业与企业战略计划的关系,探讨实施作业成本计算的可能性,讨论信息的可取得性,分析现有成本系统与作业系统的融合程度,可能使用的资源,最后提出实施的建议,步骤和时间表。

(2) 在部门推广作业管理的主要步骤包括:计划,作业分析,作业/产品成本计算以及记录结果。在计划阶段,应确定目的,范围,对部门实施作业管理的期望,可动用的资源,并做出报告时间和负责人在内的等详尽的计划表。作业分析则是实施作业管理的核心。包括确定作业和流程、识别成本动因、记录产出和产出指标、分析作业的价值属性、设计业绩评价系统等。作业成本计算则属于推广过程中的技术层面。要求记录最终成本的方法和主要的假设。一般可能需要采购或开发作业成本计算的软件来导入、导出数据,并计算成本。最后阶段为记录。包括记录已经完成的工作、结果、建议和结论。这是很重要的一步。根据这些记录,才可能为未来提供进一步实施的依据。在所有这四个步骤中,信息的收集和分析贯穿始终,甚至占据了各个步骤 30%~50% 的工作时间。

(3) 开发信息归集和报告系统。在部门推广过程中所收集的信息,是部门在特定时间的作业信息。要使信息系统充分发挥作用,还需要以持续的方式将这些信息收集起来并加以报告。为此,企业应当确立基本的程序、系统和持续收集信息的方法。此时需要信息服务人员的广泛参与,并建立各种数据表格和交表期限,此外,还需要确定录入数据的质量要求。以后,则需要持续地维持作业管理系统。随着时间的推移,有些作业可能发生变化,新作业产生了,不增值作业被消除了,新产品开发了等,这些变化都应及时得到更新。

本 章 小 结

作业成本法是适应社会经济条件变化而出现的一种新型成本计算与成本管理方法,它根据资源耗用的因果关系进行成本分配,根据作业消耗资源的情况,将资源分配给作业,再根据成本对象消耗作业的情况,将作业成本分配给成本对象(如产品)。其本质上是一种通过对所有作业活动进行动态追踪反映,计量作业和成本对象的成本、评价作业业绩和资源利用情况的方法。作业成本法的出现直接促使了作业管理的诞生。作业管理是以作业成本为核心的企业管理思想,应用作业成本计算所提供的明细、动态的信息优化企业价值链,以增加顾客的价值,并从为顾客提供的价值中获得更多的利润。

重点词汇

作业成本计算　　　　作业管理　　　　同质性成本库
与产量无关的作业动因　增值和不增值作业　流程价值分析

思考题

1. 传统成本计算系统为什么会导致成本失实?
2. 作业成本计算系统的工作原理是什么?
3. 如何评价作业成本计算系统?
4. 如何理解作业成本分配观和流程观?
5. 什么是作业管理?其基本原理是什么?
6. 什么是流程的价值分析法?如何分析?

即测即评

请扫描二维码,进行随堂测试。

第四章　标准成本系统

学习目标

1. 明确什么是标准成本、什么是标准成本系统及其在企业经营管理中的作用。
2. 掌握制定标准成本的基本方法。
3. 明确数量差异和价格差异的概念。
4. 掌握直接材料差异、直接人工差异、制造费用差异的计算方法。
5. 掌握差异管理的基本原则。

导读案例

宝钢的标准成本法实践 [①]

在中国的改革开放进程中,宝钢集团有限公司(以下简称"宝钢")是一家有着特别意义的企业。1978 年 12 月 21 日,中日双方代表在上海锦江饭店签订了《关于订购上海宝山钢铁总厂成套设备的总协议书》。两天之后,也就是党的十一届三中全会闭幕的第二天,宝钢打下了第一桩,这既标志着新中国成立以来最大的投资项目迈出了坚实的一步,也标志着我国改革开放政策的胜利实施。

1985 年 9 月 15 日宝钢一期工程建成投产,年产铁 300 万吨、钢 312 万吨,一举成为国内技术最先进的钢铁企业,对国民经济的发展发挥了重要的推动作用。宝钢在引入日本新日铁、川崎中铁的技术、设备的同时,也引进了生产、技术、质量、能源、原材料等七种管理软件,并在吸收消化的基础上实现了管理提升。进入 20 世纪 90 年代之后,宝钢进一步认识到提升成本管理水平、加强成本管控的重要性。经过一番考察,管理层决定借鉴国际上大型钢铁企业的普遍经验在宝钢内部推行标准成本制度。

由于宝钢的产品标准化、生产工艺标准化、操作管理标准化,又有完备的计算机信息系统和高素质的员工队伍,具备了实施标准成本制度的基本条件。宝钢的标准成本建设大致分为三个阶段:

(1) 1993—1994 年,财务部门从理论上对标准成本制度进行了深入的研究和探

①　潘飞,等.基于价值管理的管理会计——案例研究[M].清华大学出版社,2005.

讨,聘请专家进行理论指导,为全面推行标准成本制度奠定了理论和思想基础。

(2) 1995—1997 年,着手建设标准成本制度,成立标准成本管理委员会,起草颁布了《标准成本管理制度》,制定了各项成本标准并开发了标准成本管理系统。1996年年初,正式实施标准成本制度。

(3) 1998 年起,企业整体的产销管理系统上线,为推进标准成本管理提供了广阔的信息平台,标准成本制度向纵深发展,标志着宝钢的标准成本制度上了一个新的台阶。

经过数十年的建设,宝钢的标准成本制度建设和邯钢经验一样已经成为中国钢铁行业实践管理会计的标杆案例,宝钢也已经发展成为全球领先的现代化钢铁联合企业,为社会源源不断创造着巨大的物质财富。

第一节   标准成本与标准成本系统

一、标准成本的概述

从企业经营的角度来看,成本控制比单纯的成本计算重要得多。而要实现成本控制,关键不在于事后如何确定产品的实际成本,而是要围绕各个"责任中心"把成本的事先规划、日常控制和最终的产品成本核算结合起来形成一个有机整体,据以进行全面的管理和控制。企业实践表明,建立标准成本系统将有助于这一目标的实现。

(一) 标准成本与实际成本

成本计算可以实际成本为基础,也可以标准成本为基础。实际成本计量的是产品生产(或服务提供)过程中实际耗用的资源数量,如材料采购的实际成本、产品生产的实际成本等。实际成本概念既包括了合理的消耗,也包括了已发生但不该发生(或可以避免)的资源消耗。而标准成本是指企业依据特定的条件,通过对产品生产和经营过程的经验分析和技术测定而制定的预计成本;或者是企业以现有的生产技术水平、在有效经营条件下应当发生的成本。

标准成本与实际成本的主要区别在于,前者基本上剔除了不应该发生的资源消耗,因此,标准成本也被称作"应有成本"。

标准成本所反映的"应有"水平,是企业生产经营的一个重要参照系。通过标准成本和实际成本的比较,可以检查成本的超支或节约情况、发现降低成本的途径,对于分析企业经营、成本管理过程是否良好以及发现什么地方存在纰漏等方面都有重要意义。例如,通过比较可以将实际成本区分为两个部分:符合标准成本的部分、脱离标准成本的差异部分,对后一部分的进一步分析可以揭示差异产生的原因和责任,并据以有针对性地采取相应的措施加以改进,以避免不利差异的再次发生。

由此可见,标准成本制度将成本的事先规划、日常控制和最终的产品成本核算有机结合起来,从而成为加强成本管理的重要工具。标准成本起源于 20 世纪初的美国,最初是为了配合泰勒制的实施而引进到会计中来的,随即成为成本会计的一个重要组成部分,在成本的管理和控制方面发挥着重要的作用,为西方国家所普遍采用。标准成本系统的形成与发展同时也标志着原始意义上的成本会计向管理会计的过渡迈出了关键性的一步。[1]

(二)标准成本的分类

根据制定基础的差异,标准成本主要有三种不同的类别:

1. 当前标准成本

当前标准成本,是指在企业当前的生产技术和管理条件下,在正常效率、正常生产能力利用程度和正常价格条件下应有的产品生产成本。这里所谓的"正常",是以较长历史时期内的实际数据为基础、结合未来变动趋势而确定的成本平均值,计算过程中通常需剔除异常情况的影响。

在经营环境较为稳定的情况下,当前标准成本接近于实际成本。选用这一标准成本概念,意味着企业认为当前的生产和管理效率已经达到合适的水平,在一定期间内仍可继续沿用。

2. 理想标准成本

理想标准成本,是根据理论上的业绩标准、生产要素的理想价格标准和生产能力的最佳利用水平制订的标准成本。这一标准成本概念意味着生产经营过程的费用均应达到现有生产技术和经营管理的理想状态,不允许任何浪费的存在。

由于理想标准成本要求生产经营的各个方面都达到完美无缺,适用性较差。

3. 现实标准成本

现实标准成本,也称作现实可达到标准成本,是指在经营效率良好、设备运转正常、产品有效生产等条件下应实现的产品生产成本。它充分考虑了在实际生产条件下难以完全避免的超额耗费,比较贴近实际情况,适用性较强,在实际工作中得到较广泛的应用。

二、标准成本系统的含义

标准成本系统,是指以标准成本为基础形成的成本管理系统,具体包括标准成本制定、差异分析和差异处理三个部分。

标准成本系统对企业生产经营的重要性在于:它不局限于单纯的成本计算,而是将成本的事前规划、事中控制和事后分析处理有机地结合起来,成为企业加强成本管理、提高经济效益的有效手段。通过预先制定标准成本,比较标准成本与实际成本,记录、分析成本差异,可以正确评价和考核企业的工作质量和效果,加强员工的成本意识和责任感,同时也可以为经营决策提供有用的数据。在标准成本系统账务处理过程中,将标准成本和成本差异分别列示,也有助于简化日常账务处理工作。

---

[1] 余绪缨,汪一凡. 管理会计[M].辽宁人民出版社,2009.

第二节　标准成本的制定

一、标准成本制定的原理

标准成本水平取决于两个因素:具体的业务活动和对该业务活动量的数量描述。工业企业的产品生产是料、工、费结合的过程,标准成本也相应由直接人工、直接材料和制造费用三个部分组成。其基本形式是:

标准成本 = 数量标准 × 价格标准

标准成本的数量标准和价格标准可以有不同的数据来源,常见的包括:

(一) 历史标准

在某些特定条件下,可以认为"未来是历史的延续",历史数据可以作为预测未来的合适基础。历史标准就是以企业过去的经营水平作为确定数量标准和价格标准的基础。

历史标准要求的数据较容易取得,但有可能忽视未来可能发生的重大变化,而且有可能容许过去某些无效率情况的继续存在,不利于企业不断提高生产经营的管理水平。因此,历史标准主要适用于那些生产经营环境相对稳定的企业。

(二) 综合标准

综合标准是指经过严密的分析、测算之后建立起来的预定标准。例如,为完成一件产品需用的直接人工小时数,可以通过对其各个加工工序所需的工时进行分析、测定,然后进行综合,以确定其直接人工的标准工时。在多数情况下,综合标准是一种设计研究的成果。在实践中,这种方法确定出来的标准往往有过高的倾向,结果会使得员工失去实现目标的信心和积极性。因此,在制定标准的过程中,收集一线员工的信息也很重要。

在本章的导读案例中,宝钢在实施标准成本制度的过程中借鉴了日本新日铁的计划值管理经验。所谓计划值是总厂规定的生产、技术、物资、费用等共通的基本标准,其主要特点包括[①]:

(1) 基本指标不留余地,要求平均完成率接近 100%,但不与奖金挂钩,以保证如实反映;

(2) 计划值的计算公式建立在大量基本数据和数理统计分析的基础上;

(3) 采用上下结合滚动方式编制,进行动态管理;

(4) 要求建立健全的管理组织与全面计划管理体制相配套;

(5) 计划值的差异分析要进行经济评价,成为成本分析的一个部分;

(6) 不孤立强调单项或局部指标的先进水平,而注重指标在综合平衡基础上的先进性,一般要求不低于前六个月水平。

在 1984 年 2 月的时候,新日铁就根据签订的技术协作合同将《计划值管理手册方案》提交给了宝钢。宝钢于次年 5 月批准试行,并在实践的基础上不断深入细化直至揭示出

---

① 参见上海市地方志办公室编写的《上海专业志 / 宝钢志》中的经营管理篇的第三章基层管理的第二节计划制管理的相关内容。

最直接的作业动因,使其成为不受其他因素影响的数值。由于具备了实践计划值管理的长期经验,因此宝钢在实施标准成本制度时很自然地就选择以计划值为基础,计划值就其内涵来看就是标准值,计划值的"最小基准值"属性对标准成本控制的细化、深化(作业区、班组成本管理)提供了有力手段[①]。

成本标准制定后需要根据市场、工艺、技术等客观条件的变化做定期或不定期调整。宝钢成本标准的修订包括年度修订和期中修订两种方式。一般情况下,每年修订一次,生效日期为次年1月1日。如果年度中间有需求也可以对全部或部分项目的标准进行补充修订。[②]

二、标准成本的制定的制定方法

以下以综合标准为例说明标准成本的制定方法:

(一) 直接材料的标准成本

假设生产一种产品需耗用 n 种原材料,则每种原材料的标准成本都可以根据如下公式计算:

$$材料标准成本 = 标准耗用量 \times 标准单价$$

产品的直接材料的标准成本等于所耗用的各种原材料标准成本的总和,即:

$$直接材料标准成本 = \sum_{i=1}^{n} \left(\begin{array}{c} 单位产品生产中第\ i\ 种 \\ 材料的标准耗用量 \end{array} \times 第\ i\ 种材料的标准单价 \right)$$

其中,确定材料的标准耗用量(数量定额)既要考虑构成产品实体的材料,还要考虑生产过程中必不可少的损耗和不可避免的废次品所耗用的材料数。

材料的标准单价也应该根据耗用的材料类别分别计算。确定标准单价时,除购买价格外,还要考虑材料的运输费用等。

(二) 直接人工的标准成本

单位产品的直接人工的标准成本可以通过下式计算:

$$直接人工标准成本 = 单位产品的标准工时 \times 小时标准工资率$$

其中,"单位产品的标准工时"指的是在现有生产技术条件下生产一个单位产品所需要的工作时间,既包括产品的直接加工时间、必要的间歇和停工时间,还包括耗用在不可避免的废品上的直接人工小时。

"小时标准工资率"是指企业的直接人工小时工资率标准。采用计时工资制的企业,可根据单位工时分配的工资确定;对采用计件工资制的企业而言,该工资标准就是生产单位产品应支付的计件工资。

如果产品的生产环节中涉及不同工资标准的直接人工,可以采取类似于直接材料标准成本的确定方法,先分项计算然后进行汇总,公式如下:

$$直接人工标准成本 = \sum_{i=1}^{n} \left(\begin{array}{c} 单位产品生产中第\ i\ 等级 \\ 直接人工的标准工时 \end{array} \times \begin{array}{c} 第\ i\ 等级直接人工 \\ 的小时标准工资率 \end{array} \right)$$

① 魏立江,汪家常,陈国荣.标准成本管理中基准制定问题及其解决对策[J].财会通讯,2009(4).

② 范松林.宝山钢铁公司标准成本制度管理体系探索[J].财会通讯,2004(12).

（三）制造费用的标准成本

1. 制造费用的标准成本的基本原理

确定制造费用的标准成本的基本原理与直接人工、直接材料一样，也遵循"标准成本＝数量标准×价格标准"这一基本公式。但基于制造费用的多样性和特殊性，其数量标准和价格标准也需要采用不同的方法进行制定。

（1）数量标准。制造费用的数量标准，是根据成本动因确定的分配数量，如以机器小时作为成本动因，那么数量标准就是生产单位产品所需的机器小时；如果以直接人工小时作为成本动因，那么数量标准就是生产单位产品所需的直接人工小时。

（2）价格标准。制造费用的价格标准指的是制造费用的分配率。该分配率的确定取决于如下两个因素：

① 生产量标准，即企业现有产能得到充分利用的情况下可以达到的最大生产力。如果企业同时生产多种产品，就需要以一种具有综合性的指标来表示，如机器小时、直接人工小时等；

② 制造费用预算，企业区分固定性费用和变动性费用分别编制制造费用预算[①]。预算的编制基础应建立在现有生产能力得到充分利用的基础上，其中变动性制造费用预算适宜采用弹性预算方法编制。

现就变动性制造费用和固定性制造费用的标准成本制定分别介绍如下：

2. 变动性制造费用的标准成本

假设企业的制造费用以机器小时为分配基础，则单位机器小时的制造费用分配率为：

$$\frac{\text{单位机器小时变动性}}{\text{制造费用分配率标准}} = \frac{\text{变动性制造费用总预算}}{\text{总的标准机器小时}}$$

单位产品分配的变动性制造费用为：

$$\frac{\text{单位产品变动性制造}}{\text{费用的标准成本}} = \frac{\text{单位产品耗用的}}{\text{标准机器小时}} \times \frac{\text{单位机器小时变动性}}{\text{制造费用分配率标准}}$$

3. 固定性制造费用的标准成本

与变动性制造费用不同，固定性制造费用是一项期间费用，在企业生产能力正常利用的范围内，期间产量的增减并没有明显的线性关系。固定性制造费用要在预算期间生产的产品之间进行分摊。假设该企业以直接人工小时作为分配标准，那么分配率标准可以以由下式确定：

$$\frac{\text{单位直接人工小时固定性}}{\text{制造费用分配率标准}} = \frac{\text{固定性制造费用总预算}}{\text{总的直接人工小时}}$$

单位产品分摊的固定性制造费用为：

$$\frac{\text{单位产品固定性制造}}{\text{费用的标准成本}} = \frac{\text{单位产品耗用的}}{\text{直接人工小时}} \times \frac{\text{单位直接人工小时固定性}}{\text{制造费用分配率标准}}$$

（四）产品标准成本

产品成本等于为了生产产品所消耗的直接材料、直接人工、制造费用（包括变动性制

---

① 有关预算编制、预算控制的有关问题本书将在第九章进一步讨论。

造费用和固定性制造费用)之和。因此,产品的标准成本可用公式计算:

$$产品标准成本 = \frac{单位产品直接}{材料标准成本} + \frac{单位产品直接}{人工标准成本} + \frac{单位产品变动性}{制造费用标准成本} + \frac{单位产品固定性}{制造费用标准成本}$$

三、确定标准成本例解

[**例 4-1**] 某企业生产一种产品,推行标准成本制度,有关资料如下:

(1) 每件产品需耗用直接人工 2 小时,小时工资率 10 元。

(2) 每件产品需耗用两种材料:

M-1 材料 5 千克,单价 8 元/千克;

M-2 材料 3 千克,单价 10 元/千克。

(3) 在材料采购后 10 天内支付货款,可以获得 2% 的现金折扣。

(4) 生产耗用的 M-2 材料,在运输及使用中会发生合理损耗 20%。

(5) 基于现有生产条件,生产中可容许的废品率为 10%,废品无残值。

(6) 企业实行 8 小时工作制,每天用于机器调整及准备的时间大致需要 0.8 小时。

(7) 生产 10 000 件产品的变动性制造费用总预算是 100 000 元,以直接人工小时为分配基础。

(8) 全期间的固定性制造费用预计发生额为 72 000 元,假设总的机器小时为 7 200 小时,剔除废次品因素后单位合格产品生产需要 0.72 小时。

(9) 全期销售产品 10 000 件。

以下按产品成本的各个组成部分分别确定其标准成本:

1. 直接材料的标准成本

根据直接材料的标准成本计算公式,可知:

$$直接材料标准成本 = \sum_{i=1}^{n} \left(\frac{单位产品生产中第 i 种}{材料的标准耗用量} \times 第 i 种材料的标准单价 \right)$$

$$材料 M-1 的标准耗用量 = \frac{5}{1-10\%} = 5.556 (千克)$$

$$M-1 标准单价 = 采购单价 \times (1-现金折扣率) = 8 \times (1-2\%) = 7.84 (元/千克)$$

$$材料 M-2 的标准耗用量 = \frac{3}{80\% \times (1-10\%)} = 4.167 (千克)$$

$$M-2 标准单价 = 10 \times (1-2\%) = 9.8 (元/千克)$$

因此,直接材料的标准成本 = 5.556 × 7.84 + 4.167 × 9.8 = 84.396(元)

2. 直接人工的标准成本

根据直接人工的标准成本计算公式,可知:

直接人工标准成本 = 单位产品的标准工时 × 小时标准工资率

单位合格产品的标准工时 = 单位产品工时标准/[(1-废品率) × 有效工作时间率]

$$= \frac{2}{(1-10\%) \times \frac{8-0.8}{8}} = 2.469 1 (小时)$$

因此,直接人工标准成本 =2.469 1 × 10=24.691(元)

3. 变动性制造费用的标准成本

根据变动性制造费用的标准成本计算公式,可知:

$$\frac{直接人工小时变动性}{制造费用分配率标准} = \frac{变动性制造费用总预算}{总的直接人工小时}$$

$$= \frac{100\ 000}{10\ 000 \times 2.469\ 1} = 4.050(元/小时)$$

单位产品分配的变动性制造费用为:

$$\frac{单位产品变动性制造}{费用的标准成本} = \frac{单位产品耗用的}{直接人工小时} \times \frac{直接人工小时变动性}{制造费用分配率标准}$$

$$=2.469\ 1 × 4.050=10.000(元)$$

4. 固定性制造费用的标准成本

根据固定性制造费用的标准成本计算公式,可知:

$$\frac{单位机器小时固定性}{制造费用分配率标准} = \frac{固定性制造费用总预算}{总机器小时}$$

$$= \frac{72\ 000}{7\ 200} = 10(元/小时)$$

单位产品分摊的固定性制造费用为:

$$\frac{单位产品固定性制造}{费用的标准成本} = \frac{单位产品耗用的}{机器小时} \times \frac{单位机器小时固定性}{制造费用分配率标准}$$

$$=0.72 × 10=7.20(元)$$

5. 产品标准成本

综合前面的各个项目,可以计算出单位合格产品的标准成本为:

直接材料的标准成本	84.396 元
直接人工的标准成本	24.691 元
变动性制造费用的标准成本	10.000 元
固定性制造费用的标准成本	7.200 元
单位合格产品的标准成本	126.287 元

通过以上诸步骤计算出单位产品的标准成本,同时也构成企业弹性预算的基础,这是一个有效的计划和控制系统的关键特征[①]。

第三节　差异分析

实施标准成本制度要求从事前、事中、事后进行成本的全流程控制。在事前控制方面,要求建立不同层级的成本中心并明确其职责,同时制定科学完善的成本标准;事中控制要求各成本中心利用确定的成本标准编制月度执行预算,并根据实施的具体情况及时做出

---

① 魏立江,汪家常,陈国荣. 标准成本管理中基准制定问题及其解决对策[J]. 财会通讯,2009(4).

调整、改进;事后控制的重点在于以标准成本为基础,确定实际成本与标准成本之间是否存在差异,并进一步地分析产生差异的原因,查找实施过程中的薄弱环节和不足之处,探索进一步降低成本的可能性。[①]

以下依次介绍直接材料、直接人工和制造费用的差异分析方法。

一、直接材料的差异分析

对直接材料项目进行差异分析时要区分出由于偏离"价格"标准和由于偏离"数量"标准而引起的差异,前者为价格差异,后者为数量差异。

(一)价格差异分析

直接材料价格差异的计算公式是:

$$\text{材料价格差异} = \left(\begin{array}{c}\text{实际}\\\text{数量}\end{array} \times \begin{array}{c}\text{实际}\\\text{价格}\end{array}\right) - \left(\begin{array}{c}\text{实际}\\\text{数量}\end{array} \times \begin{array}{c}\text{标准}\\\text{价格}\end{array}\right)$$

$$= \text{实际数量} \times (\text{实际价格} - \text{标准价格})$$

[**例 4-2**]　承例 4-1,假设该企业生产中实际耗用 M-1 材料 52 000 千克,每千克的实际价格为 7.60 元,其标准价格为 7.84 元;耗用 M-2 材料 43 000 千克,每千克的实际价格为 10.25 元,其标准价格为 9.80 元。

这两种材料发生的价格差异可具体计算如下:

M-1 材料:52 000 × (7.60-7.84)=-12 480(元)

M-2 材料:43 000 × (10.25-9.80)=19 350(元)

价格差异小于 0,说明实现了成本节约,是有利的差异;价格差异大于 0,说明实际成本超支,是不利的差异。

(二)数量差异分析

直接材料数量差异的计算公式是:

$$\text{材料数量差异} = \left(\begin{array}{c}\text{实际}\\\text{数量}\end{array} \times \begin{array}{c}\text{标准}\\\text{价格}\end{array}\right) - \left(\begin{array}{c}\text{标准}\\\text{数量}\end{array} \times \begin{array}{c}\text{标准}\\\text{价格}\end{array}\right)$$

$$= (\text{实际数量} - \text{标准数量}) \times \text{标准价格}$$

[**例 4-3**]　承例 4-2,假设该企业生产中实际耗用 M-1 材料 52 000 千克,每千克的标准价格为 7.84 元,其标准用量为 55 560 千克;耗用 M-2 材料 43 000 千克,每千克的标准价格为 9.80 元,其标准用量为 41 670 千克。

这两种材料发生的数量差异可具体计算如下:

M-1 材料:(52 000-55 560)× 7.84=-27 910.4(元)

M-2 材料:(43 000-41 670)× 9.80=13 034(元)

数量差异小于 0,说明实际生产过程中消耗的原材料少于设定的标准,是有利的差异;数量差异大于 0,说明实际消耗超支,是不利的差异。

(三)进一步地分析

以下再以一个简例综合分析直接材料的价格差异和数量差异。

---

① 吕凯风,黄波.宝钢标准成本发的应用.财务与会计,2018(3).

[例 4-4]　有关数据如表 4-1 所示。

表 4-1　某企业直接材料生产耗用量和单价

	标准	实际
生产耗用 M-2 材料量(千克)	41 670	43 000
M-2 材料单价(元/千克)	9.80	10.25

M-2 材料的价格差异 = 43 000×(10.25-9.80) = 19 350(元)

M-2 材料的数量差异 = (43 000-41 670)×9.80 = 13 034(元)

图 4-1 具体反映了例 4-4 中价格差异与数量差异的关系。

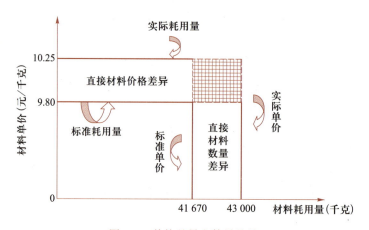

图 4-1　价格差异和数量差异

　　值得注意的是,图 4-1 表明我们通常的做法是以实际耗用量为基础计算价格差异、以标准价格为基础计算数量差异,这样实际上将图中由虚线围成的阴影部分归入价格差异。这种做法在理论上说来并不很严密。因为这样计算出来的价格差异中实际上包含了一部分数量差异的影响。就例 4-4 而言,如果材料的实际耗用量没有超过标准,那么价格差异就只有 18 751.50 元[41 670×(10.25-9.80)],而不是 19 350 元,二者 598.50 元的差额是价格和数量两个因素共同作用的结果,属于"价格 - 数量差异"。实际工作中多将"价格 - 数量差异"直接归入价格差异的理由是,数量差异是内部控制的重点,为了突出数量差异,就要使计算的数量差异尽可能纯粹。

　　以标准成本评价和考核责任中心的经营业绩时有必要分清责任,区分有关差异的产生是否属于该责任中心的可控成本。例如,某企业的材料采购由专门的部门负责,那么在考核直接生产部门(成本中心)的成本差异时,由于材料质量不合标准引起的成本差异就不应该由该成本中心负责。在这种情况下,有关的差异应归入其他责任中心,如采购部门的业绩评价中去。

　　值得注意的是,例 4-4 的差异分析并非最终的,每一个差异的数额都可以进一步分解,直至查明差异的根本原因和直接责任人。因此,对标准成本的差异分析可以作为管理部门对各职能部门进行管理控制、改善经营过程,以及对各当事人实施奖惩的依据。差异数据越具体,涉及的责任中心就越明确,说服力就越强,对提高企业的管理水平就越有益。

二、直接人工的差异分析

(一) 价格差异、数量差异分析

直接人工的差异分析原理和直接材料差异分析原理一样要区分价格差异和数量差异进行,以简例说明如下:

[例4-5] 承例4-3,假设该企业有焊接和组装两道工序,其标准人工每小时工资率均为10元,单位产品需要的标准工时各是1.235小时;本月该中心共完成产品10 000件,实际焊接12 000小时、组装13 000小时,分别发生直接人工工资132 000元和120 000元。

据此,可以计算:

$$焊接工序直接人工工资率差异 = 12\ 000 \times \left(\frac{132\ 000}{12\ 000} - 10 \right) = 12\ 000(元)$$

$$效率差异 = (12\ 000 - 1.235 \times 10\ 000) \times 10 = -3\ 500(元)$$

$$组装工序直接人工工资率差异 = 13\ 000 \times \left(\frac{120\ 000}{13\ 000} - 10 \right) = -10\ 000(元)$$

$$效率差异 = (13\ 000 - 1.235 \times 10\ 000) \times 10 = 6\ 500(元)$$

(二) 直接人工混合差异分析

在例4-5中,我们假设在同一道工序内的工人的工资率是一样的,但在实际工作中,同一工序、同一产品的生产可能需要有不同工资等级的工人来完成。因此,不同等级工人的工作量比重变动会影响直接人工的成本差异分析。

[例4-6] 设某企业20×1年生产两种产品:产品A和产品B,年内产品A完工2 000件,产品B完工3 000件,期初、期末没有在产品。年初确定的直接人工标准成本如表4-2所示。

表4-2　直接人工成本

产品	产量(件)	单位产品标准工时(小时/件)			标准工时合计(小时)		
		一级工	二级工	三级工	一级工	二级工	三级工
产品A	2 000	2	3	5	4 000	6 000	10 000
产品B	3 000	1	2	4	3 000	6 000	12 000
合计					7 000	12 000	22 000
小时标准工资率(元/小时)					8	6	5
直接人工标准成本(元)					56 000	72 000	110 000

但在20×1年度内,企业调整了各级别工人的小时工资率,其中一、二、三级工的小时实际工资率分别为:8.8元/小时、7.2元/小时和4.6元/小时;实际耗用的人工小时也与标准有所差异,三个等级的人工分别为:6 200小时、10 500小时和26 000小时。

根据上述资料,总的直接人工差异分析如表4-3所示。

表4-3   总直接人工差异

工资等级	实际的小时工资率 (元/小时)	实际的人工小时 (小时)	直接人工的 实际成本(元)	直接人工的 标准成本(元)	差异 (元)
1	8.8	6 200	54 560	56 000	−1 440
2	7.2	10 500	75 600	72 000	3 600
3	4.8	26 000	124 800	110 000	14 800
合计		42 700	254 960	238 000	16 960

我们采取与前面一样的方法将总的直接人工差异区分为工资率差异和效率差异两个部分,具体的计算如下:

总的直接人工的工资率差异等于:

$$6\,200 \times (8.8-8) + 10\,500 \times (7.2-6) + 26\,000 \times (4.8-5)$$
$$=254\,960 - (6\,200 \times 8 + 10\,500 \times 6 + 26\,000 \times 5) = 12\,360(元)$$

直接人工的总的效率差异等于:

$$(6\,200 - 7\,000) \times 8 + (10\,500 - 12\,000) \times 6 + (26\,000 - 22\,000) \times 5$$
$$=4\,600(元)$$

分析表明实际的工资率和效率同时造成了不利的差异,共同影响了实际成本对标准成本的偏离。

为进一步分析直接人工效率差异产生的原因,我们可以将计算出的直接人工的总的效率差异再细分为纯粹由于总的人工小时变动而引起的差异和混合差异两个部分。这里,直接人工的混合差异考察由于不同等级人工完成的工时占总人工小时比重的变动而引起的成本变化。

纯粹由于总的人工小时变动而引起的差异是:

$$\left[42\,700 - (7\,000 + 12\,000 + 22\,000)\right] \times \frac{56\,000 + 72\,000 + 110\,000}{7\,000 + 12\,000 + 22\,000}$$

$$=1\,700 \times 5.804\,878 = 9\,868.29(元)$$

直接人工的混合差异为:

$$42\,700 \times \left(\frac{6\,200 \times 8 + 10\,500 \times 6 + 26\,000 \times 5}{427\,000} - \frac{56\,000 + 72\,000 + 110\,000}{7\,000 + 12\,000 + 22\,000}\right)$$

$$=42\,700 \times (5.681\,499 - 5.804\,878) = -5\,268.29(元)$$

这说明一方面由于总的人工小时的增加,人工成本增加了9 868.29元;但另一方面,单位时间工资率较低的三级工占总工时的比重从53.65%〔22 000÷(7 000+12 000+22 000)〕上升到60.89%(26 000÷42 700),而工资率相对较高的一、二级工人的工时比重都有不同程度的下降,这使得平均的工资率有所下降,从而产生有利的差异5 268.29元。

通过直接人工的混合差异分析,可以较为全面而具体地说明直接人工成本差异的原因。

三、制造费用的差异分析

和直接人工、直接材料不同,制造费用所包含的具体内容较多,有一部分制造费用的发生额随业务量的增减变动而变动,但也有一部分制造费用的发生额与业务量之间并不存在显著的线性关系;此外,有时我们也难以很明确地区分出一笔费用的发生应该归属于哪一件产品。因此,在制造费用差异分析过程中有必要区分变动性制造费用和固定性制造费用分别进行有针对性的分析。

(一)变动性制造费用的差异分析

变动性制造费用是指那些发生额随业务量变动而变动的制造费用,其发生额受实际业务量与标准业务量差异的影响。

[例4-7] 承例4-5,假设该企业以直接人工小时作为制造费用的分配基础,有关数据如表4-4所示。

表4-4 变动性制造费用

单位人工小时分摊的变动性制造费用标准(元/小时)	
间接人工	2.00
辅助材料	2.05
合计	4.05
生产单位产品的标准人工小时(小时/件)	2.47
实际完成的人工小时(小时)	25 000
实际完成产品数量(件)	10 000
实际发生费用数(元)	
间接人工	55 000
辅助材料	44 000
合计	99 000
实际完成产量的标准人工小时(小时)	24 700

根据以上资料,变动性制造费用形成的差异可以分析如表4-5所示。

表4-5 变动性制造费用形成的差异 单位:元

	按标准人工小时计算 ①	按实际人工小时计算 ②	实际发生额 ③	差异合计 ③-①	耗费差异 ③-②	效率差异 ②-①
变动性制造费用						
间接人工	49 400	50 000	55 000	5 600	5 000	600
辅助材料	50 600	51 250	44 000	-6 600	-7 250	650
合计	100 000	101 250	99 000	1 000	-2 250	1 250

从单位产品看,每一单位产品分摊的变动性制造费用资料:

标准:$2.47 \times 4.05 = 10.00$(元/件)

实际:$\dfrac{25\,000}{10\,000} \times \dfrac{99\,000}{25\,000} = 9.9$(元/件)

差异:-0.1(元/件)

其中:效率差异$= \left(\dfrac{25\,000}{10\,000} - 2.47\right) \times 4.05 = 0.125$(元/件)

耗费差异$= \left(\dfrac{99\,000}{25\,000} - 4.05\right) \times \dfrac{25\,000}{10\,000} = -0.225$(元/件)

(二)固定性制造费用的差异分析

固定性制造费用通常是与形成企业生产能力的资产联系在一起的,它与变动性制造费用的区别在于在一定的时期内、在一定的生产水平条件下固定性制造费用的发生额不随业务量的变动而变动。

固定性制造费用的差异有三种表现形式:耗费差异,是指实际发生额与预算额的差;效率差异,指的是根据实际机器小时确定的分配数与根据标准机器小时确定的分配数之差;生产能力利用差异,是指根据预定应完成的机器小时分配的费用额与根据实际机器小时分配额之差。

[例4-8]　设例4-1中,有关的固定性制造费用预算如表4-6所示。

表4-6　固定性制造费用预算　　　　　　　　　　　　单位:元

固定性制造费用	
折旧与摊销	60 000
管理人员工资	7 000
其他固定性费用	5 000
合计	72 000

而生产单位产品的标准机器小时为6小时,如果机器充分运作,该企业总的机器小时为7 200小时。实际的结果是,完成机器小时6 500小时,发生固定性制造费用63 000元。

根据以上资料可以计算:

固定性制造费用标准分配率$= 72\,000 / 7\,200 = 10$(元/机器小时)

具体分析如表4-7所示。

表4-7　固定性制造费用的差异分析　　　　　　　　　　单位:元

	标准分配率	按标准机器小时计算	按实际机器小时计算	预算额	实际发生额	差异合计	耗费差异	效率差异	生产能力利用差异
	(1)	(2)	(3)	(4)	(5)	(5)-(2)	(5)-(4)	(3)-(2)	(4)-(3)
固定性制造费用	10	$6 \times 1\,000 \times (1)$ =60 000	$6\,500 \times (1)$ =65 000	$7\,200 \times (1)$ =72 000	63 000	3 000	-9 000	5 000	7 000

从单位产品来看,每单位产品分摊的固定性制造费用为:

标准: $6 \times 10 = 60$(元/件)

实际: $\dfrac{6\,500}{1\,000} \times \dfrac{63\,000}{6\,500} = 63$(元/件)

差异: 3(元/件)

其中: 效率差异 $= \left(\dfrac{6\,500}{1\,000} - 6 \right) \times 10 = 5$(元/件)

耗费差异 $= \dfrac{6\,500}{1\,000} \times \left(\dfrac{63\,000}{6\,500} - \dfrac{72\,000}{6\,500} \right) = -9$(元/件)

生产能力利用差异 $= \dfrac{6\,500}{1\,000} \times \left(\dfrac{72\,000}{6\,500} - 10 \right) = 7$(元/件)

本 章 小 结

所谓的标准成本系统,是包括标准制定、差异分析、差异处理三部分组成的事前、事中、事后的全流程成本控制系统。标准成本的基本形式表现为数量标准乘以价格标准。制造业企业中,产品成本包括直接材料、直接人工和制造费用三大部分,因此应就这三部分的特点分别制定标准成本。实际成本与标准成本的差异成为成本差异。如果实际成本低于标准成本,为有利差异,表示成本的节约;实际成本高于标准成本为不利差异。成本差异又可以分解为价格差异和数量差异。对成本差异的分析目的是通过找到造成差异的原因发现降低成本的路径和加强成本管控的着力点。

重点词汇

标准成本	当前标准成本	理想标准成本	现实标准成本
标准成本系统	成本差异	差异分析	价格差异
数量差异			

思 考 题

1. 什么是标准成本,什么是标准成本系统? 在企业中实施标准成本系统有何意义?
2. 基本标准成本、理想标准成本和现实标准成本有何差别?
3. 如何制定直接材料、直接人工和制造费用的标准成本?
4. 进行差异分析时,为什么需要将差异区分为价格差异和数量差异?
5. 差异管理要遵循什么样的基本原则,为什么?

即 测 即 评

请扫描二维码，进行随堂测试。

第五章　成本性态分析与变动成本计算

学习目标

1. 掌握成本性态概念,理解成本性态与作业量的关系。
2. 理解以成本性态为基础进行成本分类的管理意义。
3. 明确固定成本、变动成本、半变动成本的特性及其之间的区别与联系。
4. 掌握半变动成本的分解方法。
5. 掌握变动成本计算法,理解变动成本计算的管理意义。
6. 理解完全成本与变动成本计算法之间的区别与联系。

导读案例

大学生李海的创业

在大学毕业后不久,李海就厌倦了朝九晚五的办公室生活,和三个同学一起选择了自主创业。经过一番调查,李海和伙伴们成立了一家培训中心,面向初三学生进行中考考前辅导。近年来各大城市平均 50%~60% 的中考升学率让广大的家长和学生都明白要想在中考中胜出,仅依靠校内是不够的,更需要课后的金钱和资源投入。中考辅导市场需求巨大。

李海将家里多年前购置的一套三居室房子做了简单装修,靠着向家长借入的启动资金购置了必要的办公设备,几个小伙伴就热火朝天地忙开了。由于房子毗邻市里的一所省级一级达标中学,加上学生时代打下的基础和相对低廉的价格,培训中心很快就招收到了第一批学生。

当年的中考在半年后举行了,创业伙伴们也第一次有时间检视一下培训中心的成果。李海在大学期间曾选修了几门会计方面的课程,他针对培训中心提供的两类服务编制了利润表如表 5-1 所示。

一对一辅导和小班制辅导均是按合同进行的。学生按学期签约,并按实际上课时数报价付款。工作内容也很单纯,就是针对学生的学习程度、结合中考的要求进行课程辅导。其中,直接成本主要就是教学使用的教辅材料,以及一对一辅导每课时 100 元、小班制辅导每课时 150 元的预支课酬。需要分摊的成本 40 000 元,包括

表 5-1 培训中心产品线利润表　　　　　　　　　单位:元

	一对一辅导	小班制辅导
收入	30 000.00	120 000.00
直接成本	24 000.00	80 000.00
分摊成本	8 000.00	32 000.00
利润	-2 000.00	8 000.00

水电费、物业管理费。购置的电脑、打复印机、投影仪等设备随着使用不断消耗,李海选择按三年分摊成本。

　　分析的结果让小伙伴们多少有些失望。大半年的创业,每天忙忙碌碌的,预支的课酬还抵不上上班工资的一半。在这期间也曾想到过提高收费价格,但是培训市场的竞争激烈程度让他们不敢轻易调整。他们的父母也对他们天天点外卖的生活方式颇有怨言,李海的父母为了逼他回去上班还暗示要收回房子。虽然已经有新初三的学生在咨询报名的事,但李海和小伙伴们却对前途产生了疑虑。

　　资料来源:作者根据相关资料改编。

第一节　成本性态及其分析

　　如第一章所介绍的,所谓成本性态是指成本发生额与作业量之间的依存关系。进行成本性态分析就是要考察成本发生额与作业量之间规律性的联系。以成本性态为标准,可以将成本区分为固定成本、变动成本和半变动成本三类。

　　在作业成本计算和作业管理出现之前,成本性态分析的重点在于讨论成本发生额与产量之间的数量关系。但随着作业概念的产生,对成本性态的分析就突破了之前狭隘的视角,扩大到分析成本发生额与各种作业之间的数量关系。其观念上的突破体现在成本动因的导入,也就是通过分析导致成本发生的业务活动或事件,考察作业投入与作业产出间的联系。成本与成本动因之间的相关性越高,对成本性态的理解就越准确。

一、固定成本

(一) 固定成本的定义

　　固定成本,是指那些在特定的相关范围内,成本发生额不受作业量变动影响的项目。也就是说,作业量在一定的区间变动,固定成本总额仍能保持不变。但是从单位作业来看,情况正好相反:随着作业量的增加(减少),单位产品分摊的固定成本额相应减少(增加)。图 5-1 清晰地列示了固定成本与作业量(产量)之间的数量关系。

　　在计算导读案例中的单位成本时,小班制培训的教师成本就属于固定成本。当班级规模处在 1~12 人的范围内变动时,每课时的固定成本稳定在 150 元的水平上,并不随学生人数的增减变动而变动。但是学生数是 6 人或是 10 人时,每个学生分摊的固定成本额

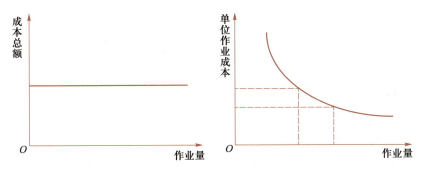

图 5-1　固定成本与作业量间的数量关系

是不同的：学生数为 6 人时，每个学生分摊的固定成本是 25 元 / 生·时；学生数为 10 人时，每个学生分摊的固定成本减少为 15 元 / 生·时。

在导读案例中，每个小班 1~12 的人数区间就是所谓的"相关范围"，也就是说，当培训的人数超出这个"相关范围"时，所谓的固定成本也就不再是"固定"的了。假设由于受到教室大小及合约限制时，培训中心的每个小班人数一旦超过了 12 人，那么就需要开设第二个班级，相应地就需要多一位老师、多预支一份薪水，如图 5-2 所示。

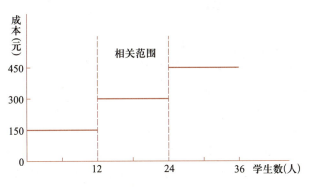

图 5-2　固定成本的相关范围

相关范围的存在，意味着不能以绝对化的观点来看待固定成本与作业量之间的依存关系，所谓的"固定"是有条件的。

（二）固定成本的分类
根据性质的不同，固定成本还可以进一步区分为约束性固定成本和酌量性固定成本。

1. 约束性固定成本

约束性固定成本主要指那些与形成企业生产经营能力相关的成本，如机器设备的折旧、维修费用、保险费用以及管理人员的薪金等。企业的生产能力一经形成，不论其实际利用程度如何，与之相关的成本将会在较长的时间内稳定存在、成本水平也保持相对稳定。现代企业的资本密集化趋势加强，该类成本额也越大。

2. 酌量性固定成本

酌量性固定成本，是指根据一定期间的预算所确定的固定成本，如研究和开发费用、广告和宣传费用都属于酌量性固定成本项目。从短期看,酌量性固定成本不受企业经营水平的影响;但其"固定"仅在预算期内有效,企业领导层可以根据生产经营的实际需要,对不同预算期的这类成本项目做出不同的安排。

二、变动成本

(一)变动成本的定义

与固定成本相反,变动成本是指那些期间发生总额在相关范围内随着作业量的变动而呈线性变动的成本项目,常见的如直接人工、直接材料成本等。但从单位作业角度考察,单位作业对应的变动成本在相关范围内保持不变。

图5-3表示了单位变动成本、变动成本总额与作业量之间的关系。

如导读案例中培训中心开设的一对一辅导班的教师费用就是典型的变动成本项目,每多一个学生多做一小时的培训就需要多预支100元的教师人工费用。

与固定成本一样,变动成本与作业量之间的线性关系也是有条件的,即存在一定的"相关范围"。也就是说,一旦作业量超出相关范围时,该成本项目的发生额就可能会呈非线性变动。

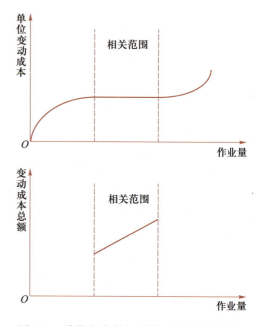

图5-3   单位变动成本、变动成本总额与作业量的数量关系

同时,对于变动成本或固定成本的划分还受到成本对象变化的影响。如导读案例中,计算每个小班制单位成本时,教师费用属于固定成本,但如果以辅导班作为成本对象,那么该成本项目就属于变动成本了。

(二)变动成本的分类

和固定成本相似,变动成本也可以进一步区分为技术性变动成本和酌量性变动成本:

1. 技术性变动成本

技术性变动成本,指的是由生产技术或实物流动决定的、经营过程中必须发生的变动成本,它的发生与否、发生量与作业量之间存在明确的技术或实物关系。如每开设一个培训班需要一个老师,每生产一箱茅台酒需要六瓶茅台酒、一个纸箱、两条塑料封条等。这类成本是产品生产或劳务提供过程中所必然要发生的成本。

2. 酌量性变动成本

所谓酌量性变动成本,指的是那些可以通过管理决策改变的变动成本,如按销售量计提的销售佣金、技术使用费、商标使用费等。企业发生酌量性变动成本的主要目的是提高市场竞争力或改善企业形象,它与技术性变动成本的主要差别在于其发生与否、发生额大小受企业管理层的决策所影响。

三、半变动成本

(一)半变动成本的定义

半变动成本,既不像固定成本一样在期间内保持稳定,也不像变动成本一样随作业量呈正比例变动,它同时包含了固定成本和变动成本两种因素,实质上属于混合成本。图 5-4、图 5-5 列示了两种常见的半变动成本。

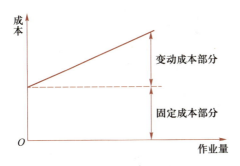

图 5-4 以一定初始量为基础的半变动成本 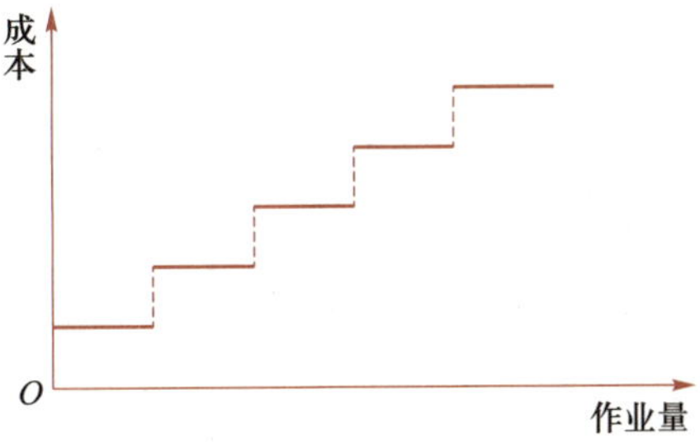   图 5-5 阶梯式半变动成本

固定电话费、公用事业服务费、机器的维护费用等基本上都属于这一类成本项目。其中的固定成本部分表示为获得服务所必需的最低支出部分,如固定电话的月租费;变动成本部分则随着作业量(产量)的增加而增加,如按通话时间计算的通话费。

图 5-5 列示了阶梯式半变动成本作业量与成本发生额之间的数量关系。比较图 5-4 与图 5-5,可发现二者存在一定的相似性:作业量在一定范围内增长时,成本发生额不变;当作业量超过一定的限度时,成本发生额会突然上升之后又保持一段时间的相对稳定。对于这样的成本项目可根据相关范围的大小划归固定成本或变动成本,即如果从短时期来看,相关范围占了期间作业量的大部分则视为固定成本,如果相关范围仅占期间作业量的一小部分,则可以视其为变动成本。

(二)半变动成本的分解

由于大多数的半变动成本同时包含了固定成本和变动成本两种因素,为便利成本性态分析就需将半变动成本分解为"固定"和"变动"两个组成部分,即:

$$y=a+bx$$

其中:y 为一定期间的半变动成本的总发生额;a 为半变动成本中的固定成本部分;b 为半变动成本随产量的变动比例;x 为作业量;bx 为半变动成本中的变动成本部分。

在实际工作中,半变动成本的分解方法很多,以下选取三种常用的方法做简单介绍。

1. 高低点法

高低点法是半变动成本分解的一种简易办法,它以某一期间相关作业量范围内的最高作业量与最低作业量的作业量差,结合相应的成本差来推算半变动成本中固定成本、变动成本所占比重。其通过如下方法推算上式中的 a、b 两个系数:

$$b=\frac{\text{高低点作业量的成本差}}{\text{高低点作业量差}}$$

a＝高点半变动成本总额－b×高点作业量

或 a＝低点半变动成本总额－b×低点作业量

[例5-1] 表5-2列示了某企业一年中不同月份机器工作小时与物料费的数据。

表5-2　某企业一年中各月机器工作小时和物料费情况

月份	机器工作小时（小时）	物料费（千元）	月份	机器工作小时（小时）	物料费（千元）
1	95	397	7	66	281
2	90	377	8	58	269
3	87	365	9	55	265
4	82	345	10	64	286
5	78	329	11	72	310
6	75	317	12	85	350

从表5-2中可以知道最高作业量点和最低作业量点的作业量和成本情况,如表5-3所示。

表5-3　最高作业量点和最低作业量点的作业量和成本情况

	机器工作小时（小时）	物料费（千元）
最高作业量点	95	397
最低作业量点	55	265
差额	40	132

由此,可以确定:

b＝132/40＝3.3

a＝397－3.3×95＝83.5

推导出:y＝83.5＋3.3x

根据该公式,我们可以推算出未来特定作业量下的可能的成本水平。例如,该企业预计第2年1月的机器工作小时为90小时,那么预计将发生物料费380.5(83.5＋33×90)千元。

高低点法是半变动成本的一种简便分解方法,但由于其分析过程仅利用了高、低两组数据,如果这两个点不具有代表性,那么得出的结论就可能会有较大的偏差。

2. 散布图法

散布图法,是另一种常用的半变动成本分解方法。运用该方法时,先将相关的历史数据以散点方式绘入坐标系中,再根据目测绘制一条直线。绘制时尽可能做到直线上下两边各点与直线的距离既要最小又要相等。该直线与 y 轴的交点即为 a 值,斜率为 b 值。简例说明如下:

[例5-2] 承例5-1,仍以表5-2数据为基础,绘制散布图如图5-6所示。

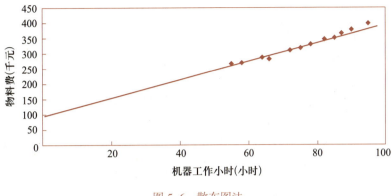

图 5-6 散布图法

根据目测,确定 $a = 90$,根据 $b = \dfrac{y-a}{x}$ 确定曲线斜率为 3.06,即:

$$y = 90 + 3.06x$$

如果企业预计第 2 年 1 月的机器工作小时为 90 小时,那么预计将发生物料费 365.4 千元($90 + 3.06 \times 90$)。

相较高低点法,散布图考察了所有的历史数据,综合性较高。但是目测过程中,分析者的主观影响在所难免,同样的数据、不同的分析者往往会得出不同的结论。

3. 最小二乘法

最小二乘法,也称最小平方回归分析法或最小平方法,它假定相关变量之间存在线性关系,再利用数学上的最小平方原理,计算可以代表平均成本水平的 y 轴截距和斜率作为固定成本和单位变动成本。该方法的推导过程如下:

首先,以合计数表示 $y = a + bx$ 的各项,即:

$$\sum y = na + b \sum x$$

$$\Rightarrow a = \frac{\sum y - b \sum x}{n}$$

其次,以 x 乘以前式各项,即:

$$\sum xy = a \sum x + b \sum x^2$$

$$\Rightarrow \sum xy = \frac{\sum y - b \sum x}{n} \times \sum x + b \sum x^2$$

最后,推导出:

$$b = \frac{n \sum xy - \sum x \sum y}{n \sum x^2 - \left(\sum x \right)^2}, \quad a = \frac{\sum x^2 \sum y - \sum x \sum xy}{n \sum x^2 - \left(\sum x \right)^2}$$

[**例 5-3**] 承例 5-1,仍以表 5-2 数据说明最小二乘法的应用。

表 5-4   最小二乘法应用举例

月份	机器工作小时(小时) x_i	物料费(千元) y_i	x_iy_i	x_i^2
1	95	397	37 715	9 025
2	90	377	33 930	8 100
3	87	365	31 755	7 569
4	82	345	28 290	6 724
5	78	329	25 662	6 084
6	75	317	23 775	5 625
7	66	281	18 546	4 356
8	58	269	15 602	3 364
9	55	265	14 575	3 025
10	64	286	18 304	4 096
11	72	310	22 320	5 184
12	85	350	29 750	7 225
合计	907	3 891	300 224	70 377

将表 5-4 的计算结果代入前式,可得:

$$b = \frac{12 \times 300\ 224 - 907 \times 3\ 891}{12 \times 70\ 377 - 907^2} = 3.36$$

$$a = \frac{70\ 377 \times 3\ 891 - 907 \times 300\ 224}{12 \times 70\ 377 - 907^2} = 70.11$$

据此得出该企业期间物料费与机器工作小时之间的线性关系函数为:

$$y = 70.11 + 3.36x$$

可见,三种方法得出的结论不尽一致。其中最小二乘法利用了数学中"回归直线的误差平方和最小"原理,考虑了所有已知数据的影响,因此普遍认为该方法得出的结论更加科学、客观,可以较好地描述半变动成本发生额与作业量之间的数量关系。该方法的主要缺点在于计算过程烦琐,往往需要依靠计算工具作为辅助。

此外,我们还应充分认识到,不论是高低点法、散布图法还是最小二乘法,都是建立在"未来是历史的延续"这一假设基础上的,它们都是运用对历史数据的分析来推测未来。一旦企业的生产经营、技术流程等发生了较大的变化,分析结果的有效性就相当有限了,这时就要依靠诸如工程研究法、账户分类法、合同认定法等其他方法的帮助了。

第二节　变动成本计算法

结合成本性态分析,企业可以进行变动成本计算,进而获得决策相关信息。

一、变动成本计算法原理

变动成本计算,也称直接成本法,是适应企业管理需求而提出的一种成本计算方法。它以成本性态分析为前提,只将变动性生产成本作为产品成本的构成内容,而将固定性生产成本和非生产成本作为期间费用,并按贡献式收益表确定期间损益。

变动成本计算法下的产品成本内涵与传统财务报告所采用的完全成本概念间存在着显著的差异。完全成本法计算的产品成本时不但考虑生产过程中所发生的直接消耗,而且按比例分摊期间所发生的固定制造费用。因其计算的产品成本吸收了一定份额的固定性制造费用,故又称作吸收成本。而变动成本计算法要求将非变动成本(固定性制造费用)剔除出来作为期间费用,因此其核算的产品成本仅包含直接材料、直接人工、变动性制造费用等生产过程中发生的直接消耗项目。

变动成本计算法的合理性在于,它认为产品和期间费用是两个不同的概念,产品成本应该专指在生产过程中发生且随着产量变动而变动,并且在本期发生后下期不再重复发生的成本。直接材料、直接人工和变动性制造费用符合这样的定义。而固定性制造费用属于为企业提供一定的生产经营条件,以保持生产能力并使之处于准备状态而发生的成本,它同产品的实际产量没有直接联系,既不会随产量的增加而增加,也不会因为产量的下降而减少。它们实质上是会计期间所发生的费用,并随着时间的消逝而逐渐丧失,所以其效益也就不应该递延到下一个会计期间,因此,应该在费用发生的当期全额列作期间费用。[①]

二、变动成本计算法示例

以下以简例说明变动成本法的计算过程。

[例 5-4]　假设某企业只生产一种产品,期初无存货,相关资料如表 5-5 所示。

表 5-5　某企业产品的产量和成本情况

产量(件)	120 000	150 000
成本数据:		
生产耗用的原料(元)	600 000	750 000
生产耗用的直接人工(元)	240 000	300 000
发生的变动性间接费用(元)	120 000	150 000
发生的固定性间接费用(元)	360 000	360 000
合计	1 320 000	1 560 000

---

① 余绪缨,汪一凡.管理会计[M].辽宁人民出版社,2009.

根据完全成本法和变动成本法计算的单位产品成本如表 5-6 所示。

表 5-6   两种成本法计算结果

	完全成本法计算		变动成本法计算	
产量(件)	120 000	150 000	120 000	150 000
直接材料(元)	5.00	5.00	5.00	5.00
直接人工(元)	2.00	2.00	2.00	2.00
变动性制造费用(元)	1.00	1.00	1.00	1.00
固定性制造费用(元)	3.00	2.40	—	—
单位产品成本(元 / 件)	11.00	10.40	8.00	8.00

从表 5-6 中可以清楚地看到,两种成本计算方法的差异就在于是否吸收固定性制造费用。当产量为 120 000 件时,完全成本计算下每单位产品吸收了 3.00 元的固定性制造费用,利润表的产品销售成本项目和资产负债表中的产成品项目均按每件 11.00 元计价;产量为 150 000 件时,则统一按 10.40 元 / 件计价。而不论产量是 120 000 件或是 150 000 件,变动成本计算下的单位产品成本均为 8.00 元 / 件,期间发生的固定性制造费用 360 000 元全部作为销售收入的扣减项目,直接进入当期利润表,不再结转下期。

为说明两种计算方法对期间利润的影响,进一步假设当期以 20 元 / 件的单价对外销售了 100 000 件产品,则相应的期间利润表如表 5-7 和表 5-8 所示。

表 5-7   完全成本计算法   单位:元

产量	120 000 件	150 000 件
产品销售收入	2 000 000	2 000 000
减:产品销售成本	1 100 000	10 400 000
毛利	900 000	960 000
减:销售费用及管理费用	500 000	500 000
税前利润	400 000	460 000

注:销售费用及管理费用数为假设数。

同期资产负债表中产成品存货的价值分别为 220 000 元(2 万件)和 520 000 元(5 万件),对应的单位成本分别为 11.00 元 / 件和 10.40 元 / 件。

表 5-8   变动成本计算法   单位:元

产量	120 000 件	150 000 件
产品销售收入	2 000 000	2 000 000
减:产品制造成本	800 000	800 000

续表

贡献毛益 [1]	1 200 000	1 200 000
减:固定性制造费用	360 000	360 000
销售费用及管理费用	500 000	500 000
税前利润	340 000	340 000

　　同期资产负债表中产成品存货的价值分别为160 000元(2万件)和400 000元(5万件)，对应的单位成本均为8.00元/件。

　　对比表5-7和表5-8可见，在完全成本法下，期间利润不但受销售水平的影响，还受到生产量的影响；而变动成本计算法的期间利润则与生产量无关。因此，通过明确地将产品成本和期间成本区分开来，变动成本计算法可以更为明确地提供各种产品的盈利能力信息，进而直接揭示产品的销售量、销售成本与利润之间的联系，提供的成本信息也可以更容易地为管理层理解。此外，变动成本计算还可以更好地与标准成本、弹性预算和责任会计相结合，在计划和日常开支的各个管理决策环节发挥重要作用。

本 章 小 结

　　本章主要介绍了成本的性态及其分类，半变动成本的分解及变动成本计算法。所谓成本性态，指的是成本发生额与作业量之间的依存关系。根据成本性态，成本可以划分为固定成本、变动成本和半变动成本。变动成本计算法核算的产品成本仅包含直接材料、直接人工和变动性制造费用等直接消耗，与传统的完全成本计算法有显著差异。在变动成本计算法下，利润根据贡献式收益表分两步确定，即销售收入减变动成本得到贡献毛益，再减去期间成本得到期间利润。

重 点 词 汇

成本性态	固定成本	变动成本	半变动成本	高低点法
变动成本计算法	完全成本计算	吸收成本计算		

思 考 题

1. 么是成本性态？进行成本性态分析有什么意义？
2. 变动成本和固定成本的主要特点是什么？有何区别？
3. 什么是半变动成本？如何进行半变动成本分解？
4. 变动成本计算和完全成本计算的区别是什么？

---

　　[1]　贡献毛益，等于销售收入净额与变动成本总额的差。

即 测 即 评

请扫描二维码,进行随堂测试。

第六章　本量利分析

学习目标

1. 理解本量利分析的定义及其在管理上的意义。
2. 掌握本量利分析的方法。
3. 掌握盈亏临界点、安全边际的概念，以及盈亏临界点的分析方法。
4. 掌握盈亏临界图的绘制方法，并能够利用盈亏临界图进行相关分析。
5. 掌握相关因素变动对盈亏临界点影响的分析方法。

导读案例

格兰仕：以规模谋利益

　　广东格兰仕企业(集团)公司(以下简称"格兰仕")，是全球最大的微波炉制造商之一。

　　格兰仕的前身是顺德商人梁庆德在 1978 年成立的顺德桂洲羽绒厂，主要生产羽绒、服装满足海外市场需求。1991 年，公司决策层认为羽绒服装出口前景不佳，亟须转型。经过认真的市场调研，梁庆德选定家电业作为新的经营领域，并确定以微波炉作为突破口。这之后，公司逐步退出传统行业，以变现资金组建了一支自己的技术团队、从海外引进了先进的生产设备和生产技术、完成了公司名称变更，并在1993 年实现微波炉量产，年产 1 万台，此后一年一个台阶，迅速发展。1995 年年产销 25 万台，国内市场份额居首，实现销售收入 3.84 亿元，利润 3 100 万元。这标志着经过 4 年的努力，格兰仕已经成功实现了从羽绒服装生产厂商向家电生产厂商的转型。格兰仕自此牢牢占据了中国微波炉市场的龙头地位，1998 年的国内市场占有率更是达到了 73.5%。2000 年公司年产销微波炉 1 200 万台，占全球市场 40% 以上份额，是全球第二名企业的 2 倍以上。

　　格兰仕刚进入微波炉市场的那几年，由于行业利润高，吸引了众多企业进入并导致市场竞争不断加剧。1996 年 5 月，北京的雪花牌微波炉率先通过降价抢占市场。3 个月后，格兰仕发动第一次降价，各系列产品平均降价幅度达到 40%。1997 年 10 月，第二次大幅降价 29%~40%，此后几乎每年都有幅度不小的降价或变相降价。几轮下来,格兰仕将普通型号微波炉的市场价格从一开始的每台3 000元左右降到每台不足300元,尽显价格杀手本色。

价格战比拼的是企业成本管控能力。100万台是单间工厂微波炉生产的规模经济点,格兰仕在1996年达到这个规模门槛之后,每年以两倍于上一年的增长速度迅速扩大规模,生产规模的迅速扩大带来了生产成本的大幅度降低,成为格兰仕实施成本领先战略的重要一环。格兰仕规模每上一个台阶,就大幅下调产品价格,甚至有意识地使出厂价低于竞争对手的成本线,使对手丧失追赶的机会。以这样的价格竞争时,格兰仕可以保有微利,而竞争对手每多生产一台就多亏损一台。最终的结果是,格兰仕凭在中低端微波炉市场建立了行业壁垒,摧垮了竞争对手,将小企业淘汰出局。

在格兰仕发展的第一个十年间,通过规模降成本和价格谋市场的策略,书写了家电业的传奇,并逐步从微波炉龙头企业发展成为综合性、领先的跨国家电科技集团。

资料来源:作者根据格兰仕公司相关资料编写。

第一节 本量利分析的基本模型

在介绍变动成本计算法的过程中,我们可以看到成本、业务量与利润之间存在一定的数量关系,这种数量关系直接决定了企业的利润结构。本量利分析就是要考察这三个变量之间的这种数量依存关系,目的是要从结构上把握企业销售收入的增加或减少将给经营利润带来怎样的影响,为企业管理决策提供有用信息。有时我们也根据成本、业务量和利润三个词的英语第一个字母而将本量利分析简称为CVP分析。

下面,我们通过一个简例说明本量利分析的基本方法:

[例6-1] 设ABC公司生产一种微波炉,年计划产量100万台,产销平衡,单台出厂价200元。该企业的费用预算如表6-1所示。

表6-1 ABC公司费用预算　　　　　　　单位:万元

制造成本		
原材料	(68元/件)	6 800
直接人工	(5元/件)	500
变动性制造费用	(13元/件)	1 300
固定性制造费用		8 000
合计		16 600
销售费用		
变动性销售费用	(5元/件)	500

续表

固定性销售费用		800	1 300
管理费用			
变动性管理费用	（1 元 / 件）	100	
固定性管理费用		1 000	1 100
费用合计			19 000

通常，我们将销售收入净额减去变动成本总额后的余额称为贡献毛益，或边际贡献、边际收益。在例 6-1 中，ABC 公司的贡献毛益可以计算如下：

销售收入（=100×200）	20 000
减：变动成本	
变动性制造成本（=6 800+500+1 300）	8 600
变动性销售费用	500
变动性管理费用	100
贡献毛益总额	10 800

也就是说，ABC 公司下一年度计划产销的 100 万件产品总计可以实现 10 800 万元的贡献毛益。而就单件产品而言，单位贡献毛益为 108 元 / 件，它既等于贡献毛益总额（10 800 万元）与销售量（100 万件）的比；也等于单位产品售价（200 元 / 件）与单位产品变动成本（92 元 / 件）的差。

贡献毛益、单位贡献毛益都是以绝对值表示的，有时我们会进一步计算相对指标——贡献毛益率：

$$贡献毛益率 = \frac{单位贡献毛益}{单位产品售价}$$

$$或 \quad 贡献毛益率 = \frac{总的贡献毛益}{销售收入总额}$$

例 6-1 中，该产品的贡献毛益率等于 54.00%（108/200，或 10 800/20 000）。

掌握了贡献毛益、单位贡献毛益和贡献毛益率这些基本概念后，我们就可据以测算企业需要达到什么样的业务量水平才能够实现保本、盈亏相抵，也就是下一节要介绍的盈亏临界点分析。

第二节　盈亏临界点分析

一、盈亏临界点概述

（一）盈亏临界点的计量

根据变动成本计算，企业的利润可以通过下式确定：

$$P = V \times SP - V \times VC - FC = V \times (SP - VC) - FC \tag{6-1}$$

其中：P 表示利润；V 表示产销量；SP 表示单位产品售价；VC 表示单位产品变动成本；FC 表示固定成本；$(SP-VC)$ 表示单位贡献毛益；$V\times(SP-VC)$ 表示贡献毛益总额。

可见，贡献毛益首先要用来补偿特定期间发生的固定成本，补偿后还有剩余才构成企业的经营利润；补偿不足，就会发生亏损。

盈亏临界点，又称盈亏平衡点，就是企业贡献毛益正好等于固定成本、企业处于不盈不亏的状态时的经营业务量。企业的实际业务量如果低于盈亏临界点业务量，就会发生亏损；如果高了，则将取得盈利。

根据盈亏临界点的定义，可以推导出如下等式：

$$BE\times(SP-VC)-FC=0$$

$$\Rightarrow BE=\frac{FC}{SP-VC} \tag{6-2}$$

其中：BE 表示盈亏临界点的业务量。

在实务中，盈亏临界点可以采取实物单位计算或金额计算。

1. 按实物单位计算

由于 $(SP-VC)$ 就是单位贡献毛益，因此：

$$\frac{盈亏临界点的销售量}{（实物单位）}=\frac{固定成本}{单位产品的贡献毛益}$$

仍以例 6-1 为例，可知 ABC 公司的期间固定成本为 9 800 万元（8 000+800+1 000），单位产品贡献毛益为 108 元，则：

$$\frac{盈亏临界点的销售量}{（实物单位）}=\frac{9\ 800}{108}=90.74（万台）$$

说明当公司的产销量等于 90.74 万台时，企业不盈不亏，超过了就有盈利，不足则亏损。

2. 按金额计算

按金额反映的盈亏临界点，可以用实物单位表示的盈亏临界点产销量乘以销售单价计算得出，也可以运用如下公式直接计算：

$$\frac{盈亏临界点的销售量}{（金额表示）}=\frac{固定成本}{贡献毛益率}$$

延上例：

$$\frac{盈亏临界点的销售量}{（金额表示）}=\frac{9\ 800}{54\%}=18\ 148.15（万元）$$

即当公司的销售收入超过 18 148.15 万元时，企业实现盈利，不足的话就处于亏损状态。

（二）盈亏临界点作业率

以盈亏临界点的业务量除以企业正常开工完成的业务量，就可以得到一个新的指标——盈亏临界点作业率，该指标说明企业要实现盈利所要求的最低作业水平。用公式表示为：

$$盈亏临界点作业率 = \frac{盈亏临界点的业务量}{正常开工的业务量}$$

假设例 6-1 中，ABC 公司的设计产能是年产 100 万台，那么该公司的盈亏临界点作业率为：

$$盈亏临界点作业率 = \frac{90.74}{100} \times 100\% = 90.74\%$$

也就是说，如果该企业的开工作业率不足 90.74% 时，会发生亏损，只有当开工作业率高于该比率时企业才有盈利。

（三）安全边际与安全边际率

安全边际是另一个与盈亏临界点有关的指标。在数量上，安全边际等于盈亏临界点销售量与预计产销业务量的差；其反映的经济含义是指企业在现有的业务量水平上再降低多少就将由盈转亏。

安全边际的计算公式如下：

$$安全边际 = 预计业务量 - 盈亏临界点业务量$$

和盈亏临界点一样，安全边际业务量也可以通过实物单位和金额两种方式表示。在例 6-1 中：

$$安全边际业务量（实物单位） = 100 - 90.74 = 9.26（万台）$$

$$安全边际业务量（金额表示） = 100 \times 200 - 18\ 148.15 = 1\ 851.85（万元）$$

只要 ABC 公司实际业务量下降的幅度不超出安全边际的范围，公司的经营就仍有利润。安全边际越大，表明企业越安全。

除了以实务单位和金额的表述方法外，更多的企业采用相对指标——安全边际率。安全边际率的计算公式如下：

$$安全边际率 = \frac{安全边际}{实际业务量}$$

$$= \frac{实际业务量（额） - 盈亏临界点业务量（额）}{实际业务量（额）}$$

在本例中，ABC 公司的安全边际率等于：

$$安全边际率 = \frac{9.26}{100} \times 100\% = 9.26\%$$

由于：

$$销售利润率 = \frac{销售利润}{销售收入}$$

$$= \frac{（实际业务量 - 盈亏临界点业务量） \times （单位产品售价 - 单位产品变动成本）}{实际业务量 \times 单位产品售价}$$

$$= \frac{实际业务量 - 盈亏临界点业务量}{实际业务量} \times \frac{单位产品售价 - 单位产品变动成本}{单位产品售价}$$

=安全边际率×贡献毛益率

该公式的经济含义表明,只有安全边际部分(即超出盈亏临界点的业务量)的贡献毛益才构成企业的利润。本例中,ABC 公司的销售利润率等于 9.26% × 54%=5.00%。

二、盈亏临界图概述

盈亏临界点分析说明了本量利之间的线性关系,除了采用上面的计算公式方式表示外,也可以利用坐标轴将这种线性关系形象直观地表达出来。

(一)盈亏临界图的绘制方法

图 6-1 为基本形式的盈亏临界图的示例,其绘制方法如下:

(1)绘制直角坐标系,以业务量为横轴,成本和销售收入为纵轴。

(2)绘制固定成本线。在纵轴上确定固定成本的数额,并以该点为起点绘制一条与横轴平行的直线,即为固定成本线。

(3)绘制销售收入线。以坐标原点为起点、以销售单价为斜率绘制直线,该线即为销售收入线。

(4)绘制总成本线。以固定成本线与纵轴的交点为截距,以单位变动成本为斜率确定一条直线,即为总成本线。

(5)销售收入线与总成本线的交点即为盈亏临界点。

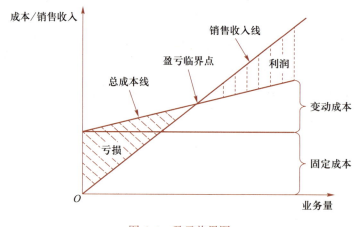

图 6-1　盈亏临界图

图 6-1 直观地反映了业务量、成本和利润之间的数量关系,我们从中还可以进一步分析出如下一些规律性的联系:

(1)盈亏临界点不变,业务量越大,企业实现的利润越多或亏损越少;业务量越小,实现的利润越少或亏损越多;

(2)业务量不变,盈亏临界点越高,企业实现的利润越少;盈亏临界点越低,实现的利润也越多;

(3)在销售收入确定的情况下,盈亏临界点的高低取决于固定成本的高低和单位变动成本的大小。固定成本越高或单位产品的变动成本越高,盈亏临界点就越高;固定成本越低,或单位产品的变动成本越低,盈亏临界点就越低;

(4) 在销售的总成本确定的情况下,盈亏临界点的高低受单位产品售价的影响。售价越高,盈亏临界点越高,利润越多;售价越低,盈亏临界点越低,利润越少。

(二) 其他形式的盈亏临界图

1. 贡献毛益式盈亏临界图

图 6-1 是盈亏临界图的基本形式,实际应用中为了更直观地考察某些财务指标之间的关系,还可以绘制其他形式的盈亏临界图。贡献毛益式就是其中常见的一种,如图 6-2 所示。

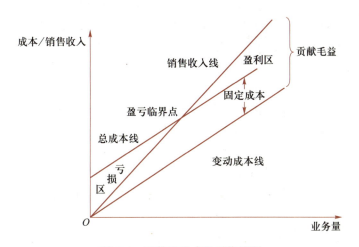

图 6-2　贡献毛益式盈亏临界图

比较图 6-1 和图 6-2 可以看出,贡献毛益式盈亏临界图与基本式盈亏临界图的主要差别在于,贡献毛益式盈亏临界图将固定成本直接叠加在变动成本线之上,进而更为直观地反映出了贡献毛益的形成过程及其构成,即销售收入减去变动成本后的余额就是贡献毛益,贡献毛益再减去固定成本才得到利润。

2. 利量式盈亏临界图

利量式盈亏临界图通常也被称作利润图,因为该图形仅反映业务量与利润之间的依存关系。

图 6-3 的绘制方法与图 6-1 又有不同,主要表现在图 6-3 的纵轴表示盈亏,利润线与纵轴的交点等于企业的期间固定成本,利润线亦可以通过任选一业务量水平下的盈亏数确定一个坐标点并将之与固定成本点相连便可画出。而利润线与损益两平线的交点就是盈亏临界点。

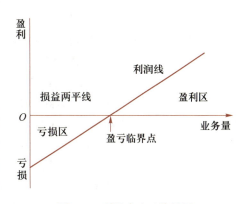

图 6-3　利量式盈亏临界图

分析图6-3,可以看到如下关系:

(1) 当业务量为零时,企业亏损最为严重,亏损金额等于期间的固定成本;

(2) 当产品的销售价格及成本水平保持稳定的情况下,业务量越大,利润就越多,或亏损越少。

图6-3反映的是单一产品的盈亏临界关系,如果企业同时生产多种产品,也可以同样方法绘制利量式盈亏临界图,但通常需要先计算总利润,并将总利润点与固定成本点相连接绘制利润线。

三、相关因素变动对盈亏临界点的影响

上面对盈亏临界点的分析,实际上隐含了一系列严格的假设。这些假设包括:

(1) 在分析范围内,企业收入和费用均随业务量的增减变化呈直线的变动;

(2) 发生的费用可以明确地划分为变动性和固定性两类;

(3) 企业生产的产品品种构成比例不变;

(4) 计算期间损益时,均假设期初、期末存货水平不变。

由于盈亏临界点是多个变量综合作用的结果,因此,任何一个变量发生变动通常都会引起盈亏临界点的变化,亦需相应调整既有的盈亏临界图。

下面以简例说明相关因素变动对盈亏临界点的影响。

[**例6-2**] 设 TTC 公司目前仅产销一种产品:产品A,单位变动成本15元,期间的固定成本200 000元,产品单位售价25元。企业的盈亏临界点销售量是20 000件或销售收入500 000元。

1. 销售价格变动的影响

图6-1中销售收入曲线的斜率就是产品的单位售价,单位售价越高,曲线的斜率越大。在其他条件不变的情况下,产品的单位贡献毛益就越大,补偿期间固定成本所需的业务量也会相应减少;而售价越低,曲线斜率越小,这意味着需要销售更多的产品才能补偿期间的固定成本。

设例6-2中,产品A的单位售价从25元提高到30元,其他条件不变。新的盈亏临界点为:

$$盈亏临界点销售量（实物单位） = \frac{200\ 000}{30-15} \approx 13\ 333（件）$$

变化后的盈亏临界图如图6-4所示。

可见,在其他条件不变的前提下,随着单位售价的提高,盈亏临界点会相应降低。

2. 单位变动成本变动的影响

图6-1中总成本线的斜率就是单位产品的变动成本即单位变动成本,单位变动成本越大,总成本线的斜率也越大,单位贡献毛益就越小,盈亏临界点越高。

设例6-2中,产品A的单位变动成本由15元上升到17元,其他条件不变,则新的盈亏临界点为:

$$盈亏临界点的销售量（实物单位） = \frac{200\ 000}{25-17} = 25\ 000（件）$$

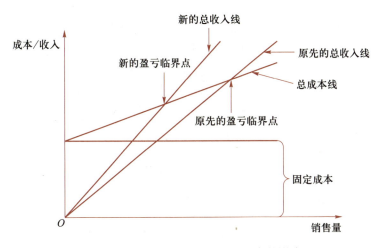

图 6-4　销售价格变化对盈亏临界点的影响

变化后的盈亏临界图如图 6-5 所示。

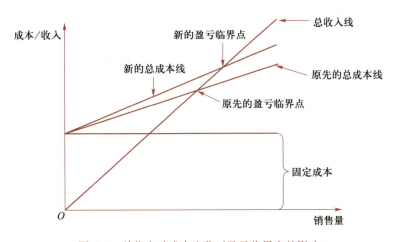

图 6-5　单位变动成本变化对盈亏临界点的影响

可见,随着单位产品变动成本的上升,盈亏临界点会随之上升;反之亦反之。

3. 固定成本变动的影响

由于盈亏临界点是补偿企业期间固定成本所需的业务量,因此期间的固定成本越大,实现补偿需要的业务量也越大;期间固定成本越小,盈亏临界点业务量也越小。

假设例 6-2 中,TTC 公司的固定成本由原先的 200 000 元减少到 180 000 元,那么,新的盈亏临界点为:

$$\text{盈亏临界点的销售量(实物单位)} = \frac{180\,000}{25-15} = 18\,000(\text{件})$$

变化后的盈亏临界图如图 6-6 所示。

可见,随着期间固定成本的增加,盈亏临界点会随之上移;反之亦反之。

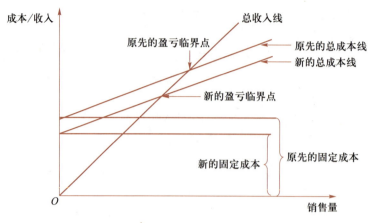

图 6-6   固定成本变化对盈亏临界点的影响

4. 产品结构变动的影响

当企业同时产销多种产品时,不同产品的贡献毛益率通常是不一样的,因此,产品组合的变动也会对企业的盈亏临界点产生影响。

仍以例 6-2 为例,设 TTC 公司经过研究发现在实现 50 000 件产品 A 的生产后生产能力还有部分剩余,可以用来对 20 000 件产品 A 做进一步的深加工,形成新的产品 B。深加工过程中,每单位 B 产品需发生新增的变动成本 10 元 / 件,市场单价 50 元 / 件。

可以确定产品 A 和产品 B 的贡献毛益率分别为 40% 和 50%。具体如表 6-2。

表 6-2   产品 A 和产品 B 的贡献毛益率的确定

产品	销售收入 (元)	贡献毛益	
		总额(元)	贡献毛益率
产品 A(30 000 件)	750 000	300 000	40%
产品 B(20 000 件)	1 000 000	500 000	50%
合计	1 750 000	800 000	45.71%

根据表 6-2,新的盈亏临界点为:

$$\text{盈亏临界点的销售量(金额表示)} = \frac{200\ 000}{45.71\%} = 437\ 541(\text{元})$$

这表明如果产品组合发生调整,不同贡献毛益率的产品在总销售收入中的比重发生变动,企业的综合贡献毛益率也因此改变,其结果必然会对盈亏临界点产生影响。

当然,这样计算的前提是产品 A 和产品 B 是严格按照 3:2 的比例销售的。即我们可以假设 3 件产品和 2 件产品 B 组成一个销售单位,每个单位的销售价格 175 元($=3 \times 25 + 2 \times 50$),当销售量达到 2 500 组(437 541 ÷ 175)时,或者说产品 A 销售 7 500 件、产品 B 销售 5 000 件时,企业达到盈亏平衡。

5. 产销不平衡的影响

在前面的分析中,我们采用的是变动成本计算法。在产销平衡的情况下,变动成本计算法和完全成本计算法确定的期间利润是一样的;而在产销一旦不平衡的情况下,两种成本计算法确定的期间利润就存在差异了。

如果企业以变动成本计算法为基础编制损益表,那么期间发生的全部固定成本均列示为期间费用,由当期的销售收入补偿;相应地,期末产成品库存的价值仅包括制造产品所需的变动成本。因此在变动成本计算法下,无论实现产销平衡与否,影响盈亏临界点的几个变量都是确定的,因此产销是否平衡对盈亏临界点的计算没有影响。

但如果企业的损益表以完全成本计算法为编制基础,那情况就有所不同了。完全成本计算要求期间固定成本要在当期生产的产品间进行分摊,如果产销不平衡,那么只有由当期已实现销售的产成品所分摊的那部分固定成本需要在当期得到补偿,其余部分则反映在期末的产成品库存价值当中。因此,完全成本法下的盈亏临界点的计算公式可以调整如下:

$$\frac{\text{盈亏临界点的销售量}}{\text{(金额表示)}} = \frac{\text{当期销售产品所分摊的固定成本}}{\text{当期销售产品的贡献毛益}}$$

假设例 6-2 中,TTC 公司期初无库存,本期计生产 A 产品 50 000 件,实现销售 40 000 件,完全成本法下的损益表如表 6-3。

表 6-3　TTC 公司完全成本法下的损益表　　　　单位:元

销售收入		1 000 000
销售成本		
期初存货	0	
加:本期生产成本	950 000	
可供销售产品成本	950 000	
减:期末存货	190 000	760 000
销售利润		240 000

本期销售成本中包括了 600 000 元(15×40 000)的变动成本和 160 000 元(200 000×4÷5)的固定成本。

据此,新的盈亏临界点为:

$$\frac{\text{盈亏临界点的销售量}}{\text{(金额表示)}} = \frac{160\ 000}{(1\ 000\ 000 - 600\ 000)/1\ 000\ 000} = 400\ 000(\text{元})$$

本 章 小 结

本量利分析是成本性态分析和变动成本计算法的延伸,本章重点介绍了本量利分析的基本原理、盈亏临界点及其影响因素。本量利分析重点考察成本、作业量、利润之间的数量关系,在引入贡献毛益指标后,这一数量关系变得更为直观可视。盈亏临界点是与本量利分析紧密相关的概念,指的是企业处于不盈不亏状态下的业务量。企业的盈亏临界点分析涉及业务量、产品价格、单位变动成本、固定成本等多个要素,如果有一个或几个要素发生变动,那么盈亏临界点也随之发生变动。需要注意的是,盈亏临界点通常对应的是变动成本计算法,如果企业采用完全成本法,那么期初、期末的库存对盈亏临界点的计算也有影响。

重点词汇

本量利分析   贡献毛益   盈亏临界点   安全边际   盈亏临界图

思考题

1. 什么是本量利分析?它有何作用?本量力基本分析模型如何?

2. 什么是盈亏临界点分析?盈亏临界点销售量有哪两种表现形式?如何计算?

3. 什么是安全边际?它与盈亏临界点有何联系?

4. 举例说明盈亏临界图的绘制方法。如何利用盈亏临界图进行因素变动分析?

5. 简述销售价格、固定成本、单位变动成本变动对盈亏临界点及利润会产生什么样的影响。

6. 产品品种构成的变动为什么会对盈亏临界点产生影响?如何计量这一影响?

即测即评

请扫描二维码,进行随堂测试。

第七章　短期经营决策方案的分析评价

学习目标

1. 了解短期经营决策和长期经营决策的区别。
2. 掌握机会成本与传统会计成本之间的关系。
3. 掌握差别成本、平均成本、边际成本的差异及其在短期经营决策中的应用。
4. 掌握沉没成本、重置成本及付现成本的含义,理解为什么决策中不需要考虑沉没成本。
5. 掌握可控成本、不可控成本的概念及其在企业管理上的意义。
6. 掌握相关成本、非相关成本的概念,理解为什么决策时只需要考虑相关成本。
7. 掌握常见的短期经营决策的分析方法。

导读案例

开元电气的电商之路

　　地处福建省东北部的福安市素有"中国中小电机之都"的美誉。自 1958 年当地人用手工敲出闽东第一台电机以来,福安的电机产业经过半个多世纪的发展形成了集聚度极高的产业集群,近年来生产的中小型电机出口量约占全国同类产品产量的 1/3,占福建省中小型电机出口量的 80% 以上。

　　开元电气有限公司(以下简称"开元电气")依托当地的产业优势,从事国外家用手持电动工具的研发、生产,产品出口北美和欧洲市场。公司现有产品包括锂电和交流电两大动力、五大系列、100 多个品种,并取得欧洲 CE 认证、美国 UL 认证、澳大利亚 SAA 认证等多项国际认证,与 BOSCH、Black & Decker、MAKITA、DEWALT 等全球知名电动工具制造商建立了长期稳定的业务合作关系。

　　为了解决沿海地区近年来频现的用工难问题,开元电气从 2016 年开始逐步加大了自动化设备的投入,引进了大量的机械手、工业机器人,以往困扰企业的产能问题不但得到了有效解决甚至还有了富余。面对这种新情况,公司里的年轻人向董事长吴一宁提出了通过亚马逊、Lazada 等境外电商平台并利用自主品牌开拓欧美及东南亚市场的建议,他们认为只要长期坚持下去就有可能成就百年品牌、百年企业。

　　吴一宁清楚地知道,多年来国际一线品牌原始设备制造商(OEM)、原始设计制造商(ODM)的经历为公司奠定了良好的生产和研发基础。公司1元钱的产品贴上这些国际公司的品牌后在终端的销售价格就会大幅提升,利润空间巨大。但他也清醒地认识到,自主品牌是一条与OEM、ODM完全不同的道路,除了每卖出一件产品就要支付收入1/3左右的电商平台费用外,还要在指定的海外仓库里寄放一定的产成品库存以备销售,品牌的市场接受度更是难题……

　　吴一宁大学刚毕业的儿子也一直鼓励他尝试一下。他的想法很简单:产能是现成的,平台的签约费用也不高,需要各项的投入都不大,再退一万步说,如果不行了还可以随时撤退。

　　吴一宁明白大家说得都很在理。他在十几年前就注册了自主品牌,只是之前一直受到产能困扰没能投入实际运营。现在问题又一次摆在了面前,吴一宁陷入了沉思,他知道这个问题这次是无法回避了。

　　资料来源:作者根据开元电气的相关资料编写。

第一节　不同目的、不同成本

　　管理会计中有句名言"不同目的,不同成本"(different costs for different purposes),它的意思是说决策的效率取决于决策信息的相关性,不同的决策目的需要不同的成本计算方法。也就是说,成本是基于特定的目的而形成的,成本概念不是一个单一的概念,而是一个广义的、多维的概念体系[①]。

　　成本信息往往是企业决策中的关键信息,本节重点介绍一系列企业决策中经常用到的成本概念。在介绍之前,先简要说明一下短期决策与长期决策的差别。

一、短期决策与长期决策

　　决策,是为了实现一定的目标而借助科学的理论和方法,通过必要的计算、分析和判断,从可供选择的方案中选取最优方案的过程。根据决策期的长短不同,企业经营决策可以区分为短期决策和长期决策。

(一) 短期决策

　　短期决策,是指主要涉及一年以内的有关经营活动、并只对短期的收支和盈亏产生影响的决策类型,常见的如定价决策、生产决策、营销决策等。这类决策一般不需要大量的资金投入,考虑较多的是如何有效利用组织现有的人、财、物取得最优经济效果的问题,考察的重点在于不同方案对成本、利润的影响。由于决策期较短,因此一般无须考虑货币的时间价值[②]。

---

①　胡玉明(1997).
②　有关货币时间的概念和计算方法参见第八章。

在开元电气的案例中,吴一宁的儿子所提出的利用现有产能借助电商渠道扩大销售、试一试不行就撤的方案,投入的资金不多、考虑的周期不长,就属于短期决策。

(二) 长期决策

长期决策,又称资本支出决策、生产能力决策或投资决策,通常涉及较大规模的资金投入,并可能在较长期间内对企业的收支和盈亏产生影响。典型的长期决策类型包括固定资产购置、改扩建、更新,新产品开发等。相比短期决策,首先长期决策主要是为了满足企业生产经营的长期需要,投资金额比较大,往往不能由当年的产品销售得到完全补偿,属于资本支出范畴;其次,由于影响的期间比较长,因此须认真分析比较各种方案的社会、经济效益。长期决策的正确与否直接关系企业未来能否保持良好的经营状态和竞争力,分析和评价时需要特别重视货币的时间价值因素和风险对投资方案的影响。

在开元电气案例中,公司年轻人提出的方案就属于长期决策。他们是从企业长期发展的角度出发来规划自主品牌和电商业务,考虑的是对企业长远发展的影响,需要的投入也大得多。

二、差别成本与边际成本

(一) 差别成本

差别成本有广义和狭义之分。广义的差别成本,指的是不同备选方案间预计成本的差额。每个决策方案都对应一定的成本支出,决策时须将一个方案涉及的成本与其他方案进行比较,不同方案间的成本差异就是所谓的广义差别成本。该概念主要应用于经营计划的编制。

狭义的差别成本,专门指由于生产能力利用程度的不同而引起的成本差额,其内容一般表现为变动性费用的差额。但在实际应用中,常常会将狭义差别成本概念的理解扩大一些,把一部分受生产设备能力影响的固定性费用也包括进去。例如,当业务量的变动超出了固定成本的相关范围时,差别成本中既包括变动性费用也包括了部分固定成本的差异。在开元电气的案例中,当自主品牌产品的产销规模不大时,差别成本就是这部分产品生产所需的原材料、直接人工等项目;而一旦规模做大了,超出剩余产能的范围还需要新增生产线时,就要考虑与新产线相关的投资。狭义的差别成本接近于边际成本概念。

(二) 边际成本

理论上,边际成本是指当业务量无限小变动时,成本的变化量。但由于业务量的变动不可能是无限小的,因此,边际成本的经济含义就是指多生产一个单位产品所需要追加的费用支出。换句话说,也就是业务量变动一个单位时的差别成本。

在决策中,常用到两条有关边际成本的规律:

(1) 当产品的平均成本等于边际成本时,平均成本最低。

(2) 当产品的边际收入等于边际成本时,企业的利润最大化。

[例 7-1] 假设某企业的产品生产总成本函数为:

$$TC(Q) = 10\ 000 + 6Q + 0.01Q^2$$

根据数学原理,边际成本等于总成本函数的一阶导数,即 $TC'(Q) = 6 + 0.02Q$。

$$平均成本\ AC(Q) = \frac{10\,000 + 6Q + 0.01Q^2}{Q} = \frac{10\,000}{Q} + 6 + 0.01Q$$

如果该产品的单位售价为每件 30 元,那么,总收入的函数为:$TR(Q)=12Q$,边际收入等于总收入函数的一阶导数,即 $TR'(Q)=30$。

由前面两条规律可以推知,根据规律(1)当平均成本等于边际成本,即 $TC'(Q)=AC(Q)$ 时,也就是 $6+0.02Q = \dfrac{10\,000}{Q} + 6 + 0.01Q$,$Q=1\,000$,企业的产销量为 1 000 件时,企业的平均成本最低。

根据规律(2),当边际收入等于边际成本时企业利润最大,即 $TR'(Q)=TC'(Q)$ 时,也就是 $30=6+0.02Q$,$Q=1\,200$,企业年产销量 1 200 件时,实现利润最大化。

可以看到,差别成本、边际成本以及变动成本之间既有差别又有联系。当处在固定成本的相关范围内,差别成本就表现为变动成本,这时如果考察业务量增减一个单位时的成本变动时,这三个成本概念取得一致。但在更多的情况下,这三个成本概念之间存在着差异,需要具体情况具体分析。

三、机会成本与应付成本

(一)机会成本

机会成本,就是指因为放弃某项方案而损失的潜在收益。资金是一种稀缺资源,一旦用之于此就不能再用之于彼。换句话说,资金的运用是以牺牲掉其他用途所可能产生的利益为代价的,机会成本计量的就是这种代价。例如,开元电气用于开发自主品牌产品的生产力如果也可以用以开拓新的 OEM、ODM 客户,那么后者所能产生的收益就是实施自主品牌方案的机会成本。

无论是短期决策或是投资决策,机会成本概念的应用都很广泛。

[例7-2] 某企业生产甲产品,生产成本 500 万元,销售收入 600 万元,利润 100 万元。现有三个备选方案如表 7-1。

表 7-1　甲产品三个备选方案

方案	新增投入	可实现销售收入	预期利润
A	—	600	100
B	50	620	120
C	100	720	220

如果放弃方案 A 而选择方案 B,其经济成本是总的生产成本 550 万元加上因放弃方案 A 而失去的利益(机会成本)100 万元,实际经济利益是 –30 万元,可见方案 B 不可行;如果采用方案 C 取代方案 A,新增成本 100 万元,可实现预期利润 220 万元,扣除机会成本 100 万元后尚有 20 万元的经济利益,因此方案 C 是最佳方案。

通常,人们总是执行最优方案而放弃其他方案,被放弃掉的次优方案的潜在收益就构成决策的机会成本。

（二）应付成本

应付成本，又称假计成本，是机会成本的一种表现形式。例如，企业资金无论用到什么地方都是有代价的，因此在进行方案优选时，不论使用的资金是外借的还是自有的，都应把利息视作机会成本看待。在这种情况下，虽然财务会计不要求核算自有资金的利息，但它就是一种应付成本。

四、沉没成本、重置成本与付现成本

（一）沉没成本

沉没成本，指的是那些已经发生的、且不可能通过现在或将来的任何决策加以改变的成本，是与特定的经营决策无关的成本。例如，假设开元电气在开辟电商渠道经营了一段时间之后发现得不偿失，考虑退出，那它在相关软件系统、渠道铺设上的投资就属于沉没成本了。

（二）重置成本

重置成本是指假设在现在的市场条件下重新购置目前持有的某项资产所需发生的成本。存货的重置成本就是指以目前的市场价格重新购置现有的原材料、半成品、产成品等所需支付的成本；固定资产的重置成本，则是指在当前的技术条件下重新建造或购置与原固定资产具有相同产能的新固定资产所需的估计成本减去其累计折旧后的金额。

有时，我们也将重置成本称作复制成本或再生产成本。

（三）付现成本

付现成本，是指那部分需要立即支付现款或需在近期内支付现金的成本。该成本概念对那些现金紧缺、支付能力受到限制的企业具有特别重要的意义。决策过程中，这种企业往往会采取付现成本最小的方案取代总成本最小的方案。

五、可避免成本与不可避免成本

根据成本开支是否可以避免，成本项目可以区分为可避免成本和不可避免成本两类。

（一）可避免成本

可避免成本，是指对达到企业经营目的来说并非绝对必要的那部分成本支出。换句话说，可避免成本的发生与否或发生额大小受到经营决策的影响。如果企业采用了某一特定方案，与之联系的某项支出就必然发生；但如果该方案不被采纳，则该项支出也就不会发生，这些成本就属于可避免成本。

例如，对企业办公室进行装修虽然会提高工作人员的办公效率，但也可以认为这对于企业经营并非必要的。即使决定了要装修，采用什么档次的装修也可以由管理者决定。也就是说，可避免成本的发生与否取决于经营者的决策，这一点与后面介绍的可延缓成本不同，后者虽可以推迟但终要发生。

（二）不可避免成本

与可避免成本不同，不可避免成本是指那些与某一决策方案没有直接联系的成本。也就是说，其发生与否、发生额的多少不受某一特定的决策行动的影响。例如，企业的生产能力尚有剩余,那不论该企业是否接受新增的订单,这部分未使用的固定资产的折旧费总是要发生,而且金额是确定的,在性质上就属于不可避免成本。

六、可延缓成本与不可延缓成本

根据成本的可递延性,成本可以划分为可延缓成本和不可延缓成本。

(一)可延缓成本

如果推迟执行某项已决定要实施的决策方案,对企业的整体经营活动不会产生太大的影响。那么,与该方案联系在一起的成本就称作可延缓成本。可延缓成本有时也可以看作是一种酌量性成本,但如果仔细分析,二者还是存在差别的,具体表现在前者虽然可以推迟支出,但迟早要支出。

(二)不可延缓成本

不可延缓成本是指那些不可以推迟到以后再发生的成本,或者说如果推迟的话,会对企业的正常运转将会产生重大的不利影响。由于过去的决策而使现在必须负担的约束生产能力的成本,如设备的保险费、管理人员的工资等都属于典型的不可延缓成本。

七、可控成本与不可控成本

按可控性的差异,成本可以区分为可控成本和不可控成本。从一个部门或单位的角度来看,所谓可控成本,就是那些发生与否、发生多少受该部门或单位所控制或受其工作好坏所影响的成本;与之相反的,属于不可控成本。明确成本的可控性,对明确经济责任具有重要意义。

"可控""不可控"也同样是一组相对的概念,成本的可控性与特定的空间和时间相联系。实务中经常出现这样的情况:某个单位的不可控成本是另一个单位的可控成本,某个时期的不可控成本是另一个时期的可控成本。例如,购买会计账簿的开支不属于研发部门的可控成本,但却属于财务部门的可控成本;总公司决定更换集团内各成员公司的会计软件,相关成本对下属公司而言是不可控成本,但在总公司的角度却属于可控成本。成本可控性往往与级别相关联,基层的不可控成本经常可以由高层领导控制。

另外,一些成本项目从较短的时间周期看来是不可控的成本,从较长的时间周期来看又成为可控的了,如现有设备的折旧费用,在设备原值和折旧方法既定的条件下,对使用部门而言,在设备继续使用的期间内是不可控的。但是在是否需要购置新设备的决策环节,那么与新设备有关的费用由新的政策决定,则新设备的折旧费用就又属于可控成本了。

八、相关成本与非相关成本

成本的相关或不相关是针对特定的决策而言的,其中相关成本是指进行决策时应考虑的未来成本,而非相关成本则是指决策时不必考虑的那部分成本。

在实务中,可以按如下标准区分相关成本与非相关成本:

(1)沉没成本,属于非相关成本;

(2)对各方案均相同的未来成本属于非相关成本;

(3) 除(1)(2)外的属于相关成本。

由于多数决策需要应对的是未来的经营环境,因此,决策要求的分析框架也应以预期的未来数据为基础。原则上,所有已经发生的成本(沉没成本)对决策来说都是非相关的;但是,也不是所有未来的成本都是相关成本。例如,各个决策方案均不涉及的成本项目,或者对各个决策方案来说都一样的未来成本也属于非相关成本。企业决策时只需要分析相关成本,而可以忽略非相关成本。

第二节　短期经营决策

本节运用前面所介绍的成本概念,介绍包括产品定价决策、产品生产决策、营销方案选择的决策在内的几种常见的短期经营决策。

一、产品定价决策

(一) 产品定价的基本原理

古典经济学理论认为产品的均衡价格取决于市场的供需水平。图 7-1 是一张简化的市场供需曲线图,其中 L_1 表示供给曲线,L_2 表示需求曲线。可以看到,L_2 曲线是向下倾斜的,这表明当一种产品的价格上升时,市场的需求量减少;L_1 曲线是向上倾斜的,这表明价格越高,生产者愿意提供越多的产品。不同的价格对应不同的供给(需求)量。在 E 点,市场供需相当达到均衡,E 点对应的价格即称为均衡价格。

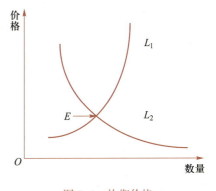

图 7-1　均衡价格

在完全竞争市场上,企业产品定价如果高于市场均衡价格,顾客不愿意购买;如果低于市场价格,企业经济上不可行。因此,对于这样的企业而言基本上不必考虑产品定价问题。

但仍有一部分企业需要进行产品定价决策,对它们而言,产品定价并不单纯只是一项营销决策,也不单纯只是一项普通的财务决策,而是一项会影响到企业各方面业务活动的系统工程。这里我们只侧重于从财务角度考察产品定价问题。

就财务角度看,最优的产品定价就是可以使企业实现利润最大化的价格。以图 7-2 表示为:

企业的最佳销售量、最佳售价应是总收入线与总成本线距离最大,即利润最大的点。

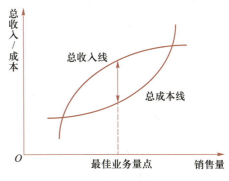

图 7-2　企业的最佳业务量

(二) 产品最优售价的决策

售价的高低直接影响着产品的销售量、单位销售成本、经营利润。销售量一定,产品的单位售价越高，销售收入越多；但实际情况是，产品售价的提高往往会对销售量产生不利影响，而产品的单位成本又会随着销售量的减少而提高，不同产品的价格弹性也不尽一致。基于此，如何合理确定产品售价才能使企业实现最多的利润，就需全面考虑各有关指标消长的错综复杂的关系，不能只看某一个方面。以下举例说明：

[例 7-3]　设某厂生产和销售一种产品（产销平衡），其销售量和单位售价之间存在对应关系，如表 7-2 所示。

表 7-2　某产品销售量与单位售价数据

单位售价（元/件）	销售量（件）	单位售价（元/件）	销售量（件）
2.00	100 000	2.15	70 000
2.05	90 000	2.20	60 000
2.10	80 000	2.25	50 000

据此，可以得出单位售价（P）的表达式：

$$P = 2.5 - 0.005x$$

上式中的 x 以"千件"为单位。另据有关资料进行分析汇总，得出成本与产量之间的依存关系，如表 7-3 所示。

表 7-3　成本与产量

月产量（件）	固定成本（元）	增量部分的变动成本（元/件）
≤50 000	20 000	1.20
50 001~60 000	22 000	1.25
60 001~70 000	25 000	1.30
70 001~80 000	30 000	1.40
80 001~90 000	30 000	1.45
90 001~100 000	40 000	1.50

表 7-3 表明，固定成本会随着产量的增长呈阶梯式上升。这是由于在固定成本中包含了一部分"阶梯式成本"，其特点是：产量在一定范围内波动，其发生额不变；当产量增长超过一定限度，其发生额会突然跳跃式上升，然后又在一定时间内保持不变。

在变动成本栏，不同的产量范围的单位变动成本也不同。这是因为当产量增加超过一定限度时，会出现一些不经济的因素，导致单位产品的变动成本相应地提高，如要支付较多的夜班津贴、加班加点费和累计计件工资中的超额支付部分。

从上述单位售价的函数表达式，可以确定其销售总收入（TR）的函数表达式：

$$TR = P \times x = (2.5 - 0.005x) \times x = 2.5x - 0.005x^2$$

可据此确定不同产量的销售总收入：

假设 $x = 50$ 千件，则：$TR = 2.5 \times 50 - 0.005 \times 50^2 = 112.5$（千元）

假设 $x = 60$ 千件，则：$TR = 2.5 \times 60 - 0.005 \times 60^2 = 132$（千元）

其余以此类推。

从成本与产量的关系看,由于阶梯式成本的存在,使成本方程具有明显的不连续性,因而只能分段计算其增量成本:

假设 $x = 50$ 千件,其成本 $= 20\,000 + 50\,000 \times 1.2 = 80\,000$(元)

假设 $x = 60$ 千件,其增量成本 $= 2\,000 + 10\,000 \times 1.25 = 14\,500$(元)

假设 $x = 70$ 千件,其增量成本 $= 3\,000 + 10\,000 \times 1.3 = 16\,000$(元)

其余以此类推。

将上述有关数据进行汇总,编制表 7–4。

表 7–4 有关数据汇总 单位:元

月产量(件)	销售总收入	增量收入	增量成本	增量贡献毛益
50 000	112 500	112 500	80 000	32 500
60 000	132 000	19 500	14 500	5 000
70 000	150 500	18 500	16 000	2 500
80 000	168 000	17 500	19 000	–1 500
90 000	184 500	16 500	14 500	2 000
100 000	200 000	15 500	25 000	–9 500

如何根据表 7–4 的计算结果,从各指标的相互联系中,确定产品的最优售价,使企业实现的利润达到最大值?

在收入与成本方程都是连续的情况下,边际收入与边际成本相等时,能实现"价格 – 数量"的最优组合,使企业实现最多的利润。但在本例中,由于成本方程是非连续的,不能直接利用上述规律。但我们仍可先计算不同产量条件下的边际收入(MR),然后将它们同不同产量条件下的增量变动成本进行对比,取二者尽可能接近的一点作为"价格 – 数量"的最优组合点。

上例中,边际收入的函数表达式是:

$$MR = TR' = (2.5x - 0.005x^2)' = 2.5 - 0.01x$$

$$x = 80 \text{ 千件},\ MR = 2.5 - 0.01 \times 80 = 1.70\ (\text{千元})$$

$$x = 90 \text{ 千件},\ MR = 2.5 - 0.01 \times 90 = 1.60\ (\text{千元})$$

$$x = 100 \text{ 千件},\ MR = 2.5 - 0.01 \times 100 = 1.50\ (\text{千元})$$

与它们相对应的增量变动成本分别是 1.30 千元、1.40 千元、1.45 千元和 1.50 千元(参见表 7–3),二者于产量 90 000 件这点最为接近,由此可确定产品的最优售价是:

$$P = 2.5 - 0.005 \times 90 = 2.05\ (\text{千元})$$

可实现利润 40 500 元(184 500–144 000[①])为基于上述条件可实现的最大值。

(三) 结合生产能力确定售价的决策

在例 7–3 中,有一个基本假设,就是产品售价的降低会导致销售量的增加。但是,增

---

① 它是表 7–4"增量成本"栏到产量 90 000 件这一行各数的累计数。

加销售量的可能性能否转变为现实,企业现有的生产能力显然是一个重要的制约因素。因此,在产品的定价中,为实现"价格 – 数量"的最优组合,还必须结合考虑企业现有生产能力这一重要因素。简举例说明如下:

[例 7-4] 设某企业生产一种产品,每年产销 1 000 件(现有年产能 1 500 件),单位售价为 10 元;单位变动成本 6 元 / 件;年固定成本 2 400 元。如单位售价降低 1 元,预计年销售量可达到 2 000 件;但为扩大现有生产能力,固定成本要相应增加 1 200 元。基于上述情况,如何选择最优方案?

方案Ⅰ:维持现状,相应的盈亏临界点和年利润计算如下:

$$盈亏临界点 = \frac{2\ 400}{10-6} = 600(件)$$

$$可实现利润 = (1\ 000 - 600) \times 4 = 1\ 600(元)$$

方案Ⅱ:采取降价措施,并相应地扩大现有生产能力。相应的盈亏临界点和年利润计算如下:

$$盈亏临界点 = \frac{2\ 400 + 1\ 200}{9-6} = 1\ 200(件)$$

$$可实现利润 = (2\ 000 - 1\ 200) \times 3 = 2\ 400(元)$$

方案Ⅲ:采取降价措施,但不扩大生产能力。相应的盈亏临界点和年利润计算如下:

$$盈亏临界点 = \frac{2\ 400}{9-6} = 800(件)$$

$$可实现利润 = (1\ 500 - 800) \times 3 = 2\ 100(元)$$

上述计算表明:单纯从利润看,方案Ⅱ(采取降价措施并扩大生产能力)最为有利。但该方案需要新增投资,且盈亏临界点从 600 件上升到 1 200 件,如果不能确保实现预计的销售量,那么安全边际将大大降低,隐含较大的风险。综合考虑盈利性、风险性因素,方案Ⅲ可能不失为一个不错的选择。

二、产品生产决策

(一)开发新产品决策

持续开发出新的产品,将有助于企业改善经营状况,提高市场竞争能力。但新产品的面市有时会影响现有产品的产销,因此需要综合考虑,才能做出正确的决策。以下举例说明。

[例 7-5] 设某企业目前仅生产一种产品:甲产品,现拟利用剩余生产能力开发乙产品或丙产品,有关资料如表 7-5 所示。

表 7-5　某企业生产三种产品情况表　　　　　　　　　单位:元

项目	甲产品(既有)	乙产品(预计)	丙产品(预计)
销售收入	100 000	80 000	70 000
变动成本	50 000	50 000	30 000
贡献毛益	50 000	30 000	40 000

续表

项目	甲产品（既有）	乙产品（预计）	丙产品（预计）
固定成本	30 000		
利润	20 000		

预计如果该企业推出乙产品，则甲产品的市场需求会减少 1/2；如果推出丙产品，则须减产 3/4 的甲产品，在这种情况下，开发哪种新产品经济上较为可行？

在本例中，假定开发新产品并不会发生新的固定成本，因而固定成本是非相关成本。在决策时，只要把两种方案的贡献毛益分别减去甲产品的减产损失加以比较就可做出相应决策。有关分析如下：

开发乙产品：

乙产品的贡献毛益	30 000
甲产品减产损失（50 000 × 1/2）	−25 000
差别利润	5 000

开发丙产品：

丙产品的贡献毛益	40 000
甲产品减产损失（50 000 × 3/4）	−37 500
差别利润	2 500

由此可见，虽然从表 7-5 的资料看，生产丙产品比乙产品能提供较多的贡献毛益，但由于发展丙产品要较多地减少甲产品的产量。因此综合来看，还是生产乙产品比较划算。

（二）限制条件下的产品生产决策

［例 7-6］ 设某企业生产 A、B 两种产品，产品 A 单位售价 18 元，年市场需求 3 000 件；产品 B 单位售价 13 元，年市场需求 5 000 件。期间固定成本 20 000 元。两种产品的单位变动成本如表 7-6 所示。

表 7-6　两种产品的单位变动成本　　　　　　　　　　　　单位：元

项目	A 产品	B 产品
直接材料	1	3
直接人工（每小时工资率 5 元）	10	5
变动性制造费用	1	1
合计	12	9

期间可利用的人工小时为 8 000 小时，是生产过程中的限制因素。基于以上数据，应怎样合理安排各产品的生产，才能取得更好的经济效益？

从单位贡献毛益来看，A 产品 6 元／件，B 产品 4 元／件，A 产品较高。但生产 1 件 A 产品需用工 2 小时，每小时只能提供 3 元的贡献毛益；生产 1 件 B 产品只需 1 小时，每小时能贡献毛益 4 元。考虑人工小时是生产中的限制性因素，为实现效益最大化，宜优先安排单位人工小时贡献毛益较高的 B 产品生产，若有剩余再生产 A 产品。据此，可以根据

表 7-7 安排 A、B 两种产品的生产。

表7-7 两种产品的产量和工时方案（一）

产品	产量（件）	单位用工（小时/件）	总人工小时（小时）
B	5 000	1	5 000
A	1 500	2	3 000
合计			8 000

表 7-8 计算了该生产方案所能实现的期间利润。

表7-8 两种产品的期间利润（一）

单位:元

	产品 A	产品 B	合计
销售收入			
A 产品，1 500 件，@18	27 000		27 000
B 产品，5 000 件，@13		65 000	65 000
销售成本			
变动成本			
A 产品，1 500 件，@12	18 000		18 000
B 产品，5 000 件，@9		45 000	45 000
贡献毛益	9 000	20 000	29 000
减:固定成本			20 000
利润			9 000

而如果没有顾及生产限制性因素的影响,优先安排单位贡献毛益较高的 A 产品,相关的分析如表 7-9、表 7-10 所示。

表7-9 两种产品的产量和工时方案（二）

产品	产量（件）	单位用工（小时/件）	总人工小时（小时）
A	3 000	2	6 000
B	2 000	1	2 000
合计			8 000

表7-10 两种产品的期间利润（二）

单位:元

项目	产品 A	产品 B	合计
销售收入			
A 产品，3 000 件，@18	54 000		54 000
B 产品，2 000 件，@13		26 000	26 000

续表

项目	产品 A	产品 B	合计
销售成本			
变动成本			
A 产品,3 000 件,@12	36 000		36 000
B 产品,2 000 件,@9		18 000	18 000
贡献毛益	18 000	8 000	26 000
减:固定成本			20 000
利润			6 000

(三) 应否停产亏损产品的决策

[**例 7-7**] 假设某企业同时生产 A、B、C 三种产品,上年度有关资料如表 7-11、表 7-12 所示。

表 7-11 上年度 A、B、C 产品有关数据(一) 单位:小时

指标	产品 A	产品 B	产品 C	合计
销售收入	10 000	18 000	22 000	50 000
制造成本	4 750	6 600	22 500	33 850
销售费用	2 000	2 700	4 200	8 900
利润	3 250	8 700	(4 700)	7 250

表 7-12 上年度 A、B、C 产品有关数据(二)

指标	产品 A	产品 B	产品 C
销售量(件)	1 000	1 200	2 000
单位售价(元/件)	10	15	11
单位变动成本:			
制造成本(元/件)	2.50	3.00	8.00
销售费用(元/件)	1.50	1.00	1.20
固定成本:			
制造成本(元)	2 250	3 000	6 500
销售费用(元)	500	1 500	1 800

表 7-11 的分产品利润表显示 C 产品发生了亏损,要不要考虑停产?停产后能否增加企业利润?

为正确分析,需要进一步分析。表 7-13 比较了 C 产品停产与否的差别收入与差别成本。

表 7-13　C 产品停产与否的差别收入与差别成本的比较　　　　单位:元

差别收入(2 000 × 11)		22 000
差别成本		
变动性制造成本(2 000 × 8)	16 000	
变动性销售成本(2 000 × 1.2)	2 400	18 400
差别利润		3 600

变动成本是同各产品的生产和销售直接联系的,停产了就不再发生,属于决策的差别成本。而固定成本是因为企业的整体生产经营所发生,与具体产品的生产或停产没有直接联系,只是在成本核算过程中按照人为设定的标准把它分配给各产品而已。因此,不论 C 产品是否继续生产,所有的固定成本依旧存在,C 产品停产后就需要将它原先所承担的6 500 元固定性制造成本和 1 800 元固定性销售费用"转嫁"给其他产品负担,这部分成本不属于差别成本。上述分析表明,产品 C 虽然最终发生亏损 4 700 元,但停产的差别成本达到 8 300 元,停产得不偿失,仍以继续生产为宜。

(四) 联产品应否继续加工的决策

联产品是指用同样的原材料,通过同一个生产过程、生产出的两种或两种以上经济价值较大的主要产品。例如,炼油厂在提炼原油过程中会同时产出汽油、煤油、柴油、润滑油等产品,这些产品有的可以直接销售,有的需要经过进一步加工后才能出售。

[例 7-8]　假设某企业的生产过程如下:部门 I 对 1 单位的 Y 原料进行加工,单位原料成本(包括购价和加工费)2 元,可同时生产出 A 产品 3 单位,B 产品 2 单位。Y 原料每个月的最大供应量为 40 000 单位。部门 I 的月固定成本为 500 000 元。

A 产品可以在产出后即对外销售,单位售价 8 元;也可以投入部门 II 做进一步加工,单位加工费 6 元,1 单位 A 产品可加工成 1 单位的新产品,单位售价 15 元。

B 产品如果在生产后即对外销售,每单位售价 7 元;如将它投入部门 III 做进一步加工,单位加工费 4 元,1 单位的 B 产品可加工成 1 单位的新产品,单位售价 10 元。基于上述情况,应该如何安排 A、B 两种产品的生产?

问题的核心在于是否需要对 A、B 两种产品做进一步加工。运用差别收入和差别成本概念做相关分析如表 7-14、表 7-15。

表 7-14　运用差别收入和差别成本概念分析 A 产品　　　　单位:元

对 A 产品进一步加工	
每单位追加收入(=15-8)	7
每单位追加成本	6
新增贡献毛益	1

表 7–15 运用差别收入和差别成本概念分析 B 产品 单位:元

对 B 产品进一步加工	
每单位追加收入(=10−7)	3
每单位追加成本	4
新增贡献毛益	(1)

可见,产品 A 宜安排做进一步加工,产品 B 则否。因为对产品 B 做进一步加工,其追加收入还不足以抵偿其追加成本,在经济上是不合算的。表 7–16 分析了上述生产安排下的企业综合经济效益。

表 7–16 相关生产安排下企业综合经济效益情况 单位:元

项目	产品 A	产品 B	合计
销售收入			
A 产品,120 000 件,@15	1 800 000		1 800 000
B 产品,80 000 件,@7		560 000	560 000
加工成本(部门Ⅱ)			
A 产品,120 000 件,@6	720 000		720 000
扣减联合成本前的毛益	1 080 000	560 000	1 640 000
减:联合成本(部门 I)(40 000×2+500 000)			580 000
利润			1 060 000

(五)生产方式的选择

[例 7–9] 某企业经营需要一种部件,现有两种生产方式:半自动化生产和全自动化生产。相关的成本资料如表 7–17。

表 7–17 某企业两种生产方式下的相关成本资料 单位:元

项目	半自动化	全自动化
单位变动成本:		
直接材料	45	45
直接人工	10	4
变动性制造费用	15	5
固定成本	100 000	500 000

生产总成本 TC 是产量 Q 的函数,即

半自动化:$TC_{半自动化} = 70Q + 100\,000$

全自动化:$TC_{全自动化} = 54Q + 500\,000$

可推知当 $Q = 25\,000$ 时,$TC_{半自动化} = TC_{全自动化}$;当需求量低于 25 000 件时,半自动化生

产较为有利；当需求量超过 25 000 件,则采用全自动化生产方式经济上可行。也将相关数据绘如图 7-3,结果显示会更为直观。

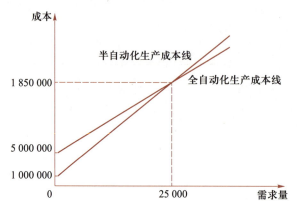

图 7-3　不同生产方式生产成本比较

(六) 自制或外购决策

所谓自制或外购决策,解决的是确定某一产品或半成品应由公司自行制造或向外部市场购买的问题。根据分析的出发点不同,自制或外购决策可能是企业的短期决策,也可能归属长期决策范畴。

1. 作为短期决策的自制或外购决策

作为短期决策范畴的自制或外购决策,就是该决策不会影响到企业的战略也不会影响企业的核心竞争力,因此只需要分析决策的短期财务可行性即可。在考察时,多以相关成本分析作为主要的决策工具。以下以简例说明:

[例 7-10] 假设 LIQ 公司每年需用一种零部件 10 000 件。如果外购,其市场单价 24 元,运费、保险费合计 1 元。目前,该公司尚有部分剩余生产能力可供制造该零件。预计的单位产品制造成本如表 7-18 所示。

表 7-18　预计的单位产品制造成本表　　　　　　　　　　　　单位:元

直接材料	12
直接人工	5
制造费用	
变动性制造费用	4
固定性制造费用	7
合计	28

决策时,乍看之下应该外购,因为外购单价比自制单件生产成本低了 4 元,即使考虑了外购件的运费和保险费后还是便宜了 3 元。但进一步地分析会发现,表 7-18 中的固定性制造费用是决策的非相关成本,即无论自制或外购这部分成本都要发生,也就是说,该决策的相关成本只包括零件生产的各项变动性成本(直接材料、直接人工和变动性制造费

用）。根据上面的分析,可归纳如表 7-19 所示。

表 7-19 企业自制与外购的相关成本分析表 单位:元

	单件		10 000 件	
	自制	外购	自制	外购
外购成本		24		240 000
外购运费、保险费		1		10 000
直接材料	12		120 000	
直接人工	5		50 000	
变动性制造费用	4		40 000	
成本合计	21	25	210 000	250 000
差别成本	4		40 000	

通过表 7-19 的分析结果可见,该企业应自行生产所需的零件。不过在进行自制或外购决策时,有时还需要考虑机会成本。以下再以一例说明:

[例 7-11] 承例 7-10,假设 LIQ 公司销售部门此时接到一特殊订货,要求利用剩余生产能力生产 30 000 件产品 A,每件产品边际贡献 2 元。如果企业利用这些剩余的生产能力来生产零部件的话,就必须放弃该特殊订货。因此,特殊订货所能产生的边际贡献 60 000 元,就是该方案的机会成本,属于决策的相关成本。

重新做自制与外购的相关成本分析如表 7-20 所示。

表 7-20 新的自制与外购的相关成本分析表 单位:元

	自制	外购
外购成本		240 000
外购运费、保险费		10 000
直接材料	120 000	
直接人工	50 000	
变动性制造费用	40 000	
机会成本	60 000	
成本合计	270 000	250 000
差别收益	(20 000)	

可见,一旦考虑了存在特殊订货机会,上述的自制方案就变得不可行了。

2. 作为企业战略的自制或外购决策[①]

上文对自制或外购决策的分析是立足于短期决策角度的,但从企业长期发展的战略

———————

① 自制或外购决策实际上是一个牵涉面相当宽的决策,即使是下面所介绍的内容也只涉及了该问题很小的一个侧面。

角度来看,自制或外购决策属于产业链纵向整合的范畴,财务并非唯一重要的因素。某些从财务上不甚合算的自制品,由于其涉及企业的长期战略决策,放弃自制会影响企业的核心竞争力,因此即使财务上不合算,企业依旧会选择自行生产。

作为企业战略的自制或外购决策,应从确定企业的战略取向入手,通过价值链分析,辨识企业战略的核心业务,同时结合企业相对竞争地位分析,综合各个方面信息做出决策。具体的决策步骤如图 7-4 所示[①]。

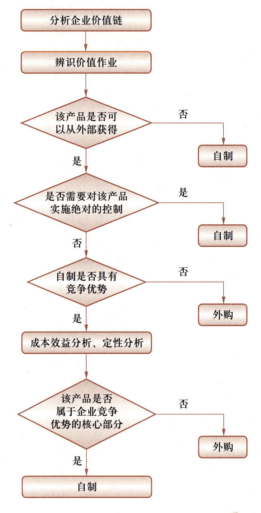

图 7-4   作为企业战略的自制或外购决策[②]

三、营销方案选择的决策

[例 7-12] CLL 公司生产三种产品——A 产品、B 产品和 C 产品,具体的经营数据

---

① 本图引自陈亚盛.战略管理会计[D].厦门大学会计系硕士论文油印本,1999.

② 林涛.管理会计[M].厦门大学出版社,2019:200.

如表 7-21 所示。

表 7-21　CLL 公司生产三种产品具体的经营数据

	A 产品	B 产品	C 产品
销售收入(元)	600 000	360 000	500 000
变动成本(元)	360 000	270 000	410 000
贡献毛益(元)	240 000	90 000	90 000
贡献毛益率(%)	40	25	18

根据产品品种构成的决策方法,企业应尽可能提高贡献毛益率较高产品的销售占比。在本例中,A 产品的贡献毛益率最高,如果不考虑其他因素的影响,增加对 A 产品的宣传投入无疑将有助于实现企业的总体利益最大化。但现实中,各种产品面对的市场是不同的,有些产品的市场容量有限,增加广告投入效果不明显;有些产品市场较广阔,增加广告宣传的效果会比较显著。

假设该企业每支付 1 元的广告费,可以产生的增量收入:A 产品是 10 元,B 产品是 25 元,C 产品是 20 元。现企业准备投入 20 000 元的广告费,结合三种产品的贡献毛益率列表 7-22。

表 7-22　三种产品的贡献毛益率表

	每元广告费产生的增量收入(元)	广告费投入(元)	增量销售收入总和(元)	贡献毛益率(%)	贡献毛益增加额(元)
A 产品	10	20 000	200 000	40	80 000
B 产品	25	20 000	500 000	25	125 000
C 产品	20	20 000	400 000	18	72 000

通过表 7-22 的分析,增加对 B 产品的宣传力度可以产生的增量收益最高。因此,企业的广告宣传应该以 B 产品为重点,而不是 A 产品。

本章小结

"不同目的,不同成本"是管理会计的名言,意指不同的决策目的需要不同的成本信息,不同的成本信息满足不同的决策需求。本章重点介绍了与企业经营决策相关的一系列成本概念,包括差别成本、边际成本、机会成本、沉没成本,可避免成本与不可避免成本,可延缓成本与不可延缓成本,可控成本和不可控成本,相关成本与非相关成本等,并运用这些成本概念对一些短期经营决策类型进行分析。这一过程中也再一次说明成本不是一个单一的概念,而是一个广义的、多维的概念体系。本章最后还运用这些成本概念对产品定价决策、产品生产决策、营销决策等几种常见的短期经营决策类型进行了介绍。

重 点 词 汇

不同目的、不同成本	差别成本	边际成本	机会成本
应负成本	沉落成本	重置成本	付现成本
可避免成本	不可避免成本	可延缓成本	不可延缓成本
可控成本	不可控成本	相关成本	非相关成本

 思 考 题

1. 如何理解"不同目的,不同成本"?

2. 什么是差别成本? 差别成本是否等于变动成本? 为什么?

3. 什么是机会成本? 决策分析中为什么要考虑机会成本?

4. 沉落成本如何影响未来的决策?

5. 举例说明边际成本在经验决策中的应用。

6. 有人提出"凡订货价格低于按完全成本计算的单位成本的,均不应接受",这种观点是否正确? 为什么?

即 测 即 评

请扫描二维码,进行随堂测试。

第八章 长期投资决策

1. 了解长期投资的含义。
2. 掌握货币时间价值的概念。
3. 掌握长期投资方案经济评价方法及其优缺点。
4. 掌握长期投资方案评价的基本流程和主要变量的估计。
5. 掌握独立投资方案的评价方法。
6. 掌握互斥投资方案的评价方法。

导读案例

暴风集团投资项目的决策①

暴风集团成立于2007年1月,是我国一家著名的互联网视频企业。该集团的经营业务涉及范围较广,包含互联网视频、体育、影业、TV、VR、游戏、电商、金融等多个领域,拥有暴风体育、暴风影业、暴风TV、暴风魔镜、暴风影音等品牌,试图建立"暴风生态圈"。

暴风集团以视频播放器起家,暴风影音平台在其业务版块中占据重要地位,是其收益的主要来源,为促进该项业务的发展抢占更多市场份额,暴风集团加大对外投资。随着VR概念的兴起,暴风集团开始进军VR领域,并推出暴风魔镜这一VR硬件产品及配套APP。随着体育市场的逐渐升温,2016年6月,暴风集团宣布进入体育行业,致力于打造全球一流的互联网体育平台。

针对不同投资项目,集团采取了不同的评价方法。

一是暴风魔镜项目的决策。互联网行业盈利具有极大的不确定性,此次暴风集团投资暴风魔镜发展VR业务需要背负较大的经营风险,该项目5年内难以盈利,对集团的资金实力具有较高的要求。暴风集团管理者曾表示,VR业务是一个烧钱的项目,发生亏损不可避免,利用回收期法加以分析最为合适。当然,项目回收期长,对子企业现金流是个挑战,如果持续亏损项目前景堪忧。

---

① 敦浩.企业长期投资决策优化探析——以暴风集团有限公司为例[J].财会通讯,2019(11):12–15.

二是体育项目的决策。MP&Silva 在全球体育行业中处于领先地位,其主营业务为分销、管理和收购体育赛事版权,是一家专门从事体育媒体服务的公司。MP&Silva 项目是否合理可利用净现值法进行判断? 当净现值为负数时,说明企业投资该项目会发生亏损;当净现值为正数时,说明投资该项目会给企业带来收益。通过分析发现,若 MP&Silva 公司一直保持持续经营状态,其利润稳定增长,则暴风集团所耗费的 10 亿美元直到 2024 年才可收回成本。暴风集团愿意耗费大量时间和资金成本的原因就是看中了 MP&Silva 公司数量巨大的体育赛事版权,完成收购后暴风集团可借力成功步入体育市场,为其建设暴风生态圈奠定了基础。不过定额资金投入可能影响集团主营业务,若无法持续盈利,项目发展将受阻。

回收期法、净现值法只是众多评价长期投资决策的方法中的两种。长期投资决策在企业经营发展过程中占据重要地位,对企业经营状况和经济效益具有重要影响,许多企业由于思虑不周做出错误的长期投资决策,以至于自身长期蒙受损失而陷入经营困境。那么,长期投资是什么? 长期投资决策又该如何评价? 就让我们带着这些问题,一起开始接下来的学习吧。

第一节　长期投资决策概述

一、长期投资的含义和基本类型

长期投资决策是指旨在获取未来较长期间收益的资金支出决策。常见的长期投资项目,包括厂房的更新、扩张、改建、设备的购置、更新、新生产线的引进,以及对现有产品的改造和新产品的试制等。其特点是支出的金额大,影响的持续期长。长期投资决策正确与否,将对企业的长期盈利能力产生重要影响。由于涉及的时间跨度长,风险大,因此,必须引入一些专门的方法,以权衡不同投资方案的优点和不足,从而为做出正确的决策提供有价值的信息。

根据不同投资方案之间的关系,可以将长期投资方案分为三类:独立投资方案、互斥投资方案和最优组合投资方案。独立投资方案不论接受与否,都不会影响到其他项目的决策。其接受与否主要考虑方案是否符合接受标准即可。互斥投资方案是在一定的条件下,相互排斥的若干备选方案,接受一个方案就必须放弃一个或多个其他的投资方案。其接受与否必须建立在对不同备选方案的盈利能力或其他特性进行比较排序的基础之上。当企业考虑是否上新生产线时,如果不存在其他备选方案,则该投资方案即为独立投资方案。但如果企业所面临的决策为是否以新生产线来替代旧生产线的决策,则属于互斥投资方案。

二、货币时间价值的概念

长期投资决策问题一般涉及两种类型的现金流量:一是投资支出,二是未来预期的现金流入。这两种类型的现金流动是在不同时点发生的。不能直接进行比较,而必须将相关金额转换到同一时点进行比较才有意义。这也是长期投资评价方法和短期投资评价方法的一个显著不同。为此,就必须先掌握货币时间价值的概念。

货币时间价值就是指货币随着时间的推移而形成的增值,通常采用利息的形式来表现。不论现金流量发生在什么时候,通过货币利息率都可以将其调整到特定的时点上,才具有可比性。就一般利息的计算而言,有单利和复利之分。货币时间价值通常按复利法计算。复利终值、复利现值、年金终值、年金现值是其主要的计量形式。

(一) 复利、复利终值和复利现值

1. 复利

利息的计算方式有单利和复利两种。单利只计算本金上的利息,其计算公式为:

$$S = P \times i \times n \tag{8-1}$$

式中,S 为单利利息额;P 为本金;i 为利率;n 为期数。

假设投资者将 100 元的本金,按 8% 的单利存在储蓄账户,则 1 年后其利息为:

$$100 \times 8\% = 8$$

10 年后其利息为:

$$100 \times 8\% \times 10 = 80(元)$$

复利不同于单利,同时计量本金与前期利息所产生的利息。其计算公式为:

$$I = P (1+i)^n - P \tag{8-2}$$

式中,I 为复利利息额;其余字母含义同上。

假设投资者将 100 元的本金按 8% 的复利存在储蓄账户,则 1 年后其利息为:

$$100 \times 8\% = 8(元)$$

结果和单利的利息一样,但是,如果时间长于 1 年,就会产生显著差异。10 年后复利的利息为:

$$100 \times (1+8\%)^{10} - 100 = 116(元)$$

人们通常以复利的形式来计量货币的时间价值。

2. 复利终值

复利终值表示当前的一笔钱或一系列支付款按给定的利率计算所得到的在未来某个时间的价值。以公式表示为:

$$F = P (1+i)^n \tag{8-3}$$

式中,F 为复利终值额;其余字母含义同上。当本金为 1 元时,上述公式就变成 $(1+i)^n$,表示利率为 i,每期计复利一次,n 期后 1 元的终值,称为复利终值因子,记作 $(F/P, i, n)$,可以通过复利终值表查得。

3. 复利现值

复利现值是复利终值的逆运算,它表示未来的一笔钱或一系列支付款按给定的利率计算所得到的现在的价值。以公式表示为:

$$P = \frac{F}{(1+i)^n}$$

当 F 为 1 时,上述公式变成 $(1+i)^{-n}$,表示按折现率 i 计算,在 n 期之后收到的 1 元的

现值,简称复利现值因子,记作$(P/F,i,n)$,可通过复利现值表查得。

(二) 年金、年金终值和年金现值

1. 年金

年金是指于相同的时间间隔收到或支付一笔等额的款项。在各期期末收支的年金称作普通年金;在各期期初收支的年金称作即付年金或预付年金。即付年金可以看作是普通年金的变化形式,其终值与现值的确定可以在普通年金现值、终值的基础上再考虑复利终值或复利现值因子推算出来。因此,以下仅以普通年金为例说明年金终值与年金现值的计算。

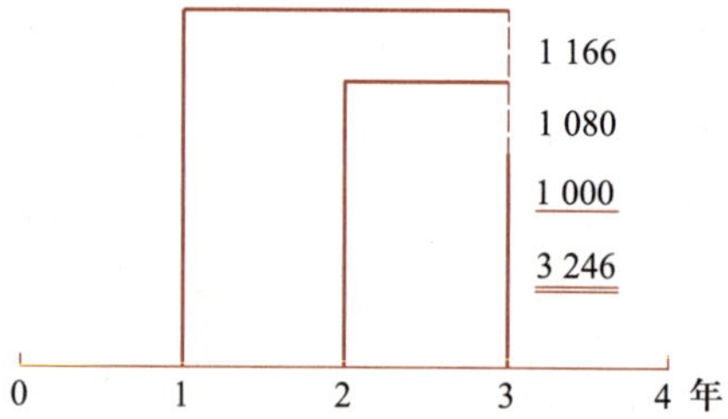

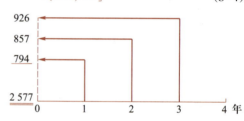

图 8-1　1 000 元普通年金的终值计算示意图

2. 年金终值

年金的终值可以看作是一系列等额收支的终值的合计,其在时间轴上的分布如图 8-1 所示。

图 8-1 为利率 8%、3 期普通年金 1 000 元的终值,以公式表示为:

$$F = A(1+i)^n + A(1+i)^{n-1} + \cdots\cdots + A(1+i) + A$$
$$= A\left[(1+i)^n + (1+i)^{n-1} + \cdots\cdots + (1+i) + 1\right] \tag{8-4}$$

其中,$\left[(1+i)^n + (1+i)^{n-1} + \cdots\cdots + (1+i) + 1\right]$ 表示普通年金 1 元,利率为 i,经过 n 期的年金终值,称作年金终值因子,记作 $(F/A,i,n)$。

3. 年金现值

年金现值可以看作是一系列等额收支的现值的合计,其在时间轴上的分布如图 8-2 所示。

图 8-2 为利率 8%,3 期普通年金 1 000 元的现值,以公式表示为:

图 8-2　1 000 元普通年金的现值计算示意图

$$P = \frac{A}{(1+i)^n} + \frac{A}{(1+i)^{n-1}} + \cdots + \frac{A}{(1+i)}$$
$$= A\left[\frac{1}{(1+i)^n} + \frac{1}{(1+i)^{n-1}} + \cdots + \frac{1}{(1+i)}\right] \tag{8-5}$$

其中,$\left[\dfrac{1}{(1+i)^n} + \dfrac{1}{(1+i)^{n-1}} + \cdots + \dfrac{1}{(1+i)}\right]$ 表示普通年金 1 元,利率为 i,经过 n 期的年金现值,称作年金现值因子,记作 $(P/A,i,n)$。

由于企业的长期资金涉及的时间跨度比较长,时间因素在投资评价中就具有特别重要的意义。将投资项目的现金流入和流出以复利为基础计算成同一时点的价值(终值、现值或年金),然后进行分析对比,可以使项目的投资效益分析,建立在全面、客观和可比的基础上。

管理会计应用指引 500 号——投融资管理

第二节 长期投资经济评价方法

评价长期投资项目的经济可行性,可以有许多评价指标。按照其是否考虑货币时间价值,可以分为非折现指标和折现指标。

一、非折现指标

非折现指标是指在评价投资项目的经济效益时,不考虑货币时间价值因素,直接按投资项目形成的现金流量进行计算的指标,如投资利润率、年平均利润率和静态回收期等指标。

(一)投资利润率

投资利润率一般指的是项目建成投产后在一个正常的生产年份内年利润总额与项目总投资之比。其计算公式为:

$$投资利润率 = \frac{年平均利润}{总投资} \times 100\%$$

[例8-1] 比胜公司近期开发一新款手机,预计需要投资为170 000元,该手机的预计产品寿命周期为5年,投资后,各年净利润将增加15 600元。

$$投资利润率 = 15\ 600/170\ 000 = 9.2\%$$

该指标反映单位投资额每年能为企业创造的利润额。从直观的投资效益看,对于独立投资方案,如果项目的投资利润率高于预先确定的基础投资利润率,则项目是可行的,反之则不可行。对于互斥投资方案,除了投资利润率必须高于预定的基础投资利润率以外,还要对各可行方案的投资利润率进行比较,并选取投资利润率最高者。

以投资利润率对项目的经济效益进行评价,简单明了,易于理解和掌握,资料容易收集。但是,投资利润率指标不考虑项目现金流量的时间分布,以利润为计算基础,而不以现金流量为基础,难以反映投资项目的真实效益。而且,随着时间推移,原投资额通过折旧的形式逐年收回,项目的投资额逐渐减少,而该指标中的分母始终保持在初始投资额水平,使所计算出来的投资利润率偏低。

基于上述局限性,投资利润率指标一般只用来初步评估投资项目的经济效益,而不宜作为投资决策的主要依据。

(二)年平均利润率

年平均利润率指一定的年平均投资额所取得的年平均利润。其计算公式为:

$$年平均利润率 = \frac{年平均利润}{年平均投资额} \times 100\%$$

由于折旧为投资的收回,因此各年的投资额呈递减趋势。为此,要计算各年的平均投资额(年初、年末数的平均),再计算项目寿命周期内的平均投资额。如果固定资产无残值,则年平均投资额就等于总投资额的一半。

[例8-2] 沿用例8-1的资料,假设企业用直线法计提折旧,无残值。则项目年折旧费为34 000元(170 000/5)。各年的平均投资额计算见表8-1。

表 8-1 各年的平均投资额   单位:元

年份	年投资收回	投资余额	年份	年投资收回	投资余额
0		170 000	3	34 000	68 000
1	34 000	136 000	4	34 000	34 000
2	34 000	102 000	5	34 000	0

$$年平均投资额 = \left(\frac{170\,000+136\,000}{2} + \frac{136\,000+102\,000}{2} + \frac{102\,000+68\,000}{2} + \right.$$

$$\left. \frac{68\,000+34\,000}{2} + \frac{34\,000+0}{2} \right) \div 5$$

$$= 85\,000(元)$$

年平均利润率 =15 600/85 000 × 100%=18.35%

该指标反映在项目正常生产年份内平均每元投资所带来的年平均利润。一般而言,年平均利润率高于预定的投资利润时,则方案可行。其优缺点与投资利润率基本一致。

(三)静态投资回收期

静态投资回收期反映项目投资的返本年限,即项目的预期现金流量的累计值等于其初始现金流出量所需要的时间,通常以年表示。此时,项目的累计净现金流量为零。其计算公式为:

$$静态投资回收期 = \frac{累计净现金流量开始}{出现正值的年份数} - 1 + \frac{上年累计现金流量的绝对值}{当年净现金流量}$$

[例8-3] 沿用例8-1的数据,假设在生产线启动之初,需要垫付流动资金30 000元,这部分资金将在第5年后收回,项目各年的现金流量如表8-2的第二行所示,经过整理取得各年累计现金流入如表8-2的第三行所示。

表 8-2 比胜公司各年累计现金流入数据

年次(年)	0	1	2	3	4	5
现金流量(元)	−200 000	49 600	49 600	49 600	49 600	103 600
累计现金流入(元)	−200 000	−150 400	−100 800	−51 200	−1 600	102 000

项目投资回收期 =5−1+(1 600/103 600)= 4.02(年)

如果投资回收期小于最大可接受的回收期,则项目可以接受。并且,投资回收期越短,意味着该项投资未来所承担的风险也越小。此例中,假设企业最大可接受的投资回收期是5年,则该方案可接受。

这一指标计算简单,容易理解。其主要的不足是未考虑货币时间价值,且该指标只考虑净现金流量中小于或等于初始投资额的部分,不考虑大于初始投资额的部分,因此也难以正确反映项目的盈利性。如果不需要考察项目盈利性,只关注项目的现金回收情况,那么可以采用该指标分析。例如,导读案例中的暴风集团 VR 项目投资决策,用的就是该指标。

二、折现指标

折现指标是指对投资项目所形成的现金流量考虑货币时间价值因素而进行计算的指标,如动态投资回收期、净现值、净现值率、内部报酬率等。

(一)动态投资回收期

动态投资回收期是指考虑货币时间价值的项目投资的返本年限。它和上述静态投资回收期的不同点在于这一指标是以按企业要求达到的最低收益率进行折现的现金流量为计算的基础。即项目的预期折现现金流量的累计值等于其初始现金流出量所需要的时间,通常以年表示。此时,项目的累计折现净现金流量为零。其计算公式为:

$$动态投资回收期 = 累计净现金流量现值开始出现正值的年份 - 1 + \frac{上年累计现金流量现值的绝对值}{当年净现金流量}$$

[例8-4] 沿用例8-3的数据,假设折现率为10%,对表8-2数据整理如表8-3所示。

表8-3 各年累计现金流量

年次(年)	0	1	2	3	4	5
现金流量(元)	−200 000	49 600	49 600	49 600	49 600	103 600
折现系数	1	0.909 1	0.826 5	0.751 4	0.683 1	0.621
折现现金流量(元)	−200 000	45 091.36	40 994.4	37 269.44	33 881.76	64 335.6
累计现金流量(元)	−200 000	−154 908.64	−113 914.24	−76 644.8	−42 763.04	21 572.56

动态投资回收期 =5−1+42 763/64 335=4.66(年)

和静态投资回收期相比,由于考虑了货币时间价值因素,使不同时间收回的现金流量都建立在初始投资发生的同一时点上,体现了前后各期发生的现金流量的差异,这是对静态投资回收期指标的一种改进。不过,和静态投资回收期一样,该指标也不考虑现金流量中大于初始投资额的部分,难以正确反映项目的盈利性。一般需要和其他评价指标结合使用。

(二)净现值

净现值(NPV)是指按企业要求达到的最低收益率将项目各年净现金流量折现到零年的现值之和。其计算公式是:

$$NPV = \sum_{t=1}^{n} \frac{CF_t}{(1+i)^t} - CF_0$$

其中,i代表折现率,t代表时间,CF_t代表第t期的现金流量,CF_0代表项目的初始投资额。

沿用例8-3的资料,假设折现率为10%,从表8-3的计算可以发现,项目的净现值为:21 572.56元。该方案净现值大于零,表明投资项目可实现的收益率大于所用的折现率(企业要求的最低收益率)。

一般地,对于独立方案,如果投资项目的净现值大于或等于零,则该项目是可以接受的。在多个方案进行对比时,净现值越大,方案的盈利性越好。这是由于:企业要求达到的最低投资收益率是公司预期在该投资项目中所能赚取的收益率,如果接受净现值大于零的方案,则将对公司股票市价的上升产生积极影响。

从指标计算结果看,由于现金流量的现值随着折现率的提高而下降,因此,折现率越大,项目的净现值越小。表8-4列出按不同折现率进行折现时投资项目净现值。

表8-4　不同折现率情况下的净现值

折现率(%)	0	2	4	6	8	10	12	14	16
净现值(元)	102 000	82 697.06	65 194.45	49 285.19	34 789.91	21 552.56	9 437.95	-1 673.28	-11 884.9

将上述结果绘制于坐标轴上,就形成了净现值的特征图(见图8-3)。

从图8-3可以看出,当折现率为零时,此时项目的净现值最大(相当于未折现时的累计现金流量)。随着折现率的增加,项目的净现值逐渐下降,当净现值曲线与横轴相交时,此时的净现值为零,该处的折现率就是下文将介绍的内部报酬率。

净现值考虑了货币时间价值对不同时期现金流量的影响,使在不同期间形成的现金流入和流出在经济上具有可比性,可以较好地反映投资方案的经济效益。但是,如果不同方案的初始投资额不同,不同方案净现值的绝对额则不具有可比性。可能需要改用净现值率进行评价。

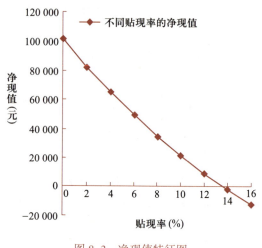

图8-3　净现值特征图

(三)净现值率

净现值率是指每元投资未来可获得的现金流入量的现值,也称为盈利指数(PI)。其公式表示为:

$$PI = \sum_{t=1}^{n} \frac{CF_t}{(1+i)^t} / CF_0$$

$$= \frac{NPV + CF_0}{CF_0} \tag{8-6}$$

例8-3中的投资项目的净现值率为:(200 000+21 522.56)/200 000=1.11。

从净现值和净现值率的公式对比可以看出,二者之间存在如下关系:

当净现值≥0时,净现值率≥1;当净现值<0时,净现值率<1。因此,在对投资方案进行评价时,只有净现值率大于等于1的项目才能接受。如果存在多个净现值率大于等于1的投资方案,则净现值率越大的方案越好。

(四)内部报酬率

1. 内部报酬率的计算原理

内部报酬率(IRR)是指能够据以了解各个投资方案综合投资效益的投资收益率,也

称内部收益率,在计算上是使投资方案在建设和生产经营期限内的各年现金流量的现值累计为零的折现率。即下列公式中的 r:

$$0 = \sum_{t=1}^{n} \frac{CF_t}{(1+r)^t} - CF_0 \tag{8-7}$$

当投资方案的未来现金流入量之和等于项目的初始投资额时,项目的内部报酬率为零,表明项目的投资刚好能够收回而没有盈利;当投资方案的未来现金流入量之和小于项目的初始投资额时,项目的内部报酬率为负数,表明该项目不仅没有盈利,而且损失了一部分原始投资;当投资方案的未来现金流入量之和大于项目的初始投资额时,内部报酬率为正数,表明该项目除了能收回初始投资外,还取得了一定的盈利。并且,盈利额越多,内部报酬率越大,现金流入时间越早,内部报酬率也越大。即投资方案的现金流量的数量和时间对项目的影响都可以内部报酬率表现出来。用内部报酬率评价投资方案的可行性时,一般是将内部报酬率与企业所要求的最低报酬率进行比较,只有内部报酬率大于企业所要求的最低报酬率,项目才是可接受的。当存在多个投资方案时,则内部报酬率越大得越好。

2. 内部报酬率的确定

内部报酬率与净现值之间存在一定的关系,随着折现率提高,净现值下降,当净现值为零时,此时的折现率正好是内部报酬率(即图 8-3 中的净现值曲线与 X 轴的交点)。不过,实际计算内部报酬率则比较复杂,一般可以采用"逐次测试法"来确定。其基本步骤是:先估算一个折现率,计算项目的净现值,如果净现值为正数,说明方案的内部报酬率高于估计的折现率,应提高折现率进一步测试,直到方案的净现值出现负数为止。经过多次测试后可以找出净现值由正数向负数转化的相邻的两个折现率。方案的内部报酬率就介于在两个折现率之间,具体可通过内插法来计算。其公式为:

$$IRR = i_1 + (i_2 - i_1) \times \frac{|NPV_1|}{|NPV_1| + |NPV_2|}$$

其中,i_1 表示试算时使净现值为正数的较低的折现率,i_2 表示试算时使净现值为负数的较高的折现率,$|NPV_1|$ 表示以 i_1 折现的正净现值的绝对值,$|NPV_2|$ 表示以 i_2 折现的负的净现值的绝对值。

[**例 8-5**] 表 8-4 列出了例 8-3 中的手机生产线在不同的折现率时的净现值。可以看出,当折现率为 12% 时,方案的净现值为正数;而如果折现率提高到 14% 时,方案的净现值为负数。因此,该方案的内部报酬率为 12%~14%。

$$
\begin{array}{l}
12\% \\
IRR \quad i_2-i_1 \left\{ \begin{array}{c} 9\ 437.95 \\ 0 \\ -1\ 673.28 \end{array} \right\} \left. \begin{array}{c} |NPV_1| \\ \end{array} \right\} |NPV_1| + |NPV_2| \\
14\%
\end{array}
$$

$$IRR = 12\% + 2\% \times (9\ 437.95/11\ 111.23) = 13.69\%$$

方案的内部报酬率为 13.69%,高于企业的最低收益率,因此可以接受。如果投资后各年的净现金流量相等,则可以利用年金现值的计算原理来确定。

[**例 8-6**]　假设该手机生产线的各年现金流量均为 60 000 元,初始投资额为 200 000 元,则 60 000($P/A,r,5$)=200 000,($P/A,r,5$)=3.333。

问题转化为查找使 5 年期年金现值系数为 3.333 的折现率。查年金现值表,与 5 年期年金现值系数 3.333 相邻的折现率为:

$$
\begin{array}{llll}
15\% & & 3.352 & \\
IRR & 2\% & 3.333 & \Big\}\,0.019 \\
16\% & & 3.274 &
\end{array}\Big\}\,0.078
$$

则内部报酬率为 15%+1% × (0.019/0.078)=15.49%。此外,也可以利用 EXCEL 中的计算功能(函数 IRR)快速计算求得。

3. 内部报酬率评价

内部报酬率反映项目自身所能获得的收益率,其存在的主要缺陷是:该方法假定净现金流量流入后,在其寿命周期内是按照各自的内部报酬率进行再投资而形成增值的,而不是按企业统一要求达到的、并在资金市场上可能达到的收益率进行再投资而形成的,这种再投资假设,具有较大的主观性。从计算上看,当投资支出和投资收入交叉发生时,根据上述程序计算,可能得出多个内部报酬率,也可能无法求出唯一的内部报酬率,从而给它的应用带来困难。

尽管内部报酬率在理论上和计算上存在这些不足,但是,该方法却是实务中最常采用的投资评价方法。这是因为,内部报酬率是一个相对值指标,而不是绝对值,比较便于理解,也不需要在一开始就确定最低收益率。

第三节　长期投资方案的对比与选优

一、长期投资方案对比与选优的基本流程和主要变量的估计

(一) 基本流程

长期投资决策通过对方案经济效益的分析对比,从中选择最满意的方案,是资本预算过程的一部分。在决策中要按照项目对实现企业目标的贡献来进行分析评价。企业的生产经营一般要求以普通股市场价值的最大化作为目标,相当于要求未来现金流量现值的最大化。该目标是对盈利能力和风险水平的综合反映。实际进行长期投资决策时,首先要善于寻找各种可能的投资机会,分析影响方案结果的各种可能的因素,然后列出各种可能的结果,进行成本效益分析,并最终选择项目。决策做出后,还需要授权实施和在实施中进行监控。本节内容,主要集中于如何分析方案的现金流量、进行成本效益分析和最终如何对方案进行对比与选优。

长期投资方案的对比与选优按照下面程序进行:

(1) 选择要求的报酬率;

（2）估计方案的经济寿命期；

（3）分析方案在经济寿命期内每年的现金流量数额及时间分布；

（4）采用相应的评价方法（本章第二节所介绍的方法），对方案的成本效益进行分析；

（5）采用一定的选择标准，对方案的经济可行性进行评价；

（6）考虑非货币性因素得出最终的决定。

（二）主要变量的估计

从上述分析过程看，在对投资方案评价之前，必须确定以下主要变量：

1. 要求的报酬率

当采用折现指标对投资方案进行评价时，需要取得项目的折现率。该折现率，实际上是项目所要求的报酬率。这一报酬率，一般可以以企业的资本成本为基础来确定。资本成本是企业的债务资本成本和权益资本成本按其在公司资本结构中的比重而计算的加权平均数。其中的债务资本成本已经调整了债务融资对所得税的影响，即采用的是税后的债务资本成本，而权益资本成本，可以借助资本资产定价模型来估计（参见理财学方面的教材）。

项目要求的投资报酬率的选择，还应当考虑项目的风险。风险水平高于平均水平的项目，其要求的报酬率应高于所有项目的平均报酬率。而风险水平低于平均水平的项目，其要求的报酬率应低于平均的报酬率。

2. 方案的经济寿命期

投资项目的经济寿命期是指预期的作为投资结果的现金流入发生的期间。项目的预计现金流入发生的时间可能很长，但是，考虑到越往后年份所发生的现金流量，其不确定性越大，而且，通过折现后，其现值很小，因此，实际上往往是人为地确定一个最大的年份，该年份通常比实际预计的寿命期要短。

如果投资方案涉及购买设备，则项目的经济寿命期往往可以根据设备的估计服务寿命期而定。不过，为了防止技术进步导致设备过时，大多数人情况下选择的经济寿命期也是小于其物理寿命期。

3. 方案的现金流量

（1）现金流量的含义和基本构成。人们进行长期投资，其目的在于获取未来的收益，而这种收益，分布在未来的若干年。因此，在对长期投资决策进行财务评价之前，首先要确定项目的现金流量。这是各指标的计算依据。项目的现金流量，指的是长期投资方案从筹建、设计、施工、正式投产使用直至报废为止的整个期间形成的现金流入量与流出量，二者之间的差额，就是净现金流量。现金流出量，主要是由投资支出构成的，包括：投放在固定资产上的资金和项目建成投产后为开展正常经营活动而需投放在流动资产（如原料、在产品、产成品和应收账款）上的资金。现金流入量，是由投资回收构成的，主要包括：经营净利润，项目建成投产后每年计提的折旧（折旧计入产品成本，随着产品销售收入的实现而收回），固定资产报废时的残值收入，项目寿命期终了时收回的流动资金。净现金流量为二者之差，以公式表示为：

净现金流量＝－投资额（固定资产和流动资产投资）＋各年经营净利润之和＋
各年折旧之和＋固定资产残值收入＋流动资金收回

(2) 折旧和所得税的影响。所有的现金流量,都应当是建立在税后的基础上。所得税是根据企业在经营期间的应税收入减去可抵税项目后的应税收益计算的。而可抵税项目,除了企业的现金支出以外,还包括固定资产使用过程中每年根据税法规定计提的折旧费用。以公式表示为:

$$所得税 = (应税现金收入 - 可抵税支出) \times 所得税率$$
$$= (应税现金收入 - 可抵税现金支出 - 折旧费) \times 所得税率$$

因此,

$$税后经营现金流量 = 应税现金收入 - 可抵税现金支出 - 所得税$$
$$= 应税现金收入 - 可抵税现金支出 - (应税现金收入 - $$
$$可抵税现金支出 - 折旧费) \times 所得税率$$
$$= 应税现金收入 \times (1 - 所得税率) - 可抵税现金支出 \times$$
$$(1 - 所得税率) + 折旧费 \times 所得税率$$
$$= 税后现金流入 - 税后现金流出 + 折旧费 \times 所得税率$$

表面上看,折旧费虽然不涉及企业支出现金,但是,可以在计算所得税时作为一种费用扣除,从而减少了企业的所得税支出,其对所得税的影响额为折旧费与所得税率的乘积,称为折旧的抵税作用。其对现金流的影响额为折旧费乘以所得税率,即由于折旧的存在,使企业减少了所得税的支出,因此体现为相应公式中现金流入的加项。

上述公式表明,税后经营现金流量,包括三个组成部分:税后现金流入、税后现金流出和折旧的抵税作用。

税后经营现金流量也可以从各年的经营净利润中推算出来,如下式所示:

$$税后经营现金流量 = 应税现金收入 - 可抵税现金支出 - 所得税$$
$$= 应税现金收入 - 可抵税现金支出 - (应税现金收入 - $$
$$可抵税现金支出 - 折旧费) \times 所得税率$$
$$= (应税现金收入 - 可抵税现金支出 - 折旧费) + 折旧费用 - $$
$$税前经营利润 \times 所得税率$$
$$= 税前经营利润 - 税前经营利润 \times 所得税率 + 折旧费$$
$$= 税后经营利润 + 折旧费用$$

可见,较为简便的方法,是根据各年的预计损益表,取得税后经营净利润,再加上折旧费,求得各年的税后经营现金流量。

此外,项目的现金流量应当是增量现金流量,即企业采用某个投资项目和不采用该投资项目之间现金流量的差别。例如,考虑引入新生产线的现金流量的增加时,如果该新生产线对现有产品形成了替代,那么,不能只根据新生产线的总销售额来预测现金流入,而要同时扣减现有产品销售所受到的影响,即要考虑机会成本的影响。

4. 方案的选择标准

不同类型的投资方案,其选择标准略有差异。对于独立投资方案,主要考虑的是经济评价指标是否符合允许接受的标准。例如,净现值是否大于零,内含报酬率是否大于要求的投资报酬率,投资利润率是否大于要求的投资报酬率,投资回收期是否短于企业要求的回收期等。而对于互斥投资方案,除了方案本身必须通过上述标准以外,还要和其他方案进行比较,只有当某些方案的经济性优于其他方案时,才可能列入被选择范围。

5. 非货币性因素

在对长期投资方案进行经济评价时,主要侧重于进行财务分析,考虑其财务效益。在这一分析过程中,只考虑了那些可以以货币计量的因素,但对问题的全面考量,还必须对非货币性因素进行评价。例如,从企业战略决策的高度看,某些项目的投资,可能对企业今后的市场扩张、行业转移有重要意义,则必须考虑项目的战略影响。特别是对先进技术设备进行投资,方案在降低人工成本,提高生产效率等方面的有形效益比较容易量化,而在提高生产的弹性、缩短市场的反应时间、改进产品质量、提高学习效果、提高整体竞争优势等方面所带来的无形效益则难以量化,如果忽视对这些非货币性因素的分析,将可能导致决策上的失误。可见,在对投资项目进行财务评价的同时,也必须同时考虑这些非货币性因素的存在。通过对相关信息进行收集、分类、整理,并据以进行相关分析,可以使管理者全面了解方案的财务效益和非财务效益,从而做出正确选择。

二、独立投资方案的评价

对于独立投资方案的评价,最常用的评价指标为净现值和内部报酬率。如下例所示:

[例 8-7]　比胜公司近期开发出一新款手机,市场研究表明,每年预计可带来现金收入 150 000 元。该手机的预计产品寿命周期为 5 年。生产该手机的生产线成本为 160 000 元,运输费和安装成本为 10 000 元。5 年后设备预计可按 40 000 元出售。此外,由于存货和应收账款增加,营运资本将增加 30 000 元,这部分资金预计将在寿命周期终了时收回。年经营成本为 90 000 元,所得税率为 40%。采用直线法计提折旧,无残值。则各年现金流量分布如表 8-5 所示。

表 8-5　新生产线各年现金流量分布

年份	0	1	2	3	4	5
现金流量(元)	−200 000	49 600	49 600	49 600	49 600	103 600

其中:

初始现金流量=生产线成本 160 000+运输费 10 000+营运资本 30 000=200 000(元)

期间现金流量=(现金收入−现金成本)×(1−40%)+年折旧费×所得税率

　　　　　　=(150 000−90 000)(1−40%)+(170 000/5)×40%

　　　　　　=36 000+34 000×0.4=49 600(元)

或者,

期间现金流量=净利润+年折旧费

　　　　　　=(150 000−90 000−34 000)×(1−0.4)+34 000

　　　　　　=15 600+34 000

　　　　　　=49 600(元)

该期间现金流量在第一到第五年每年末持续发生。

$$期末现金流量=未考虑善后处理的期末净现金流量\,49\,600+残值收入\,40\,000-$$
$$资产处置损益所增加的所得税\,40\,000×0.4+$$
$$净营运资本地收回\,30\,000=103\,600(元)$$

假设该新建生产线与企业当前生产无关,为资本扩张项目,企业在同类风险的投资项目上所要求的最低收益率为 10%。则该项目属于独立投资项目。

可以计算出项目的净现值为:

$$NPV=49\,600(P/A,10\%,5)+54\,000(P/F,10\%,5)-200\,000=21\,572.56>0$$

项目的内部报酬率为:$IRR=13.69\%>10\%$

可以看出,项目在经济上是可行的。

三、互斥投资方案的评价

对互斥投资方案进行比较选优,通常采用净现值法。原因在于净现值法对再投资率的假设比较合乎现实,且其以绝对值来反映企业的盈利能力,体现企业价值由于投资而产生的变化值。选择具有较大净现值的项目和企业价值最大化的目标是一致的。而内部报酬率指标或净现值率指标最大,不一定意味着企业价值的最大。

应用净现值法对互斥项目进行对比选择的基本步骤是:分析各个投资项目的现金流量,计算各个项目在同等寿命周期条件下的净现值,根据净现值的结果进行排序,以净现值大者为优。

(一) 具有共同经济年限的项目的比较

对具有共同经济年限的互斥项目进行比较时,可以采用全部成本法(total cost approach)分析,也可以采用增量成本法(incremental-cost approach)分析。全部成本法是最常见的分析法,如下例所示:

[例 8-8] 某企业现有一台机器是两年前购入的,账面净值为 240 000 元,如作价出售可净得 200 000 元。该机器预计尚可使用 6 年,期满无残值,年维修成本为 45 000 元。现在市场上有一种新的机器,售价为 420 000 元,预计可以使用 6 年,无残值,年维修成本为 20 000 元。企业的所得税率为 20%,所要求的最低报酬率为 10%。问企业是否应当更新该机器?

首先,分析使用旧机器和购买新机器的现金流量。旧机器的账面价值为沉没成本,不是相关现金流量,不予考虑。但是,由于继续使用旧机器,企业丧失了将其变卖获得现金收入的机会,因此,其当前转让价为使用该机器的相关现金流出。在寿命周期内,企业必须发生的维修成本为 45 000 元,扣除费用抵减所得税 9 000(45 000×0.2)元,实际现金流出为 36 000 元。固定资产按直线法计提折旧,年折旧额为 80 000(240 000/3)元,可以获得抵税收入 16 000(80 000×0.2)元,所以各年的增量现金流出为 20 000(36 000−16 000)元。

新机器的购买成本为 420 000 元,为当前相关的现金流出。在寿命周期内,企业必须发生的维修成本为 20 000 元,扣除费用抵减所得税 4 000(20 000×0.2)元,实际现金流出为 16 000 元。固定资产按直线法计提折旧,年折旧额为 70 000(420 000/6)元,可以获得抵税收入 14 000(70 000×0.2)元,所以各年的增量现金流出为 2 000(16 000−14 000)元。将以上结果汇总如表 8-6:

表 8–6　两个方案现金流量对比　　　　　　　　　　　　　单位:元

年份	旧机器现金流量	新机器现金流量
0	–200 000	–420 000
1~6	–20 000	–2 000

其次,对两个方案进行成本效益分析,分别计算各个方案的净现值。

$NPV旧 =-20\ 000 \times (P/A, 10\%, 3) - 200\ 000 = -20\ 000 \times 4.355 - 200\ 000 = -287\ 100$(元)

$NPV新 =-2\ 000 \times (P/A, 10\%, 6) - 420\ 000 = -2\ 000 \times 4.355 - 420\ 000 = -428\ 710$(元)

由于两种机器的功能是一致的,投资方案本身对企业的收入没有影响,所以实际上比较的是两个方案的使用成本的现值。由于使用旧机器的使用成本的净现值比新机器的使用成本的净现值小 141 610 元(428710–287 100),所以应当选择旧机器。

如果只有两个备选方案时,也可以采用差量成本法这种更为简单和直接的方法。这种方法只考虑差量的现金流量。仍用上例。在零年,投资于新机器的方案,必须比投资于旧机器的方案多支出 220 000 元,但是,以后每年的使用成本,将比旧机器节约 18 000 元,相当于一个投资额为 220 000 元的项目,获得了每年 18 000 元的现金流入。因此,投资于新机器而不是旧机器的净现值为:

$NPV=18\ 000 \times (P/A, 10\%, 6) - 220\ 000 = 18\ 000 \times 4.355 - 220\ 000 = 141\ 610$(元)

说明在新机器上的增量投资所获得的收益的现值,超过了增量投资所需的资金支出,因此是有利的。

(二) 经济适用年限不同的项目的比较

上例中,两个备选方案的经济适用年限是一样的。但是,也可能出现不一样的情况,此时,应当计算每个项目在寿命周期内的年平均现金流量,再进行分析对比。其原理是,先计算各个项目在其寿命周期内的净现值,然后利用年金现值系数,将净现值转化为寿命周期内的年平均现金流量,从而使不同寿命周期的项目的现金流量建立在可比基础上。其公式为:

年现金流量=寿命周期内的净现值/(寿命周期内的年金现值系数)

[例 8–9]　某公司打算购买一台编织机,目前有两种机器可供选择。A 机器的买价为 200 000 元,预计使用年限为 3 年,年税后现金流入为 96 000 元,B 机器的买价比较高,为 600 000 元,预计使用年限为 6 年,年税后现金流入为 150 000 元。公司所要求的最低收益率为 10%,公司只能从两台机器中选择一台。

单独计算 A 机器和 B 机器的净现值如下:

$NPV_A=96\ 000(P/A, 10\%, 3) - 200\ 000 = 238\ 752 - 200\ 000 = 38\ 752$(元),

$NPV_B=150\ 000(P/A, 10\%, 6) - 600\ 000 = 653\ 250 - 600\ 000 = 53\ 250$(元),

购买 A 机器的在寿命周期内的净现值为 38 752 元,则其年平均现金流量为:

$$38\ 752/(P/A, 10\%, 3) = 38\ 752/2.487 = 15\ 581（元）$$

购买 B 机器在寿命周期内的净现值为 53 250 元,年平均现金流量为:

$$53\ 250/((P/A, 10\%, 6) = 53\ 250/4.355 = 12\ 227（元）$$

即在 A 机器的寿命周期内,每年可以给企业带来现金流量为 15 581 元,大于 B 机器在寿命周期内,每年可以给企业带来的现金流量 12 227 元,因此应该选择购买 A 机器。①

本章小结

　　本章主要介绍了长期投资决策的相关内容。长期投资是旨在获取未来较长期间收益的资金支出项目,其显著特点是支出金额大、影响持续期长。长期投资决策正确与否,将对企业的长期盈利能力产生重要影响。评价长期投资项目的经济可行性,可以有许多评价指标。按照其是否考虑货币时间价值,可以分为:①非折现指标,如投资利润率、年平均利润率和静态投资回收期等;②非折现指标,如动态投资回收期、净现值、净现值率、内部报酬率等。在决策过程中还需要结合投资项目的具体特点,区分独立方案、互斥方案等进行综合决策。

重点词汇

| 长期投资 | 要求的报酬率 | 折现率 | 现金流量 | 回收期 | 净现值 |
| 内部报酬率 | 净现值率 | 货币时间价值 | 现值 | 终值 | 年金 |

思考题

　　1. 什么是长期投资方案? 有哪些基本类型?

　　2. 什么是货币时间价值? 有哪些表现形式?

　　3. 长期投资方案的经济评价指标有哪些? 如何计算? 各有什么优缺点? 在什么情况下适用?

　　4. 在长期投资评价时,如何确定项目所要求的报酬率、经济寿命期和现金流量?

　　5. 如何对独立投资方案进行评价?

　　6. 如何对互斥投资方案进行评价?

即测即评

请扫描二维码,进行随堂测试。

---

　　① 当 A 机器寿命终了时,再投资于同样的机器,给企业带来的年现金流量仍是 15 581 元,大于 B 机器可带来的现金流量。

第九章　预算控制

学习目标

1. 了解预算控制在企业经营管理中的作用。
2. 掌握全面预算的编制原理。
3. 理解全面预算管理对企业业务活动的指导意义。
4. 掌握弹性预算、概率预算、滚动预算、零基预算的概念及其在企业管理中的意义。

导读案例

支付宝的全面预算 [①]

　　自 2003 年 10 月 18 日淘宝网首次推出支付宝以来，支付宝在不到 10 年的时间内实现了飞跃式发展，截至 2012 年年底注册账户超过 8 亿，日交易额峰值超过 200 亿元，笔数峰值超过 1 亿笔。迅速扩张的规模对支付宝的内部管理提出了极高的要求，同时母公司阿里巴巴集团信息化体系逐步建立，对财务精细化管理要求不断提高，这种情况下，全面预算作为一个核心管控手段被提到前所未有的高度上。

　　支付宝很早就开始执行预算管理，但在执行过程中碰到一系列问题，如预算目标与企业战略目标脱节，预算指标缺乏战略属性、对战略的支撑性不足。

　　以财务为核心的预算与业务活动脱节，没有能够构建以业务事项为基础的业务预算体系，对经营活动的指导作用相当有限，未能在资源配置上发挥更积极的作用。

　　在 2012 年之前，一直采用 Excel 表格编制企业预算。但由于业务发展太快，Excel 和财务、业务系统缺乏自动集成的数据接口，导致数据采集、汇总、维护的工作量大、周期长，报告不及时，准确性差。

　　由于数据建模能力不足，无法根据需要自定义业务模型快速满足不同主题的分析需求。而分析师的大部分时间都耗费在数据收集、处理 Excel 表格，难以将精力和关注点放在数据分析、财务决策、绩效考核和战略目标的支持上。

　　为满足管理需要，企业需要同时进行多套不同数据口径数据的整理、汇总、报

---

① 改编自滕琳. 支付宝:预算破局. 新理财,2013(9).

告、演示工作,而 ERP 系统不能自动支持多种口径的报告需求。

……

在这种背景下,全面预算被视作集目标管理和综合财务体系为一身的管理工具被提出来,支付宝希望通过全面预算项目建立综合的财务一体化数据库来同时支持各个报告体系,并搭建适应不同应用场景的业绩预测、决策分析模块,为优化资源配置提供决策支持。

第一节　全　面　预　算

预算制度产生于第一次世界大战后的美国,最初以调节企业生产能力与外部市场需求之间的矛盾为主要课题。此后随着管理手段的进步,预算制度被冠以"预算控制"的名义,多被用作一种实施计划和统一控制的工具。

一、全面预算概述

预算以实物量、金额的形式表示企业在未来一定期间(通常是一年)内如何取得并使用资源,是未来的经营计划。为了实现对企业整体经营活动过程的管理功能,企业预算须编制成一个统一的综合体系。全面预算就是以此为指导思想,它把预算的编制原理、技术应用于企业的全部经营活动领域,并将企业下属各部门的预算统一于一个完整的预算体系之中。

现代企业的全面预算是市场导向型的预算,它以销售预算为起点,进而包括生产、成本和现金收支在内的经营活动的各个环节,最终集中反映于预计损益表和预计资产负债表中。全面预算的各个子预算及其间的相互关系如图 9-1 所示。

全面预算为企业整体及其各个方面确立了明确的目标和任务,同时也为各项生产经

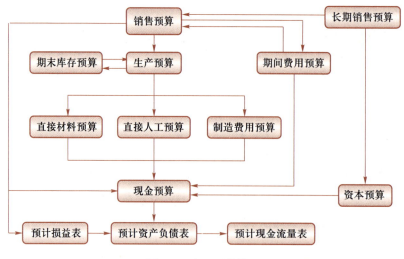

图 9-1　全面预算体系

营活动的评价提供了基准。在生产经营过程中,把实际成果同预算目标进行对比,考察、分析实际成果同预算目标之间的差异,有助于促进各有关方面及时采取有效措施消除薄弱环节,保证预定目标更好地完成。因此,一个良好的预算制度对企业的生产经营活动起到计划和控制的职能。

预算的编制可以采取从上到下的权威式预算。也有企业为使预算能更好发挥其应有的作用,会在预算的编制过程中尽可能吸收预算的执行者亲自参加,从基层开始,自下而上逐级综合,我们称其为"参与式预算"。在实践中,参与式预算能较好地得到广大预算执行者的支持,提高他们完成预算目标和任务的主动性与积极性。相比之下,权威式预算强调由上而下"压"任务,强加于人,使预算执行者处于消极被动的地位,故而往往比较难收到预期的效果。实务中,企业的预算编制多处于完全权威式预算和完全参与式预算之间,是上下结合的混合式预算,不过不同企业基于各自的目的及企业文化等因素的差异会各有偏重。

规模较大的企业当中通常会安排一个常设的预算委员会,组织、领导并考核整个预算的编制及其执行。预算委员会一般由总经理,分管销售、生产、财务等方面的副总经理等高级管理人员组成,其主要任务是协调和审查各个部门所编制的预算,解决在预算编制中可能出现的矛盾,批准最终预算,并经常检查预算的执行情况,促使各有关方面协调一致地完成预算所规定的目标和任务。此外,部分企业还会在财务总监之下设置一个预算咨询小组,负责对各个部门、各个单位的预算编制工作进行业务技术上的指导和帮助,如拟定有关的表格和填写方法,提供过去预算执行情况的分析资料,帮助他们进行有关数据的加工计算,以及把各个方面提出的初步预算按照一定的方法程序汇编成总预算等。

二、全面预算的编制原理

(一)全面预算的构成

企业性质和规模不同,全面预算的构成也不尽相同,但其总体框架基本类同。一般来说,一个完整的全面预算体系应包括如下这样一些组成部分(见图9-2):

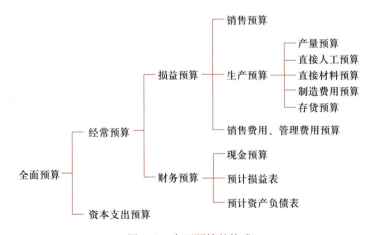

图9-2 全面预算的构成

其中,经常预算是指预算期在一年以内的短期预算,资本支出预算是指预算期在一年以上的长期预算;损益预算是指与企业损益有关的各个分项预算的总称,财务预算是指集中反映未来一定期间(预算年度)现金收支、经营成果和财务状况的预算。各单项预算之间的关系如图 9-1 所示,其中销售预算、生产预算和财务预算是多数企业全面预算体系中的主要预算。

(二)销售预算

在以市场为导向的企业中,销售预算是全面预算的起点,其余的各项子预算都或直接或间接地受到它的影响。销售预算一经确定,即可结合存货预算决定支持该销售水平所需要的生产量,生产预算也随之确定;而生产预算又成为其他各项预算的依据。由此可见,销售预算在全面预算体系中有着特别重要的地位。

$$预计销售收入 = 预计销售量 \times 预计销售价格$$

销售预算主要考虑两个方面的工作:一是通过销售预测确定预算期的预计销售量,二是以经营决策确定的预计销售价格结合预计销售量确定预算期销售收入。其中,如何确定预计的销售量是编制销售预算的重点与难点,实务中常见的预测方法包括:

1. 简单平均预测法

简单平均预测法,就是根据过去若干期实际销售额的简单算术平均数作为销售预测数的预测方法。以下简例说明:

[例 9-1] 假设某企业 20×1 年 1~6 月实际销售量如表 9-1 所示。

表 9-1   某企业 20×1 年 1~6 月实际销售量

月份	1	2	3	4	5	6
销售量(件)	800	820	780	770	790	810

则根据简单平均预测法预测当年 7 月的销售量为:

$$预计销售量 = \frac{800+820+780+770+790+810}{6} = 795(件)$$

如果企业或产品的销售基本平稳,该方法得到的预测结果也会相对准确。实务中,也经常应用移动平均预测法,即固定简单平均预测法的基础期间数。如本例中,假设又过了一个月要预测 8 月的销售数,则剔除 1 月销售数代之以 7 月实际销售数,始终保持 6 个月的基础期间数据不变。

2. 加权移动平均预测法

加权移动平均预测法与简单平均预测法类似,但对不同期间的基础数据不同赋权。仍以例 9-1 数据为例,则:

$$预计销售量 = \frac{800 \times 1+820 \times 2+780 \times 3+770 \times 4+790 \times 5+810 \times 6}{1+2+3+4+5+6} = 794(件)$$

比较可见,两种方法都认为未来是历史的延续,但加权移动平均预测法对越近期间的赋权越大,说明其认为不同时期的影响不同、时间越相近影响越大,这符合人们的长期经验,也更切合实际。

3. 德尔菲预测法

德尔菲预测法,也称作专家调查预测法,是综合相关领域专家的意见对销售量进行预测的方法。该方法的实施步骤如下:

(1) 准备一份情况介绍,有时还包括几种可供选择的销售预测方案;

(2) 选择若干个相关方面的专家组成预测小组,由小组协调人将准备好的资料分发给他们;

(3) 小组成员在互不接触的情况下根据自己的观点进行预测;

(4) 小组协调人收集各专家的意见,汇总后告知各个组员,请他们重新考虑并做出第二次预测;

(5) 重复上述过程,直至所有组员形成大体一致的意见。

该方法的特点在于充分利用专家意见,并给予专家独立表达意见的机会。该方法在新产品预测或市场环境发生较大变化等情况下更为适用。

除了上述三种方法外,有些企业还会运用相关指标法,即通过长期观测或通过大数据分析,找到与销售量相关的某个、某几个宏观或中观经济指标及其间的数量关系,那么,就可以根据确定的相关函数对未来期间的销售额进行预测。总的来说,预测的方法很多,但人的理性终归有限而未来又充满了不确定性,不管什么样的方法都是基于一定的假设、从一定的角度做出的预测,不可能做到百分百准确。

销售预测完成后,结合预计的销售价格就可以编制销售预算。表 9–2 是一份销售预算的样表。

表 9–2 ××公司销售预算

20×1 年 1 月 1 日 ~12 月 31 日

项目	季度				全年合计
	1	2	3	4	
预期销售量(件)					
单价(元/件)					
预期销售收入					
预期现金收入计算					

表 9–2 的上半段就是企业的销售预算。但实现销售与收到现金之间尚有时间差,基于编制现金预算、管理预算期资金的要求,还要以销售预算为基础结合信用条件、历史经验等预计各个期间所能收到的现金流入。

(三)生产预算

在销售预算确定之后,就可以结合库存预算及预计销售量倒算出企业的生产计划。确定的预计生产量除满足销售需求外,还要兼顾期初、期末存货的影响:

$$\text{预计生产量} = \text{预计期间销售量} + \text{预计期末库存} - \text{预计期初库存}$$

料、工、费是产品生产的成本构成项目,根据确定的预计生产量结合标准成本系统就

可以分别确定生产必需的料、工、费,进而编制直接材料、直接人工和制造费用预算。基本的计算公式如下:

$$\begin{array}{c}\text{预计材料}\\\text{采购量}\end{array} = \begin{array}{c}\text{预计}\\\text{生产量}\end{array} \times \begin{array}{c}\text{单位产品}\\\text{耗用标准}\end{array} + \begin{array}{c}\text{预计期末}\\\text{材料库存}\end{array} - \begin{array}{c}\text{预计期初}\\\text{材料库存}\end{array}$$

$$\begin{array}{c}\text{预计直接}\\\text{人工成本}\end{array} = \begin{array}{c}\text{预计}\\\text{生产量}\end{array} \times \begin{array}{c}\text{单位产品}\\\text{人工小时}\end{array} \times \text{小时工资率}$$

制造费用的编制可以区分固定性和变动性两个部分分别编制。

表9-3、表9-4、表9-5和表9-6分别为生产预算、直接材料预算、直接人工预算和制造费用预算的示例。

表9-3　××公司生产预算

20×1年1月1日~12月31日　　　　　　　　　　　　　单位:件

项目	季度				全年合计
	1	2	3	4	
预期销售量①					
加:期末库存②					
总需求					
减:期初库存②					
计划生产量					

注:①源自销售预算;②源自库存预算。

表9-4　××公司直接材料预算

20×1年1月1日~12月31日

	季度				全年合计
	1	2	3	4	
计划生产量①					
单位产品材料需求(千克、件…)					
生产耗用量(千克)					
加:预计期末库存(千克)②					
总需求量(千克)					
减:期初库存(千克)②					
计划采购量(千克)					
材料单价(元/千克)					
采购成本(元)					
预计现金支出计算					

注:①源自生产预算;②源自库存预算。

表 9-5　××公司直接人工预算
20×1 年 1 月 1 日~12 月 31 日

	季度				全年合计
	1	2	3	4	
计划生产量①					
单位产品直接人工(小时)					
总的人工小时(小时)					
单位小时工资率(元/小时)					
直接人工成本合计(元)					
预计现金支出计算					

注:① 源自生产预算。

表 9-6　××公司制造费用预算
20×1 年 1 月 1 日~12 月 31 日　　　　　　　　　　　　单位:元

	季度				全年合计
	1	2	3	4	
变动性制造费用					
间接人工					
间接材料					
维修费					
水电费					
其他					
固定性制造费用					
折旧费					
管理人员工资					
大修费					
其他					
预计现金支出计算					

　　根据上述各项预算,企业通常还需要计算产品的单位成本,并以之为基础做出期末产成品库存预算。

(四)费用预算

　　在企业生产和经营过程中还会发生销售费用和管理费用,编制全面预算时要对这部分费用作专门的预测。通常情况下,销售预算一经确定,相应的销售费用就基本上确定了,因此,销售费用预算可以看作是销售预算确定的营销活动的规模和费用的具体化。

不同企业的管理活动和销售活动差异很大,因此费用预算的具体项目和具体形式也不一而足,在此不做举例。

(五) 资本支出预算

如果在预算期间涉及重大的资本支出项目,那么还要根据投资计划编制资本支出预算。资本支出预算,有时也称作资本预算,它考虑的时间幅度往往比较长,有的甚至长达数十年,该预算的内容主要包括固定资产的投资计划和预期费用的金额与支付时间的安排。

通常情况下,资本支出预算和经营预算是分开来编制的,因为涉及的金额较大、影响的期间较长,在大多企业中,有关的资本投资计划是由专门的委员会负责决策的。因此,资本支出预算更适宜视作计划工作的组成,而不是年度预算的一部分,但其中所涉及的现金流入和流出则需要汇总计入现金预算。

(六) 现金预算

销售预算、生产预算通常是以应计制的收入、支出的形式表示的,但为了有助于实际的财务控制需要将这些数据调整到以现金收付实现制的收入和支出来表示。现金预算的编制有两种方法:

(1) 在预算的资产负债表及损益表基础上加以调整,将应计制下的报表调整到现金收付基础上,具体的方法类似于现金流量表的编制,不同点在于后者的编制是以历史数据为基础,前者以预计数据为基础;

(2) 结合全面预算的其他组成部分中涉及现金流动的部分,具体预测每一笔钱的流入与流出。本节的全面预算编制实例中即运用该种方法编制现金预算。

编制现金预算时要根据企业的经营特点选择预算期间,可以按月、旬、周或日编制。表9-7是采用后一种方法编制的现金预算的示例。

表9-7　××公司现金预算

20×1年1月1日~12月31日　　　　　　　　　　　单位:元

	季度				全年合计
	1	2	3	4	
期初现金余额					
加:期间现金收入①					
可供使用现金总额					
减:现金支出					
直接材料采购②					
直接人工费用支付③					
制造费用支付④					
管理费用、销售费用支付⑤					

续表

	季度				全年合计
	1	2	3	4	
资本支出支付⑥					
所得税支付					
其他					
支出合计					
现金溢缺					
减:投资					
加:融资					
借款					
还款					
利息					
期末现金余额					

注:①源自销售预算;②源自直接材料预算;③源自直接人工预算;④源自制造费用预算;⑤源自费用预算;⑥源自预计损益表。

结合各分项预算编制现金预算的过程中,会计算出预计的现金溢缺,如果出现大量的现金溢余,则要考虑闲置现金的投资安排;如果出现现金不足,则要提前做好融资安排。

(七) 预计财务报表

在完成了上述的各项预算后,就可以通过编制预计的资产负债表和损益表来总括地反映企业在预算期间内的盈利水平和预算期末的预计财务状况。

编制预计资产负债表以预算期初的资产负债表为起点,结合考虑预算期间经营活动对有关资产、负债项目的影响予以调整,得出预计的资产负债表;预计损益表则是销售预算、生产预算、费用预算的总括反映,必要时做出相应的调整。

通过上面的介绍,可想而知在编制全面预算过程中涉及多层级、多维度、大规模的数据收集、汇总、人员协调等工作,单纯依靠手工或者 Excel 等初级工具难以做到体系化、规范化、精细化,因此需要综合运用更为先进的技术手段。在导读案例中,支付宝公司在2012 年实施全面预算管理过程中即借助外部咨询公司的帮助,通过业务梳理,把全面预算预测编制、执行控制、分析、改进和提高的闭环管理模式在预算体系中予以固化。同时,在技术层面,搭建适应公司业务架构的元数据和数据架构,构建灵活、开放的预算体系,实现预算系统与业务系统、财务系统、ERP 系统的数据共享和统一管理。经过努力,支付宝的全面预算得到质的提升,编制时间从之前的 2 个月缩短为 3 周;滚动预测时间从 1 个月缩短为 1 周,不单使相关人员从繁重的体力工作中解放出来,而且实现了更精细、更合理的规范要求,满足支付宝业务迅速发展的需要。[1]

---

[1] 滕琳.支付宝:预算破局.新理财,2013(9).

第二节　预算控制的重要形式

在第一节中,我们着重介绍了企业经营的全面预算及各个子预算间的相互联系,以下介绍五种重要的预算控制形式。

一、弹性预算

固定预算是传统的预算形式,它具有这样的特点:①各项预算均以一个特定的业务量水平为编制基础;②预算是静态的,没有考虑实际经营的动态变化。因此,要把预算运用于事后的业绩考核时,只能以原定的业务水平为基础,适应性较差。

弹性预算,不是简单地以一个特定的业务量为编制基础,而是代之以一个"业务活动量范围",以该业务范围内的多个业务量为基础编制预算。此外,弹性的本身也就意味着一定的动态特性,它甚至允许管理层在事后根据实际的业务量水平再编制一份预算,确定在该业务量水平下"应该"发生的成本、费用水平,据以考核经营活动的业绩。

弹性预算的编制原理,从收入部分看是根据不同的销售水平确定不同的收入额,基本的计算公式是:

弹性预算收入额=单位产品价格×销售量

从成本部分看,是以成本性态分析为基础,将预期成本项目划分为变动成本和固定成本两个部分,基本的计算公式是:

弹性预算成本额=单位变动成本×业务量+固定成本预算额

弹性预算的编制步骤如下:

(1)确定预算期内可能的业务量变动范围;

(2)分析业务量范围内的收入、成本发生水平,着重分析成本的性态;

(3)根据成本性态分析,确定成本发生额对业务量的依存度,包括进行半变动成本的分解;

(4)根据确定的成本公式确定业务量范围不同业务量水平下的预算额。

表 9-8 是一个简单的弹性预算示例。

表9-8　××公司制造费用弹性预算

20×1年1月1日~12月31日　　　　　　　　　　单位:元

	成本公式	业务量范围		
		4 800	5 000	5 200
变动性制造费用				
间接材料	50	240 000	250 000	260 000
间接人工	20	96 000	100 000	104 000
维修费	12	57 600	60 000	62 400
水电费	8	38 400	40 000	41 600

续表

其他	5	24 000	25 000	26 000
合计	95	456 000	475 000	494 000
固定性制造费用				
折旧费		300 000	300 000	300 000
管理人员工资		40 000	40 000	40 000
大修费		62 000	62 000	62 000
其他		6 000	6 000	6 000
合计		408 000	408 000	408 000
制造费用总计		864 000	883 000	902 000

可见,弹性预算的编制中先确定了可能的业务量范围,并在该范围内选取几个有代表性的业务量水平编制预算。单就每一个确定的业务量水平编制预算的过程与固定预算并没有太大的差异。可以说,与固定预算相比,弹性预算最大的发展是在思想层面,而非技术层面的,它要求企业以一种动态的、变化的观点来看待未来期间可能的经营水平。假设企业的实际业务量水平既不是 4 800 也不是 5 000 或 5 200,那么我们仍可以根据同样的方法编制实际业务量水平的预算数,并把它与实际发生数进行分析比较,进而提出改进生产经营的意见、建议。

二、概率预算

如果预先知道了各种可能的业务量水平及其发生概率,那么,就可以结合各种业务量水平下的收入额、成本额及发生的概率,编制概率预算。

[例 9–2] 设 ITG 公司生产一种产品,售价 30 元 / 件,预算期内有两种可能的销售量 80 000 件和 100 000 件,发生的概率分别为 0.3 和 0.7。生产产品所需的原材料价格受市场条件变化影响,相应地,单位产品的变动成本也有两种可能 10 元 / 件和 11 元 / 件,发生概率分别为 0.4 和 0.6,假设其他项目的发生额均是确定的。

本例中存在两个不确定因素:销售量和单位变动成本,也就存在 4 种可能的组合,组合 a(80 000 件,10 元 / 件),组合 b(80 000 件,11 元 / 件),组合 c(100 000 件,10 元 / 件)和组合 d(100 000 件,11 元 / 件)。将每一种组合的收入、成本数据以损益表形式列示于表 9–9。

表 9–9 每一种组合的损益表

组合	组合 a	组合 b	组合 c	组合 d	预测值
销售收入(千元)	2 400	2 400	3 000	3 000	2 820[①]
减:变动成本(千元)	800	880	1 000	1 100	996.4[②]
贡献毛益(千元)	1 600	1 520	2 000	1 900	1 823.6
固定成本(千元)	1 000	1 000	1 000	1 000	1 000

续表

组合	组合 a	组合 b	组合 c	组合 d	预测值
利润（千元）	600	520	1 000	900	823.6
概率	0.12③	0.18	0.28	0.42	
	72④	93.6	280	378	

注①：0.12=0.4×0.3

注②：72=600×0.12

注③：2 820=2 400×0.12+2 400×0.18+3 000×0.28+3 000×0.42

注④：996.4=800×0.12+880×0.18+1 000×0.28+1 100×0.42

这样确定的预算期利润综合考虑了各种可能性，也会比较接近于实际情况。

三、滚动预算

所谓滚动预算，又称永续预算，它的主要特点是预算会在执行过程中自动延伸。例如，某企业的预算期为四个季度，那么当预算中有一个季度的预算已经执行了，只剩下三个季度的预算数，就马上将从这个时候算起的第四个季度的预算数补上，使预算的期间始终保持在四个季度的水平上。这样做的好处是，可以使管理层始终保持对未来完整四个季度的经营活动进行筹划，保持一个稳定的视野，而不必等到预算期终了再匆匆忙忙开始编制新的预算。目前，大部分的企业都采取该种预算形式。

四、零基预算

预算控制的
其他形式
列举

所谓零基预算，是指对要纳入期间预算的各项非生产活动的支出，以零为基点，按照一定顺序排列，依次分配预算资源的方法。零基预算方法的产生比较早，但直到 20 世纪 70 年代美国卡特政府运用零基预算编制联邦预算后才得到企业界的重视，并借此契机迅速推广开来。

传统的预算编制方法是以前期预算数、或实际发生数出发，根据预期的业务变动及市场环境变化调整有关的数据，编制过程中通常仅对增量部分进行成本效益分析，视既存的业务活动为当然。在现代经济条件下，传统的增量预算的思维受到挑战。采用零基预算编制费用预算，它不是以现有的费用水平为起点，而是要求像企业刚创立那样，一切以零为起点，重新评价一切业务（新增的和既存的业务）的重要性，在成本效益分析的基础上，将有限的企业资源分配到那些对企业长期健康发展有重要影响的项目上去。

零基预算的编制程序包括如下三个步骤：①将各项活动的具体内容记入计划说明书；②进行成本效益分析，对全部项目进行评级，并根据轻重缓急的程度排列次序；③按照上述排列的先后次序依次分配资源。

五、作业预算①

传统的预算形式都是以传统的成本计算、成本性态分析为基础的，在作业成本计算思

---

① 爱德华，布洛克，等 . 战略成本管理［M］. 王斌，等，译 . 人民邮电出版社，2005，1（2）：265.

想出现之后,美国学者 Coopers 等人在传统预算方法的基础上,结合作业成本计算、作业管理及全面质量管理等理念对预算方法进行了重新设计,提出了作业预算。

作业预算,是指在作业分析和流程改进的基础上,结合企业战略目标进行作业和流程分析提出可能的改进措施,在改进的基础上预测需要的作业量进而确定企业在每一个部门的作业所发生的成本,并运用该信息在预算中规定每一项作业所允许的资源消耗量,实施有效的控制、绩效评价和考核。

编制作业预算的关键步骤包括:

(1) 将战略目标分解为作业层次的目标,从而实现战略与目标的联系;

(2) 通过作业分析将现有作业区分为增值作业和非增值作业,重点在于分析作业存在的必要性,进而进行岗位、职能的分拆和重组;

(3) 按照改进后的作业和流程估计预算期间的作业量,并据以进行资源分配编制预算草案;

(4) 按照战略目标确定的作业优先顺序调整资源需求和资源限额之间的差异,形成最终的作业预算。

可见,作业预算是一个动态的过程,它致力于明确资源消耗与产出间的关系,追求的是有效提升企业价值增值及实现持续不断的改进。

本 章 小 结

预算是以实物形式、财务形式对企业目标进行量化、分解的一种管理方法,它确定了企业在预算期间内为实现目标所需要的资源和应进行的活动。本章重点介绍了全面预算体系的基本构成及编制方法。全面预算通常以一年或一个营业周期作为一个编制期间,包括经营预算和财务预算两大部分。其中,经营预算由销售预算、生产预算、直接材料预算、直接人工预算、制造费用预算、费用预算等组成;财务预算包括现金预算及预计财务报表。基于加强管理的目的,还可以实施弹性预算、滚动预算、零基预算等多种预算形式。

重 点 词 汇

预算	全面预算	销售预算	生产预算	直接材料预算
直接人工预算	制造费用预算	费用预算	现金预算	预计财务报表
弹性预算	概率预算	滚动预算	零基预算	作业预算

思 考 题

1. 什么是预算? 什么是预算控制?

2. 编制预算对企业经营有什么主要意义?

3. 什么是总预算? 它包括哪些内容?

4. 为什么预算编制要以销售预算为起点?

5. 什么是固定预算？它有什么特点？

6. 弹性预算与固定预算有哪些区别与联系？

7. 什么是概率预算、滚动预算和零基预算？各有什么特点？

8. 作业预算与传统预算有什么不同？实施作业预算有什么好处？

 即 测 即 评

请扫描二维码,进行随堂测试。

第十章 责任会计

学习目标

1. 明确企业集权管理与分权管理的特点及其适用性。
2. 明确什么是责任中心、责任会计及其在企业经营中的积极意义。
3. 掌握责任中心的划分方法,掌握不同责任中心责任会计的不同特点。
4. 掌握内部转移价格的制定方法。

导读案例

海尔集团的 SBU 模式 [①]

   1984 年创立的海尔集团经过十几年的发展,在 2000 年前后已经成长为一家世界级企业,在全球建立了 29 个制造基地、8 个综合研发基地、19 个海外贸易公司,全球员工超过 6 万人,年销售额从 1984 年的 384 万元增长到 2001 年的 600 亿元、年均增长率 80%,一举从一家濒临破产倒闭的小厂发展成为世界白色家电第一品牌。但伴随着企业的高速成长和规模的迅速扩大,海尔集团也患上了"大企业病",亟须管理突破。

   2001 年,海尔集团在 1999 年开展的以"市场链"为纽带的业务流程再造的基础上推出了策略事业单元(strategic business unit,SBU)模式变革,目的是寻求业务流程和员工素质与国际化经营要求的全面接轨。其核心思想在于将市场经济中的利益调节机制引入企业内部,在集团总体调控下,把企业的上下流程、上下工序和岗位之间的业务关系由之前的单纯行政机制转变为买卖关系、服务关系和契约关系,使每一个海尔人都从管理的客体变成管理的主体,从管理者变成经营者,每一个人都是一个 SBU,一个自主经营、各负其责的企业老板。

   在 SBU 建设过程中,海尔集团创造性地提出 SBU 损益表的思路,将集团目标一步步分解到每个部门、每个人、每天、每个产品,将企业的一张财务报表转化为每个

---

   ① 吕治国. 责任成本会计在企业中的应用问题及发展研究——以海尔集团 SUB 为例[J]. 企业技术开发,2016(1)30–32;赵倩侠,程丹,蒋丹丹. 责任成本会计在海尔集团中的案例分析[J]. 商情,2012(33):61;SBU——人人都是小海尔. 新浪网,2005–09–14.

责任单位独自的财务报表,提供每人每天的投入、费用、产出信息,实现考核到人、管理责任到人。与此同时,改变了之前按照国有企业级别工资、岗位工资的大锅饭激励体制,薪酬与绩效挂钩,彻底实现了每个员工都是主体、都能实现自我增值,体现了人本管理的思想,极大地调动了员工积极性。

实施SBU以后,海尔集团将原来分属各个事业部的财务、采购、销售业务全部分离出来,合并为独立的责任单位,实行集团整体统一的营销、采购、结算。举例来说,原先的采购人员只需要负责物资采购,但现在作为一个责任单位就要对经营成果负责,不再只是关心采购单价,还要综合考虑运费、仓管费、废品损耗等因素对绩效的影响。在这一过程中,SBU既节省了交易费用,又避免了较高的组织管理费用。市场需求信息和竞争压力由内外部客户直接传递到SBU,避免了信息的衰减,SBU时刻关注市场行情,主动获得市场信息、感受市场压力,变被动为主动,变"要我做"为"我要做",变"对上级负责"为"对市场负责",从而极大地提高了市场响应速度,优化了管理资源和市场资源的配置。

2014年,海尔全球营业额突破2 000亿元,比上年增长11%,实现利润150亿元,增长39%,利润增幅达到收入增幅的3倍以上。员工的成本责任意识、部门责任明确、部门间协调性、评价考核方法都有了质的提升,企业成为全球领先的整套家电解决方案提供商和虚实融合通路商。

第一节　现代企业分权组织与责任中心的划分

责任会计是一种要求对实施预算管理和成本管理的各个责任单位(责任中心)进行业绩考核的会计制度,其核心在于把衡量工作绩效的会计与管理上的责任结合起来。换句话说,责任会计就是一种可以用来明确各个岗位负责人业绩的会计制度,在企业的经营管理过程中,它实际上履行着企业内部控制系统的职能。

一、现代企业分权组织

管理学家 A. 布朗认为组织就是为了推进组织内部各组成成员的活动,确定最好、最有效的经营目的,最后规定各种成员所承担的任务及各成员间的相互关系[①]。可见,组织的构成要素包括人、目标和行为规范,作为组织一员的每个个人都应该通过分工协作、共同为了组织的目标而努力。企业的组织结构是组织在职、责、权方面的动态结构体系,它不但决定了工作任务如何分工、分组和协调合作,而且直接影响到责任中心的划分和责任会计运作的效果。

总的来看,现代企业组织结构的类型有很多,但按其权力分配方式大致可划分为集权式组织和分权式组织。当组织的少数高层管理人员掌握了组织的主要决策权时,即为集

---

① 郭朝阳. 管理学［M］. 北京大学出版社,2006:266.

权;当组织中的中低层管理人员也有一定的决策权时,即为分权。或者说,所有能提升下属重要性的做法就是分权,所有能降低下属重要性的做法就是集权[①]。

在典型的集权式组织中,企业的最高管理层独揽大权,对企业内部的生产经营活动实施总体的调控,对成本、费用、收入、利润和资金运用负全面的直接责任。因此,最高管理机构既是利润中心也是投资中心,而其下属的各个部门、下属单位、工厂、车间都只能成为成本/费用中心。

在分权式组织中,企业的最高管理层将经营运作的权力适当分散,使其下属的单位、部门也享有控制成本、费用、收入、利润和资金的权力,也要为资源的合理使用承担一定的责任。在这类组织中,最高管理层是投资中心,而其下属的事业部、公司也是投资中心、利润中心,公司下属的工厂、车间、工段是只需要对成本费用开支负责的成本/费用中心。

责任会计的建立须与企业的组织结构相配合。不同责任中心所享有的权力和承担的责任是不同的,只有充分认识到这些差异,才可能使责任中心的领导人在其管辖范围内真正实现权、责、利的结合,也才有助于企业整体经济效益的提高。

二、责任中心的划分

企业通过全面预算明确了企业在未来一定时期内的发展目标与任务,为了确保这些目标与任务的实现,通常需要将全面预算按责任中心分解为"责任预算",也就是把组织的总体任务分解到各个部门、中心、人员的头上。所谓的责任中心,是指组织中的任何一个可以控制成本的发生或收益的产生的单位,它们要承担一定的责任也享有一定的权利,既可以是一个人、一个作业、一个工段、一家公司、一个事业部,也可以是企业整体。

根据企业生产经营的特点,责任中心一般可以划分为成本/费用中心、利润中心和投资中心三种形式。

(一)成本/费用中心

责任会计中所指的责任,是指责任中心的负责人对其职责范围内所可能发生的成本费用和管理业绩应负的责任。如果一个责任中心能够控制其所发生的成本或费用,那么这个中心就是一个成本/费用中心。严格意义上的成本/费用中心并不能控制产品的销售或控制收益的产生,或者不会形成可以以货币计量的收入。对成本/费用中心的业绩考核,主要通过对比实际成本发生额与预定(如预算)发生额来进行的。

成本中心与费用中心的主要区别在于,成本中心的活动可以形成一定的物质成果,如产成品或半成品,但不必或不便于对这些成果进行货币计量;费用中心主要是那些为企业提供特定的专业性服务的部门,一般不会形成可以货币计量的物质成果。企业的人力资源部、会计部等都是典型的费用中心。

(二)利润中心

每一个利润中心同时必然也是成本中心,不同的地方在于利润中心除了会发生成本、费用支出外,还会形成独立的收入。也就是说,利润中心不但能够控制其所发生的成本,而且能够控制其所产生的收入。经营利润是考核利润中心经营业绩的主要指标。也就是

---

① 亨利·法约尔.工业管理与一般管理[M].迟力耕,张璇,译.机械工业出版社,2013:36.

说,在考核利润中心产出所形成的货币收入的同时,还要考核与形成这些收入相配比的成本、费用支出。企业内部那些具有独立收入来源、生产经营自主权较大的单位,都可以划归利润中心之列。

根据面向的客户群,利润中心又可以区分为自然形成的利润中心和人为划分的利润中心。自然形成的利润中心直接面向市场,经营的成果可以直接在外部市场上销售,生产经营的独立性较大;人为划分的利润中心,指那些并未直接面向外部市场的利润中心,它们经营的成果主要用来满足企业内部需求,收入多依靠内部转移价格进行核算。企业设立后一类利润中心的目的在于在企业内部引入市场竞争机制,调动员工增收节支的积极性。

(三) 投资中心

投资中心是三种责任中心中经营自主权最大的一种。它不但可以控制成本与收益,而且可以控制资金和资源的配置。投资中心的负责人不但要负责达成一定的生产、销售目标,而且要为实现目标所需的设备、营运资金提供保障,他们可以相对独立地决定所掌握的资金的投向,并有权做出资本投资决策。因此,要评价投资中心的业绩,就不但要看利润的多少,还要看为了获取利润而占用的资源。

责任中心的划分并非一成不变。现代企业间的竞争越来越激烈,集权制企业反应较为缓慢、较难适应动态环境的缺点日益突出;企业内部知识性员工逐渐增加,中层和基层员工也具备很多的市场和技术的知识、资讯等。这些变化都会要求组织从集权向分权演化的趋势。伴随着这种变化,一些之前不是责任中心的企业内部单元也可以发展成为责任中心,而责任中心的类型也会出现转化。例如,在海尔集团案例中,为了推行 SBU 改革,集团即导入市场机制,使每一个部门、每个人都成为一个责任中心,承担一定的责任、享有一定的权力与资源,并通过 SBU 损益表考核期业绩。

第二节　不同类型的责任中心责任会计的主要特点

责任会计系统,是指在分权制企业中利用会计信息对各分权单位进行业绩的计量、评价与考核,建立责、权、利相统一的内部控制系统。责任会计是围绕着各个责任中心来建立的。不同责任中心享有的权力、控制的资源和承担的责任是不一样的,为准确合理地评价、考核和控制各责任中心的经营,需要重视责任中心负责人对可控成本、可控因素所承担的责任,而对于那些对他们说来是不可控的成本或因素就应区别开来。

实施责任会计过程中应注意两个问题:

(1) 在整体目标一致的原则下明确规定责任中心负责人的职责和权限;

(2) 以可控性原则为指导,规定评价、考核责任中心负责人管理业绩的会计程序、方法。

以下就三种不同类型的责任中心分别介绍其对应的责任会计的主要特点。

一、成本 / 费用中心

根据成本发生的特点,可以将成本划分为技术性成本和酌量性成本。技术性成本是指那些发生额可以相对可靠预估的成本项目,如直接人工、直接材料等,这类成本项目通常对应的是成本中心;酌量性成本是指那些费用发生额主要依靠管理人员的判断酌量处理的成本费用开支,一般较难于可靠预估,通常这类成本项目对应的是费用中心。由于成本－费用特点的不同,这两类责任中心的责任会计也各有特点。

(一) 成本中心

对于成本中心来说,最重要的控制指标就是成本,在考核成本中心经营效果时主要看中心是否能完成事先设定的成本标准。

在以下这三点上,责任中心成本有别于一般意义上的成品成本:

(1) 就计算对象而言,产品成本按承载的客体(产品)计算,责任中心成本按责任中心归集。

(2) 从计算原则看,产品成本遵循谁受益谁承担,责任中心成本遵循谁负责谁承担。

(3) 从计算目的来看,产品成本计算主要为确定不同产品的生产耗费,为考核产品的盈利性提供依据;责任中心成本为反映责任预算执行情况,服务于企业内部经济责任制。

虽然就整体来看,企业所有责任中心成本的总和与企业经营总成本在数量上是相等的,但因为存在以上的差异,因此就具体的核算结果和控制过程存在显著的不同。总的说来,责任中心成本特别强调成本的可控性。

就责任中心而言,可控成本是指符合如下要求的成本项目:

(1) 责任中心可以知道将发生什么性质的耗费;

(2) 可以计量其耗费;

(3) 可以控制并调节其耗费额。

不能同时符合这三条要求的是不可控成本。值得注意的是,一个成本中心的不可控成本项目可能是其他成本中心的可控成本。也就是说,可控与不可控的划分是针对特定的责任中心、特定的时间段来说的。

一般而言,变动成本多属可控成本,固定成本多属不可控成本,但也非绝对。例如,外购件成本是变动成本项目,但装配部门并不能控制其发生额,因此是不可控成本;管理人员的工资虽然属于固定成本性质,但对于部门负责人而言是可控的,是可控成本。

此外,责任中心直接发生的耗费多属可控成本,由其他部门分配来的成本多属不可控成本,但这也同样需要具体问题具体分析。例如,成本中心使用的固定资产的折旧费或租赁费,虽然属于其直接发生的成本,但多数成本中心并不能控制这些费用的支出,仍属于不可控成本。

可控成本与不可控成本的划分会直接影响责任中心的业绩考核,因此,企业内部费用的分配是否合理就显得特别重要,分配基准不合理就会导致结果不合理,影响各方当事人的积极性。

[例 10–1] 假设 KMC 公司有铸造部和锻压部两个成本中心。该企业第一季度预计发生辅助生产费用 5 500 元,为两个部门各提供服务 2 500小时。

根据传统的成本分配方法,小时分配率为 1.1 元 / 小时,两个部门各承担 2 750 元的辅助生产费用。但这种分配方法显然不利于正确区分经济责任,具体表现在:①辅助生产车间将所发生的费用全部分摊给直接生产部门,不利于对辅助生产车间的工作效率进行检查;②被分配部门分配的费用额一方面取决于耗用的生产小时,也取决于辅助生产车间的生产效率及其他车间的耗用数量,而后者对它们而言是不可控的。

为解决这种情况,可以考虑采用二重分配法并采用预计分配率分配。具体做法为:

(1) 根据成本性态将辅助生产车间发生的成本区分为固定成本和变动成本,于预算期初编制预算。假设本例中,辅助生产车间预计第一季度发生固定成本 2 000 元,变动成本 3 000 元,可以提供服务 5 000 小时,即每小时服务分配变动性费用 0.6 元;

(2) 预计的固定成本根据各部门的预计正常需用量分配。假设铸造部和锻压部正常需用量分别为 2 000 小时和 3 000 小时,则分别分摊 800 元、1 200 元;

(3) 辅助生产车间的变动成本根据提供的实际服务小时按预计分配率分配。则两个部门各分配 1 500 元。

(4) 假设辅助生产车间第一季度实际发生的成本如表 10-1 所示。

表 10-1 辅助生产车间第一季度实际发生的成本   单位:元

固定成本			变动成本			合计		
预算	实际	差异	预算	实际	差异	预算	实际	差异
2 000	2 200	200	3 000	3 300	300	5 000	5 500	500

这样,成本实际发生额与预算数的差额就作为辅助生产车间的差异留在账上,作为考核辅助生产车间经营业绩的依据。该分配方法下铸造部和锻压部接受的分配额就不再是不可控的,而是一项可以通过提高效率减低该项费用的支出,已经变不可控为可控了。这无疑将有利于提高辅助生产部门与直接生产部门节约成本的积极性。

(二)费用中心

行政管理部门、研究与开发部门等职能部门都属于典型的费用中心,它们的经营效率和效益很难实现货币计量,因此主要依据预算控制开支。应该说这种机制是不完善的,但目前尚没有普遍适用的、更好的管理方式。

对于费用中心提交的预算,管理当局重点审核该中心应该完成的工作量。费用中心的工作大体上可以区分为持续的和特定的两类,前者是指那些每年都在重复发生的费用项目,后者是指那些要在一定期限内完成的任务,如财务制度设计等。费用中心财务控制的重点,主要是通过设立标准以及报告实际成本与标准成本的差额以求降低经营费用,并激励部门提高效率使费用最低化。

二、利润中心

责任会计最初只是用来核算不同责任中心的成本管理业绩,发展到后来才扩展到计量利润中心和投资中心的利润和资本利润率。

利润中心的业绩考核基本类似损益表,重点考核中心是否达成销售目标、实现目标利润。常见的利润中心业绩计量方式有管理业绩计量和经济计量两种。前者侧重于考核责任中心的工作效益,后者侧重于计量责任中心的整体工作成果。就一般意义而言,责任会计重视的是前者,即利润中心负责人在计划、协调和日常控制中的表现,但通常也会要求责任会计提供的数据可以用来进行经济决策。因此,进行利润中心责任会计制度设计时应以管理业绩计量为基础,同时兼顾经济计量的要求。

考核利润中心的管理业绩时有三个主要难点:①转移价格;②共同收入;③共同费用。通常说来,利润中心获得的利润是确定的,但有的时候也会出现两个或几个利润中心共同参与某些业务活动的情况,这种情况下就要求在几个利润中心间分配取得的业务收入。例如,证券公司的营业部将承揽的证券发行业务交由投资银行部来完成,这种做法无疑是符合证券公司总体利益最大化要求的。但是如果将所有的收益都归属后者的话,那么会打击前者的积极性。因此常见的做法是,投资银行部向营业部支付佣金,分享收入。有关转移价格的内容将在本章第三节介绍,共同费用的分配问题则类似成本中心的成本分配。

利润中心业绩核算过程中遇到的另一个常见的问题是如何为企业总部提供的服务定价。企业总部提供的服务大致包括三类:

第一类是中心没有选择权的,如会计部的工作、人事部、法律部的工作等。对于这些服务,各责任中心一方面必须接受,另一方面也无法影响服务的数量。对此,有的学者以相关成本是责任中心的不可控成本为理由而反对向下分摊,但也有的学者认为应该分摊,但分摊的方法不应影响不同责任中心间业绩与预算的比较。

第二类是中心必须接受、或至少在接受的量上是部分受控制的服务。对于这类服务的处理办法有三种意见:分摊变动成本部分、全部分摊、按市价基础分摊。

第三类是中心可以有权选择接受或不接受的服务,这类服务的费用应该按接受的服务量进行分摊。

三、投资中心

(一) 投资中心的特点

和利润中心一样,实务中一般也利用损益表考核投资中心的经营业绩,但考察的指标不同,即除了总利润外还要看投资中心是否从占用的资金中产生了适当的回报。投资中心负责人有两个主要的目标:①合理运用资源创造满意利润;②接受有利可图的项目,进行扩大再生产。

由于投资中心要考虑其占用的资产基础,因此,资产计价方法的差异会直接影响业绩的考核。其中,最重要的问题是固定资产如何计价,如果以净值为计价基础,那么,随着固定资产的净值会随着使用年限的增加而逐步减少,计算出来的投资回报率也就比较高,但实际上中心的盈利性并没有变化。因此,大部分的学者建议固定资产采取原值计价。

(二) 剩余利润和投资报酬率的比较 [①]

剩余利润和投资报酬率是最常用的投资中心业绩考核指标,这两个指标各有优点,也各有不足。

---

① 陈双人. 责任会计系统[M]. 辽宁人民出版社,1992:163–167.

1. 计算公式

剩余利润和投资报酬率指标的计算公式如下：

$$剩余利润 = 经营净利润 - 经营资产 \times 要求的最低报酬率$$

$$投资报酬率 = \frac{经营净利润}{经营资产}$$

可见，剩余利润是绝对值指标，投资报酬率是相对值指标。其中，剩余利润计算中的"要求的最低报酬率"是指企业为保证生产和经营健康和持续进行所要求必须达到的最低投资报酬率。

2. 指标的应用

相对于投资报酬率，剩余利润主要的缺点是不便于规模不同的投资中心的业绩比较。由于占用的资产规模不同，因此并不能得出剩余利润大的投资中心业绩就一定比剩余利润小得好的结论。

但是，单纯以投资报酬率考核投资中心的经营业绩，又可能会导致狭隘的本位主义倾向，以下以简例说明：

[例 10-2]　假设某企业下设两个部门——A 部门和 B 部门，有关资料如表 10-2。

表 10-2　某企业 A 部门和 B 部门有关资料

	A 部门	B 部门
平均占用的经营资产(元)	500 000	500 000
经营净利润(元)	150 000	150 000
投资报酬率(%)	30	
要求的最低报酬(按 10% 计算)(元)		50 000
剩余利润(元)		100 000

可见两个部门当前的经营水平基本相当，但假设 A 部门以投资报酬率为业绩考核指标，而 B 部门以剩余利润为考核指标。再假设企业现有一个投资报酬率为 20% 的新项目，两个部门会如何取舍？

由于新项目的投资报酬率低于 A 部门当前 30% 的投资报酬率，一旦接受该投资计划，势必拉低部门的投资报酬率，因此它们选择放弃该投资计划。单就 A 部门来说这样做是理性的，但其结果是牺牲了企业的整体利益最大化。

由于 20%>10%，新项目的投资报酬率高于"要求的最低报酬率"，B 部门在接受该投资后增加部门的剩余利润，这对部门和企业整体都是有利的。可见，选择不同的业绩考核指标可能会对企业的经营产生不同的影响，需要结合运用、综合评价。

第三节　内部转移价格

实施利润中心责任会计过程中的一个主要的问题和难题就是如何确定一种可行的方法对那些在利润中心之间进行转移的产品或服务进行合理标价，也就是转移产品的定价问题①。由于企业内部的各个利润中心都被认为是独立的核算单位,转移价格定高了,卖方事业部的利润会增加,而买方事业部的利润相应减少;反之亦然。不合理的内部转移价格会对相关事业部的业绩产生很大的影响,必然会损害一方或几方的利益、打击部门积极性。因此,制定内部转移价格的目的在于正确测定企业内部各事业部的业绩。

一、制定转移价格的基本原则

当一种产品的最终完成需要在企业内部的多个利润中心之间进行转移、由多个利润中心共同的努力才能实现的话,那么即使仅有最终的产品才能实际得货币收益,实现的收益还是应该由所有参与其中的中心共同分享。这种情况下,内部转移价格的制定就成为企业内部利益分配机制的关键。

为促使企业财务目标的实现,制定的转移价格应该:

(1) 使各中心利润达到最大化的同时实现企业整体利润的最大化;

(2) 根据转移价格确定出来的中心利润应能够准确反映该中心对企业总利润所作的贡献;

(3) 有助于各中心的正确决策。

二、制定转移价格的方法

在企业实践中,制定转移价格的方法有很多种,常见的有:

(一) 以市价为基础制定转移价格

1. 单纯市价法

绝大多数情况下,以市场价格为基础是制定转移价格的最好方式。一方面,市场价格可以最好地反映利润中心的概念,也有助于发挥利润指标在衡量企业的各个层级经营绩效的功能;另一方面,市场价格是最公正的,能够做出最合理的决策。

以市场价格作为制定转移价格的基础,实质上是在企业内部创造了一种竞争性的市场机制,它视各个利润中心为独立的经营主体,各自经营、相互竞争。所制定的转移价格确实可以良好地反映真正的市场情况,因此,核算的经营结果也就可以正确地反映真正的经营效率,亦可良好地符合前述的三项基本原则。

如果企业选择以市场价格作为制定转移价格的基础,那么应该做到如下三点:

(1) "卖方"有选择对内、对外销售的权力。

(2) 当价格与市场价格相符时,如果"卖方"愿意对内销售,"买方"有购买的义务。

(3) 如果"卖方"提供的价格高于市场价格,"买方"有转向市场购买的权力。

为解决可能出现的纠纷,企业内部应设立一个委员会,对产生的价格争执进行仲裁。

[例 10-3]　设某企业下设机加工部和装配部两个相对独立的利润中心。机加工部生产的半成品既可以通过装配部继续加工后对外销售也可以作为半成品直接对外销售。两个部门的产品售价及成本结构如表 10-3。

---

① 成本中心和投资中心也存在内部转移价格的问题。其中,成本中心的内部转移价格类似责任中心之间的成本分摊、转移计价问题,投资中心的内部转移价格与利润中心基本一致。

表 10-3 两个部门的产品售价及成本结构   单位:元

	机加工部	装配部	全企业
单位售价	8	20	20
单位变动成本	5	6	11
单位内部转移价格	—	8	—
单位贡献毛益	3	6	9

如果机加工部向内销售半成品,单位转移价格为 8 元,而这同时也就是装配部内部采购半成品的单位成本。由于该半成品存在独立的市场,如果外部市场的单价高于 8 元,那么根据前述的原则,机加工部为实现更多的利润将选择对外销售;如果市场单价低于 8 元,则装配部为控制成本将选择从外界购买。

运用单纯市价法的难点在于市场价格总是在变动,如果变动幅度较大,那么又该如何调整? 假设本例中,半成品单位价格由 8 元下降到 7 元,那么要求装配部仍旧按每件 8 元的价格接受半成品显然是不合理的,他们要求根据市场的变化将价格下调到每件 7 元否则他们将选择从外部购买。但机加工部如果能够从对外销售取得高于 7 元的价格它也不必接受每件 7 元的价格。可见,买方或卖方都有权选择对自己有利的价格做出买或卖的决策。

2. 协商价格法

以市场价格为基础制定转移价格引发的另一个问题是,如果半成品直接面对的是外部客户,那么不可避免地要发生一些宣传、运输等费用。而对内销售时,这些费用就可以节省下来。单纯市价法直接以市场价格作为转移价格,所有节省的费用将全部体现为卖方的利益,买方得不到任何好处,这有可能有失公平。因此,有的企业会请相关的内部单位定期根据市场价格协商一个双方均可以接受的价格作为转移价格。

(二)以成本为基础制定转移价格

如果企业转移的中间成品没有现成的外部市场,就不可能以市场价格确定转移价格。针对这种情况,企业常见的做法是以成本为基础确定转移价格。但以成本为基础制定转移价格最大的问题在于缺乏一个客观公正的依据来证明所价格的合理性,各部门可能会为了将哪些成本项目作为计价基础而争论不休,而且成本项目的大小又会随着产量的变动而变动。企业内部一旦因此争论不休,无疑会降低经营的效率。

此外,以成本作为计价基础会使前面环节的责任中心不重视对成本的控制工作,因为所开支的成本都将转移给下一个部门,它们没有必要为此做更多的努力。尤其是那些以成本为基础加上一定的预计利润作为转移价格的企业,它们会发现成本越高实现的利润也越高,这是明显不符合经济现实的,也不利于企业总体经济效益的最大化。为了避免这些情况,常见的做法是以标准成本作为定价基础,这么做至少可以避免将某个部门的不经济和浪费转移到别的部门。

此外,也有的企业选择以变动成本作为计价基础。由于固定成本在短期内是确定的,选择以变动成本为计价基础可以促使他们接受所能实现贡献毛益的各项业务以提升短期获利能力。但这种做法有可能会损害企业的长期利益。

（三）双重内部转移价格机制

如果企业选择以市场价格为基础制定转移价格，就可能存在机会成本的问题。一种情况是：内部定价高于市场价格，买方可以直接向外采购，企业内部的中间产品会有一部分销售不出去，或者会有部分生产能力因此被闲置起来；另一种情况是，当卖方的生产能力尚有剩余时，其增加销售的机会成本可能为零，但如果其价格高于市场价格买方会拒绝从内部采购，这两种情况显然不利于企业效益的最大化。

为解决这些问题，就提出了以双重的内部转移价格机制来取代单一的转移价格机制。即买方以接受的中间产品的变动成本计价，而卖方以市场价格计价；或者在市场上出现不同价格时，卖方以所能达到的最高售价计价，买方以所能采购到的最低价格计价。这种做法可以较好地解决买卖双方的不同需求，也可以更好地调动双方的积极性。

仍以例 10-3 为例，分析如表 10-4 所示。

表 10-4　企业及两部门的单位贡献毛益　　　　　　　　　单位：元

	机加工部	装配部	全企业
单位售价	8	20	20
单位变动成本	5	6	11
机加工部单位结转成本	—	7	—
单位贡献毛益	3	7	9

从企业整体来看，实现的总的单位贡献毛益是 9 元，不再是两个部门贡献毛益的和，而应该扣除由于双重内部转移价格间价格差所形成的"内部利润"1 元。

本章小结

责任会计系统，就是实施分权制的企业利用会计信息对各个分权单位进行业绩的计量、评价与考核，并建立责权利相统一的内部控制系统的过程。本章重点介绍了责任会计系统的类型，不同责任中心的业绩评价方式及内部转移价格的制定等内容。明确责任中心是实施责任会计的第一步，根据责权利的差异，企业责任中心可以区分为成本 / 费用中心、利润中心和投资中心三类，不同类型的责任中心管理和控制的重点不同，业绩计量、评价与考核的方法也不同。最后，为了正确评价责任中心的业绩，往往要求制定合理的内部转移价格。

重点词汇

责任会计	责任中心	成本中心	费用中心	利润中心
投资中心	可控成本	剩余利润	投资报酬率	内部转移价格

思 考 题

1. 结合海尔集团 SBU 模式谈谈分权制与集权制对企业经营的影响。
2. 什么是责任、责任中心、责任会计？
3. 成本中心、利润中心和投资中心各有什么特点？
4. 责任成本与产品成本有哪些区别与联系？
5. 什么是成本中心？如何评价与考核成本中心的经营业绩？
6. 什么是利润中心？如何评价与考核利润中心的经营业绩？
7. 什么是投资中心？如何评价与考核投资中心的经营业绩？

 即 测 即 评

请扫描二维码，进行随堂测试。

第十一章 业绩评价

学习目标

1. 理解业绩和业绩评价系统的含义。
2. 理解杜邦财务分析系统的构建原理及各指标之间的相互关系。
3. 理解经济增加值的计算原理。
4. 了解财务业绩评价指标和非财务业绩评价指标的优点和缺陷。
5. 理解平衡计分卡的基本内容、掌握平衡计分卡四个方面指标的因果关系。
6. 了解平衡计分卡的发展历程。

导读案例

美孚石油北美营销与精炼事业部的平衡计分卡 ①

北美营销与精炼事业部是美孚石油公司的事业部之一。1992 年,该事业部还是一个积弱不振的组织,利润居同业排名之末,投资报酬率低得让人无法接受,需要总公司注入 5 亿美元资金来维持运转和更新设备。该事业部管理体制官僚化严重,效率低,无法抵御外部激烈竞争,因此开始引入新战略和一系列的组织改革。1994 年引入并开始实施平衡计分卡,1995 年,它的获利能力晋升为行业之冠,利润高出行业平均水平 56%,并在成熟饱和且竞争白热化的行业市场中,持续行业领先优势四年,直到 1999 年美孚与艾克森合并为艾克森美孚集团。美孚石油北美营销与精炼事业部(简称"美孚石油")制定的战略涉及明显的市场重新定位、成本控制和提高内部工作效率几个重心。平衡计分卡是其战略管理流程的核心,运用平衡计分卡,美孚石油创造了业绩导向的文化。

美孚石油公司战略如下:

(1) 降低成本并且提升整个价值链的效率(低成本);

(2) 增加高价位高品质的产品和服务的营销量(差异化);

(3) 由以上两项将公司资本运用回报率(ROCE)提高至 12%。

---

① 罗伯特·卡普兰,戴维·诺顿.战略中心型组织——平衡记分卡制胜方略[M].上海博意门咨询有限公司,译.中国人民大学出版社,2008.

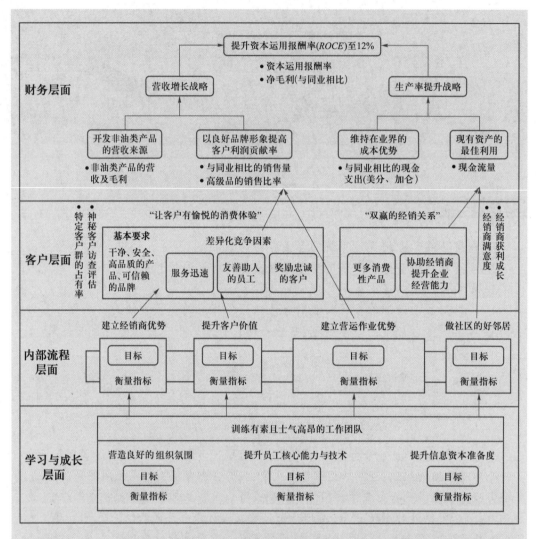

美孚石油的战略地图

美孚石油的平衡计分卡

视角	战略主题	战略目标	衡量指标
财务层面	■财务增长	F1资本运用回报率 F2现有资产利用率 F3提高利润率 F4成本优势 F5获利成长	•资本运用回报率 •现金流量 •净利润与竞争者比较的排名 •单位售油成本(与竞争者比较) •销售量增长(与竞争者比较) •高级品所占销售比例 •非油类产品的营收与利润

续表

视角	战略主题	战略目标	衡量指标
客户层面	■让客户有愉悦的消费体验 ■双赢的经销商关系	C1使目标客户群有愉悦购买体验 C2建立与经销商的双赢关系	●目标市场的占有率 ●神秘客访查评价 ●经销商毛利成长 ●经销商问卷调查
内部流程层面	■建立经销商体系 ■安全与可靠的供应 ■具竞争力的供应商 ■加强质量管理 ■做社区的好邻居	I1促进产品与服务创新 I2打造业界最佳经销团队 I3提升炼油厂绩效 I4提升库存管理水平 I5成为行业内成本领先者 I6符合规格与交付期 I7加强环保、健康与安全管理	●新产品的投资回报率 ●新产品被市场接受的比率 ●经销商服务质量评价 ●产量差异 ●非计划性的停工时间 ●存货水平 ●缺货率 ●运营成本(与竞争者比较) ●零缺陷订单 ●环境意外事件发生次数 ●因事故损失的工时数
学习与成长层面	■训练有素且士气高昂的工作团队	L1营造利于行动的组织气氛 L2提升员工核心能力与技术 L3提升战略性信息的获取	●员工满意度调查 ●个人计分卡达标率 ●战略性员工技能准备度 ●战略性信息准备度

第一节　业绩评价基本概念和发展历程

管理大师彼得·德鲁克曾经说过"如果你不能评价,你就无法管理"。业绩评价是企业管理的基本前提,评价什么就会得到什么。哈佛大学教授罗伯特·卡普兰认为,"从150年前对远离总部的生产部门成本和效率的评价,到20世纪初杜邦等公司对综合类组织中分部投资效益的评价,业绩评价一直是管理会计的重要内容"。

一、业绩与业绩评价

(一)业绩

厘清业绩的内涵,才有可能在此基础上进行评价。业绩在英文中使用"Performance"一词,在中文中常被译作"绩效",根据《牛津现代高级英汉词典》的解释是"执行、履行、表现、成绩",这个界定本身并不清晰。

对"业绩"一词不同人有不同的理解,从使用的角度可以分为以下五种:

1. 业绩 = 完成了工作任务

这个界定在过去非常清晰明了,对于一线生产工人和体力劳动者而言,他们的业绩就是"完成所分配的生产任务"。至于应该怎么做才更有成效,管理者会应用泰勒的科学管理、戴明的全面质量管理予以解决,一线生产者只要按指令执行任务即可。

然而对于知识工作者而言,"任务是什么"变得异常模糊、难以界定。一些研发人员整天坐在计算机旁,甚至多数时间处于沉思状态,如何对他们的业绩进行评价？知识工作与体力劳动有很大的不同,往往在进行一项工作时,无法像体力劳动那样交代得非常清楚、细致,很多工作往往需要知识工作者去判断,去独立做出决策。正如彼得·德鲁克所说:"你的任务是什么？应该是什么？你觉得怎样做才能有所贡献？ 在你执行任务上有什么障碍应该被排除？ 这些在过去认为是愚蠢可笑的问题,到了今天,真正需要人力资源工作者、管理者和知识工作者一起好好讨论后,方可作出回答。更多时候,需要知识管理者自己的参与才能确切地界定。实际上,几乎所有的知识工作者都思考过这个问题,而且心中也有答案,但是仍然需要时间和努力才能把他们的工作重新界定清楚。"

2. 业绩 = 结果或产出

将业绩以"产出 / 结果"为导向在实践中得到广泛应用。比如,责任、目标、指标、关键业绩指标(KPI)等通常被用来表示作为结果 / 产出的业绩。

责任,是指职位或部门应承担的为部门或公司目标服务的任务,它的重点是结果。它告知的是"什么",而不是"如何"。

目标,直接反映了工作的先后顺序,是对在一定条件下、一定时间范围内所达到的结果的描述。目标是有一定的时间性和阶段性,表明在规定的时间内对预期成就的具体衡量标准。

指标,是指衡量任职者工作执行状况的尺度,是测其长度、高度、体积、还是质量和时间等。指标强调的重点与焦点在于产出 / 结果,而不是投入或努力。

关键业绩指标,是衡量企业战略实施效果的关键指标。

按照这一观点,企业中一些做了大量铺路石工作的人员可能就没有业绩,因为他们没有给公司带来直接的经济效益,尽管他们的工作在企业中必不可少。

3. 业绩 = 行为

将业绩与任务完成情况、目标完成情况、结果或产出等同起来的观点在理论和实践中受到了质疑,因为一部分产出或结果可能是由个体所不可控制的因素决定的;再者,过分强调结果或产出,可能会导致企业及员工重视短期效益而忽视企业的长远发展。

正因如此,墨菲将业绩的范围定义为"一套与组织或个人体现工作组织单位的目标相关的行为""业绩可以定义为行为的同义词,它是人们实际做的,并且可以被奉行的东西。"Campell 则提出"业绩不是行动的后果或结果,它本身就是行动……业绩包括在个体控制之下的,与目标相关的动作,尤其这些动作是认知的、驱动的、精神运动的,还是人际的"。

将业绩作为"行为"的观点,概括起来主要基于以下事实:

(1) 许多工作后果并不一定是由员工的行为产生的,也可能有与工作毫无关系的其他因素在起作用;

(2) 工作执行者执行任务的机会也不平等,也并不是工作执行者在工作时所做的每一个事都同任务有关;

(3) 过分重视结果会忽视重要的程序因素和人际关系因素;

(4) 产出 / 结果的产生可能包括许多个体无法控制的因素,尽管行为也要受外界因素

的影响,但相比而言它更是在个体直接控制之中的;

(5) 在现实生活中,没有哪一个组织完全以"产出"作为衡量业绩的唯一尺度。

4. 业绩 = 结果 + 过程(行为)

一般意义上来讲,业绩一词的使用相当宽泛,既包括产出,也包括行为。优秀的业绩,不仅取决于做事的结果,还取决于做这件事所拥有行为或素质,即

优秀业绩 = 结果(做什么)+ 行为(如何做)

将业绩界定为"结果 + 过程"很有意义,从现实情况看,单纯将业绩界定为结果 / 产出或行为 / 过程都失之偏颇,因为作为结果和过程的业绩各有其优点和缺点,具体见表 11–1。

表 11–1　业绩界定优缺点比较一览表 [1]

比较	优点	缺点
注重结果	(1) 鼓励大家重视产出,容易在组织中营造"结果导向"的文化与氛围 (2) 员工成就感强,"胜败论英雄"	(1) 在未形成结果前不会发现不正当的行为 (2) 当出现责任人不能控制的外界因素时,评价失效 (3) 无法获得个人活动信息,不能进行指导和帮助 (4) 容易导致短期效益
注重过程 / 行为	能及时获得个人活动信息,有助于指导和帮助员工	过分地强调工作的方法和步骤有时会忽视实际的工作成果

5. 业绩 = 做了什么(实际收益)+ 能做什么(预期收益)

这个概念将个人潜力、能力纳入了业绩评价的范畴,使得业绩不再作为"追溯过去""评估历史"的工具,而更在于关注未来。

这个界定更适合于知识工作者,更接近于业绩评价的真正意图,即关注未来。它不仅要看员工当前做了什么,还关注员工将来还能够做什么,能给公司带来什么价值。这个界定比较适合创新性的项目,尽管有些项目或工作失败了,但只要是创新,就一定会有风险,会有失败,关键在于如何避免重犯同样的错误,这也给企业未来的成功带来所需的宝贵经验。

根据企业使用的情况来看,"业绩 = 结果 + 过程"得到了较为普遍的认同与采纳。

(二) 业绩评价

评价是指评定人和事的价值,其内涵包括:评价的过程是一个对评价对象的判断过程;评价的过程是利用综合计算、观察和咨询等方法的一个复合分析过程。由此可见,评价是一个非常复杂的过程,它本质上是一个判断的处理过程。

何为业绩评价?据财政部统计评价司的阐述,所谓企业业绩评价,是指运用数理统计和运筹学原理,特定指标体系,对照统一的标准,按照一定的程序,通过定量定性对比分析,对企业一定经营期间的经营效益和经营者业绩做出客观、公正和准确的综合评判。

---

① 张建国,徐伟.绩效体系设计——战略导向设计方法.北京工业大学出版社,2003.

不同的学者对业绩评价的定义有所不同,会计学界比较有代表性的观点认为,业绩评价是指运用科学、规范的管理学、会计学知识和数理统计等方法,对企业或各个责任中一定经营期间的生产经营状况、资本运营效益、经营者业绩等进行定性与定量考核、分析,并做出客观、公正的综合评价。业绩评价的目的在于通过评价业绩,找出影响业绩的原因,明确影响业绩的关键责任人,以便最终改善业绩。

业绩评价的主体主要分为三个层次:一是政府管理部门作为社会管理者对企业为社会所作的整体贡献进行业绩评价,其评价对象通常是企业整体,评价的内容往往包括企业所提供的税金、就业机会、企业对职工的社会福利保障、环境保护等责任义务的履行情况。二是出资者(包括潜在投资者和所有者)作为委托方对企业潜在的投资价值以及经营者的受托责任履行情况进行评价,评价对象则是企业整体及其高层决策者;评价内容包括企业整体财务状况、经营成果、未来发展能力;从委托人角度对其所投入企业资源的保值增值情况进行关注,对企业经营者在企业价值创造中的贡献进行评价。三是企业内部的经营管理者对其内部各管理层的业绩进行评价,是企业管理控制系统不可分割的组成部分。

本书侧重于第三个层次,即企业管理者对企业内部的个人、团队或组织是否实现其既定目标做出评价,业绩评价系统和企业的战略规划、成本控制、预算管理、人事政策、组织结构和文化、信息系统等交互作用以支持企业实施战略,实现目标。业绩评价系统包括两个方面,一是管理当局为了满足外部市场对企业发展战略的要求,必须对企业价值和发展潜力进行自我评价,同时关注企业战略的实施以及关键成功因素对企业价值创造的影响;二是管理者需要借助业绩评价系统了解组织内部各个部门、团队和个人为实现组织目标所做的贡献,对企业内部各责任中心进行业绩评价。通过业绩评价系统将企业战略转化为可执行的目标,为激励机制的设计提供依据,揭示企业价值创造的动因,最终提升企业的价值。

二、业绩评价的发展历程

为适应生产方式的变革和企业管理的发展,业绩评价的方法也在不断演进。从历史上看,企业管理的发展过程大体上经历了以下三个阶段,而业绩评价的思想也正是在这个过程中逐步形成和发展的。

(一) 经验管理阶段

经验管理阶段(18 世纪 80 年代至 19世纪末)的背景是在工业革命以后,机械化生产的大型工厂替代手工操作的小型工厂,但企业的所有权与经营管理权仍然高度集中,企业管理的特点是资本家凭自己的经验和惯例行事,工人靠自己的经验和直觉去操作。在这种管理水平和条件下,企业的业绩评价存在任意性、主观性,业绩评价指标单一,只对工人工作效率和成绩进行评价,并依据这个指标支付薪酬并激励员工。

(二) 科学管理阶段

科学管理阶段(20 世纪初至 30 年代)的背景是企业的生产规模日益扩大、经营地域不断拓展、资本高度集中,企业的所有权与经营管理权开始分离,竞争日趋激烈,企业管理工作日益复杂,并成为一门专门的职业。企业管理的特点是专业管理人员按照投资者的意愿行事,用科学的调查研究和专业知识替代那种凭经验进行管理的传统,整个管理工作向科学化、系统化和标准化方向发展,形成了科学管理系统。

科学管理的主要代表人物是美国的泰勒,他对生产工人工作的时间、动作的合理和配合上进行研究,制定出标准的工作方法和激励性的计件工资制度,使工人的操作科学化、合理化,力争以最简捷的操作、最快的速度、最少的投入完成既定的任务。总之,泰勒是从车间工人的角度创建他的"科学管理"学说,其目的是提高劳动生产率。

科学管理的另一个代表人物是法国的法约尔,他进一步发展了泰勒的科学管理,不仅考虑了基层各车间工人的操作过程,而且重视研究各个职能科室的管理,从企业的全局观点创建他的"职能管理"学说。他认为,"管理"是企业管理层为完成既定目标,在生产、销售、财务、人事、研究开发五个经营活动方面,运用计划、组织、指挥、协调、控制五项管理职能,对资源的配置和应用进行最优决策,其目标是通过提高经营活动的工作效率来获取最佳效益。

以此相对应,这个时期的业绩评价的特点是将原来的数量标准扩展为每小时人工成本、单位产品原材料成本等价格标准,进而建立产品的标准成本。业绩评价指标主要是该车间、部门实际成本费用发生额与标准或预算数直接的差额以及重要的财务比率(以20世纪20年代的杜邦财务体系为代表)。业绩评价主要用于两个方面:一是对车间或部门整体的工作效率进行评价,用以决定资源配置和改进管理流程;二是用来奖惩组织各层级(车间或部门)的管理者。

(三) 现代管理阶段

现代管理阶段(20世纪40年代至今)的背景是科学技术迅猛发展,生产高度自动化和社会化,跨国公司大量涌现,市场竞争激烈,资本利润率下降,经营风险增大。在此期间,管理科学为了适应形势发展的要求,出现了许多现代管理学派和新的理论。其中对管理会计的发展有重大贡献的管理理论有:

1. 行为科学管理

行为科学认为人际关系和人的行为是管理工作的关键因素,要提高企业的经济效益,不应以产品为中心,而应以人为中心来充分调动广大员工的生产积极性和创造性。这就要探讨如何调整并改善人与人之间的关系,如让职工参与管理、参与决策,从而引导并激励人们在生产经营中充分发挥人的内在动力,借以提高效率、降低成本、增加利润。

2. 系统管理理论

系统管理理论认为企业是由人和物所组成的完整系统,而系统是具有一定目标的,由相互联系和相互作用的各个部分所组成的复杂整体。因此,管理人员在执行各项管理职能时,决不能从局部的、个体的最优出发,而应从全局、从经营管理的各个组成要素的总体出发,实现对经济活动规划和控制的最优化。

除此之外,管理理论还增加了权变管理、量化管理、战略管理等新理论,还广泛吸收了"信息经济学"和"代理理论"的有益内容为其服务。

管理会计在这些理论的基础上得到了进一步的发展,业绩评价也随之得到了一定的提升,出现了剩余收益等新指标,在此基础上产生了经济增加值指标。

进入20世纪80年代后期,尤其是2000年以后,人类进入了信息社会,大数据、云计算、物联网使信息的传递更加迅速,获取信息的成本更加低廉,信息加工分析的技术更加完善,市场竞争程度日益加剧,企业感受到了越来越大的竞争压力。为了快速、敏捷地跟上市场变化的步骤,及时地持续地为市场提供令人满意的优质服务和产品,配合目标管理、权变管理以及战略管理等管理新理念的需要,在管理会计领域,产生了包括财务指标和非财务指标在内的业绩评价体系——平衡计分卡。

这个时期业绩评价的特点是:以财务指标为主的企业价值评估作为外在的压力存在,并对企业融资产生了重大影响;企业内部业绩评价模式仍旧以高层对低层的评价模式为主;重视对高级经理层的评价,且由董事会执行;业绩评价指标在财务指标的基础上增加了非财务指标,并与战略紧密相连,业绩评价系统仍然在实践中不断改进和完善。

第二节   财务业绩评价指标体系

一、杜邦财务评价体系

(一) 杜邦财务评价体系产生的背景

1900 年左右,美国的大企业大规模的收购兼并造就了一大批大型企业。杜邦公司、通用电气公司、美国烟草公司、美国钢铁公司等,都是收购兼并的产物,每家企业都是从前由不同企业完成的几种业务合并在了一起。生产、采购、运输、分销等从前由独立企业承担的互不相关的业务被综合到了多重业务企业中。在多重业务企业中,在拥有资源、信息和报酬的自主权和控制权的同时,企业家承担了巨大的风险。

以内部交易为特征的多重业务企业是一个复杂的系统。该系统一方面减少了市场不确定性的影响,另一方面巨型企业可能陷入官僚主义管理的泥潭之中,从而失去潜在的收益。早期最成功的多重业务企业是通过采取统一管理或者集中管理的组织形式来解决此类问题,即高层管理者致力于协调企业各部门的工作,保证企业的整体业绩;每个部门都由专家管理,部门经理们完成成本效率和规模经济的目标。企业主们认为整个多重业务公司的利润应该能够超过公司各个部分的所能产生的利润之和。

不同部门之间的协调以及企业整体的业绩并不能是靠运气获得,应当建立一些机制能够确保整个组织所必需的协调性,其中一种机制就是管理会计系统。

早先的内部各个部门依赖那些在单一业务企业中发展起来的会计效率指标来评估自身业绩,如单位成本、运营比率、存货周转率等。然而,在多重业务企业中很难将这些分散的效率指标与企业的整体业绩直接联系起来。杜邦公司是最先在管理会计中运用投资回报率指标的公司之一,该公司的创始人创造了预算和投资回报率指标,通过预算,来协调和平衡内部资源从原材料流向最终客户的过程;将投资回报率作为评估业绩的通用标准,利用这一指标来计划、评估和控制为实现公司所有者的获利目标而进行各种业务活动。

(二) 杜邦财务评价原理

杜邦分析法(DuPont analysis)是一种用来评价公司盈利能力和股东权益回报水平,从财务角度评价企业业绩的经典方法。其基本思想是将企业净资产收益率逐级分解为多项财务比率乘积,这样有助于企业管理层更加清晰地看到净资产收益率的决定因素,以及销售净利润与总资产周转率、债务比率之间的相互关联关系,给管理层提供了一张明晰的考察公司资产管理效率和是否最大化股东投资回报的路线图。杜邦财务评价体系见图 11-1。

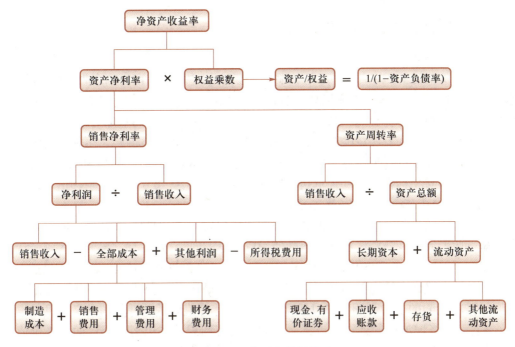

图 11-1　杜邦财务分析体系

在杜邦财务评价体系中起核心作用的是净资产收益率：

$$净资产收益率＝资产净利率（净利润/平均总资产）×权益乘数（平均总资产/平均净资产）$$

$$资产净利率（净利润/总资产）＝销售净利率（净利润/总收入）×资产周转率（总收入/平均总资产）$$

即　　　　　　　$$净资产收益率＝销售净利率×资产周转率×权益乘数$$

（因为总资产、净资产是时点指标，和净利润这个时期指标相比，必须用算术平均数。）

在杜邦财务评价体系中，包括以下四种主要的指标关系：

（1）净资产收益率是整个分析系统的起点和核心。该指标的高低反映了投资者的净资产获利能力的大小。净资产收益率是由销售利润率、总资产周转率和权益乘数决定的。

（2）权益系数表明了企业的负债程度。该指标越大，企业的负债程度越高。

（3）总资产收益率是销售利润率和总资产周转率的乘积，是企业销售成果和资产运营的综合反映，要提高总资产收益率，必须增加销售收入，降低资金占用额。

（4）总资产周转率反映企业资产实现销售收入的综合能力。分析时，必须综合销售收入分析企业资产结构是否合理，即流动资产和长期资产的结构比率关系。同时还要分析流动资产周转、存货周转率、应收账款周转率等有关资产使用效率指标，找出总资产周转率高低变化的确切原因。

杜邦财务评价分析法在揭示上述四种财务比率之间关系的基础上,再将净利润、总资产进行层层分解,就可以全面系统地揭示出企业的财务状况以及财务系统内部各个因素之间的关系。

二、经济增加值业绩评价体系

(一) 产生背景

经济增加值(EVA)的产生并不是一项全新的创造,它源于早期的剩余收益思想的"合理内核"。剩余收益克服了投资报酬率未能反映权益资本成本的缺陷,使企业经营业绩的评价与企业的财务目标更趋一致。但是剩余收益也是在净利润的基础上改进的,存在着难以反映经营活动中真实风险(包括没有确认特定重要的资产)的缺陷,可能使管理者不能正确地关注企业的长期经营目标。1982 年,美国的斯特恩·斯图尔特(Stern Stewart)公司针对剩余收益指标作为业绩评价指标所存在的局限性,提出了用经济增加值取代剩余收益,成为传统业绩衡量指标体系的重要补充。

作为企业治理和业绩评价标准的经济增加值,是指一定期间企业使用的所有资产创造的全部收益减去期初资产经济价值的使用成本(期初投入资本)的余额,这些资产包括营运资产,如应收账款和存货;长期资产,如不动产、厂房、机器设备、汽车等;还包括无形资产,如商标、专利、特许使用权等。经济增加值与剩余收益的区别是:剩余收益的计算是以某一期间的会计利润减去以运用资产的会计价值为基础计量的名义利息成本后的余额;而经济增加值的计算是以某一期间的经济利润减去以运用资产的经济价值为基础计量的资本成本后的余额,经济增加值实际上就是经济学家所说的"经济利润"的概念。

斯特恩·斯图尔特公司用这种方法征服了包括可口可乐和新加坡政府投资公司等在内的一大批机构,也成了高盛、J.P.摩根和瑞士信贷第一波士顿等一大批投资银行分析公司价值的基本工具。不仅如此,美国著名的《财富》杂志高级编辑 AI. I. Abbra 认为,经济增加值是现代公司管理的"一场真正的革命",他指出,经济增加值不仅是一个高质量的业绩指标,还是一个全面财务管理的架构,也是一种经理人薪酬的奖励机制,可以帮助管理者为股东、客户和自己带来更多的财富。经济增加值把管理者和员工的收益与其所作所为最大限度地结合起来,从而有助于培养团队的主人翁意识,增强企业活力。

(二) 经济增加值的计算原理

经济增加值是公司经过调整的营业净利润(NOPAT)减去该公司现有资产经济价值(投入资本)的机会成本后的余额,其公式为:

$$EVA = NOPAT - K_w \times NA \tag{11-1}$$

其中,K_w 是企业的加权平均资本成本,它考虑了公司股东和债权人对公司的资本投入情况;NA 是公司期初投入资本总额,是对公司会计资产账面价值进行调整的结果;NOPAT 是以报告期的营业利润为基础,经过一系列调整得到的。

企业的加权平均成本通过下列公式得出:

$$K_w = \frac{D_M}{D_M + E_M} \times (1 - T) \times K_D + \frac{E_M}{D_M + E_M} \times K_E \tag{11-2}$$

式中：D_M 表示公司负债总额的市场价值；

　　　E_M 表示公司所有者权益的市场价值；

　　　K_D 表示负债的税前成本；

　　　T 表示公司的边际所得税税率；

　　　K_E 表示所有者权益的成本。

运用经济增加值指标可以对企业业绩和股东财富是否增加作出解释，这里假设公司的投资者可以自由地将他们投资于公司的资本变现，并将其投资于其他企业。因此，投资者从公司至少应获得其投资的机会成本。这意味着，从经营利润中扣除按权益的经济价值计算的资本的机会成本后，才是股东从经营活动中得到的增值收益。

在计算经济增加值的过程中，斯特恩·斯图尔特公司站在经济学的角度对财务数据进行了一系列调整（最多可达 160 多项），这主要是由两方面因素决定的：①在计算税后净营业利润和投入资本总额时需要对某些会计报表科目的处理方法进行调整，去除根据会计准则编制的财务报表对企业真实情况的扭曲；②资本成本的确定需参考资本市场的历史数据。由于各国的会计制度和资本市场现状存在差异，经济增加值指标的计算方法也不尽相同。

1. 计算投入资本总额

在财务报表中，一般反映企业资本规模的指标有两项：总资产和净资产。前者包含了企业所有的付息贷款、股东权益、各种欠款和应付未付以及其他无息资本供给；后者是股东权益。股东权益并不代表企业经营所占用的全部资本，而总资产却包含了企业应收未收的总额部分，没有去除应付未付，因此这两项指标都不能正确反映企业经营所占用的实际投入的资本量。由此，为了从总资产和净资产的概念中区分出来，准确地表述企业经营所做的资本投入。经济增加值从财务具体计算的角度把资本总额界定为所有投资者投入企业经营的全部资本的账面价值，包括债务资本和股本资本。其中，债务资本是指债权人提供的短期和长期贷款，不包括应付账款、应付票据、其他应付款等商业信用负债。股本资本不仅包括普通股，还包括少数股东权益。因此，资本总额还可以理解为企业的全部资产减去商业信用债务后的净值。计算资本总额时也需要对部分会计报表科目的处理方法进行调整，以纠正对企业真实投入资本的扭曲。

2. 对税后净营业利润的调整

在实际应用中，并非每家企业都需要进行所有项目调整。以下是多数企业在计算 NOPAT 时需要调整的常见项目：

（1）研究与开发费用。财务会计对研发费用的处理方法通常有两种选择：一是计作当期费用；二是将其"资本化"，在预期的使用期内逐渐摊销。多数国家现行会计准则基于会计的谨慎性原则，要求对研发费用采用第一种方法，计入发生当期费用。这种做法导致研发费用支出高的企业报告的利润低于研发支出少的企业，而且处于研发阶段，可以为企业带来潜在增长和盈利能力的无形资产又不能在资产负债表得以反映，造成在费用的处理上，会计的谨慎性原则与对企业价值的真实评价发生了矛盾，因此需要对研究与开发费用加以调整。

计算经济增加值时所作的调整是当期发生的研发费用作为企业的一项长期投资加入

到资产中,同时根据复式记账法的原则,资本总额增加相同数量,然后根据企业研发支出的具体情况确定摊销期限,在相关期间摊销计入费用抵减利润。经过调整后的研发费用不会对经理层的短期业绩产生负面影响,从而鼓励经理层进行研究发展和市场开拓,为企业长期发展打下基础。

(2) 各种准备。各种准备包括坏账准备,存款跌价准备,长、短期投资的跌价或减值准备等。根据会计准则的规定,企业要为将来可能发生的损失或减值预先提取准备,准备金余额抵减对应的资产项目,余额的变化计入当期费用冲减利润。财务会计的减值准备是出于谨慎性原则,使企业的不良资产得以适时披露,作为对投资者披露的信息,这种处理方法是非常必要的。但对于企业的管理者而言,这些准备金并非企业当期资产的实际减少,也非当期费用的现金支出。因此,计算经济增加值时应将这些项目的相关金额加至资本中,同时将准备金余额的当期变化加入税后净营业利润。

(3) 战略性投资。战略性投资意味着企业的投资要在未来很长的时间后才能获得收益。在计算经济增加值时若将这笔投资作为资本成本扣除,则会大大降低投资初期的经济增加值。在使用经济增加值作为业绩评价标准时,结果同样会使经营者倾向于放弃该投资(投资回报率大于资金成本率的项目)。经济增加值倡导者建议不计算战略性投资上的资本成本,因为采用这种方法可以鼓励管理者进行那些能带来长期回报的投资,着眼于企业的未来发展。

(4) 折旧。在计算 $NOPAT$ 时,固定资产的折旧应被扣除,经济增加值倡导者认为会计折旧费用代表了资产的经济贬值额,在其他条件相同的时候,使用旧设备的资本成本明显低于新设备的资本成本,因而不利于设备的更新,担心管理者会放弃使用新设备、新技术,在 $NOPAT$ 中把折旧扣除就排除了因计算原因而放弃使用新设备的不利影响。

[例 11-1]   大华公司 2020 年税后净利润为 1 020 万元,此利润已扣除了新产品的研发费用 300 万元,新产品预计有效期为 10 年;公司的加权平均资本成本为 11%,资产负债表中的资产历史成本为 6 000 万元,其重置成本估计为 8 600 万元。不考虑其他因素。

则为了计算大华公司的经济增加值,需要考虑的调整项目是:新产品研发费用 300 万元——10 年期,使用资产的重置成本。

$$EVA = (1\ 020+300-300/10) - (8\ 600 \times 11\%) = 344(万元)$$

三、财务业绩评价体系的局限性

总体上看,财务业绩评价体系存在如下五个局限性:

(1) 财务业绩评价系统建立在传统会计数据的基础上,这些数据着重对物质性的有形资产进行货币反映,但在对无形资产(专有技术、版权、专利权等)和智力资产(杰出人才头脑中的创意、诀窍、构想、客户的忠诚和满意度等)的确认、计量、记录和报告方面则无能为力。实践证明:恰恰是企业的无形资产和智力资产正成为企业赢得未来动态性全球经济竞争胜利的核心能力。为适应这一新形势及今后的发展趋势,企业应将业绩评价从更广阔的视野拓展到财务评价之外。

(2) 财务业绩评价注重企业内部,这只在卖方市场下具有可行性。例如,尽管福特公司声称"我们的客户可以随心所欲地选择汽车的颜色,只要是在黑色中选择",即使如此,客户仍对福特公司趋之若鹜。这说明：在卖方市场下，企业集中精力把内部的事做好了，产品的销售将不成问题。但在买方市场的条件下所形成的"客户化生产"，厂商之间存在激烈的竞争，企业的生产经营如不以客户为导向，就会失去市场而无法继续生存下去。因此，在业绩评价中，除了把关注投向内部业务流程外，还必须引导企业扩大视野，把注意力投向外部利益相关者，关注如何吸引客户、如何令股东满意，如何获得政府的支持和如何在社会公众中树立良好的信誉和形象。

(3) 财务业绩评价系统只提供企业总体和各职能部门的业绩信息。因为财务报表通常是按照职能部门编制的：各部门单独编制报表，然后汇总最终编成企业组织的总表。这种方法也与当今职能交叉的企业组织形式不相符。现在，通常是由各种不同的职能部门组成跨部门团队，它们共同以协调一致的方式解决问题并创造价值，这是新的历史条件下，进行知识管理，致力于知识创新和价值增值的必然要求。因此，新的业绩评价系统应能提供知识团队的业绩数据，为企业的决策和改进业绩提供基础信息。

(4) 财务业绩评价不能揭示业绩改善的关键因素或业绩动因。财务指标是综合性的事后指标，只能对企业经营决策和活动的最终结果进行评价。我们可以从财务指标上判断企业的业绩从总体上看是否得到了改善或有所下降，但不能了解业绩提高或下降的原因。导致企业或部门业绩变化的原因是多方面的，有企业或部门的可控因素，也有些是不可控因素，即使是可控因素，也要具体问题具体分析。例如，某一部门的业绩指标有明显改善的表象，但如果业绩的所谓改善是以降低产品和服务质量、损害其他部门利益为代价，则这样的业绩是不可取的。改善业绩的唯一方法是通过改进内部经营流程、促进员工主动性、创造性的提高，加大科技创新投入等。只有这样，才能实现企业的长期战略目标，因此，业绩评价系统应能够揭示业绩深层次的动因。

(5) 财务业绩评价的滞后性。财务业绩评价由于局限于财务领域，不能够及时地对经营情况进行反馈，如利润、投资报酬率等指标的数值要等到期末才能提供，削弱了信息的及时性。而作为管理和控制的手段，业绩指标必须能够及时地收集和反馈。如果业绩评价不局限于财务领域，而进一步向非财务领域扩展，则可大大提高信息报告的频率和及时性。例如，产出率、预算差异可用日报形势报告；交货准确率、客户投诉率可用周报形势报告等。这样，就可大大提高信息反馈的及时性和有效性。

第三节　平衡计分卡

一、非财务业绩评价指标概述

虽然通过调整的方式，经济增加值业绩评价指标弥补了利润类财务指标的不足，但是无法克服经济增加值也是财务评价指标的天然缺陷。新的时代背景和管理挑战对传统管理会计的理论和实务提出了新的要求，进而引起学术界和实务界对财务业绩评价系统的反思。1986 年，卡普兰和约翰逊在其发表的著作《相关性的消失：管理会计的兴衰》中，通过研究和分析美国企业和管理会计的发展历史，认为 20 世纪 80 年代初期管理会计所提供的信息已经与新的制造环境和竞争环境脱节，与管理者的决策失去相关性。同时指出管理会计体系存在两大缺陷：①成本分配有严重偏差；②传统业绩衡量指标仅关注财务方面的指标，而没有衡量驱动未来财务业绩的非财务指标。在这之前，一些大型企业已经开始在财务指标的基础上补充了非财务指标，用管理质量、产品合格率、客户满意度、生产能力利用率、生产周期、员工满意度、企业文化、新产品开发效果等非财务指标评价企业以及各层级经营业绩的优劣。

非财务评价指标有许多优点，具体表现在：

(1) 能够对过程进行适时跟踪评价，不像传统的财务报告是报告期末定期编制，使管理人员能够及时、连续地对所要控制的项目进行跟踪监视，及时解决问题。

(2) 非财务业绩指标直接计算企业或组织各层级在价值创造中的业绩，能更好地完成业绩计量的诊断职能。

(3) 非财务业绩指标责任易于设置，使得控制功能可以更有效地发挥。例如，根据客户退货率和废品率，很容易就能判断出产品的质量状况；如果从接受订单到发出货物的时间太长，即表明企业对客户的反应太慢，敏感性不高，这可以较为容易地追查到生产计划部门和产品制造部门，从而能够较快地发现并解决问题。

(4) 非财务业绩评价针对未来的业绩，所要反映的正是那些关系到企业长远发展的关键因素。因而，非财务业绩指标上的进步可以直接导致企业战略上的成功，有利于克服财务业绩指标的短期行为倾向，促进企业长期健康稳定发展。

(5) 非财务业绩指标适用于企业中下管理层业绩评价。中下层管理者、一线生产工人甚至专业技术人员并不能控制财务结果。与此同时，这些员工对经营效率、技术创新以及产品质量等影响企业价值重要变量的控制甚至超过了企业高级管理层。因此，评价中下管理层业绩用非财务指标比财务指标合适。

然而，非财务业绩评价指标也有天然的缺陷。首先，非财务业绩指标难以用货币来衡量，使其指标上的改进和利润之间的相关性较难把握。其次，管理人员在非财务因素方面的努力很难立刻显示出成果来，因而不易贯彻实施。最后，非财务业绩指标之间的关联关系较弱，甚至有些指标之间是互斥的，容易引起部门之间的冲突，管理层很难权衡决策。

由此可见，非财务业绩评价尽管有很多优点，但也存在严重的缺陷。过分重视非财务业绩，企业很可能因为财务上缺乏弹性而导致财务失败；但只关注财务业绩，则易于造成短期行为，影响长期发展。事实上，财务业绩与非财务业绩都是企业总体业绩不可缺少的组成部分。

二、平衡计分卡的基本原理

平衡计分卡起源于美国诺朗诺顿研究所(Nolan Norton Institute)在1990年的一项研究成果，其内容在于探讨未来组织的业绩评价方法，主要目标在于寻求更适当的业绩评价模式，以取代传统业绩评价模式中对于单一财务指标的依赖。卡普兰和诺顿对该项研究结果进行提炼，于1992年1~2月在《哈佛商业评论》(*Harvard Business Review*)上发表了一篇名为《平衡计分卡：驱动业绩的计量》(The Balanced Scorecard：Measures that Drive Performance)的文章。该篇文章首次提出了从客户角度、内部业务流程角度、学习与成长角度、财务角度四个重要方面全面地考察企业。

卡普兰和诺顿在他们发表的第一篇关于平衡计分卡的论文中,首先提出传统的财务指标会误导企业经营者,对企业的持续发展和创新不利。文中列举了飞行员的例子,把平衡计分卡比作飞机座舱中的标度盘和指示器,作为飞行员,必须同时掌握燃料、高度、方向、飞行速度、目的地等,才能完成飞行任务。此例意味着,对企业而言,要生存和发展,必须以战略为导向,平衡兼顾战略与战术、短期和长期目标、财务和非财务衡量方法、滞后和先行指标,以及外部和内部的业绩等诸多方面。平衡计分卡强调的是企业综合、客观的长期增长和发展,并且由最初的业绩评价、业绩管理工具发展成为战略管理的工具。

平衡计分卡从四个重要维度来考察企业,分别是:客户、内部业务流程、学习与成长、财务。它们之间的关系可用图 11-2 表示。

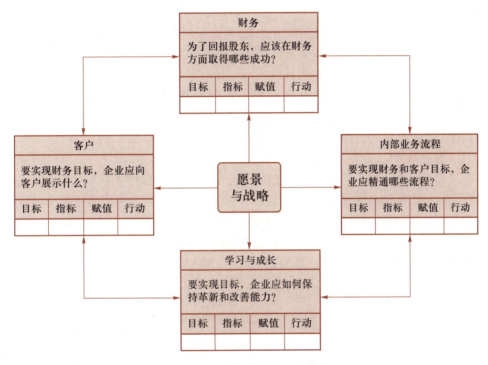

图 11-2　平衡记分卡的四个维度

从图 11-2 中我们看到,在平衡计分卡中,处于核心地位的是愿景和战略。以此为基础建立一个新的框架,使一个组织可以表达其各种愿景和战略,并通过各种目标和指标的设计来描述企业的使命。另外,图中也显示了四个维度的每个关键指标与企业战略有清晰的因果关系,即能诠释如何对公司的战略目标做出的贡献。

平衡计分卡从四个不同的维度来观察公司,每个维度都从特定的角度来观察组织业绩:

财务维度:如果想成功,应如何看待股东?

客户维度:为了达成愿景,对客户应如何表现?

内部业务流层维度:为了满足客户和股东,哪些流程必须表现卓越?

学习与成长维度:如何使企业的人力、组织和信息资本与改善关键流程保持一致?

虽然平衡计分卡也包含财务指标,但必须明确财务指标是一种综合性指标,它的改进与提高根植于许多非财务性因素。平衡计分卡是从企业的全局和战略的高度出发,为实现战略目标,把握一系列相关的行动过程(这些行动包括财务、客户、内部业务流程和学习成长过程),最终实现长期经营目标。通过平衡计分卡,可以不时提醒管理者,只有同时关注质量、客户满意、生产率、生产时间和新产品等方面的改善和提高,才能实现企业的经营目标。

使用平衡计分的企业通常在每一个维度都有特定的目标,一旦管理层清楚了目标,就会开发关键业绩指标来评估目标实现的情况,然后给指标赋值,在此基础上制定行动方案,使战略落地,最终实现企业的目标。

(一) 财务维度

平衡计分卡的最终目标是提高财务业绩,为股东创造价值。因此,企业的战略要围绕收入增长和生产率提升两大主体来增加利润。企业通过开发新产品、拓展新市场、获得新客户和提高现有客户的销售量来提高收入;通过降低成本和使资产使用更有效率来提高生产率。管理层的决策最终围绕着是否增加当前和未来的利润这个中心展开。财务层面使管理层的注意力集中在衡量财务目标的关键业绩指标上,如收入增长率、成本降低率、资产周转率、毛利率、投资回报率。

(二) 客户维度

客户满意是企业取得长期成功的关键,企业以客户为中心开展生产经营活动,必须把客户方面的核心衡量指标,包括客户满意程度,新客户获得率,老客户留住率,从客户处获得的盈利能力以及目标市场中的市场份额等放在首位。

这些核心衡量指标可以组成一个因果关系链条:①客户满意程度决定老客户留住率和新客户获得率;②后两者决定市场份额的大小;③前面四个指标共同决定了从客户处所获得的利润率;④客户满意程度又源于企业对客户需求的反应时间、产品的功能、质量和价格等。

对客户价值的重视程度可反映出供货企业的特征,企业通过这一特征在出售产品或提供劳务时奠定特定的客户忠诚和满意程度。尽管价值目标在不同行业、同一行业中的不同市场区域内有所不同,但在已采用平衡计分卡的企业中存在着重视客户价值的一些共同特征,这些特征可以归纳为三类:①产品和服务特征;②客户关系;③形象和信誉。

产品和服务的特征反映了产品和服务给客户带来的效用,包括产品和服务的价格和质量。要同客户保持良好的关系,企业向客户交货和提供服务时必须特别关注对客户的要求作出反应的时间和交货时间的长短,同时体察客户在取得企业产品或服务时的心理感受;形象和声誉是吸引客户的两种在深层次起作用的社会文化因素,一些企业可通过诚实守信或提高产品和服务的全面质量来确立形象和声誉,并保持客户对企业的忠诚。这种效果往往高于某些采用一些广告促销之类的一时轰动效应产生的效果。我们可用图 11-3 表示企业的价值目标与客户维度的核心衡量指标的关系以及各个核心衡量指标的因果关系。

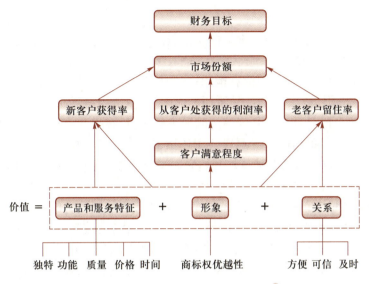

图 11-3 客户维度的核心衡量指标[1]

（三）内部业务流程维度

内部业务流程是指以客户需求为起点，企业投入各种原材料到生产出对客户有价值的产品和服务的一系列活动，这一系列活动可用图 11-4 进行描述。

图 11-4 内部业务流程[2]

在内部业务流程的价值链中，主要包括创新、运营和售后服务。三个因素对客户满意度都有关键性的影响，而客户满意度又会影响到企业财务上的成功。仅让客户满意一次不能保证获得未来的成功，这就是为什么内部业务流程层面最重要的因素是创新。创新表现为企业开拓和培育新的市场、新的客户、开发新的产品和服务。创新是提高竞争优势的源泉，企业只有不断创新，才能保持旺盛的生命力，并以此贯穿于企业经营的全过程——始自企业收到客户订单，终结于向客户发售产品和提供服务，并热情关注后续的售后服务。售后服务是企业价值链的最后一个阶段，包括保证书、修理、退货和换货、支付手

---

① 根据 R.S.Kaplan and D.P.Norton. Linking the Balanced Scorecard to Strategy p.59, California Management Review（Fall 1996）；转引自 R.S.Kaplan and A.A.Atkinson, Advanced Management Accounting, p.370,（Third Edition）, Prentice-Hall, Inc. 1998 改编。

② 根据 R.S.Kaplan and D.P.Norton. Linking the Balanced Scorecard to Strategy p.59, California Management Review, Fall 1996 改编。

段的管理等。

内部业务流程方面的业绩评价指标应本着满足客户需要的原则来判定,必须围绕着影响企业运行效率的产品质量、成本和服务等主要因素展开。具体内容包括:

(1) 产品设计开发可采用的衡量指标:新产品销售额占总销售额的比重、专利产品销售额占总销售额的比重、开发新产品所用的时间、开发费用占营业利润的比重、第一次设计出的产品中可全面满足客户要求的产品所占的比重、在投产前对设计进行修改的次数和开发下一代新产品的时间等。惠普公司还推出了一种"时间平衡法"来衡量产品开发部门的工作效率。这一方法要计算从开始研制某新产品到新产品投放市场共产生可以平衡研制投资的利润所需的时间。

(2) 运营过程的业绩衡量一向为企业管理者所重视。但传统的业绩评价片面强调财务成果,而忽略时间和质量指标。平衡计分卡则把三者综合起来,在原来财务指标的基础上同时使用了质量和周期等评估指标。在制造业中,衡量加工质量的指标通常有成品率、次品率和返工率等;在服务业中,衡量服务质量的指标通常有:客户等待时间、拖延、未能完成订单、客户目标值没有达到、沟通无效等。衡量生产周期时间的常用指标是生产周期效率,其计算公式为:

$$生产周期效率 = \frac{加工时间}{加工时间+搬运时间+检查时间}$$

由于产品的质量和成本都与生产周期有关,生产周期延长,意味着加工、检查、搬运和存储的成本随之增加,而服务和质量也相应地下降。因此,考虑生产周期效率尤为重要,这一指标越高,表示非增值作业上所花时间成本越少,企业为客户创造的价值越多。

(3) 售后服务的业绩衡量可以从时间、质量和成本几方面着手,可以采用的指标包括:公司对产品故障反应的速度(即从接到客户请求到最终解决问题的时间)、用于售后服务的人力和物力成本、售后服务一次成功的比例等。

(四) 学习与成长维度

学习与成长维度聚焦于人力资本、组织资本和信息资本三个方面,学习与成长维度为改进内部业务流程、保持客户满意度和创造财务成功奠定了基础。如果没有熟练的员工、高效的组织、积极向上的企业文化和现代信息技术,企业就不能实现其他层面的目标。企业只有不断地学习与创新,才能应对不断变化的环境,取得更好的发展。强调员工的能力是"以人为本"管理思想的体现。传统的管理思想把员工看成生产的附属物,员工的任务简单而具体,只要完成上级经理下达的任务就算尽职尽责了。人本管理理念则认为激发员工的士气和创新、参与能力,是企业取得长期竞争优势最重要的智力源泉。正如福特汽车的一个修理厂厂长所言:员工的任务是思考问题、确保质量,而不单纯是把零部件生产出来。因为劳力只是现象,劳心(思维)才是本质。管理大师彼得·德鲁克强调应把员工视为知识工作者,并认为他们掌握了新经济环境下创造价值的关键。职工为了适应新的挑战,必须通过自身的不断学习,提高业务素质,企业管理当局必须加强对员工的培训,改善企业内部的信息传导机制,激发员工的积极性和创造性,提高他们的满意度,以促进组织的学习与成长。这方面的衡量指标包括:培训支出、培训周期、员工满意度、员工离职率、每位员工提出建议的数量、被采纳建议的比例、采纳建议后的成效、工作团队成员彼此的满意度、企业文化等。

信息化时代员工需要客户、内部业务流程和财务方面及时准确的信息，因此，用信息资本的关键业绩指标评价企业信息系统的保持与改进很有必要，其关键业绩指标包括在线获得客户信息的员工比例、信息覆盖比率，有质量、周期时间以及成本适时反馈的流程的百分比等。

需要再次强调的是，平衡计分卡的四个维度并不是相互独立的，而是根据企业的总体战略，由一系列因果链贯穿起来的一个整体，展示了业绩和业绩动因之间的关系。因果链贯穿了平衡计分卡的各个方面。例如，某公司期望提高盈利能力，增加销售额和市场占有率，如何实现这一目标呢？这就需要客户重复购买以及增加客户每次的购买量，这有赖于客户满意度的提高。而客户为什么会青睐该公司呢？客户偏好的分析结果可能会显示，客户重视按时交货和售后服务，这样，按时交货和有关售后服务的指标就被记入平衡计分卡的客户维度。那么怎样的内部业务流程才能提高按时交货率呢？这将依赖于缩短经营周期和提高内部过程的质量，于是，这两个方面将被记入平衡计分卡的内部业务流程。而以上过程又有赖于员工素质的提高，于是培训员工又应记入学习和成长，这样，因果关系链就贯穿了平衡计分卡的所有四个维度。如图 11-5 所示。

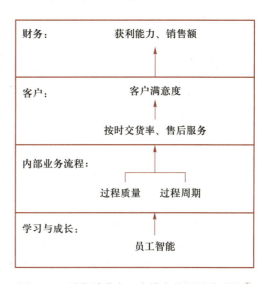

图 11-5　平衡计分卡四个维度的因果关系链 [①]

三、平衡计分卡的发展历程

1992 年，卡普兰和诺顿在《哈佛商业评论》上发表他们的第一篇《平衡计分卡：业绩驱动指标》的论文，平衡计分卡最初的本意是建立一种新型的业绩评价系统，从财务、客户、内部流程、学习与成长四个维度考核企业的业绩。在平衡计分卡的运用过程中，一些企业的高层管理者希望运用平衡计分卡来传递他们的战略，建立与公司战略相符的内部组织架构，并进行流程改造。卡普兰和诺顿研究了这个新问题，1993 年，在《哈佛商业评论》上发表了他们有关平衡计分卡的第二篇文章《在实践中运用平衡计分卡》(Putting the Balanced Scorecard to Work)。在这篇文章中，卡普兰和诺顿指出平衡计分卡不仅能用于业绩评价，而且还与企业的战略相关，是有助于企业在生产、顾客和市场开发等关键领域取得突破性进展的管理体系。强调业绩评价是战略实施的重要组成部分，可以利用平衡计分卡的框架把一家公司的愿景转化为具体的战略目标，在各种战略目标上找出它们

---

① 根据 R.S.Kaplan and D.P.Norton. Linking the Balanced Scorecard to Strategy p.59，California Management Review，Fall 1996 改编。

的关键成功因素,然后讨论它们的主要指标(*KPI*),作为战略实施和战略评估的执行工具。图 11-6 描述了战略管理中实施平衡计分卡的基本框架。

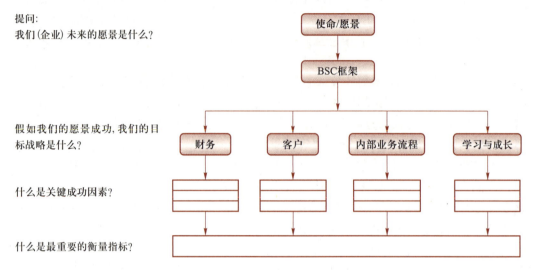

提问:
我们(企业)未来的愿景是什么?

假如我们的愿景成功,我们的目标战略是什么?

什么是关键成功因素?

什么是最重要的衡量指标?

使命/愿景

BSC框架

财务　　客户　　内部业务流程　　学习与成长

图 11-6　把企业愿景演绎成战略性目标[①]

　　随着平衡计分卡成为全球企业组织重要的战略实施工具,1996 年,卡普兰和诺顿在《哈佛商业评论》上发表他们关于平衡计分卡的第三篇论文:《把平衡计分卡作为战略管理体系的基石》(Using the Balanced Scorecard as a Strategic Management System),提出平衡计分卡在四个维度上存在一定的因果关系,在企业内部可以按目标传递关系,这样可以阐述战略与愿景,连接长期战略和短期行为,形成说明愿景、沟通与学习、经营规划、反馈与学习四步管理程序的循环,建立新的战略管理体系。他们于同年又出版了平衡计分卡的第一本专著:《平衡计分卡:化战略为行动》(The Balanced Scorecard:Translating Strategy into Action)。这本书对他们已经发表的论文和多年实践形成的案例进行了全面的总结和提升,论述了平衡计分卡四个维度的内部构成、作用过程及四个维度之间的关系;讨论了战略管理的四步管理程序,它形成了与平衡计分卡相关联的明确战略、教育宣传、目标、资源配置、预算、计划与行动方案、内部沟通、与奖励挂钩、学习与反馈等管理企业的新方式。

　　2001 年,卡普兰和诺顿根据管理咨询实践中的经验,不断观察和反思,又出版了一本名为《战略核心型组织》(Strategy-Focused Organization)的著作。图 11-7 描述了战略核心型组织的基本框架。

　　2004 年 2 月,卡普兰和诺顿又撰写了《战略地图——把无形资产转化为有形成果》(Strategy Maps:Converting Intangible Assets into Tangible Outcomes)一书。在本书中,卡普兰和诺顿的所有研究成果都用平衡计分卡特有的战略地图来表达,这样可以根据企业战略目标,清晰地反映战略实现过程,然后将其转化为平衡计分卡及其派生的行动方案。这

[①]　林俊杰.平衡计分卡导向战略管理[M].华夏出版社,2003.

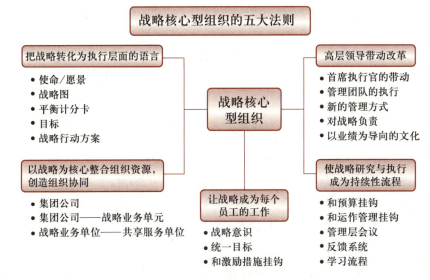

图 11-7　战略核心型组织的基本框架

本书还细化了原有战略地图的各个方面,提出了无形资产战略就绪度(Strategic Readiness of Intangible Assets)的概念。通过测评无形资产战略就绪度,可以有效引导无形资产,使其朝着符合企业价值创造流程的方向发展,帮助企业获得它所需要的成果。

表 11-2 列示了卡普兰战略地图显示的战略主题和内容,图 11-8 表明用战略地图如何落地战略。

表 11-2　战 略 地 图[①]

维度	战略主题	内容
财务	生产力战略	改进成本结构、增加资产利用率
	收益成长战略	增加顾客价值、扩展收入机会
顾客	顾客价值提升	价格、质量、实用性、选择、功能、服务、品牌
内部业务	营运管理	提供产品与服务、风险管理
	顾客管理	提升顾客价值
	创新管理	创造新的管理和服务
	法规及外部管理	环境管理、社会团体、雇员管理
学习与成长	人力资本	技能、知识、训练
	信息资本	系统、数据库、网络
	组织资本	文化、领导力、合作、团队

2006 年,为了运用有效的平衡计分卡工具来协同不同业务单位的战略,卡普兰和诺顿又撰写了《组织协同:运用平衡计分卡创造企业合力》。因为大部分组织都包含多个业

---

① 根据 R.S.Kaplan and D.P.Norton,Measuring the Strategic Readiness of Intangible Assets p.55,Harvard Business Review,2004 改编。

用战略地图描述战略——价值驱动因素

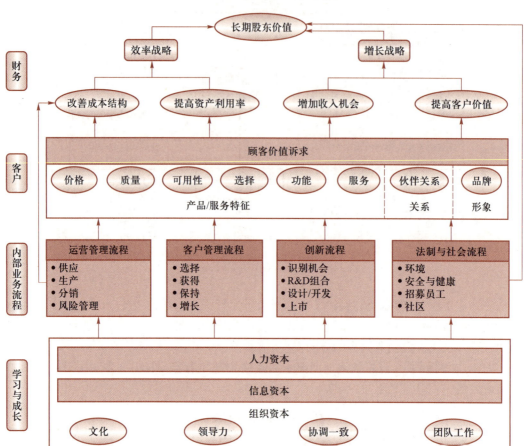

图 11-8　用战略地图如何描述战略

务和职能单元,每个业务和职能单元都有受过良好训练、经验丰富的管理人员和有能力的员工,但是有太多业务和职能单元之间无法协调工作。他们的工作目的各不相同,目标之间也互相矛盾。结果造成业绩不佳、错失良机、资源浪费,企业创造的总体价值还不如各部分之和,集团总部没有起到应有的作用,实现 1+1>2。作者认为,促进组织协同的责任在于集团总部。他们阐述了企业高管如何制定集团层面的战略图和计分卡,形象地描绘出集团的"企业价值定位"——企业如何在不同的业务单元之间创造协同效应,以及运用革命性的平衡计分卡管理体系来设定、协调、监控高层战略的实施。此书引用了大量的案例分析、操作性强的框架,以及战略地图和平衡计分卡案例,指导企业领导人如何运用平衡计分卡来保证组织的每一个部分都朝着共同的战略目标前进。

2008 年,卡普兰和诺顿继《组织协同:运用平衡计分卡创造企业合力》之后又推出了《平衡计分卡战略实践》这一重磅力作。较之作者先前几本著作,《平衡计分卡战略实践》引导企业构建并运行一套有效的从战略制定到运营执行,从战略监控再到战略检验修正的闭环管理体系,同时还整合了两位作者在管理领域中其他创见,如战略开发、运营管理和改善、作业成本法等。本书堪称以平衡计分卡理论为核心进行战略管理的集大成之作,很多高管和管理专家都认为这本书是有关战略管理的颠覆之作。图11-9描述了用平衡计分卡实现战略落地的流程。

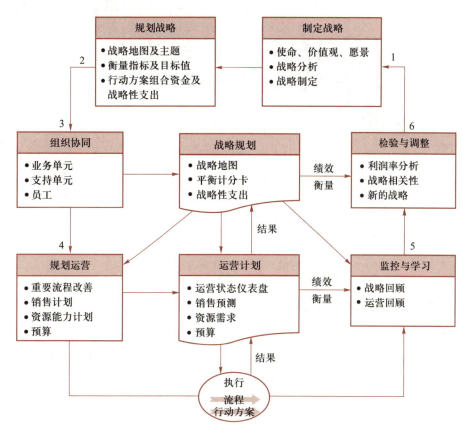

图 11-9 用平衡计分卡实现战略的流程

卡普兰和诺顿的第一部平衡计分卡著作一经问世就引起了全球的关注。据报道,全球500强中80%的企业在应用平衡计分卡,《哈佛商业评论》将其评为"75年来最具影响力的战略管理工具"。从图11-10平衡计分卡的发展历程我们可以看到,经过十几年的努力,平衡计分卡理论得到了相当大的发展,已经将其重点从业绩评价转移到业绩管理,并提升到全面战略管理系统的高度。作为一种风靡全球的管理工具,不断实践和发展中的平衡计分卡已经渗入企业管理方方面面,从协调组织体系、战略性地分配资源、组织文化建设和创建新型的智力资源系统,直至创立新型的领导方式与学习型的组织,都实现了新的突破。与此同时,平衡计分卡自身的发展继续延续当代管理会计从会计向管理的提升轨迹,一方面对内深化,另一方面对外扩展,不断向组织管理的上游和核心进军,摆脱因受财务会计牵连失去相关性而被边缘化的危机,而成为在新的历史条件下创建新的综合性管理系统的重要里程碑。

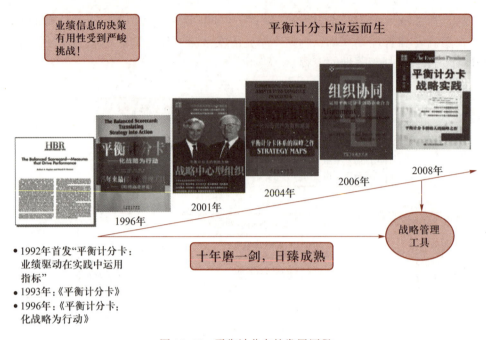

图 11-10　平衡计分卡的发展历程

四、美孚石油平衡计分卡示例

美孚石油北美营销与精炼事业部(简称美孚石油)是卡普兰教授推荐的实施平衡计分卡的标杆企业。博勃·卖库尔 1992 年成为该公司的首席执行官,执行副总裁布莱恩·贝克在 1996 年担任了公司总裁的职位,他们共同将一个原来本位主义严重、管理低效、官僚主义盛行的企业转变为行业的领头羊。这些都源于公司成功实施了新的战略,他们重新进行了市场定位,大幅度降低成本,提高整体的运营效率。由于将平衡计分卡作为核心管理流程,美孚公司在以埃克森合并之前,始终保持行业领先的盈利水平。

美孚石油对战略的重新定位:

(1) 降低成本并且提升整个价值链的效率(低成本);

(2) 增加高价位高品质的产品和服务的营销量(差异化)。

(一) 财务维度

美孚石油的平衡计分卡开发首先确定了高层财务目标:在 3 年内将资本运用回报率(ROCE)由 7% 提高到 12%。美孚的高层管理团队认为,在一个已饱和而成长趋缓的资本密集行业,面临着至少 6 家主要竞争对手和无数小型业者的觊觎,这一目标的确具有挑战性。

当竞争对手都采用低成本战略,靠降低成本、提高生产能力来获得收益时,在"ROCE"的战略目标之下,美孚有两项重要的战略主题:生产率提升(节流)和营业收入增长(开源)。

1. "提高生产率"的战略目标

(1) 降低成本:战略目标是成为行业中的成本领先者。

衡量指标:营业成本(美分 / 加仑),与行业内平均值比较。

（2）提高现有资产利用率：战略目标是营业额增长时总资产不增长。

衡量指标：现金流、净资本投入指标（用现金流入减去资本支出，即用现有资产创造出更高的生产能力所带来的现金流增加，还要做到因库存量降低而提高收益）。

2. "提高营业收入"的战略目标

（1）增加销售量：战略目标是凭借优良的品牌形象，提高经营收入，要做到：

1）一般性石油类产品销售量的成长率必须高于行业的平均成长率。

2）高价位产品的销售量占所有产品总销售量的比例必须逐年提高。

衡量指标①：销售量增长率（与竞争者比较）。

衡量指标②：高级品所占的销售比例。

（2）以客户导向思维来捕捉商机，扩大营业收入。战略目标是增加非油类产品的营业收入，同时创造新的品牌价值，要做到：

1）加油站附设便利商店，增加一般消费日用品的零售。

2）提供与汽车相关的服务和产品，增加洗车服务、换油、局部维修，以及机油、润滑油和一般零件的销售。

衡量指标：非油类产品及服务的营业收入与利润。

根据波特的战略管理理论，同时并行采用成本领先和差异化两种不同的战略方向时，很容易造成企业内部对战略认知的混淆和执行的失败。对兼顾提升生产率和扩大经营范围与数量的美孚显然是一个挑战，但是平衡计分卡帮助他们清晰地描述了容易产生困惑的问题，使得组织内部价值链的各个环节都充分了解了如何平衡这两种看似矛盾的财务战略，并有效地进行管理。图 11-11 表示美孚战略地图的财务维度。

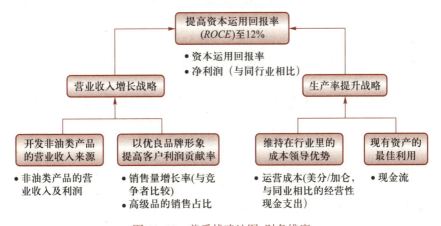

图 11-11　美孚战略地图：财务维度

（二）客户维度

最初，美孚对于如何取得财务上的各项收入增长感到困惑。与其他企业相似，美孚曾经为各类用户提供所有种类的成品油产品。为了保持市场份额，美孚只能与邻近的低价加油站在价格上保证持平。正是因为要拥有完整产品线，又要以低价格避免客户流失，才导致了 20 世纪 90 年代早期美孚的财务结果不尽人意。当高层管理团队商讨制定新的利润增长战略时,大家对客户为什么愿意多付 6~10 美分而购买美孚的石油产生了分歧,通过市场调研,他们把购买汽油的人群细分成五类客户群(参见表 11-3)。

表 11-3 美孚增长战略:理解客户的需求

行路族 16%	较高收入水平,中年男子,多数每年行程在 25 000~50 000 英里范围,习惯使用信用卡购买高档汽油,经常在便利店购买三明治和饮料,有时会在洗车点清洗汽车
忠实族 16%	中等至高收入水平的男性或女性,对于特定的加油站或者品牌具有很强的忠诚度,经常使用现金购买高档汽油
3F 一族 27%	3F(Fuel,Food and Fast)代表食物、汽油和快速,这些人大多数为处于 25 岁以下的男性和女性,长时间在路上行驶,很大程度地赖于便利店的食品
家庭主妇 21%	多数是家庭主妇,她们白天需要接送孩子,更多的时候是在路边随意选一家加油站购买汽油
价格敏感者 20%	一般对任何品牌或者加油站都没有忠诚度可言,基本不会购买高档汽油,多数情况下财务比较紧张

20 世纪 90 年代初,美孚曾企图尽可能提供完整而多样化的产品给所有客户,也曾与对手进行激烈的削价竞争。美孚经过了相当挣扎的过程,起初他们对能否有客户甘愿每加仑多付 0.06~0.10 美元买美孚的产品的看法非常分歧。后来经过市场调研后他们了解到,价格敏感型客户群只占 20%,无品牌忠诚度的客户群只占 21%。经过艰难的抉择,决定按市场细分的方法为另外三类客户提供高价位产品和高品位服务,将其目标客户群定位为:"道路勇士""忠诚族"和"F3 世代",通过为他们提供超值购买体验,促进高价位汽油的销售。

第一个战略主题是:"让客户有愉悦的消费体验"。

美孚需要确定对 3 类目标客户的价值定位,进而吸引、维护并加深与这 3 类客户的关系。

根据市场调研结果,美孚找出了客户心目中良好购买体验的关键因素,包括以下几点:

(1)及时获得加油服务(避免服务等待);

(2)加油泵自助付款设备(避免付款等待);

(3)加油泵上方有顶棚(避免加油时受到雨雪淋湿);

(4)100% 产品供应保障,尤其是高端产品(避免脱销);

(5)干净的卫生间;

(6)满意的加油站外观;

(7)安全、明亮的加油站;

(8)备有新鲜、高质量商品的便利店;

(9)交易快速;

(10)便利店旁拥有足够的停车位;

(11)友善的加油站工作人员;

（12）提供小型汽车维修服务。

衡量指标：三个细分目标市场的占有率、目标客户满意度

由于客户的购买体验对美孚的新战略成功与否有关键性影响，美孚决定慎重衡量它，因而委托特定外部调查机构进行秘密访查，每个月"神秘客户"到各加油站加油和购买零食，之后根据23项标准来评价每一次购买体验。美孚的每一加油站每月得到一个访查结果的综合评价得分，即客户满意度。

第二个战略主题是："双赢的经销商关系"。

过去，美孚和经销商和分销商之间的关系近乎对立，美孚卖给经销商的汽油每降低1美分就意味着美孚的销售收入减少1美分，这种陈旧的观念使得美孚与经销商之间形成了"零和游戏"的状态。美孚意识到，如果继续与经销商保持对立关系，那么新战略将无法成功实施。美孚需要借助经销商的力量来共同执行新战略，在每天的工作中将这些战略意图传递到每一位客户。美孚跳出旧模式，把经销商看作"客户"，协助他们在为最终客户提供优质产品和服务的同时，成为获利率最高的加油站业者。

美孚与经销商共创并且共享新客户关系带来的利益，主要依靠以下途径：

（1）针对目标客户销售高价位商品；

（2）依靠品牌提高目标市场占有率；

（3）提供非油类的优质产品与服务。

美孚与经销商实现"双赢的经销关系"时，要做到：

（1）更多地提高总销售额；

（2）协助经销商提高企业经营管理能力。

衡量指标：经销商利润增长、经销商满意度

图11-12表示客户维度的美孚石油战略地图。

图11-12　客户维度的美孚石油战略地图

（三）内部业务流程维度

为了支持客户角度战略目标的达成，美孚在内部流程角度明确了两项重要流程：①开发新产品和新服务；②通过非汽油类产品提升经销商利润。第一个目标表明要通过为客户提供新的产品和服务提升客户体验，第二个目标对客户角度的"营造与经销商的双赢合作关系"和美孚的财务角度目标提供支撑。如果经销商能够通过非汽油类产品提升收入水平，那么他们为了达成利润目标，对汽油类产品所带来利润的依赖性将会减弱。在经销商取得了行业内最高利润水平的同时，美孚的利润分成也得到了提升。因此美孚认识

到,一个重要的内部业务流程是要培训这些经销商,帮助他们更好地管理加油站、服务站和便利店。除了聚焦于优化客户目标的流程,美孚从其内部业务流程角度设定了一些关于炼油以及物流方面的战略目标和衡量指标。这些战略指标主要聚焦于降低成本,保障质量,提升资产利用效率,避免环境、健康、安全事故等。这些衡量指标大部分都与财务角度的降低成本和生产力战略主题相关。

美孚的内部流程维度有四个战略主题:

(1) 建立经销商体系;

(2) 提升客户价值;

(3) 建立运营作业优势;

(4) 做社区的好邻居。

四个主题下有八个战略目标:

(1) 理解目标客户的需要,开发新的产品和服务(为客户提供优良的购买体验);

(2) 增加非油类产品经营,以提高经销商的营业收入和利润(降低经销商对油类商品获利的依赖程度,以利形成双赢的关系);

(3) 协助经销商提高管理能力(经营好加油站、汽车、服务棚和便利商店),建立行业内最佳的经销商团队。

前面三个目标达成情况有三个衡量指标:

(1) 非油类新产品的投资回报率;

(2) 非油类新产品被接受的比例;

(3) 经销商服务质量评价排名。

其余的美孚内部流程目标来源于财务维度,它们涵盖了炼油和配送的运作及环境问题,战略目标包括:

(1) 降低作业成本;

(2) 提升设备使用效率;

(3) 及时准确供货;

(4) 改善库存管理;

(5) 加强环境保护、安全和健康保护。

内部业务流程的衡量指标,要能够充分支持"目标客户关系差异化"战略,又支持降低成本和提高生产率的财务目标,衡量指标是:

(1) 产量差异;

(2) 无计划的停工次数;

(3) 零缺陷交货;

(4) 运营作业成本(与竞争者相比);

(5) 存货水平;

(6) 缺货率;

(7) 环境事故次数;

(8) 出勤率(安全与健康)。

图 11-13 是美孚战略地图的内部业务流程维度。

图 11-13 内部业务流程维度的美孚石油战略地图

(四) 学习与成长维度

学习与成长维度的战略目标是美孚整体战略达成的基础,包括:员工的技能与激励,信息系统的角色。美孚公司为学习和成长角度开发了 3 个战略目标。

1. 核心能力与技能

(1) 鼓励并协助我们的员工全面掌握核心业务;

(2) 提升员工的技能水平,以达成愿景目标;

(3) 提升领导力水平,以正确传达愿景,加强对业务的全局思考,并开发员工潜能。

2. 及时了解战略信息

突破过去的缺乏战略信息的困境,界定为确保战略执行必需的有关战略信息,改善信息的传播流程,发展建立信息系统平台,以便于广泛使用战略信息。

3. 全员参与全员贡献的组织氛围

为了达成愿景,需要促进对组织战略的理解,营造积极主动、充分授权的组织氛围。

为这 3 个战略目标设定具体的衡量指标是比较困难的。在理想状态下,美孚希望找出能够直接支持内部业务流程战略目标和客户层面战略目标的员工技能和相应的信息资源。所设定的相关指标可以包括:战略性能力素质覆盖率和战略性信息系统准确度。但是公司必须等到能够完整地收集到这些指标信息的时候,才能真正用这些指标进行衡量。对于上述第三个目标,美孚设计了员工调研问卷,以衡量员工对新战略的了解程度以及他们对实现公司目标的动力。

图 11-14 是学习与成长维度的美孚石油战略地图。

将上述四个维度的战略地图和分析过程综合起来,可以得到美孚石油的整体战略地图以及美孚石油的平衡计分卡(见本章导读案例)。通过战略地图和平衡计分卡可以直观地展现 4 个维度中各战略目标和指标之间的因果关系。

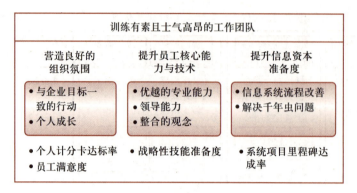

图 11-14　学习与成长维度的美孚石油战略地图

━━━ ·· ─── · ─── · ─── ·   **本 章 小 结**   · ─── · ─── · ─── ·· ━━━

　　本章介绍了业绩与业绩评价的基本概念和发展历程,阐述了以杜邦分析法和 EVA 为主的财务评价系统,探讨了其存在的问题。介绍了平衡计分卡产生的时代背景、基本原理和发展历程。平衡计分卡包括财务、顾客、内部业务流程、学习与成长四个相互联系的维度,它们是根据企业的总体战略,由一系列因果关系链贯穿起来的一个整体,展示了业绩和业绩动因之间的关系。本章最后引用美孚石油应用平衡计分卡的案例,展示了平衡计分卡如何从业绩评价工具发展成为战略管理工具从而提升企业价值的全过程。

━━━ ·· ─── · ─── · ─── ·   **重 点 词 汇**   · ─── · ─── · ─── ·· ━━━

业绩评价　　　杜邦财务评价体系　　　经济增加值　　　　　平衡计分卡
顾客维度　　　内部业务流程维度　　　学习与成长维度

━━━ ·· ─── · ─── · ─── ·   **思 考 题**   · ─── · ─── · ─── ·· ━━━

　　1. 简述杜邦财务评价体系财务指标系统的构建原理及各指标间的相互关系。

　　2. 经济增加值的计算公式是什么? 其计算原理是什么? 描述企业用以提高经济增加值的三种办法。

　　3. 经济增加值与剩余收益的区别是什么?

　　4. 以经济增加值作为企业业绩评价的工具,其优势是什么?

　　5. 你如何理解平衡计分卡中的"平衡"二字?

　　6. 为什么现代企业重视采用像顾客满意度以及产品质量这样的非财务业绩指标?

　　7. 为什么生产循环效率对大多数企业都是重要的? 如何衡量?

　　8. 简述平衡计分卡四个维度的因果关系链。

　　9. 简述美孚石油平衡计分卡实践获得成功的关键步骤,并说明四个维度以及指标之间的因果关系。

 即 测 即 评

请扫描二维码,进行随堂测试。

第十二章　战略管理会计

学习目标

1. 了解战略管理的含义并掌握其基本分析工具。
2. 了解战略管理会计的特征和基本内容。
3. 掌握价值链分析的基本方法。
4. 掌握成本动因的分析。

导读案例

大华公司如何扭亏为盈？

大华公司成立于 2007 年，是一家集产品研发、设计、生产制造、包装、灭菌于一体的专业医疗设备和医疗器械公司，提供从前期产品研发、设计、注册到后期生产制造、包装、灭菌、出厂等一站式专业化服务的公司。公司的主要目标客户群是国有综合型医院。公司成立头十年业绩斐然，近来连年亏损，于是董事会撤换了领导班子，新的 CEO、CFO 走马上任，董事会只给 3 年时间要求力争扭亏为盈。

大华公司聘请管理咨询顾问李力为其出谋划策，李力进公司后了解到，该公司毛利率持续下滑，亏损逐年加大，但其主要产品在一些三甲医院仍然受欢迎。李力对各级管理人员进行了访谈，并走访了现场，画出该公司的主要产品大型核磁扫描 CT 设备的价值链，如下图所示：

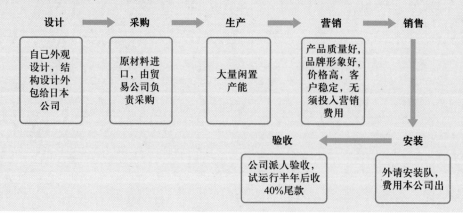

设备的后期维护修理另行收费。

企业的经营不应只关注眼前、局部的利益得失,应从长远、全局的角度进行规划,制定企业战略。随着经济全球化、技术进步日新月异、竞争加剧,战略管理的思想也逐渐被应用到会计领域,传统管理会计发生了变革。从战略角度对企业在价值链中所处的位置进行定位,为战略决策提供信息,成为管理会计人员的主要责任。"战略管理会计",是为企业的"战略管理"服务的会计,"战略管理会计"与"战略管理"之间的关系,正如第三章"作业成本计算"与"作业管理"之间的关系一样,是相互依存、密不可分的。因而在本章中,我们把"战略管理会计"与"战略管理"相互联系起来进行研究,并把后者置于基础性的地位。

如果你是李力,请问还需要了解哪些信息? 请对公司进行战略定位,并用价值链分析、成本动因分析的方法,为该公司出咨询方案。

资料来源:作者根据相关资料编写。

第一节　战略管理的基本分析方法

一、战略、战略管理的基本概念

从传统意义上看,战略主要应用于军事领域,是与战术、战役相对应的概念,是指重大的、全局的、长远性的谋划。把战略思想应用到企业管理中来,企业战略管理是对企业具有全局性和方向性的事物进行管理的艺术。

与军事上的战略不同,在企业战略范畴内,战略分为公司战略、经营战略和职能战略三个层次。公司战略决定企业选择的经营业务和进入的领域;经营战略决定企业如何在选定的领域内与竞争对手展开竞争;职能战略决定组织如何更好地协调各职能部门为公司战略服务。本章中所讨论的战略是指经营战略。

企业战略管理是其竞争战略思想的具体化,主要包括制定战略、执行战略和战略评估三个组成部分。企业的战略管理,是从对企业内部和外部的环境分析入手,确定企业的战略目标,制定战略计划,实施战略,监控和评价战略业绩和必要时进行战略调整。其中对企业内外环境的分析,是借以明确企业现在所处的竞争地位;而确定企业的战略目标则是指明企业如何以现在所处的竞争地位为起点,明确其生产经营今后较长期的发展方向和要求达到的业绩;而战略计划则是战略目标的具体化,构成战略实施的依据和行动纲领。这些因素之间的关系如图 12-1 所示。

二、战略管理的基本分析方法

战略管理是一门融战略学和管理学为一体的学科,其理论萌芽产生于 20 世纪 20 年代的美国。1965 年,安索夫出版了第一本有关战略的著作——《企业战略》,成为现代企业战略理论研究的起点。在几十年的发展过程中,战略管理形成了不同的流派,其复杂程

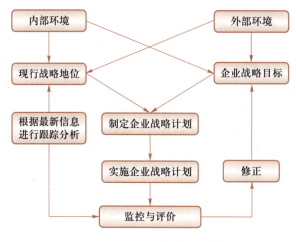

图 12-1   企业战略管理程序 [①]

度如丛林遍布,管理大师亨利·明茨伯格教授将其称为盲人摸象。在各种流派中对管理会计影响最大的是定位学派,该学派的杰出代表是迈克尔·E.波特,他的代表作是《竞争战略》和《竞争优势》。在《竞争战略》一书中,波特首先提出了用来分析产业竞争状态的"五力模型"(这五种竞争力量是直接竞争者、潜在进入者、替代品、顾客、供应商),进而提出了取得竞争优势的通用战略:成本领先战略、差异化战略和目标集聚战略。他认为,企业应该选取通用战略的一种来取得竞争优势,而不能同时采用这三种战略。在《竞争优势》一书中,波特提出了价值链的分析方法,在战略和战略实施之间搭起了一座桥梁,使其竞争战略理论成为一个完整的体系。

尽管波特从产业和竞争角度审视企业的战略过程,为战略管理的发展作出了重大的贡献,但是他的理论仍然有许多不足之处。如集中于对环境的分析,特别是对企业所处的行业竞争状态的分析,无法解释同样的外部环境下不同企业有完全不同的业绩表现;丰田汽车采用的战略既有成本领先也有差异化,并不符合波特的理论,却获得了巨大的成功。不过即便波特的竞争战略理论存在一些缺陷,但他所倡导的一些战略分析方法如五力模型、竞争战略矩阵、价值链分析模型仍然在企业中得到广泛应用。由于这些分析模型的实用性以及具有很强的可操作性,他的竞争战略思想也得到了管理会计学家的青睐。

战略管理分析方法繁多,本章仅介绍管理会计常用的战略管理分析方法。

(一) SWOT 分析

任何企业都是在一定外部环境中利用一定的内部条件来开展生产经营活动。因而企业实施战略管理,首先必须深入分析企业的外部环境,同时客观评价企业自身。对于企业而言,外部环境是企业生存的条件,企业要利用有利的机遇,避免不利的威胁,就必须十分熟悉其外部环境,并了解和掌握其发展变化的基本趋向。关于企业外部环境的分析重在"知彼",而关于企业内部条件的分析则属于"知己"。企业内部条件是企业组织、人力、物力资源配置、企业文化(企业各级成员共同的价值观和相应的行为准则)和管理水平等多

---

① 余绪缨.管理会计——理论·实务·案例·习题[M].首都经济贸易大学出版社,2004:537.

种因素的总和。如果企业的组织机构设置合理、运转效率高;企业资源配置得当、运用效率好;企业文化能有效地增强员工的凝聚力和开拓、创新精神,就能极大地提高企业自身的优势。因此,一个卓越的企业领导者既要全面分析企业的外部环境,借以适时捕捉各种可能获得的机遇(机遇偏爱有准备的头脑)、消除各种可能形成的威胁;又要充分了解企业自身的优势和劣势,以便据以周密图画扬长补短的方法与措施。这两个方面的正确结合,才能为企业总体正确地进行战略管理奠定牢固的基础。

企业经营环境分析的基本方法是 SWOT 分析。在 SWOT 分析中,S(Strengths)代表企业自身的优势;W(Weaknesses)代表企业自身的劣势;O(Opportunities)表示企业外部存在的机会;T(Threats)表示企业外部环境的威胁。也就是说,企业的高层领导者在制定最适宜本企业的竞争战略时,首先要周密地审视企业的外部环境,确定外部存在的机会和威胁。同时还要审视企业的内部条件,以确定企业的优势和劣势,这些因素是影响企业生存与发展的最重要的因素,对这些因素加以分析、判断是制定企业竞争战略的起点。图 12-2 表明了 SWOT 分析的基本框架。

内部条件	优势	劣势
外部环境	机会	威胁

图 12-2　SWOT 分析的基本框架

(二)全面影响产业盈利能力的六种力量——六力模型

决定一家企业盈利能力的首要因素是从长期盈利能力的角度看产业的吸引力。不同产业在经济特点、竞争环境、未来的发展前景上有很大的区别。产业的经济特点取决于:产业总容量和市场成长率、技术变革的速度、该市场的地理边界(可以从地区性市场扩展到全球性市场)、买者及卖者的数量及规模、卖者的产品是同一的还是具有高度差别化、规模经济对成本的影响程度、到达买者的分销渠道的类型等。有的产业竞争非常激烈(如家电业),有的产业竞争较弱(如公立医院)。产业之间的差别还体现在对下列各个因素的竞争重视程度:价格、产品质量、性能特色。服务、广告和促销、新产品的革新。在某些产业中,价格竞争占统治地位,而在其他一些产业中,竞争的核心却可能集中在质量上,或集中在产品性能上,或集中在顾客服务上,或集中在品牌形象与声誉上。

一个产业的经济特性和竞争环境以及它们的变化趋势往往决定了该产业未来的发展前景,产业及竞争环境之间的差别如此之大以至于毫无吸引力的产业中最好的公司也很难获取可观的利润,而颇有吸引力的哪怕是行业中弱小的公司也可以取得良好的经营业绩。

竞争战略必须在对决定产业吸引力的竞争规律中产生,虽然不同产业的竞争压力有很大的不同,但竞争过程的作用方式是相似的。对任何产业而言,其盈利能力的大小,根据市场竞争规律,主要取决于下列六种力量的对比:直接竞争者、潜在进入者、供应商、顾客、替代品、互补者。一个产业中的竞争状态是这六种竞争力量共同作用的结果。

1. 直接竞争者

直接竞争者是六种力量中最强大的力量。例如,在中国的家电行业,四川长虹、青岛海尔、TCL、创维等都是直接竞争对手。直接竞争对手之间以人们熟悉的方式争夺地位。在有的产业中,竞争的核心是价格;而在其他产业中,竞争的核心是产品的性能、质量、新产品革新、保修、售后服务、品牌形象等。竞争可能是友好的,也可能是痛苦的、残忍的,这完全取决于产业中各企业采取威胁竞争对手盈利水平的行动的频率和攻击性。总的来说,同一产业中的直接竞争对手在增加自身产品质量、服务、特色、品牌上提高对客户的吸引力,与此同时,毫不松懈地挖掘出其他竞争厂商的弱点,采取进攻性和防御性的行动。

2. 潜在进入者

潜在进入者是指将来可能参与竞争的竞争者。例如,中国电信、中国联通、中国移动是直接竞争对手,随着中国电信市场的逐渐对外开放,将来会有更多的外国电信巨头进入中国电信市场,它们都是潜在的进入者。

潜在进入者进入的可能性取决于产业进入壁垒和现有竞争者对新进入者的预期反应。进入壁垒主要有政府法规、规模经济、学习曲线效应、技术难度、资源要求、分销渠道等多种类型。如果产业进入的障碍很大,潜在进入者认为现有竞争者会作出激烈的反应,则潜在进入者进入的可能性比较小。

3. 供应商

对企业而言,供应商在某种意义上决定了外购材料、零部件或机器设备的成本。供应商可能通过提高价格,降低服务质量等方式对某个产业中的企业施加压力。在某种情况下,供应商左右企业的竞争实力,其竞争力量取决于供应商所在产业的市场条件和所提供产品的重要性。如果供应商所在产业竞争激烈,而且企业的供应转换既无难度且代价不高,则供应商就处于弱势,反之亦然。如果供应商的产品具有独特性,产业本身本非供应商的重要客户,则供应商的权力就增加,企业就处于劣势。

4. 顾客

如果顾客能够在价格、质量、服务或其他的销售条款上拥有一定的谈判优势,那么顾客就会成为一种强大的竞争力量。通常大批量采购使顾客具有相当的优势,从而可以获得价格折让和其他一些有利条款,如酒店对旅行社又爱又怕。有时,即使顾客的购买量不大,如果转向其他竞争品牌或替代品的成本较低,也会给企业带来压力。

5. 替代品

随着技术的进步,不仅企业自身生产的产品会不断更新换代,而且某一产业中的企业往往因为另一产业的厂商能够生产更好的替代品而面临竞争,如金属罐生产商受到塑料容器、纸板箱、玻璃瓶生产商的竞争;航空业受到铁路、船运、视频系统(网上开会、电话会议)的竞争。来自替代品的竞争压力其强度主要取决于:①购买者转换替代品的难易程度、转换成本;②替代品的质量、性能是否满足要求;③替代品的价格是否有吸引力。

6. 互补者

上述的五种竞争力量是波特在《竞争优势》一书中提出的。在这之后,随着市场格局的变化,产业竞争状况又有了新的变化和组合,主要是互补者的出现。互补者是指能够向顾客销售互补性的产品和服务,或者能够从供应商那里购买互补性资源的厂商。如银行是房地产商的互补者,没有银行相应的房屋贷款业务的配合,房地产商的业务就不能正常进行。从需求的角度而言,互补者加强了顾客的购买意愿;而企业从供应者的角度看,互补者的出现降低了企业所需投入的成本。由于互补者的存在,核心竞争力不仅掌握在企业自己手上,还必须有其他产业配合,这是竞争难度最大的一个问题。

以上六种力量之间的关系,可用图 12–3 表示 [①]。

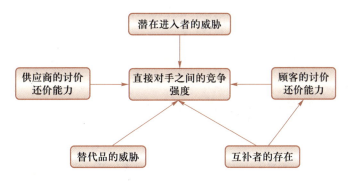

图 12–3　决定产业盈利能力的六种竞争力量

(三) 波特的三种基本竞争战略

虽然宏观经济环境和产业的差异对企业有很大的影响,但同一产业内不同的企业经营业绩的差异也是非常大的,如沃尔玛在零售业不景气的情况下,通过大卖场、低成本的竞争方式,建立起商业王国。实证研究结果表明,行业内的利润差异有时比行业间的利润差异更大,而这种差异是由企业间的比较竞争优势决定的,因此,企业的战略定位就显得十分重要。波特认为:一家成功的公司,通常依靠低成本或产品的质量和表现差异进行竞争,同时还存在一种介于两种基本战略之间的目标集聚战略。当企业采取不同的战略时,企业所需要的能力、组织结构、薪酬体系、企业文化、管理哲学等都是不同的。为了保证目标和行动的一致性,一家企业可能必须选择其中之一的战略进行竞争。

1. 成本领先战略

成本领先战略的目标是以低于竞争对手的成本为顾客提供同样的或更高的价值,成为所属行业中的低成本厂家。成本领先企业用低价占领广大的市场,拥有相对较大的市场份额。

成本优势主要来源于企业整体管理效率,尤其是供应链效率、生产效率以及各方面的成本节约。例如,企业可以通过产品的重新设计,使产成品的零部件数量减少,降低生产成本;通过对作业活动的分析,减少非增值作业的活动,从而大幅度降低成本。

2. 差异化战略

差异化战略是通过向顾客提供的产品或服务具有独特性来创造竞争优势。这种独特性(差异性)可以通过变更产品设计,或者强化某些有形或无形的属性来达到与竞争对手产品的区别,可以是功能性方面的,也可以是美观方面的或样式方面的,如二十年前TCL 手机的热销只是因为在手机的外观设计上镶嵌了钻石,使手机不仅具有实用性,还成为装饰品;星巴克咖啡之所以备受人们的青睐主要是它不仅向顾客提供其特制的咖

---

① 迈克尔·E. 波特 . 竞争优势 [M]. 夏忠华,译 . 中国财政经济出版社,1988.

啡,还成为一种文化载体、休闲娱乐载体和时尚风潮的象征,为了得到这种享受,顾客愿意为其支付高价。当企业由于这种独特性所创造的价值超过其成本时,企业就建立了竞争优势。

3. 目标集聚战略

目标集聚战略是企业将目标集中于细分市场或顾客。这一战略可以选择具有吸引力的细分市场或顾客,也可以选择本企业的核心竞争力优于竞争对手的特定市场。采用目标集聚战略的企业通过避免直接竞争而取胜。在其细分市场范围内,要么采用成本领先,要么采用差异化战略。

波特的三种基本竞争战略模型如图 12-4 所示[①]。

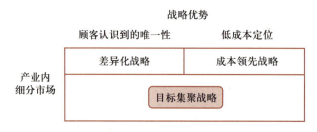

图 12-4   波特基本竞争战略模型

(四)安索夫矩阵

安索夫(Ansoff)矩阵要求在公司战略中将产品和市场的共同联系分为四类,第一类是指在现有市场上通过市场渗透,扩大现有产品的销售;第二类是指通过市场开发,在新的市场上销售现有产品;第三类是指开发新产品在现有市场上进行销售;第四类是指采用产品多样化策略,在新的市场上销售多样化产品。在公司战略的选择上,只有使产品和市场相匹配,才能使企业保持战略焦点,减少风险,创造独特的竞争优势。

通过图式对这四种战略进行综合如图 12-5 所示[②]。

安索夫矩阵所列示的四种竞争战略,企业应在审视内外环境的基础上,周密地权衡利害得失,选取其中的一种或两种最适宜于企业的竞争战略,使战略的执行可使企业能取得尽可能大的积极成果。至于经营多样化战略,则宜在企业竞争战略整体规划的指引下,以具有充分的综合实力为基础才能有效地施行,不宜草率从事。

	现有产品	新产品
现有市场	市场渗透	产品开发
新市场	市场开拓	多元化

图 12-5   安索夫矩阵

① 迈克尔·E. 波特 . 竞争优势[M]. 夏忠华,译 . 中国财政经济出版社,1988.

② Keith Ward. Strategic Management Accounting [M]. Butterworth-Heinemarm Ltd, 1992 27–28.

第二节　战略管理会计概述

一、战略管理会计的基本概念

战略管理会计的产生，一是由于技术进步、全球竞争加剧、社会生产力迅速发展，传统的管理会计注重财务信息，不关注非财务信息；注重企业内部的信息变化，不关注外部环境的变动，面对新的环境新的要求，传统管理会计到了变革的时候。二是由于战略管理理论的发展促进了战略管理会计的产生。1981 年，英国会计学家西蒙斯（Simmonds K.）教授在一份提交给英国注册会计师协会的业务研讨论文中第一次提出了"战略管理会计"这个术语，希望将企业战略管理这一新兴领域的研究成果融入管理会计研究中。西蒙斯认为，战略管理会计主要应该关注竞争对手的情况，关注外部的信息，以利于企业保持竞争地位。Bromwich 是英国伦敦经济学院的教授，在西蒙斯基础上，他提出了战略管理会计应该提供两方面的信息：①与竞争对手对比企业自身的竞争优势和创造价值的过程；②企业产品或劳务在其生命周期中所能实现的、客户所需求的"价值"，以及从企业长期决策周期看，对这些产品及劳务的营销能给企业带来的利润总额。

1958 年和 1994 年，Bromwich 和 Bhimani 相互合作，分别发表了《管理会计：发展还是变革》和《管理会计：发展的道路》两篇论文，进一步讨论了战略管理会计，文中给战略管理会计下的定义是："战略管理会计是这样一种管理会计，它收集并分析企业产品在市场和竞争对手方面的成本以及成本结构的信息，并在一定时期内观察企业和竞争对手的战略。"

英国的特许管理会计师公会基本采用了两人的观点，在其概念释义中是这样定义的："战略管理会计是特别强调外部因素，并为此准备与提交决策所需信息的管理会计。"

1989 年，美国桑克教授提出了战略成本管理的概念，并按照波特的主要思想，提出了在企业成本管理中运用战略价值链分析、战略定位分析和战略成本动因分析，建立了战略成本管理框架体系，并为美国注册管理会计师协会所采纳。

在美国的所有管理会计文献中，没有提到英国的"战略管理会计"，在美国注册管理会计师协会的名词解释里也没有引入这一概念。然而，就英国的战略管理会计的内容来理解，其竞争对手分析、产品、客户的获利能力分析，都可以体现在美国版的战略成本管理中。

中国的战略管理会计既借鉴了英国的战略管理会计，也引用了美国战略成本管理的理念，然后按照学者各自的理解进行了诸多的补充。最具有权威性的是余绪缨教授的观点，他将管理会计形成和发展的基本框架大致分为三个阶段，即执行性管理会计阶段、决策性管理会计阶段和战略管理会计阶段。并且指出，战略管理会计是为企业战略管理服务的会计，它从战略的高度，围绕本企业、顾客和竞争对手组成的"战略三角"，既提供顾客和竞争对手具有战略相关性的外向型信息，又对本企业的内部信息进行战略审视，帮助企业的领导者知彼知己，进行高屋建瓴式的战略思考，进而据以进行竞争战略的制定和实施，借以最大限度地促进本企业价值链的改进与完善，保持并不断创新其长期竞争优势,以促进企业长期、健康地向前发展,它贯穿于企业战略管理的始终。

战略管理会计与现代管理会计的不同,在于后者只着重服务于本企业内部的管理职能,基本上并不涉及"战略三角"中的顾客和竞争对手的相关信息,当企业之间的竞争尚处于较低层次的产品营销性竞争阶段,它提供的信息对于促进企业正确地进行经营决策、改善经营管理是能发挥重大作用的。但随着现代市场经济体系全球化的迅速发展,企业之间的竞争已从低层次的产品营销性的竞争发展到高层次的全球性战略竞争,竞争战略上的成功已成为企业在全球性激烈竞争中求生存、谋发展的关键所在。基于社会经济发展的新形势,"企业战略管理"及为其提供信息与智力支持的"战略管理会计"的兴起,就成为历史的必然。由此可见,战略管理会计是为适应社会经济环境条件的变化对现代管理会计的丰富和发展。

二、战略管理会计的主要特点

(一)战略管理会计是外向型会计

企业战略管理是一种"谋深计远"的高层次管理,它是企业高阶层领导竞争战略思想的具体化。为此,战略管理会计为有效地服务于企业的战略管理,就必须围绕"战略三角",及时提供以外向型为主体的多样化信息和相应的分析研究资料,为企业高阶层领导沿着正确的方向进行战略思考起到"催化剂"的作用,从而使他们能据以高瞻远瞩地对企业的内外环境和条件进行综合透视,从中了解竞争对手的长处和短处及今后的战略趋向;并了解现有和潜在顾客目前的需求及其今后的发展前景,进而洞察在今后较长时期内可能捕捉的机遇(机遇偏爱有准备的头脑)和面临的挑战;等等。所有这些,都是战略管理会计能卓有成效地为企业正确制定战略决策方案及其顺利实施的具体体现。

(二)战略管理会计从多种渠道提供与战略相关的多样化信息

与战略具有相关性的信息可从企业内部、外部多种多样的渠道获得,既包括财务信息,也包括非财务信息。通常广泛使用的信息来源,可综合如图 12-6 所示[①]。

图 12-6 所示的信息来源只是简单地列举了一些具有典型性的信息来源方面,实际上相关的多样化信息来源是不胜枚举的。就是在日常公开出版的报纸、杂志和其他的公开出版物中,也包含了大量相关信息资源的原始材料,必须把它们视为极为重要的信息宝藏。

平衡计分卡是企业战略管理的重要信息来源,具体内容见第十一章。

(三)战略管理会计的形成和发展标志着管理会计师职能的大扩展及其地位的相应提高

战略管理会计的形成、发展标志着管理会计师的职能也极大地扩展了,已转变为跨专业的具有广博知识和深入洞察力的"管理顾问",履行"管理咨询"的职能,在企业战略决策方案的制定及其贯彻执行过程中,以其高智慧的谋略,为企业提供智力和信息支持,为

---

① 参见 Keith Ward. Strategic *Management Accounting*［M］. Butter-worth-Heinemann Ltd, 1992:110.

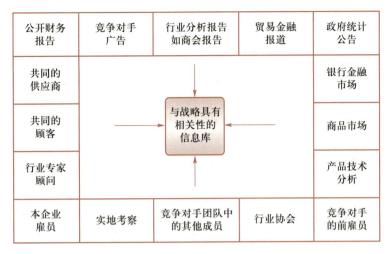

图 12-6 战略相关信息的主要来源

促进其保持和创新长期的竞争优势服务。这对于管理会计是一种开拓性的进展,因而使管理会计师的地位也相应提高。与此相联系,战略管理会计已经不能从传统意义上的"会计"去理解它了,它作为一种独特的不同于传统的以财务信息为主体的新的信息系统,标志着它将与现行财务会计分道扬镳,走上独立发展的道路。

三、战略管理会计的基本内容

前文已指出,战略管理会计的主要特点,是从战略的高度,围绕本企业、顾客和竞争对手组成的"战略三角",既提供顾客和竞争对手具有战略相关性的外向型信息,又对本企业的内部信息进行战略审视,帮助企业的领导者知彼知己,进行高屋建瓴式的战略思考,进而据以进行竞争战略的制定和实施,借以最大限度地促进本企业价值链的改进与完善,保持并不断创新其长期竞争优势,以促进企业长期、健康地向前发展。因而战略管理会计的基本内容,应以本企业为基点,着重对顾客和竞争对手的相关信息进行对比分析,借以为企业成功地进行"战略管理"提供信息和智力支持。

战略管理会计在发展过程中积极借鉴其他学科的知识并创建了许多具有学科特色的方法,特别是在成本管理、投资评价领域和绩效评价领域三个方面颇有建树。

成本管理领域的战略管理会计方法主要有:目标成本、生命周期成本、价值链分析、作业成本与作业管理、产品特性成本及战略成本分析矩阵。

投资评价领域的战略管理会计方法主要有 Bromwich 和 Bhimani 的战略投资评价分析方法、Tomkins 和 Carr 的战略投资评价模型、西蒙斯的竞争对手会计。

业绩评价领域的战略管理会计方法最具有代表性的是卡普兰和诺顿的平衡计分卡。

四、价值链分析

价值链分析是企业战略管理创造和提高竞争优势的基本途径,其主要内容包括企业价值链分析、产业价值链分析和竞争对手价值链分析。

(一) 企业价值链分析

1. "作业链""价值链"与竞争优势

(1) "作业链"同时表现为"价值链"。企业的生产经营可以看作是为最终满足顾客需要而设定的"一系列作业"(a series of activities)的集合体,形成一个由此及彼、由内到外的"作业链"(activity chain)。作业的进行要占用并消耗一定的资源,而作业的产出(activities' output)又包含了该作业所创造的一定价值,转移到下一个作业,按此逐步推移,直至最终把产品(或服务)提供给企业外部的顾客,以满足他们的需要。最终产品作为企业内部一系列作业的综合体现,它凝聚了在各有关作业上创造的价值。因此,"作业链"同时表现为"价值链"(value chain)。作业的推移,同时表现为价值在企业内部逐步积累与转移,形成一个企业内部的"价值传递系统"(value delivery system)。最后,通过将产品转移给企业外部的顾客,企业凝聚在产品上的价值则转化为顾客的认知价值,可简称为"顾客价值"(customer value),具体表现为顾客对所取得的产品愿意支付的代价,由此而形成企业的收入。收入补偿企业为完成各有关作业占用的消耗的资源的代价之和后的余额,正数为企业从"顾客价值"中赢得的利润,负数为发生的亏损。企业的相对竞争地位可从这一最终结果同企业的竞争对手相对比综合地反映出来。

(2) 通过优化"价值链"尽可能提高"顾客价值",是提高企业竞争优势的关键。由于"价值链"是"作业链"的价值表现,因而"价值链"的优化应从"作业链"的优化着手。

从"作业链"同"顾客价值"的关系看,企业生产经营中并不是所有作业的实施都能最终导致"顾客价值"的增加。据此,可将作业区分为两大类:一类是可增加顾客价值的作业,简称"可增加价值的作业"(value—added activities),如产品的设计、加工制造、包装以及营销方面的作业等;另一类是"不增加价值的作业"(nonvalue—added activities),如与各种形式的存货有关的作业(存货的存储、维护、分类、整理等)和原材料、在产品、半成品、产成品等因质量不符合要求需进行加工、改造等而形成的追加作业等。它们之所以被视为"不增加价值的作业",是因为它们的存在并不会对产品最终满足顾客需要产生任何积极影响。

由此可见,要优化"价值链",首先要尽可能消除所有"不增加价值的作业",同时对"可增加价值的作业",也要尽可能提高其运作的效率,并减少其资源的占用和消耗,借以达到最大限度地优化"价值链",使企业能通过最经济、有效的方式满足顾客需要,从而促进"顾客价值"的提高。

具体地说,在现代市场经济中,为实现"价值链"的基础——"作业链"的优化,企业必须以采用高新技术(包括电子数控机床和机器人、电脑辅助设计、电脑辅助工程、电脑辅助制造和弹性制造系统及其高级形式电脑集成化制造系统等)和现代信息技术(大数据、云计算、物联网)为基础,运用与之相适应的先进的管理形式,使"不增加价值的作业"得以有效地消除。如实施"适时生产系统"(just—in—time production system),在企业生产经营各个环节力求实现"零存货"(zero inventory);实施"全面质量管理"(total quality control),在原材料、外购件的供应,在产品、半成品、产成品生产的各个环节上力求"零缺陷"(zero defect),就可基本上达到这一目的。

至于"可增加价值的作业"的改进与提高,则应以自身具有独创性科技优势为基础,坚持"以顾客为中心",按照顾客的特定要求,进行快速反应,按质、按量、按时满足顾客的需要。这是提高顾客满意程度,进而提高顾客价值的关键性因素。在这里,必须看到,顾客的满意程度是一个综合性的概念,包括功能(如实质性的效用)、心理(如兴趣与偏好)、经济(如产品使用过程中的追加耗费)等各个方面的满意感。因此,企业为提高顾客的满意程度,使之转化为顾客为取得所提供的产品愿意支付更大的代价,就必须要想方设法有针对性地精心体察影响顾客满意程度的各种因素,然后,充分利用自身科技优势,从产品的设计、制造、营销和售后服务等各方面,有效地协同运作,经济合理地尽可能满足顾客多样化的需求,使企业能得到广大顾客的衷心信赖而提高社会形象,这是企业在剧烈的全球性市场竞争中,能立于不败之地最基本的力量源泉。

综上所述,可见与竞争对手对比,企业如果在"价值链"的基础——"作业链"的优化方面取得了较为优异的成果,表现为企业的"价值链"在开源节流方面取得了优于竞争对手的业绩,就意味着改善了企业的竞争地位,提高了竞争优势,从而为企业的长期、健康发展奠定了牢固基础。

2. 企业价值链分析的延伸

上述企业价值链分析始于原材料、外购件的采购、终于产品的销售,视野过于狭窄,因为它忽视了企业与原材料、外购件的供应者和购买产品的顾客之间可能存在的协作互利性。如果扩大视野,将企业价值链的分析延伸到企业之外,向上延伸到与供应者协作,向下延伸到与顾客协作,就可改善彼此的"作业链",从价值上收到双方互利的效果。以下做较具体的说明。

(1) 与供应者的协作。与供应者协作,是指通过改进企业与供应者之间的作业协调,使彼此的"价值链"都得以进一步优化,从而使二者的盈利性都得以进一步提高。例如,一家糖果点心厂要从巧克力工业公司购进巧克力作为原料之一。巧克力工业公司通常是将巧克力加工成块状,并进行包装后出售。但糖果点心厂如果同巧克力工业公司达成协议,巧克力工业公司改为以不成型的巧克力用罐装车运送到糖果点心厂的生产场地,直接投入糖果点心的生产。这样,巧克力的供应者可以消除巧克力的成型、包装作业,节省相关的费用;而巧克力的使用者则可消除巧克力的熔化等作业,节省相关费用[①]。因而这样做,对供、需双方都有利,并可相应地增强它们在市场上的相对竞争优势。而且从宏观上看,还可由此而导致社会资源的节约。

(2) 与顾客的协作。在现代市场经济中,每一家企业都具有双重地位,它在生产经营中即从其他企业购入原材料,形成生产者同供应者的关系;它又向其他企业的销售产品,形成生产者与顾客的关系。上述糖果点心厂与巧克力工业公司的关系,从糖果点心厂看,是生产者与供应者的关系;而从巧克力工业公司看,又表现为生产者与顾客的关系。因此,上述生产者与供应者协作关系的分析原理,对生产者与顾客协作关系的分析同样适用,不用赘述。

(二) 产业价值链分析

上述企业价值链分析的延伸还只局限于延伸到同企业直接相关系的供应者与顾客之

[①]　迈克尔·E·波特. 竞争优势[M]. 夏忠华,译. 中国财政经济出版社,1988.

间的关系的分析,以便据以改善彼此的"价值链",取得协作互利的效果。

而产业价值链的分析,是从更广泛的视野,以"价值链"分析为工具,探讨整个产业所属企业的竞争地位和相应的分化、组合问题,既有利于激发各个企业各展所长、创建优良业绩的积极性,也有利于促进社会资源的优化配置和合理使用。

现以 J. Shank 和 V. Govindarajan 提出的具有典型意义的造纸产业的价值链分析为例,作较具体的说明。

[例 12-1] J. Shank 和 V. Govindarajan 提出的造纸产业"价值链系统"的简明图式,如图 12-7 所示。

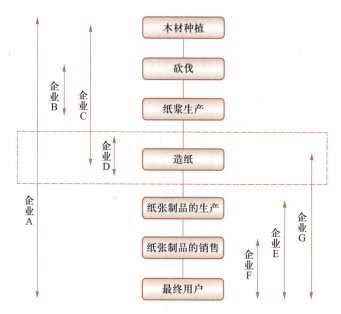

图 12-7　造纸产业"价值链系统"

从图 12-7 可以看到,造纸产业是由许多经营范围各不相同的企业所组成;经营范围相同的企业也为数众多。它们之间既存在业务上的联系(供、销关系),也存在相互间的竞争。

图 12-7 中 A、B、C、D、E、F、G 七种类型的企业经营范围各不相同,其中 A 类型企业经营范围最广,既拥有自己的林场,也进行木材砍伐、纸浆生产,利用纸浆进行造纸,也进行纸张制品的加工(如把纸张印刷成各种文化用品)、纸张制品的销售,从而到达最终用户手中。这一类型的企业是该产业中最大而全的企业。D 类型企业是一种高度专业化的造纸企业,在整个产业中居于中心地位。C 类型企业是产业中的中心企业(造纸)向其上游延伸到包括木材砍伐和纸浆生产。G 类型企业是产业中的中心企业向其下游延伸到纸张制品的加工和纸张制品的销售。B 类型企业是产业中中心企业的上游企业,进行专业化的木材砍伐和纸浆生产。E 类型企业是产业中中心企业的下游企业,进行专业化的纸张制品的生产和销售。F 类型企业是产业中中心企业的下游企业,专门从事纸张制品的销售。

上述造纸产业所属各个企业,各以其特定的作业来执行特定的专业任务,并形成各自特定的"作业链"。而"价值链"是"作业链"的价值表现,每个企业"作业链"的改进与完善,要以其"作业链"的改进与完善为基础。而整个产业的"价值链系统"是其所属各个企业"价值链"的综合表现,因而整个产业"价值链系统"的改进与完善同样必须建立在各个企业"价值链"的改进与完善的基础上。

在本例中,造纸产业是由经营范围各不相同的企业所组成,经营范围相同的企业也为数众多。它们之间既相互联系,也相互竞争。

根据上述情况,企业要改进和完善其"作业链",中心企业(造纸)的上游企业和中心企业的下游企业宜有针对性地分别采取不同的策略和措施,才能取得明显的效果。

也就是说,中心企业的上游企业(包括中心企业本身)宜以"产品"为中心,通过技术、组织、管理等方面的不断创新,力求在新工艺、新产品的开拓和现有产品的改进上不断取得新的突破,使企业具有鲜明特色的优质产品得以不断涌现,借以不断增强企业的核心竞争力。这样,就能不断扩大销售,并增加产品的"顾客价值",使企业能从"顾客价值"中盈得高于竞争对手的盈利,从根本上促进企业"价值链"的改进与完善。与此同时,企业还应高度重视与相关企业的协作互利性,并明智地进行自制或外购的战略决策。例如,上述C类型企业如从有关数据的对比,明确地认识到从高度专业化的纸浆厂购买纸浆比自己进行纸浆生产更为有利,该类企业所用纸浆应从自制改为外购,使社会资源得到更经济有效的使用,而不应盲目地追求经营范围的扩大。这也是使企业的"价值链"得以进一步改善的一个重要方面。以上两个方面的工作做好了,就可使以中心企业为起点的上游企业取得全面的竞争优势,使之在全球性的激烈市场竞争中立于不败之地。

至于中心企业的下游企业,则宜以"用户"为中心。因为"纸张制品的生产"大多与文化品位具有直接的联系。而"文化制品"的需求量是和不同类型"用户群"的文化素养、兴趣和爱好直接相关的。因此"文化制品"的生产必须以充分掌握不同"用户群"的实际需要为基础,针对他们的需求分门别类地组织生产。对于这一类型的企业来说,改进生产技术,提高产品质量固然很重要。但更应把深刻了解不同"用户群"的特点和要求、及时提供能切合他们实际需要的产品放在第一位。这一方面的工作做深、做细,就能形成独特的竞争优势,为其长期、健康发展奠定基础。

与此相联系,文化制品的销售也必须根据不同"用户群"的特点和要求,有的放矢地开拓销售渠道。其促销措施要同不同"用户群"的层次性和区位性相适应,不能简单化地采用无差别的方式。如对儿童文化用品的促销和对专家、学者文化用品的促销,就应采取截然不同的方式。否则,就无可避免地会产生事与愿违的消极效果。这是这一类企业能否取得竞争优势、改善其"价值链"的重要条件。

(三) 竞争对手价值链分析

在行业中往往存在生产同类产品的直接竞争对手,对方的价值链和本企业的价值链在行业价值链中处于平行位置。通过对竞争对手价值链分析,测算出对方在价值链各环节的成本并与之进行比较,再对自己的战略进行审视,扬长避短以争取竞争优势。Shank和Govindarajan对A航空公司进行了价值链分析,识别其价值作业,并计算了相应的成本收入和投资,之后将其价值链分析结果与竞争对手B公司进行战略比较,如表12-1所示。通过成本分析结果和战略差异对比,可以看出A公司采用低成本战略,而竞争对手采用的是差异化战略。

表 12-1　A、B 公司价值链分析 [①]

价值链要素	B 航空公司相对 A 航空公司的成本优势（B 公司比 A 公司 10 000 座公里的成本节约额）	战略差异	
		A 公司	B 公司
广告与宣传	3 000	重点推销低成本、大众化的航班	重点推销标准航班
订票与出票	4 200	(1) 没有票务机构 (2) 没有单独的计算机订票系统 (3) 没有售票窗 (4) 登机后购票或从自动售票机中购票 (5) 不提供跨航线售票服务 (6) 只有很少的可选价格档次 (7) 不预订座位，按登机顺序安排座次 (8) 不在登机口售票 (9) 提供随身携带行李的存放，对托运行李加收费用，不提供跨航线行李托运	(1) 在市中心设立票务机构 (2) 有完善的计算机订票系统，提供标准服务
飞机运营成本	1 800	使用旧飞机，座位安排紧密	使用新飞机，标准座位间距
飞行操作	4 000	(1) 雇用小规模机组，每天飞行时间较长 (2) 机组人员工资水平低 (3) 机组人员承担额外的地勤服务工作	(1) 用大规模机组，每天只飞行标准时间 (2) 机组人员工资水平高 (3) 机组人员不承担地勤工作
座舱服务	3 200	(1) 座舱服务员的工资水平低 (2) 不提供一等舱服务 (3) 不提供免费食品 (4) 快餐和饮料要另外收费	(1) 座舱服务员的工资水平高 (2) 标准服务

五、战略成本动因分析

战略成本动因分析从战略角度出发，发现成本管理结构中的不足，并采取相应的措施加以改善。从战略角度看，每一个创造价值的活动都有一组独特的成本动因，各相关成本动因结合起来可以决定一种创造价值的活动。成本动因或多或少能够置于企业控制之下，

[①]　John K. Shank and Vijay Govindarajan. Strategic Cost Management and the Value Chain. Journal of Management Accounting Research，1991：46-47.

控制成本不是控制成本本身,而是控制引起成本发生和变化的原因。和作业成本法的作业成本动因相比,影响成本的宏观因素主要来自企业经济结构和企业执行作业程度两方面,这就构成了结构性成本动因和执行性成本动因,二者都是企业战略制定的重要影响因素。有效的成本动因分析,可以帮助企业找出贯穿于战略管理循环中各种成本的驱动因素,确定成本管理的重点,确保企业战略管理目标的实现。

(一) 结构性成本动因

结构性成本动因是指决定企业基础经济结构的成本驱动因素,这些动因体现了企业的战略定位,主要包括:

(1) 规模:对研究开发、制造、营销等活动投资的规模。

(2) 范围:指企业价值链的纵向长度和横向宽度,前者与业务范围相关,后者与经济规模有关。

(3) 经验:指熟练程度的积累,即企业是否有生产该种产品的经验,或者生产过多长时间。

(4) 技术:指企业在每一项价值链活动中所采取的技术处理方式。

(5) 多样性:指为顾客提供的产品种类的多少或服务范围的大小。

结构性成本动因与企业自身的竞争优势和战略选择密切相关。如果企业采用低成本战略,那么达到一定的经济规模和技术水平可能是企业成功的主要成本动因;如果采用差异化战略,那么经验和复杂程度就可能成为企业的主要成本动因。

(二) 执行性成本动因

执行性成本动因是在企业按照所选择的战略定位和经济结构进行生产经营的过程中,要想成功地控制成本所应考虑的因素,它体现企业在如何利用资源以实现其目标的经营决策,是决定企业成本水平的重要因素。执行性成本动因主要包括:

(1) 企业内部联系:企业内部各种价值活动之间的联系遍布整个价值链。如基本生产车间和维修车间的联系、质量管理与售后服务之间的联系、工程技术部门和生产部门之间的联系。针对相互联系的活动,企业可以采取协调和最优化两种方法来提高效率或降低成本。所谓协调,是指通过改善企业内部各车间、各部门相互之间的关系,使之配合融洽,信息充分沟通,从而使整体的作业效率最高。所谓最优化,则是通过工作流程的重整和工作质量的提高,使工作效率提高,进而降低成本。

(2) 垂直联系:指是否充分利用上游供应商和下游销售渠道价值链的连接关系来降低成本提高效率。企业与上游供应商的联系主要是供应商的产品设计特征、服务、质量保证程序、产品运送程序和订单处理程序等,这些联系影响了企业的成本结构。企业与下游销售渠道的联系同样可以为企业和下游销售渠道提供降低成本的机会,如销售渠道仓库的位置会影响企业的运输费用;销售渠道的搬运技术和产品处理技术会影响企业的包装成本;销售渠道推销或促销活动可能降低企业的销售成本。

(3) 全面质量管理:强调质量管理的范围应是全过程的质量控制,企业的每一名员工都要承担质量责任。只有管理者和员工对流程和产品的全面质量管理有一定的认知并作出贡献,才能降低产品成本,真正做到优质高效。

(4) 员工对企业的向心力:企业的行动是众多具体个人行动的总和。企业各部门的每一名员工都与成本直接相关,只有依靠全体员工的互相配合,共同努力,企业才能将成本置于真正的控制中,才能实现成本管理目标。员工对企业的向心力对成本的影响具体中归结为两个方面。一方面是显性的成本,如物耗高,设备利用率低,废品率高;另一方面是隐性的成本,如人员不团结,职工情绪低落,对企业漠不关心,甚至进行破坏。

(5)生产能力运用:指在既定企业建设规模的前提下,生产能力有效运用的程度。生产能力运用模式主要通过固定成本影响企业的成本水平,由于固定成本在相关的范围内不随产量的增加而改变,当企业的生产能力利用率提高,产量上升时,单位产品所分担的固定成本相对较少,从而引起企业单位成本的降低。企业生产能力利用率水平要受到季节性、周期性和供需波动的影响,因此不能用某一特定时点的生产能力利用率来分析成本,而应以整个周期的正常利用水平为基础。由于生产能力利用率水平的变化会带来成本的扩张或削减,生产能力利用率变化较大的企业会比保持利用率不变的企业成本更高。对于固定成本所占比重较大的企业而言,生产能力运用模式将对其产生重大影响,产量的上升会带来单位成本的明显下降。

与结构性成本动因不同,执行性成本动因越多越有利于企业进行成本控制,从而达到降低成本的目的。

成本动因分析应该从企业竞争优势、经济结构的选择和执行方式等方面来说明成本的组成。对不同企业的不同战略,不是所有的结构性成本动因都同等重要,而是有所偏重。在价值链的每个环节都有各自独特的成本动因,因此,成本动因分析与价值链分析是紧密联系在一起的,竞争者可以在价值链的同一环节保持自己特有的成本动因,从而创造出各种竞争优势。

本 章 小 结

本章介绍了管理会计中常用的战略管理工具,包括 SWOT 分析、六力模型、波特三种基本竞争战略、安索夫矩阵等。在此基础上,介绍了战略管理会计的概念、特点和基本内容。成本管理领域的战略管理会计方法主要有:目标成本、生命周期成本、价值链分析、作业成本与作业管理、产品特性成本及战略成本分析矩阵;投资评价领域的战略管理会计方法主要有:Bromwich 和 Bhimani 的战略投资评价分析方法、Tomkins 和 Carr 的战略投资评价模型、Simmonds 的竞争对手会计;业绩评价领域的战略管理会计方法最具有代表性的是卡普兰和诺顿的平衡计分卡。本章重点介绍了价值链分析和成本动因分析,前者包括企业内部价值链、产业价值链和竞争对手价值链分析;后者包括结构性成本动因和执行性成本动因的分析。

重 点 词 汇

| 战略管理 | 战略管理会计 | 成本领先战略 | 差异化战略 |
| 目标集聚战略 | 价值链 | 价值链分析 | 成本动因分析 |

 **思 考 题**

1. 企业应怎样正确制定最适宜于本企业的竞争战略?

2. 什么是"价值链"? 为什么说优化"价值链"是提高企业竞争优势的关键?

3. 什么是战略管理会计? 你怎样认识它和企业战略管理的关系?

4. 战略管理会计有哪些特点?

5. 战略管理会计的基本内容包括哪些重要方面?

6. 什么是 SWOT 分析? 何时运用? 如何使用?

7. 列举几家成功实施成本领先战略、差异化战略、目标集聚战略的企业。

8. 什么是互补者? 为什么互补者成为影响产业盈利能力的一种力量? 请举例说明。

9. 什么是产业价值链? 解释为什么企业的战略与产业价值链相关?

10. 为什么要分析竞争对手价值链? 如何分析?

11. 结构性成本动因和执行性成本动因的主要内容是什么?

 即测即评

请扫描二维码,进行随堂测试。

附录　货币时间价值表

$$(F/P,i,n) = (1+i)^n$$

n	1%	2%	3%	4%	5%	6%	7%	8%	9%	10%	12%	14%	15%	16%	18%	20%	24%	28%	32%	36%
1	1.0100	1.0200	1.0300	1.0400	1.0500	1.0600	1.0700	1.0800	1.0900	1.1000	1.1200	1.1400	1.1500	1.1600	1.1800	1.2000	1.2400	1.2800	1.3200	1.3600
2	1.0201	1.0404	1.0609	1.0816	1.1025	1.1236	1.1449	1.1664	1.1881	1.2100	1.2544	1.2996	1.3225	1.3456	1.3924	1.4400	1.5376	1.6384	1.7424	1.8496
3	1.0303	1.0612	1.0927	1.1249	1.1576	1.1910	1.2250	1.2597	1.2950	1.3310	1.4049	1.4815	1.5209	1.5609	1.6430	1.7280	1.9066	2.0972	2.3000	2.5155
4	1.0406	1.0824	1.1255	1.1699	1.2155	1.2625	1.3108	1.3605	1.4116	1.4641	1.5735	1.6890	1.7490	1.8106	1.9388	2.0736	2.3642	2.6844	3.0360	3.4210
5	1.0510	1.1041	1.1593	1.2167	1.2763	1.3382	1.4026	1.4693	1.5386	1.6105	1.7623	1.9254	2.0114	2.1003	2.2878	2.4883	2.9316	3.4360	4.0075	4.6526
6	1.0615	1.1262	1.1941	1.2653	1.3401	1.4185	1.5007	1.5869	1.6771	1.7716	1.9738	2.1950	2.3131	2.4364	2.6996	2.9860	3.6352	4.3980	5.2899	6.3275
7	1.0721	1.1487	1.2299	1.3159	1.4071	1.5036	1.6058	1.7138	1.8280	1.9487	2.2107	2.5023	2.6600	2.8262	3.1855	3.5832	4.5077	5.6295	6.9826	8.6054
8	1.0829	1.1717	1.2668	1.3686	1.4775	1.5938	1.7182	1.8509	1.9926	2.1436	2.4760	2.8526	3.0590	3.2784	3.7589	4.2998	5.5895	7.2058	9.2170	11.703
9	1.0937	1.1951	1.3048	1.4233	1.5513	1.6895	1.8385	1.9990	2.1719	2.3579	2.7731	3.2519	3.5179	3.8030	4.4355	5.1598	6.9310	9.2234	12.166	15.917
10	1.1046	1.2190	1.3439	1.4802	1.6289	1.7908	1.9672	2.1589	2.3674	2.5937	3.1058	3.7072	4.0456	4.4114	5.2338	6.1917	8.5944	11.806	16.060	21.647
11	1.1157	1.2434	1.3842	1.5395	1.7103	1.8983	2.1049	2.3316	2.5804	2.8531	3.4785	4.2262	4.6524	5.1173	6.1759	7.4301	10.657	15.112	21.199	29.439
12	1.1268	1.2682	1.4258	1.6010	1.7959	2.0122	2.2522	2.5182	2.8127	3.1384	3.8960	4.8179	5.3503	5.9360	7.2876	8.9161	13.215	19.343	27.983	40.037
13	1.1381	1.2936	1.4685	1.6651	1.8856	2.1329	2.4098	2.7196	3.0658	3.4523	4.3635	5.4924	6.1528	6.8858	8.5994	10.699	16.386	24.759	36.937	54.451
14	1.1495	1.3195	1.5126	1.7317	1.9799	2.2609	2.5785	2.9372	3.3417	3.7975	4.8871	6.2613	7.0757	7.9875	10.147	12.839	20.319	31.691	48.757	74.053

续表

n	1%	2%	3%	4%	5%	6%	7%	8%	9%	10%	12%	14%	15%	16%	18%	20%	24%	28%	32%	36%
15	1.1610	1.3459	1.5580	1.8009	2.0789	2.3966	2.7590	3.1722	3.6425	4.1772	5.4736	7.1379	8.1371	9.2655	11.974	15.407	25.196	40.565	64.359	100.71
16	1.1726	1.3728	1.6047	1.8730	2.1829	2.5404	2.9522	3.4259	3.9703	4.5950	6.1304	8.1372	9.3576	10.748	14.129	18.488	31.243	51.923	84.954	136.97
17	1.1843	1.4002	1.6528	1.9479	2.2920	2.6928	3.1588	3.7000	4.3276	5.0545	6.8660	9.2765	10.761	12.468	16.672	22.186	38.741	66.461	112.14	186.28
18	1.1961	1.4282	1.7024	2.0258	2.4066	2.8543	3.3799	3.9960	4.7171	5.5599	7.6900	10.575	12.375	14.463	19.673	26.623	48.039	85.071	148.02	253.34
19	1.2081	1.4568	1.7535	2.1068	2.5270	3.0256	3.6165	4.3157	5.1417	6.1159	8.6128	12.056	14.232	16.777	23.214	31.948	59.568	108.89	195.39	344.54
20	1.2202	1.4859	1.8061	2.1911	2.6533	3.2071	3.8697	4.6610	5.6044	6.7275	9.6463	13.743	16.367	19.461	27.393	38.338	73.864	139.38	257.92	468.57
21	1.2324	1.5157	1.8603	2.2788	2.7860	3.3996	4.1406	5.0038	6.1088	7.4002	10.804	15.668	18.822	22.574	32.324	46.005	91.592	178.41	340.45	637.26
22	1.2447	1.5460	1.9161	2.3699	2.9253	3.6035	4.4304	5.4365	6.6586	8.1403	12.100	17.861	21.645	26.186	38.142	55.206	113.57	228.36	449.39	866.67
23	1.2572	1.5769	1.9736	2.4647	3.0715	3.8197	4.7405	5.8715	7.2579	8.9543	13.552	20.362	24.891	30.376	45.008	66.247	140.83	292.30	593.20	1178.7
24	1.2697	1.6084	2.0328	2.5633	3.2251	4.0489	5.0724	6.3412	7.9111	9.8497	15.179	23.212	28.625	35.236	53.109	79.497	174.63	374.14	783.02	1603.0
25	1.2824	1.6406	2.0938	2.6658	3.3864	4.2919	5.4274	6.8485	8.6231	10.835	17.000	26.462	32.919	40.874	62.669	95.396	216.54	478.90	1033.6	2180.1
26	1.2953	1.6734	2.1566	2.7725	3.5557	4.5494	5.8074	7.3964	9.3992	11.918	19.040	30.167	37.857	47.414	73.949	114.48	268.51	613.00	1364.3	2964.9
27	1.3082	1.7069	2.2213	2.8834	3.7335	4.8223	6.2139	7.9881	10.245	13.110	21.325	34.390	43.535	55.000	87.260	137.37	332.95	784.64	1800.9	4032.3
28	1.3213	1.741	2.2879	2.9987	3.9201	5.1117	6.6488	8.6271	11.167	14.421	23.884	39.204	50.066	63.800	102.97	164.84	412.86	1004.3	2377.2	5483.9
29	1.3345	1.7758	2.3566	3.1187	4.1161	5.4184	7.1143	9.3173	12.172	15.863	26.750	44.693	57.575	74.009	121.50	197.81	511.95	1285.6	3137.9	7458.1
30	1.3478	1.8114	2.4273	3.2434	4.3219	5.7435	7.6123	10.063	13.268	17.449	29.960	50.950	66.212	85.850	143.37	237.38	634.82	1645.5	4142.1	10143
40	1.4889	2.2080	3.2620	4.8010	7.0400	10.286	14.974	21.725	31.409	45.259	93.051	188.88	267.86	378.72	750.38	1469.8	5455.9	19427	66521	*
50	1.6446	2.6916	4.3839	7.1067	11.467	18.420	29.457	46.902	74.358	117.39	289.00	700.23	1083.7	1670.7	3927.4	9100.4	46890	*	*	*
60	1.8167	3.2810	5.8916	10.520	18.679	32.988	57.946	101.26	176.03	304.48	897.60	2595.9	4384.0	7370.2	20555	56348	*	*	*	*

$$(P/F, i, n) = \frac{1}{(1+i)^n}$$

n	1%	2%	3%	4%	5%	6%	7%	8%	9%	10%	12%	14%	15%	16%	18%	20%	24%	28%	32%	36%
1	0.9901	0.9804	0.9709	0.9615	0.9524	0.9434	0.9346	0.9259	0.9174	0.9091	0.8929	0.8772	0.8696	0.8621	0.8475	0.8333	0.8065	0.7813	0.7576	0.7353
2	0.9803	0.9612	0.9426	0.9246	0.907	0.89	0.8734	0.8573	0.8417	0.8264	0.7972	0.7695	0.7561	0.7432	0.7182	0.6944	0.6504	0.6104	0.5739	0.5407
3	0.9706	0.9423	0.9151	0.889	0.8638	0.8396	0.8163	0.7938	0.7722	0.7513	0.7118	0.675	0.6575	0.6407	0.6086	0.5787	0.5245	0.4768	0.4348	0.3975
4	0.961	0.9238	0.8885	0.8548	0.8227	0.7921	0.7629	0.735	0.7084	0.683	0.6355	0.5921	0.5718	0.5523	0.5158	0.4823	0.423	0.3725	0.3294	0.2923
5	0.9515	0.9057	0.8626	0.8219	0.7835	0.7473	0.7130	0.6806	0.6499	0.6209	0.5674	0.5194	0.4972	0.4761	0.4371	0.4019	0.3411	0.2910	0.2495	0.2149
6	0.942	0.888	0.8375	0.7903	0.7462	0.705	0.6663	0.6302	0.5963	0.5645	0.5066	0.4556	0.4323	0.4104	0.3704	0.3349	0.2751	0.2274	0.189	0.158
7	0.9327	0.8706	0.8131	0.7599	0.7107	0.6651	0.6227	0.5835	0.547	0.5132	0.4523	0.3996	0.3759	0.3538	0.3139	0.2791	0.2218	0.1776	0.1432	0.1162
8	0.9235	0.8535	0.7894	0.7307	0.6768	0.6274	0.582	0.5403	0.5019	0.4665	0.4039	0.3506	0.3269	0.305	0.266	0.2326	0.1789	0.1388	0.1085	0.0854
9	0.9143	0.8368	0.7664	0.7026	0.6446	0.5919	0.5439	0.5002	0.4604	0.4241	0.3606	0.3075	0.2843	0.263	0.2255	0.1938	0.1443	0.1084	0.0822	0.0628
10	0.9053	0.8203	0.7441	0.6756	0.6139	0.5584	0.5083	0.4632	0.4224	0.3855	0.322	0.2697	0.2472	0.2267	0.1911	0.1615	0.1164	0.0847	0.0623	0.0462
11	0.8963	0.8043	0.7224	0.6496	0.5847	0.5268	0.4751	0.4289	0.3875	0.3505	0.2875	0.2366	0.2149	0.1954	0.1619	0.1346	0.0938	0.0662	0.0472	0.034
12	0.8874	0.7885	0.7014	0.6246	0.5568	0.497	0.444	0.3971	0.3555	0.3186	0.2567	0.2076	0.1869	0.1685	0.1372	0.1122	0.0757	0.0517	0.0357	0.025
13	0.8787	0.773	0.681	0.6006	0.5303	0.4688	0.415	0.3677	0.3262	0.2897	0.2292	0.1821	0.1625	0.1452	0.1163	0.0935	0.061	0.0404	0.0271	0.0184
14	0.87	0.7579	0.6611	0.5775	0.5051	0.4423	0.3878	0.3405	0.2992	0.2633	0.2046	0.1597	0.1413	0.1252	0.0985	0.0779	0.0492	0.0316	0.0205	0.0135
15	0.8613	0.7430	0.6419	0.5553	0.4810	0.4173	0.3624	0.3152	0.2745	0.2394	0.1827	0.1401	0.1229	0.1079	0.0835	0.0649	0.0397	0.0247	0.0155	0.0099
16	0.8528	0.7284	0.6232	0.5339	0.4581	0.3936	0.3387	0.2919	0.2519	0.2176	0.1631	0.1229	0.1069	0.093	0.0708	0.0541	0.032	0.0193	0.0118	0.0073

续表

n	1%	2%	3%	4%	5%	6%	7%	8%	9%	10%	12%	14%	15%	16%	18%	20%	24%	28%	32%	36%
17	0.8444	0.7142	0.605	0.5134	0.4363	0.3714	0.3166	0.2703	0.2311	0.1978	0.1456	0.1078	0.0929	0.0802	0.06	0.0451	0.0258	0.015	0.0089	0.0054
18	0.836	0.7002	0.5874	0.4936	0.4155	0.3503	0.2959	0.2502	0.212	0.1799	0.13	0.0946	0.0808	0.0691	0.0508	0.0376	0.0208	0.0118	0.0068	0.0039
19	0.8277	0.6864	0.5703	0.4746	0.3957	0.3305	0.2765	0.2317	0.1945	0.1635	0.1161	0.0829	0.0703	0.0596	0.0431	0.0313	0.0168	0.0092	0.0051	0.0029
20	0.8195	0.673	0.5537	0.4564	0.3769	0.3118	0.2584	0.2145	0.1784	0.1486	0.1037	0.0728	0.0611	0.0514	0.0365	0.0261	0.0135	0.0072	0.0039	0.0021
21	0.8114	0.6598	0.5375	0.4388	0.3589	0.2942	0.2415	0.1987	0.1637	0.1351	0.0926	0.0638	0.0531	0.0443	0.0309	0.0217	0.0109	0.0056	0.0029	0.0016
22	0.8034	0.6468	0.5219	0.422	0.3418	0.2775	0.2257	0.1839	0.1502	0.1228	0.0826	0.056	0.0462	0.0382	0.0262	0.0181	0.0088	0.0044	0.0022	0.0012
23	0.7954	0.6342	0.5067	0.4057	0.3256	0.2618	0.2109	0.1703	0.1378	0.1117	0.0738	0.0491	0.0402	0.0329	0.0222	0.0151	0.0071	0.0034	0.0017	0.0008
24	0.7876	0.6217	0.4919	0.3901	0.3101	0.247	0.1971	0.1577	0.1264	0.1015	0.0659	0.0431	0.0349	0.0284	0.0188	0.0126	0.0057	0.0027	0.0013	0.0006
25	0.7798	0.6095	0.4776	0.3751	0.2953	0.233	0.1842	0.146	0.116	0.0923	0.0588	0.0378	0.0304	0.0245	0.016	0.0105	0.0046	0.0021	0.001	0.0005
26	0.772	0.5976	0.4637	0.3607	0.2812	0.2198	0.1722	0.1352	0.1064	0.0839	0.0525	0.0331	0.0264	0.0211	0.0135	0.0087	0.0037	0.0016	0.0007	0.0003
27	0.7644	0.5859	0.4502	0.3468	0.2678	0.2074	0.1609	0.1252	0.0976	0.0763	0.0469	0.0291	0.023	0.0182	0.0115	0.0073	0.003	0.0013	0.0006	0.0002
28	0.7568	0.5744	0.4371	0.3335	0.2551	0.1956	0.1504	0.1159	0.0895	0.0693	0.0419	0.0255	0.02	0.0157	0.0097	0.0061	0.0024	0.001	0.0004	0.0002
29	0.7493	0.5631	0.4243	0.3207	0.2429	0.1846	0.1406	0.1073	0.0822	0.063	0.0374	0.0224	0.0174	0.0135	0.0082	0.0051	0.002	0.0008	0.0003	0.0001
30	0.7419	0.5521	0.412	0.3083	0.2314	0.1741	0.1314	0.0994	0.0754	0.0573	0.0334	0.0196	0.0151	0.0116	0.007	0.0042	0.0016	0.0006	0.0002	1E-04
35	0.7059	0.5000	0.3554	0.2534	0.1813	0.1301	0.0937	0.0676	0.0490	0.0356	0.0189	0.0102	0.0075	0.0055	0.0030	0.0017	0.0005	0.0002	0.0001	*
40	0.6717	0.4529	0.3066	0.2083	0.1420	0.0972	0.0668	0.0460	0.0318	0.0221	0.0107	0.0053	0.0037	0.0026	0.0013	0.0007	0.0002	0.0001	*	*
50	0.6080	0.3715	0.2281	0.1407	0.0872	0.0543	0.0339	0.0213	0.0134	0.0085	0.0035	0.0014	0.0009	0.0006	0.0003	0.0001	*	*	*	*

$$(F/A, i, n) = \frac{(1+i)^n - 1}{i}$$

n	1%	2%	3%	4%	5%	6%	7%	8%	9%	10%	12%	14%	15%	16%	18%	20%	24%	28%	32%	36%
1	1.0000	1.0000	1.0000	1.0000	1.0000	1.0000	1.0000	1.0000	1.0000	1.0000	1.0000	1.0000	1.0000	1.0000	1.0000	1.0000	1.0000	1.0000	1.0000	1.0000
2	2.0100	2.0200	2.0300	2.0400	2.0500	2.0600	2.0700	2.0800	2.0900	2.1000	2.1200	2.1400	2.1500	2.1600	2.1800	2.2000	2.2400	2.2800	2.3200	2.3600
3	3.0301	3.0604	3.0909	3.1216	3.1525	3.1836	3.2149	3.2464	3.2781	3.3100	3.3744	3.4396	3.4725	3.5056	3.5724	3.6400	3.7776	3.9184	4.0624	4.2096
4	4.0604	4.1216	4.1836	4.2465	4.3101	4.3746	4.4399	4.5061	4.5731	4.6410	4.7793	4.9211	4.9934	5.0665	5.2154	5.3680	5.6842	6.0156	6.3624	6.7251
5	5.1010	5.2040	5.3091	5.4163	5.5256	5.6371	5.7507	5.8666	5.9847	6.1051	6.3528	6.6101	6.7424	6.8771	7.1542	7.4416	8.0484	8.6999	9.3983	10.146
6	6.1520	6.3081	6.4684	6.6330	6.8019	6.9753	7.1533	7.3359	7.5233	7.7156	8.1152	8.5355	8.7537	8.9775	9.4420	9.9299	10.980	12.136	13.406	14.799
7	7.2135	7.4343	7.6625	7.8983	8.1420	8.3938	8.6540	8.9228	9.2004	9.4872	10.089	10.731	11.067	11.414	12.142	12.916	14.615	16.534	18.696	21.126
8	8.2857	8.5830	8.8923	9.2142	9.5491	9.8975	10.260	10.637	11.029	11.436	12.300	13.233	13.727	14.240	15.327	16.499	19.123	22.163	25.678	29.732
9	9.3685	9.7546	10.159	10.583	11.027	11.491	11.978	12.488	13.021	13.580	14.776	16.085	16.786	17.519	19.086	20.799	24.713	29.369	34.895	41.435
10	10.462	10.950	11.464	12.006	12.578	13.181	13.816	14.487	15.193	15.937	17.549	19.337	20.304	21.322	23.521	25.959	31.643	38.593	47.062	57.352
11	11.567	12.169	12.808	13.486	14.207	14.972	15.784	16.646	17.560	18.531	20.655	23.045	24.349	25.733	28.755	32.150	40.238	50.399	63.122	78.998
12	12.683	13.412	14.192	15.026	15.917	16.870	17.889	18.977	20.141	21.384	24.133	27.271	29.002	30.850	34.931	39.581	50.895	65.510	84.320	108.44
13	13.809	14.680	15.618	16.627	17.713	18.882	20.141	21.495	22.953	24.523	28.029	32.089	34.352	36.786	42.219	48.497	64.110	84.853	112.30	148.48
14	14.947	15.974	17.086	18.292	19.599	21.015	22.551	24.215	26.019	27.975	32.393	37.581	40.505	43.672	50.818	59.196	80.496	109.61	149.24	202.93
15	16.097	17.293	18.599	20.024	21.579	23.276	25.129	27.152	29.361	31.773	37.280	43.842	47.580	51.660	60.965	72.035	100.82	141.30	198.00	276.98
16	17.258	18.639	20.157	21.825	23.658	25.673	27.888	30.324	33.003	35.950	42.753	50.980	55.718	60.925	72.939	87.442	126.01	181.87	262.36	377.69

续表

n	1%	2%	3%	4%	5%	6%	7%	8%	9%	10%	12%	14%	15%	16%	18%	20%	24%	28%	32%	36%
17	18.430	20.012	21.762	23.698	25.840	28.213	30.840	33.750	36.974	40.545	48.884	59.118	65.075	71.673	87.068	105.93	157.25	233.79	347.31	514.66
18	19.615	21.412	23.414	25.645	28.132	30.906	33.999	37.450	41.301	45.600	55.750	68.394	75.836	84.141	103.74	128.11	195.99	300.25	459.45	700.94
19	20.811	22.841	25.117	27.671	30.539	33.760	37.379	41.446	46.019	51.159	63.440	78.969	88.212	98.603	123.41	154.74	244.03	385.32	607.47	954.28
20	22.019	24.297	26.870	29.778	33.066	36.786	40.996	45.762	51.160	57.275	72.052	91.025	102.44	115.38	146.63	186.69	303.60	494.21	802.86	1298.8
21	23.239	25.783	28.677	31.969	35.719	39.993	44.865	50.423	56.765	64.003	81.699	104.77	118.81	134.84	174.02	225.03	377.46	633.59	1060.8	1767.4
22	24.472	27.299	30.537	34.248	38.505	43.392	49.006	55.457	62.873	71.403	92.503	120.44	137.63	157.42	206.34	271.03	469.06	812.00	1401.2	2404.7
23	25.716	28.845	32.453	36.618	41.431	46.996	53.436	60.893	69.532	79.543	104.60	138.30	159.28	183.60	244.49	326.24	582.63	1040.4	1850.6	3271.3
24	26.974	30.422	34.427	39.083	44.502	50.816	58.177	66.765	76.790	88.497	118.16	158.66	184.17	213.98	289.49	392.48	723.46	1332.7	2443.8	4450.0
25	27.243	31.030	35.459	40.646	46.727	53.865	62.249	72.106	83.701	97.347	132.33	180.87	211.79	248.21	341.60	470.98	897.09	1705.8	3225.8	6052.0
26	29.526	33.671	38.553	44.312	51.114	59.156	68.677	79.954	93.324	109.18	150.33	208.33	245.71	290.09	405.27	567.38	1114.6	2185.7	4260.4	8233.1
27	30.821	35.344	40.710	47.084	54.669	63.706	74.484	87.351	102.72	121.10	169.37	238.50	283.57	337.50	479.22	681.85	1383.1	2798.7	5624.8	11198
28	32.129	37.051	42.931	49.968	58.403	68.528	80.698	95.339	112.97	134.21	190.70	272.89	327.10	392.50	566.48	819.22	1716.1	3583.3	7425.7	15230
29	33.450	38.792	45.219	52.966	62.323	73.640	87.347	103.97	124.14	148.63	214.58	312.09	377.17	456.30	669.45	984.07	2129.0	4587.7	9802.9	20714
30	34.785	40.568	47.575	56.085	66.439	79.058	94.461	113.28	136.31	164.49	241.33	356.79	434.75	530.31	790.95	1181.9	2640.9	5873.2	12940	28172
40	48.886	60.402	75.401	95.026	120.80	154.76	199.64	259.06	337.88	442.59	767.09	1342.0	1779.1	2360.8	4163.2	7343.9	22729	69377	*	*
50	64.463	84.579	112.80	152.67	209.35	290.34	406.53	573.77	815.08	1163.9	2400.0	4994.5	7217.7	10436	21813.	45497	*	*	*	*
60	81.670	114.05	163.05	237.99	353.58	533.13	813.52	1253.2	1944.8	3034.8	7471.6	18535	29220	46058	*	*	*	*	*	*

$$(P/A,i,n) = \frac{1-(1+i)^{-n}}{i}$$

n	1%	2%	3%	4%	5%	6%	7%	8%	9%	10%	12%	14%	15%	16%	18%	20%	24%	28%	32%	36%
1	0.9901	0.9804	0.9709	0.9615	0.9524	0.9434	0.9346	0.9259	0.9174	0.9091	0.8929	0.8772	0.8696	0.8621	0.8475	0.8333	0.8065	0.7813	0.7576	0.7353
2	1.9704	1.9416	1.9135	1.8861	1.8594	1.8334	1.8080	1.7833	1.7591	1.7355	1.6901	1.6467	1.6257	1.6052	1.5656	1.5278	1.4568	1.3916	1.3315	1.2760
3	2.9410	2.8839	2.8286	2.7751	2.7232	2.6730	2.6243	2.5771	2.5313	2.4869	2.4018	2.3216	2.2832	2.2459	2.1743	2.1065	1.9813	1.8684	1.7663	1.6735
4	3.9020	3.8077	3.7171	3.6299	3.5460	3.4651	3.3872	3.3121	3.2397	3.1699	3.0373	2.9137	2.8550	2.7982	2.6901	2.5887	2.4043	2.2410	2.0957	1.9658
5	4.8534	4.7135	4.5797	4.4518	4.3295	4.2124	4.1002	3.9927	3.8897	3.7908	3.6048	3.4331	3.3522	3.2743	3.1272	2.9906	2.7454	2.5320	2.3452	2.1807
6	5.7955	5.6014	5.4172	5.2421	5.0757	4.9173	4.7665	4.6229	4.4859	4.3553	4.1114	3.8887	3.7845	3.6847	3.4976	3.3255	3.0205	2.7594	2.5342	2.3388
7	6.7282	6.4720	6.2303	6.0021	5.7864	5.5824	5.3893	5.2064	5.0330	4.8684	4.5638	4.2883	4.1604	4.0386	3.8115	3.6046	3.2423	2.9370	2.6775	2.4550
8	7.6517	7.3255	7.0197	6.7327	6.4632	6.2098	5.9713	5.7466	5.5348	5.3349	4.9676	4.6389	4.4873	4.3436	4.0776	3.8372	3.4212	3.0758	2.7860	2.5404
9	8.5660	8.1622	7.7861	7.4353	7.1078	6.8017	6.5152	6.2469	5.9952	5.7590	5.3282	4.9464	4.7716	4.6065	4.3030	4.0310	3.5655	3.1842	2.8681	2.6033
10	9.4713	8.9826	8.5302	8.1109	7.7217	7.3601	7.0236	6.7101	6.4177	6.1446	5.6502	5.2161	5.0188	4.8332	4.4941	4.1925	3.6819	3.2689	2.9304	2.6495
11	10.368	9.7868	9.2526	8.7605	8.3064	7.8869	7.4987	7.1390	6.8052	6.4951	5.9377	5.4527	5.2337	5.0286	4.6560	4.3271	3.7757	3.3351	2.9776	2.6834
12	11.255	10.575	9.9540	9.3851	8.8633	8.3838	7.9427	7.5361	7.1607	6.8137	6.1944	5.6603	5.4206	5.1971	4.7932	4.4392	3.8514	3.3868	3.0133	2.7084
13	12.134	11.348	10.635	9.9856	9.3936	8.8527	8.3577	7.9038	7.4869	7.1034	6.4235	5.8424	5.5831	5.3423	4.9095	4.5327	3.9124	3.4272	3.0404	2.7268
14	13.004	12.106	11.296	10.563	9.8986	9.2950	8.7455	8.2442	7.7862	7.3667	6.6282	6.0021	5.7245	5.4675	5.0081	4.6106	3.9616	3.4587	3.0609	2.7403
15	13.865	12.849	11.938	11.118	10.380	9.7122	9.1079	8.5595	8.0607	7.6061	6.8109	6.1422	5.8474	5.5755	5.0916	4.6755	4.0013	3.4834	3.0764	2.7502
16	14.718	13.578	12.561	11.652	10.838	10.106	9.4466	8.8514	8.3126	7.8237	6.9740	6.2651	5.9542	5.6685	5.1624	4.7296	4.0333	3.5026	3.0882	2.7575

续表

n	1%	2%	3%	4%	5%	6%	7%	8%	9%	10%	12%	14%	15%	16%	18%	20%	24%	28%	32%	36%
17	15.562	14.292	13.166	12.166	11.274	10.477	9.7632	9.1216	8.5436	8.0216	7.1196	6.3729	6.0472	5.7487	5.2223	4.7746	4.0591	3.5177	3.0971	2.7629
18	16.398	14.992	13.754	12.659	11.690	10.828	10.059	9.3719	8.7556	8.2014	7.2497	6.4674	6.1280	5.8178	5.2732	4.8122	4.0799	3.5294	3.1039	2.7668
19	17.226	15.679	14.324	13.134	12.085	11.158	10.336	9.6036	8.9501	8.3649	7.3658	6.5504	6.1982	5.8775	5.3162	4.8435	4.0967	3.5386	3.1090	2.7697
20	18.046	16.351	14.878	13.590	12.462	11.470	10.594	9.8181	9.1285	8.5136	7.4694	6.6231	6.2593	5.9288	5.3527	4.8696	4.1103	3.5458	3.1129	2.7718
21	18.857	17.011	15.415	14.029	12.821	11.764	10.836	10.017	9.2922	8.6487	7.5620	6.6870	6.3125	5.9731	5.3837	4.8913	4.1212	3.5514	3.1158	2.7734
22	19.660	17.658	15.937	14.451	13.163	12.042	11.061	10.201	9.4424	8.7715	7.6446	6.7429	6.3587	6.0113	5.4099	4.9094	4.1300	3.5558	3.1180	2.7746
23	20.456	18.292	16.444	14.857	13.489	12.303	11.272	10.371	9.5802	8.8832	7.7184	6.7921	6.3988	6.0442	5.4321	4.9245	4.1371	3.5592	3.1197	2.7754
24	21.243	18.914	16.936	15.247	13.799	12.550	11.469	10.529	9.7066	8.9847	7.7843	6.8351	6.4338	6.0726	5.4509	4.9371	4.1428	3.5619	3.1210	2.7760
25	21.033	18.543	16.442	14.661	13.142	11.840	10.719	9.749	8.9051	8.1679	6.9503	5.9957	5.5946	5.2350	4.6194	4.1143	3.3410	2.7827	2.3644	2.0412
26	22.795	20.121	17.877	15.983	14.375	13.003	11.826	10.810	9.9290	9.1609	7.8957	6.9061	6.4906	6.1182	5.4804	4.9563	4.1511	3.5656	3.1227	2.7768
27	23.560	20.707	18.327	16.330	14.643	13.211	11.987	10.935	10.027	9.2372	7.9426	6.9352	6.5135	6.1364	5.4919	4.9636	4.1542	3.5669	3.1233	2.7771
28	24.316	21.281	18.764	16.663	14.898	13.406	12.137	11.051	10.116	9.3066	7.9844	6.9607	6.5335	6.1520	5.5016	4.9697	4.1566	3.5679	3.1237	2.7773
29	25.066	21.844	19.189	16.984	15.141	13.591	12.278	11.158	10.198	9.3696	8.0218	6.9830	6.5509	6.1656	5.5098	4.9747	4.1585	3.5687	3.1240	2.7774
30	25.808	22.397	19.600	17.292	15.373	13.765	12.409	11.258	10.274	9.4269	8.0552	7.0027	6.5660	6.1772	5.5168	4.9789	4.1601	3.5693	3.1242	2.7775
35	29.409	24.999	21.487	18.665	16.374	14.498	12.948	11.655	10.567	9.6442	8.1755	7.0700	6.6166	6.2153	5.5386	4.9915	4.1644	3.5708	3.1248	2.7779
40	32.835	27.356	23.115	19.793	17.159	15.046	13.332	11.925	10.757	9.7791	8.2438	7.1050	6.6418	6.2335	5.5482	4.9966	4.1659	3.5712	3.1250	2.7780
50	39.196	31.424	25.730	21.482	18.256	15.762	13.801	12.234	10.962	9.9148	8.3045	7.1327	6.6605	6.2463	5.5541	4.9995	4.1666	3.5714	3.1250	2.7780

主要参考文献

［1］余绪缨.管理会计［M］.中国财政经济出版社,1990.

［2］余绪缨,汪一凡.管理会计学［M］.中国人民大学出版社,2010.

［3］林涛.管理会计［M］.厦门大学出版社,2019.

［4］郭晓梅.管理会计［M］.高等教育出版社,2021.

［5］胡玉明.管理会计研究［M］.机械工业出版社,2008.

［6］于增彪.管理会计［M］.清华大学出版社,2014.

［7］余恕莲.管理会计［M］.对外经济贸易大学出版社,2009.

［8］夏宽云.战略管理会计——用数字指导战略［M］.复旦大学出版社,2007.

［9］潘飞,童卫华,文东华,程明.基于价值管理的管理会计——案例研究［M］.清华大学出版社,2005.

［10］沈艺峰,郭晓梅,林涛.CIMA"全球管理会计原则"背景、内容及影响［J］.会计研究,2015(10):37-43.

［11］美国管理会计师协会.管理会计词典.刘霄仑,等,译.经济科学出版社,2017.

［12］罗伯特·S.卡普兰,戴维·D.诺顿.综合记分卡——一种革命性的评价和管理系统.王丙飞,等,译.新华出版社,1998.

［13］罗伯特·卡普兰,戴维·诺顿.战略中心型组织——平衡计分卡制胜方略［M］.上海博意门咨询有限公司,译.中国人民大学出版社,2008.

［14］罗伯特·卡普兰,大卫·诺顿.战略地图:化无形资产为有形成果［M］.刘俊勇,孙薇,译.广东经济出版社,2005.

［15］A A Aikinson,R S Kaplan. E M Matsumura, et al. Management Accounting. 5th Edition［M］. Pearson Education International,2007.

［16］John K S,Vijay G. Strategic Cost Management and the Value Chain:the Value Chain Per spective［J］. Journal of Management Accounting Research, 1992,5(4):5-21.

［17］Kelvin F, Cross, Richard L Lynch. Performance Measurement Systems［M］. South-Western College Publishing and Warren, Goorham & Lumout,2000.

［18］Andy Neely, Mike Gregory, Ken Platts. Performance Measurement System Design:A literature Review and Research Agenda［J］. International Journal of Operations & Production Management,1995.

［19］Shahryar Sorooshian,Nor Filianie Aziz,Review on Performance Measurement Systems［J］. Mediterranean Journal of Social Sciences,2015.

［20］Michael C.O'Guin:The Complete Guide to Activity-based Costing. Prentice—Hall Inc.,1991.

［21］Keith Ward. Strategic Management Accounting［M］. Butterworth-Heinemann Ltd.,1992.

［22］R.S.Kaplan and D.P.Norton. Measuring the Strategic Readiness of Intangible Assets'［J］. Harvard Business Review,Feb.2004.

郑重声明

高等教育出版社依法对本书享有专有出版权。任何未经许可的复制、销售行为均违反《中华人民共和国著作权法》,其行为人将承担相应的民事责任和行政责任;构成犯罪的,将被依法追究刑事责任。为了维护市场秩序,保护读者的合法权益,避免读者误用盗版书造成不良后果,我社将配合行政执法部门和司法机关对违法犯罪的单位和个人进行严厉打击。社会各界人士如发现上述侵权行为,希望及时举报,我社将奖励举报有功人员。

反盗版举报电话　　（010）58581999　58582371
反盗版举报邮箱　　dd@hep.com.cn
通信地址　　北京市西城区德外大街4号　高等教育出版社法律事务部
邮政编码　　100120

读者意见反馈

为收集对教材的意见建议,进一步完善教材编写并做好服务工作,读者可将对本教材的意见建议通过如下渠道反馈至我社。

咨询电话　　400-810-0598
反馈邮箱　　gjdzfwb@pub.hep.cn
通信地址　　北京市朝阳区惠新东街4号富盛大厦1座
　　　　　　高等教育出版社总编辑办公室
邮政编码　　100029